金融教材译丛

FINANCIAL ECONOMICS

金融经济学

弗兰克 J. 法博齐
Frank J. Fabozzi
耶鲁大学

[美] 埃德温 H. 尼夫 著
Edwin H. Neave
皇后大学

周国富
Guofu Zhou
华盛顿大学

孔爱国 张轶凡 冯旭 孙汉文 译

机械工业出版社
China Machine Press

图书在版编目（CIP）数据

金融经济学 /（美）法博齐（Fabozzi, F. J.），（美）尼夫（Neave, E. H.），（美）周国富（Zhou, G.）著；孔爱国等译 . —北京：机械工业出版社，2015.6（2024.11 重印）
（金融教材译丛）
书名原文：Financial Economics
ISBN 978-7-111-50557-0

I. 金… II. ①法… ②尼… ③周… ④孔… III. 金融学 – 高等学校 – 教材 IV. F830

中国版本图书馆 CIP 数据核字（2015）第 132776 号

北京市版权局著作权合同登记 图字：01-2012-7771 号。

Frank J. Fabozzi , Edwin H. Neave , Guofu Zhou. Financial Economics.

Copyright © 2012 by John Wiley & Sons, Inc.

This translation published under license.Simplified Chinese translation copyright © 2015 by China Machine Press.

No part of this book may be reproduced or transmitted in any form or by any means, electronic or mechanical, including photocopying, recording or any information storage and retrieval system,without permission, in writing, from the publisher.

All rights reserved.

本书中文简体字版由 John Wiley & Sons 公司授权机械工业出版社在全球独家出版发行。

未经出版者书面许可，不得以任何方式抄袭、复制或节录本书中的任何部分。

本书封底贴有 John Wiley & Sons 公司防伪标签，无标签者不得销售。

本书是金融经济学的基础导论，作者致力于帮助本科生和研究生水平的学生更好地理解金融经济学的原理以及实践应用。全书强调经济学原理并将其真正应用到金融管理、投资管理、风险管理和衍生品定价领域。本书适合金融学、经济学专业的学生学习，同时它也可以为很多渴望深入了解金融现象背后的理论和直觉的实践者提供补充参考读物。

出版发行：机械工业出版社（北京市西城区百万庄大街 22 号 邮政编码：100037）
责任编辑：施琳琳 责任校对：董纪丽
印　　刷：中煤（北京）印务有限公司 版　　次：2024 年 11 月第 1 版第 6 次印刷
开　　本：185mm×260mm　1/16 印　　张：29.75
书　　号：ISBN 978-7-111-50557-0 定　　价：99.00 元

客服电话：（010）88361066　68326294

版权所有・侵权必究
封底无防伪标均为盗版

译者序

1999年在华盛顿大学（圣路易斯）访问时，我有幸听了周国富老师的《期货、期权与衍生证券》的课程，2006年又去听了周老师与刘霡老师的《金融经济学》课程，他们表达的艺术常常感染学生，激发学生不断求知的欲望，我深受启发。后来周老师告知，他与法博齐合著了一本《金融经济学》教材，强调是从入门到高阶过渡的一本教科书，并希望我能够把这本书译成中文介绍给中国学生。其实，现在的学生普遍英文功底好，大学老师也一般直接用原版教材了，再去翻译感觉价值不大，更重要的也是怕译不好。但出于对周老师的学问与为人的敬仰，我还是答应下来，并与王洪波老师联系上，也开始了第三次为机械工业出版社翻译教材。

在出版社的不断推动之下，2014年开始正式翻译。翻译之前我先仔细读了一遍，这确实是一本不可多得的教材。全书内容相当丰富，将金融学（包括公司理财、金融市场、金融机构、资产定价等内容）的很多知识融为一体，寻找其背后的经济动力，并利用经济学的语言给出了令人信服的解释。但是要译好这本书，可能不仅是语言的问题，还需要对金融与经济学知识的深入理解，是从简单理想状态下的金融走向现实的金融，因此，要译好这本书，需要有足够的知识储备。

在准备的过程中，我们进行了分工，三位研究生同学直接参与了具体的翻译工作，张轶凡利用几个月的空闲时间（论文答辩之后），冯旭与孙汉文利用了假期将全书进行初步的翻译，然后由我来进行统一修改，工作量之大可能是以前无法想象的。这本书的原作者是三位知名教授，他们每个人都有自己独立的表达风格，因此，在风格转换地方的翻译是非常需要集中精力的，由此我常常把一天的工作时间分成几个部分并不断延长，每一时间段集中精力校与译，休息之后再继续。同时，闻大梅同学和楼永老师协助完成了部分电子版的修改。

经过了两个月的反复修改，终于在2015年春节这天完成了！这本教材基本上不涉及特别的价值观，属于技术层面的内容比较多，特别适合本科生高年级与研究生一年级的同学直接作为教科书。对于研究生高年级同学来说，完全可以自己阅读。

翻译过程中肯定还有很多问题，欢迎大家在阅读过程中批评指正。

前言

当今社会有很多面向本科生和MBA的优秀金融教材,然而,一方面学生可以从那些教材提供的经济推理中受益,也可以从理论模型推演中获得推理的好处;另一方面,博士层面的课本过于细节化和复杂化,这完全没有必要。本书尝试通过提供缜密的报告,以期协助本科生和硕士层面的学生更好地理解金融经济学理论的原则及其实践应用,填补从本科到博士阶段的空缺。此外,本书还可以作为经济学和金融学博士的课外读物,或者为有兴趣了解更多金融现象背后的理论和直觉的实践者提供补充参考。本书有选择性地报告了最近的研究发现,并将这些发现在一个结构化的框架中表达出来。简言之,本书关注经济原理,并将这些原理应用于金融的各个领域——财务管理、投资管理、风险管理以及资产和衍生品定价。

在引言部分,简述完本书的方法概要后,我们将内容分成八个部分。第一部分陈述新古典金融经济学的传统发现,考察确定性世界下完美资本市场中的金融。第二部分简述现实世界中金融经济学的设置,描述现代金融体系的基本要素,并提供统一的理论来说明要素如何发挥作用并与其他要素以及经济体的其他部分关联在一起发挥作用。现代金融经济学在很大程度上是在研究风险管理。第三部分考察度量和应对风险的工具。第四部分主要关注组合理论及其最近的发展,考察了风险资产选择和定价,特别是针对公司证券这个资产。第五部分主要关注衍生品工具的本质特点和定价。现代金融经济学研究的发展已经大大超越了其初始的新古典视角,认识到这一进展,继续关注风险管理。第六部分考察了资本市场不完美以及套利限制的效应。第七部分考虑资本市场不完美情况下的资本结构决策。最后一部分,即第八部分考察了在有风险条件下制定资本预算决策的任务。有关金融体制方面的背景信息以及一系列技术问题在16个网页附录中给出。网页附录A~P只能在www.wiley.com/colledge/fabozzi中找到,在本书中被称为网页附录。

为了提供额外的细节,现在考虑这八个部分中每一部分内容。在第一部分新古典金融经济学的陈述中,考察了消费者金融决策理论,财富是如何通过投资于生产性机会产生的,投资者如何为企业估值,完美资本市场中企业融资决策的本质和重要性,以及在同样的新古典环境中企业投资决策的本质和重要性。这一部分尤其要强调新古典金融分析的贡献,除了其本身贡献的智慧之外,它还为更加复杂的不完美市场中的金融决策制定了一套指导方针。尽管有时在探讨金融经济学时,似乎一方面是和现实分离的理论世界,另一方面是一个研究实际金融的现实世界，但实际上，这两个方面共同构成了一个互补的整体。我们认为，新古典分析所提供的线路图无论是过去还是未来必将继续引导更深入的研究和更广泛的实践应用。

第二部分在探讨现代金融体系中机构的本质时，引入了金融治理这一概念。我们提出金融体系的组织理论，该理论讨论三种主要类型的金融治理——金融市场、金融中介和企业内部融资决策的治理，这些是监督财务安排的互补方式。在新古典经济学领域之外更加复杂的世界中，需要这三种管理机制来审查、执行并监管金融体系的活动。事实上，认识到这些机制如何相互补充对于突破新古典经济学的发现，在更广泛的程度上理解实践中如何应用财务决策，及认识其对企业和投资者的意义而言都是非常重要的。

第三部分覆盖应对风险的所有工具，探讨的主题包括金融经济学的微观基础、或有要求权与应对策略、风险与风险管理的本质，以及近年来的风险测量。

第四部分关于风险资产选择和定价首先从均值-方差组合选择开始到资本资产定价模型，然后转向套利定价理论和因子模型。其次，检验了资本定价理论的指导原理，最后用这些理论来帮助我们理解目前公司证券的定价。

第五部分考察衍生品工具的本质和估值——具有线性回报函数的衍生品（例如远期和期货合约）以及具有非线性回报函数的衍生品（例如期权）。我们证明如何通过假定不存在套利机会对这两类合约进行估值。对其的估值可以直接进行，也可以借助无套利机会所隐含的风险中性概率进行。

尽管本书的前五部分认识并描述了市场不完美的作用，但是它们在很大程度上将不完美视为对新古典理论做出的拓展和修正。第六部分转向对资本市场不完美更加详细的认知、套利限制，以及认识到这些复杂性的详细后果。

第七部分继续探讨对市场不完美所产生的复杂性这一主题的认知和理解。为什么市场不完美意味着与资本结构决策有关？解决这些复杂性需要什么样的决策类型？此外，与新古典环境下的含义相比，实践中制定融资决策的含义是什么？最后，检验财务缔约以及解决各种市场不完美的合约条款的重要性。早期的新古典分析远离这些复杂性，仅提供了对复杂的金融实业界的初步认识。早期的金融经济学必须关注恰当的大规模的研究版图。一旦完成那些任务，就有可能系统性地处理不完美的效应，进而填补与大规模背景相称的较小规模研究版图的细节。

第八部分与第七部分是平行的，这部分主要关注资本预算决策而非资本结构问题。我们考虑风险世界中的资本支出计划，以及认识项目风险在资本预算决策中的意义。

网页附录提供了制度方面的信息和技术信息。前10个附录，即网页附录A～J，主要关注金融实践中所产生的制度上的复杂性，而剩下的6个附录（网页附录K～P）主要关注数学的主题。所有的附录都是在我们认为有用的时候提供补充信息，并且以一种不会导致读者偏离主要陈述的形式提供出来。

本书大部分章节的撰写都适合本科生,并且我们相信,如果这些读者愿意接受一些小小的挑战,那么其余章节也是适合的。对我们而言,更富挑战的章节是第12、16、24和25章。我们将这些资料包含进去,不仅仅是出于完整性的考虑,还向学生展示了金融经济学发展的方向。

本书的资料适合一系列不同的陈述。我们在下面提供了适合本科生和研究生的章节,还提供了适用于不同课程的章节列表。

适合性	
UT	适合本科生的理论
UA	适合本科生的应用
GT	适合研究生的理论
GA	适合研究生的应用
课程	
1	一学期本科生金融经济学课程或一学期研究生金融经济学导论课程
2	二学期本科生金融经济学课程
3	一学期本科生财务管理课程或一学期研究生财务管理导论课程
4①	一学期本科生或研究生高级财务管理课程
5	一学期本科生资产定价和衍生品定价课程或一学期研究生资产定价和衍生品定价导论课程
6①	一学期本科生高级资产定价与衍生品定价基础理论或研究生高级资产定价与衍生品定价基础
7①	一学期金融定量分析课程
8①	博士金融导论课程

①假设学生熟悉基本概念。

章	课程编号	适合性	1	2	3	4	5	6	7	8
第1章	引言	所有	*	*	*	*	*	*	*	*
第一部分	确定性条件下完美资本市场中的融资									
第2章	消费者金融决策	UT	*	*	*		*			
第3章	通过投资性生产机会创造财富	UT	*	*	*		*			
第4章	投资者如何为企业估值	UT	*	*	*		*			
第5章	完美资本市场中企业融资决策	UT	*	*	*				*	
第6章	企业投资决策	UT	*	*	*					
第二部分	金融体系									
第7章	金融体系、治理和组织	UA	*	*	*	*	*			*
第8章	市场、中介和内部治理	UA	*	*	*	*				
第三部分	积极应对风险									
第9章	金融经济学的微观经济学基础	UT	*	*	*	*	*	*	*	*
第10章	或有要求权和或有策略	UT	*	*	*	*	*	*	*	
第11章	风险和风险管理	UA		*		*	*	*		
第12章	关于风险测度的选择	GT					*	*		*
第四部分	风险资产选择和定价									
第13章	均值-方差组合选择	UT	*	*	*	*	*	*	*	*

(续)

章	课程编号	合适性	1	2	3	4	5	6	7	8
第14章	资本资产定价模型	UT	*	*	*	*	*	*	*	*
第15章	套利定价模型和因子模型	UT	*	*			*	*	*	*
第16章	资产定价的一般原理	GT					*	*	*	*
第17章	公司证券定价	GT		*			*	*	*	*
第五部分	衍生品工具									
第18章	衍生品套利定价：线性回报衍生品	UT	*	*			*	*	*	*
第19章	衍生品套利定价：非线性回报衍生品	UT	*	*			*	*	*	*
第六部分	资本市场不完美和套利限制									
第20章	资本市场不完美和金融决策标准	UA	*	*	*	*	*	*	*	*
第21章	套利障碍	UA	*	*	*	*	*	*	*	*
第七部分	不完美资本市场中资本结构决策									
第22章	当资本结构相关时	UA	*	*	*	*				
第23章	实践中的融资决策	UA		*	*	*				
第24章	金融缔约和交易条款	GA		*	*	*				
第八部分	将风险纳入资本预算决策									
第25章	风险环境下资本预算计划	UA	*	*	*	*			*	*
第26章	资本预算中的项目风险评估	UA		*	*	*			*	

目 录

译者序
前 言

第1章 引言 ·················· 1
1.1 微观经济学理论：个体、经理人和市场 ················ 1
1.2 金融经济学理论：个体、经理人和市场 ················ 3
1.3 本书的路线图 ············· 6
问题 ························ 8
参考文献 ···················· 9

第一部分
确定性条件下完美资本市场中的融资

第2章 消费者金融决策 ········ 12
2.1 消费-投资问题 ············ 12
2.2 初始财富是消费者决策的唯一约束 ···················· 19
2.3 市场利率的意义 ··········· 20
2.4 消费-投资理论的实践意义 ··· 21
要点 ······················· 21
问题 ······················· 22

第3章 通过投资生产性机会创造财富 ··· 24
3.1 创业企业：生产和投资决策 ··· 24
3.2 由经理人代表所有者进行投资决策 ···················· 29

3.3 例子：陈化的美酒 ·········· 30
3.4 投资和融资决策的结果 ····· 31
要点 ······················· 34
问题 ······················· 35
参考文献 ···················· 35

第4章 投资者如何为企业估值 ··· 36
4.1 基于企业回报投资者的能力进行估值 ···················· 36
4.2 什么是成长型股票，它们的回报是多少 ·················· 42
4.3 市场价值和不同的计划周期 ··· 46
要点 ······················· 53
问题 ······················· 54
参考文献 ···················· 55

第5章 完美资本市场中企业融资决策 ··· 56
5.1 债务与权益 ··············· 56
5.2 资本结构和财务杠杆 ······· 57
5.3 资本结构和税收 ··········· 60
5.4 资本成本 ················· 61
5.5 完美资本市场中的资本结构：不相关定理 ················ 62
要点 ······················· 70
问题 ······················· 71
参考文献 ···················· 73

第6章 企业投资决策 ········· 74
6.1 投资决策和所有者财富最大化 ······ 74

6.2	投资项目的分类	76	9.2 金融经济学隐含的假设	140

6.2 投资项目的分类 …………… 76
6.3 项目的增量现金流 …………… 77
6.4 将市场价值规则应用到独立项目 … 78
6.5 确定性条件下完美资本市场中经常使用的评估准则 …………… 78
6.6 实践中的投资准则 …………… 83
要点 …………… 84
问题 …………… 84
参考文献 …………… 85

第二部分
金融体系

第7章 金融体系、治理和组织 …… 88
7.1 金融体系的功能 …………… 89
7.2 金融体系治理 …………… 92
7.3 金融体系组织 …………… 104
要点 …………… 106
问题 …………… 106
参考文献 …………… 109

第8章 市场、中介和内部治理 …… 110
8.1 金融市场治理 …………… 110
8.2 非市场治理：金融中介 …………… 117
8.3 内部治理 …………… 123
要点 …………… 126
问题 …………… 127
参考文献 …………… 128

第三部分
积极应对风险

第9章 金融经济学的微观经济学基础 …………… 130
9.1 规范性方法和描述性方法 …………… 131

9.2 金融经济学隐含的假设 …………… 140
要点 …………… 142
问题 …………… 142
参考文献 …………… 144

第10章 或有要求权和或有策略 …… 145
10.1 状态世界 …………… 145
10.2 或有要求权及其价值 …………… 146
10.3 或有要求权市场中投资者效用最大化 …………… 148
10.4 不完全市场的或有要求权 …………… 149
10.5 重回 Modigliani-Miller 定理 …………… 150
10.6 金融工具作为或有要求权 …………… 151
10.7 或有策略 …………… 152
要点 …………… 154
问题 …………… 155
参考文献 …………… 156

第11章 风险和风险管理 …………… 157
11.1 风险和不确定性 …………… 158
11.2 决策标准 …………… 159
11.3 风险转移方法 …………… 161
11.4 概率分布的特征 …………… 164
11.5 期望效用理论和 Arrow-Pratt 风险厌恶 …………… 165
要点 …………… 167
问题 …………… 168
参考文献 …………… 169

第12章 关于风险测度的选择 …… 170
12.1 利用风险测度 …………… 170
12.2 风险测度 …………… 173
12.3 一致性风险测度和随机排序 …………… 178
12.4 风险价值和一致性风险测度 …… 180
要点 …………… 183

问题 ·················· 184
参考文献 ············· 185

第四部分
风险资产选择和定价

第13章 均值-方差组合选择 ········ 188
13.1 两个风险资产 ············ 188
13.2 多个风险资产 ············ 192
13.3 加入一个无风险资产 ······ 196
13.4 马科维茨组合 ············ 198
13.5 实践中的问题 ············ 202
13.6 高级主题 ················ 203
要点 ························ 207
问题 ························ 207
参考文献 ···················· 209

第14章 资本资产定价模型 ········ 210
14.1 CAPM 的假设 ············ 210
14.2 推导资本市场 ············ 211
14.3 CAPM 的推导 ············ 214
14.4 不存在无风险资产时的 CAPM ··· 217
14.5 CAPM 的含义 ············ 217
14.6 另一种推导 ·············· 218
14.7 估计 β 风险 ·············· 220
14.8 CAPM 在投资管理中的应用 ··· 220
14.9 CAPM 的检验 ············ 221
要点 ························ 228
问题 ························ 228
附录 14A Rubinstein 对 CAPM 的证明 ··· 229
参考文献 ···················· 230

第15章 套利定价模型和因子模型 ··· 232
15.1 APT 和 CAPM ············ 232
15.2 一个特殊单因子模型下的 APT ··· 233

15.3 多因子模型下的 APT ······ 234
15.4 因子模型 ················ 236
15.5 因子模型估计 ············ 240
要点 ························ 246
问题 ························ 246
参考文献 ···················· 247

第16章 资产定价的一般原理 ······ 249
16.1 一期有限状态经济体 ······ 249
16.2 组合和市场完全性 ········ 250
16.3 一价原则和线性定价 ······ 253
16.4 套利和正的状态价格 ······ 255
16.5 资产定价基本定理 ········ 257
16.6 贴现因子模型 ············ 260
16.7 股权风险溢价之谜 ········ 263
要点 ························ 265
问题 ························ 265
参考文献 ···················· 267

第17章 公司证券定价 ············ 268
17.1 追逐利润消除套利机会 ···· 269
17.2 证券相对定价 ············ 270
17.3 风险中性概率的计算 ······ 271
17.4 利用风险中性概率为证券估值 ··· 272
17.5 债务对权益 ·············· 273
17.6 应用：债券估值和市场风险 ··· 275
要点 ························ 277
问题 ························ 278
参考文献 ···················· 279

第五部分
衍生品工具

第18章 衍生品套利定价：线性回报
         衍生品 ················ 282
18.1 线性对非线性回报衍生品工具 ··· 282

18.2 远期合约 …… 284	20.5 激励管理者达到所有者的目标：
18.3 期货定价 …… 292	代理理论 …… 347
18.4 互换 …… 300	要点 …… 348
要点 …… 301	问题 …… 349
问题 …… 302	参考文献 …… 350
参考文献 …… 303	

第19章 衍生品套利定价：非线性回报衍生品 …… 304

- 19.1 基本概念 …… 304
- 19.2 期权的简单应用 …… 306
- 19.3 看涨-看跌期权平价 …… 307
- 19.4 估值的关键思想 …… 308
- 19.5 单期二叉树模型 …… 308
- 19.6 布莱克-斯科尔斯公式 …… 311
- 19.7 二叉树模型 …… 320
- 19.8 美式期权 …… 324
- 19.9 任意回报和一般模型 …… 325

要点 …… 325
问题 …… 326

附录19A 布莱克-斯科尔斯公式推导 …… 328

参考文献 …… 329

第六部分
资本市场不完美和套利限制

第20章 资本市场不完美和金融决策标准 …… 332

- 20.1 资本市场不完美类型 …… 332
- 20.2 资本市场不完美的一些效应 …… 336
- 20.3 金融决策制定的一体化方法 …… 339
- 20.4 金融决策的选择标准 …… 339

第21章 套利障碍 …… 351

- 21.1 证券市场和流动性 …… 351
- 21.2 套利限制 …… 353
- 21.3 市场分割 …… 354
- 21.4 信息不对称和信贷市场均衡 …… 356
- 21.5 市场失灵 …… 361
- 21.6 金融体系外部性 …… 361

要点 …… 362
问题 …… 363
参考文献 …… 364

第七部分
不完美资本市场中资本结构决策

第22章 当资本结构相关时 …… 366

- 22.1 公司税对杠杆的影响 …… 366
- 22.2 资本结构和财务困境 …… 368
- 22.3 财务困境和资本结构 …… 370
- 22.4 异质期望 …… 374
- 22.5 代理效应 …… 375
- 22.6 股利支付理论 …… 376
- 22.7 是否存在最优资本结构 …… 377
- 22.8 动态模型 …… 377

要点 …… 378
问题 …… 378
参考文献 …… 380

第23章 实践中的融资决策 …… 381

- 23.1 估计不同资金来源的成本 …… 381

23.2 债务发行择时 ………………… 383
23.3 债权人、投资者和资本结构
　　 选择 …………………………… 385
23.4 技术破产的意义 ……………… 386
23.5 限制性条款和代理成本 ……… 387
23.6 股利政策 ……………………… 387
23.7 企业普通股回购 ……………… 389
23.8 配股优先购买权 ……………… 391
23.9 或有计划和资本结构
　　 选择 …………………………… 394
要点 …………………………………… 394
问题 …………………………………… 396
参考文献 ……………………………… 397

第24章　金融缔约和交易条款 ……… 398
24.1 交易成本 ……………………… 398
24.2 信息状况 ……………………… 400
24.3 道德风险 ……………………… 404
24.4 完备合约 ……………………… 407
24.5 不完备合约：介绍 …………… 408
24.6 不完备合约：未来的评述 …… 412
24.7 多个债务要求权的发行 ……… 414
24.8 证券化 ………………………… 415
要点 …………………………………… 417
问题 …………………………………… 418
参考文献 ……………………………… 420

第八部分
将风险纳入资本预算决策

第25章　风险环境下资本预算计划 … 422
25.1 市值标准 ……………………… 423
25.2 最优资本支出计划（比较新的和
　　 现有的收益风险来得到）…… 427
25.3 要求的回报率：企业、部门和
　　 项目 …………………………… 429
25.4 风险环境中折旧税盾 ………… 431
25.5 单期VS多期投资模型 ………… 432
要点 …………………………………… 438
问题 …………………………………… 439
参考文献 ……………………………… 440

第26章　资本预算中的项目风险评估 … 441
26.1 风险调整贴现率 ……………… 441
26.2 确定性等价方法及其在实践中的
　　 应用 …………………………… 442
26.3 测度项目独立的风险 ………… 443
26.4 测度项目的市场风险 ………… 449
26.5 或有资本支出计划 …………… 453
26.6 实物期权估值 ………………… 457
要点 …………………………………… 460
问题 …………………………………… 461
参考文献 ……………………………… 462

第 1 章 引　　言

本书是金融经济学基础，这是经济学的一个专业领域，运用了许多从微观经济学中发展起来的分析工具。所用的理论框架是金融经济学和微观经济学通用的理论框架，以分析个体和企业经理的决策，以及这些决策的相互作用对金融资产价格的影响。在研究微观主体的决策时，这两个领域都是考察在一定的限制条件下，如何分配有限的资源从而实现目标的最优化。事实上，由于本书各章主题和分析工具所具备的共性，一些人将金融经济学视为微观经济学中的一个专业领域，而非一个独立的经济学分支。

本章是关于金融经济学领域的主要决策类型的概述。首先，我们将介绍个体和企业经理制定的决策，以及这些主体所在的市场。这些决策属于微观经济学领域。然后，我们考察那些属于金融经济学范围的同样类型的决策与市场。

1.1　微观经济学理论：个体、经理人和市场

微观经济学理论提供了分析个体经济行为的理论框架，这些个体被视为产品消费者或者企业经理人。让我们来看以下这些微观主体制定的决策类型。

消费者选择描述消费者根据其偏好，在可选择的产品之间分配其支出预算的经济行为。其偏好是通过数学上的个体**效用函数**描述出来的。消费者选择理论认为，受制于预算约束，个体寻求效用函数最大化的选择。个体对产品的需求曲线就是从该理论推导出来的，通过对个体的加总就能得到市场需求曲线。个体在解决这些最大化问题时，假定价格是给定的。

产品价格是由市场需求和市场供给共同决定的。消费者选择理论提供了产品需求的研究框架，运用该理论一方面可获得个体消费者的需求，另一方面，通过加总可获得所有消费者购买产品的市场总需求。产品供给是由企业经理人决定的，市场总供给是所有企业供给函数的加总。

微观经济学中研究经理人如何制定经营决策的分支称为**生产理论**。在该理论下，决策制定主体为经理人，经理人被假设在一个约束下追求目标函数最大化。在生产理论中，目标函数是利润，约束条件为生产投入和生产技术。在古典生产理论中，我们通常都假设经

理人是无法影响投入和产出价格的。

然后，微观经济学将需求和供给相结合来分析要素市场（例如劳动）和产品市场这两个市场的均衡。由于微观经济学解释了均衡状态下产品价格和生产成本是如何决定的，因此有时也被称为**价格理论**。

1.1.1 风险不确定性和经济决策

微观经济学理论的范围已被延伸到现实世界，在现实情况下，个体和经理人面临着风险或者不确定性。在 18 世纪上半叶，一位以概率论和统计学工作著称的数学家 Danial Bernoulli，在选择理论中引入了风险。[1]大约在 200 年以后，Frank Knight 在其《风险、不确定性和利润》一书中，指出风险和不确定性在经济学中都是非常重要的。[2]此外，他还区分了"风险"和"不确定性"的不同，前者被定义为决策制定者能够对决策的潜在结果赋予概率的情况，而后者则通常无法赋予概率（常常被称为"奈特不确定性"）。

1921~1944 年，一些经济学家开始认识到在利润最大化、生产规划、存货管理、企业投融资等决策中风险的重要性。例如，John Hicks 爵士，1972 年诺贝尔经济学奖[3]共同获得者，认识到需要将个体对风险的态度与其对不同结果的偏好分离，其他几位经济学家也有如此共识。[4]然而，直到 20 世纪 40 年代早期风险才被正式纳入经济理论，当时 John Von Neumann 和 Oskar Morgenstern 在他们的《博弈论与经济行为》一书中提出了决策制定的期望效用准则，[5]其框架中所涉及的概率为**客观概率**，即由某个事件发生的长期相对频率决定的概率。1954 年，Leonard Savage 的《统计学基础》一书引进了**主观概率**[6]这一概念，其中的期望效用理论使用的是基于个体对某个特定事件发生的判断所得到的概率。另一种框架称为**状态偏好框架**，不依赖于决策制定者对事件赋予的权重——无论是客观的还是主观的。相反，状态偏好理论直接对不同状态下可以实现的结果赋值。状态偏好框架是由两位诺贝尔奖获得者引入的，Kenneth Arrow[7]和 Hicks（两人于 1972 年一起获奖），还有 Gerard Debreu[8]（于 1983 年获得诺贝尔奖）。

1.1.2 市场失灵和经济决策

在古典完美市场中，有两个基本的假设：①买卖双方均为价格接受者，无法通过其决策影响产品价格；②买卖双方无需成本就可获取完全精确的信息以制定理性决策。[9]当这两个假设中有一个被违反时，就称发生**市场失灵**。在市场失灵背景下研究市场参与者的经济

1　请参见 Bernoulli(1738)。
2　请参见 Knight(1921)。
3　这一经济学领域最有声望的奖项，其官方名称随着时间而几经其改。现在，它被称为"纪念阿尔弗雷德·诺贝尔瑞典中央银行经济学奖"。之前，它被称为"纪念阿尔弗雷德·诺贝尔瑞典银行经济学奖"。官方名称用瑞典语来表达是 Sveriges riksbankpris I ekonomiskvetenskap till Alfred Nobelsminne，其他翻译有"为了纪念阿尔弗雷德·诺贝尔的经济学奖""诺贝尔经济学奖""纪念阿尔弗雷德·诺贝尔的经济学奖"。我们将其简化为诺贝尔经济学奖，并将这一著名奖项的获得者称为诺贝尔奖获得者。
4　请参见 Hicks(1931)。
5　请参见 Von Neumann 和 Morgenstern(1944)。
6　请参见 Savage(1954)。
7　请参见 Arrow(1953)。
8　请参见 Debreu(1959)。
9　制定决策以使最大化某个标准函数的市场代理人通常被称为采取"理性"行动的市场代理人。

行为是一个重要方法(除了考虑风险或不确定之外)，微观经济学提升了我们对现实世界决策制定的理解。

在第一类市场失灵中，至少交易一方表现出某种形式的市场力量。市场力量意味着市场中交易一方能够单方面影响市场价格。市场力量的例子有卖方垄断(单个卖方)、买方垄断(单个买方)、卖方寡头垄断(一些卖方)和买方寡头垄断(一些买方)。

第二类市场失灵通常与**信息经济学**有关。信息经济学认识到不同交易方可能就同一交易持有不同的信息。早前描述的风险就属于信息经济学的范畴，但传统上它是作为微观经济学理论的独立领域发展起来。正如我们将在本书中看到的，信息经济学中的许多发现均被应用于金融市场研究中。

1978 年诺贝尔奖获得者 Herbert Simon 将不确定性条件下理性决策制定与信息可获得性以及决策制定者有限的信息处理能力联系在一起。[10] 1996 年诺贝尔奖的共同获得者 James Mirrlees 和 Willaim Vickrey，以及 2001 年诺贝尔奖的共同获得者 George Akerlof, Michael Spence 和 Joseph Stiglitz，对信息不对称市场中的经济行为的理解做出了贡献。例如，Mirrlees 提出了我们在本书后面章节将要描述的私有信息、逆向选择以及道德风险这些概念。

1.2 金融经济学理论：个体、经理人和市场

和微观经济学一样，金融经济学考察个体和经理人的行为，以及这些经济主体进行交易的市场的作用。然而，在金融经济学中，个体和经理人制定的决策涉及货币结果，金融市场中所得到的价格是金融资产的价格。正如我们前一节对微观经济学探讨时所做的，我们来看个体和经理人在金融经济学领域的决策类型。

1.2.1 个体的金融决策

作为资本市场参与者的个体所制定的金融决策分为三类。第一类是给定初始财富水平以及投资机会集，个体如何在不同的时期分配消费预算。金融经济学假设资产分配决策旨在最大化个体满意度。

正如消费者选择理论，满意度还是由个体效用函数来度量。与消费者选择理论不同之处在于，这里消费者是在现在消费获得的满意度与投资未来所获得的满意度之间进行权衡。特别是，给定的可用投资机会，个体必须选择应该消费多少现有收入，以及应该投资多少现有收入以期在某个时间区间内实现效用最大化。影响个体跨期选择行为的因素包括个体对当前和未来消费的偏好，以及利率的影响。利率的作用就是度量跨期转移消费的成本和收益。[11]

如果选择当前消费多于其当前收入与储蓄，那么个体必须决定如何为该消费融资。因此，第二类金融决策称为**家庭融资决策**。个体可用的融资工具，如住房抵押贷款、信用卡贷款、汽车贷款和学生贷款，这些是个体以自身为抵押发行的要求权。研究这种个体行为

---

10 请参见 Simon(1947)。
11 传统上，这一个体跨期消费决策是在微观经济学课程中给出的。

的金融经济学领域统称为**家庭金融**，是一个相对比较新的领域。正如 John Campbell 在 2006 年美国金融协会主席致辞中指出，"家庭金融已经吸引了很多人的兴趣，但是在专业领域中还缺少定义和地位"[12]。尽管本书提供了帮助个体制定家庭融资决策的工具以及对金融工具的描述，但是并没有涉及目前该领域正在尝试解决的一些更加一般化的问题，比如，解释个体收入和教育特征如何影响其对股票市场的参与程度和其投资组合的分散化程度等。

第三类个体融资决策就是给定用于投资的数量，如何将其在资本市场中可行的投资机会之间进行配置。投资机会包含直接购买预期产生收入的实物资产（例如商业地产），或者购买证券（股票和债券）之类的金融要求权。解决这种配置决策，是金融经济学的一个分支，即**组合选择理论**，亦是本书覆盖的一个重要主题。

1.2.2 企业经理人的金融决策

企业管理层的一个合适的目标就是尽可能使企业所有者满意。本书将指出，在许多情况下，这一目标可以理解为使所有者在企业中的投资价值最大化。然后企业管理层的主要任务常常可以表达为筹集资本投资于生产，以期实现所有者的投资价值最大化。本质上，企业经理人通过大于投资者所要求的回报来创造财富。财富创造过程为何需要管理以及如何管理构成了本书的一个重要主题。

因此，经理人制定的金融决策有两类：

» 如何为企业融资
» 如何以价值最大化的方式来选择企业经营所需要的生产性资产

管理层第一类金融决策包含了如何决定企业的资本结构。**企业资本结构**是管理层为企业经营融资所决定采用的债务（即借入的资金）和权益组合。例如，2010 年 9 月，苹果公司没有长期债务，主要是通过权益进行融资的。然而，大多数企业确实在融资时使用了长期债务。例如，2010 年，杜克能源公司（在北美经营的一家能源公司）由大约 45% 的债务和 55% 的权益提供资金。2010 年，派克汉尼汾公司，一家生产液压驱动系统、电子机械控制以及相关部件的公司，其资本结构中有大约 70% 的债务和 30% 的权益。

正如本书所阐述的，两类融资来源都各有利弊。与这一融资决策有关的经济学理论分支称为**资本结构理论**。这个领域的一个主要问题就是管理层在追求目标的过程中能否找到最优资本结构。也就是说，经理人是否能够选择一种债务和权益组合使得企业价值达到最大化？

金融经济学领域第一个主要理论精确地论述了这一问题。该理论称为 MM 定理（Modigliani-Miller 定理），它是根据提出该定理的两位诺贝尔奖获得者的姓名命名的，他们是佛朗哥·莫迪利亚尼（Franco Modigliani）（1985 年诺贝尔奖获得者）和默顿·米勒（Merton Miller）（1990 年诺贝尔奖的共同获得者）。该定理指出在完美资本市场中，企业价值与企业的资本结构无关。[13] 也就是说在 Modigliani 和 Miller 首先考察的理想化状况下，

---

12 请参见 Campbell（2006, p.1, 553）。
13 请参见 Modigliani 和 Miller（1958, 1963）。

企业不存在最优资本结构。然而，一旦考虑了税收对贷款成本的影响之后（即美国的债务利息，税前支出的是可以抵税的，这些抵扣具有经济价值，而所有者的股利支付是税后支付的，无法抵税），企业存在一个最优的资本结构，而且企业应该完全通过债务融资。显然，企业并不是100%由债务融资的，经济学家必须仔细审视Modigliani和Miller所提出的假设条件，依此来说明为什么经理人并不能根据那些初始的发现行事，其中一个主要的原因就是企业的破产成本不为零。

与资本结构决策相关的就是管理层的**股利政策**这一问题。企业股利就是企业用来分给所有者的盈利或利润。任何没有分配给所有者的盈利或利润留存在企业中，代表企业的额外权益。正是因为如此，留存收益决策影响企业的资本结构。Modigliani和Miller(1961)发现在确定性的完美资本市场中，股利政策不影响企业价值，即企业价值与股利政策无关。放松Modigliani和Miller所考察的条件，金融理论说明事实上一些股利政策会影响企业的价值。

管理层第二类金融决策与企业投资有关。管理层不断地将资金投资于资产，预期这些资产能够产生收入和现金流，企业可以利用这些收入和现金流再投资于更多的资产，或者以股利的形式分配给所有者。资产包括实物资产（如土地、厂房、设备和机器），以及代表财产权利的资产（如应收账款、证券、专利和版权）。

这种情况下的**资本**指公司的总资产，既包括有形资产，又包括无形资产，而**资本投资**指企业对这些资产的投资。管理层必须制定的资本投资决策有两类：资本预算决策和资本运营决策。**资本预算决策**涉及对长期资产或者预期在一年以上期间内产生收益的资产进行投资选择。这些项目本身被称为**资本项目**。建立在所有者财富最大化基础上的分析技术可以用于决定是否应该投资于某一资本项目，这些技术构成了金融经济学的一个领域，称为**资本预算理论**。

管理层还投资于短期资产，称为**营运资本**或**流动资产**，这与投资于资本项目的目标是相同的，即最大化所有者财富。然而，由于经理人是在较短的时间内（小于一年）评估流动资产，他们更关注从这类资产中可获得的现金流，而非最终可获得现金流的影响。

1.2.3 资本市场、风险和资产定价

个体（或者他们管理的资金）作为投资者所制定的金融决策决定资本市场资金的供求与投资者对资金或融资的需求。进一步来说，资金的供需情况源于企业管理层在投资和融资决策中所制定的金融决策。通过加总资金的供需得出市场的供需，个体的决策共同决定投资所要求的市场回报率（或者等价为金融资产价格）。理论上，个体作为投资者和借款者所制定的决策、经理人制定的金融决策以及市场就资本配置发出的信号等带来了经济中有效的资本配置。此外，资本市场所提供的信号为企业经理人制定最大化所有者财富的金融决策提供了指导方针。

和微观经济学一样，个体和经理人的基准行为研究是在完美资本市场的理想化假设条件下展开的。当这些条件不满足时，就需要其他的替代理论来解释个体和经理人的金融决策行为。该研究与微观经济学理论是平行发展的。

对完美资本市场理论的第一个拓展就是在金融决策的制定中考虑风险。这里的主要贡献是由1990年诺贝尔奖三位获得者中的两位做出的，哈里·马科维茨（Harry Markowitz）和威廉·夏普（William Sharpe）。1952年，Markowitz描述了在存在风险的情况下，投资者应该如

何决定其最优投资组合。[14] 1960年，Sharpe在Markowitz的组合选择框架基础之上，描述了当投资者在风险资产和无风险资产之间进行选择时应该如何进行组合配置。[15] Sharpe的模型说明了完美资本市场中应该如何确定资产价格，以及承担的风险中哪一类应该获得补偿，哪一类不应该获得补偿。Stephen Ross(1976)构建了另一个基于套利定价理论的资本资产定价模型，预测了回报与风险因子之间的关系，以及这些风险因子会如何影响组合回报与风险。最近的研究工作探索如何进行合适的风险度量，以拓展Sharpe和Ross所考虑的情形。

第二个拓展考虑市场失灵对个体尤其是经理人制定的金融决策的影响。如果市场失灵，导致不可能最大化企业市场价值，那么经理人在制定金融决策时应该采取何种标准？这类的扩展均来自我们在本章前面所探讨的决策制定以及信息经济学领域。

1.3 本书的路线图

本节解释本书如何针对金融经济学的一般概况，给出进一步的研究。

1.3.1 发展策略

个体和经理人制定的两类基本金融决策涉及如何选择投资和融资策略。一种历时悠久的方法就是除去复杂细节抓住问题本源，一旦简化了所研究的问题，就可以得出一个原则声明。接下来，可以重新引进复杂的细节，同时不会丢失根本的问题。这就是我们将遵循的计划，我们考虑的情况会逐渐变得复杂起来，个体和经理人所制定的金融决策也同样如此。在最终考虑更加复杂的现实世界时，对简单情况的理解将给予我们足够的启发。

遵循这一计划能够学到相当多的东西。首先，我们的方法将强调个体和经理人提出的关键问题，同时也会解释为什么这些是关键问题。其次，我们的方法将指出目前金融经济学理论中所提供的有关金融决策的信息类型，从而提供一些感知来认识这些关键问题。最后，相对理论没有解决的问题，为了传递信息来更好地理解金融决策，我们要讨论那些增补的知识。本质上，通过学习金融经济学理论，可以了解个体和经理人在实际面临问题时如何将理解和知情判断结合起来。

因此我们第一阶段的计划就是考虑简单确定性世界下的完美资本市场。在第一部分，我们考虑在这一确定性完美资本市场中，个体和经理人所面临的任务。学习投资资金的价格如何由资金提供者（或投资者）的偏好和资金需求者的交点确定。解释企业经理人如何将证券定价过程和有关企业投资机会的信息结合在一起。认识到财富最大化可能是企业管理层追求的一个合适目标。我们开发出确保达到财富最大化目标的原则，并且解释为什么这些原则能发挥作用。

在本书第二部分，我们考察金融体系。金融体系是如何组织的，以及个体金融交易是如何治理或管理的。乍一看，金融体系似乎是很复杂的，但是金融经济学提供了一个直接的分析和描述图，从而说明这样的体系如何通过发挥一系列功能来实现运作。然而，这些

---

14 请参见 Markowitz(1952)。
15 请参见 Sharpe(1964)。

功能就其组织形式而言，其相对重要性存在差异，组织形式是指金融市场、金融中介和进行资金内部分配的经理人所采用的不同融资机制（我们称之为治理选择）。有关金融体系的研究涉及对金融家及其客户之间达成的各种协议的考察。这一结盟过程主要是在金融交易的背景下进行的，这些金融交易涉及承诺投入的金融资源（即资金筹集）或风险再分配（风险转移），或者两者兼而有之。

建立在确定性世界下的完美资本市场所得出的原则之上，本书第三部分进入到第二阶段的计划——将价格风险纳入金融决策的制定过程。我们提供了分析工具和分析技术，以及各种传统的和最新提出的风险度量方法。

第四部分，我们利用马科维茨均值-方差模型探讨组合选择，并提供不同的资产定价理论。第五部分是衍生品（远期、期货和期权）定价。

在第一部分分析金融决策以及在第四和第五部分给出定价模型时，我们均假设资本市场是完美的。在这个市场中，我们假设理论资产价格和实际资产价格的任何差异都可以通过套利消除掉。第六部分，我们探讨当资本市场不完美时，金融决策制定将发生什么样的变化，我们还探讨了现实世界资本市场中套利活动存在的障碍。第七部分，我们将第六部分的原则应用于不完美市场的资本结构决策。第八部分，也就是本书的最后一部分，我们考察风险后的资本预算决策。

1.3.2 实践应用

贯穿全书，我们探讨所给出的理论如何应用于实践。事实上，前述的讨论已经指出了在个体金融和企业金融中将理论推理和应用问题联系在一起的诸多方式。但是，个体和企业融资计划绝不是金融领域的学生所应该关注的唯一问题。例如，2007～2009 年金融危机的起因是什么？那些起因如何相互作用进而影响金融体系？危机应如何与 2010～2011 年 G20 政府对赤字的担忧联系在一起，金融市场对那些影响赤字的政策是如何反应的？由于本书是金融经济学的导论，故对于这些问题的完整探讨不在本书范围之内。然而，本书的资料将帮助读者尝试回答这类比较大的问题，正如下文所示。

2007～2009 年金融危机始于美国的次贷市场，但是次贷市场中的问题实际上是更深层次的资金困境的指示器。次贷问题始于住宅和商业抵押贷款的高涨，这些贷款的偿还条款超过了借款者偿还贷款的能力，尤其是在贷款发放后经济中银根收紧时（本书第 7 章探讨金融治理时将就这一点进行更全面的展开）。由于贷款发起人将原始贷款出售给一些实体，而实体对抵押资产进行组合出售，即资产证券化，将这些金融工具出售给投资者进行融资，融资之后的再贷款的质量问题被掩盖了（第 23 章解释了证券化）。尽管证券化本不应该掩盖标的贷款的糟糕质量，或者其治理的缺乏，但由于它提供了较弱的治理激励，而这种治理要弱于之前证券化交易中所采取的治理，于是确实会带来这样的影响。此外，所使用的证券是复杂的，通常伴随着证券发行的违约保险，这就进一步削弱了治理激励，并且有时评级机构对证券质量做出了过高的评级[16]（本书简述了证券化过程中所使用的工具

---

16 美国 2009 年 6 月 27 日发布的美国财政部报告（"金融监管改革——一个新的基础：重建金融监督和管理"）将糟糕的核保标准视为证券化市场崩溃的一个主要原因。报告继续提出了下面五个巩固证券化市场的建议：①修正激励结构；②将补偿与资产长期绩效接轨；③促进证券化市场的透明度；④加强信誉评级机构的业绩；⑤降低信用评级的相互依赖。

类型)。

美国次贷市场危机产生之后,随着金融体系许多弱点的暴露,迅速在全世界传播。金融机构及其客户借入了过多的资金(他们的杠杆率达到了史无前例的水平,本书将在讨论资本结构时探讨杠杆率这一概念),并且许多机构所使用的违约保险形式存在谬误,即无论承担的风险有多高,总是能够有效地对违约进行投保。这一信念的谬误在于,认为保险发行者能够保持清还债务能力。然而,保险发行者事实上承担了世界金融风险相当大比例的负债,这意味着危机期间,他们的负债将远远超出其偿还能力。

世界各国政府被卷入了危机,这是由于,为了阻止金融体系的崩溃,最终它们必须为世界金融机构提供保险。尽管政府已经由于众多的原因而面临金融压力,但是为了向世界金融机构提供保险,它们还是选择借入资金为其活动提供融资。

尽管2010~2011年危机可能减弱,但是要从危机所导致的经济下滑中恢复过来,这一过程仍然是缓慢而又不均的。与此同时,对于世界上大多数国家而言,政府债务日益让人担忧,许多政府正在平衡为了复苏而使用的刺激,以及这些刺激所产生的债务增加的问题。

问 题

1. 在微观经济学理论中,经济主体制定的是什么类型的决策?
2. 经济学中如何表达消费者偏好?
3. 下面两段话节选自 M. Basili 于 2001 年在《经济笔记》中发表的"金融市场中的奈特不确定性"一文。

    如果信息如此模糊不精确,导致很难用一种独特的可加概率度量总结出来,那么经济主体面临的就是奈特不确定性或模糊性,而非风险。

    经济主体对模糊性的态度被证实在资产价格确定和组合选择中发挥着关键的作用。奈特不确定性态度提供了金融市场失灵的另一种解释,并能够解决诸如市场分割、价格的不确定和波动、买卖价差、组合关系和看涨-看跌期权评级关系相悖之类的难题。

    (1) 奈特不确定性的含义是什么?
    (2) 你如何看待奈特不确定性"在资产价格确定和组合选择中发挥着关键的作用"?
    (3) 金融市场失灵的含义是什么?
4. 联邦储备董事会风险分析部门高级经济学家 Matthew Pritsker 在 2009 年 5 月的一篇题为"奈特不确定性和银行间借贷"的研究论文中就最近的金融危机写道:

    伴随着 2007~2008 年住房价格泡沫的破裂,产生了银行间高借贷利差,以及银行间借贷的半瘫痪。本项研究建立了一个模型,考察风险敞口的奈特不确定性如何影响银行间借贷价差,以及如何导致银行间借贷的崩溃。

    上面的说法如何与你上一题(3)部分的回答联系在一起?
5. 古典完美市场的含义是什么?
6. 主观概率的含义是什么,它如何与期望效用理论一起应用于经济学?
7. 金融学中,消费者选择理论解决的是什么问题?
8. 家庭金融决策的含义是什么?
9. 组合选择理论领域解决的是什么问题?
10. 什么是企业管理层应该追求的合适的

金融目标?
11. 企业资本结构是其债务与权益之比。下面是三家公司的债务-权益比率。对每一家公司,确定其资本结构中债务和权益各自的比例。
    (1) IBM 1.23
    (2) Xerox 0.83
    (3) 3MCo. 0.37
12. 金融理论告诉我们企业最优资本结构应该是什么样的?
13. 为什么说管理层确立的股利政策与企业资本结构相关?

参考文献

Arrow, Kenneth J. (1953). "The Role of Securities in the Optimal Allocation of Risk-Bearing," *Review of Economic Studies* **31**: 91–96.

Bernoulli, Daniel. (1738). "Specimen Theoriae Novae de Mensara Sortis," *Commentarii Academiae Scientiarum Imperialis Petropolitanae*. (Translated in 1964: "Exposition of a New Theory on the Measurement of Risk," *Econometrica* **22**(1): 23–36.

Campbell, John Y. (2006). "Household Finance," *Journal of Finance* **61**: 1533–1604.

Debreu, Gerard. (1959). *The Theory of Value: An Axiomatic Analysis of Economic Equilibrium*. New York: Wiley.

Hicks, John. (1931). "Theory of Uncertainty and Profit," *Economica* **11**: 170–189.

Knight, Frank H. (1921). *Risk, Uncertainty, and Profit*, Hart, Schaffner, and Marx Prize Essays, No. 31. Boston: Houghton Mifflin.

Markowitz, Harry M. (1952). "Portfolio Selection," *Journal of Finance* **7**(1): 77–91.

Miller, Merton H., and Franco Modigliani. (1961). "Dividend Policy, Growth, and the Valuation of Shares," *Journal of Business* **34**(4): 411–433.

Modigliani, Franco, and Merton H. Miller. (1958). "The Cost of Capital, Corporation Finance and The Theory of Investment," *American Economic Review* **48**(3): 261–297.

Modigliani, Franco, and Merton H. Miller. (1963). "Corporate Income, Taxes and The Cost of Capital: A Correction," *American Economic Review* **53**(3): 433–443.

Ross, Stephen A. (1976). "The Arbitrage Theory of Capital Asset Pricing," *Journal of Economic Theory* **13**(3): 343–362.

Savage, Leonard J. (1954). *The Foundations of Statistics*. New York: Dover.

Sharpe, William F. (1964). "Capital Asset Prices," *Journal of Finance* **19**(3): 425–442.

Simon, Herbert A. (1947). *Administrative Behavior: A Study of Decision-Making Processes in Administrative Organizations*. New York: Macmillan.

Von Neumann, John, and Oskar Morgenstern. (1947). *Theory of Games and Economic Behavior*. Princeton: Princeton University Press.

第一部分
PART 1

确定性条件下完美资本市场中的融资

第2章　消费者金融决策

第3章　通过投资生产性机会创造财富

第4章　投资者如何为企业估值

第5章　完美资本市场中企业融资决策

第6章　企业投资决策

第 2 章 消费者金融决策

在发达经济体中，消费者行为在决定产品生产种类和数量中发挥着重要的作用。因此，微观经济学理论的一个自然出发点就是理解消费者做出消费和投资决策的基本原则。消费者安排其支出和融资计划，也是在各种企业与政府金融债务之间分配开支或投资。企业和政府都向消费者借入资金，而这些消费者决定其在特定时间的消费水平以及投资水平（通过购买金融资产），以期为将来的消费提供资金。最终，投资资金的价格就是由贷款提供者的偏好以及借款者的需求来共同决定的。因此，与金融决策相关的消费者行为对于理解金融经济学理论至关重要。

本章我们来探讨消费者融资决策的基本特征。正如本书的全文以及第一章中所提到的，我们首先考虑确定性条件下完美资本市场中的消费者决策[1]。

2.1 消费-投资问题

在一个典型的发达经济体中，消费者购买决定了经济体三分之二以上的产出水平。事实上，消费者决策是任何发达经济体中产品和服务实现分配的最重要的方式，因此理解消费者行为是非常重要的。为此我们采用**消费者选择理论**这一术语。消费者选择理论探讨消费者必须做出的各种权衡，这是因为消费者的收入是有限的，而消费品和服务的选择是无穷的。换言之，消费者必须考虑他们能够承担什么，同时考虑他们希望消费什么。数学上，前一种考虑是通过预算约束来表达的，而后一种考虑是通过消费者偏好方程来表达的。

为了强调消费者融资决策的主要特征，消费者选择理论采用了一系列简化的假设[2]。我们首先考察的情况包含以下假设。

（1）每一个消费者都生活在一个确定性的世界中，即无论现在还是未来，消费者知晓

---

[1] 我们将在本章后面部分进行解释并在后面的章节详细探讨何为不完美资本市场。
[2] 简化的假设是不现实的，因为现实世界要远远复杂于这一简化的世界。但是，只有当我们很好地掌握了这些基本原则之后，才能够很好地理解在现实复杂世界中如何制定金融决策。我们试图通过考察简单的情况，来获得一些近似的认识，然后就能比较容易地引入较为复杂的情况。

所有与决策相关的信息。

(2) 只有两个时间节点是重要的,一是现在时刻,二是未来时刻,该时刻可能会引起一系列效应,而这些效应将延续到未来(我们接下去将证明这种两阶段定位如何很好地代表包含了许多时间区间的金融决策问题)。

(3) 资本市场中有许多交易者,没有任何一个交易者能够对价格或利率产生影响(有时,但不是所有的时候,我们对固定资产等其他投入和产出市场做出类似的假设)。

(4) 每一个市场参与者对任何交易的市场价格及其相关条款所拥有的信息是同样(确定)的。

(5) 除市场主导利率之外,资本市场中的交易不涉及任何费用。

最后三个条件共同定义了所谓的**完美资本市场**。确定性条件下完美资本市场的一个重要结论就是所有金融工具的信用风险以及根据该金融工具的市场价格计算出的收益率都是相同的。在一个确定性世界中,除非贷款提供者知道借款者肯定能够偿还债务,否则不会提供贷款或者进行投资,因此信用风险自然也就不存在了。由于市场上存在大量的贷款供给者,并且借款者知道他们所要求的利率,因此没有一个资金使用者需要支付比其他任何人更高的利率,从而就完全没有理由以高于市场利率的价格去借款。同样地,没有贷款供给者会以低于市场利率的价格提供贷款,因为他们总是能够在其他的交易中获得市场利率大小的回报。

上述讨论的另一个引申含义就是,无论是什么样的现金收入(或支出)流,只要它们具有相同的现值,那么它们给其所有者带来的收入也是相同的。也就是说,如果每个时期的市场利率都是10%,那么现在时刻的\$1就正好相当于下一个时期的\$1.10,因为在同一个时间点,这两个现金流在资本市场中的价值是相等的。这就是说,在前面所描绘的世界中,融资决策是非常容易的,决策所依据的原则也是很容易识别的。由于每个人都以市场利率(不同时期,该利率可能会有所差异)来借入资金或者贷出资金,融资交易就可以简化,即通过其现值来进行度量。

2.1.1 描述个人偏好

为了解释为什么在不同的时点消费者会选择借贷,我们通过描述偏好和机会的概念,以达到较好的效果。个人对不同时点消费束的态度可以用来描述其偏好。在我们的讨论中,消费不同产品所带来的满意度可以由这些产品的市场价值来概括,我们称之为消费标准[3](consumption standard)。因此,我们希望能以一种简便的方式来表达不同时点某一消费者的现金支出偏好。

如果一个消费者能够始终非常一致地表述其偏好,那么我们就可以非常方便地采用**效用函数**表达该消费者的现金支出偏好。这样做的技术意义如下。

(1) 消费者能够将一对消费标准(C_1, C_2)与另一对消费标准比如(C_1^0, C_2^0)进行比较,并且说明偏好其中哪一对。

(2) 消费者的比较具有可传递性,即如果消费者对第一对消费标准的偏好大于第二

---

[3] 消费标准反映了以商品市场所确定的价格来最优地选择商品束所带来的内在满意度。这里我们不需要对这个问题进行详细的考察,因为我们现在的目的只是为了解释消费者融资决策。

对,而对第二对的偏好又大于第三对,那么消费者对第一对的偏好也将大于第三对。

只要消费者偏好满足上述两个假设,那么其对不同消费偏好的态度就可以用一个数值效用函数描绘出来,对于给定的一对消费标准,该函数对受偏好的那一对消费标准赋予较高的数值。根据该效用函数,偏好相同的消费标准的赋值也是相同的。因此对一个希望尽可能达到最优水平的消费者而言,其目的也就相当于最大化其效用。

图2-1采用**无差异曲线**的等高线给出了效用函数的形式。无差异曲线代表定义在度量1时刻和2时刻的消费标准平面上具有相同效用高度的位点。任何无差异曲线上任意一点代表的1时刻和2时刻消费支出的组合与该曲线上其他点所代表的消费支出组合的满意度是相同的,也就是说,每一条无差异曲线上所有的点所代表的效用是相同的。为了保证所有的无差异曲线都具有图2-1的形状,我们还必须假设:

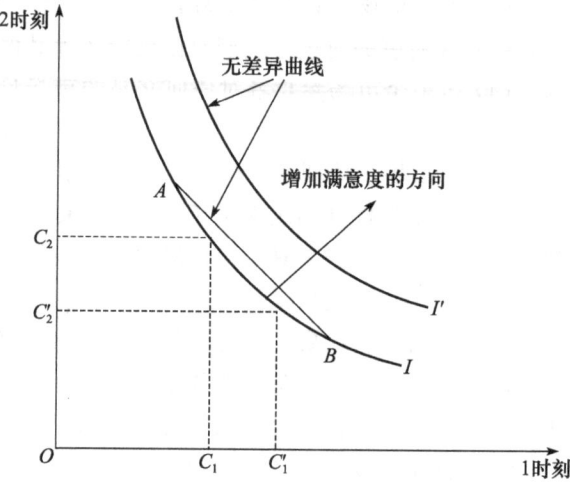

图2-1 1时刻和2时刻消费标准的无差异曲线

(3)消费支出越多,消费者满意度越高。

这就意味着在图中,当点向北、东或者东北方向移动时就能够带来较高的满意度。最后,我们假设:

(4)具有相同满意度的两个不同的消费组合的平均所带来的满意度要高于构成该两个消费组合中的任何一个。

这一假设的目的在于确保无差异曲线严格为凸函数。严格为凸就意味着,图2-1中连接A、B两点的直线所代表的消费标准要高于A点和B点所代表的消费标准,并且该直线位于无差异曲线I的内侧,从而与高于曲线I的曲线相交。这一假设排除了面临有限选择时,消费者最终选择哪一组消费标准可能出现的模棱两可。

无差异曲线上任何一点的斜率称为**现在消费与未来消费之间的边际替代率**。这一斜率代表消费者对现在消费和未来消费的不同偏好。根据最后两个假设,在一定时间内,随着消费的增加,消费的边际替代率是递减的。因而现在消费越多,消费者对额外增加现在消费的偏好越低。例如,图2-1中,随着1时刻的消费增加,无差异曲线变得越来越接近水平。这就意味着,1时刻的消费越多,要减少同样的2时刻的消费,就需要增加更多的1时刻的消费作为补偿(以保证消费者位于同一条无差异曲线上)。

2.1.2 为消费支出提供融资的机会

消费者的选择受制于其所能承担的支出的量。个体消费者能够花费在消费上的资源由其现在可获得的资产和未来的收入共同构成。在给定t时刻可获得的资产价值称为t**时刻的财富w_t**,它由其储备的耐用品的市场价值和t时刻之前一直持有的金融资产构成。收入由t时刻获得的工资、薪水和其他各种所得构成,我们用y_t表示。个人可以购买耐用品,也可以购买非耐用品,这里的耐用品指存续时间长于一个时期的物品,非耐用品的存续期间只有一个时期,因为购买这些物品仅仅是用于消费的。我们假设消费者希望购买的任何耐用品都可以按期租借[4]。这就意味着,消费者从一个时期持有到下一个时期的任何资产都可以以金融工具的形式出现。

由于我们现在考虑的是一个确定性世界,在任何时点我们都可以准确获知未来的收入。但是关于未来收入(即使未来收入是已知确定的)的一个问题就是,除非消费者现在能够以未来收入为抵押,否则未来收入无法为现在消费提供资金。因此,我们假设存在一些方式允许这样做。当然,这些方式取决于消费者在资本市场中进行交易的能力。

我们已经注意到,目前的分析均假设资本市场是完美的。在这一完美市场中,存在单一的贷款均衡价格,我们将这一价格记为 p,则 p 是 2 时刻(即一个时期以后)交付的 \$1 在 1 时刻的价格。尽管 p 代表了借入资金或贷出资金的价格,但通常更为简便的做法是将这一价格以利率的形式来表达。首先,注意到 p 是 2 时刻交付的 \$1 在 1 时刻的价格,我们也可以说,\$1 是 2 时刻(即一个时期以后)交付的 $1/p$ 在 1 时刻的价格。如果个人偏好现在消费而非未来消费,正如通常情况那样,那么最初借入或者贷出的资金就越多。假设上述情况成立,那么 p 就小于 1,而 $1/p$ 大于 1。那么我们就可以做如下的改写:

$$\frac{1}{p} = 1 + \frac{1-p}{p} \equiv 1 + r \tag{2-1}$$

即我们将 $(1-p)/p$ 定义为 r,其中 r 代表 1 时刻和 2 时刻之间的利率。正如完美市场中仅存在 p 的一个均衡值,也仅存在一个 r。我们还可以将式(2-1)改写为:

$$p = \frac{1}{1+r} \tag{2-2}$$

式(2-2)说明价格 p 代表以利率 r 贴现 \$1 所得到的价值。

现在考虑在这样一个世界中一个个体消费者所面临的机会,假设个体消费者拥有一个固定不变的收入流,即在 1 时刻和 2 时刻分别得到 y_1 和 y_2,如图 2-2 所示。(如果个人持有金融资产,那么我们假设其市场价值已经包括在 y_1 中。)我们接下去试图确定该收入组合的现值,也就是 1 时刻收入 y_1 和 2 时刻收入 y_2 现值之和,即 $y_1 + y_2/(1+r)$,它代表 1 时刻的财富,用 w_1 代表。

图 2-2 给出了收入和财富之间的关系,而 w_1 就是通过点 (y_1, y_2) 的直线在 1 时刻轴上的截距。如果在 1 时刻 w_1 全部用于投资,那么到 2 时刻就将得到 $w_2 = w_1(1+r)$,从而连接 w_1 和 w_2 的直线的斜率就

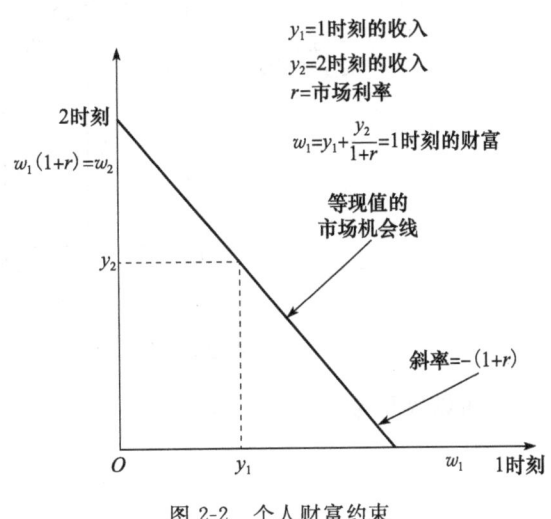

图 2-2 个人财富约束

---
4 在一个完美的耐用品市场,租借和拥有是无差异的,这是因为,租金始终等于消费者使用该物品期间其市场价值的变化。

是 $-(1+r)$。此外,图 2-2 中 w_1w_2 线上任何点在 1 时刻轴上具有同样的截距 w_1,从而具有同样的现值。因此,w_1w_2 线代表的收入组合都具有同样的现值。由于 w_1w_2 线通过点 (y_1,y_2),这就意味着,点 (y_1,y_2) 的收入流量组合的现值同样也为 w_1。

w_1w_2 线定义了通过花费所有可获得的资源而可购买的不同消费支出的最大现值,故称之为**个人财富约束**。又因为它代表了 1 时刻和 2 时刻通过安排净现值为 w_1 的金融交易可获得的资金的不同组合,也将其称为**市场机会线**。整个三角形 Ow_1w_2 称为消费者的机会集,因为在给定的消费者初始财富下,该三角形上或三角形内任何消费支出的组合都是可以实现的,即在这个范围内的任何消费支出形式消费者均可选择。

2.1.3 偏好和机会的协调统一

个体面临的问题是如何在财富约束条件下,选择一种消费支出的模式来实现效用最大化。上述问题在结合图 2-1 和图 2-2 基础上可以通过图 2-3 来解决。如果消费者无法进行资金借贷,那么其支出就局限于图 2-3 中无差异曲线 I' 上的 (y_1,y_2) 点。由于具备进行金融交易的能力,消费者就可以移动到较高的无差异曲线 I。在图 2-3 的特定例子中,消费者在 1 时刻借入 $c_1^* - y_1$,并在 2 时刻偿还 $y_2 - c_2^* = (c_1^* - y_1)(1+r)$(偿还的金额等于借入的资金数额加上利息)。正如消费者所要求的,花费的金额满足消费者的财富约束。有鉴于此,注意:

$$y_2 - c_2^* = (c_1^* - y_1)(1+r) \tag{2-3}$$

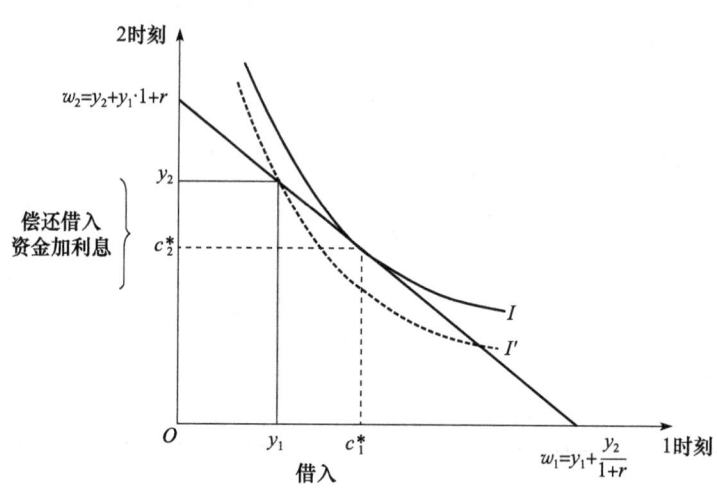

图 2-3 个人约束条件下效用最大化的消费选择

可以改写为:

$$\frac{y_2 - c_2^*}{1+r} = c_1^* - y_1$$

或者

$$c_1^* + \frac{c_2^*}{(1+r)} = y_1 + \frac{y_2}{(1+r)} = w_1 \tag{2-4}$$

换言之,最优消费选择的现值正好等于初始财富。

最优消费选择(c_1^*，c_2^*)由财富约束和可达到最大效用的无差异曲线的切点决定，[5]这里最优选择意味着消费者（在可承担的选择中）最偏好的选择。(c_1^*，c_2^*)这一支出模式并不总是与消费者收入流(y_1，y_2)一致。因此，消费者有可能通过资本市场借入资金（卖出一个以未来收入为抵押的债权）或者贷出资金（买入一个以未来收入为抵押的债权），从而实现 1 时刻和 2 时刻之间的资金转移。

如果某条无差异曲线与财富约束刚好相切的点所决定的消费标准是最优的，那么这条无差异曲线就是该消费者能够达到的具有最高效用的无差异曲线。这就意味着，消费者愿意在 1 时刻消费和 2 时刻消费之间做出权衡的最优比率（无差异曲线的斜率），正好等于市场告诉我们的 2 时刻交付的 $1 在 1 时刻的市场价值，$1/(1+r)$ 就称为 2 时刻 $1 的**现值**。

因此消费者融资决策理论就解释了消费者为了得到更加满意的消费支出时间而进行的金融交易。如果他们一得到收入就马上将其花费掉的话，是无法达到这种效果的。然而在金融市场中，消费者的花费不能超过其初始财富和未来收入的现值之和。这说明，在确定性世界中，所有消费者贷出资金后，都能够在未来得到偿还，不允许出现违约。该理论还说明，如果消费者能够增加其初始财富，那么其状况将有所改善，因为初始财富的增加意味着财富约束线向右移动。因此，为了尽可能改善消费者的状况，就需要尽可能地增加初始财富。这是一个重要的结果，我们在本书的后面还将常常用到这一结果。

2.1.4 数值举例

在这一节中，我们给出了一个数值例子，来进一步说明上述理论。考虑以下两个收入流，市场利率为 10%：

$$(y_1, y_2) = (\$1\,000, \$660) \text{ 和 } (y_1^0, y_2^0) = (\$300, \$1\,430)$$

那么

$$w_1 = 1\,000 + \frac{660}{1.1} = \$1\,600$$

且

$$w_1^0 = 300 + \frac{1\,430}{1.1} = \$1\,600$$

由于这两个收入流具有同样的现值，在一个完美资本市场中，消费者对这两个收入流具有相同的偏好，即 w_1 和 w_1^0 是完全替代的。这就意味着，消费者可以利用任何一个收入流达到(c_1^*，c_2^*)这一最优消费模式，该最优消费模式的现值也是 $1 600。例如，假设最优消费模式为($800，$880)，市场利率为 10%，则该消费模式的现值为 $1 600。如果消费者拥有第一个收入流，在 1 时刻借出 $200。当其在 2 时刻得到本金偿还和利息收入时，就可以得到 $220。从而其在 2 时刻的消费就能达到 $880=($660+$220)。如果消费者拥有第二个收入流，借入 $500 为 1 时刻消费提供融资，并在 2 时刻偿还 $550。那么在 2 时刻消费者就剩下 $1 430－$550＝$880 用于消费。

---

5 我们现在可以看出，2.1 节假设的严格为凸的无差异曲线能够很好地消除效用最大化问题中可能出现的多解问题。如果无差异曲线有一段是线性的，那么可能就有不止一组的最优解。

2.1.5 数学举例

我们可以通过解决下述问题来更加正式地描述上述理论：

$$\max_{c_1,c_2} c_1 c_2^{0.6}$$

约束条件为 $y_1 = \$1\,000$，$y_2 = \$648$，以及 $r = 0.08$，因此：

$$w_1 = y_1 + \frac{y_2}{1+r} + r = 1\,000 + \frac{648}{1.08} = \$1\,600$$

这里我们假设一种特定形式的效用函数，以及特定的收入和利率水平，则可以得到消费-投资问题的数值解。$c_1 c_2^{0.6}$ 为效用函数；$c_1 c_2^{0.6}$ = 常数，代表无差异曲线方程。

消费者的问题相当于如何通过寻找最优消费模式来实现效用最大化。该问题的最优消费模式的现值为 $\$1\,600$，即解必须满足：[6]

$$c_1 + \frac{c_2}{1.08} = \$1\,600$$

可以将其改写为：

$$c_2 = (1\,600 - c_1) \times 1.08$$

然后代入最初的最大化函数得到：

$$\max_{c_1} c_1 [(1\,600 - c_1) \times 1.08]^{0.6}$$

通过对 c_1 求导并令公式等于 0，就可以得到最优解。求导得到：

$$(1\,600 - c_1)^{0.6} - c_1 \times 0.6 \times (1\,600 - c_1)^{-0.4} = 0$$

然后

$$(1\,600 - c_1)^{0.6} = 0.6 c_1 \times (1\,600 - c_1)^{-0.4}$$
$$1\,600 - c_1 = 0.6 c_1$$

从而

$$1.6 c_1 = \$1\,600$$

从而 1 时刻消费的解为：

$$c_1^* = \$1\,000$$

此外，由于

$$c_1^* + \frac{c_2^*}{1.08} = \$1\,600, \quad \frac{c_2^*}{1.08} = \$600$$

从而

$$c_2^* = 600 \times 1.08 = \$648$$

无论从借入资金还是贷出资金的角度来看，该消费者都具有典型性，即最优消费模式和收入流正好完全相同。正式表达如下：

$$c_1^* = y_1, \quad c_2^* = y_2$$

图 2-4 给出了该问题及其解的几何表述。

---

[6] 事实上，它不能超过 $\$1\,600$。但是因为我们假设增加消费可以带来更高的满意度，因此消费者总是会花费掉所有可获得的资金。顺便提一下，这些花费中的一部分可以被理解为遗赠，从而消费者尽管是一个物质主义者，也可以是利他的。

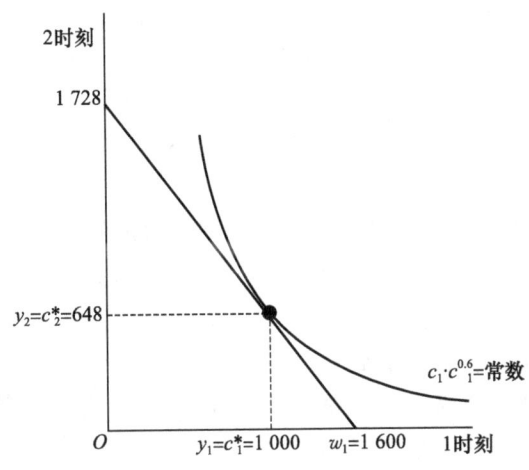

图 2-4 收入和消费模式的数学举例

2.2 初始财富是消费者决策的唯一约束

从前面的分析中可以清楚地看到,财富约束的存在使得消费者无法达到更高的无差异曲线。但是由于这条线描述的是 1 时刻和 2 时刻现金流的组合,这些现金流具有相同的现值。上述分析表明,消费的限制完全由 w_1 的大小来决定,这是因为所有具有同样现值的现金流赋予消费者同样的机会。这点已经讨论过了。我们现在要提出的问题是,如果消费者持有的是耐用品或者资本市场是不完美的,上述结论是否会发生变化?

2.2.1 收入和初始财富合并在一起

我们之前提到,消费者持有初始的财富禀赋和收入流。如果初始的财富禀赋以金融资产的形式存在,并且可以在资本市场中自由买卖而不涉及交易费用,我们就可以认为其价值包含在 y_1 中[7]。

如果财富以耐用品或其他实物商品的形式存在,我们假设它们在各自的市场被出售出去,并将出售所得收入加到现有收入中,如果需要的话,这些商品可以按期租借[8],从而初始持有的资产只是改变了财富约束,在图 2-2 和图 2-3 中就相当于财富约束线的右移,改变的量相当于资产的市场价值。因此,该时期收入流的现值和其他初始资产的市场价值之和就构成了个人总财富,进而构成该时期消费模式选择的有效约束。其他的分析是不变的。

2.2.2 不完美资本市场的影响

前面的分析指出在完美资本市场中的消费者总是能够通过自由借贷资金来选择其消费

---

7 在一些分析中记为 $y_1 + a_1$,其中 a_1 代表实体资产的初始的财富禀赋。
8 如果实物市场是不完美的,那么就会产生一个问题,那就是耐用品各个阶段的租金可能不等于其市场价值的变化。在这种情况下,按期租借的经济结果可能就不同于拥有这些物品的经济结果。这里我们假设耐用品市场也是完美的,更为复杂的情况将在后面进行讨论与分析。

模式,改善其状况,而不会导致其状况变差。因而我们可以推断出在这些经济体中的人们的平均幸福要高于那些处于不能自由借贷的经济体中的人。有鉴于此,**市场不完美**的存在通常都被认为是不好的。例如,经纪人费用等交易费用的存在就减少了初始财富水平,最终降低了消费者的幸福水平。类似地,信息分布的不均等其他类型的不完美,其存在会妨碍甚至阻止金融交易的发生。

尽管我们将在后面的章节详细探讨不完美市场所造成的结果,但到目前为止所探讨的简单理论已允许我们得出一些结论。例如,考虑限制贷出资金这一管制约束的影响。如图 2-5 所示,这种干预有可能会导致一些消费者状况变差。在此,个人受到贷款限制的影响,只能借入的固定最大量是 $c_1'-y_1$,同时要小于不存在限制时的量 $c_1^*-y_1$。因此消费者只能达到消费标准 (c_1', c_2'),与该点相切的无差异曲线所带来的满意度要低于 (c_1^*, c_2^*) 带来的满意度。

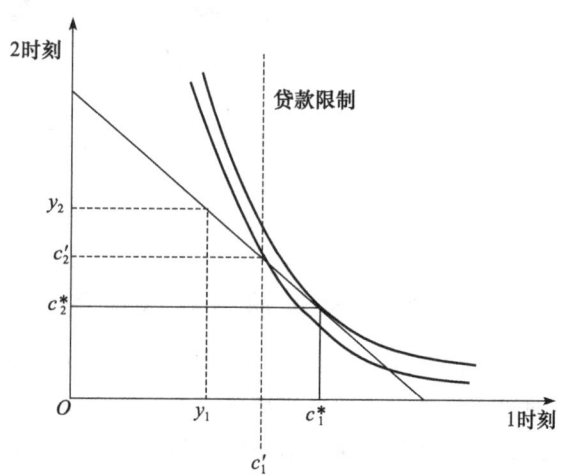

图 2-5 贷款限制降低个人满意度

图 2-5 所描绘的贷款限制类型在现实生活中是存在的。例如,在国家紧急时期,贷款约束完全是合理的,因为通过限制消费品的购买,可以释放更多的经济资源用于应对紧急情况,从而提升社会效益。在一般时期,小额贷款法案等法规有时会规定单个客户可以借入资金的上限,这种状态的存在具有其合理性,因为如果不加以限制,一些个体可能会为其或其所在组织借入超出其所需要的资金。

2.3 市场利率的意义

总的来说,如果我们假设消费者都是资金净贷出者(正如发达经济体中常见的情况),并且假设该经济体的资金借入总量维持在一个固定水平,那么消费者供给的贷款总量将决定市场利率。在决定贷出多少资金时,每个消费者都会根据下面的原则来选择他的消费总支出,即使得 1 时刻消费和 2 时刻消费的边际效用比率等于市场机会线的斜率 $1+r$。这类决策加总起来就决定了贷款资金的总量,进而决定了市场利率。因此我们可以确定,市场利率反映了整个社会对 1 时刻消费和 2 时刻消费之间的权衡偏好。

此外,市场利率是消费者因为递延消费而得到的补偿,因此那些需要资金的部门(例如企业和政府)就需要支付一定的价格,避免资金被随便消费掉。通过支付这一价格,企业(政府)引导储蓄,这些储蓄资金将用于投资产品。如果这些投资所带来的收益大于市场利率,那么投资就是值得的,因为这也就意味着初始投资所带来的未来消费的现值将高于最初递延的消费的现值。

2.4 消费-投资理论的实践意义

我们已经知道，当经济体中金融市场运作平稳时，家庭的状况将有所改善。实际中，许多家庭都会缴纳养老金，即通过储蓄（进而将资金借给别人），他们能够制定更加令人满意的期望消费支出，而如果不存在养老金等类似安排，则是做不到的。这种情况就与上述理论的预测相一致。

家庭投资决策对现实经济体中的公司而言是非常重要的，因为家庭构成了金融资本的主要来源，在大多数发达经济体中，家庭是资金净贷出者。家庭资金的大部分都存放在人寿保险公司、养老基金和共同基金等金融机构。这些机构获得的资金又被投资于企业或政府债券。家庭也会直接购买一些企业或政府债券，从而扮演企业和政府资金的直接提供者这一角色。家庭希望能为未来消费提供融资，因此成为企业所需资金的主要来源。企业利用这些资金为其投资活动提供融通[9]，企业为这些资金所支付的价格即为家庭将现在消费递延到未来某个时刻所要求的价格。

到目前为止，我们所发展的理论为企业管理层提供了一种标准。在确定性条件下的完美资本市场中，消费者决策的唯一约束来自财富，财富越多，消费者满意度越高。相应地，公司管理层能够为公司所有者所做得最好的事就是最大化其公司所有权利益的现值。也就是说，管理层的任务就是创造尽可能多的财富，这也正是所有企业的所有者要求的。管理层将以高于市场利率筹集到的资金进行再投资，来实现财富创造。在下一章我们将详细讨论管理层如何完成这一任务。

要 点

- 发达经济体中，作为产品和服务的需求者以及资本市场的资金提供者，消费者的行为是非常重要的。
- 消费者选择理论考察了消费者在其购买决策中做出的权衡和决策。消费者偏好是通过其效用函数来表述的。
- 假设消费者处于一个完美资本市场中，在这个市场中：①有许多交易者，并且没有一个交易者大到能够影响价格或利率；②交易各方对市场价格和任何与交易有关条款拥有相同（确定）的信息；③除了市场主导利率之外不存在交易成本。
- 在一个完美市场中，资金借入者没有必要以高于市场利率的价格借入资金，资金贷出者也没有必要以低于市场利率的价格贷出资金。
- 消费者偏好可以通过效用函数即用数学的方式表达出来，根据这一函数，具有相同满意度的消费模式代表的点位于同一条无差异曲线上。
- 现在消费和未来消费的边际替代率是无差异曲线在任何一点的斜率，代表消费者对牺牲现在消费来满足未来消费的偏好。
- 在给定时间上，可获得资产的价值由储

---

9 技术专家会注意到，货币扩张以及随之而产生的信贷扩张在上述简化阐述中都被忽略了。

- 备的实体耐用品的市场价值和前期保留的金融资产构成。
- 消费者金融决策理论认为,消费者进行金融交易,以期获得更多消费支出,而如果他们在每个时点获得收入后就马上全部花费掉的话,是无法达到这种效果的。
- 一个完美资本市场意味着,消费者的状况从不会因为自由借贷而变差。这一结果就意味着,资本市场不完美是不好的。
- 资本市场的不完美包括交易费用、信息分布不均,以及管制约束。
- 当每个消费者决定贷出多少资金或者借入多少资金时,所有消费者的决策加总在一起就决定了借贷总量,进而决定了市场利率。市场利率是消费者由于递延消费而得到的补偿,从而那些需要资金的部门就需要支付一定的价格,以避免资金被随便消费掉。

问　题

1. (1) 确定性条件下完美资本市场中贷款风险的含义是什么?
   (2) 在一个完美资本市场中,一个需要资金的实体是否需要支付高于市场利率的利率?为什么?
2. 为什么完美资本市场中金融决策的制定相对比较容易?
3. (1) 效用函数的含义是什么?
   (2) 无差异曲线的含义是什么?
   (3) 现在消费和未来消费的边际替代率的含义是什么?
4. 画出现在 $100 现金流和下一期 $210 现金流的等现值线,利率为 5%。如果除了利息费用之外,还需要为借出资金的收益支付 1% 的佣金,那么第一个时期能够实现的最大值是多少?在你的图中画出佣金的影响作用,并解释该题对消费者幸福感的重要性。
5. 假设利率为 0,消费者效用函数为 $u(c_1, c_2) = (c_1, c_2)$,而两个收入流为 $(y_1, y_2) = (75, 125)$。找出每个时期的最优消费,并说明该消费者进行了何种金融交易。请用图表的形式做出解答。
6. 假设现在投资 $40 将在下一期得到 $110,利率为 10%。那么:

$$w_1 = \frac{110}{1.10} - 40 = 60$$

在一个完美市场中,这样一个收入流的所有者就能够创造出任何满足以下条件的现金流量组合:

$$c_1 + \frac{c_2}{1.10} = 60$$

如果此人面临另一个投资机会,当前时刻需要投入 $10,但是在下一期能够得到 $77,那么这个投资机会就和第一个机会一样令人满意。如果借款需要支付 1% 的经纪人费用,那么,为什么上述推理就不成立了?

7. (1) 请用图表来说明为什么确定性条件下一个消费者在面临两期规划问题时,将在资本市场中受益。解释你的图表有什么不同的特征,并列出你的分析的重要假设(除了前面已经提到的那些)。
   (2) 请用另外一个类似的图表来说明,为什么(在(1)部分所描述的情况下)当借款者受到借款限制,只能借入其现有(第一期)收入的固定比例金额时,会有部分个体的状况因此变差。
   (3) 这样一种限制在现实世界中是否可

能是一个好的政策？为什么？

8. 在消费-投资决策的确定性理论的基础上，能否做出当利率上升时，消费者将借入较多（较少）资金的判断？为什么？请用图表来说明。

9. 请解释为什么在确定性条件且不存在税收的完美资本市场中，股利（1时刻的现金支付）和资本利得（2时刻的现金支付）对投资者而言是无差异的。上述命题说明，股利的变化正好能够被具有同样现值的资本利得的变化抵消。请用标记清晰的图表加以说明，注意语言要尽可能简洁。

10. 一个消费者的两期消费-效用函数为 $u(c_1, c_2) = c_1 c_2^{0.6}$；收入流为 $y_1 = 2\,000$；$y_2 = 1\,296$；且市场利率为 0.08。求解效用最大化情况下的 c_1 和 c_2。请问该消费者是资金借入者还是资金贷出者？

11. 在一个两期问题中，如果一个消费者的偏好满足本章的假设，那么当其收入增加时就将相应地增加至少一个单位消费。这种说法是对还是错？请用图表来验证你的答案。

12. 请用图表说明一个个体在1时刻得到收入又如何为其在2时刻的消费提供融资的，其中2时刻代表退休，从而不再有任何收入。

13. 请解释你是否同意以下说法：在一个完美资本市场，当个体具备自由选择借入资金或者贷出资金的能力，进而可以选择其消费模式时，他们的状况将变差。

14. 资本市场不完美的含义是什么？请举出两个例子。

第3章 通过投资生产性机会创造财富

本章我们将考察管理层如何进行企业投资以实现财富创造，进而提升个人满意度。我们首先考察**独资企业**，其所有者与经理人是同一个人。然后我们考察有多个所有者的生产性企业。在这两种情况下，企业的投融资决策都能够使其所有者财富增值。

我们将会发现，在一个完美资本市场中，管理层可以通过采用被称为**市场价值**的规则，使得企业所有者的财富最大化。这一规则要求管理层所做的决策能够实现其所经营企业的市场价值最大化。在讨论完如何实现市场价值最大化的细节之后，我们将通过提出**分离原则**这一重要的结论来结束本章。分离原则不仅定义了金融管理的任务，还为如何最好地完成这些任务提供了一些见解。

3.1 创业企业：生产和投资决策

一个拥有单一所有者和经理人的企业可以被视为一种财富创造装置，只要企业正常经营，这种装置就能够增加其所有者的财富。正常经营指根据所有者财富最大化的原则来做出生产和融资决策。首先，我们假设企业家具备与生产技术有关的知识，同时存在初始资源供给，既可以通过出售获得资金，也可以用于生产过程，其产出也可以用于出售获得资金。一开始我们不必担心企业家的初始资源是从哪里来的，但是后面我们将考虑如果企业家拥有可供出售的产品而不具备任何初始资源，情况会怎样。

3.1.1 企业家的机会

和第 2 章一样，我们还是考虑两个时点。现在面临的问题就是，鉴于企业家拥有一些资源，并且可以将其用于生产活动，那么如何来表达企业家的机会集？现在我们面临大量不同的生产机会，这些机会看似各不相同，但是如果从机会集的角度来看就都是相同的。当我们从生产机会的角度来描述这些活动，诸如在 1 时刻储备商品在 2 时刻将其出售与农场经营或者管理制造企业之类的不同活动，这些活动都具有一些相似的特征。

无论考虑的是何种生产机会，都可以用一条**转换曲线**来表达。转换曲线的一般形式是 $T(K_1, K_2)=0$，其中 K_1 代表 1 时刻投资于企业的资金的价值，K_2 代表 2 时刻产生的资金的价值。1时刻利用可以获得的资源和技术生产出的商品在2时刻出售,获得的现金就构成了2时刻产生的资金。假设转换曲线反映的是资金的有效利用,即尽可能高效地利用资本投资,理性的企业家没有浪费掉任何资源。

我们假设转换曲线具有图3-1的形状,其中OK_1代表初始资源当前的市场价值,这些资源既可以用于出售以获得现金,也可以用于投资生产性机会。考虑A点,它代表立即出售OX初始资源的策略,并在1时刻将XK_1投入生产机会中,这样我们就可以理解转换曲线的含义了。2时刻,投资XK_1所产生的资金量记为OK_2';OK_2代表所有资源都用于投资到2时刻的产出。

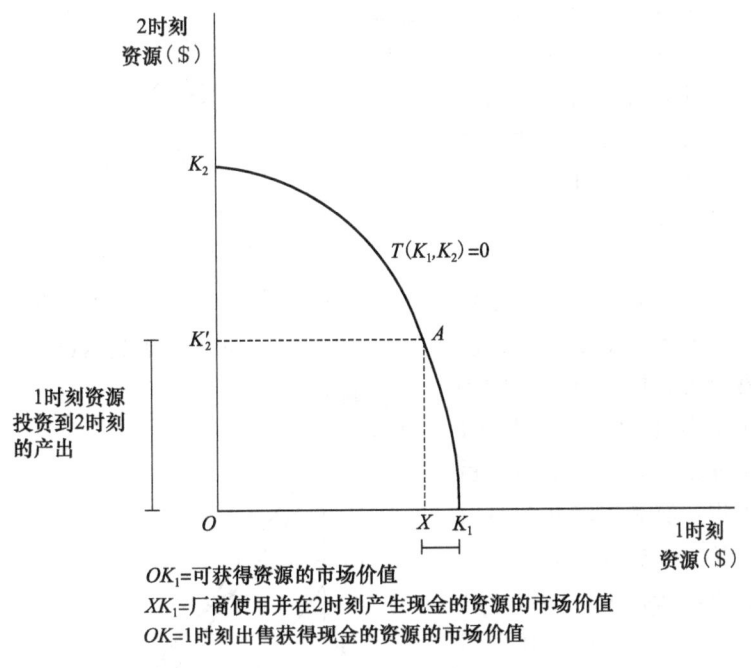

OK_1=可获得资源的市场价值
XK_1=厂商使用并在2时刻产生现金的资源的市场价值
OK=1时刻出售获得现金的资源的市场价值

图3-1 生产机会

我们可以把转换曲线的斜率理解为公司的边际收益率,因为它代表了2时刻获得的收入相对于1时刻投入资金的增量。注意图3-1中转换曲线的形状就意味着随着投资水平的上升,边际收益率是递减的(图中,K_1向左移动就代表投资增加)。图3-1中转换曲线斜率的下降是由以下任何一种现象的存在或者这两种现象的共同存在造成的。一方面,公司产品的需求曲线可能是向下倾斜的,故而为了出售更多的产品,产品的价格必须下降。[1]在这种情况下,只要平均生产成本的下降没有产品价格下降的多,那么转换曲线的斜率必然就是下降的。另一方面,由于投入资本的边际物质产品是边际递减的,从而生产的边际成本有可能会上升。在这种情况下,即使平均销售收入是一个常数,转换曲线的斜率也足以因此而下降。无论何种情况,随着资本投入的增加,投入资本的边际收益率都是递减的。

公司的生产机会集就是OK_1K_2所包含的区域。但是,由于所有者关心的是如何最大限度地利用可获得的资源,相关的生产机会集就仅限于K_1K_2这一转换曲线。我们接下来说明

---

[1] 向下倾斜的需求曲线反映了产品需求的价格弹性是有限的,也许广告的边际收益也是递减的。

所有者如何通过选择融资机会和生产机会的组合来实现初始财富最大化。由于在最大化初始财富的同时，企业家也实现了可获得的消费机会现值的最大化，从而相当于在给定的情况下尽可能地达到最佳境况。或许通过一些具体的例子我们能够更好地说明这些情况。

假设在 1 时刻一个农场主能够出售其贮藏的 1 000 个单位的商品（比如小麦）。小麦的现价是每单位 $1.00，或者农民也可以选择在 2 时刻以每单位 $1.30 的价格出售这些商品。假设贮藏过程中不会发生损坏，同时也不存在贮藏费，这一情况就可以用图 3-2 中的一条线性转换曲线表示。注意在这种情况下，农场主会选择 1 时刻出售全部商品或者一直贮藏到 2 时刻（只有当市场机会线的斜率与转换曲线相同时，在 1 时刻或者 2 时刻出售不同量的商品不会影响其财富）。正如图 3-2 所显示的，如果市场利率低于 30%，那么市场机会线的斜率就将小于转换曲线，从而就应该选择贮藏商品直到 2 时刻才出售。在这种情况下，农场主可以在 1 时刻以市场利率借入资金为其当前消费融资，同时利用 2 时刻出售商品的所得还本付息。如图 3-2 所示，通过这种方式，相比 1 时刻就将全部商品出售，农场主的状况将有所改善。[2] 如果市场利率高于 30%，那么 1 时刻就应该出售商品，同时任何没有被消费掉的资金应该用于再投资。

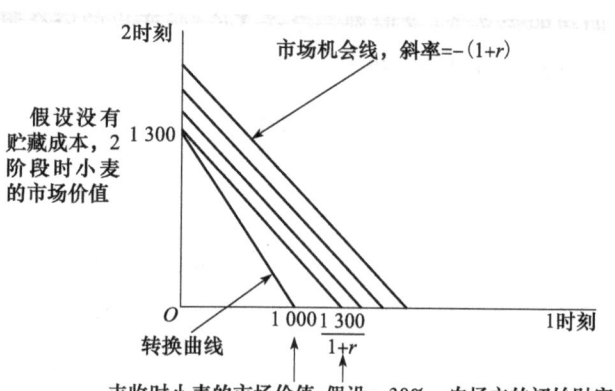

图 3-2　商品贮藏举例

现在我们来考虑第二个例子，生产机会可以用一开始引入的非线性转换曲线来表示，如图 3-3 所示。如果个体立即清算 OK_1 的初始资源，就将得到价值为 K_1 的初始现金水平（既可以用于 1 时刻的消费，也可以用于 1 时刻的投资）。这一财富可以被转换

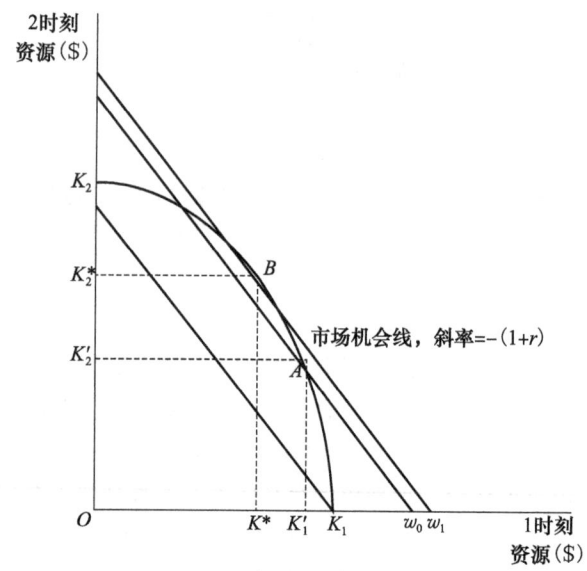

图 3-3　生产和资本市场机会

成 1 时刻和 2 时刻的现金流，正如过 K_1 点斜率为 $-(1+r)$ 的直线所显示的。但是，如果个体仅仅清算一部分初始资源 (OK_1')，并将其余的 $(K_1'K_1)$ 投资于一些生产性活动，我们就可以用一条过点 A 和点 w_0 的斜率为 $-(1+r)$ 的直线来表示该时期达到的新的组合。注意由于 w_0 是 1 时刻轴上的截距，它代表的财富价值就要大于初始资源的价值。个体通过

2　顺便提一句，该图与商品市场均衡不一致。因为在现有情况下，商品市场中的投机者有动机买入商品并持有，从而推动 1 时刻的价格上涨，直到转换曲线和市场机会线具有相同的斜率。

将部分初始可获得资源投资于企业,就得到了高于市场利率的回报,从而增加了其财富。

通过将上述推理反复应用,我们发现,B 点代表的投资策略要优于其他任何点,因为在该点,斜率为 $-(1+r)$ 的直线正好与生产机会集相切。根据这一策略,就需要清算 OK_1^*,同时将 $K_1^*K_1$ 用于投资,来获得初始财富 w_1。相切条件的重要含义是,边际收益率正好等于市场利率,正如我们可以看到的,转换曲线在 B 点的斜率(1加上边际收益率)正好等于可以达到的最大的市场机会线斜率(1加上市场利率),目的自然是使个人能够获得尽可能多的初始财富,其值为 w_1。因此,一个将资金投资于企业的策略就是,不断投资直到投资的收益率下降到市场利率,该策略使得企业家的初始财富达到最大化。

现在我们同时考虑生产-投资选择和消费决策,这可通过在类似图 3-3 中加入无差异曲线来实现。图 3-4 中,有偏好的消费选择由 A^* 点表示,其含义是,为了最大化企业家的满意度,就必须首先最大化其初始财富。这就包括①清算并收回初始资源 OK_1^*,和②在 1 时刻将余下的 $K_1^*K_1$ 投资于生产性机会,以期在 2 时刻获得 K_2^*。这样得到的财富 w_1 将用于这两期的消费,这是通过③在 1 时刻消费 Oc_1^*,同时借入 $Oc_1^* - OK_1^*$ 来填补期望消费水平与出售资源获得的现金之间的差值,和④利用初始投资所带来的生产机会的收入在 2 时刻消费 Oc_2^*,偿本付息 $(Oc_1^* - OK_1^*)(1+r) = OK_2^* - Oc_2^*$ 来实现的。

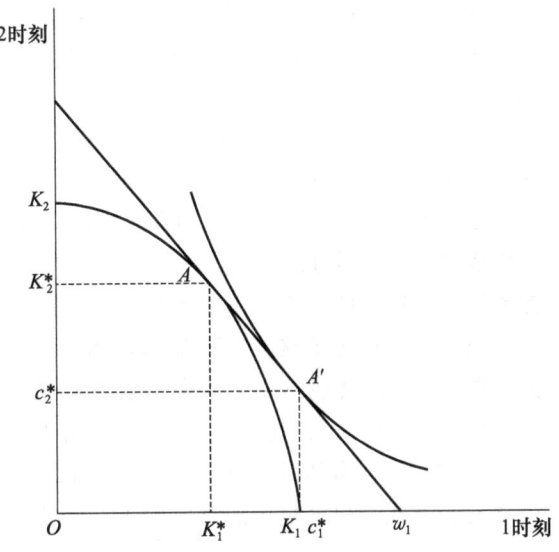

图 3-4 生产和消费决策的联合选择

通过将生产机会与在资本市场借入资金结合在一起,企业家的状况显然有所改善。如果他仅仅只面临生产机会或者市场机会,是无法达到这种效果的。一旦个体决定了初始投资的价值 $OK_1 - OK_1^*$ 就没有任何办法再来增加财富了。从那一点开始,企业家所能做的只有确定最令人满意的消费模式,其现值正好等于最优投资策略所带来的回报 w_1。

整个决策过程可以视为包含两个不同的步骤。

第一步:使投资的边际收益率等于市场要求的回报率,选择最优生产策略。

第二步:在资本市场借贷,直到消费者主观上的时刻偏好率等于市场回报率,选择最优消费模式。

投资决策和消费决策的分离有时也被称为**费雪分离定理**。[3] 我们将在 3.4 节详细探讨这一定理的重要性。

3.1.2 没有初始资源的企业家

假定我们现在考虑这样一个有抱负的企业家,他拥有一个可供出售的产品,并且了解

---

3 因为该定理最早见于 Fisher(1930),Irving Fisher 的观点对于现代财务经济学理论具有重大的影响。

所需的生产技术,但是没有任何资源来为这一生产提供融资。企业家是否会因此而无法实现技术可能的价值呢?在完美资本市场的假设下,答案是否定的。正如图3-5所显示的,没有初始资源的企业家可以在1时刻从资本市场借入生产融资所需的所有资金(OI_1^*,在2时刻利用生产的产品出售所回收的现金流来偿还)。由于个人一开始不持有任何金融资源,从而转换曲线就延伸到图原点之外。由于OI_1^*是借入的,从而图3-5中显示为负。在2时刻,企业偿还$I_1^*(1+r)$,而所有者得到余下的OX_2。可以从图3-5中看出,OX_2在1时刻的价值自然就是w_1。因而我们可以发现,在一个完美资本市场中,即使企业家在初始阶段没有资金为其创业企业提供融资,还是可以利用经济上可行的创业想法来创造财富,即通过向他人借入资金,就能使得这些想法具有可出售的价值。

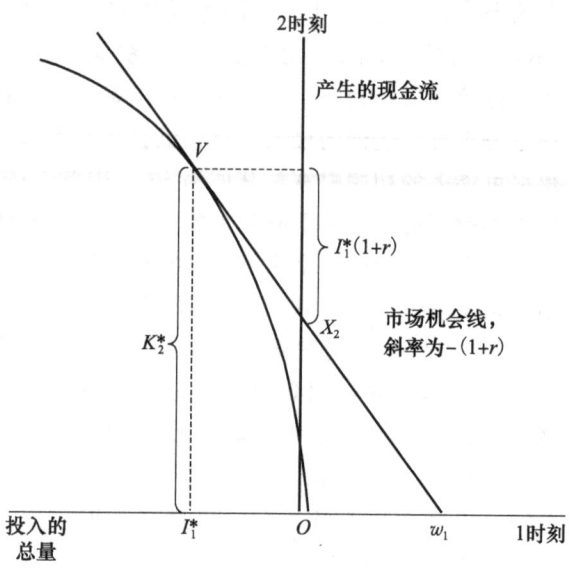

图3-5 企业家借入初始资本

我们也可以想象这样一种情形,当企业家拥有部分投资资金,但是必须借入余下的部分。图3-6中的转换曲线就代表了上述情况。注意在这种情况下,无论企业家借入OI^*并将OK_1用于投资,还是企业家将OK_1用于出售并且全部借入I^*K_1,企业家财富的增加始终是相同的,增加额为K_1w_1。我们可以得出的结论是,在这些情况中,为生产投资提供融资的方式与机会价值的确定无关,我们在后面将详细考虑这一原则的重要性。

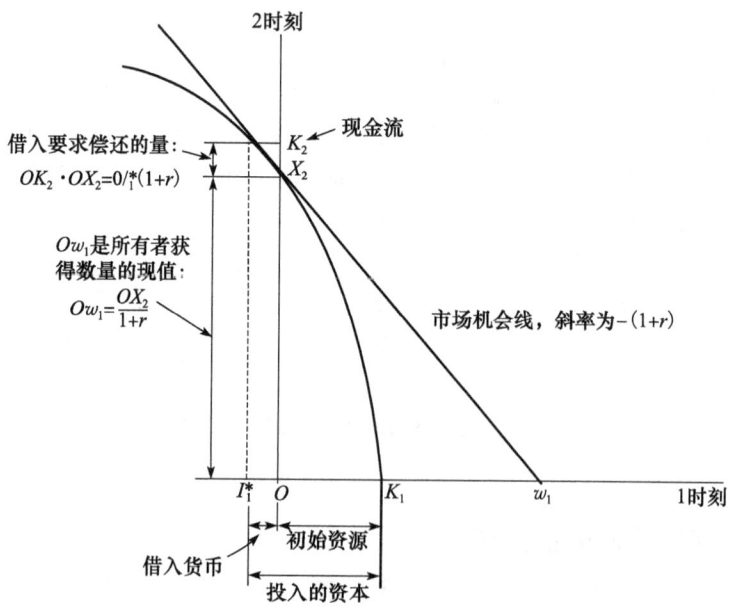

图3-6 企业家借入部分所需资本

3.2 由经理人代表所有者进行投资决策

尽管前面一节提出了一些有关独资企业(或者我们所说的创业企业)最优决策原则的有价值的观点,但是现实经济体中完成大多数投资的实体企业都是股份有限公司(一些投资企业不属于股份有限公司,并且拥有不止一个所有者,但是为了接下去的讨论能够相对比较简单,我们仅考虑股份有限公司)。这一事实使得我们需要考虑两个额外的问题:

问题1:股份有限公司有许多所有者,并且没有理由假设所有的所有者具有相同的偏好。

问题2:一个股份有限公司的所有者并不亲自做出公司经营决策,而是雇佣职业经理人,授权他们来完成决策制定。

如果股份有限公司的管理者所带来的所有者财富的现值和所有者自己进行决策时一样的话,就不会产生任何问题。因为我们知道 w_1 构成了个人消费决策的唯一约束。也就是说,在一个完美资本市场中,因为股份有限公司只是一个与所有者相关的特征,故而只被视为一种创造财富的手段。在一个完美资本市场中,即使所有者的1时刻消费和2时刻消费的边际替代率有差异,初始财富的现值始终是其消费决策的唯一约束。当个体投资的市场价值达到最大化时,其初始财富也就实现了价值最大化,从而在一个完美资本市场中,经理人(代表企业的股东进行企业决策)就能实现其所经营企业的市场价值最大化。因为如果企业的市场价值实现了最大化,那么任何所有者在企业收益中相应的比例部分也就实现了市场价值最大化。

3.2.1 股份有限公司和市场价值准则

为了更深入地认识经理人在经营一个生产性企业时应该采用市场价值准则,我们重新考虑上一节的结论。一个企业家的最优消费、生产和融资决策是由同时满足两个相切条件来刻画的。

(1) 转换曲线和资本市场机会线
(2) 资本市场机会线和无差异曲线

为了满足第一个条件,我们无须知道任何有关第二个条件的个体偏好特征。鉴于职业经理人是因为其具有技术能力(即与该企业相关的技术知识)才被雇佣的,这个人就可以制订出最大化企业市场价值的生产计划,这是通过将对企业投资回报率的认识与市场利率结合在一起达到的。

我们将要进行的下一步讨论对理解许多金融经济学理论的力量很关键。回顾一下,市场机会线是等现值线,因此当我们告诉经理人需要找到转换曲线和市场机会线的一个切点时,就相当于(如果随着投资的增加,回报率始终是下降的)最大化1时刻所有者从企业中收回现金的市场价值。因而遵循这一指示的管理层将最大化企业现有所有者的财富以及任何个人所有者在公司中相应比例的所有权权益。

股份有限公司的管理层可以把消费决策留给个体来完成,因为个体现有的财富是其未来消费机会的唯一约束。个体通过其在资本市场中的交易来满足第二个条件从而达到最优水平。在一个完美资本市场中,任何一组具有给定现值的消费选择都可以与其他任何具有相同现值的消费选择组合进行交换。特别地,这就说明股东从一家企业获得的任何一组消费可能性都可以转换成一种财富,并且它们具有相同的现值。因此如果管理层决策能够增加股东现有的财富,那么股东的状况将无可争议地有所改善。因此一种能够最大化市场价值的决策可以尽可能地改善股东的状况。

3.2.2 市场价值最大化等同于利润最大化

事实上,市场价值规则要比我们现在所认识到的更具有一般性。因为如果我们对市场价值做出正确的理解,那么这一规则就要求管理层在每个时点最大化其利润。为了让我们对价值最大化的理解是接近正确的,为了使其具有一般性,考虑下面的例子,这里同时考虑3个时点。

定义 I_1^* 为1时刻所有投资于企业的资金,K_2 为2时刻扣除营运成本的净现金流,K_3 为3时刻扣除营运成本的净现金流。假设 r 为所有时期的市场利率。那么1时刻企业的市场价值就是:

$$MV_1 = \frac{K_3}{(1+r)^2} + \frac{K_2}{1+r} - I_1^* \tag{3-1}$$

现在假设 I_1^* 投资的花费全部是借入的资金,并且贷款偿还计划要求在2时刻和3时刻分别偿还 I_2 和 I_3 的本金和利息,满足:

$$\frac{I_2}{1+r} + \frac{I_3}{(1+r)^2} = I_1^* \tag{3-2}$$

这一计划自然就保证了资金贷出者能够获得市场利率的回报。于是我们将式(3-2)代入式(3-1),得到:

$$MV_1 = \frac{K_2}{1+r} - \frac{I_2}{1+r} + \frac{K_3}{(1+r)^2} - \frac{I_3}{(1+r)^2} \tag{3-3}$$

此外,如果贷款偿还正好等于经济折旧,那么 $K_2 - I_2 = \pi_2$,以及 $K_3 - I_3 = \pi_3$,从而 π_2 和 π_3 就是这两个时期的经济利润。因而我们就可以将式(3-3)改写为:

$$MV_1 = \frac{\pi_2}{1+r} + \frac{\pi_3}{(1+r)^2}$$

所以,最大化所有(正确理解的)利润等同于最大化公司市场价值。

当决策能够增加一些时期的利润而减少另一些时期的利润时,市场价值最大化规则就不等同于分别将每一个时期的利润最大化。在这种情况下,正确的决策自然就是利用市场价值规则制定出的决策。然而,即使是在这种情况下,对每一个时期利润的正确理解仍然会得到所有利润现值最大化的结果。第6章将深入讨论这一问题。

3.3 例子:陈化的美酒

在这一节,我们提供一个数学例子,为前面给出的图、推理提供详细的支持。考虑这样一个问题,一个商人试图决定是现在就出售产品还是进一步改善产品以期在未来以更高的价格将产品售出。例如,假设一个酿酒商的新酒为其初始可获得资源,则该酿酒商为最大化其初始资源的市场价值,他可以在1时刻出售这些美酒,也可以使其陈化直到2时刻才出售。假设市场利率为6%。

酿酒商的目标函数为：

$$\max K_1 + \frac{K_2}{1.06} \tag{3-4}$$

式中　K_1——1时刻出售的新酒的价值；

K_2——2时刻出售的陈酒的价值。

假设最大化问题受制于$K_1^2 + K_2^2 = 212.36$，之所以选择这样的转换曲线，只是为了数学上相对容易求解，而与其现实解释无关。该转换曲线意味着，1时刻所有新酒的现金价值为($\$212.36)^{1/2}$，约为\$14.60。

通过迭代，我们可以将式(3-4)改写为：

$$\max_{K_2}(212.36 - K_2^2)^{1/2} + \frac{K_2}{1.06} \tag{3-5}$$

对式(3-5)中的K_2求导，并令其等于0，我们得到：

$$\frac{\frac{1}{2} \times (-2K_2)}{(212.36 - K_2^2)^{1/2}} + \frac{1}{1.06} = 0 \tag{3-6}$$

这一步相当于"选择一种生产计划，从而使得边际收益率等于市场利率"。通过改写式(3-6)，我们得到下面一系列计算：

$$\frac{1}{1.06} = \frac{K_2}{(212.36 - K_2^2)^{1/2}}$$
$$K_2(1.06) = (212.36 - K_2^2)^{1/2}$$
$$K_2^2(1.06)^2 = 212.36 - K_2^2$$
$$K_2^2[1 + (1.06)^2] = 212.36$$
$$K_2^2[\$2.1236] = 212.36$$
$$K_2^* = \$10.00$$

从而

$$K_1^* = (212.36 - 100.00)^{1/2}$$
$$= \$10.60$$

且

$$MV_1 = 10.60 + \frac{10.00}{1.06} = \$20.03$$

图3-7描绘了这一情况。注意以下情况：①酿酒商将其初始财富(MV_1)

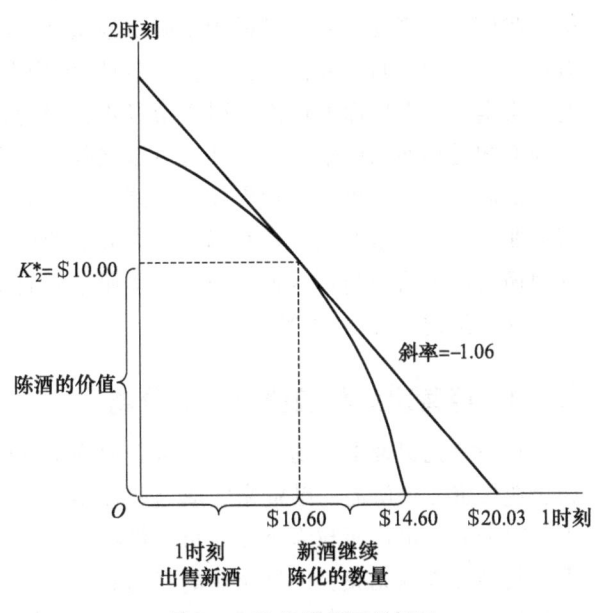

图3-7　陈化的美酒的例子

从起初可获得的\$14.60，通过在1时刻出售所有的新酒而增加到\$20.03；②酿酒商会一直让酒陈化下去，直到陈酒的边际收益率正好等于市场利率。

3.4　投资和融资决策的结果

本章探讨的结果对于理解金融决策的制定具有重要的意义。为此，我们总结了4个主要发现以及2个由此得出的一般原则：

(1) 市场价值最大化的企业将不断投资，直到边际收益率正好等于市场利率。这与长期利润最大化也是一致的，前提是我们能够正确计算出利润。注意决策包括决定投资多少，即一个量的问题（或者总资本预算[4]），而不是对一个固定规模的特定项目做出简单的接受-反对评估。

(2) 企业总投资的决定取决于两件事：技术及其产生的现金流和市场利率。一般来说，当企业的回报率高于市场利率时，就能创造价值。当最后的边际投资使得两个比率相等时，就实现了价值最大化。由于在一个确定性世界的完美市场中，市场利率就是企业的资本成本，因此不断投入资金，直到边际收益率下降到企业的资本成本时，就实现了价值最大化。

(3) 无论公司由许多股东所有还是单一的所有者，都不重要。因为一旦企业实现了市场价值最大化，那么任何股东在公司中相应比例的所有权利益也实现了价值最大化。

(4) 企业使用自有资金（留存收益）或者使用外部融资，其结果都是相同的。在确定性世界完美资本市场的假设下，所有的融资来源其成本都是相同的，即市场利率。即使留存收益其情况也是如此，因为对这些留存收益而言，其机会成本正好等于市场利率。

我们最后一个结论对于那些具有现实头脑的人而言可能有些难以理解，因为在相比我们现在所考察的更为复杂的情况下，融资的来源确实非常重要，并且确实存在最优资本结构。我们强调现在的结论只适用于确定性条件下的完美资本市场。但是我们的结论仍然富有价值，因为它暗示我们，什么样的条件（市场不完美）会使得实际中资本结构确实是重要的。事实上，在后面的讨论中引入市场不完美后，结论不仅能够更加接近传统观点，还会让我们知道那些旧的信条也尤其有可取之处。

最后，我们指出，尽管市场价值规则要求管理层仅仅关注生产的技术问题，但是管理层并非计算机。他们的偏好有可能会与股东的偏好发生冲突。我们如何来确保这种情况能够遵循市场价值规则？尽管这个问题不属于我们现在所讨论的范围，但**代理理论**就是一种解决这一问题的方法（见第 20 章）。

3.4.1 经营决策和融资决策的分离

在一个完美资本市场中，当一家企业确定其生产计划后，企业的所有者不会关心如何为企业投资提供所需的融资来完成这些计划。也就是说，企业的市场价值仅仅由其所能产生的现金流决定，而与为企业经营提供融资的资金来源无关。这也就是说，企业的资本成本与其融资来源无关。一旦企业的经营计划确定下来（即一旦找到了转换曲线和市场机会线的切点），融资来源是无关紧要的，因为无论何种融资安排的成本都是一样的，都等于市场利率，从而就可以得出上述分离原则。

上述分离原则操作的重要性在于，我们并不需要同时考虑企业的经营计划及随之产生的投资决策与如何为投资提供所需融资的决策。同样地，也可以说，因为企业的资本成本等于市场利率，从而我们可以利用市场利率来评估所有的投资决策。[5]

---

[4] 我们在第 6 章讨论资本预算。
[5] 大多数资本支出决策标准都隐含了这一分离原则的成立，因为它们首先讨论选择一种标准，例如现金流的现值，然后利用资本成本来确定其现值。

图 3-8 中,我们给出了经营决策和融资决策的分离。所谓的经营决策是指投资 X_1K_1 的决策,它决定了企业未来的产出水平进而决定了可供销售的量。所谓的融资决策与经营决策分离,我们的意思是,如果企业现有的所有者起初拥有 OK_1 的资源,他们个人投资于公司的资源量与企业价值的决定无关。当企业正常经营时,其价值为 MV_1。在 1 时刻和 2 时刻,现有的所有者能够自由安排现金回收,前提是其现值等于 MV_1。如果现有的所有者不愿意提供所需的投资资金 X_1K_1,那么可以从资本市场融到这些资金。

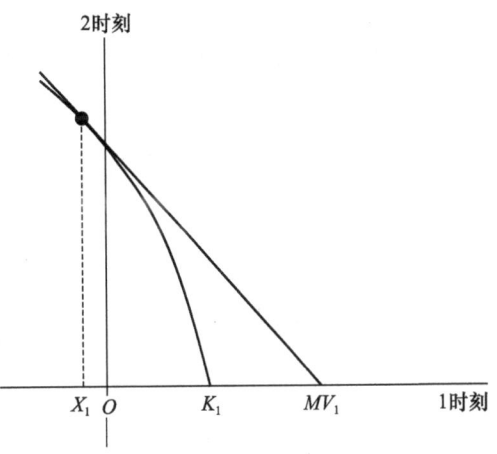

图 3-8 经营决策和融资决策的分离

在一个完美资本市场,每一个经济上可行的提议总是能够找到一些投资者为其提供所需的融资,并且一个外部投资者所获得的投资回报率总是等于市场利率。如果这些投资者就是初始所有者,他们就能够通过投资于企业来获得较高的回报。然而,他们在对所产生的现金流进行估值时采用的是市场利率,因为该利率等于他们的机会成本。换言之,企业的管理层通过投资,获得平均来说高于市场利率的回报率,为初始所有者创造价值,但是在确认究竟创造了多少财富时,初始所有者采用市场利率对企业的现金流进行贴现。

3.4.2 经理人决策和所有者决策的分离

从我们的发现中,还可以得到第二个重要的原则,即只要企业的经理人实现所有者在企业中投资的市场价值最大化,经理人的目标和所有者的目标就是一致的。如果企业只有一个单一的所有者,一个企业家,我们就认为,决定满意度的正确标准就是 1 时刻所有者消费支出的价值。但是我们也发现,企业家消费决策的唯一约束就是市场机会线,它是由初始财富来决定的,从而财富创造过程就可以授权给经理人,他无须知道所有者的消费偏好是怎样的。

对完美资本市场中经营的拥有多个所有者的企业来说,也可以得到类似的结论。市场价值规则要求经理人最大化企业现在的市场价值,这一最大化问题受制于转换曲线所施加的技术约束。价值最大化是公司管理层能够为股东做得最好的决策,与股东偏好无关。这是因为,所有投资的现值等于所有者的财富,而财富是所有者消费决策的唯一约束条件。

上述结论的重要性在于,为了在决策时尽可能地符合所有者利益,企业的经理人无须知晓所有者的效用函数,从而公司管理层的任务就是通过找到平均回报率高于市场利率的生产机会,来创造财富。经理人采用市场价值规则来最大化财富,根据这一规则,通过投资于生产机会,直到边际收益率下降到与市场利率相等就可以实现市场价值最大化。分离原则指出,市场价值规则包含了经理人所应关注的所有信息。

为了从图中认识到分离原则的精髓,考虑图 3-9。根据分离原则,企业的经理人决定最优投资水平 X_1K_1,进而决定其市场价值 MV_1。换言之,企业的经理人决定企业所有者市场机会线的截距 MV_1。如果企业只有一个单一所有者,后者就将决定其消费标准,其现

值为 MV_1；也就是说，所有者选择一个在市场机会线上的位置。如果企业有许多所有者，一个特定的所有者只拥有企业市场价值的一定比例，记为 $\alpha MV_1(0\leqslant\alpha\leqslant 1)$。进而就决定了这一特定所有者的市场机会线，他可以在这条线上移动。

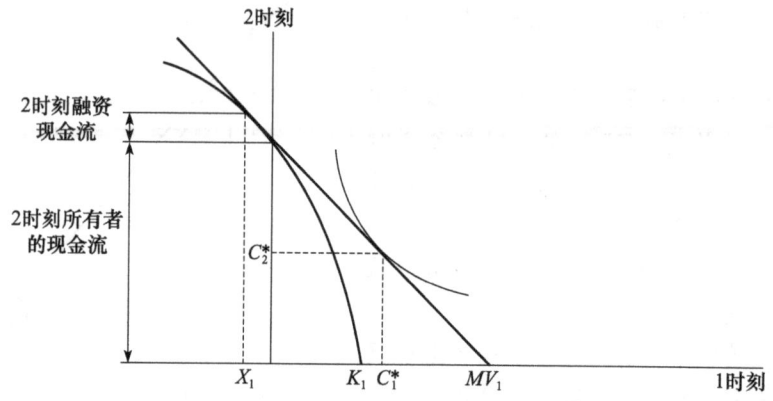

图 3-9　经理人决策和所有者决策的分离

要　点

- 在一个完美资本市场中，管理层可以利用市场价值规则来最大化企业所有者的财富。根据这一规则，管理层的决策目标就是实现其经营企业的市场价值最大化。
- 一个拥有单一所有者-经理人的企业（称为独资企业）可以被视为一种财富创造装置。如果所有者基于其财富最大化的目标来制定生产和融资决策，这种装置能够增加其所有者的财富。
- 一个独资企业的生产机会集可以用一条转换曲线来表示，这一曲线代表了资金的有效利用。所谓的有效就是尽可能高效地利用资本投资，理性的企业家不会浪费掉任何资源。我们可以将转换曲线的斜率理解为企业的边际收益率。
- 管理层不断投入资金直到边际收益率下降到市场利率水平的策略也是一个能够最大化企业家初始财富的策略。
- 通过将生产机会和从资本市场借入资金相结合，能够改善企业家的状况，而如果他仅仅单独面临生产机会或者市场机会，是无法达到这种效果的。
- 所有者决策过程可以视为包含两个不同的步骤：①通过使投资的边际收益率等于市场要求的回报率，选择最优生产；②通过在资本市场借贷，直到消费者主观的时刻偏好率等于市场回报率，选择最优消费模式。
- 投资决策和消费决策的分离有时也被称为费雪分离定理。
- 不同于独资企业，股份有限公司的经理人负责经济体中大多数资金的投资。股份有限公司有许多所有者，并且没有理由假设全体所有者具有相同的偏好。一个股份有限公司的所有者并不做出公司经营决策，而是雇佣职业经理人，并授权他们来完成决策制定。
- 在一个完美资本市场中，经理人代表企业股东做出决策，从而实现个体投资的市场价值最大化。如果经理人实现其所经营企业的市场价值最大化，那么这就是他们能够为股东所做得最好的决策，符合股东利益。如果实现了企业市场价值最大化，那么也就实现了任何所有者在公司收益中所占比例的市场价值最大化。
- 在一个完美资本市场中，股份有限公司经营决策和融资决策分离依旧成立；也就是说，当一家企业确定其生产计划后，企业的所有者不会关心如何为企业投资提供所需的融资来完成这些计划。
- 在一个完美资本市场中，企业的市场价值仅仅由其所能产生的现金流决定，而与为企业经营提供融资的资金来源无关。这也就是说，企业的资本成本与其融资来源无关。公司管理层的任务就是通过找到平均回报率高于市场利率的生产机会，来创造财富。

问 题

1. 市场价值规则的含义是什么？
2. (1) 转换曲线的含义是什么？
   (2) 如何理解转换曲线的斜率？
3. 费雪分离定理的含义是什么？对融资决策制定的意义是什么？
4. 请解释管理层在现有技术和市场利率条件下应该做出的总投资所能产生的现金流。
5. 请解释你是否同意以下观点：当市场利率超过一家企业资金投资所能带来的回报率时，就实现了价值最大化。
6. 在确定性世界和完美资本市场的假设下，请解释为什么企业使用自有资金（留存收益）和使用外部融资是无差异的。
7. 关于分离原则，请解释你是否同意以下观点：不需要同时考虑企业的经营计划及随之产生的投融资决策。
8. 根据分离原则，有关所有者目标和经理人目标不一致的最主要的发现是什么？
9. 考虑3.3节的例子，但是现在假设市场利率为10%。请用图表示以下两种转换曲线相应的经营计划：
   (1) $3K_1 + 2K_2 = 30$
   (2) $(K_1+1)^2 + K_2^2 = 21$

   利用(2)部分的转换曲线，找出企业的最优融资决策，其中，企业在1时刻的初始资源为：
   (3) 5
   (4) 0
   (5) 基于(2)部分的转换曲线，找出最优消费决策，并进一步假设企业的唯一所有者具有以下效用函数：
   $$u(K_1, K_2) = K_1 K_2^{1/2}$$

参考文献

Fisher, Irving. (1930). *The Theory of Interest.* New York: Macmillan.

第 4 章 投资者如何为企业估值

本章我们将考察在确定性世界下的完美资本市场中投资者如何对企业进行估值。当企业的经理人遵循市场价值准则进行决策时,企业的价值由两个现值之和来决定,即①企业现有资产所产生的所有现金流的现值;②未来成长机会所产生的所有现金流的现值。尽管我们现在还看不到企业未来的成长机会,但上述结论依旧成立。收益估值法和股利估值法是等价的,构成了一般估值结论的一部分。此外,我们还考察了当投资所带来的收益超过市场回报率时谁将受益。我们考察成长型股票的含义,同时考察在什么样的限制条件下股东能够获得高于市场利率的回报。一个投资者的投资计划周期可能不同于一项特定投资的到期期限,我们也要讨论这种情况下的投资回报。无论是对资产进行估值还是将不同时期的利率联系在一起,上述问题都是至关重要的。

所有上述结论对于理解更加复杂环境中的融资决策都是非常重要的,因为这些结论告诉我们,谁将从企业新增投资所带来的财富增值中受益,并且这些收益是什么时候实现的。尽管上述结论都是在确定性的条件下得到的,但是它有助于向大家澄清,期望如何影响具有风险的证券的价格,我们将在后面的章节讨论这些问题。

在本章的讨论中,我们假设一种非常简单的资本结构,即企业仅从普通股发行中获得资本(在第 5 章,我们将探讨企业应该如何选择资本结构这一重要的问题,即普通股和债务的比例)。对资本结构做出的假设意味着可以交替使用诸如收益、现金流和利润之类的术语,因为从企业所有者的角度出发,现金流和收益是一样的。此外**利润**和**收益**也将被交替使用。例如,现金流等于所有可以用于分配给企业资本提供者的现金之和。[1]企业的收益等于扣除所有费用后企业所有者(股东)可以获得的部分。

4.1 基于企业回报投资者的能力进行估值

在任何时点,对企业的股东而言,企业的价值取决于其回报给投资者的能力。我们可以根据有资格获得股利或者未来收益的原始股东的收益来对企业估值。**股利**是股份有限公

---

[1] 尽管从技术上来说,现金流的含义有很多差异,但是我们这里的定义足以达到分析目的。

司提供给其所有者的现金支付[2],如果公司支付股利的话,那么股利的大小将完全由股份有限公司的董事会来决定的。

假设管理层有关股利和收益模式的决策都是事先确定的,也就是通常所说的企业的价值是由企业经营决策来决定的,而这些经营决策被认为是固定的。采用这种方式对企业进行估值时,企业价值就等于企业现有资产产生的收益的现值与企业未来成长机会所产生的收益的现值之和。为了认识这一点,我们从完美资本市场入手,在该市场中,企业决定发放股利与否不影响其市场价值。其次,我们介绍如何根据企业的总收益对企业进行估值,这里的总收益需根据所有新增投资支出的成本进行调整。这其实是换了一种说法来表达同样的意思,即企业的价值等于其现在产生收益的能力加上其(已经指出的)未来成长机会产生收益的能力。最后,证实这一调整后的收益价值等于所有未来股利的现值,这些股利属于所有登记在册的原始股东。

4.1.1 为什么股利大小不影响企业价值

当企业筹集资金的利率与企业进行现金流贴现所采用的利率相等时(除了市场利率之外,不需要支付交易费用),股利支付的数量不影响企业的市场价值。在这种情况下,企业价值仅取决于企业未来的收益流,而与融资资金的来源无关。在现在的分析中,我们将股利理解为从 1 时刻可获得资源中做出的支付,而将资本利得理解为在 2 时刻终止[3]企业所得到的现金(一般来说,**资本利得**是以高于资产购买成本的价格出售资产的税前收益)。我们的目的是为了说明,因为任何作为股利支付的现金流出都可以重新以市场利率筹集到,且市场利率也是股利贴现的机会成本,从而股利大小不影响企业的市场价值。

考虑图 4-1 中的情况,企业的初始资源为 $3 000,假设这些资源是由企业之前的经营所产生的。根据管理层的估计,企业的最优经营要求 $4 000 的投资,所以企业还需要 $1 000 的资金。2 时刻企业投资能够带来 $6 600 的现金流,这些现金流可以分配给为企业经营提供融资的各方(我们假设仅限于新股东)。我们假设投资者要求的市场回报率

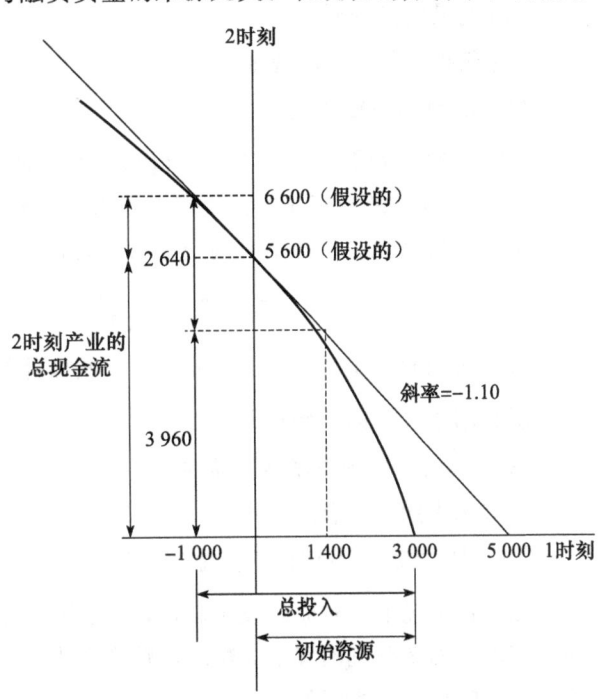

图 4-1 完美资本市场中,采用收益或股利方法对企业估值是等价的第一步

---

[2] 股利也可以采用企业产品的形式,当然这都是过去的事了,现在股利通常都采用现金支付的形式。股权登记日是由董事会确定的一个日期,根据记录,任何在该日持有股票的股东都有权获得股利。
[3] 或者我们也可以理解为在 2 时刻,将现有的企业出售给另一个所有者。

为10%。如果原始股东没有得到任何比例的初始可获得资源作为股利，那么企业就必须融到全部的$1 000来执行其最优经营计划。我们将计算，在这种情况下，企业的价值等于$5 000。

另一方面，我们假设董事会决定，在1时刻向原始股东支付$1 400的股利，那么企业就只剩下$1 600的资源，从而企业的初始资金需求将是$2 400（即所需的$4 000和支付股利后企业剩下的$1 600之间的差异）。我们将看到，在这种情况下，企业的价值仍然是$5 000，和1时刻不发放股利的情况相同。换言之，这个例子说明股东投资的价值仅取决于企业所能产生的现金流，与为产生这些现金流而在资本市场中所融入的资金量无关。这是因为，那些未在资本市场上融入的资金实际上来自企业的留存收益（即不支付股利），并且在我们所假设的情况下，后者的机会成本等于新增投资者所要求的回报率。如果股东将其自有现金投资于企业，那么我们也将得到同样的结论。因为在这种情况下，他们将10%的要求回报率视为机会成本（因为通过分配收益所得并进行市场投资，可以获得10%的回报），计算结果和前面一样。

图4-1给出了为得出前面例子结论所需的数据，这里我们给出详细的计算步骤。假设无论可能支付的股利大小是多少，下面的数据足以概况上述问题：

初始资源	$3 000
1时刻最优投资要求	$4 000
2时刻投资所带来的现金	$6 600
要求的市场回报率	10%

1时刻企业价值等于当前资产价值$3 000（现在的资源）加上2时刻现金流$6 600的现值，减去$4 000的投资成本。我们必须采用投资者所要求的10%的市场回报率对2时刻的现金流进行贴现。从而1时刻企业的价值就是：

$$\$3\ 000 + \frac{\$6\ 600}{1.10} - \$4\ 000 = \$5\ 000$$

如果我们假设1时刻不支付股利，一些额外的数据如下：

所有用于投资的初始资源	$3 000
以10%的市场成本融入的资金	$1 000
从市场中融入资金的成本（0.1×$1 000）	$ 100
2时刻原始股东可获得的资金（$6 600−$1 000−$100）	$5 500

在这种情况下，对原始股东而言，1时刻可获得的现金流为0，2时刻可获得的现金流为$5 500。对2时刻的现金流贴现，贴现率为10%，其现值为$5 000。从而对原始股东而言，企业的价值为$5 000。

另一方面，如果我们假设1时刻支付$1 400的股利，一些额外的数据如下：

原始股东投入的初始资源（$3 000−$1 400）	$1 600
以10%的市场成本融入的资金	$2 400
从市场中融入资金的成本（0.1×$2 400）	$ 240
2时刻原始股东可获得的资金（$6 600−$2 640）	$3 960

对原始股东而言，这种情况下，1时刻的现金流为 $1 400，即我们假设的股利，2时刻的现金流为 $3 960。对 2时刻的现金流 $3 960贴现，贴现率为10%，并加上1时刻的现金流 $1 400，得到的现值为 $5 000。这与不发放股利的情况一样，企业的价值仍然是 $5 000。

上述结论非常重要，因为该结论促使我们将注意力集中到企业市场价值的主要决定因素——企业产生现金流的能力。有关股利无关性的发现也预示着我们的下一个发现，即我们可以采用原始股东可获得的未来收益流贴现或者未来股利流贴现来得到企业的价值。

企业股利政策的无关性，最早是由 Franco Modigliani 和 Merton Miller 于 1961 年提出的。他们的结论构成了现代财务理论的基石，并且这一结论是在分析确定性条件下完美资本市场中企业的资本结构决策时得到的。[4] 然而，我们要记住，在更加复杂的环境中，企业之所以支付股利，是因为管理层相信这种公司行为有助于提升公司价值。在本书后面的章节讨论不完美资本市场时，我们试图寻找一种合理的解释来说明在更加复杂的情况下，为什么企业的股利与企业价值相关。

4.1.2 基于收益的估值模型

在一个完美资本市场中，在 1 时刻，一份股权的均衡价格满足以下条件：

$$s(1) = \frac{d(2) + s(2)}{1+r} \tag{4-1}$$

式中 $s(t)$——支付股利之前的股价；
　　　$d(t)$——$t-1(t=2,3)$ 时刻登记在册的全体股东所获得的股利；
　　　r——1 时刻和 2 时刻之间投资的市场利率。

注意这里我们采用小写字母来代表单位股权的情况。考虑到总量时，我们将采用大写字母。

定义 $N(1)$ 为 $t=1$ 时刻的股份数量（即所有登记在册的原始股东所持有的股份总量）。假设所有的资金都是通过发行普通股筹集到的[5]，并定义 1 时刻企业的市场价值为 $V(1)$ 等于：

$$V(1) = N(1)s(1) = \frac{N(1)d(2) + N(1)s(2)}{1+r} \tag{4-2}$$

2 时刻企业的价值，定义为 $V(2)$，就等于：

$$V(2) = N(2)s(2) = [N(1) + M(2)]s(2)$$

其中 $M(2)$ 代表 2 时刻新发行的股票（如果存在的话）。通过迭代，我们可以得到：

$$V(1) = \frac{N(1)d(2) + V(2) - M(2)s(2)}{1+r} \tag{4-3}$$

但是由于 2 时刻的股利只支付给所有在 1 时刻登记在册的股东，从而 2 时刻所有的股利为 $N(1)d(2)=D(2)$。此外，企业选择继续投资或者支付股利，[6] 那么所有可获得的资金

4　该结论出现在 3 篇文章中，Modigliani-Miller(1958，1963)与 Miller 和 Modigliani(1961)。正如我们已经指出的，最后一篇文章讨论了股利政策的无关性。

5　在一个确定性条件下的完美资本市场中，每一种融资安排都涉及确定的偿本付息，且利率等于市场利率。从而所有的工具本质上是一样的。故我们在这里使用权益这一术语，仅仅是为了其暗示的含义。当我们在后面考虑风险因素的时候，债务和权益就是不同种类的融资工具了。

6　由于在确定性条件下，任何超额现金都可以以市场利率进行投资，对企业现值的净影响为 0，从而上述情况成立。类似地，当企业面临现金不足时，就可以借入资金。

等于股利加上投资支出，即，

$$M(2)s(2) + X(2) = D(2) + I(2) \tag{4-4}$$

换言之，增发所得 $M(2)s(2)$ 加上净现金收益 $X(2)$ 等于股利 $D(2)$ 加上投资支出 $I(2)$。式(4-4)可以改写为：

$$M(2)s(2) = -X(2) + D(2) + I(2) \tag{4-5}$$

将式(4-5)代入式(4-3)，我们得到：

$$V(1) = \frac{D(2) + V(2) + X(2) - D(2) - I(2)}{1+r} = \frac{X(2) - I(2) + V(2)}{1+r} \tag{4-6}$$

然后假设每一个时期市场利率都是 r，利用式(4-6)，对所有[7]得到 $V(2)$，$V(3)$，……通过不断的迭代，我们得到：

$$V(1) = \sum_{t=1}^{\infty} \frac{X(t+1) - I(t+1)}{(1+r)^t} \tag{4-7}$$

式中　$X(t)$——t 时刻净现金收益；

　　　$I(t)$——t 时刻新增投资的成本。

式(4-7)表明，企业的价值（对 1 时刻登记在册的股东而言），相当于企业未来所有收益的价值，减去产生这些收益所需的额外投资的支出成本。后者等于增发股票的现值或那些用于为购买额外投资物品而借入的资金。

我们还可以得到一个结论，即可以这样理解式(4-7)，1 时刻企业的价值等于当前收益的现值加上企业计划采纳的未来成长机会的现值（减去投资成本）。也就是说，现金收益 $X(t)$ 代表所有的收益，既包括现有的收益，又包括新增投资所带来的收益，而 $I(t)$ 则反映了新增投资所带来的成本。

4.1.3　为什么股利估值模型和收益估值模型是等价的

现在利用前面的论述，将股利估值模型和收益估值模型等价联系起来。为此，回忆一下，1 时刻单位股权的价格等于 2 时刻所能得到的现值——2 时刻分配的每股股利加上 2 时刻每股价值的现值（根据市场利率贴现），即

$$s(1) = \frac{d(2) + s(2)}{1+r}$$

类似地，如果市场利率保持 r 不变，

$$s(2) = \frac{d(2) + s(3)}{1+r}$$

对未来所有时期都是这样，从而：

$$s(1) = \frac{d(2)}{1+r} + \frac{d(3) + s(3)}{(1+r)^2}$$

通过不断的迭代，就变成，

$$s(1) = \frac{d(2)}{1+r} + \frac{d(3)}{(1+r)^2} + \cdots + \frac{d(n) + s(n)}{(1+r)^{n-1}}$$

对 $r>0$，只要 $s(n)$ 永远不大于某个固定的值，那么随着 $n \to \infty$，$s(n)/(1+r)^{n-1} \to 0$。

7　这是因为我们刚才建立的关系对任何两个连续时间点都是成立的。

因此，得出：

$$s(1) = \sum_{t=1}^{\infty} \frac{d(t+1)}{(1+r)^t} \tag{4-8}$$

式(4-8)的含义是：单位股权的价值等于其所有者有权获得的所有股利的现值。但是对在 1 时刻登记在册的股东而言，企业价值等于所有这种股权的市场价值之和，即，

$$V(1) = N(1)s(1) = N(1) \sum_{t=1}^{\infty} \frac{d(t+1)}{(1+r)^t}$$

从而在 1 时刻企业的价值就等于该时刻所有登记在册的股东所获得的股利的现值。我们从式(4-7)中知道，$V(1)$ 等于根据新增投资支出调整后的收入的现值，从而这两种确定企业价值的方法是等价的。

换个角度来看，在确定性世界里，对在 1 时刻登记在册的股东而言，由于他们能够很好地预测企业未来的总收益，以及用来贴现收益的市场利率，因而他们也知道企业的现值。如果原始股东没有足够的资金为这些潜在收益的投资提供足够的所需资金，他们也可以在市场上借入资金。如果这么做的话，现有股东支付的利率没有必要高于市场主导利率。也就是说，现有股东将股权出售给新的股东，其价格足以保证新投资者能够获得不高于市场利率的回报。此外，新投资者会以这些价格购买这些股权，因为市场回报是他们能够从金融资产中获得的最高(也是唯一的)回报。因此，一家企业增发的任何股票的现值正好等于投资支出的融资成本，从而对登记在册的原始股东而言，企业的价值就等于所有收益减去为产生这些收益而新增的所投资支出的现值。然而，与此同时，对登记在册的原始股东而言，企业的市场价值就等于其股权的价值，这是由他们有权获得的股利现值来决定的。从而这两种估值的方法是等价的。

举例说明，考虑一个新建企业，其在 2 时刻的收益为 \$110，并且在该时刻任何剩余资产的价值为 0。[8] 市场利率为 10%。假设 1 时刻需要的投资为 \$73。如果股东将其自有资金投资于企业，这项投资带来的财富净增加值为 (\$110/1.10) − \$73 = \$27。然而，我们假设股东决定将其所持有的股份出售给其他投资者来为企业经营提供融资。由于原始股东必须在市场中以市场利率筹集到 \$73，因而他们必须向新投资者保证，在 2 时刻他们将得到 \$80.30 (即 \$73 × 1.10) 的回报。一种方式是在 1 时刻发行 100 个单位的股权，并将其中的 73 个单位以每单位 \$1 的价格在金融市场出售出去，原始股东自己持有剩下的 27 个单位。每一股的售价为 \$1，因为在 2 时刻每股价值为 \$1.10。此外，新的购买者将通过持有他们所购买的股票，在 2 时刻有权获得 (\$73/100)(110) = \$80.30。余下的股票的现值代表原始股东财富的增值，和之前一样，等于 (\$110 − \$80.30)/1.10 = \$29.70/1.10 = \$27。这里的要点是，在估值式(4-7)中，我们仅考虑了 $t=1$ 这一特殊情况，从而就可以直接从收益中减去投资支出。但是投资支出正好等于为了筹集这笔资金所保证的收益的现值，从而减去新增投资的成本就等同于减去新股东有权获得的股利的现值。

8　或者我们可以假设在 2 时刻企业以 \$100 的市场价格出售给一个新的所有者(假设 2 时刻实现的任何收益也将归新的购买者所有)。

4.2 什么是成长型股票，它们的回报是多少

在这一节，我们考察成长型企业的含义，并考虑能否通过购买成长型股票（即成长型企业所发行的股票）获得高于市场的回报。由于我们已经知道，除非现有股东能够得到一些相同价值的东西作为交换，否则他们不会放弃任何有价值的投资，因此我们应当对从预期具有成长性机会的股票投资中获得超额收益的观点持怀疑态度。但是结论与我们的直觉是如此的不一致，以至于我们需要进行详细的分析。

4.2.1 成长型企业的含义

成长型企业的含义就是，该企业扩大资产规模所带来的回报要高于市场回报。[9]为此，我们考虑在 1 时刻原始股东在一家企业中投资的价值，该企业的存续期仅为一个时期[10]，从而企业估值如下：

$$V^0(1) = \frac{X^0(2)}{1+r} \tag{4-9}$$

式中 $V^0(1)$——1 时刻经营现有企业的市场价值的现值；

$X^0(2)$——存续期经营的收益，包括 2 时刻的资产处置价值（如果有的话）；

r——1 时刻和 2 时刻之间的市场利率。

现在假设可以通过额外的投资增加收益，并且额外投资是根据 $X(2) = X^0(2) + I(1)(1+r^*)$ 来确定的，其中 r^* 为新增投资的内部回报率，从而实现了收益的增加。也就是说，任何新增投资的内部回报率都等于 r^*（正如第 6 章所解释的，内部回报率是使得投资所产生的现金流的现值正好等于初始投资花费时的收益率）。那么就可以将式(4-9)改写为：

$$V(1) = \frac{X(2)}{1+r} - I(1) = \frac{X^0(2) + I(1)(1+r^*)}{1+r} - I(1)$$

即

$$V(1) = \frac{X^0(2) + I(1)(r^* - r)}{1+r} \tag{4-10}$$

最后一个结果显示，如果 $r^* = r$，那么即使企业增加资产，其市场价值也不会发生变化，因为增加资产的同时也需要进行新的投资。[11]但是，如果 $r^* > r$ 并且 $I(1) > 0$，那么企业不仅实现了资产规模的扩张，而且实现了高于市场利率的收益，从而对原始股东而言，企业的价值也相应地增加了。这是一个真正的成长型企业，因为原始股东从对企业的投资中获得了高于市场利率的回报。但是，我们立刻就会发现，企业成长的受益人仅限于原始股东。因为企业成长所带来的回报已被很好地预期从而包含到股价中，其他通过购买新股

---

9 值得注意的是，投资界对成长型企业的定义有所不同。投资者根据通常被称为"投资风格"的方式对股票进行分类，其中的两种风格就是成长和价值。此处，对成长型企业而言，其预期成长速度要高于其所在行业其他企业的速度，或者要高于整体市场的成长速度。

10 或者我们也可以认为，$X^0(2)$ 这一项已经包含了未来若干时期连续经营的价值。

11 当 $r^* = r$，$I(1)(r^* - r) = 0$，从而式(4-10)就可以简化为式(4-9)。这就是一种简单资产增长的情况。资产负债表显示出更高的资产规模，但是企业的价值没有发生变化。当资金再投资获得的回报率正好等于资金成本时，就没有创造出任何价值。

方式投资于企业的人只能获得市场回报，其原因和我们前面所提到的是一致的。

4.2.2 固定股利增长及其含义

我们现在来考察这样一种情况，一家企业的资产不断增长，获得高于市场利率的回报，其结果就是管理层以同样的比率增加股利。为了便于分析，我们考虑这样一家企业，其收益和股利的增长率在未来所有时期都是相同的。[12]尽管是在一个确定性世界中，这些假设看上去也是相当不现实的，但是它们使得我们能够更好地认识成长的效果以及谁将最终从中受益。

在这种情况下，股价是由式(4-8)的这种特殊形式来决定的：

$$s(1) = \sum_{t=1}^{\infty} \frac{d(2)(1+g)^{t-2}}{(1+r)^{t-1}} \tag{4-11}$$

式中　$s(1)$——1 时刻股利支付前的股价；
　　　$d(2)$——1 时刻登记在册的股东在 2 时刻获得的股利；
　　　g——股利增长率；
　　　r——市场利率。

式(4-11)可以改写为：

$$s(1) = \frac{d(2)}{1+g} \sum_{t=2}^{\infty} \left(\frac{1+g}{1+r}\right)^{t-1}$$

对这个无穷序列求和，我们得到：

$$s(1) = \frac{d(2)}{1+g} \left\{ \frac{1}{1-[(1+g)/(1+r)]} - 1 \right\}$$

并且，通过进一步的代数运算，

$$s(1) = \frac{d(2)}{r-g} \tag{4-12}$$

其中 $g<r$。为了使得股票的价格是有限的，$g<r$（股利增长速度要低于贴现率）这一条件是必需的。式(4-12)给出的模型称为**戈登增长模型**。[13]

我们现在利用式(4-12)来研究市盈率，并考察它们是如何从股票的收入和资本利得中体现出来的。

4.2.3 市盈率

市盈率，记为 P/E，是股票现价与普通股每股收益的比率。[14]鉴于我们现在的目标，当企业支付的股利以一个常数比率增长时，该企业的市盈率就能非常容易地采用式(4-12)的一种特殊形式表达出来。我们将 $d(2)$ 改写为 $ke(2)$，从而

$$s(1) = \frac{ke(2)}{r-g} \tag{4-13}$$

其中 k 代表作为股利支付给股东的那部分收益的比例（股利支付率），$e(2)$ 代表 2 时刻

---

[12] "永续成长"这一概念是一个持续经营的企业这一概念的近似替代。我们之所以采用这一概念，主要是因为，数学上，这样相对容易处理问题。

[13] 见 Gorden(1959)。

[14] 市盈率有时也称为收益乘数或者价格乘数。

的每股收益。[15] 在这样的情况下，市盈率就可以记为：

$$\frac{P}{E} = \frac{s(1)}{e(2)} = \frac{ke(2)}{e(2)(r-g)} = \frac{k}{r-g} \tag{4-14}$$

为了更好地利用式 (4-14) 帮助我们理解市盈率的含义，我们考察一些数值例子。首先，我们假设：

$$r = 20\%, \quad k = 30\%, \quad e(2) = \$10, \quad s(1) = \$100$$

我们要提出的问题是，为了实现 10 倍的市盈率，收益必须以什么样的速度增长？利用式 (4-14)，我们有：

$$\frac{P}{E} = \frac{\$100}{\$10} = 10 = \frac{0.3}{0.2-g}, \text{从而 } g = 0.17 = 17\%$$

注意，如果一个投资者以 10 倍的市盈率购买这一股票，即 $100 的价格，那么每年的投资回报率为 20%，即我们所假设的市场利率。为了证实最后一个发现，我们注意到，如果收益增长率为 17%，$e(3)$ 就等于 $11.70，从而 $s(2)$ 就等于 $117。股利 $d(2)$ 就等于 $10 的 30%，即 $3。从而，1 时刻投资的 $100 在 2 时刻能够为投资者带来 $117 + $3 = $120，其回报率为 20%。

在我们所考虑的完美资本市场中，尽管不同股票的市盈率可能千差万别，但是所有企业的均衡投资收益率都是相等的。为此，我们考虑第二个例子，即：

$$r = 20\%, \quad k = 30\%, \quad e(2) = \$10, \quad s(1) = \$200$$

还是提出这样的问题，为了实现 20 倍的市盈率，收益必须以什么样的速度增长？

$$\frac{P}{E} = \frac{\$200}{\$10} = 20 = \frac{0.3}{0.2-g}, \quad \text{从而 } g = 18.5\%$$

注意尽管收益增长率相比前一个例子仅仅增长了大约 10%，但是市盈率却翻倍了。此外，由于在这两种情况下，股利的贴现率都是 20%，从而当股价已经包含了这一成长信息后，购买这一股票的投资者获得的回报率同样是 20%，和前面较低市盈率例子中投资者的回报率是一样的。

两个例子的结果都表明，由于在完美资本市场中，股价反映了所有公开可获得的信息，从而新股东只能获得 20% 的市场回报。原始股东完全没必要将带来高于市场回报的股票出售，因此，新股东只能获得市场利率的回报。更简单地说，原始股东确保不会让其他投资者获得任何高于市场利率的回报。

4.2.4　低市盈率股票是否定价偏低

一种经常被投资顾问吹嘘的投资策略就是购买低市盈率的股票。所谓的"低"，是指低于行业平均或者市场平均。他们提供的论据是，市盈率能够很好地测度一个股票到底有多便宜（即定价偏低），而从长期来看，低市盈率股票的市场表现将优于高市盈率股票。这一

15　从而根据我们之前的符号，$e(2) = X(2)/N(2)$。注意如果 $k = 0$，那就意味着在现在的模型中，永远都没有股利，也就是说，企业从来没有计划过要分配资金。从而，尽管（机械地来说）在现在的情况下，这个公式看上去出了问题，但是它恰恰准确地描述了这种难以置信的情况下的一个合理的结果。此外，在一个理性管理的企业中，2 时刻没有支付的股利至少能够以 r 的回报率进行再投资。从而为了说明在一个有限的时期中不支付股利的企业究竟会发生什么情况，我们必须修改类似式 (4-8) 的方程的推导，而我们现在的方程正好是从式 (4-8) 得到的。

策略受到那些被称为"价值投资者"的投资者的青睐。

我们现在来看低市盈率股票为什么不一定定价偏低。事实上，在完美资本市场中，股票的价格不可能便宜。我们有：

$$r = 20\%, \quad k = 30\%, \quad e(2) = \$10, \quad s(1) = \$20$$

我们再一次提出这样的问题，收益必须以什么样的速度增长？由于：

$$\frac{P}{E} = \frac{\$20}{\$10} = 2 = \frac{0.3}{0.2 - g}$$

我们有 $g = 0.05 = 5\%$。

这一低市盈率股票根本就不是什么便宜货，因为和其他股票一样，它所带来的回报也是20%的市场回报。这个股票的低市盈率只是说明，收益增长速度很慢，但是投资者所能获得的回报依然是20%的市场回报。

这一节和前面一节的例子说明，现实世界中，为了廉价地买到一个股票（获得高于市场利率的回报），关键取决于股价中尚未包含的一些未来事件，并且这些事件能够带来超额回报。即使是在不完美资本市场中，投资者面临风险，股票持有者也不太可能以低于其估计的公平市场价格出售股票。因此，为了获得超额回报，相比现有股东，新投资者必须能够对企业未来收益的成长潜力做出更加正确的预测。这种情况在确定性完美资本市场中是不可能出现的，但是在存在风险或者存在不确定性因素的不完美资本市场中却有可能发生。我们完全可以得出这样的结论，即金融市场中基本不存在真正的便宜货，而仅存的一些便宜货是不容易被大多数投资者（或许甚至是专家）所发现的。

4.2.5 资本利得和股利

我们现在来考察之前考虑的企业中资本利得和从股票中获得的收入之间的关系。首先，我们发现，即使一家企业不具备成长性，其发行的股票也能够带来资本利得。考虑这样一家企业，它只在3时刻支付一次股利。假设市场利率是一个常数，那么在1时刻单位股权的价值就是：

$$s(1) = \frac{d(3)}{(1+r)^2}$$

并且在2时刻单位股价的价值是：

$$s(2) = \frac{d(3)}{1+r}$$

因此 $s(2) = s(1)(1+r)$。从而在这种情况下，单位股权的所有者如果从1时刻到2时刻一直持有该股份，就能获得资本利得 $rs(1)$。资本利得率就是市场回报率，在现有假设的情况下这是必需的。

我们接下来考虑一个持续股利增长模型。在一个固定支付率的永续股利流模型式(4-13)中，我们有：

$$k = \frac{d(2)}{e(2)} = \frac{d(3)}{e(3)} = \frac{d(2)(1+g)}{e(2)(1+x)}$$

式中　g——股利增长率；
　　　x——收益增长率。

注意，为了使股利支付率保持常数，我们必须有 $x = g$。假设这样一种情况下，我们

利用式(4-13)，得到，

$$s(1) = \frac{ke(2)}{r-g}$$

并且类似地：

$$s(2) = \frac{ke(3)}{r-g} = \frac{ke(2)(1+g)}{r-g}$$

因此，$s(2)=s(1)(1+g)$，且资本利得为 $gs(1)$。

考虑到：

$$s(1) = \frac{d(2)+s(2)}{1+r} \text{ 且 } s(2) = s(1)(1+g)$$

从而我们很容易发现，股利与资本利得的比率是一个常数：

$$\frac{d(2)}{gs(1)} = \frac{r-g}{g}, g \neq 0$$

这一节的结论事实上也是这一章的结论，这一结论基于如下假设，不存在税收，或者资本利得和股利的税率是相等的。因为如果没有这样的假设，股利和资本利得就不是我们在前面方程中所假设的完全替代品了。换言之，如果资本利得和股利的税率是不等的，那么本章的市盈率以及股票价值方程就需要做出修正，将不同形式的股东回报考虑进去。

4.3 市场价值和不同的计划周期

正如我们已经看到的，一个企业的价值是由其未来所有时期收益的现值来决定的。相应地，一家企业的管理层就需要明确指出所有未来时期的效应，这是他们需要考虑一个核心问题。在前面章节以及本章所给出的大量例子中，我们只考虑了两个时点。这自然就产生了一个问题，即我们精简的例子是否真的反映了一些正确的原则，从而将所有未来时期的效应都考虑进去。我们认为，不同时点的价格会做出相应的调整，从而消除了仅仅是由金融工具到期期限差异所造成的价值差异。将其应用到市场环境中企业的估值，我们发现，尽管一项投资可能在未来很多时期都带来回报，但是为了评估投资决策的效果，我们考虑现在的回报和这项投资决策对下一期企业市场价值的影响。

4.3.1 多期金融工具的回报

在这一节，我们发现，在完美资本市场中，多期的金融工具其价格必须使得每一个时期的回报正好等于该时期的市场主导利率。然而，在实践中，金融工具在未来所能提供的回报通常都以工具到期前所能获得的平均收益的形式给出——除非我们能够对此做出正确的理解，否则就很有可能导致误解。

考虑一个简单的例子，利率由下面的图给出：

$$\underset{1}{|}\underset{{}_1r_2}{\underline{\qquad 7\% \qquad}}\underset{2}{|}\underset{{}_2r_3}{\underline{\qquad 8\% \qquad}}\underset{3}{|}$$

注意现在的利率包含两个时间下标，来代表特定的时间区间的利率：左边的下标代表适用这一利率的时间段的开始，右边的下标代表这一时间段的结束。

假设根据上图的条款，在这两个时期(即1时刻到3时刻)投资 $100。从而在这两个时期结束时，投资的价值将变成：
$$\$100(1+{}_1r_2)(1+{}_2r_3)$$
这类投资的回报通常都由下面的平均形式来给出：
$$\$100(1+{}_1r_3)^2$$
其中
$$1+{}_1r_3=[(1+{}_1r_2)(1+{}_2r_3)]^{1/2}$$
从而，${}_1r_3$就被定义为在这两个时期中每个时期得到的**几何平均利率**。代入例子中的数据，我们得到：
$$1+{}_1r_3=[1.07\times1.08]^{1/2}=1.07499$$
从而这两个时期中每个时期得到的平均利率为7.499%。这一利率通常都被称为该金融工具的**平均收益率**。

为了说明这一两期投资事实上在第一个时期带来7%的收益率，并在第二个时期带来8%的收益率，考虑3时刻该项投资的价值：
$$V(3)=100\times1.07\times1.08$$
但是2时刻其价值是用8%的贴现率来贴现的，从而：
$$V(2)=\frac{V(3)}{1.08}=\frac{100\times1.07\times1.08}{1.08}=100\times1.07=V(1)(1+{}_1r_2)$$

7%和8%的收益率称为该金融工具的**持有期收益率**（分别是第一个时期和第二个时期的收益率）。上述例子的结论说明，一项投资的期限结构不影响其持有期收益率（即如果上述投资是在1时刻买入并在2时刻售出的，其收益率为7%，而非7.499%）。类似地，如果从2时刻一直持有到3时刻，那么该金融工具的收益率为8%。从而在任何给定的时期持有该项投资的收益率就等于那个时期的市场回报率。如果投资者的计划期是两个时期，就可以采用几何平均到期收益率或者两个单一时期利率（即持有期收益率）来反映市场利率，但是如果持有期仅限于这两个时期中的一个，采用几何平均到期收益率就会产生误导。

4.3.2 市场价值和投资期

上述概念也可以用于确定一个企业在不同时点的市场价值，这就使得我们能够从决策的当前效应加上其对下一期企业市场价值的影响的角度来考察决策（其效应可能会持续到以后很多个时期）。

为认识到这一点，我们可以采用两种方式来确定企业的市场价值。第一种方式是利用原始股东有权获得的收益流，[16]
$$MV(1)=\frac{\pi(1)}{1+{}_1r_2}+\frac{\pi(2)}{(1+{}_1r_2)(1+{}_2r_3)}+\frac{\pi(3)}{(1+{}_1r_2)(1+{}_2r_3)+(1+{}_3r_4)}+\cdots$$

其中，$MV(1)$为1时期开始时的市场价值，$\pi(t)$为各个时期的净收益。第二种方式是利用当前收益的贴现加上下一期企业市场价值在1时期的对应值，
$$MV(1)=\frac{\pi(1)}{1+{}_1r_2}+\frac{MV(2)}{1+{}_1r_2}$$

---

16 这里我们假设在给定的时间资金被分配给所有的股东。

其中 $MV(2)$ 为 2 时期结束时的市场价值。第二种考察市场价值的方式认为，企业的市场价值可以视为当前时期的结果加上包含了所有未来时期结果的影响项。显然，2 时刻的市场价值就是，从 2 时刻开始原始股东有权获得的所有收益在 2 时刻的价值。从而我们可以把企业的市场价值视为一个完整的收入流，也可以将其视为当前的收益加上未来的市场价值。一些额外的例子将进一步解释这一论证。

4.3.3 股价决定的应用

在我们的第一个例子中，我们通过股价的确定，来考察多期分析和定位于现在或定位于未来之间的关系。我们考虑这样一家企业，它发行了 50 个单位的普通股，并提供如下的股利流，这一股利流包含了所有的收益，以及 4 时刻的资产处置价值（如果有的话）：

$$\begin{array}{c|c|c|c} \underline{} & \$110 & \$121 & \$133.10 \\ 1 & 2 & 3 & 4 \end{array}$$

假设所有三个时期 $r=10\%$（根据我们的符号，它就是 $_1r_4$），并假设在 4 时刻以后企业价值为 0。从而在 1 时期开始时单位股权的价值就等于 1 时期开始时企业的市场价值除以股份数量（50）。即，

$$s(1) = \frac{1}{50} MV(1)$$

利用未来所有收益流就相当于：

$$s(1) = \frac{1}{50} \times \left[\frac{110}{1.1} + \frac{121}{(1.1)^2} + \frac{133.10}{(1.1)^3} \right] = \frac{1}{50} \times 300 = \$6/股$$

单位股权的价值也可以采用以下方式计算：

$$s(1) = \frac{1}{50} \times \left[\frac{D(2)}{1.10} + \frac{MV(2)}{1.10} \right]$$

其中，$D(2)$ 为 2 时刻支付给所有 1 时刻登记在册的股东的股利。但是，

$$MV(2) = \frac{121}{1.1} + \frac{133.10}{(1.1)^2} = \$220$$

从而，

$$s(1) = \frac{1}{50} \times \left[100 + \frac{1}{1.10} \times 220 \right] = \frac{d(2)}{1.10} + \frac{s(2)}{1.10}$$

其中，$d(2)$ 为 2 时刻单位股权的股利，$s(2)$ 为 2 时刻每股股价。

毋庸置疑，2 时刻单位股权的市场价值反映了 2 时刻之后所有可获得股利的现值，从而实际上这两种计算以完全相同的方式包含了完全相同的信息。但是，出于分析的目的，通常我们都采用第二种方式，因为这种方式更加简洁。

4.3.4 成长型企业估值的应用

在这一节我们将展示，定位于现在或定位于未来的方法也可以用于分析成长型股票。此外，通过制定择时规则，来实现高于市场利率的回报，这一方法也有助于说明企业现有的所有者是如何获得这些超额回报的。在这些例子中我们发现，成长型股票的所有者知道企业的收益将保持高速增长，但是他们在对企业估值时，依然采用市场利率对上述收益流进行贴现。然后初始所有者根据这一市场价值出售新股，从而新投资者只能获得市场回报。

让我们首先来考虑这样一种命题，企业的创始人在 1 时刻提供 $140，并在 2 时刻通过将企业出售给新的股东将初始投资全数收回。此外，假设企业将利用这 $140，在 2、3 和 4 时刻分别产生现金收益 $55.00、$72.60 和 $93.17，市场利率为 10%。图 4-2 给出了这一命题的说明。

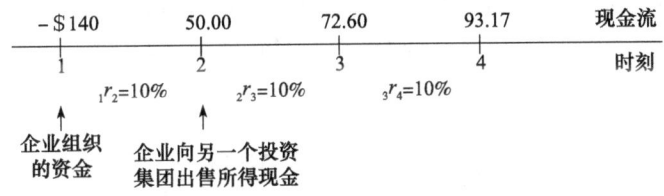

图 4-2　成长型企业估值

每一个时点企业的市场价值各为多少，从 1 时刻到 2 时刻，原始股东获得的回报率是多少，新股东的回报率是多少？表 4-1 列出了所有的数据。表格后一栏记录的第一项代表当前时期的收益，后面的项代表未来收益（如果有的话）在该时点的贴现价值。从而等号右边所给出的市场价值就代表每一个时点企业的售价。我们发现，所有者可以在 1 时刻以 $180 的价格立刻出售企业，就相当于获得了 $40 的利润。如果所有者在 2 时刻以 $198 的价格出售企业，他们在那个时期的回报率就是（$198－$140）/$140＝41.4%。但是，如果新的所有者在 2 时刻买入企业并在 3 时刻将其出售，他们就需要在 2 时刻支付 $198 并且立刻获得 $55，并在 3 时刻获得 $157.30。新股东的回报率就是

[$157.30－($198－$55)]/($198－$55)＝$14.30/$143.00＝10%。

表 4-1　1 时刻到 4 时刻企业的价值

时刻	尚未获得的收入的现值①	时刻	尚未获得的收入的现值①
1	$50.00＋$60.00＋$70.00＝$180.00	3	$72.60＋$84.70＝$157.30
2	$55.00＋$66.00＋$77.00＝$198.00	4	$93.17＝$93.17

① 上述数据是通过对现金流进行正确的贴现得到的。例如，$93.17/1.10＝$84.70，等等。

类似地，2 时刻以 $198 的价格买入企业，并获得其收益的投资者只能得到 10% 的投资回报率。这再一次说明，原始股东可以获得高于市场利率的回报，但是只有当原始股东未能对企业未来的收益做出正确的预期时，新投资者才有可能获得超额回报。

为了说明上面的例子也适用于现有企业做出新的投资决策，我们给出下面的例子。由于已经并将再一次说明我们的分析中可以纳入多个时间点，但是现在的例子只考虑两个时点，从而能够更加关注问题的本质。假设 1 时刻一家企业宣布它将做出一项价值为 $2 200 的投资，2 时刻该项投资所带来的现金流将为 $3 520，且该项投资将通过新股发行的方式来进行融资。那么需要发行多少股份，并且新股发行后所有股权的市场价格将是多少？

让我们用上标 0 来代表新投资宣布之前所有变量的价值。假设我们的例子中：

$V^0(2) = \$11\,000$，　$r = 0.10$，　$N^0(1) = 1\,000$ 股，　$s^0(1) = \$10/$ 股

在宣布投资计划后，我们就有：

$$V(2) = \$11\,000 + \$3\,520 = \$14\,520$$
$$I(1) = \$2\,200$$

其中 $I(1)$ 代表新增投资量。

我们现在需要同时决定新股发行数量和发行价格。定义新股数量为 $M(1)$，我们将新股发行后 1 时刻单位股权（新股和旧股）的价值记为：

$$\frac{V(2)}{1.10}\left[\frac{1}{N^0(1)+M(1)}\right]$$

然后将这个值乘以新股发行数量就必然等于所需的投资量。从而，

$$I(1) = \frac{V(2)}{1.10}\left[\frac{M(1)}{N^0(1)+M(1)}\right]$$

即

$$2\,200 = \frac{14\,520}{1.10}\left[\frac{M(1)}{1\,000+M(1)}\right]$$

从而

$$M(1) = 200$$

发行价是多少？从 1 时期到 2 时期，所有的股权必须获得市场回报；从而，

$$V(1) = V(2)/1.10 = \$13\,200$$

以及

$$s(1) = 13\,200/1\,200 = \$11.00$$

原始股东获得每股（对原先发行的 1 000 股份）$1.00 的资本利得，从而获得了投资的所有现值。

注意：

$$s(2) = 14\,520/1\,200 = \$12.10 = 11.00 \times 1.10$$

这就意味着，当股价根据新增投资的回报和增发股票做出调整，将这些信息都纳入股价之后，所有的股权将获得市场回报。这就是说，原始股东（即创始者）作为合伙人，分享了新增投资所带来的资本利得，而新股东仅仅是作为投资者获得了市场回报。初始的合伙人并没有和新投资者共同分享超额回报，因为在完美资本市场中，他们无须支付溢价就可以获得融资。

4.3.5 数学举例

在这个例子中，我们指出一个企业所产生的收益如何与其投资决策相关联。假设和前面的例子一样，新股东只能在 2、3 和 4 时刻购买股票；1 时刻是创始者在金融市场中出售任何股份之前的一个营业期：

并且定义：

K_1——1 时刻资本存量；

π_t——$t+1$ 时刻收益，$t = 1, 2, 3$。

企业的目标是最大化所有初始所有者投资的现值，这个值是由建立企业、生产销售单一产品所能产生的收益决定的。生产是由以下方程给出的：

对这三个时期中每一个时期有 $q_t = K_1^{1/2}$

其中 K_1 是 1 时刻购买的资本存量，资本存量水平接下去是保持不变的；q_t 为每一个

时点利用资本存量生产产品的产出，$t=2,3,4$。

假设在产品生产过程中只使用资本设备不需要其他资源。投资支出发生于 1 时期开始，而出售产品的收入分别在 2、3 和 4 时刻得到。这个问题可以正式记为：

$$\max_{K_1} \frac{p_2 K_1^{1/2}}{1+{}_1r_2} + \frac{1}{1+{}_1r_2}\left(\frac{p_3 K_1^{1/2}}{1+{}_2r_3}\right) + \frac{1}{1+{}_1r_2}\left(\frac{1}{1+{}_2r_3}\right)\left(\frac{p_4 K_1^{1/2}}{1+{}_3r_4}\right) - c_1 K_1 \tag{4-15}$$

式中　p_t——t 时刻产出的价格，$t=2,3,4$；

　　　c_1——1 时刻获得单位资本存量的成本。

所有者通过选择 K_1（即决定企业的初始资本投资水平）的最优值，实现其目标。由于式(4-15)包含了企业所有未来现金流的现值以及初始投资的成本，因此它就代表 1 时刻企业的市场价值。

如果现在我们假设：

$$p_2 = p_3 = p_4 = 3$$
$$c_1 = 1$$

以及

$$_1r_2 = {}_2r_3 = {}_3r_4 = \frac{1}{2}（即 50\%）$$

我们可以将目标方程改写为：

$$\max_{K_1} \frac{3K_1^{1/2}}{\frac{3}{2}} + \frac{3K_1^{1/2}}{\left(\frac{3}{2}\right)^2} + \frac{3K_1^{1/2}}{\left(\frac{3}{2}\right)^3} - K_1 = \max_{K_1} \frac{38}{9} K_1^{1/2} - K_1 \tag{4-16}$$

这里所假设的价格和利率仅仅是为了计算的方便，并不代表任何现实意义。对式(4-16)求导，并使其等于 0，就得到最优资本量 K_1^*：

$$\frac{1}{2} \times \left(\frac{38}{9}\right) K_1^{-1/2} - 1 = 0$$

$$\frac{19}{9} K_1^{-1/2} = 1$$

$$\frac{19}{9} = K_1^{1/2}$$

$$K_1^* = \left(\frac{19}{9}\right)^2$$

为了得到 1 时刻企业的市场价值，我们将 K_1^* 代入式(4-16)：

$$MV(1) = \frac{38}{9} \times \left(\frac{19}{9}\right) - \left(\frac{19}{9}\right)^2 = \left(\frac{19}{9}\right)^2$$

假设收益一产生，企业就将它们分配给股东，2 时刻企业的市场价值就等于企业能够产生的所有未来收益在那个时刻的现值：

$$\left[\frac{3}{\frac{3}{2}} + \frac{3}{\left(\frac{3}{2}\right)^2}\right] \times \left(\frac{19}{9}\right) = \frac{30}{9} \times \left(\frac{19}{9}\right)$$

类似地，$MV(3)$ 就等于：

$$\frac{3}{\frac{3}{2}} \times \left(\frac{19}{9}\right) = \frac{18}{9} \times \left(\frac{19}{9}\right) = 2 \times \left(\frac{19}{9}\right)$$

现在假设创始者在 2 时刻出售企业。那么创始者的回报是多少？首先，让我们来计算初始所有者投资的单一时期回报：

$$回报 = \frac{1 时期收入 + 企业出售价格 - 初始投资}{初始投资} = \frac{p_1 K_1^{*(1/2)} + MV(2) - K_1^*}{K_1^*}$$

$$= \frac{3 \times \left(\frac{19}{9}\right) + \left(\frac{30}{9}\right) \times \left(\frac{19}{9}\right) - \left(\frac{19}{9}\right)^2}{\left(\frac{19}{9}\right)^2} = 100\%$$

对于这一结果，我们可以认为，一旦初始所有者确定了企业的发展前景，他们就立刻能从其投资中获得超额回报。如果在 1 时期之后他们继续持有企业的股票，那么根据企业的市场价值来计算，之后的回报就正好等于市场回报。例如，3 时刻和 4 时刻之间的回报率为：

$$回报率 = \frac{p_1 K_1^{*(1/2)} - MV(3)}{MV(3)} = \frac{3 \times \left(\frac{19}{9}\right) - \left(\frac{18}{9}\right) \times \left(\frac{19}{9}\right)}{\left(\frac{18}{9}\right) \times \left(\frac{19}{9}\right)} = 50\%$$

正好就等于市场利率。

前面的例子说明：

（1）任何时点企业的价值可以被认为是由两个部分组成的：一是当前时期的收益价值；二是企业未来价值的贴现。

（2）用于多期计划的未来价值贴现等于单个计划期期末企业的市场价值，出于比较的目的，它和当前的收益通常都贴现到 1 时刻。

（3）初始的所有者获得了所有超额回报，因为当他们出售企业的时候，他们要求并且可以获得这样一个市场价格，使得新所有者的投资只能获得市场回报。

我们认为，由于利用 2 时刻的市场价值来计算初始投资的回报，从而超额回报就可以理解为[17]是在 1 时刻和 2 时刻之间获得的。将上述解释与所有者只能在 2 时刻或之后出售企业的假设结合在一起，我们就强调了这样一个事实，即初始所有者而非之后购买企业的新投资者获得了超额回报。

如果我们知道或者能够计算当前时期期末企业的市场价值，那么多期计划问题就可以采用"每次一个时期"的方式正确解决，这是通过确定决策对未来市场价值和当前时期收益的影响来实现的。

4.3.6 与利润最大化的联系

可以利用上一节的例子来说明，如果我们能够正确地实现每期利润最大化，那么就可以得到与现值最大化一样的结果，这之中关键在于正确地理解每个时期的收益。

从前面的例子中，很容易发现，在 1 时刻购买资本设备会影响 2、3 和 4 时刻企业的

---

[17] 或者，我们可以认为超额回报分布在前两个时期或者更长的时期。我们之所以做出这一随意的选择，只是为了简化问题，并强调是原始股东获得了超额回报。

盈利能力，从而正确计算第一个阶段收益时必须考虑到所有的未来效应。这是通过将2时刻企业所持有的资产的价值视为第一个阶段收益的一部分来实现的。从而1时刻决策所产生的2时刻收益包含两个部分：一是当前收益；二是未来资本利得。因此，在这个例子中，如果我们站在1时刻的角度，那么第一个阶段的收益就等于2时刻获得的收益贴现到1时刻，加上1时刻的资产价值减去1时刻资产购买成本：

$$\frac{3 \times \left(\frac{19}{9}\right)}{\frac{3}{2}} + \frac{\frac{10}{3} \times \left(\frac{19}{9}\right)}{\frac{3}{2}} - \left(\frac{19}{9}\right)^2 = \left(\frac{19}{9}\right)^2$$

也就是说，这种理解收益的方式就包含了1时刻的决策创造了2、3和4时刻的收益这一事实。我们直接考虑2时刻的收益；对3和4时刻的收益，我们分别考虑其在2时刻的价值。乍一看这似乎与直觉有些不符，但是零收益计算指出：

（1）当我们采用市场价格来估值时，被投资资产的回报率等于市场回报率。

（2）在初始资产购买决策之后，没有新的价值被创造出来。此外，由于资产购买成本低于那些资产所能产生的收益的现值，因此就构成了初始价值创造的来源。

尽管这些数字并不能说明现实中的财务报表是如何制作的，[18]但是这些数字确实说明经济收入的存在，并且给出了一致的解释，并以此来说明究竟是谁得到了超额回报。初始所有者得到了超额回报，因此我们可以说他们获得了经济租金（正的经济利润）；其他投资者仅仅从其投资中获得了市场回报，从而没有获得任何经济租金（经济收入为零）。

要 点

- 当管理层遵循市场价值规则时，企业价值等于企业现有资产所能产生现金流的现值加上未来成长机会所产生的现金流的现值。
- 在一个完美资本市场中，当资金筹集成本等于收益贴现率即市场利率时，股利大小不影响企业的市场价值。这是因为，企业的价值仅取决于其未来收益流，而与为产生这些收益所提供的资金来源无关，即便资金可能来源于企业的留存收益。
- 完美资本市场中股利决策无关性意味着，我们必须采用原始股东可获得的所有未来收益流的贴现或者未来股利流的贴现来对一个企业进行估值。
- 一个成长型企业的含义就是，在该企业，扩大资产规模所带来的回报要高于市场回报。
- 市盈率是股票现价与普通股每股收益的比率。在一个完美资本市场中，尽管不同股票的市盈率可能千差万别，但是所有企业的均衡投资收益率都是相等的。
- 现实世界中，为了廉价地买到一个股票，关键取决于股价中尚未包含的一些未来事件，并且这些事件能够带来超额回报。
- 在一个完美资本市场中，原始股东可以获得高于市场利率的回报，但是新的投资无法获得超额回报，除非原始股东未

---

18 尤其是收入或者利润和损失表。

能对企业未来的收益做出正确的预期。即使是对于成长型企业的股票,这个原则依然适用。

- 在一个完美资本市场中,多期金融工具的价格必须使得每一个时期的回报正好等于该时期的市场主导利率。

问 题

1. 股东所获得收益的分配数量和分配时间是由谁来决定的?
2. 金融顾问在网站上写道:

    "由于发放股利的股票能够为股东带来定期的现金收入,从而即使是在整体市场状况不佳的情况下,通过购买这样的股票你也能获得可观的回报。而如果市场保持强势,那么你就很有可能同时享受股价上涨和稳定的股利收入。"
    (www.winninginvesting.com/picking_dividend_stocks.htm)

    (1) 根据本章所探讨的理论,请解释你同意或者不同意上述观点,及为什么。
    (2) 有什么原因可能使得该顾问的评估是正确的?

3. Amazon.com 网站的投资者关系网页上写道:

    "我们从不向我们的普通股股东宣布或支付现金股利。我们计划留存所有的收益为未来的成长机会提供融资,从而,在可预见的将来,我们预计不会发放任何现金股利。"

    你认为这一声明是否会对 Amazon.com 的股票价值产生负面影响?

4. Atech Industries Inc. 拥有 $150m[⊖] 的初始资源。由于管理层估计企业的最优经营需要 $200m 的投资,从而企业必须再筹集 $50m 的资金,且企业不发放股利,而是利用现有资源的部分或全部留存收益来提供融资。管理层预测,该项 $200m 的投资将在 2 时刻产生 $330m 的现金流。假设资金筹集成本为 8% 的市场利率。

    (1) 如果原始股东没有从初始可获得资源中获得任何股利,并且必须再筹集 $50m 的资金来完成企业经营计划,那么 Atech Industries Inc. 的现值是多少?
    (2) 假设董事会决定在 1 时刻向现有股东支付 $80m 的股利,那么 $150m 初始资源中只剩下 $70m 可用于满足未来经营需求。如果企业必须从资本市场筹集所缺资金,那么对原始股东而言,Atech Industries Inc. 的现值是多少?

5. 两个投资者在讨论他们为一家企业普通股估值的步骤。A 投资者认为,应该基于企业未来预期的股利来对企业进行估值。B 投资者认为,正确的估值方法应该是考察期望每股收益而非股利。请对上述两种估值方法做出评价。

6. 股市的历史表明,大量的初创企业尽管面临巨大的亏损,且收益一直为负,其股票还是以相当高的市场价格进行交易。为什么投资者在投资于这些收益一

[⊖] m 是 million 的缩写。——译者注

直为负的企业时，愿意支付如此高的股价？

7. (1) 成长型企业的含义是什么？
   (2) 投资者通常都认为，如果投资者能够正确地预期成长型企业未来的成长前景，那么通过投资于这些企业，他们就能获得超出市场的回报。请对这一观点做出评价。

8. 戈登增长模型是基于什么样的假设？

9. 假设 KW 公司有如下的数据：
   2 时刻每股收益：$4
   1 时刻单位估价：$71
   股利支付率：40%

   假设市场利率为以下几种情况，那么为了实现 7 倍的市盈率，企业的成长速度应该是多少？
   (1) 8%
   (2) 10%
   (3) 15%

10. (1) 投资者为什么会认为低市盈率股票的市场价格是被低估的？
    (2) 有这样一种投资策略，即试图构造一个低市盈率股票的组合，从而获得超额回报。请解释为什么在确定性世界下的完美资本市场中情况不是这样的。
    (3) 请解释为什么在一个存在风险的不完美资本市场中，上述低市盈率策略有可能会带来超额回报。

11. 在股票估值中，适用于资本利得和股利的税率为什么是至关重要的？

12. 对一个两期投资，考虑以下市场状况：
    1 时期（即从 1 时期的开始到 1 时期的结束）市场利率＝5%
    2 时期（即从 2 时期的开始到 2 时期的结束）市场利率＝7%
    (1) 在这两个时期结束时，投资的价值是多少？
    (2) 持有期收益是多少？
    (3) 这项投资的平均持有期收益率是多少？

13. RX Widgets 的创始人在 5 年前开始创立这家企业。企业的利润非常好。现在，他为了扩张，同时充分利用新的投资机会计划增发新股。请解释为什么创始者享有企业新增投资所创造的资本利得，而新股东作为投资者仅仅获得市场回报。

14. 在一个特定的时点，我们可以认为，一家企业的价值由两个部分组成。请分别解释这两个部分。

参考文献

Gordon, Myron J. (1959). "Dividends, Earnings and Stock Prices," *Review of Economics and Statistics* **41**: 99–105.

Miller, Merton H., and Franco Modigliani. (1961). "Dividend Policy, Growth and The Valuation of Shares," *Journal of Business* **34**: 411–433.

Modigliani, Franco, and Merton H. Miller. (1958). "The Cost of Capital, Corporate Finance and The Theory of Investment," *American Economic Review* **48**: 261–297.

Modigliani, Franco, and Merton H. Miller. (1963). "Corporate Income Taxes and The Cost of Capital: A Correction," *American Economic Review* **53**: 433–443.

第 5 章 完美资本市场中企业融资决策

企业的经理人投资于新厂房和设备以期获得更多的收益和收入。企业所产生的盈利属于其所有者,可以发放给所有者,也可以留存在企业中。发放给所有者的那部分盈利称为**股利**;留存在企业中的那部分盈利称为**留存收益**。所有者在企业中的投资称为**所有者权益**,或简单称为**权益**。

如果盈利被用于再投资,所有者希望能够投资于可以提升企业价值进而提升权益价值的项目。为新投资提供融资的一种方式就是使用之前的留存收益。但是留存收益可能不足以为所有有利可图的投资机会提供融资,如果是这样的话,管理层就不得不放弃这些投资机会,或者筹集额外的资金。我们可以通过贷款,或通过出售额外的所有者权益,或者同时采用这两种方法来筹集新的资金。贷款可以采用银行贷款的形式,或者发行债券等债务契约。当我们讨论额外的所有者权益时,我们通常都假设发行额外的普通股。[1]

有关企业将采取负债融资还是权益融资的决策,称为**资本结构决策**。本章将探讨与资本结构决策相关的基本问题,以及完美资本市场中企业管理层应该如何选择资本结构。管理层面临的一个主要问题就是,是否存在这样一种资本结构,使企业价值实现最大化,这一资本结构称为**最优资本结构**。本章考察了 Modigliani 和 Miller 定理,该定理解释了完美资本市场中,资本结构对企业价值的影响。在完美资本市场且不存在税收的情况下,企业的价值不会随着企业资本结构的改变而改变,即 Modigliani 和 Miller 定理认为公司价值与资本结构是无关的。

本章的论证可以视为理顺资本结构决策的效果的第一步。[2]在第七部分,我们发现资本市场不完美能够提供一些与资本结构有关的理由,并分析不完美资本市场中资本结构决策的效果。

5.1 债务与权益

企业的资本结构由三种来源构成:负债、累积权益(来源于之前的权益发行或累积盈

---

[1] 第 23 章将讨论更加复杂的权益发行种类。
[2] 第 10 章,我们提供另外一种解释,来说明为什么在完美资本市场且不存在税收的情况下,企业的资本结构是无关的。我们采用或有债权分析的框架,这种方式对理顺资本结构调整的含义尤为方便。

利），以及新发行权益。如果管理层决定采用债务为企业的经营提供融资，债权人（资金贷出者）就期望收回利息和本金——固定的、法定的承诺——能够如约偿还。如果企业不能偿还债务，债权人就有可能采取法律措施。如果企业采用权益为其经营提供融资，所有者就期望以股利的形式得到回报，或者以股东权益价值增加（即资本利得）的形式得到回报，或者更有可能两者兼而有之。[3]

回到债务发行的效应上，假设企业的管理层决定以10%的利率借入\$100m，期限为1年。如此，企业就承诺在一年后偿还\$100m的本金，加上\$10m的利息。也就是说，为了满足债务契约的要求，企业就必须支付\$110m。考虑这\$100m投资及其回报带来的以下三种可能的企业**经营收益**（支付利息前的营业收入）结果，以及债权人和所有者可能的相关后果。

营业收入	对债权人的意义	对所有者的意义
超过\$10m	满足债务契约的要求	所产生的利润等于营业收入减去\$10m
\$10m	满足债务契约的要求	盈亏平衡
低于\$10m	不能达到要求支付的水平，不足之数等于\$110m减去企业营业收入	损失等于\$10m和企业营业收入的差异

正如我们所看到的，如果管理层能够将这些借入的资金用于投资，从而实现投资资本的回报，即\$100m加上营业收入超过企业必须支付的\$10m利息（资金成本）的部分，企业就能得到所有的利润。但是如果投资所产生的营业收入等于\$10m或者更少，那么无论营业收入是多少，债权人总是能够得到\$10m或者全部营业收入。

上述例子给出了**财务杠杆**背后的基本概念——使用固定且有限支付的融资方式。如果相比企业所需做出的债务支付，企业拥有充足的收入，那么在债权人得到偿还后，所有者就可获得剩下的收入。如果企业的收入比其所需做出的债务支付低，债权人依然将获得他们所应该获得的偿还，而所有者很有可能什么都得不到。无法根据承诺还本付息就有可能导致企业陷入财务困境。**财务困境**指管理层在压力之下做出对企业所有者而言可能不是最优的决策以满足对债权人的法律义务的一种情境。尽管管理层可以选择，并且也常向股东支付股利，但是对权益融资而言，并不存在支付股利的法定义务。此外，根据美国的税法，债务利息支付可以用于税收减免，而股利支付却不能。

一种度量资本结构中债务所占比例的方式就是**债务比率**：

$$债务比率 = 债务面值 / 权益市值$$

债务比率越高，相对股权融资，负债融资的使用就越多。另一种度量方式是**资产负债率**，代表企业资产中有多少是用债务来提供融资的：

$$资产债务率 = 债务面值 / 所有资产的市值$$

这就是一个公司资本结构中债务所占的比例。

5.2 资本结构和财务杠杆

资本结构决策会给公司的经营决策带来风险。正如5.1节所说的，负债融资和权益融

---

[3] 实现企业价值最大化的资本结构取决于一系列因素，我们将在本章后面对这些因素展开讨论。

资为公司带来了不同形式的义务。**杠杆率**这一概念影响公司的财务风险,因为无论结果的好与坏,杠杆都会放大其效应。债务义务固定和有限支付的本质影响所有者所能获得的收益的风险。考虑一家拥有 \$20m 资产的企业,所有融资来源于权益。我们称这家企业为"100%权益融资"或"无杠杆"。假设这家企业总共发行了 1m 的股份,每股价格为 \$20。在这种情况下,权益价值就等于 \$20m,等于其资产的价值,且债务价值为 0。

进一步假设企业的管理层①发现了一个投资机会,需要 \$10m 的新资金;②可以以下面三种方式中的任意一种筹集资金:

融资方案 1:发行 \$10m 的权益(500 000 单位的股份,每股价格为 \$20)。

融资方案 2:发行 \$5m 的权益(250 000 单位的股份,每股价格为 \$20),并以 10%的年利率借入 \$5m。

融资方案 3:以 10%的年利率借入 \$10m。

表 5-1 总结了每一个融资方案实施后企业的资本结构。

表 5-1 三种融资方案资本结构的总结 (金额单位:美元)

融资方案	资产(百万)	债务	权益	股份数量(百万)	产权比率(%)	资产负债率(%)
1	30	0	30	1.50	0.0	0.0
2	30	5	25	1.25	20.0	16.7
3	30	10	20	1.00	50.0	33.3

注意由于融资方案 3 的信用风险要高于方案 2,从而假设这两个方案具有同样的利率是不太现实的。但是,为了说明杠杆的效应,我们现在假定利率没有发生变化。在本章的后面我们将重新考虑这一假设。

假设企业的营业收入为 \$4.5m。我们将企业从其经营资产中所得到的回报称为**资产收益率**(ROA)。对我们所假设的企业,ROA 为 15%(= \$4.5/ \$30),并假设不存在税收。为了说明财务杠杆的概念,考虑上述财务杠杆对企业每股收益的影响。**每股收益**(EPS)等于所有者所能获得的所有盈利除以股份数量。假设 ROA 为 15%,表 5-2 给出了三种融资方案的 EPS。

表 5-2 三种融资方案下的 EPS (金额单位:美元)

	融资方案		
	1	2	3
营业收入(百万)	4.5	4.5	4.5
一利息费用(百万)	0.0	0.5	1.0
=所有者所能获得的收入(百万)	4.5	4.0	3.5
股份数量(百万)	1.5	1.25	1.0
每股收益	3.00	3.20	3.50

类似地,通过对 ROA 的值做出不同的假设,我们就可以得到不同的 EPS。假设 ROA 分别为 15%、10%和 5%,表 5-3 给出了三种融资方案的 EPS。

表 5-3 不同 ROA 下三种融资方案的 EPS (金额单位:美元)

	融资方案		
假设的 ROA	1(杠杆率最低)	2	3(杠杆率最高)
15%	3.00	3.20	3.50
10%	2.00	2.00	2.00
5%	1.00	0.80	0.50

注意如果 ROA 等于债务成本，在我们这里等于 10%，那么无论采用何种融资方案，EPS 将不受影响，因为在这种情况下，无论采用何种融资方案，EPS 都等于 $2.00。如果 ROA 高于债务成本，那么融资方案 3（财务杠杆最高）的 EPS 最高。如果 ROA 为 5%，低于债务成本，可以得到鲜明的对比，融资方案 3 的 EPS 最低，而融资方案 1 的财务杠杆最低，EPS 最高。

这个例子说明了负债融资对经营风险（由营业收入的变化来度量）的影响：债务相比权益使用越多，经营风险越高。此外，通过比较不同营业收入情景——$4.5m、$3.0m 和 $1.5m 的结果，可以看到财务风险和经营风险的叠加放大了所有者的风险。比较这些结果，这三种融资方案都表明，随着资本结构中债务的增加，EPS 的变化性[4]就越大。

当我们采用负债融资而非权益融资时（融资方案 3），除了债务的合约利息，所有者独自享有收益。但是如果我们采用权益融资（融资方案 1），初始所有者就必须和新股东共同分享所增加的收益，从而稀释了他们的权益回报率和 EPS。

另一种考察融资效应的方法就是计算**财务杠杆**，DFL：

$$DFL = \frac{\text{息税前收入}}{\text{息税前收入} - \text{利息}}$$

假设 ROA 为 10%，即营业收入为 $3m，那么上述三种融资方案的 DFL 如下。

融资方案	1	2	3
ROA 为 10% 时的 DFL	1.0	1.2	1.5

从上面我们可以发现，融资方案 3 的财务杠杆最高。回顾一下，杠杆率的上升意味着资本结构中相对于权益更多地使用债务，其后果就是 EPS 的波动性上升。

5.2.1 财务杠杆和财务弹性

债务的使用还会降低公司的财务弹性。如果一个企业没有充分利用其举债能力，有时也称为**财务宽松**，[5] 那么它就有可能更好地利用未来的投资机会。保留未来战略选择的能力是富有价值的举措，增加负债融资就相当于降低财务宽松程度，其结果就是公司可能无法足够灵活地抓住富有价值的机会。

Booth 和 Cleary（2006）所提供的实证证据表明，公司的现金流波动性越大，就越倾向于增加其财务宽松程度，从而其投资对公司内部产生现金流的能力的敏感度就越低。相反，财务宽松使得企业能够在不产生额外现金的情况下迅速地利用投资机会。其结果就是，营业收益不稳定的公司很有可能通过将其债务比率控制在一个相对较低的水平，来保持一定程度的财务宽松。

5.2.2 负债融资的治理价值

总的来说，一个公司的**自由现金流**等于其总的现金流减去资本支出和股利。Jensen

---

[4] 通常我们将变化性称为波动率，有时也称为振幅。通常采用所考虑的测度的方差或标准差来衡量，这里我们所考虑的就是 EPS 的波动率。

[5] 财务宽松这一概念并不总是容易定义的，因为其大小事实上是由债权人及其对企业的态度来决定的。

(1986)认为，通过使用负债融资，企业就降低了其自由现金流水平，从而企业必须再进入债务市场筹集新的资本。Jensen 理论通常又称为 **Jensen 的自由现金流理论**，认为发行债务的需求将使企业从两个方面受益。

首先，管理层所能控制的资源减少了，将资源浪费于无利可图的项目上的可能性降低了。其次，当企业始终依赖于债务市场来获得新的资本时，就相当于给管理层施加了一种治理约束，而当企业不依赖于债务市场时是不存在这种约束的。这就是说，公司使用负债融资可能有助于降低代理成本。代理成本是由公司所有权和经营权分离而产生的成本，我们将在下一章进一步讨论这一问题。代理成本包括解决管理层和股东之间的代理问题的所有成本，也包括对管理层的监督成本。代理成本还包括与管理和通知董事会的相关成本，以及为股东和其他投资者提供财务信息的相关成本。

5.3 资本结构和税收

我们已经知道负债融资的使用是如何增加企业股东的风险的：越多使用负债融资（相对于权益融资），财务风险就越高。另一个需要考虑的因素就是税收的作用。在美国，所得税在公司资本结构的决策中发挥着重要的作用，这是因为，正如前面所提到的，企业向债权人的支付和向所有者的支付，其税收是不同的。总体上来说，债务契约的利息支付能够抵减税负，而支付给股东的股利是无法抵减税负的。由于税收影响融资成本，税收政策自然就会影响资本结构决策。

5.3.1 利息抵税和资本结构

利息抵税代表政府对负债融资的补贴：通过允许将利息从应税收入中扣除，政府和贷款企业共同承担了负债融资的成本。为了说明这一补贴是如何运作的，我们假设有这样一家企业，其营业收入为 $5m，总资产为 $35m，现在来比较该企业的三种资本结构。负债融资要求每年支付 10% 的利息，税率为 30%。表 5-4 给出了这三种资本结构和所有者所能获得的收益。

通过利用债务为企业活动提供融资，并支付 $1m 的利息，资本结构 B 减少了公司税收账单中 $0.3m 的税负。企业的债权人

表 5-4 **三种资本结构及其对收入的影响**

（单位：百万美元）

	资本结构		
	A	B	C
债务	0.0	10.0	20.0
营业收入	5.0	5.0	5.0
一利息费用	0.0	1.0	2.0
=应税收入	5.0	4.0	3.0
一税收	1.5	1.2	0.9
=所有者可获得的收入	3.5	2.8	2.1

得到收益中的 $1m，政府得到收益中的 $1.2m，而所有者得到了剩余的 $2.8。由于 $1m 的利息费用允许抵减税负，从而 $0.3m 就代表公司因此而少支付的现金。税收账单中的这一税负下降就是一种补贴。根据资本结构 C，利息费用为 $2m，所有者可获得的收入为 $2.1m。比较 C 到 A 这三种资本结构，我们发现，利息费用增加了，税负减少了，并且所有者可获得的收入也减少了。

考虑债权人和所有者之间收入的分配。资本供给者的总收入随着债务的使用而增加。

例如，B 资本结构和 A 资本结构相比，债权人和权益所有者所得到的总收入的差异为 \$0.3m。这个差异是由政府补贴所造成的：通过减去 \$2m 的利息收入，企业的应税收入就减少了 \$2m，进而税收减少了 \$2m×30% = \$0.3m，企业从中受益。

如果我们假设不存在与财务困境相关的直接成本或间接成本，那么无论企业采取何种融资方式，其资本成本都是一样的。无论政府是否补贴企业的所有者，财务困境对企业的信誉通常都不具有影响，进而对企业的债权人也不具有影响。企业的所有者从利息的减税效应中受益。我们可以通过计算权益回报率(ROE)，即所有者可获得的收入除以权益价值，来说明这一点。根据资本结构 A，所有者将获得的 ROE 为 10%(= \$3.5m/ \$35m)。将其分别与资本结构 B 下的 ROE11.2%(= \$2.8m/ \$25m)比较和资本结构 C 下的 ROE14%(= \$2.1m/ \$15m)比较。对于那两种使用杠杆的资本结构，ROE 上升了，从而所有者从利息的减税效应中受益。

5.3.2 利息税盾

利息的税收抵扣效应所带来的好处称为**利息税盾**，之所以这么命名，是因为它使得营业收入免于应税。利息税收抵扣效应所带来的税盾为：

$$利息税盾 = 税率 \times 利息费用$$

考虑到利息费用是债务的利率，我们将其定义为 r_d，乘以债务的面值为 D，从而当税率为 τ 时，一个公司的税盾就是：

$$税盾 = \tau \times r_d \times D$$

税盾通过减少用于应税的营业收入，影响公司价值。这里的税率 τ 指**边际税率**，即下一单位美元收入的税率。

当然，税盾的价值在于公司是否能够使用利息费用抵扣税负。总体上，如果一个公司的利息费用抵扣高于其营业收入，其结果就是**净经营损失**。在亏损年度，公司不需要纳税，并允许将这一损失"回溯"到之前的纳税年份，用于抵减那些年份(存在一些限制)的应税收入。[6]如果前面年份的应税收入不足以抵消总体损失，那么允许将剩余的部分(依旧存在一些限制)递延未来年份，抵扣未来年份的应税收入。在这种情况下，税盾贴现时所采用的利率必须同时反映实现税盾所带来的好处的不确定性以及资金的时间价值。因此，债务所带来的利息抵税的好处取决于公司是否能够利用利息抵扣税负，如果能的话，又是在何时实现。

5.4 资本成本

公司的资本结构影响公司的资本成本，同时也受公司资本成本的影响。**资本成本**是为了使用投资者的资金所必须提供的回报。在筹集新的资金时，资本的相关成本是一个**边际**的概念。也就是说，资本成本是与多筹集 1 美元的资金相关的成本。如果资金是借入的，那么其成本就是必须支付给债务工具(贷款或债券)持有者的利息；如果资金是权益，那么其成本就是投资者期望得到的回报，这种回报来自于股价上涨、股利支付，或者两者兼而

---

[6] 重新计算前面年份的税负，并要求退还之前支付的税负。

有之。

除了影响资本结构决策之外,公司的资本成本还发挥着另外两种重要的作用。首先,当管理层考虑一个投资项目时,资本成本通常作为确定该特定资本项目成本的一个出发点(标杆)。由于一个企业大量项目的风险与企业整体的经营风险是类似的,我们就可以利用企业的资本成本来近似替代具有大致相同经营风险的项目的资本成本。但是,如果一个项目的风险不同于企业的经营风险,那么就需要根据该项目的风险是高于还是低于该企业典型项目的风险,来调整项目的资本成本。

企业的资本成本是其长期资金来源的成本,也就是债务、普通股、优先股等其他融资方式的成本。成本反映了企业所投资资产的风险。当一家企业投资于低风险资产时,其资本成本相比另一家投资于高风险资产的企业低。此外,每一种资金来源的成本反映了财务风险。对一个特定的企业而言,负债融资成本通常都要低于优先股融资成本,[7]而后者的融资成本又要低于普通股融资成本。这是因为,债权人优先于优先股股东,而后者要优先于普通股股东。如果企业在清偿债务时面临困难,那么债权人在优先股股东之前得到本息,而优先股股东优先于普通股股东获得所承诺的股利。

对资本成本的估计,要求管理层估计每一种资本来源的成本及融资数目。将所有这些信息集中在一起,企业就可以根据以下三个步骤来估计筹集额外资金的成本。第一步,确定计算中所需的每种来源的资本的比例。这是根据企业所选择的资本结构来决定的。

第二步是计算每种融资来源的成本。债务的成本和优先股的成本相对容易获得,但是到目前为止,普通股的成本相对不易估计。后面的章节将介绍一些估计权益融资资本成本的模型。我们需要理解的一个关键问题就是,根据这些模型估计的普通股成本可能存在很大的差异,从而估计的资本成本对所选择的模型高度敏感。在计算每一种融资来源的成本之前,我们还需要确定每一种融资来源的比例,因为这些比例会进一步影响不同来源的资本成本。

第三步就是根据目标资本结构中每种融资来源的比例对每种来源的资金赋权。

例如,假设管理层选择的企业资本结构如下:40%的债务,10%的优先股,50%的普通股。进一步假设管理层估计筹集美元的额外债务、优先股和普通股的成本分别为5%、6%和12%。如果公司的边际税率为40%,那么债务的税后成本就是5%×(1-40%)=3%。回到我们的例子,在这种情况下,我们将筹集资金的平均成本称为**加权平均资本成本**,等于:

$$(40\% \times 3\%)+(10\% \times 6\%)+(50\% \times 12\%)=7.8\%$$

这意味着,企业每融资$1,其成本为7.8%。随着管理层调整企业的资本结构,企业的预期资本成本也会发生变化。下一节,以及本书的第七部分将讨论财务杠杆上升时,资本成本将发生什么样的变化。

5.5 完美资本市场中的资本结构:不相关定理

在这一节,我们证实,在一个理想化的融资环境中资本结构不影响企业的市值,这个

---

[7] 并不是所有的国家都允许发行优先股。

结论通常称为 Modigliani 和 Miller 定理。[8] 正如我们在这一节中将给出的，由于该定理的结论依赖于其所做出的假设，为了在更加复杂的条件下正确地理解和应用其发现，就需要进行更加深入的研究。

Modigliani 和 Miller 定理假设资本市场是完美的，且存在风险。在这样一个市场中，假设下面的情况成立：

- 假设所有的交易双方都使用同样的概率分布来描述未来不确定的回报（即投资者具有同质的期望）。进一步假设融资决策不影响企业的商业风险。
- 证券的买卖双方中任何单个交易者无法影响市场利率。
- 相比于权益融资，负债融资不存在税收优势。
- 自愿清算或者破产不涉及成本，这里我们将破产定义为企业的债务价值大于企业所有资产的价值。
- 尽管所有的金融工具必须提供与其风险相当的市场回报，但其买卖过程中不存在交易费用。
- 假设任何个体都可以以相同的条款获得企业任何可获得的融资安排。
- 金融交易给债权人带来的负面影响比所有者大的情形是不允许发生的，从而阻止对特定投资者财富的非自愿掠夺。

5.5.1 我-第一规则

上面最后一个假设意味着，债券持有者通过加入保护性条款来保护他们的权利，Fama 和 Miller(1972，p.169ff)将这一条件称为**我-第一规则**（Me-First Rules）。在我们所考虑的环境中，假设无需任何成本就可以贯彻这一规则。我们利用几个例子来说明这一规则的重要性。

首先考虑这样一种情况，一家企业拥有一些风险债务，并计划在 1 时刻发行额外的债务。现有的债务和新发行的债务都采用债券的形式。现有的债券持有者称为初始债券持有者，而购买新发行债券的债券持有者称为新债券持有者。假设初始债券的面值为 $1 000，要求支付 10% 的年利率，且新债券具有相同的条款。假设这两种债券都在 2 时刻到期，到期时，两种债券都要求偿还 $1 100（$1 000 的面值加上 $100 的利息）。此外，假设在企业破产时，这两种债券对企业的资产具有同等的索取权；称这两类债权人（即债券持有者）的**付款权利相等**。

假设企业在 2 时刻实现营业收入，并且仅存在两种可能的状态，且这两种结果的分布如下表所示。

（金额单位：美元）

状态	概率[9]	营业收入
1	p	2 500
2	$1-p$	800

---

8 Modigliani 和 Miller(1958)。
9 本章所说的概率是每种状态潜在的客观概率。

首先,如果没有发行额外的债券,考虑初始债券持有者的索取权。在1状态下,企业将拥有充足的营业收入,来满足初始债券持有者的索取权(即$1 000)。但是,在2状态下,企业可分配的收入只有$800,并且根据合约的条款,初始债券持有者拥有所有这些收入的索取权。从而在这两种状态下,初始债券持有者和股东所能获得的收入索取权为:

(金额单位:美元)

状态	概率	营业收入	初始债券持有者	股东
1	p	2 500	1 100	300
2	$1-p$	800	800	0

当企业无法使用其营业收入按计划完成债务支付时,严格说来,企业就破产了。出于本章举例的目的,我们假设在企业破产的状态下,债券持有者能够得到企业所有有价值的东西(即所有的营业收入),且企业清算过程不涉及成本。

现在,如果企业发行额外的债券,考虑初始债券持有者的索取权。在1状态下,企业将拥有充足的营业收入,来满足这两类债券持有者的索取权($2 200)。但是,在2状态下,企业营业收入只有$800——不足以偿还任何一类债券持有者。但是初始债券持有者和新债券持有者通常都是根据其债务索取权的面值的比例得到偿还的。这样,由于我们假设两类债券持有者的债务契约都是$1 000,从而这$800将被平均分配,两类债权人分别得到$400。从而初始债券持有者和新债券持有者所能获得的收入索取权为:

(金额单位:美元)

状态	概率	营业收入	初始债券持有者	新债券持有者	股东
1	p	2 500	1 100	1 100	300
2	$1-p$	800	400	400	0

比较发行新债券和不发行新债券条件下初始债券持有者索取权的分布,我们发现,这种融资安排实际上剥夺了初始债券持有者的部分财富。与此同时,这种融资安排不影响股东所能获得的资金分布。

为了避免出现这种对初始债券持有者不利的情况发生,正确的我-第一规则就要求后发行债务的优先级要低于第一个(初始的)债务,从而使得初始债券持有者的索取权分布保持不变。新债券持有者的索取权是次一级的,这就意味着,在2状态下,初始债券持有者首先拥有对这$800营业收入的索取权,其结果就是,新债券持有者什么也得不到。由于存在这些影响新债券持有者的条款,所有资本供给者的索取权分布如下。

(金额单位:美元)

状态	概率	营业收入	初始债券持有者	新债券持有者	股东
1	p	2 500	1 100	1 100	300
2	$1-p$	800	800	0	0

股东也有一些规则,来防止企业资本结构的变化对其带来不利影响。为了说明这种情况下的我-第一规则,假设和我们前面的分析一样,2时刻的营业收入在1状态下没有发生变化($2 500),但是在2状态下,营业收入为$1 000而非之前假设的$800。现在我们假设企业发行了两类债券,我们称为债券发行1和债券发行2。假设这两张债券的面值都是

$1 000，利息都是 $100，并在 2 时刻的付款权利相等。从而债券持有者和股东的索取权分布为：

（金额单位：美元）

状态	概率	营业收入	债券持有者 1	债券持有者 2	股东
1	p	2 500	1 100	1 100	300
2	$1-p$	1 100	550	550	0

然而，如果管理层在 1 时刻赎回发行的债券 1。那么，除非存在其他限制性条款，债券持有者 2 和股东的索取权就是：

（金额单位：美元）

状态	概率	营业收入	债券持有者 2	股东
1	p	2 500	1 100	1 400
2	$1-p$	1 100	1 100	0

在这种情况下，剩下的债券持有者其状况显然大有改善，并且这是以股东利益为代价的。补救方法就是股东在这种情况下将得到补偿。为了达到这种效果，可以在一开始将这两种债券一起赎回，或者将赎回的债券视为股东的财产。

当我-第一规则排除了财富状况变化而没有得到相应补偿的可能性，并且当资本市场在其他各个方面都是完美的时候，Modigliani 和 Miller 定理指出，资本结构调整不影响企业价值，从而企业任何类型的投资者都不会关心这个问题。换言之，在一个完美资本市场且不存在企业所得税的情况下，企业资本成本（市场要求的回报）不随产权比率的变化而变化。

5.5.2　Modigliani 和 Miller 定理的后果

Modigliani 和 Miller 定理指出，由于预期的资本结构调整不会影响任何类型的投资者享有的财富再分配，从而企业资本结构的变化不影响股东的财富。当然，资本结构调整只代表决定企业市值的收益流的重组。只要重组过程本身不产生额外的成本或收益，它就不会影响企业的价值。[10]

一种解释完美资本市场中企业价值不受其资本结构调整影响的方式就是在上述假设下，令投资者可以废除金融工具所代表的任何索取权。回顾一下，前面一节的一个假设是，个体也可以以相同条件获得企业任何可获得的融资安排。为了理解这一假设的重要性，让我们来考虑另外一个例子。假设一家企业在 1 时刻的价值是 $1 500，其资本结构由面值为 $1 000 的债券和 $500 的权益构成。我们将企业的这种资本结构称为"杠杆结构"。假设债券以 12% 的利率[11] 支付利息，且 2 时刻营业收入分配如下。

10　这一定理还隐含一个假设，即市场是如此构成的以至于一家企业的管理层无法限制投资者机会。当我们放松这些条件时，就需要对 Modigliani 和 Miller 定理的预测做出修正。但是由于这些问题对金融市场福利理论的重要性要远远高于公司财务理论，因此我们在这里不再继续讨论这一问题。

11　注意：①由于企业可能无法完全还本付息，从而债券是有风险的；②如果由于无法对债务做出支付而导致严格意义上的破产，将不会造成任何额外的成本。

(金额单位：美元)

状态	概率	营业收入
1	p	1 700
2	$1-p$	800

在 2 时刻，债券持有者和股东有权获得的价值分配如下：

(金额单位：美元)

状态	概率	营业收入	债券持有者	股东
1	p	1 700	1 120	580
2	$1-p$	800	800	0

现在让我们来考虑另一种资本结构，我们称之为"权益结构"，企业仅发行权益。为了简化说明，假定单个的投资人买下所有权益，因此，在 2 时刻有权收到全部的营业收入，如上述所分配的。在 1 时刻权益的市场价值保持在 $1 500。这是由于在现在的假设条件下，不同的资本结构不影响企业价值。

正如在有杠杆的结构中，股东要想创造相同的分配，可以对自己发行债券。此外，假设发行条款和企业发行债券的条款一样，从而就可以以 12% 的利率发行面值为 $1 000 的债券。这就称为"自制杠杆"。股东发行债券（我们同样假设购买这些债券的投资者和那些购买企业债券的投资者是相同的）之后，相比"杠杆结构"，这种结构下债券持有者和股东的状态是一样的。由于我们假设投资者无需成本，自己就能够反转或者改变管理层资本结构决策的效果，从而企业的价值仅取决于其营业收入，而与管理层如何利用债务和权益的不同组合来分配这些收入无关。[12]

5.5.3 商业风险和财务风险

回顾一下，当前的讨论是建立在企业的经营决策是给定的假设上，这意味着，企业的经营风险是不变的。然而，由于管理层使用不同的金融索取权获得融资，与每种类型的索取权相关的融资风险能够且通常会发生变化，那么接下去就将探讨这些问题。

首先，假设一家企业仅采用权益融资方式，并且在 2 时刻有如下的营业收入分布。

(金额单位：美元)

状态	概率	营业收入
1	0.5	2 500
2	0.5	1 100

2 时刻的期望营业收入定义为 $E[V(2)]$，等于 $1 800，其标准差定义为 $\sigma[V(2)]$，等于 $700。由于企业采用 100% 权益融资的方式，因此 2 时刻股东的索取权具有相同的分布、期望值和标准差。我们可以将期望值与标准差的比率理解为索取权持有者的财务风险的一种度量方式。这个比率越低，财务风险就越高。对于这个 100% 权益融资的企业，其

---

[12] 这就是说，关注的焦点在这块饼上，而不是如何切割这块饼。这是因为，如果这块饼被切割，切割过程中不会浪费一点碎屑。事实上，我们也可以不切割这块饼，自然也就不会损失一点碎屑了。

财务风险等于 2.6(= $1 800/$700)。

现在改变以下这个例子。假设在 1 时刻发行债券,这些债券承诺在 2 时刻支付 $1 000 (面值加上利息),而企业余下的融资采取权益融资的方式。从而债券持有者和股东的索取权分布为:

(金额单位:美元)

状态	概率	营业收入	债券持有者	股东
1	0.5	2 500	1 000	1 500
2	0.5	1 100	1 000	100

根据上述营业收入分布,由于 2 时刻债券持有者的索取权低于可用于分配的营业收入的最小可能实现值,我们可以将债券视为无风险的。也就是说,无论哪种状态发生,债券持有者总是能够得到全额偿付。由于在发行这种无风险债券后,股东的期望值等于 $800,且其标准差为 $700,从而期望值与标准差的比率就等于 1.1(= $800/$700),这就意味着,无风险债券的发行导致股东收益流的风险上升。

现在假设管理层考虑两种负债融资方式,一种融资 $1 100,另一种融资 $1 500。我们将这两种选择分别称为债券发行方式 1 和债券发行方式 2。根据这些假设,初始债券持有者、这两种二选一的新债券持有者,以及相应的股东的索取权分别如下:

(金额单位:美元)

状态	概率	营业收入	采用债券发行方式 1 提供融资		采用债券发行方式 2 提供融资	
			债券持有者	股东	债券持有者	股东
1	0.5	2 500	1 100	1 400	1 500	1 000
2	0.5	1 100	1 100	0	1 100	0

将这两种债券发行选择与第一个例子进行比较发现,在使用无风险债券时,存在一个 $1 100 的承诺支付上限。如果发行承诺更多支付的债券,其收益就是有风险的。与此同时,随着承诺给债券持有者的支付数量上升到 $1 100 以上,权益持有者所面临的风险本质不再发生变化。[13]

图 5-1 给出了我们所描述的情况,图中显示,如果企业发行了足够多的债务,这些债券最终都会变成有风险的。然而,无论债券是否会变成有风险的,我们前面的分析都表明,只要 Modigliani 和 Miller 定理的假设条件不变,企业作为一个整体所要求的市场回报(即资本成本)是不变的。为了从另一个角度来考察这个问题,我们将在下一节考虑企业的资本成本具体是如何表现的。

5.5.4 完美资本市场中的资本成本

由于在一个完美资本市场中,企业的加权平均资本成本仅取决于企业的商业风险,从而企业的资本成本不会影响所选择的资本结构。但是,由于企业债务和权益资本的成本受财务风险的影响,因此债务成本和权益成本与企业的资本结构选择有关。

---

[13] 这一精确的量化结论取决我们的假设,即这里的概率分布只存在两种可能的结果(即,两种可能的状态)。在更加复杂的情况下,当债券变成有风险的时候,权益的风险也将上升。但是,随着债务-权益比率的上升,权益风险上升的速度是递减的。

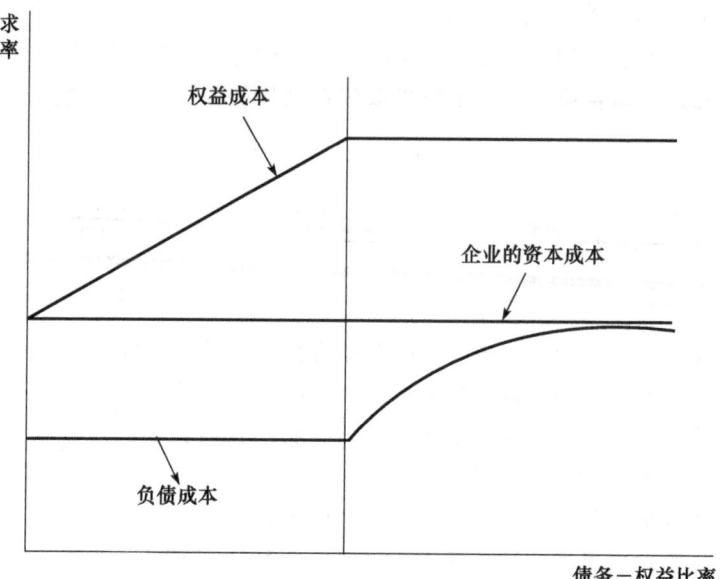

图 5-1 杠杆率不影响资本成本

为了说明这其中的逻辑,我们定义 $E[r_j]$ 为 j 企业的资本成本,由下面的式子给出:

$$E[r_j] = \frac{E[V_j(2)] - V_j(1)}{V_j(1)} \tag{5-1}$$

其中,$V_j(2)$ 为 2 时刻 j 企业的价值分布,$V_j(1)$ 为 1 时刻 j 企业的市值。类似地,适用于该企业债务的市场贴现率为:

$$E[r_{j,B}] = \frac{B_j(2) - B_j(1)}{B_j(1)} \tag{5-2}$$

其中,$B_j(2)$ 为 2 时刻债务的本金与利息之和,$B_j(1)$ 为 1 时刻债务的市值。主要是出于表述简单的目的,我们假设这里所讨论的债务是无风险的。

定义企业权益的回报率为:

$$E[r_{j,S}] = \frac{E[V_j(2)] - B_j(2) - S_j(1)}{S_j(1)} \tag{5-3}$$

其中,$V_j(2) - B_j(2)$ 代表 2 时刻股东可获得的收入,$S_j(1)$ 为上述分配在 1 时刻的市值。我们现在将式(5-1)和式(5-2)分别改写为:

$$V_j(1)[1 + E(r_j)] = E[V_j(2)]$$

和

$$B_j(1)(1 + r_{j,B}) = B_j(2)$$

然后代入式(5-3)得到:

$$E[r_{j,S}] = \frac{V_j(1)[1 + E(r_j)] - B_j(1)(1 + r_{j,B}) - S_j(1)}{S_j(1)} \tag{5-4}$$

然后,由于 $V_j(1) = B_j(1) + S_j(1)$,我们可以将式(5-4)简化为:

$$E[r_{j,S}] = \frac{V_j(1)E(r_j) - B_j(1)r_{j,B}}{S_j(1)}$$

消去 $V_j(1)$ 得到:

$$E[r_{j,S}] = \frac{[B_j(1) + S_j(1)]E(r_j) - B_j(1)r_{j,B}}{S_j(1)}$$

最后简化成：

$$E[r_{j,S}] = E(r_j) + [E(r_j) - r_{j,B}]\frac{B_j(1)}{S_j(1)} \tag{5-5}$$

注意 $B_j(1)/S_j(1)$ 这一比率等于 j 企业的财务杠杆率，并随着额外债务的发行而上升。

讨论的结果就是，在式(5-5)中，$E(r_j)$ 是一个常数，但是 $E[r_{j,S}]$ 随着杠杆率的上升而上升。换言之，式(5-5)重申，尽管企业的期望回报是一个常数，权益风险——进而权益的要求回报率——会随着债务发行的增加而变化。事实上，很容易看出为什么：更多的无风险债务意味着权益索取权的风险不会再下降——权益风险上升或保持不变。[14]

现在考虑这样一个例子，来看式(5-5)是如何说明当企业杠杆率上升时，财务风险的变化。这个例子也会显示出发行风险债券的效应。假设一家企业，$V(1) = \$1\,000$，$V(2)$ 分布如下：

（金额单位：美元）

状态	概率	$V(2)$
1	0.5	1 675
2	0.5	525

从而 $E[V(2)]$ 等于 \$1 100，且 j 企业的资本成本等于：

$$E(r_j) = \{E[V(2)] - V(1)\}/V(1) = \{\$1\,100 - \$1\,000\}/\$1\,000 = 0.10$$

现在假设企业发行债券，承诺在 2 时刻支付 \$525。由于该债券是无风险的，就可以以无风险利率的价格出售，我们假设无风险利率 $r_f = 0.05$。在这种情况下，0 时刻债券的市值为 $B(1) = \$500 (= \$525/1.05)$。由于 $V(1) = B(1) + S(1)$，从而 $S(1) = \$500$。最后，

$$E[r_{j,S}] = \frac{E[V(2)] - B(2) - S(1)}{S(1)} = \frac{(\$1\,100 - \$525) - \$500}{\$500} = \frac{\$575 - \$500}{\$500} = 0.15$$

权益要求的回报率等于 15%。

如果企业全部采用权益融资的方式，而不是同时采用债券和股票，那么根据这一资本结构，权益所有者将有权获得所有的分配 $V(2)$，从而适用的贴现率为 10%。

现在让我们来考虑另一种资本结构，债务发行量之高足以使得债务变得有风险。假设债务的面值为 \$700，发行利率为 5%；$V(2)$ 的分布和之前一样。对这一资本结构而言，这两类投资者有权获得的分配如下。

（金额单位：美元）

状态	概率	$V(2)$	$B(2)$	$S(2)$
1	0.5	1 675	735	940
2	0.5	525	525	0

在第一个例子中，$S(2)$ 与股东回报的分布有关（根据第一种分布，现在的 $S(2)$ 就是状

---

14 正如前面一个例子所说明的，在一些情况下，权益风险会达到最高，然后即使杠杆率进一步上升，权益风险也不会再高于这一水平。

态 1 下可获得价值的 \$940/\$1 150)。在第 14 章，我们将引入一种资产定价模型，称为资本资产定价模型(CAPM)，我们会发现，该模型在确定回报率时无须考虑分布的绝对大小。根据 CAPM，现在这个例子中权益的回报率必须与第一种资本结构下的回报率相等，都等于 15%。这意味着：

$$0.15 = \frac{E[S(2)] - S(1)}{S(1)} = \frac{\$470 - S(1)}{S(1)}$$

从而 $S(1)$ 约等于 \$409。因此，$B(1) = \$1\,000 - \$409 = \$591$。

为了获得债务适用的贴现率，回顾一下，根据 Modigliani 和 Miller 定理，企业的加权平均资本成本必须保持 10%。从而我们就有：

$$0.10 = 0.15 \times \left(\frac{\$409}{\$1\,000}\right) + E(r_{j,B}) \times \left(\frac{\$591}{\$1\,000}\right)$$

现在计算得到的适用于债务的贴现率等于 6.6%。作为检验，我们注意到：

$$E(r_{j,B}) = \frac{E[B(2)] - B(1)}{B(1)} = \frac{\$630 - \$591}{\$591} = 0.066$$

因此我们发现，对我们所考虑的特定企业，只有当权益负债率达到 1 时，债务的风险才开始显现。图 5-2 给出了企业以及这两类证券所适用的贴现率之间的关系。

注意，尽管随着企业杠杆率的上升，权益的成本也上升了，但是，我们从来都没有说过，债务影响企业的资本成本(不存在税负差异的效应或者承诺的债务支付违约)。事实上，尽管债务要求的回报率通常都低于权益，但是现在的例子中，增加债务并不能降低平均资本成本。另一方面，由于债务违约不涉及破产成

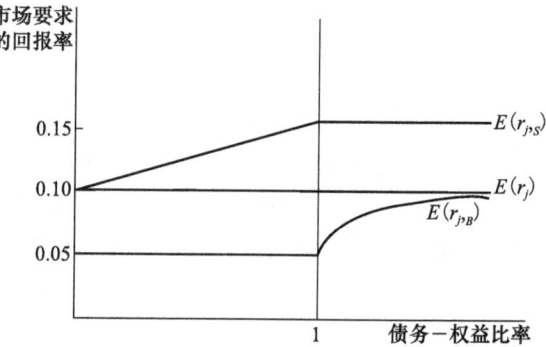

图 5-2 杠杆率对股票和债券要求的回报率的影响

本(正如我们所假设的)，从而大量发行债务也不会使得资本成本上升。在这种情况下，风险债务除了具有优先索取权之外，还享受权益的待遇。也就是说，它被视为一种风险提议，根据一种能够反映其风险水平的贴现率来贴现。资本成本保持不变的结论之所以成立，是因为即使企业的资本结构发生了变化，企业总收益流资本化(贴现)的利率也保持不变。

对管理层而言，这些发现的意义在于，目前还不存在任何理由促使他们关注杠杆率(即资本结构表现出无关性)。但是，第七部分将指出企业资本结构的一些特征，这些特征确实会影响企业的价值。

要 点

- 通常在分析一家企业的资本结构决策时，我们假设企业的商业风险是固定的，并通过管理所有与融资决策相关的风险来完

成的。

- 资本成本是为了使用投资者的资金所必须提供的回报。

- 最优资本结构是实现企业价值最大化的融资方式组合。如果存在一种最优资本结构，那么它同时最大化企业的价值并最小化企业的资本成本。
- 财务杠杆这一概念影响投资者风险，因为无论结果的好与坏，杠杆都会放大其效应。
- 财务杠杆利用额外的债务，也就是说，杠杆率的上升增加了企业的产权比率。
- 由于债务利息能够减少应税收入，进而起到避税的作用，从而税负的存在可以促使负债融资的增加。
- 由于一个公司的资本结构与其资本成本相互关联，从而对后者的估计对资本结构决策和资本预算决策都是非常重要的。
- 加权平均资本成本是对企业资本成本做出的估计。首先，计算每种资金来源的税后成本，然后根据管理层的目标资金来源比例对每种资金来源的成本赋权，最后就可以得到加权平均资本成本。
- 尽管当新发行的债务或优先股数量不大时，我们可以相对容易地获得债务和优先股各自的成本，但是我们必须采用一些经济模型来估计普通股的成本。
- Modigliani 和 Miller 定理认为在一个完美资本市场中，资本结构决策不影响企业的价值。也就是说，资本结构决策是无关的，从而也就不存在最优资本结构。
- 根据 Modigliani 和 Miller 定理的假设，资本结构调整只代表决定企业价值的收益流的重组。只要重组过程本身不产生额外的成本或收益，它就不会影响企业的价值。
- 在一个完美资本市场中，企业的价值不受资本结构变化的影响的主要原因是，资本结构的变化只改变了收入的分割方式，而不影响其大小。
- Modigliani 和 Miller 定理的一个假设是，金融交易对债权人状况产生的负面影响比所有者大是不被允许的，从而阻止对特定投资者财富状况的非自愿剥夺。
- 为了防止管理层采取的行动对债权人的财富产生不利影响，债权人可以通过加入保护性条款来保护自身权利，这一条件称为我第一规则。假设债权人在实施这一规则时不需要花费任何成本。
- 在一个完美资本市场中，企业的加权平均资本成本仅取决于其商业风险。由于资本结构的变化不改变企业的经营风险（即使它确实改变了企业的财务风险），从而企业的资本成本不会随着企业资本结构的变化而变化。
- 在一个完美资本市场中，随着杠杆率的上升，为了使得加权平均资本成本保持不变，权益的成本将上升，以抵消资本结构中增加成本较低的债务的效应。

问题

1. 如果一个企业将收益留存在企业中，而不是将收益以股利的形式发放给所有者，那么这家企业的投资者期望得到什么？
2. 假设 Matrix 公司拥有 \$120m 的资产，全部由权益提供融资，且公司发行的股份数量为 6m，股价为每股 \$40。进一步假设管理层发现了一个投资机会，需要 \$60m 的新资金，可以以下面三种方式中的任何一种筹集资金。

    融资方案 1：发行 \$60m 的权益（3 000 000 单位的股份，每股价格为 \$40）

融资方案 2：发行 $30m 的权益（1 500 000 单位的股份，每股价格为 $40），并以 8% 的年利率借入 $30m

融资方案 3：以 8% 的年利率借入 $60m

(1) 对每一个融资方案实行后企业的资本结构，完成下表。

融资方案	资产（百万）	债务	权益	股权数量（百万）	产权比率	资产负债率
1						
2						
3						

(2) 假设 Matrix 公司的营业收入为 $27m，请说明企业的资产收益率为 15%。

(3) 假设不存在税负，计算这三种融资方案下的每股收益，并完成下表。

	融资方案		
	1	2	3
营业收入(百万)	27.0	27.0	27.0
一利息费用(百万)			
＝所有者所能获得的收入(百万)			
股权数量(百万)			
每股收益			

(4) 根据下面假设的资产收益率，计算每种融资方案的每股收益，并完成下表。

假设的 ROA	融资方案		
	1	2	3
15%			
12%			
8%			

(5) 根据(4)部分的假设，什么情况下融资方式的选择是无关的？

(6) 如果我们采用经营收益的变化率来度量商业风险，那么债务相对于权益的使用与营业收入的风险之间的关系是什么样的？

(7) 假设资产收益率为 8%，这三种融资方案的财务杠杆率各为多少？

(8) 在这个问题中，我们假设融资方案 3 和融资方案 2 具有相同的债务利率。为什么说这一假设可能是不现实的？

3. 为什么债务的使用会降低企业的财务弹性？

4. 下面一段话节选自 David Merkel 在 2003 年 10 月 15 日发表的"钢铁行业融资环境或趋向宽松"一文（RealMoney.com：http://www.thestreet.com/p/rmoney/davidmerkel/10119562.html）

"作为投资者而言，我就像一个只击不接的击球手。寻找到让资金翻倍的投资机会是非常困难的，但是我的目标是获得总体上远高于平均水平的回报。获得这种成功的一个关键在于坚持投资于财务松弛的公司。"

这里作者所说的**财务宽松**的含义是什么？

5. (1) 自由现金流的含义是什么？

(2) Jensen 的自由现金流理论对负债融资的两个意义是什么？

6. 利息税盾的含义是什么？

7. XYZ 公司的营业收入为 $40m，总资产价值为 $280m。企业的管理层考虑三种可选的资本结构。债务要求每年支付 12% 的年利率，且税率为 40%。

(1) 下表给出了这三种资本结构，计算表中的数值。

（单位：百万美元）

	资本结构		
	A	B	C
债务	0.0	10.0	20.0
营业收入			
－利息费用			
＝应税后人			
－税收			
＝所有者可获得的收入			

(2) 请解释采用资本结构 B 为企业活动提供融资是如何减少企业的税负债务的。

(3) 请解释采用资本结构 C 为企业活动提供融资是如何减少企业的税负债务的。

(4) 根据上面的计算,请解释资本供给者所能获得的总收入是如何通过债务的使用而增加的。

8. (1) 公司资本成本的含义是什么?

(2) 为什么资本结构对管理层必须做出的融资决策而言是非常重要的?

9. 假设一家企业的资本结构由 30% 的债务和 70% 的权益构成。进一步假设债务成本和权益成本分别为 6% 和 10%。

(1) 如果企业不需要交税,那么企业的加权平均资本成本是多少?

(2) 如果企业面临 30% 的边际税率,那么企业的加权平均资本成本是多少?

(3) 如果企业面临 40% 的边际税率,那么企业的加权平均资本成本是多少?

10. Modigliani 和 Miller 定理的一个假设是,债权人通过加入"我-第一规则"来保护他们的权利。

(1) 我第一规则的含义是什么?

(2) 请给出一个我第一规则的例子。

11. 根据 Modigliani 和 Miller 定理,企业资本结构的变化对股东财富有着什么样的影响?

12. (1) 企业商业风险的含义是什么?

(2) 根据 Modigliani 和 Miller 定理,企业的加权平均资本成本仅取决于企业的商业风险,而与其资本结构无关。请解释这是为什么。

参考文献

Booth, Laurence, and Sean Cleary. (2006). "Cash Flow Volatility, Financial Slack, and Investment Decisions," Working Paper, University of Toronto (January).

Fama, Eugene F., and Merton H. Miller. (1972). *The Theory of Finance*. New York: Holt, Rinehart and Winston.

Jensen, Michael C. (1986). "Agency Cost of Free Cash Flow, Corporate Finance, and Take-overs," *American Economic Review* **76**, 2: 323–329.

Modigliani, Franco, and Merton H. Miller. (1958). "The Cost of Capital, Corporation Finance, and the Theory of Investment," *American Economic Review* **48**: 261–267.

第6章 企业投资决策

　　企业不断将资金投资于资产，并用这些资产创造现金流，从而企业就可以将这些现金流用于再投资或者分配给所有者。**资本**是公司所有的资产，即总资产包括有形资产和无形资产。资本包括实物资产（如土地、房屋、设备和机器）和代表所有权的资产（如应收账款、证券、专利和版权）。**资本投资**指企业投资于新的资产，即增加其现有资本存量。[1]

　　资本预算决策指公司利用其稀缺资源进行资本投资的相关财务决策，从而代表有关资本长期使用的决策。尽管一些资本预算决策是常规性的并不改变企业的发展方向和风险，但是还有一些战略性资本预算决策有可能会影响公司现有产品线的未来市场地位，或者决定公司是否投资一个新的产品线。此外，资本预算决策也有可能涉及对特定资本项目的大量投入，这些项目的不可逆性可能千差万别。从长期来看，资本预算决策在很大程度上决定了一个公司是否成功。

　　公司的资本预算决策可能会涉及一系列不同的决策，我们将每一个决策称为一个**项目**。一个资本项目由一组相互关联的、须合并考虑的资产构成。例如，假设一个公司考虑生产一种新产品。这一资本项目就要求公司获得土地，建造厂房，购买生产设备。并且这一资本项目还有可能要求公司增加存货、现金或应收账款等营运资本投资。营运资本是公司日常经营资产的总和，这些资产支持了公司的长期投资。

　　正如第5章所指出的，在一个完美资本市场中，无论是在确定性条件下还是在风险条件下，收益流依旧是由市场来估值的，经理人能够分别考虑经营决策和融资决策。本章假设资本市场是完美的，并考察经理人应该如何对所提出的投资进行经济分析。[2]

6.1 投资决策和所有者财富最大化

　　回顾一下，根据市场价值规则，管理层的目标应该是最大化企业市场价值，从而最大化所有者当前的财富。为了符合市场价值规则，经理人必须评估一系列因素，既包括该项

---

[1] **资本**这一术语也指为公司资产提供融资的资金。最后，在某些情况下，**资本**这一术语还指权益和带息债务之和。

[2] 有关公司首席财务官如何制定企业投资决策的调查，请参见 Graham 和 Campbell（2002）。

投资会导致企业未来的现金流发生什么样的变化,还包括与这些现金流相关的风险。一家企业当前的价值等于其未来现金流的现值,而在对现金流进行贴现时,所采用的贴现率必须将项目风险纳入考虑。[3] 因此,我们就需要理解这些未来现金流是从哪里来的。它们的来源包括过去投资以及未来投资机会所积累的资产。企业的价值等于企业所有未来现金流的现值,而未来现金流的期望价值是根据一种已经包含了投资者对所涉及风险的评估的贴现率来贴现的。正如你所能够发现的,为了理解任何投资机会的风险对公司价值的影响,我们需要评估这些未来现金流的风险,我们称之为**现金流风险**。

后面的章节将给出如何在评估现金流分布时纳入风险因素。从定性的角度来看,我们可以发现,现金流风险主要有两个基本的来源。

- **销售风险**:与企业产品或服务的销售量和销售价格相关的风险。
- **经营风险**:与经营现金流相关的风险,这些现金流来源于固定经营成本和可变经营成本的特定组合。

销售风险与公司产品和服务销售的经济和市场情况相关。而经营风险则主要由公司所提供的产品和服务来决定,并与经营现金流对销售变化的敏感度相关。我们将这两种风险的组合称为**商业风险**。

正如我们已经提到的,一个项目的商业风险可以从其贴现率中反映出来——贴现率是用于补偿资本供给者因所承担的风险而要求的必要报酬率。从投资者的角度来看,贴现率就相当于**必要收益率**(RRR)。而从公司的角度来看,贴现率就相当于第5章所讨论的**资本成本**。

例如,假设一家企业投资于一个新的项目 X。这项投资将如何影响企业的价值?

- 如果项目 X 产生的现金流正好能够补偿资本供给者所承担的项目风险(即如果项目仅仅获得资本成本的回报),那么企业的价值不发生变化。
- 如果项目 X 产生的现金流大于补偿资本供给者所承担的项目风险所需要的资金量,那么项目获得高于资本成本的回报,从而企业的价值将上升。
- 如果项目 X 产生的现金流小于补偿资本供给者所承担的项目风险所需要的资金量,那么项目获得低于资本成本的回报,从而企业的价值将下降。

我们如何知道现金流是大于还是小于补偿资本供给者所承担的项目风险所需要的资金量?如果我们假设任何新的现金流具有与历史现金流类似的风险,并且如果我们将所有的现金流根据资本成本来贴现,我们就可以评估这一项目将如何影响公司的现值。如果一项投资所带来的期望公司价值变化为:

- 正,那么这一项目的回报高于资本成本。
- 负,那么这一项目的回报低于资本成本。
- 零,那么这一项目的回报等于资本成本。

---

[3] 本章,我们根据风险调整贴现率,对期望风险现金流进行贴现,从而得到这些风险现金流的现值。后面的章节我们将更加详细地探讨风险现金流估值。

资本预算指识别和选择长期资产投资的过程，并且预期这些长期资产产生收益的时间大于一年。

6.2 投资项目的分类

经理人根据不同的方式对投资项目进行分类。一种方式是根据项目的生命周期是短期还是长期，之所以这么分类是因为，相比短期投资，长期投资中资金的时间价值发挥着更加重要的作用。另一种分类方式是根据项目的风险。项目未来现金流的风险越高，所使用的贴现率越高，资本成本在决策制定过程中也越重要。我们将在第 25 章和第 26 章探讨如何将风险因素纳入项目分析。还有一种项目分类方式是根据一个项目对其他项目的依存度。由于我们希望分析新项目是怎样影响整个公司的商业风险的，因此我们必须将一个项目的现金流与公司其他项目的现金流之间的关系明确纳入分析。

6.2.1 根据经济年限分类

通常，一个投资项目创造收益的时间长度称为其**经济年限**。一个项目的经济（或有效）年限由实物磨损、废弃以及产品的市场竞争度来决定。随着项目逐渐到达并超过其有效年限，收入将迅速下降，而各种费用将随之上升。

典型地，一个投资项目需要立刻支出一笔资金，并在未来以现金流的形式提供收益。如果一个投资项目只能在当期（做出投资的一年之内）得到收益，那么这个投资项目就称为**短期投资**。如果一个投资项目不仅在当期，还能在未来得到收益，那么这个投资项目就称为**长期投资**，与该项目相关的资金花费称为**资本支出**。一个投资项目可能由一种或多种资本支出构成。例如，一种新产品可能要求对生产设备、厂房和运输设备进行投资。

短期投资决策主要包括现金、有价证券、应收账款和存货等流动资产投资。与短期投资，或者与流动资产投资相关的投资主要与日常经营相关。一个公司需要保持一定水平的流动资产作为储备，来应对异常艰难的经营时期，在这一时期，经营现金流要低于预期水平。

投资短期资产或长期资产的目标是一样的：最大化所有者的财富。然而，由于以下两个实际的因素，我们分别考虑这两种投资。首先，长期项目决策是基于遥远未来的现金流预测展开的，因此我们需要考虑资金的时间价值。其次，长期项目通常不考虑公司的日常经营需求。

6.2.2 根据风险分类

一个投资项目回报的风险可以根据项目的本质做出定性分类：新产品新市场项目、重置项目、扩张项目和强制执行项目。

新产品新市场项目指开发一种新产品或进入一个新市场的投资项目。

重置项目指替换现有设备或设施的投资，还包括对现有资产的维护投资，维护的目的在于保持当前的经营活动水平。诸如替换旧设备或提高经营效率之类的降低成本的项目，也属于重置项目。评估重置项目，要求管理层将进行重置项目后公司的价值与不进行重置项目时公司的价值进行比较。重置项目不存在现金流风险。管理层只是将依旧在经营和产生现金流的设备或厂房替换掉，公司通常都具备管理类似新设备的经验。

扩张项目指投资于那些扩张现有产品线和现有市场的项目。通常这些项目不涉及风险。相比之下，新产品和新市场项目指开发一种新产品或进入一个新市场的投资项目，由于管理层可能对新产品或新市场知之甚少，这些项目的风险就相对比较高。

根据政府法制或者机构法规，管理层也可能被迫投资于一些项目，这种项目称为**强制执行项目**。这些项目通常见于公用事业、运输业、化工业等重工业中，这些行业的生产活动中都需要大量的资产投入。诸如职业安全和健康协会(OSHA)、环境保护机构(EPA)等政府机构有可能规定企业必须安装特定的设备或者改变其活动(例如，如何处理废弃物)。

6.2.3　根据对其他项目的依存度分类

管理层除了考虑一个项目未来所产生的现金流之外，还必须考虑该项目将对现有项目(前期项目决策的结果)以及其他可能会进行的项目产生什么影响。项目可以根据其对其他项目的依存度进行分类：独立项目、互斥项目、或有项目和互补项目。

对于一个**独立项目**，其现金流与其他任何项目的现金流无关。从而，接受或拒绝一个独立项目不影响其他项目的接受或拒绝。

如果接受一个项目就意味着必须拒绝另一个项目，那么这两个项目就是**互斥**的。例如，假设一个制造商考虑是否要将其现在的生产设施更新为更加先进的设备。这一决策就包含两种选择的比较，继续使用现有的生产设施，还是用更加先进的设备来替代这些设施。由于公司不能同时使用两种生产设施，从而就必须评估这两种选择并选择较好的那种。

或有项目的接受与否取决于另一个项目。假设一个贺卡生产公司考虑开发一种称为Piggy形象的贺卡，并考虑建立一条生产Piggy贺卡的生产线。如果Piggy这个形象受到大家欢迎的话，公司将考虑建立一条生产Piggy T恤的生产线。这条生产线**只有**当Piggy这个形象受大家欢迎时才会建立。这一 T恤项目就是一个或有项目。

另一种项目依存形式可以在**互补项目**中找到，这样一个投资项目将有助于增加另一个或者其他更多项目的现金流。考虑一家个人电脑设备和软件生产商，如果它能够开发出一种新的软件来提高其生产的鼠标的性能，那么这种新软件的推出就有可能会促进鼠标的销售。

6.3　项目的增量现金流

企业经理人进行的投资，其目标只能是增加所有权的价值。当一家企业投资于新资产的时候，它期望这项投资未来带来的现金流高于没有这项投资时的现金流。公司进行投资项目时的现金流和同时期不进行这一投资项目时现金流的差额就称为**项目的增量现金流**。

投资项目所带来的公司价值变化是多少？公司价值的变化等于项目收益和项目成本的差：

$$投资项目所带来的公司价值变化＝项目收益－项目成本$$

第二种评估公司价值变化的方法就是将项目的现金流分为两个组成部分。

1. 项目经营活动所产生的现金流(收入和经营成本)，称为**项目经营现金流**(OCF)。
2. **投资现金流**，是指获得项目资产所需的支出以及任何处置项目资产的现金流。

网页附录G解释了如何计算一个项目的增量现金流，从而一个投资项目对公司价值的影响表达如下：

$$公司价值的变化＝项目所带来的经营现金流变化的现值＋投资现金流的现值$$

一个项目的经营现金流的现值通常为正(说明主要是现金净流入)，而投资现金流的现值通常为负(说明主要是现金净流出)。

6.4 将市场价值规则应用到独立项目

市场价值规则考察企业投资总量的问题,而非其构成部分的特定项目。但是,通常一种较为简便的方式就是评估企业资产的增量,从而我们就需要理解增量投资是如何提升企业市场价值的。

当一个增量投资与企业的其他资产在经济上独立无关时,那么就相对容易对其做出评估。所谓的"经济独立",是指一个投资机会的净现金流不受其他任何投资机会经营状况的影响。从而管理层在考虑这样一个项目的可接受性和规模时,无须考虑其他项目。

管理层可以同时评估资本预算之内的所有项目,或者一种更简便的方式就是,可以单独考虑每一个独立项目。由于评估采用的是市场价值规则,因此我们应该对每一个这样的项目提出这样一个问题,何种规模的项目能够给市场价值带来最大的增量?如果一个项目在其所有可采纳的层级上贡献都为负,那么企业就根本不应该接受这个项目。记住这一点,我们就可以继续单独考虑每个项目,同时确保所有接受的项目整体上能够实现价值最大化。经济独立项目的价值可以计入企业的市场价值这一事实有时也被称为价值**可加性原则**;在本章接下去的部分我们假设这一原则适用。

6.5 确定性条件下完美资本市场中经常使用的评估准则

这一节指出,如果我们能够正确理解净现值和内部回报率,[4]那么我们就可以利用这两种准则来做出接受-拒绝的决策。如果一个项目的规模可以改变,我们就需要确定其规模,从而为企业带来市场价值的最大增量。此外,项目规模并非一成不变的,例如,如果我们不考虑额外租赁卡车的可能性,那么收购一个由100辆卡车组成的车队似乎就只是一个接受-拒绝的决策。此外,还可以一次性收购所有的卡车,也可以通过一系列分段的收购来完成。

6.5.1 净现值

利用6.3节增量现金流这一术语,我们就可以将**净现值**(NPV)定义为:

NPV = 项目生命周期净经营现金流的现值 — 项目生命周期投资现金流出的现值

或者,如果我们对每一个时期计算净现金流,那么NPV就定义为:

NPV = 项目生命周期净现金流的现值

在大多数书本中,初始现金投资花费通常被单独列出来,并将这一花费从后续净现金流的现值中减去。这可以表述为:

NPV = 扣除初始投资花费后项目生命周期净现金流的现值 — 初始投资花费

本书将采用最后一种NPV公式。

---

[4] 还有一些准则没有在这里提到,包括盈利性指数、修正IRR、回收期和贴现回收期。有关这些准则的讨论,请参见Peterson和Fabozzi(2002)。

NPV 的经济解释是非常直截了当的。如果未来现金流经过资金的时间价值调整后，达到了估计的水平，那么我们就可以将扣除初始投资花费后项目生命周期净现金流的现值视为企业增加的价值。这一价值与项目初始成本的差就是项目利润的现值。

数学上，NPV 计算如下：

$$NPV = \sum_{t=1}^{N} CF_t(1+r)^{-t} - I \qquad (6\text{-}1)$$

式中 CF_t——t 时期净现金流；
I——初始投资花费；
N——时期数量（项目期望生命周期）；
r——一个时期的项目必要报酬率。

通常，每个时期定为一年。

如果 NPV 为正，那么通过接受一个这样的项目，企业的市场价值将会上升。由于我们这里假设企业在一个完美资本市场中经营，并且在这样的市场中不存在融资短缺，从而就应该接受 NPV 为正的项目。

为了说明 NPV 的计算，假设有一个项目 X，其生命周期为 4 年，初始投资花费为 1 000 万美元，且必要报酬率为 10%。假设这个项目的信息如下。

（单位：美元）

年份	净现金流（CF_t）	以 10% 的贴现率贴现得到的净现金流现值 $[CF_t(1+r)^{-t}]$
1	0	0
2	2 000 000	1 652 893
3	3 000 000	2 253 944
4	9 000 000	6 147 121

根据上面的 $I = \$10\,000\,000$，$N = 4$

$$\sum_{t=1}^{4} [CF_t(1+r)^{-t}] = \$10\,053\,958$$

利用式(6-1)，对项目 X 我们有：

$$NPV = \$10\,053\,958 - \$10\,000\,000 = \$53\,958$$

这一 NPV 意味着，通过投资项目 X，预期企业价值将增加 \$53 958。

另外一个例子，我们考虑另外一个项目 Y，其生命周期也是 4 年，要求 1 000 万美元的初始投资花费，必要报酬率为 10%，接下去每一年的净现金流为 \$3 250 000。对这个项目而言，NPV 为 \$302 063。这一 NPV 意味着，通过投资项目 Y，预期企业价值将增加 \$302 063。

一个正的 NPV 就意味着，项目增加企业的价值——项目的回报超过补偿项目所必要的报酬率。一个负的 NPV 就意味着，项目减少企业的价值——项目的回报不足以补偿项目所必要的报酬率。一个为零的 NPV 就意味着，项目的回报正好等于所有者所要求的项目回报。从而根据 NPV 准则，接受-拒绝独立项目就有如下的规则：

如果……	预期股东财富……	管理层应该……
$NPV > \$0$	预期项目增加股东财富	接受项目
$NPV < \$0$	预期项目减少股东财富	拒绝项目
$NPV = \$0$	预期项目不影响股东财富	对项目无差异

预期项目 X 能够增加 $53 958 的企业价值,而项目 Y 能够增加 $302 063 的企业价值。如果这些是相互独立的投资项目,那么这两个项目就都可以接受,因为它们都增加了公司的价值。

但是,如果假设项目 X 和项目 Y 不是相互独立的项目,而是相互排斥的项目。回顾一下,如果接受一个项目就意味着必须拒绝另一个项目,那么这两个项目就是相互排斥的。尽管在一个完美资本市场中,当这两个项目是相互独立的,就都应该被接受,但是如果这两个项目是相互排斥的,那么只有项目 Y 会被接受。[5]

投资量图

管理层可能希望知道一个项目的接受与否对估计的必要报酬率的敏感度有多大。投资量图(也称为净现值图)描述了不同必要报酬率下的项目净现值,从而估计了一个项目的净现值对必要报酬率变化的敏感度。投资量图以图的形式给出了一个项目 NPV 与贴现率之间的关系:这个图给出了一定范围内每种贴现率下项目的 NPV。

图 6-1 给出了在 0%~20% 的贴现率下,项目 X 和项目 Y 各自的 NPV 图。正如图 6-1 所显示的,当贴现率在 0%~10.172% 时,项目 X 的 NPV 为正,当贴现率大于 10.172% 时,NPV 就为负(正如我们后面所要解释的,10.172% 称为内含报酬率)。从而,如果项目 X 的必要报酬率低于 10.172%,那么它就能增加所有者的财富;而如果项目 X 的必要报酬率高于 10.172%,那么它将减少所有者的财富。比较项目 X 和项目 Y 的投资量图,我们发现,如果它们是相互排斥的项目,那么图 6-1 就清晰地显示,选择哪个项目取决于必要报酬率的大小。当必要报酬率较高时,项目 X 的 NPV 就低于项目 Y。这是因为,项目 X 的大部分净现值来源于项目最后两年的现金流。距离现在越远的净现金流的现值相比距离现在较近的净现金流的现值对必要报酬率的变化更敏感。如果必要报酬率低于 7.495%,那么项目 X 相比项目 Y 能够带来更多的企业价值提升。如果必要报酬率在 7.495%~11.338%,那么项目 Y 相比项目 X 能够为其所有者带来更多的价值提升。如果必要报酬率高于 11.338%,那么这两个项目都会降低所有者财富,从而管理层不该投资于其中任何一个项目。

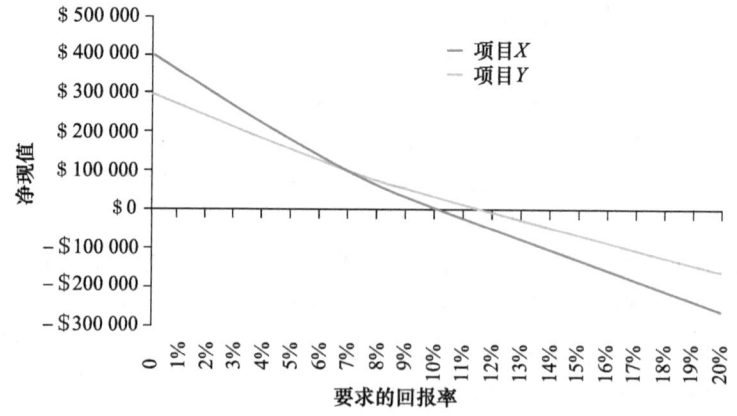

图 6-1 项目 X 和项目 Y 的投资量图

---

5 我们在后面会讨论两个项目是相互独立的,但资本市场是不完美的情况。

6.5.2 内含报酬率

另一种选择投资项目的准则是内含报酬率(IRR)。内含报酬率是使得净现金流的现值之和正好等于零的贴现率,即使得 NPV 等于零的贴现率。我们可以把 IRR 表示为求解以下方程所得到的贴现率:

$$0 = \sum_{t=1}^{4} CF_t (1+r)^{-t} - I \tag{6-2}$$

平均来说,IRR 就是每年获得的收益。

让我们利用项目 X 来说明 IRR 的计算。该项目的 IRR 就是求解以下方程得到的贴现率:

$$0 = \frac{\$0}{(1+\text{IRR})^1} + \frac{\$2\,000\,000}{(1+\text{IRR})^2} + \frac{\$3\,000\,000}{(1+\text{IRR})^3} + \frac{\$9\,000\,000}{(1+\text{IRR})^4} - \$10\,000\,000$$

利用计算器或者计算机,对于项目 X,我们得到的答案就是 10.172%。对项目 Y,它的 IRR 为 11.388%。

回过来看图 6-1 中项目 X 和项目 Y 的投资量图,每条线与纵轴的交点($NPV=0$)处的贴现率正好是项目的 IRR。这绝非巧合,因为 IRR 就是使得 NPV 等于零的贴现率。

IRR 的决策准则就是,如果一个项目提供的回报率高于该项目的必要报酬率,那么就应该投资这个项目。在 IRR 的背景下,必要报酬率就是**门槛回报率**——最低可接受的回报率。对完美资本市场假设下的独立项目,接受-拒绝决策如下。

如果……	从而预期股东财富……	从而管理层应该……
IRR>RRR	项目预期增加股东财富	接受项目
IRR<RRR	项目预期减少股东财富	拒绝项目
IRR=RRR	项目预期不影响股东财富	对项目无差异

6.5.2.1 IRR 准则与相互排斥的项目

如果项目 X 和项目 Y 是相互排斥的,管理层必须在这两个项目中做出选择,那么情况将是怎样?项目 Y 的 IRR 高于项目 X,乍一看,管理层就有可能希望接受项目 Y。那么项目 X 和项目 Y 的 NPV 是什么样的?NPV 准则告诉管理层应该做出什么样的决策?如果管理层选择较高的 IRR,那么管理层就应该选择项目 Y。如果管理层选择较高的 NPV,并且必要报酬率为 10%,那么管理层还是应该选择项目 Y。但是,如果必要报酬率为 7% 而非 10%,那么答案就不是那么直接了。在 7% 的贴现率下,项目 X 和项目 Y 的 NPV 分别为 \$61 828 和 \$8 047,根据 NPV 准则,项目 X 相比项目 Y 更具吸引力。哪种决策是正确的?选择 NPV 较高的项目符合所有者财富最大化原则。为什么?因为如果必要报酬率为 7%,我们将计算得到不同的 NPV,从而得出不同的结论,正如图 6-1 中投资量图所显示的。

我们可以利用 IRR 准则做出价值最大化的决策,但是这一方法也可能产生误导。在评估相互排斥的项目时,IRR 最高的项目其 NPV 不一定是最高的,正如我们上面所指出的。IRR 方法假设现金流能够以内含报酬率进行再投资,而 NPV 方法假设现金流能够以必要报酬率进行再投资。在以下情况中,再投资假设有可能导致选择相互排斥的项目时做出不同的决策。

» 不同项目其现金流发生时间不同。

» 存在规模差异(即现金流流量的差异很大)。

» 项目的经济寿命不同。

关于现金流发生时间在选择两个项目时的作用：项目 Y 的现金流回收要早于项目 X。这两个项目的部分回报都来自其现金流入的再投资。对项目 Y 而言，其现金流再投资所带来的回报较高。这里的问题就是，当管理层从一个项目中回收到正的现金流时，他们会采取什么措施？我们假设当存在正的现金流时，这些现金流通常都被投资于其他资产。当一个项目的 IRR 高于必要报酬率时，管理层将采用 IRR 准则夸大投资回报率。但是，如果我们假设再投资回报率等于必要报酬率，那么根据 NPV 准则来评估项目就意味着选择最大化所有者财富的项目。

6.5.2.2 IRR 准则和资本限额

资本限额意味着资本预算存在限制。当存在资本市场不完美时，这就是管理层经常受到的一种限制。假设项目 X 和项目 Y 是相互独立的项目，并假设资本预算限额为 \$10m。在我们的例子中，管理层就必须在项目 X 和项目 Y 中做出选择。如果选择 IRR 较高的项目，那么管理层将选择项目 Y。但是如果必要报酬率为 7%，那么预期项目 Y 所带来的所有者财富增加要低于项目 X，从而根据投资项目的 IRR 进行排序选择可能无法实现财富最大化。

这一困境类似于利用项目的投资量图来选择互相排斥项目。使得项目 X 的 NPV 为零的贴现率即为该项目的内含报酬率，等于 10.172%，在该点，项目的投资量图与纵轴相交。类似地，使得项目 Y 的 NPV 为零的贴现率即为该项目的内含报酬率，等于 11.388%。项目 X 和项目 Y 投资量图交点处的贴现率为 7.495%（见图 6-1）。当贴现率低于 7.495% 时，项目 X 的 NPV 较高。当贴现率高于 7.495% 时，项目 Y 的 NPV 较高。如果项目 Y 因为其 IRR 较高而被接受，并且如果该项目必要报酬率低于 7.495%，那么管理层就没能选择为所有者财富带来最大提升的项目。当存在资本限额时，问题的根源就在于，IRR 只是一个百分比，而不是一个资金绝对量。正是因为这一点，管理层可能无法根据 NPV 准则或 IRR 准则来分配资本预算从而实现所有者财富最大化。然而，管理层可以利用一些技术来帮助他们在这样的情况下做出决策，我们这里不讨论这些技术。

6.5.2.3 多个内含报酬率

通常，一个典型的项目只包含一个负的初始现金流，这个现金流一般都比较大，之后就是一系列正的现金流。但是情况并非总是如此。假设管理层考虑一个项目，这个项目使用对环境敏感的化学品。这个项目可能涉及昂贵的残余资产处理，这就意味着，在项目结束的时候会产生一个负的现金流。

假设我们考虑一个为期 3 年的项目，要求 \$100m 的初始投资花费，净现金流如下。

年份	净现金流（\$）
1	+100m
2	+50m
3	−210m

该项目的 IRR 是多少？我们得到的一个可能的解为 $IRR = 7.77\%$，而另一个可能的解为 $IRR = 33.24\%$。也就是说，这两个 IRR 都使得项目的 NPV 等于零。

图 6-2 给出了 0%～40% 的贴现率对应的现金流的 NPV。回顾一下，IRR 是使得 NPV 为零的贴现率。对图 6-2 而言，也就是说，IRR 是使得 NPV 为零的贴现率，现值改变符号的那一点——从正变为负，或者从负变为正。对这一项目而言，当 IRR 等于 7.77% 时，现值从负变为正；当 IRR 等于 33.24% 时，现值从正变为负。

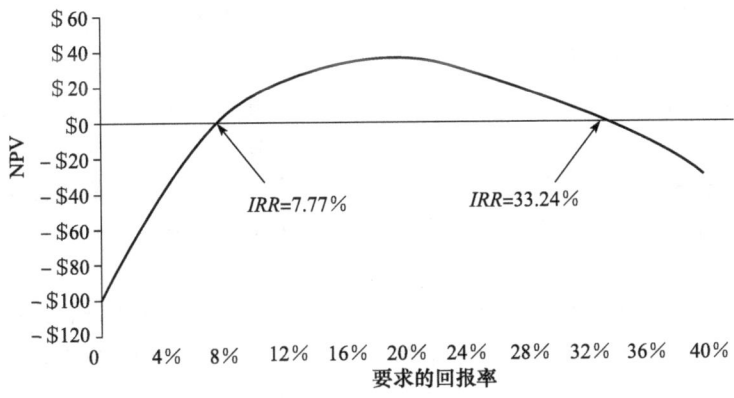

图 6-2 多个内部回报率的情况

我们通过将式 (6-2) 左右两边同乘以 $(1+IRR)^{N-1}$ 就可以看出，式 (6-2) 所给出的 IRR 是一个 $(1+IRR)$ 的 $N-1$ 次多项式，其系数为 CF_t。由于系数 CF_t 可正可负，式 (6-2) 就不止一个根，从而项目的 IRR 就不是唯一确定的。[6] 在包含 N 个时期的一般情况下，$(1+IRR)$ 的多项式最高可以达到 $N-1$ 次方，从而可以存在 $N-1$ 个不同的根。注意对我们的项目而言，在考虑初始投资现金花费(符号为负)时，之后有两个为正的净现金流，最后有一个符号为负的净现金流。这就是说，发生了三次符号变化。从而，可能的解的数目就是两个可能的 IRR(3-1)。事实上，这个例子有两个解。

如果我们预期现实世界中的项目在其有效生命周期中，现金流只经历一次符号变化，这是否合理呢？这取决于项目的类型。例如，要求环境保护或重大设备更新的项目在其有效生命周期内或结束时都有可能产生负的现金流。

6.6 实践中的投资准则

和资本结构理论一样，确定性条件下的投资理论在分析投资决策时，也在很大程度上偏离了实践中更加复杂环境下的投资决策。当然，实践中，投资决策是在风险或不确定性条件下经过深思熟虑得到的，并且投资理论中一个最重要的进展就是认识到了能够延迟投资的价值。[7] 在风险和不确定性条件下，延迟价值具有非常重大的意义。它影响到投资一个新项目的时机，这同时取决于投资机会和等待获得新信息的可能性。本书后面的一些部分尤其是第 25 章和第 26 章将讨论这些问题。

---

6 事实上，根据笛卡尔符号定则，可能出现的不同的解的数目(IRR 的候选解)是由系数 CF_t 符号变化的次数来决定的。
7 请参见 Dixit 和 Pindyck(1994)。

要 点

- 管理一家企业的一个最重要的战略功能就是评估资本项目。与企业资本项目相关的决策称为资本预算决策。
- 资本预算决策将资金投资于一年以上的项目,并有可能影响企业未来在行业中的战略地位。
- 在制定企业投资决策时,管理层应该追求企业市场价值最大化从而实现所有者当前财富最大化。
- 因为经济寿命、风险、对其他项目的依存度等特征会影响项目的分析,故根据这些维度对资本项目进行分类是非常有用的。
- 根据资本项目对其他项目的依存度,可以分为独立项目、互斥项目、或有项目和互补项目。
- 评估投资项目的两种常用准则是净现值法和内含报酬率法。
- 净现值法更受偏好,因为它考虑了项目所有的现金流,包括贴现,并假设根据项目的必要报酬率对现金流进行再投资。
- 净现值法计算项目期望现金流的现值。
- 内含报酬率是投资的收益,是使得净现值为零的贴现率。
- 在选择互斥项目时,或者存在资本支出限制(资本市场不完美的一种形式,或者是由管理层自己强加的)时,采用内含报酬率法就是一种危险的做法。
- 内含报酬率可能有多个解,这取决于现金流的符号发生几次变化。

问 题

1. 假设一个玩具制造商面临以下一系列投资项目:
   (1) 开一家零售店
   (2) 引进一条新的玩偶生产线
   (3) 在现有的动漫玩具生产线中引入一个新的动漫形象
   (4) 在生产过程中加入另一条包装线
   (5) 为了避免环境保护罚款,增加污染控制设备
   (6) 玩偶浇铸设备电子化
   (7) 引进现有成人桌面游戏的儿童版
   根据扩张项目、重置项目、新产品或市场项目、强制执行项目对上述项目进行分类。

2. 一个制鞋商考虑引进一条皮靴生产线。在评估这条新的生产线所带来的增量收入时,需要考虑哪些因素?

3. 假设管理层估计一个项目的净现值为 $6.5m。这代表什么含义?

4. 考虑两个项目,AA 和 BB,两者具有相同的正净现值,但是项目 BB 的风险要高于项目 AA。如果这两个项目是互斥的,那么你将做出什么样的投资决策?

5. 评估项目的净现值法是否总能找到那些最大化财富的项目?为什么?

6. 在选择互斥项目时,净现值法和内含报酬率法可能会得出截然不同的结果。这一冲突的源头是什么?

7. 管理层在评估一个投资项目 ZZ,其现金流如下。

(单位:美元)

时期	现金流
1	−100 000
2	35 027
3	35 027
4	35 027
5	35 027

计算：

(1) 净现值，假设必要报酬率为10%
(2) 净现值，假设必要报酬率为16%
(3) 内含报酬率

8. 管理层在评估两个互斥项目，物品1和物品2，现金流如下。

（单位：美元）

年份	年末现金流	
	物品1	物品2
1	−10 000	−10 000
2	3 293	0
3	3 293	0
4	3 293	0
5	3 293	14 641

(1) 如果两个项目的必要报酬率都是5%，那么管理层应该选择哪一个？为什么？
(2) 如果两个项目的必要报酬率都是8%，那么管理层应该选择哪一个？为什么？
(3) 如果两个项目的必要报酬率都是11%，那么管理层应该选择哪一个？为什么？
(4) 如果两个项目的必要报酬率都是14%，那么管理层应该选择哪一个？为什么？
(5) 请在图表中画出物品1和物品2的投资量图，计算以下几项：

- 相交点的贴现率
- 如果必要报酬率为5%，物品1的NPV
- 如果必要报酬率为5%，物品2的NPV
- 物品1的IRR
- 物品2的IRR

9. 考虑以下三个相互独立的项目。

（单位：美元）

时期	FF	GG	HH
1	−100 000	−200 000	−300 000
2	30 000	40 000	40 000
3	30 000	40 000	40 000
4	30 000	40 000	40 000
5	40 000	120 000	240 000
必要报酬率	5%	6%	7%

(1) 如果不存在资本预算限制，你将选择哪些项目？为什么？
(2) 如果存在资本预算限制，为$300 000，你将选择哪些项目？为什么？

10. Anderson先生是一家重要制造企业资本收购人员的培训师。在评估几个资本收购项目的过程中，他发现其中一个项目存在两个IRR。他检查了几遍计算过程，但是没有发现任何错误。他对这一发现表示困惑。请向Anderson先生解释，为什么一个资本项目有可能存在不止一个IRR。

参考文献

Dixit, Avinash K., and Robert S. Pindyck. (1994). *Investment under Uncertainty*. Princeton, NJ: Princeton University Press.

Graham, John, and Campbell R. Harvey. (2002). "How Do CFOs Make Capital Budgeting and Capital Structure Decisions?" *Journal of Applied Corporate Finance* 15: 8–23.

Peterson, Pamela, and Frank J. Fabozzi. (2002). *Capital Budgeting: Theory and Practice*. New York: John Wiley & Sons.

第二部分
金融体系

第7章　金融体系、治理和组织

第8章　市场、中介和内部治理

第7章 金融体系、治理和组织

本章和第8章，我们将着重分析金融体系的组织及其构成的原因。这部分内容旨在为本书后面所涉及的金融交易提供一个实用的语境。尽管金融体系最初看上去非常复杂，但是金融经济学能够将各种金融体系的运作方式清晰地分析并描述出来。一个金融体系承担的大量任务，即**功能**。研究金融体系[1]的一种途径就是详细地分析金融机构及其客户在**联合过程**中的安排。通常，对这些联合的研究都是在**金融交易**的背景下展开的，金融交易承诺涉及财富（如资金募集），或者涉及风险的再分配[2]（如风险转移），或者两者兼而有之。

所有的金融体系履行的功能都是类似的，但是以下三种是主要治理形式：①金融市场；②金融中介；③内部配置。三种形式在相对重要性方面又有所差异。**治理**是指以一种合适的方式对金融安排进行缔约，并在合约履行过程中不断对其做出调整，尽可能保证合约顺利履行，获得丰厚的利润。对于一些金融交易而言，为了提高成功的可能性，持续性的监管是必需的。在任何时间点，金融交易的特性、为其提供融资的组织以及组织治理能力共同决定了金融体系的组织架构。

因此，分析金融体系的运作需要识别：①金融交易的主要特性；②提供融资或风险转移的组织（金融实体）能力；③如何将客户交易的特性与金融实体的治理能力连接在一起。由于金融实体及其客户都致力于追求融资成本-效益最优化，一个金融体系的静态组织主要取决于经济的需要。实践中，尽管不是每种类型的金融交易在刚开始时就能采用符合成本-效益最优化的治理形式，但随着各个参与者的不断学习积累，治理形式通常都会向更高效的形式演进。也就是说，一个金融体系的静态组织及其演进在很大程度上是由履行各金融功能过程中的不断变化和不断学习共同决定的。

显而易见，在比较不同的金融体系时，上述三种主要的融资机制互为补充。因此，在解释金融资源配置时，必然需要考察这些互为补充的角色。例如，在一些经济体中，金融市场不是很重要，并且金融资源配置基本上都是由金融中介来完成的。如此，在这些经济体中，金融市场并不重要，主要的金融资源配置都是由中介来完成的，对金融市场的分析

---

1 这种"自下而上"分析市场和组织的方法最初是由 Williamson(1975)提出的。Crane 等(1995)则主张采用"由上而下"的分析方法。
2 如果一项金融交易的收益事先无法准确地估计出来，而只知道其收益的概率分布，那么这项交易就是有风险的。

不能完全展现金融体系的运作。再如，对一个金融体系中金融中介的研究并不能说明金融中介是如何发挥市场融资和内部融资的互补作用的。即使是对英美这些发达国家的金融体系而言，为了对金融体系有一个全面的认识，也需要考察主要的外部融资形式，即市场和中介交易的互补性作用，以及内外部融资的互补性。

无论是由于金融体系本身，还是由于金融活动在很大程度上能够促进经济的健康发展，对金融体系的全面研究都是富有价值的。但是对普通的观察者而言，金融体系的价值很少被挖掘出来。事实上，一些财经出版物的读者甚至有一种误解，认为一个金融体系主要是由一系列市场构成的，这些市场为股票和金融衍生品等其他特殊工具提供交易场所。但事实上，在许多经济体中，金融活动创造了巨大的财富，构成了国民收入中很高的比例。在这些财富中，很大部分来自不同经济参与方之间的资源转移、累积财富投资以及为可行的新项目提供融资和风险管理等日常职能的发挥。

与此同时，一个金融体系的经济重要性远远超出了日常职能的履行。宏观经济理论告诉我们，尽管从短期来看，消费、投资和政府支出是经济活动的主要决定因素，但投资（资本形成）增长率的变化在很大程度上影响经济增长率。此外，资本形成的数量差异以及种类差异同样会影响一个经济体的生产力及其国际竞争力。由于资本形成受融资条件的影响，因此一个金融体系在决定上述效应中发挥着重要的作用。

在本章中，我们首先探讨金融体系的一些永久性功能特征，然后在个人交易的层面上考察金融活动。在对交易特征和融资能力的概念进行描述之后，本章论述，经济主体努力达成成本-效益的匹配，而金融结构则代表这些匹配活动的集合。最后，我们分析金融体系治理、治理的类型以及金融体系的治理机制。在网页附录 A 中，我们探讨了一项金融交易的条款如何优化其治理过程。

7.1 金融体系的功能

每个金融体系都有一些恒定不变的功能[3]，包括：

» 清算支付
» 资源集中
» 资源转移
» 风险管理
» 信息生产
» 激励管理

尽管每个金融体系都具备上述功能，但是具体实现这些功能的组织则是由当地的经济环境和目前所具备的交易技术内生决定的。因而我们所观察到的金融体系结构不仅在不同的时点会有所差异，还会随时间的变化而变化。

在这一节，我们将逐一分析上述六种功能，这六种功能构成了金融体系相对不变的特

3　Crane 等(1995)最早指出了这些功能，本书的分析沿用他们的研究。

征。识别金融活动的不变特征是非常有用的，原因有二。首先，当我们将对金融体系不变的特征的探讨和本章接下去对金融交易及其治理的分析相结合时，我们就能够利用一些基本金融交易特征和治理能力的组合全面地描述金融活动。其次，对这些基本维度的识别有助于我们理解金融体系组织是如何从交易治理经济学中内生性地产生的，并指明未来可能的演进方向。

7.1.1 清算支付

金融体系的一个主要功能是国内和国际的**清算支付**。本质上，清算支付是指第三方执行要求一个代理人（支付方）向另一个代理人（收款方）支付的支付命令，这是通过将资金从支付方账户转向收款方账户来完成的。有史以来，结算是金融体系的一个传统功能，目前资金主要是通过电子转移支付来完成，并且支付完成的速度也大大超过20世纪80年代。目前的金融体系能够低成本且便捷地完成世界上几乎任何两点之间的资金转移，且不限币种。信用卡、借记卡、电子钱包的日益普及导致了零售支付体系中的一种重大变化。

7.1.2 资源集中

资源集中是金融体系的第二个功能。零售层面资源集中的方式包括银行存款、共同基金、其他股票投资和保险等。虽然储蓄者也关心其储蓄资金的期望回报，但大多数人还是希望确保其财富投资的相对安全性。一个发达的金融体系有助于促进财富的积累，但这并不意味着没有任何风险，而是能够根据不同的风险水平给予相应的风险补偿。由于投资者通常都是风险厌恶的，因此随着预期投资风险的上升，他们会要求更高的回报作为补偿。实证研究已经很好地证实，消息灵通的储蓄者在很大程度上受益于现代金融理论中一个重要结论：一项金融资产的期望回报随着系统风险的上升而上升。

资源集中还发生在机构批发层面。这类工具中知名度最高的是银行以债务形式融资，其他出借人通过更广泛的称为资产支持证券的方式来集中资金，保险公司、养老基金、对冲基金等机构都愿意投资于资产支持证券，因为这些证券事实上都是将对方的贷款组合而非单个贷款作为抵押品来向其提供贷款的。它们实际上是贷出贷款组合，而非针对个人提供贷款。由于这些证券以整个分散化贷款池为抵押[4]，相比池中单个贷款就要安全得多。

7.1.3 资源转移

金融体系的第三个基金功能是**资源转移**，不仅包括不同地域之间的资源转移，更重要的是不同时点之间的转移。不同时点之间的资源转移本质上就是将资金从储蓄者手中转移到借款者手中，从而促进借贷和投资活动。公司新投资项目所需的资金通常来源于国内外。金融体系通过为新的生产活动提供融资来促进经济增长。

---

4 只有当池中各种贷款保持一定程度的统计独立性时，分散化效应才能体现出来。对于一些由特定的次级抵押证券构成的贷款池，宏观经济状况恶化等因素将导致池中相当数量的证券同时出现违约，分散化在降低风险方面的作用就将大打折扣。

7.1.4 风险管理

风险管理是金融体系的第四个基本功能,从汽车保险销售之类的零售交易,到国际市场中批发交易和衍生品交易工具的各个方面,均包括在内。事实上,经济活动的各个方面几乎都存在着不同形式的风险或不确定性。1972年诺贝尔经济学奖获得者肯尼斯·阿罗(Kenneth Arrow)于1974年指出,风险集中、分散和转移都是经济活动的反常形式。个体或企业将火灾、盗窃等可能面临损失的风险转移到保险公司的能力就是一个很好的零售交易的例子。股票市场和衍生品市场都能够提供特定形式的批发层面的风险管理。

历史上,一系列制度和约定应风险管理活动的需求而产生,并且这些约定还处于不断演进的过程中。风险管理这一概念早为资金提供者所熟悉。例如,行走在丝绸之路上的沙漠商队会对一部分交易风险投保。历史上,由于存在其他各方不愿意承担的风险,保险公司应运而生,其他诸如商品期货之类的风险对冲工具的交易也一直非常活跃。

上述讨论表明,风险交易属于保险活动的一种。但是将其视为赌博并非十分恰当,赌博是指从事欺骗性金融活动的赌徒利用其私有信息从没有信息的玩家身上赚取利润。事实上,风险交易的发展是一种富有价值的经济功能,其目的在于分散风险而非增加风险[5]。也许大多数人都认为,购买火灾保险是一个不错的选择,但是几乎没有观察者能够意识到,这与利用衍生品工具来对冲组合风险的金融工程形式在概念上是类似的。购买火灾保险是一种常见的交易,但是只有当我们对组合风险对冲有一定的了解时,我们才不会觉得它奇怪陌生。

7.1.5 信息生产

金融体系的第五个基本功能是**信息生产**。正如前面所指出的,良好运行的市场会促进信息的生产。**有效市场假说**认为,在不存在交易成本和制度实践的完美竞争市场中,证券的均衡价格将完全反映市场公开可获得的信息。有效市场中不同交易工具的差异体现在其风险-回报特征上。

衍生品场内交易是信息生产的另一个例子,许多衍生品市场就是有效的信息生产者。衍生品交易最初并不被视为信息生产活动,但是期权定价理论[6]明确指出,期权的价格能够用于估计其标的资产的价格波动。波动信息能够用于解释一项特定资产的收益不确定性,并且这一信息对制定投资决策而言是富有价值的。

金融中介同样扮演信息生产者的角色,但是这些金融实体所生产的信息通常不对外公开。例如,金融中介在评估贷款申请时就会生产信息,但是这些信息通常属于金融中介的私有信息,用于评判是否该向客户发放信贷。然而,由于这类信息的生产具有很高的专业性,在经济的健康发展中发挥着重要的作用。当金融中介缺乏这些信息的时候,将不会明显地对贷款和投资行为进行差别对待,导致许多好的投资项目无法获得信贷支持。

---

5 对出售风险的一方而言,其承担的风险下降,这也意味着同样的风险将由另一方来承担。风险分割和风险交易之类的金融活动并没有改变造成风险的物理现实或经济现实。
6 我们将在第19章讨论期权定价理论。

7.1.6 激励管理

金融体系的第六个基本功能涉及**激励管理**，特别是信息差异所导致的激励。由于信息差异的存在，客户的私有信息就有可能导致投资者处于不利地位。对信息差异所导致的潜在风险的治理构成了日常金融活动的一个重要组成部分。例如，银行的信用部门负责调查潜在贷款者的各种相关信息，在贷款发放之后，负责监督贷款者的各项活动，从而确保合约条款顺利履行。保险公司在发放保险之前调查投保人的风险状况，同时限制投保活动和资产的范围，从而对投保人的激励机制产生影响。

对激励的考虑影响借贷双方。当借款者向潜在贷款者提供信息的时候，借款者就承担了丧失信息优势的风险。借贷双方都需要防范被对方剥削的风险，在意识到这种可能性后，一些金融家试图建立有助于借款者而非贷款者的良好声誉。

7.2 金融体系治理

所有的金融交易都需要治理。所谓**金融治理**，就是指为了以一种合适的方式缔结金融合约，并进一步保证合约顺利履行，达到盈利性的结果，而对金融交易进行监督的过程。尽管所有的金融交易都需要治理，但在本章和第 8 章，我们将主要关注两种主要的交易类型：①以资金募集为主要目标的交易；②以风险管理为主要目标的交易。一般将这两类交易统称为金融交易[7]。

治理能力对于确保从金融交易中获得期望收益而言是至关重要的。在资金募集之后，金融家将在合约期间投入各种资源，并且在合约到期时收回投入的资金和相应的风险补偿。类似地，进行风险管理的融资者必须对风险进行合适的定价和治理。当金融交易治理得当时，平均来说，就会给金融家带来承担风险的期望回报，而低效的治理则有很大可能面临损失。

金融交易治理机制是金融市场、金融中介和内部资金安排的变化。金融交易的成本-效益匹配和最适合的治理机制取决于交易的特征和金融家的治理能力。尽管每一种金融交易和机制的安排都各具特色，但是我们在分析金融体系时通常会对其进行简化，可以根据交易特征的组合对其分类，并且治理经济通常会引导金融家在治理交易时选择一个特定的能力组合。

7.2.1 金融治理的类型

在前一节中，我们讨论了金融体系的基本功能。作为补充分析，我们将从个体交易，即金融交易层面展开分析。分析了个体交易是如何达成协议和实现治理之后，我们将考察金融家如何加总金融交易，加总的金融交易又是如何内生性地决定金融体系中现有的机构和市场的。

金融治理被视为利用一些能力，而这些能力是从一个固定的分类系统中获得的。金融交易可以用一些关键的特征来描述，一定能力的金融家通常根据特别的特性组合来决定是

---

[7] 实践中，金融交易通常都融合了资金募集和风险管理，但是为了便于讨论，我们有必要将两者加以区分。

否接受交易。此外，金融公司选择一种特定形式的商业组织，这种组织有助于促进成本-效益治理。在加总层面上，金融家的组织选择是由可获得的具体信息和交易特征治理的规模经济来共同内生决定的。交易特征和治理能力相匹配，催生了金融体系的结构，即金融市场，金融中介和一个金融体系内部治理的组合是由治理的规模经济和实施治理的组织的营运规模经济来内生决定的。

外部融资由金融市场和金融中介提供，而客户对不同融资方式的选择取决于融资成本和融资条件的严格程度。市场结构的差异，借贷双方信息的差异，信息条件所导致的激励差异，都会带来融资条款的差异。特别地，虽然借贷双方实际上已就金融交易达成了协议，但他们之间的信息差异会带来一些问题，这些问题提高了金融交易的成本。如果借贷双方之间的信息差异所导致的问题非常严重，那么即使借款者愿意支付很高的成本，也可能无法获得外部融资[8]。即使是在一个拥有发达金融体系的经济体中，相当大部分的企业融资还是来源于企业内部融资。内外部融资的选择通常取决于贷款协议隐含的可识别风险或不确定性，外部融资成本，以及融资条件的严格程度。

一些金融体系（如美国和英国）通过金融市场来引导相当比例的外部融资，而另一些金融体系（如法国、德国和日本）则通过金融中介来引导相当比例的外部融资。不同融资来源相对重要性之间的差异体现在**以市场为中心的金融体系**和**以金融中介为中心的金融体系**之间的差异。例如，通常我们将美国和英国的金融体系称为以市场为导向的金融体系，而将法国、德国和日本的金融体系称为以中介为导向的金融体系。然而，这两种金融体系的差异在很大程度上是历史发展的结果，随着全球金融体系的不断发展，对高效融资模式的探索将不断缩小这两种体系之间的差异。

市场和中介的能力存在差异，从而在治理同类金融交易时也存在差异：在一个静态的高效组织的金融体系中，市场安排的融资与中介安排的融资在类型上存在差异[9]。因此，在系统层面上，一个以市场为导向的金融体系和一个以中介为导向的金融体系会表现出截然不同的总体业绩特征。

以市场为导向的金融体系和以中介为导向的金融体系所产生的公开信息和私有信息的占比会存在差异。一方面，通过交易，市场将各种不同的公开信息加总。由大量证券组成的投资组合在金融市场中积极交易，其快速建立的价值也通常是透明的。另一方面，金融中介可以开发深度私有的信用信息。由于金融中介收购了大量的不可交易资产，其资产组合的价值相对难以估算，因而是模糊的[10]。

7.2.2 治理机制

金融资源配置的治理有三种主要机制，包括金融市场、金融中介和内部组织。内部组织也称为**等级制度**。每种机制都会利用一些从固定分类法中获得的混合能力。在这里我们

---

8 后面的章节将详细探讨融资成本，以及融资的可获得性。
9 在任何可观测的情况下，治理的规模经济可能并没有充分发挥出来，而且很有可能，最终发展成为以金融市场为导向的融资方式，尽管最初是以金融中介为导向来安排融资的。我们采用**静态互补性**和**动态互补性**的术语来区分这些情况。
10 见 Ross(1989)。

考察这三种主要机制的不同能力[11]。表7-1给出了不同治理机制的差异和各自的特征概要。如表7-1所示，配置机制的类型分布在一个连续闭集上，这意味着：①金融市场通常采用价格机制实现金融资源配置；②金融中介采用价格机制和一些行政命令和控制的组合实现金融资源配置；③金融集团等等级制度通常采用行政命令和控制实现金融资源配置。在一个市场治理和内部治理分布两端的连续统一体上，其治理能力随着效率和成本的上升而上升。接下去几节将详细分析表7-1所蕴含的思想。

表7-1 治理机制和治理能力

→金融市场	金融中介	等级制度 →
→通过价格机制实现资源配置…………		通过行政命令和控制实现资源配置→
较强的(事前)筛选能力		
较强的(事后)监督能力		
较强的控制能力		
（审计、关键人员的更换）		
较强的调整能力		
（在事后调整合约的能力）		

7.2.2.1 金融市场

市场通过价格机制实现金融资源配置，价格即为金融交易的有效融资成本。当一项金融交易的主要特征能够从其融资成本中反映出来的时候，市场治理机制就能发挥最佳效果。这些金融交易的要素在交易一开始就在条款中指明了，这意味着由市场化主体达成的金融交易通常可以视为完备合同。对那些为收购资产提供融资的金融交易而言，这些资产在二级市场上存在一个再出售价格，故而一旦签订合约，就不再需要监督。

通常而言，市场主体执行交易，交易双方并不一定互相认识。而且，市场主体通常针对每项金融交易可能发生的短期收益变化具有相当完善的研究能力和信息处理能力。例如，一家企业的股票交易决定于其标的资产的价值。另外一个例子是，衍生品交易的价格波动[12]，提供了市场对不同水平的风险进行定价的经济信息。Allen和Gale(2000)发现，市场在评估各种不同形式信息的经济效应方面具有很强的能力[13]。

市场主体试图通过将其从事的交易标准化来实现规模经济，进而降低金融交易的交易成本。如果同样的专业信息处理技术能够应用于一系列类似的金融交易，市场主体也可以实现规模经济。一方面，最活跃的市场通常交易的是标准化合约，这类合约包括公司股票公开发行等；另一方面，相对不那么活跃的市场则以交易非标准化合约为主，这些合约的条款之间存在很大差别。

在金融市场这一大类中，我们可以根据市场主体的能力对其进一步区分。例如，私人市场相比公开市场，通常允许更为细致的事前筛选，对金融交易条款的协商也更为细致。私人市场中，证券销售通常面向单个投资者或一个很小的投资者群体；而公开市场中，证券销售通常面向一个相对庞大的投资者群体，其条款也相对标准化。

---

11 更加深入的讨论见 Neave(2009)。
12 网页附录 G 详细讨论了衍生品价格和资产价格波动之间的关系。
13 市场能够在相对稳定的条件下完成这些任务，而在不确定性较高的情况下，其评估能力将大大下降。

7.2.2.2 金融中介

金融中介是从储蓄者手中筹集资金的机构,储蓄者主要是家庭,也有一小部分企业。主要的金融机构包括储蓄机构,比如银行,通过吸收存款获得资金,再将资金贷给企业和个人贷款者。在大多数发达国家,它们向那些终端用户提供的贷款数量占比最高。一方面,金融中介的存款通常被视为是高度流动的,可以随时被取回;另一方面,金融中介发放的贷款大多是不流动的,通常在未来的月份或年份中以分期付款的形式偿还。由此可见,金融中介必须管理一个流动性相对较差的由短期负债构成的资产组合[14]。

金融中介发放的贷款有一个设定的利率水平,从而通过价格机制实现资源配置,但是相比市场当中的交易,其贷款的安排包含了较多的行政命令和控制机制。因此,金融中介会采用一些市场主体通常不会采用的治理能力。金融中介额外采用的治理能力,包括更加严格的**事前**筛选能力,更加严格的监督、控制和随后的调整金融交易条款的能力。金融中介利用这些能力的组合,能够以成本-效益方法治理其参与的金融交易。金融中介通过在**事前**对贷款申请进行筛选,在**事后**对其参与的金融交易进行监督,生产私有信息。金融中介生产的信息通常是私有的,因为它们一般不会按常规交易其金融资产[15]。相比金融市场中交易者签订的合约,中介签订的合约是不完备的。特别是,中介交易签订的合约通常包含一些隐含条款,这些条款不会主动行使,除非金融交易显示出一定的危险,会使产生的收益将比金融家最初预期的还要少。

不是所有的金融中介都能够很好地、公平地筛选各种类型的金融交易,但金融中介能力的差异至少能部分解释为什么金融中介选择专注于某些特定领域。例如,一些金融中介能够自动筛选信用卡和消费贷款申请,从而相比同一业务领域中其他规模较小的中介更能享有规模经济。再如,在评估包括企业贷款在内的各类交易时,专家系统和信用评分技术发挥着越来越大的作用。但这些系统通常要求巨额初始投资,通常只有少数大公司才会安装专家系统。因其边际营运成本相对很低,故表现出平均成本递减的特征。如果它们能够通过谈判,达成相对有利的条约,小公司就会向大公司购买服务。

7.2.2.3 内部治理

内部治理,也称为**等级制度治理**,指通过行政命令和控制机制实现金融资源配置。相比金融中介,其行政命令和控制的力度更大。内部治理,提供最强大的潜在的严格的**事前**筛选、**事后**监督、营运控制和金融交易合约调整。等级制度通常对金融合约的本质关注较少,而对可以用于实现**事后**金融合约条款调整的行政命令和控制机制关注较多。内部治理相比市场治理或者中介治理,成本较高,因此通常被用于治理那些不确定性程度较高且远远超出了中介所能承受范围的金融交易。

例如,内部资本市场交易有可能是治理合约较不完备的金融交易的唯一可行方式。内部治理为审计项目绩效、改变营运管理以及随环境变化调整金融合约条款等提供了高度发达的能力。综上所述,内部融资安排能够利用与市场主体或中介不同的治理能力,但是其

---

14 金融中介的这一特征有可能会给其稳定性带来问题。
15 证券化涉及出售一个组合的受益权,与直接出售这些资产有所不同,因为最初的贷款提供者通常获得贷款偿还,并承担违约的部分责任。

行政成本也最高。当然，金融交易必须具有弥补较高的治理成本和带来更丰厚的回报的可能性，内部治理才是可行的。

7.2.3 金融交易的类型

金融家经常会面临一系列看起来完全不同的金融交易协议。尽管从表面上来看，金融交易各不相同，有必要逐一对其做出分析，但从宏观层面上来看，对不同金融交易可以根据一些基本特征组合进行分类描述。

7.2.3.1 交易特征

金融家对某些交易十分熟悉，因而他们的成功主要取决于初步筛选的结果和随后的标准化治理。当客户收购流动性[16]相对较好的资产时，或者当用于提供担保的抵押品拥有现时市场公允价值时，简单形式的融资就会发生。无论是哪种情况，这类融资合约都比较容易安排，因为一旦遇到困难，标的资产能够偿还大部分甚至全部的融资。最简单的金融交易的风险管理也是类标准化的，这些金融交易带来的是风险而非不确定性，其风险能够通过基于规则的完备合约而正式化，其定价也相对容易。相应地，这些金融交易通常在相对粗略的调查后就能达成协议。

其他金融交易对金融家而言也许就不那么熟悉了，其条款也比较特别，贷款偿还也面临更多的不确定性。这些更加复杂的金融交易通常涉及为流动性较差的资产提供融资，一旦发生违约，这些资产并没有用于抵押的标的物。例如，风险金融家这类专业实体开展的金融交易（如投资），其回报在很大程度上取决于未来高度不确定的收益，因为风险金融家获得成功的可能性取决于特定个体的天赋和承诺，通常不存在有价证券之类的资产作为担保。

表 7-2 表明，信息差异上升，资产流动性下降，或者两者兼有，都将导致金融交易治理成本上升。从某种程度上来说，信息差异的上升将导致逆向选择和道德风险的可能性上升，进而导致治理成本上升。本章后面将对这些问题展开讨论。额外的治理能力能够部分抵消上述现象的不利效应，但是获得这种能力的成本是高昂的。本章在后面将讨论这一问题。

表 7-2 交易特征和治理含义

·······→特质变化·······→
·······→信息状况·······→
风险被视为递增的
风险逐渐演变成不确定性
不确定性视为递增的
·······→标的资产流动性呈递减·······→
·······→治理成本呈递增
·······→资金回收更加困难

7.2.3.2 资产流动性

资产流动性在很大程度上决定了一项金融交易在分类中是简单的还是复杂的。如果标的资产能够顺利地在二级市场上交易，那么金融家就有两种潜在的资金偿还来源。如果获得融资的企业或者项目发展顺利，创造了大量现金流，那么金融家就可以收回其投资。如不顺利，还是可以出售这些流动资产以部分偿还初始投入资金。在这种情况下，交易相当简单。

---

16 Williamson(1987)强调资产专用性作为一种交易特征的重要性。本书采用这一相关（但不完全一样）的资产流动性概念，主要是因为金融家通常都非常关注一项资产能否迅速以其二级市场价格或接近二级市场的价格出售的可能性。

但是如果资产流动性较差,金融家只能通过努力工作来确保项目运作顺利,以期获得投资回报。此外,标的资产的流动性越差,金融家就越难以依赖这些资产作为资金偿还来源。

正如接下去将进一步讨论的,资产流动性并非一成不变的。事实上,流动性主要取决于买卖双方的参与性。如果市场中只有买方,那么就会有资产需求,但是没有有效供给。而如果市场中只有卖方,那么就会有资产供给,但是没有有效购买。当市场中存在第三方能够以一种不确定的方式影响资产价值时,资产的流动性就会变得很差。在这种情况下,如果潜在的买卖双方很难估计资产价值,潜在的买卖双方将很难达成协议,下一节我们将讨论这一问题。

7.2.3.3 风险与不确定性

金融交易的第二个重要特征就是其回报是否能够通过概率分布进行量化。如果一项金融交易的期望收益能够以概率的形式很好地给出,那么这项金融交易就是有风险的。收益风险和违约风险构成了风险性金融交易的两种主要风险。其中,**收益风险**指获得相对较低的投资回报的可能性。**违约风险**指贷款提供者或者投资者面临借款者无法履行合约条款的可能性。违约包括无法偿还本金或累积利息[17]。

尽管收益风险和违约风险可能高度相关,但为了便于分析,我们将对两者进行区分。收益风险主要取决于实际收益的可能波动程度、到期日或终止日、合约利率是固定的还是浮动的、合约币种等特征。违约风险主要取决于现金流不足以偿还债务的可能性,此处现金流包括出售资产获得的所有资金。为购买流动资产提供融资的金融交易通常不太会面临违约风险,因为出售流动资产至少可以部分甚至全部偿还贷款。

在另一类金融交易中,我们甚至很难将影响收益的主要因素量化。例如,考虑有关连接英法两国的英吉利海峡工程收益预测的新闻报道,这一工程始于1988年,并于1994年投入运营。尽管允许通过收取较高的道路通行费来收回部分超支成本,但该项目的期望收益随着时间的流逝还是发生了巨大的变化。收益估计区间主要取决于隧道服务需求、竞争者的应对行为、全球利率水平和其他类似因素。复杂的收益模型往往基于一些关键假设,而这些假设的存在导致很难获得精确的估计结果,从而这些模型也无法很好地对该项目的收益做出估计。此外,海峡工程项目的标的资产流动性较差,因此一旦出现违约,无法提供任何担保,即海峡工程项目融资是一种不确定性因素下达成的金融交易。

不确定性意味着经济主体并不完全了解金融项目。最有可能出现不确定性因素的金融交易包括那些涉及企业经营战略发生变化的融资,或者为技术创新提供支持的融资。为一项新的高技术开发项目提供启动资金的投资就是一个不确定性因素下金融交易的例子。这些项目通常都很难获得融资,主要是因为经济主体发现很难对它们未来可获得的收益进行评估。首先,无论是客户还是金融家都很难确定一项被提议的金融交易的收入特征。其次,面对项目的实施,竞争对手可能采取的行动也是难以预测的。尽管存在诸多困难,不确定性因素下的金融交易仍然构成了企业创新和金融创新的精华,研究金融家如何克服种种困难达成协议对研究金融活动具有深远的意义。

相比那些仅仅面临风险的金融交易,不确定性因素下的金融交易要求截然不同的治理能力。首先,成功的治理要求更强的环境适应能力,而这种能力在参与金融交易时是很难

---

17 违约风险通常也被归类为交易对手风险。

预见的。不确定性因素下的金融交易相对要求更多的监督，尤其是在相关信息随着时间的流逝逐渐显现出来的情况下。此外，如果监督要求对合同进行调整，那么合同条款中就应该考虑到这些因素，甚至当变化的需要出现时，要能对企业经营进行控制[18]。因此金融家在面临不确定性因素下的金融交易时，必须借助不完备合约。

7.2.3.4 信息差异

金融家和客户针对同一项金融交易所持有的信息往往不尽相同。当存在**信息差异**时，经济学家就将其称之为**信息不对称**。信息不对称这一术语主要用于合同理论，在金融交易中，是指交易一方相比另一方拥有更多的信息或者不同的信息[19]。当交易双方所能获得的数据存在差异，或者当双方对同样数据做出不同的解释时，信息不对称就会随之产生。双方能力的差异、双方各自不同的经历都有可能导致对同样数据做出不同的解释。除了对金融交易本身的看法，经济主体还可能会预测对方对金融交易的看法，进一步使情况复杂化。因此，我们可以根据主体对风险或者不确定性的看法是对称的还是不对称的来划分交易的信息特征。此外，在金融交易的生命周期中，双方的信息差异可能会发生巨大的变化。

由于信息不对称的存在，金融交易可能面临两类问题：逆向选择和道德风险。在金融交易中，**逆向选择**意味着最终被采纳的是较差的条款，而如果金融家（金融交易中的"无知方"）和客户拥有相同的信息，那么最终采纳的将是完美的条款[20]。在金融交易中，**道德风险**指无知方（金融家）不具备如下两点：①有关客户绩效的充足信息来评估客户是否遵守交易的条款；②当客户违反交易条款时有效挽回局面的能力。一个经典的例子就是风险共享，这也是金融交易的一个功能。当个人购买珠宝盗窃保险后，可能会因为珠宝失窃而导致的损失将部分由保险公司就疏于防范而承担。

当经济主体并没有对金融交易做出细致的调查时，信息差异就会随之产生。即使是在常规的公开市场交易中，也不是所有的交易方都能同时获得相同的信息。当交易涉及的公司面临业务性质调整时，信息差异甚至会阻止大型公开市场交易。在美国和加拿大，持有私有信息的公司高级职员和市场专家在参与股票市场交易活动时，往往能够获得异常风险调整回报。无论公开市场交易中信息差异产生的可能性有多大，信息差异更有可能发生在私人市场交易或者中介交易中。例如，金融家心知肚明，一些客户为了获得更有利的融资条款，往往会提供对其有利的信息，而掩盖不利信息，即信息偏差。

当信息不对称的存在被认为会给金融家带来经济意义上的重要后果时，他们就会试图获得更多的信息，只要信息带来的期望价值高于信息成本。在存在风险，尤其是在面临不确定性因素的情况下，对信息获取进行成本-收益分析将是非常困难的。在后面一种情况下，金融家甚至不知道如何就搜集更多的信息所能带来的好处提出问题[21]。

7.2.3.5 完备合同与不完备合同

在风险性的金融交易中，金融家的主要功能在于决定资产的市场价格，这主要是依据

---

18 必要的变化可能发生在客户的营运、融资条款上，或者两者兼而有之。
19 George Akerlof、Michael Spence 和 Joseph Stiglitz 研究了信息不对称对市场的影响，并因此共同摘得 2001 年诺贝尔经济学奖。
20 见 Akerlof(1970)。
21 如果金融家认为，他们无法搜集足够的信息，对一项特定交易的收益做出最粗略的估计，那么他们将拒绝签约。

市场参与者的公开信息来完成的。由于在资金贷出的时候,这类金融交易的合同条款就已经相对完备,后面对这类交易通常只要求很少的监督,故将之称为**完备合同**。

只有少数金融交易能够采用正式化完备合同。完备合同能够在风险因素下完全描述各种主要结果的情况,并在或有事件的基础上,也至少能够完全描述出所采取的行动。一些市场交易也可以视为完备合约的范畴,因为这些交易完全不需要**事后**监督。在其他一些市场交易中,因为监督者不具备实施任何必要变革的能力,**事后**监督变得没有价值。

不确定性因素下的金融交易通常属于不完备合约的范畴,在这种情况下,并非所有主要的结果能够以概率分布的形式准确描述出来。企业家和外部投资者之间的合约即为不完备合约的一个例子,其根源在于两者之间的利益冲突[22]。考虑一下企业家的努力程度和回报并不能很好地解决冲突这个现象的本质。更为复杂的是,企业家的努力并不能总是很好地量化表述出来。企业家的努力也无法通过一项激励计划激发出来:在某种情况下,只有当金融家威胁清算或者终止金融交易时才能激发企业家努力。当收益前景好的时候,企业家决定企业扩张所带来的收益是否值得他为此付出努力。与此同时,即使企业家认为扩张是有利的,但是如果外部投资者不看好收益前景,那么就有可能提出清算的要求。这类情况都反映出不完备合同的一些复杂性。

7.2.4 匹配

金融家具备专业能力,并且当一项金融交易的特征在其有效治理能力范围内,他就会接受这项金融交易。通常市场主体会可以达成较为简单[23]的金融交易,而较为复杂的金融交易通常是通过金融中介来达成的,在一些极端情况下,是由融资方内部达成的。因此金融家的能力和交易特征在成本-效益的基础上进行匹配。总体上来说,金融家的专业能力和他们达成的金融交易共同决定了一个特定金融家的业务组合,为从事金融交易而诞生的企业组织的数量和类型最终决定了金融体系组织的本质。

7.2.4.1 原则

匹配决策在很大程度上取决于金融交易治理的成本-效益治理所需要的专业能力。在金融交易的筹备阶段,一些交易的相关信息是可以完全获得的,而在另外一些情况下,可以在整个合约有效期间获得交易的相关信息。此外,在不熟悉的金融交易中,金融家能够通过在合约有效期间不断学习,提升金融交易治理能力。对于那些一般是由金融中介达成的,或者是由公司内部达成的金融交易,学习是非常重要的,因为在这些情况下,随着学习效应的不断发挥,对金融交易条款的修正相对比较容易。由此产生的不完备合同也足以说明这类金融交易通常不能用于进一步交易,而是保留在初始贷款提供者手中,直到资金偿还为止。

Jensen 和 Meckling(1976)的研究有助于阐明不同金融治理形式的选择。他们指出,当一项知识在不同的经济主体之间的转移具有很高成本时,这些知识就是**专有知识**;反之则是**一般知识**。当一项金融交易的治理需要专有知识时,其交易安排就比较困难;而当其治

---

22 上述表述来源于 Aghion 和 Bolton(1992)。
23 本章特指风险金融交易,这些交易涉及流动性标的资产,面临的信息不对称问题也不严重。

理只需要一般知识时，其交易安排就比较容易。例如，当一项金融交易的治理需要专有知识时，就很有可能保留在发起的金融机构手中，而不是在市场上进行交易，部分原因在于，发起该项金融交易的人员的技能很有可能将被用于其持续的管理中。

金融机构对贷款进行打包（如一组金融交易），并以打包后的贷款抵押品来出售证券，从而有效地解决了专有知识传播的困难。将金融交易打包的过程称为**证券化**，由此创造出的证券称为**资产抵押证券**。初始贷款具有一些代表专有知识的独特特征，但是以这些贷款组合为抵押品发行的资产抵押证券就属于可交易的金融工具，因为这些金融工具的投资者在做投资决定时只需要具备组合特征的一般知识即可。确保组合维持原有价值通常是具备相关交易细节的专有知识的初始贷款提供者的职责[24]。

决策者不断收集新的知识，Jensen 和 Meckling 认为，决策者收集的知识专有化程度越高，转移成本越高，保留在知识创造组织内部的可能性也就越大。他们还指出，获取独特知识（学习）的初始成本不是很高，但是转移成本相比其收益可能很高。独特知识中哪些方面可以在**事后**证明有价值是具有很大不确定性的，这种不确定性因素有可能导致很高的**事前转移成本**，部分是因为事先无法确定转移的知识最终是否有价值。因此，独特知识也很有可能保留在创造组织的内部。

在面临收益不确定性而非收益风险时，金融家为了提升一项金融交易的安全性和盈利性，通常希望发挥更多的治理能力。在面临不确定性因素的情况下，金融家（如果他们同意筹集所有的资金或者确保一项金融交易顺利进行）将尽力发现一项金融交易的主要盈利特征并加以管理。但是由于他们事先可能无法明确指出他们需要什么，金融家只能在签订贷款协议时列出一些原则，使得他们能够对环境的变化做出灵活的反应。也就是说，金融家采用不完备合同来管理他们所面对的各种不确定性。如果存在一些相对精确的表述，那么在金融交易达成协议时，金融家就可以写出完备的合约。

比较股票的公开发行和一个集团公司有可能与其子公司达成的融资安排。在第一种情况下，多方共同分享信息；而在第二种情况下（内部治理），情况就不是这样了。而且，在第二种情况下，在提供初始融资以后，持续的监督更有可能发生。最后，相比于股票公开发行时招股说明书[25]对各种特征做出解释，并向公众公开，内部治理可以避免有关公司发展计划的信息泄露给竞争对手。

7.2.4.2 过程

金融家试图尽可能按成本-效益来匹配其选择，表 7-3 给出了如何将匹配视为提出交易特征的客户和金融家所拥有的治理能力相互作用的结果。客户所面临的融资成本和金融家所承担的治理成本决定其相互作用。表 7-3 的第一部分根据命令-控制强度递增的顺序给出了三种基本的治理机制——金融市场、金融中介和等级制度安排，比如内部融资。例如，由于私人市场主体能够集合一些公开市场主体所不具备的治理能力，从而公开市场被列在私

---

[24] 如果初始贷款提供者保值的激励很弱，就有可能出现困难。次级抵押市场出现的困难和资产抵押商业票据市场出现的困难都可以部分归咎于激励的弱化，本书后面将对这些问题展开详细讨论。

[25] 在美国，公开发行的股票必须在证券交易委员会（SEC）登记注册。注册声明中所包含的信息类型有证券发行公司的业务类型、证券的主要条款、证券投资风险识别和总结，以及管理层信息。注册登记分为两个部分：招股说明书是第一部分，通常作为发行的一部分，分发给公众；第二部分是补充信息，可以从 SEC 获得。

人市场的左边。相比公开市场主体，私人市场主体通常具备更强的调查能力，并且某些情况下，私人市场主体在谈判条款时具有更多的自由。类似地，尽管商业银行和风险投资企业都属于金融中介，商业银行的筛选和监督能力通常都要弱于风险投资企业。特别是风险投资企业更多地采用酌情行事的安排，即通常包括获得他们所投资的公司的一个董事会席位，并对公司增加资金。最后，等级制度治理指一个组织或团体内部的治理。类似日本的财阀，[26] 西方的金融集团在某些情况下也是等级制度组织。类似地，德国的全能银行[27]在购买同一客户的股份，或者向同一客户发放长期贷款时，通常采用更接近等级制度治理的方式。

表7-3 治理能力、交易特征和匹配

治理		
市场(市场主体)	混合(中介)	等级制度(内部融资)
公开市场		
私人市场		
证券企业		
商业银行		
风险投资公司		
全能银行		
财阀		
金融集团		
治理能力		
┄┄→变化方向┄┄→		
更强的监督能力		
(尤其是在连续情况下)		
更强的控制能力		
(审计、关键人员的替换)		
更强的调整能力		
(随着环境的变化，更改合约的能力)		
治理成本		
┄┄→上升┄┄→		
交易特征		
┄┄→变化方向┄┄→		
信息差异上升		
察觉的风险更大；不确定性而非风险		
资产流动性下降		
持续监督的需求更大		
事后的调整需求更大		
违约成本上升		

表7-3 的第二部分指出，不同的治理机制所能发挥的治理能力是不同的。例如，内部融资安排相比市场融资安排具有更强的监督和控制能力。表7-3 的治理成本部分提醒我们，获得较强的治理能力需要承担更多的成本。

从左到右来看表中交易特征部分发现，当交易双方之间信息差异越大时（金融家通常拥有较少的信息），金融家就会认为这种交易的风险较大，或者带来不确定性而非风险。金融交易的风险越高，金融交易的前景越不确定，持续监督的需求就越大。类似地，不确

---

26 财阀是一组相互参股的企业。财阀里的企业在经营过程中通常优先考虑财阀中的其他成员企业，并且当客户公司面临财务困境时，财阀的主银行通常会在其董事会上获得一个席位。

27 全能银行还承担证券承销等业务。在德国，全能银行持有其大客户公司的股份。

定性越大，资产流动性越低，或者两者兼而有之，确定标的资产的市场价值的难度就越高。如果难以确定标的资产的市场价值，那么当企业面临财务困境时，就很难确定企业的破产价值。如果金融家无法便捷地确定企业的破产价值，那么如果企业真的失败，他们将不知道自己能够从出售资产中回收多少。因此，和这类企业进行金融交易时，其风险似乎就要比诸如为购买具有现成市值的流动性资产提供融资的金融交易的风险高。

不确定性条件下的融资带来了难度最大的治理问题，从而就有可能接受最严厉的治理。当然，能力越强成本越高，并且这些治理成本能够从投资的总回报中收回。例如，管理一个由短期流动证券所构成的组合主要依赖于市场治理，而管理进行新的商业冒险的集团子公司的融资就需要一种力度更大、治理能力更高的治理形式。其结果就是，如果第二类金融交易能够产生期望净利润，就需要提供较高的回报。

7.2.4.3 成本-效益

金融家根据他们是否具备管理一个金融交易并获利的能力来决定是否接受这项交易。他们会拒绝那些不能获利的交易。期望利润取决于金融交易的收入及其管理成本。正如表7-3中不同部分的安排所说明的，金融家通过承担那些他们能够进行成本-效益管理的金融交易，尽可能地控制成本。例如，相比中介或等级制度治理金融交易，市场金融交易更倾向于标准化，客户和金融家之间的信息差异也相对不那么重要。其结果是，市场治理利用相对较少的监督和控制能力，并且通常市场治理交易相比等级制度治理交易的管理费用要低。市场主体一般不会管理那些需要专业治理能力且只有金融中介具备的金融交易。

市场治理的成本通常比等级制度治理低。[28]在治理竞争性条件下的标准化交易时，只有很小的空间覆盖等级制度治理的额外资源成本，风险的降低几乎不影响利润评估。因此利用市场治理一个标准化交易的利润[29]通常要高于利用中介治理一个标准化交易的利润。只有当中介能够发挥额外治理能力时，他们才能够承担这种金融交易。在这种情况下，他们的贷款管理费用将高于市场主体，为了弥补这些费用，中介就需要要求更高的利率。

如果额外监督、控制和调整能力的收益超过所涉及的额外信息和监督成本，那么非常规治理就是市场治理的一种成本-效益选择。在融资环境不确定的情况下，等级制度治理更有可能实现成本-效益。等级制度治理所降低的风险或增加的回报足以弥补获得额外治理能力的成本。

在需求方面，客户试图寻找到一个金融家，该金融家能够提供最具吸引力的可获得性条款。客户尽力最小化其获得资金的成本，但是他们并不总是能够找到最佳可用条款。例如，客户不愿意向中介支付高于其必须向市场主体支付的费用。但是，如果搜索成本很高的话，那么一个客户就很有可能接受其所能找到的少数可行融资安排中的一个，甚至是第一个。也就是说，高昂的搜寻成本使得客户倾向于寻找那些他们所熟悉的资金来源。

然而，一个客户有可能能够确保获得几种融资。例如，一个寻找外部融资的客户通过频繁地咨询一个或者更多的金融家，来选择在公开市场发行股票还是通过私人协商的方式发行股票。这个客户最终的选择将取决于金融家所提供的条款，包括利息成本、所要求提

---

28 例如，参见 Riordan 和 Williamson(1985)、Williamson(1987)和 Jensen 和 Meckling(1998)。
29 利润定义为期望的未来净收入，并根据所涉及风险或不确定性调整后的贴现率贴现。

供的信息量、即将成为私有信息的参与者以及信息发布对客户竞争地位的影响。

7.2.4.4 资产专用性

Williamson(2002)建立了一个模型,将治理结构的互补性作为资产专用性的函数。尽管这两个概念是不同的,但是在大多数情况下,我们可以认为资产专用性类似于资产非流动性。图7-1给出了不同资产专用性情况下,通过市场、银行之类的金融中介,和金融集团组织融资的交易成本。横轴代表资产专用性,资产专用性越高,在横轴上与原点的距离就越远;纵轴代表成本。

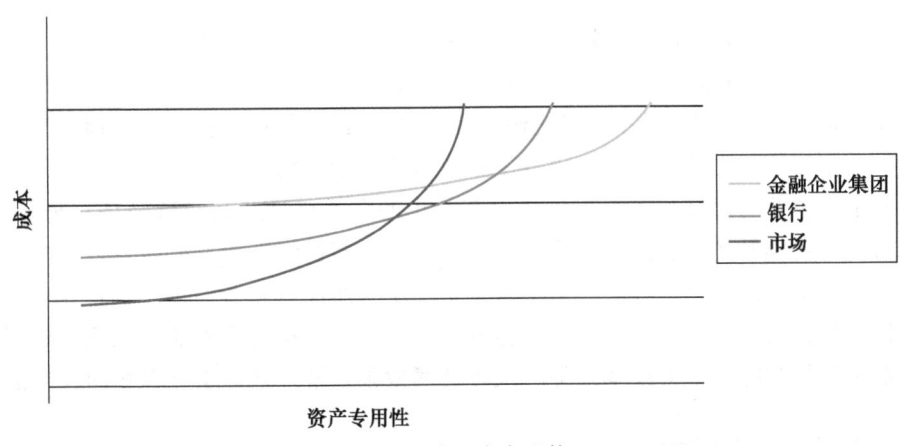

图 7-1 治理成本比较

资料来源:根据 Williamson(2002)改编。

当资产专用性很低时,金融集团的官僚成本使其处于市场相对严重的不利地位。类似地,尽管银行的官僚成本不像金融集团那么严重,但是还是使其处于市场相对劣势的地位。但是,随着资产专用性不断上升,成本差异减小最终逆转。因此我们将金融中介视为一种混合形式的治理结构,其拥有的能力介于市场和金融集团之间的某一点。随着资产专用性上升,金融中介相对于市场的成本优势就开始显现出来了;随着资产专用性进一步上升,金融集团相对于金融中介的成本优势就开始显现出来了。由于增加的治理成本将导致交易在市场之外进行并利用中介或者集团组织对其进行监管,这三种方式被有效地认为是互补的,并且随着资产专用性的上升,成本较高的方式被成本较低的替代。成本-效益治理选择意味着所给出的情况中成本曲线的有效形式即为反映这三条成本曲线中最低点的那条包络线。

7.2.4.5 交易条款

金融家提出不同的交易条款,一方面是为了保证利润,另一方面是为了微调治理安排。金融交易的条款包括偿还安排、使用的担保品、使用的货币形式及其期限(固定的或可变的)。这些条款和交易的数量共同决定了有效利率。一个金融交易的有效利率随其风险的上升而上升,且不确定性条件下的利率相比风险条件下更高,这是因为,为了弥补更高的风险,或者由于承担的是不确定性而非风险,金融家要求更高的回报。[30]

交易条款可以改变一项金融交易的原始特征。例如,如果客户能够提供有价证券作为

---

30 一项交易的应税状况也会影响金融家的回报和客户的资金成本。

担保品，那么这项回报不确定的交易就相对比较容易获得融资。在这种情况下，可以根据证券价值发放贷款，而金融家就可以将证券的市值作为贷款的担保品，从而更有可能仅仅将交易视为有风险的而非不确定性的。

网页附录 A 解释了金融交易的条款是如何优化其治理能力的。特别地，一项交易产生的信息条件，以及信息可能的演化方向，都对交易条款的选择有着重要的意义。

7.3 金融体系组织

通常，对每一种类型的金融交易，都存在一种成本最低的治理形式。随着时间的推移，对一种特定类型的金融交易，竞争压力的存在将促使一种成本最低的治理形式出现。但是，金融家有时能从复杂金融交易中获得超额利润（即使已经根据风险差异做出调整），[31]这是因为，一些约定好的交易的市场其竞争性不如直接交易的市场强。

一家金融企业的规模和组织主要是由其承担的金融交易及其经营经济规模来决定的。对后者而言，规模经济和范围经济都是重要的特征。**规模经济**指额外生产一个单位的产品降低其平均成本的能力，这种能力通常来自将固定生产成本摊薄到更多的产出单位上。**范围经济**指以较低的单位成本获得产品与劳务组合的能力，这时成本比单独生产产品与服务时低。范围经济有时也称为**成本互补**，或者**协同效果**，常常来源于分享相同投入的能力。

7.3.1 市场、中介和内部金融

金融交易特征的匹配与治理能力，及由此产生的旨在利用相关公司经营的经济规模优势的组合集合，解释了金融服务行业的静态组织。如果不存在金融中介，那么潜在的借入者就不得不自行寻找愿意出售的那一方。类似地，出售方也需要自行筛选借入者，设计金融合约，并监管借入者行为。当金融中介执行同样的功能时，他们就可以通过其在经营中实现的规模经济和范围经济，更加经济地发挥这些功能。Carey，Post 和 Sharpe(1998) 指出：①市场和中介发行不同类型的公司贷款；②在同一类型的中介中，不同专业公司获得不同类型的公司贷款。他们的证据进一步表明，仅仅理解从公开市场和私人市场获得的混合债务是不够的；理解不同类型的私人混合债务也是相当重要的。

根据 Boot 和 Thakor(1993) 的模型，私人银行市场不如公共证券市场的竞争性强。在他们的模型中，银行间较激烈的竞争降低了银行的租金，并使得银行之间更加相像，不太可能专业化。资本市场竞争的加剧倾向于降低银行租金，同时降低银行业的进入门槛。Boot 和 Thakor 认为，银行与金融市场之间的差异将日益模糊；但是本章的观点认为，不同类型金融交易之间的差异将继续存在，因而其管理所需的不同类型的治理机制也将继续存在。[32]

总体上，金融体系的组织反映了不同类型交易之间的匹配，以及经济体中金融家能力的混合。个体企业的规模是由其经营的经济规模来决定的。此外，从表 7-1 中的右边到左边，是任何特定交易类型的自然演进，这是由金融家的不断学习、交易量的上升、随着时间的逝去而导致的交易标准化，以及更加接近精确且成本更低的信息生产所带来的。与此

---

[31] 超额利润可以一直存在，直到交易标准化，并由竞争性市场交易来治理。
[32] 请参见 Neave(2009)。

同时，不断注入的新的金融交易意味着，即使是在发达经济体中，还是需要更高的治理能力。由市场安排治理的交易相对于由中介或者内部治理的交易的比例有可能会发生变化，但是这三种类型的治理都还将继续被需要。

7.3.2 金融企业

金融企业将约定的金融交易集合到投资组合中，组合的规模和构成是由金融企业经营的经济规模来决定的。金融家通过在特定类型交易的专业化意味着通过筛选和信息生产来实现规模经济。他们通过增加其组合中的金融交易数目来实现额外的规模经济，通过从事不同相关类型的金融交易实现范围经济。换言之，这些行动降低了单位成本，并且如果单位收益保持不变的话，其利润就增加了。

金融企业规模的限制主要取决于协调不同类型金融交易治理的成本。当单位协调成本开始上升的时候，承担更多业务产生相同的单位收益意味着额外业务的利润开始下降。当增加利润的能力下降到零的时候，金融企业进一步承担更多的业务就是不经济的：当协调成本高到足以损害承担更多金融交易的盈利性，我们预期企业将停止成长。

我们认为存在一些经济原因促使金融企业专业化经营。首先，为了有利可图地进行金融交易，可能需要专业化技能和经验，并且只对为数不多的中介而言承担这些花费是合理的。例如，一些银行专业经营涉及本国货币的外汇交易，而另一些银行主要交易外国货币。其次，特定类型的金融交易只能以相对较小的量来完成，从而只有为数不多的企业能够从服务于这一市场中盈利。风投即为这样的一个例子。最后，管制可能将金融中介限制于特定类型的交易。

另一方面，多元化也存在优势。当一家企业承担较多数目的金融交易，以及额外类型的金融交易时，它通常就能够分散组合风险。[33] 分散组合风险能够降低相对于期望收益水平的收益风险，从而企业的业绩就将得到改善。

7.3.3 机制整合

存在许多治理机制整合的情况。例如，中介可以通过发行由其贷款支持的证券（证券化）并利用其所得资金购买其他不相关的证券，从而部分分散化其资产组合。通常，中介利用从证券化所筹集到的资金为更多同类型贷款提供资金。然而拆分存在一些潜力：银行可能在筛选和监管中具有竞争优势，而保险公司或者共同基金可能在筹集投资资金中具有竞争优势。

银行还可以通过其他方式对证券市场做补充。例如，对借款顾客的信用度进行认证使得顾客能够较为方便地利用新增资本市场融资。[34] 银行还提供担保，帮助他们的顾客以较低的成本获得资本市场融资，这种情况在银行在确定客户信用水平方面具有相对优势时尤其明显。

中介也提供一些未从其资产负债表中反映出来的服务。传统的表外业务包括提供信用证，现在则包括诸如利用衍生品工具安排风险管理服务之类的其他活动。在一些风险管理的交易中，公司可以利用交易所交易工具；但是在另一些交易中，他们需要和那些在场外交易的工具所在的中介打交道。交易类型的差异取决于证券市场上中介是否能够提供竞争优势；而这又取决于工具类型、工具的复杂程度，以及所涉及各方的信用水平。

---

33 只有当不同的交易非完全正相关的时候，分散化才有效。这一主题将在第13章探讨。
34 请参见 Fama(1985)。

要 点

- 金融体系所发挥的功能包括清算支付、资源集中、资源转移、风险管理、信息生产和激励管理。
- 一些金融体系功能,如资源集中、资源转移和风险管理,需要进行特别的关注,这是因为,他们涉及在相对较长的时期投入金融资源,或涉及重大风险的转移,或者两者兼而有之。
- 要想金融交易是有利可图的,就需要对它们进行合适的治理,并且最有效的金融体系治理机制取决于金融家的能力和金融交易本身的特征。
- 金融交易的治理机制是金融市场、金融中介和内部安排的变更。
- 当融资成本可以用来捕捉一项金融交易的本质特征时,金融市场治理的效果最好。在这类治理中,可以以市场主体能力差异为基础进行区分。
- 金融中介是一种从储蓄者手中筹集资金,然后再将这些资金借给企业和个人贷款者的企业。
- 金融中介发挥特定类型的治理能力,这些能力通常不被市场主体(对借款人更加严格的**事前**筛选能力,更加严格的事后监督、控制和金融交易条款调整能力)所利用,市场主体能够以成本-效益的方式来治理其所签订的金融交易。
- 内部治理(也称为等级制度治理),指通过比金融中介力度更大的行政命令和控制机制来实现金融资源配置,最有可能采取严格的**事前**筛选、**事后**监督、营运控制和金融交易合约调整。
- 内部治理对金融合约的本质关注较少,对行政命令和控制机制的关注较多,因此可以利用其实现融资条款的**事后**调整。
- 内部治理相比市场治理或者中介治理,其成本较高,因此通常被用于治理那些不确定性程度较高、远远超出了中介所能承受范围的金融交易。
- 金融交易可以被描述为基本特征,如资产流动性、风险、信息不对称,与完备合约的不同组合。
- 一旦就金融交易特征和治理能力进行匹配,治理的实际任务通常包括创造交易信息和管理激励。然而,根据金融交易的特征,这些任务得到重视的程度存在差异。
- 金融体系组织受下列因素影响:执行基本功能的经济规模、治理交易的经济规模,以及金融交易分组的机构其经营的经济规模。
- 功能和治理方法都主张,受制于当前金融技术,特定类型的金融交易被尽可能地按成本-效益治理。
- 具有特定治理能力的金融企业通常专业化经营具有特殊性质的金融交易,因为这样企业知道如何才能最有效地使用其资源。金融企业的规模是由其成本和盈利特征共同决定的。
- 金融家对由不确定的收入、非流动性的资产,或者由上述两者共同支持的融资项目具有明显不同的能力。

问 题

1. 金融体系的构成有哪些?
2. 请解释金融体系中主要的融资机制。
3. 风险性金融交易的含义是什么?
4. 金融体系内部金融治理的含义是什么?
5. 请解释为什么当金融交易的本质特征被纳入与投资者所承担的风险相关的融资

成本时，市场的治理效果最好。

6. 下面的摘自 Reinhard H. Schmidt 和 Aneta Hryckiewicz 的 "Financial Systems-Inportance, Differencs and Convergence," Working Paper Series No.4(2006), Institute for Monetary and Financial Stability：

   在大多数经济体中，许多金融决策以及家庭和企业之间的关系涉及银行、资本市场、保险公司和其他某种形式类似的机构。总体上来说，那些提供金融服务的专业机构构成了经济体中的金融部门。当然，金融部门是几乎任何金融体系中非常重要的一个部分。但是对整个金融体系而言并非如此，仅仅是在大约15年前，一些所谓的发展中世界和一些从前的社会主义国家基本不存在金融机构，而这些国家和地区的人民依旧储蓄、投资、借款和应对风险。从而原则上无需金融部门的存在就可以有金融体系。但是同样在一些发达经济体中，许多金融决策和活动完全绕开了金融部门，比如实际储蓄、自我融资、自我保险，以及非正式的直接借贷关系。

   (1) 请解释为什么"实际储蓄、自我融资、自我保险，以及非正式的直接借贷关系"都属于绕开了金融部门的例子。

   文献中给出的大多数理论明显主要关注银行或者金融市场，并且他们强调了功能中的促进资本累积、促进创新和增加资本使用生产率等功能。

   (2) 请解释上面引用中的两个功能。

   一些文献指出，银行能够发挥一些正面效应，或者很好地发挥某种确定的功能，而市场能够很好地发挥另一些功能。比如，银行似乎尤其擅长创造和利用私有信息。而市场似乎尤其适合聚集不同的公有信息。

   (3) 请解释为什么银行和市场能够很好地发挥各自的功能。

   统计数据和国民金融体系的描述……指出两种看似矛盾的趋势。一种是在几乎所有的金融体系中，那些代表资本市场作用的金融部门指数的值不断上升。尽管由于体系绝非个体要素的简单集合，这些证据并不令人信服，但还是意味着向以资本市场为基础的金融体系的盎格鲁-萨克森模型趋同的普遍趋势。另一种趋势就是在许多国家，这些特征在很大程度上并没有发生变化。正如上面所描述的，德国的金融体系似乎还是以银行为主导，而美国和英国等的盎格鲁-萨克森国家的金融体系似乎还是以资本市场为主导。

   (4) "以资本市场为主导的金融体系"和"以银行为主导的金融体系"的含义是什么？

7. 下面摘自美国2009年支付、结算和清算法中的第802部分：

   (1) 金融市场的正常运行取决于清算、支付结算、证券以及其他金融交易的有效安排。

   (2) 开展或者支持多边支付、清算或支付结算的金融市场功能有可能降低其参与者和更广泛的金融体系的风险，但是这些多功能也有可能集中和创造新的风险，从而必须很好地进行设计，并以一种安全健康的方式运行。

   (3) 金融机构所开展的支付、清算和结算活动也会对参与的金融机构以及金融体系带来重大风险。

   (4) 系统层面上对非常重要的金融市场多功能监管的改善，以及对金融机构非常重要的支付、清算和结算活动的引导,对于提供一致性,促进稳健的风险管理、安全和健康,降低系统风险,以及保持金融体系的广泛稳定是必需的。

问题:
(1) "支付、清算和结算"的含义是什么?
(2) 请解释上面的第(2)点。
(3) 请解释上面的第(3)点。
(4) 请解释上面的第(4)点。

8. 2010年3月4日,在西印度群岛大学召开的一次会议("透视关于成长和发展的风险管理")中,牙买加银行的主管Brian Wynter做出了如下评论。

首先,让我强调好的风险管理对每一家企业、其所在的行业,以及整个经济体的重要性,有效的风险管理体系是促进牙买加投资生产率的一个重要因素。金融市场通过将资本引向具有高回报的企业促进了经济增长,从而一个能够引导资本实现其最有效使用的稳健金融体系就是经济增长的必要条件。资本的有效配置构成了经济效率、国际竞争力和经济稳定的基础。资本分配效率部分源自健全的风险管理。

作为金融体系的监管者,牙买加银行致力于健全金融体系中的风险管理。我们的责任是关注企业特有以及整个体系的要素,它们都支持整体宏观经济的稳定和增长。

因此,从中央银行的观点来看,尽早地识别和度量风险,发展和实施健全的流动性风险管理惯例以及好的公司治理和风险控制是健全的风险管理的关键要素。

……

一般而言,金融中介通过将家庭储蓄集中引向实体部门,从而在促进增长和经济发展中发挥重要的作用。它们还节约与监管投资风险相关的信息成本,并且将回报率的不确定性降至最低。事实上,有些国家的金融中介更擅长获取信息以及执行公司治理原则以增加投资者参与度和风险管理,这样的国家比金融体系不那么发达的国家成长得更快。因此牙买加的金融中介就可以通过改善其风险管理能力,来提高投资效率及改善增长潜力。

(1) 主管者Wynter所说的"金融市场通过将资本引向具有高回报的企业促进经济增长"是什么意思?
(2) 金融中介如何通过将家庭储蓄集中在一起,并将其引向实体部门,从而在促进增长和经济发展中发挥重要的作用?
(3) 金融中介如何"节约与监管投资风险相关的信息成本,并且将回报率的不确定性降至最低"?
(4) 为什么"有些国家的金融中介更擅长获取信息以及执行公司治理原则以增加投资者参与度和风险管理,这样的国家比金融体系不那么发达的国家成长得更快"?

9. (1) 信息不对称的含义是什么?
(2) 信息不对称会对金融体系造成什么样的不利影响?

10. (1) 金融交易中完备合约的含义是什么?
(2) 金融交易中不完备合约的含义是什么?
(3) 不确定性条件下的金融交易为什么通常都表现为不完备合约?

11. (1) 金融交易各方匹配的含义是什么?
(2) 为了成本-效益地治理金融交易,需要哪些特殊的能力?

12. 金融市场参与者所使用的波动率信息是什么?

13. 哪类信息是由金融中介生产但不公布于众?

14. 客户所面临的融资成本、金融家所产生的治理成本是由客户和金融家之间的相互作用的结果决定的。请解释这是为什么。
15. 为什么市场治理通常要比等级制度治理成本低？
16. 资产流动性下降如何导致金融交易治理变得更加昂贵？
17. 请解释为什么规模经济和范围经济是一家金融企业具有何种金融交易的主要决定因素。

参考文献

Aghion, Philippe, and Patrick Bolton. (1992). "An Incomplete Contracts Approach To Financial Contracting," *Review of Economic Studies* **59**: 473–494.

Akerlof, George A. (1970). "The Market For 'Lemons': Quality Uncertainty and The Market Mechanism," *Quarterly Journal of Economics* **84**: 488–500.

Allen, Franklin D., and Douglas Gale. (2000). *Comparing Financial Systems*. Cambridge: MIT Press.

Arrow, Kenneth J. (1974). *Essays in the Theory of Risk-Bearing*. Amsterdam: North-Holland.

Boot, Arnoud, and Anjan Thakor. (1993). "Security Design," *Journal of Finance* **48**: 1349–1378.

Carey, Mark, Mitch Post, and Steven A. Sharpe. (1998). "Does Corporate Lending By Banks and Finance Companies Differ? Evidence on Specialization in Private Debt Contracting," *Journal of Finance* **53**: 845–878.

Crane, Dwight B., Kenneth A. Froot, Scott P. Mason, Andre E. Perold, Robert C. Merton, Zvi Bodie, Erik R. Sirri, and Peter Tufano. (1995). *The Global Financial System: A Functional Perspective*. Boston: Harvard Business School Press.

Fama, Eugene F. (1985). "What's Different about Banks?" *Journal of Monetary Economics* **15**: 29–39.

Jensen, Michael C., and William H. Meckling. (1976). "Theory of the Firm: Managerial Behavior, Agency Costs, and Ownership Structure," *Journal of Financial Economics* **3**: 305–360.

Neave, Edwin H. (2009). *Modern Financial Systems: Theory and Applications*. Hoboken, NJ: John Wiley & Sons.

Riordan, Michael, and Oliver E. Williamson. (1985). "Asset Specificity and Economic Organization," *International Journal of Industrial Organization* **3**: 365–378.

Ross, Stephen A. (1989). "Institutional Markets, Financial Marketing, and Financial Innovation," *Journal of Finance* **44**: 541–556.

Williamson, Oliver E. (1985). *The Economic Institutions of Capitalism*. New York: Free Press.

Williamson, Oliver E. (1987). "Transaction Cost Economics: The Comparative Contracting Perspective," *Journal of Economic Behavior and Organization* **8**: 617–627.

Williamson, Oliver E. (2002). "The Theory of the Firm as Governance Structure: From Choice to Contract," *Journal of Economic Perspectives* **16**: 171–197.

第 8 章 市场、中介和内部治理

正如前一章所解释的,金融市场、金融中介和内部金融在金融体系中发挥互补的作用。就金融市场而言,其能力通常是通过市场效率、市场流动性以及信息生产来评估的,并且市场组织形式的选择旨在促进这些绩效特征。考察不同市场类型的主要能力,可以帮助理解市场治理的利弊。例如,公开市场对私人市场,一级市场对二级市场,交易商市场对经纪人市场,批发市场对零售市场等的比较,都表现出不同能力的组合,导致将特定特征组合的不同交易类型按成本-效益匹配的结果。在这些情况下,金融市场是分配金融资源的所有方式中最具成本-效益的方式,本章将详细考察这些情况。

当市场配置无法完全将金融交易治理的复杂性包括进去时,中介和内部资本配置就提供了成本-效益的治理。原因有以下几点。首先,金融中介聚集的信息与市场主体不同。比如,一群客户的流动性需求对一些类型的投资规划而言是重要的,但是市场主体并不总是能够收集到这类信息。其次,一项金融交易的相关信息可能是非对称分布的,[1] 并且这些交易的特征需要一种持续的治理类型,但是在市场交易中却不太容易安排。最后,在诸如资本配给、控制等情况下,通过类似金融财团这样的组织,其内部资本市场进行命令和分配控制通常要比市场或者中介分配更加具有成本-效益。本章探讨金融中介和内部资本配置相比市场主体能够提供更加成本-收益治理的主要方面。[2]

8.1 金融市场治理

金融体系中通常包含许多不同类型的金融市场,但是只需分析一些特征就可以将它们区别开。这些特征包括:

» 市场成本和收入函数

---

[1] 许多关于完全竞争的探讨也假设不存在交易成本,这意味着交易将按市场利率收取费用,但是不存在诸如申请费或者补偿平衡要求之类的其他收费。在存在适度的交易成本的情况下,一些完全竞争情况下得到的结果不一定是格格不入的,但是无论如何,不对称分布的信息对我们现在的目的而言更加重要。

[2] 对于本章涉及的主题的更详细的探讨,请参见 Neave(2009)。

» 市场交易资产相关的信息生产经济学

» 交易企业的经济学

在给定市场中交易的主体类型和数目、市场中交易工具的流动性，以及通过交易所解释的价格信息程度的条件下，经济学决定任何给定金融市场的运作效率和配置效率。本节，我们考察金融市场治理的本质，以及它如何受到市场经济的影响。

8.1.1 金融市场的功能

任何金融市场的主要功能就是为买卖双方（或者他们的代理人）进行交易创造一个中心位置。过去，市场通常是由其物理位置来描述的，但是随着互联网接入以及电子交易重要性的不断提升，现在的市场通常是通过其互联网网址来描述的。电子市场变得越来越通用，市场主体和投资者更多地在家里或者办公室进行交易。因此，对潜在交易者而言，处理市场交易信息的计算机的地理位置就不如可用的互联网接入类型那么重要了。

相比一个相对不活跃的市场而言，在一个高度活跃的市场中找到交易对手耗时较少，成本也不高。市场中交易工具越著名，其流动性就越高，市场交易成本就越低，交易量就可能越高。一个成本低廉同时交易对手容易被找到的市场也有可能是一个资产交换相对流动的市场。

市场活动的两个主要维度是交易量和交易频率。[3] 在一些较大的公开股票市场上，有一些股票分分秒秒交易量都很大（几千单位股份），而另外一些市场仅仅处理交易量相对较小并且频率也不高的交易。所交易的工具类型构成了另外一个维度。一些为筹集资本而在初始出售的工具，和以交换风险为主要功能的衍生品之类的工具在市场上得以交易。一些市场工具是高度流动的，另外一些工具流动性相对较差。针对所交易工具的价值而言，市场之间的差异还表现在金融交易主体持有相同信息或者能够获得相同信息的程度上。

金融市场的组织者试图通过增加市场交易量来提高其盈利能力。为了吸引更大的交易量，市场组织者试图通过标准化交易工具来降低单位交易成本，主要是通过有效地处理交易，迅速执行交易，并尽可能地接近市场主导价格执行交易等方式。市场的组织者收取的费用有交易佣金、买卖价差（即他们愿意为一个工具支付的价格与销售同一工具的价格之间的差）两种形式，[4] 或两者兼而有之。

金融市场的总运作成本通常包含固定组成部分，从而单位交易成本随着交易量的上升而下降。这种规模经济对于市场运作来说意味着规模越大越活跃的市场通常能够提供更低的交易成本。尽管过去许多市场是专业化的，比如说在证券领域或者在衍生品领域，但是不同类型市场的合并以及拥有不同权限的市场合并都说明用同一工具交易多种不同类型工具的范围经济是存在的。因此，现有的市场竭力吸引单个工具的大交易量，并增加交易工具的数目。

历史上，金融市场通常以交易者协会的形式组织起来，这些交易者根据所完成的业务比例，共同分享市场收益，共同承担成本。以这种方式运作的市场，其目标通常并不易明

---

3 正如接下去将解释的，这两个维度与市场流动性密切相关。
4 即通过以低于他们当前销售工具价格的水平买入这些工具。

确界定，并且在一些情况下遭受了相当程度的争论。21世纪的第一个10年中，许多规模较大的股票市场和衍生品市场被重组为盈利企业，对其股东负责。利润导向的市场具有清晰的目标定义，使用盈利性标准来决定，它是否应该将交易专业化还是将不同形式的交易结合在一起，它应该要求的技术数量和类型，以及其他营运议题。

不太可能为交易量小的工具或者个体关注的工具组织一个金融市场。[5]若以单位来计，小交易量成本更加高昂，并且稀少的交易更有可能通过协商而非标准化形式来完成。还有一些类型的交易根本无法完成，这一现象称为市场失灵，在交易一项工具的需求不足以达到吸引市场主体在其中建立一个头寸的时候就有可能发生。

技术进步提供了潜在的降低成本的可能，这既能刺激新市场的创建，也能促进现有市场的进入。包括互联网交易在内的电子交易的迅速发展意味着，电子市场能够并且已经为交易带来了激烈的竞争。从潜在买方和卖方处收集买卖信息的参与者有时能够以市场价格或者接近市场价格迅速地完成交易，即便进行交易的计算机网络并没有这一工具的现成交易商[6]。

8.1.2 描述性特征和经济特征

下面将讨论描述性市场分类与市场运作经济主要标的之间的关系。

8.1.2.1 公开市场 VS 私人市场

公开市场这一术语是指发行证券一开始出售给一般大众，之后再由大众进行交易。有关公开市场证券的信息通常是广泛且均衡分布的，通常存在适当的监管来确保主体能够获得新的或者变化中的信息。纽约证券交易所、伦敦证券交易所和NASDAQ都是公共市场的一些例子。

私人市场这一术语指其工具在少数交易方之间通过协商交易的一类市场。相比公开市场，有关私人市场交易的信息分布通常没有那么广泛。公司将债务出售给一家购买所有发行产品的保险公司就是私人市场交易的一个例子。

抛开发行者必须满足的监管要求，[7]公开市场和私人市场的主要差异在于市场主体所使用的筛选类型以及参与者之间的信息分布。公开市场发行承销风险的评估通常涉及确定发行是否能够吸引到足够数目的证券购买者，并设定一个极可能吸引他们的价格。例如，如果一个债券发行者在大量购买者群体中知名度很高，公开发行将很有可能成功地以市场利率或者接近市场利率筹集到所需要的资金。

相比之下，私人市场发行的承销商需要找到愿意买入并持有证券的特定客户。因此，私人发行相比公开市场发行，可能需要更加冗长的协商，但是为数不多的购买者也使得更

---

[5] 利用互联网，这类交易市场的组织成本可能就没有那么高昂，但在一些情况下，甚至连互联网交易都不是有利可图的。eBay提供的拍卖服务给出了如何成功建立这种市场的一个例子。

[6] 类似NASDAQ的市场拥有做市商，他们同时扮演交易商和经纪人的角色。交易商在工具中建立头寸，而经纪人在交易各方之间安排交易。本章市场主体这一节中将探讨这些功能的经济学差异。

[7] 在美国，除非有特别的赦免，否则1933年证券法和1934年证券交易法要求所有向公众的发行证券必须在SEC注册。1933年法案的4(2)节赦免注册不涉及公开发行的发行者交易。相比公开发行招股说明书中更加详细的信息披露，在这种称为私人发行或者私人募集的发行中，发行者仍然必须提供SEC认为在私人募集备忘录中起决定性作用的信息。

加严格的筛选成为可能。例如，一家不太著名的企业更有可能使用私人发行而非公开发行，这是因为，私人发行可以对由一个或者少数几个购买者完成的交易做出详尽的检查。此外，如果交易发生在有经验的参与方之间，监管通常也不要求对评估信息进行公开披露。

8.1.2.2 一级市场 VS 二级市场

一级市场交易涉及出售新发行证券。一级公开市场证券发行是出售给数量众多的购买者的，他们获得有关发行企业公开信息的潜力是相同的。为了遵守信息披露规则并吸引投资者，承销商通常尽可能广泛地传播有关新公开发行的信息。

相比之下，一级私人市场证券发行是出售给较少的可能的投资者的。为了分析和出售私人发行股票而产生的信息通常不需要向公众发布，这是因为，如果发行仅仅是出售给数目相对较小的有经验的参与方，就没有必要通知庞大的潜在投资者群体。一级市场主体主要关注筹集新资金，并依赖于一个有效率的分销网络来成功实现这一目标。能够成功地获得承销一级发行业务的企业通常都擅长将这些证券重新销售给投资者。

一级交易对形成新资本甚至促进经济增长尤其重要。如果国内金融体系无法为特定类型的金融交易提供融资，那么资本形成将受阻，除非能够从离岸市场融到所需的资金。如果国内融资或者国外融资都无法获得，那么所提议的融资将被推迟，直到能够用内部运作所得（即留存收益）提供融资配置，或者甚至放弃。无论在哪种情况下，经济增长都可能受到负面影响。[8]

交易在外流通的工具称为**二级交易**。大多数二级交易涉及发行在外流通的证券或衍生品重组。二级交易的使用既是为了投资多余的资金，也是为了筹集现金，通常在股票市场、债券市场或者衍生品市场完成。代表个体银行贷款的工具通常不太可能在市场中再销售，但是以个体贷款组合为抵押的证券常常用于再售。[9]

二级交易有助于对有关公开发行证券的企业和其他实体（例如市政府和主权政府）的新信息进行评估，并改善二级市场和一级市场证券发行的流动性。二级交易通过所认识到的信息开发在价格设定中的影响，来评估新的公开发布的信息。它们通过更加便利地交易在外流通的证券来提高一级市场的流动性。二级市场主体主要关注以现有市场价格或者接近市场价格进行交易。这些功能的成功发挥在很大程度上取决于市场主体能否以相对低廉的成本迅速找到交易对手，以及保持其交易成本和他们的竞争对手一样低。

8.1.2.3 交易商市场 VS 经纪人市场

交易者通过将交易工具吸收为存货，扮演**交易商**的角色，当他们自己不建立头寸而是安排交易各方进行交易时就扮演**经纪人**的角色。交易商的存在，以及市场提供流动性的程度，部分取决于一个典型交易的存货交易风险回报比率。换言之，经济分析解释了经纪人为什么不同于交易商，以及如何不同于交易商。

8.1.2.4 批发市场 VS 零售市场

批发市场可以作为交易的一部分，正如 NYSE 的楼上市场（机构市场），或机构为开展

---

8 例如，请参见 King 和 Levine(1993)。
9 银行通过出售新证券实现贷款组合（或者组合的一部分）证券化，这些新证券通常使用整个组合（或组合相关部分），而非组合中的个体证券作为担保物。

他们自己的交易而运作的一个独立市场。证券在批发市场中大量进行交易,大交易量交易可能并不以市场主导价格成交其原因至少有以下两点:第一,大量交易的交易对手可能关注逆向选择的可能性。例如,购买者有可能质疑卖方为什么愿意出售大量数目的证券。如果购买者不知道原因,那么他可能只愿意以市场主导价格的折扣价买入大量的证券。大笔交易能够影响价格的第二个原因是,对大量的给定证券而言,其需求曲线通常被认为是向下倾斜的,而非水平,即表现出一定程度的价格非弹性,这种非弹性部分归因于证券再销售过程中可能遇到的困难。类似地,给定证券的供给曲线通常被认为是向上倾斜的而非水平。

相比之下,**零售市场**交易通常都是以市场价格或者接近市场价格完成的(在考虑诸如佣金和买卖价差之类的代理人费用之后)。零售交易通常不被认为受到逆向选择的严重影响,一部分是因为它们比批发交易发生的频率更高,并且进行零售交易的代理人数目通常都很大。

8.1.3 企业类型

扮演市场主体角色的企业,其特点与规模是由其运作的经济体制决定的。证券企业表现出两种主要组织形式:大型多目的,小型专业化。大企业的出现是因为它们可以通过其执行的活动实现规模经济和范围经济。例如,大企业可以在其销售活动、研究功能以及数据处理和会计活动中实现规模经济。它们可以一方面通过合并诸如承销之类的活动,另一方面通过安排收购和兼并实现范围经济。大企业还可以从分散化中受益。例如,通过将零售销售和批发销售结合在一起,大企业可以改善其收益的风险-回报比率。小型专业化企业的设立主要是为了开发缝隙市场,这通常是通过积累特定的技能组合来实现的,而这些技能又恰恰是大企业所不具备的。在某种程度上,小企业可能能够为其员工提供更具吸引的激励,进而运作一个富有成效的专业化企业。

8.1.4 市场效率

完美竞争金融市场具有配置效率和运作效率。接下来依次考虑这两种效率。

配置效率意味着具有同等风险的计划可以以相同的回报率获得融资。如果一个有配置效率的金融体系不处于均衡状态,非典型的融资成本差异就会发出一个存在获利机会的信号。非典型回报如果出现差异,那么它们将被开发成交易,这些交易将一直持续到差异被消除。根据假设,完全竞争市场不存在交易成本或者其他可套利的阻碍,从而消除了套利机会。

有效市场假说认为,当市场是完美竞争并且交易不受交易成本或者体制管理阻碍的时候,证券均衡价格完全反映所有可公开获得的信息,市场就是配置有效的。在配置有效的市场中交易工具的唯一本质差异在于其回报-风险特征:平均来说,具有较高系统风险的证券相比风险较低的证券而言,其回报也相对较高。

当金融交易条款是标准化的并且当市场主体能够很容易地获得相同信息的时候,市场交易是最活跃的,进而市场也就最接近配置有效。正如将在第16章所解释的,近似替代证券的价格(或者回报率)很有可能通过活跃的交易而保持不变。在这种情况下,市场**通过套利被联系在一起**。与任何明显替代品之间持续的价格差异可以归因于有关风险或者工具条款细节之间的差异，这一点形成了市场共识。例如，如果一些工具所获得的信息相比另一些具有类似风险和到期期限的工具所获得的利息具有不同的税收处理，那么两者就将产生价格差异，这一差异反映了利息的不同税收。

现在我们来看**运作效率**，给定现有的技术和最好的实践，如果金融市场能够以可能的最低成本提供金融服务，那么该金融市场就称为运作有效。根据定义，完美竞争市场是运作有效的，这是因为，其定义就假设所有的金融交易的完成无须支付交易成本。[10]然而，从更深层次来说，完美竞争也是运作有效的。完美竞争市场中的交易者必须利用他们收取的交易佣金或者他们交易的买卖价差来补偿他们付出的成本。如果一个给定交易者的成本要高于最有效率的交易者所承担的成本，那么相比最有效率的交易者而言，该交易者的佣金将较高，或者买卖价差较大。在这些情况下，不那么有效率的交易者在竞争中将面临困难，难以吸引业务，很有可能被驱逐出市场。

在竞争状况下，任何成本高于最低成本水平的金融交易必须产生高于市场的回报，以此来补偿其较高的成本。但是，获得高于其竞争水平的回报的唯一方式就是以低于市场价格的水平买入证券，然而这在竞争均衡状况下是不可能的。如果一个市场主体的成本没有其他代理人那么低，那么其回报将低于竞争回报。但是，除非市场主体能够找到一种将成本降低到竞争水平以下的方法，否则业务将无法开展并生存下去。类似地，如果一家企业无法以可能的最低成本提供金融服务，那么它所销售的任何证券必须定价偏高来补偿较高的成本。但是那样的话，就没有人会从这家企业买入证券。为了生存，企业就必须将其成本削减到其他企业的水平。

规模更大、交易更加活跃的二级市场通常被认为是配置有效的。它们能够以非常接近同一个市场的价格进行小型或零售交易，以及大型机构交易。大约从 1960 年开始，金融机构的证券交易比例日益上升，观察者不时表达了有关较大的个体机构交易能否与同一市场中的零售交易兼容的担忧。然而，最活跃的证券市场可以在不失配置效率的前提下处理机构交易和零售交易。例如，大型机构交易似乎没有影响股票价格的变化。[11]

研究进一步表明，大多数发达国家所管理的证券市场具备配置效率和运作效率。尽管对不同经济体而言其程度有所差异，甚至在同一经济体中，不同证券市场之间也存在差异。许多发达经济体中的公开证券市场表现出很高程度的运作效率，这部分是因为市场运作的规模经济。[12]此外，交易活动量较大的全国性市场的交易成本通常比较低，这一发现间接证实较小的交易具有较高的单位运作成本。

8.1.5 信息生产

证券企业出于其自身交易目的及供其客户服务的原因，开发研究信息。如果生产研究信息的成本具有一个固定的组成部分，那么信息生产就受制于规模经济。相关同类交易越多，其生产信息的单位成本就越低。与此同时，可能可以将信息出售给不止一个客户，进而增加其生产信息获得的收入。

---

10 在这样一个市场中，所有的交易必须支付，或者获得适合该交易风险水平的主导市场利率。
11 请参见 Gemmill(1996)。
12 请参见 Tinic 和 West(1974)。

研究信息影响证券市值,但是并不是所有交易证券都会获得相同的关注进而被研究。所进行的研究,以及从研究结果出售中获得的收入,都依赖于这种交易证券的类型,以及有可能使用这一信息的客户。只有当使用信息的价值大于等于其成本时,有关交易工具的信息才会被生产出来。市场中证券信息具有异质性,且当许多市场主体能从降低异质性中受益时,信息价值就高于其成本。[13]另一方面,生产一些信息的价值可能不等于其成本,可能是因为成本相对较高,也可能是因为无法利用这些信息产生更多收入。

最为同质化的工具在货币市场中交易,而最为异质化的工具可以在诸如一级抵押市场之类的市场中找到。货币市场交易的是到期期限在一年或一年以内的高质量债务工具。在这个市场中,特定工具的价值不存在不确定性,从而额外的研究不太可能带来足够的收入使得其信息生产有利可图。在那些很少有交易的市场中,信息对一些购买者而言可能具有巨大的潜在价值,但是在仅有一些销售的情况下,并不总是能够回收生产信息的成本。公开证券市场中大多数具有经济价值的研究似乎都旨在开发有关活跃交易证券的信息,这些证券的价值存在一些争议。

8.1.6 流动性

对任何给定类型的工具,就市场流动性而言可能存在巨大差异。市场之间的流动性差异取决于诸如市场结构差异、交易工具的特点以及那些工具所代表的义务类型等因素。最重要的,市场的经济规模导致了流动性的巨大差异。本质上,**高度流动市场**是那些相互竞争的交易者愿意在交易工具中建立头寸的市场。如果交易商能够获得一个与在交易资产中建立一个存货头寸风险相称的交易利润,那么他们就有可能做市。例如,大多数经济体在短期政府证券市场中都有交易商,但是如果经济体拥有住房二级市场的话,就不会有住房二级市场的交易商。

8.1.7 非流动资产组合的融资

自20世纪70年代以来,金融中介就开始活跃,他们利用一种称为**资产证券化**的机制为非流动资产组合提供融资。[14]正如中介所实践的,资产证券化涉及出售一个新的证券,这个证券代表一个专门组合的要求权,通常组合的是非流动的贷款[15]。新证券的购买者通常都是金融机构,比如养老基金、共同基金和需要专业化投资的保险公司。资产证券化将资金释放出来,这些资金是绑定在非流动性资产上的,比如银行传统形式的存款增长越来越小,但银行之类的中介通过资产证券化所释放的资金还是能够继续迅速地形成贷款。资产证券化不仅为银行提供了资金来源,还通过将流动性差的贷款从发行银行的资产负债表中移除,提供了一种风险管理形式。也就是说,发行银行从法律上出售了证券化过程中所包含的贷款信用风险和市场风险,即除了一小部分风险之外,大部分风险都被转移到证券化所创造的债务工具购买者身上。

---

13 Allen 和 Gale(2000)认为,证券市场善于调和不同形式的信息,而中介更善于生产不那么多样化的信息。
14 事实上有两种称为资产证券化的实践。第一种指从金融市场而非从银行借款来筹集资金的公司实践;第二种指通过向金融机构销售证券为资产组合提供融资的中介实践。
15 出售以非流动资产为抵押的索取权的做法要比出售这些贷款本身常见得多。当以非流动资产为抵押的索取权被出售时,原始贷款的违约风险通常,但不总是,继续由最初发放贷款的中介承担。

2000年，证券化被越来越多地以更新更复杂的方式加以应用。例如，大型国际投资银行成为金融流动性工厂，将贷款转换成可交易的证券，将贷款出售出去并从这一交易中获利。商业和住宅抵押，企业和消费者使用的抵押担保证券、资产抵押证券和担保债务凭证之类的产品，这些传统产品的组合提供了大量的融资。在更普遍的情况下，这些工具被称为**信用风险转移工具**。

新形式的金融创新在投资银行及其客户之间重新分配风险。这些做法可以使得银行在寻找不相关组合（比如信用工具和政府债券）的过程中更加细分化。然而，新工具在带来机会的同时也产生了一些问题。银行的资产组合一直是不透明的，随着新工具的产生，投资者和分析师甚至更难理解组合的本质。其结果就是，银行在其活动中面临更大的激励的同时，也承担过度的风险，2007年夏天开始的次级抵押和信用危机就是一个例子。

8.2 非市场治理：金融中介

实践中，金融市场为一些类型的金融交易提供了竞争优势，而金融中介则为另一些金融交易提供了竞争优势。然而，首先在理论上概括后者不能带来优势的情形是非常有用的，因为这样就能够比较容易地识别出后者能够带来优势的情形。本节首先考察金融体系中的主要中介类型，并提供有关不同类型的理论解释。然后，本节将更加详细地考察金融中介所提供的一些优势，比如提供流动性保险来降低交易成本。

8.2.1 金融中介不能创造价值的情形与原因

新古典范式的假设下，金融治理相对比较简单。利用新古典范式的分析通常首先假设市场是完美竞争的，所有的交易信息都是同质分布的，无交易成本。完美竞争市场中数目众多的主体试图根据他们共同具备的信息来进行交易以实现其最大化利润。根据本章前面概括的有效市场假说，市场主体所建立的均衡证券价格通过交易完全反映所有可公开获得的信息。

在有效市场均衡状态下，资金供给是以给定金融交易风险情况下相称的市场回报率提供的，并且客户只能通过同意支付市场回报率获得资金。此外，均衡状态下，只有成本-效益的治理形式才是可行的，进而每一类金融交易必须以那些相对有效的形式来治理。没有一个金融家的治理成本能够持续大于那些最有效率的竞争对手，这是因为，竞争将驱逐那些没有效率的金融家退出市场。

如果所有的金融交易都同属一种类型，那么中介就无法通过不同于市场主体的做法来创造价值。这种不创造价值的理论就是我们在第14章将更加详细介绍的资本资产定价模型（CAPM）。CAPM假设一个完美竞争市场，市场中所有金融交易的差异只源于其风险的不同。CAPM进一步假设所有的投资者持有相同的风险信息，而且风险可以使用组合回报的方差来度量。通常，CAPM还假设任何投资者可以购买一个无风险证券。在这些情况下，所有的投资者将选择相同的（最佳可获得的）风险证券组合，这一组合称为**市场组合**。对风险具有不同态度的投资者将市场组合与无风险证券以不同的比例进行组合，以反映其个体偏好。

在CAPM的假设下，不同风险的证券具有不同的均衡回报率，这一回报率反映了每一种证券对市场组合风险的贡献。如果两种证券对市场组合风险做出了相同的贡献,那么它们就具有相同的均衡回报率。这一结果意味着,所有的交易者、个体和中介面临相同的分散化程度可能以及相同的成本。由于假设个体在这么做的时候不会产生交易成本,中介只能提供投资者自己就能做的服务,从而就无法创造价值。

由于 CAPM 定义了理想化状况下金融中介对市场交易不能提供优势的情形,因此为了解释中介能够创造价值的原因,就需要考虑更加复杂的情形。在本章余下的部分,我们将指出,存在一些如下的情形,包括提供非市场多元化的可能性,降低交易成本的可能性,在非流动性资产中建立头寸的可能性,以及进行特定类型的信息处理活动的可能性。

8.2.2 金融中介能够创造价值的情形与原因

实践中,金融交易在不同方面存在差异,从而采用了不同类型的金融治理,而这种差异在发展诸如 CAPM 之类的理论时并没有被认识到。[16]例如,当感兴趣的各方能够获得不同的信息时,一些金融交易就能够完成。以成本-效益的方式治理这些金融交易要求使用不同于那些具有相同信息交易方所使用的筛选和监督技术。此外,正如本章前面我们讲到金融市场治理时所解释的,不同的治理技术采用不同的资源组合,因而这些技术就具有不同的成本。换言之,当认识到金融安排的全部复杂性时,金融市场、金融中介和内部融资可以视为提供能互补形式的金融治理。[17]

金融中介创造价值的一种最常见方式就是使用非常规交易形式。[18]在执行这些治理功能时,中介生产了不同于金融市场主体类型的信息,这在很大程度上是因为它们有能力**事前**严格筛选个体交易的申请,也因为它们具有**事后**持续监督的能力。金融中介还可以在一些类型的金融交易中实现成本节约,特别是在组合管理中具有规模经济。

此外,通过与客户群体进行交易,中介可以提供不同于市场主体的协调流动性服务的能力。首先,并不是所有的客户都想要同时赎回其投资于金融中介的资金(例如银行存款),因而金融中介通常可以发行流动的要求权,其数量上高于其赎回要求权所需要的流动性资产的数目。其结果就是,金融中介能够使用其部分资金(通常是大部分资金)为非流动性贷款提供融资。金融中介发挥的这一作用称为**期限中介**。期限中介的好处在于,那些向金融中介提供资金的交易方对其投资的金融交易的到期期限具有更多的选择,且寻找资金的实体对其金融安排的到期期限也具有更多的选择。其次,金融中介能够通过生产信息创造额外的价值,而这些信息通常都是它们治理活动的副产品。

8.2.3 成功的金融中介

尽管存在数目相对众多的不同金融中介,这里只需提及其主要类型,以及主要的差异特征就可以了。为此,我们将探讨保险公司、银行和风险资本企业。

保险公司从保险购买者手中收集保费,并将这些收集到的资金投资于资产组合,这些

---

[16] 出于特定的目的,CAPM 所传达的现实描述可能是绝对足够的。但是那些描述并不满足我们现在解释具有金融中介和内部资本市场的金融体系是如何产生的目的。

[17] 本章所考察的大多数互补性本质上是静态的,并在连续的基础上是共存的。功能性分析的第一个处理仅仅认识到动态互补性。

[18] 类似地,联合大企业通过对金融分配采取甚比中介更强的治理来创造价值。

组合的价值旨在覆盖其负债并产生一个利差（收入）。保险公司在出售纯保险产品时就提供风险转移的金融交易，但是保险公司也有以投资为导向的产品。保险公司所做的大多数工作涉及投资资产来为其长期负债提供融资的方式，以及与它们出售的保险产品相关的风险分析（即承销风险分析）。

银行主要从个体客户那里集中存款，将这些存款聚集起来，然后将它们借给企业和家庭。银行负债的流动性相对比较高，而其贷款组合大部分都是非流动性的。因此，银行是相对短期的借入者和长期的贷出者。银行所做的事包括筛选贷款申请，以及之后在其簿册上管理这些贷款。从20世纪70年代开始，随着银行逐渐学会证券化其贷款组合，并通过证券化出售部分资产，银行的资产管理任务也发生了变化。此外，银行学会了通过一种被称为信用衍生品的特殊类型工具出售其部分违约风险。

风险资本企业主要获得长期的高风险投资，资金投向新创业企业或成长中的风险性企业，资金来源于风险资本企业所发行的权益。风险资本企业的流动性甚至比银行还低，它们主要通过帮助其客户公司上市以收回其投资。企业集团运作对投资的监管更加严格，因为其运作是在给定的组织框架中执行的。

上述有关金融中介类型非常简要的介绍表明，所有的中介都面临资产负债方面管理的挑战，并且挑战的本质在于不同的专业在业务上存在巨大的差异。在当今世界的金融合并中，企业继续专业化经营，这在很大程度上是因为，经营许多不同类型业务组合的挑战被证实太过复杂，以至于企业管理层认为接受这些挑战是无利可图的。[19]

Bond（2005）考察了金融财团、银行和贸易信用安排这三种不同金融中介。采用我们本章和前一章的内容，Bond分析了项目特征和金融家的能力的不同匹配。对Bond而言，金融中介的差异在于其提供资金的项目类型，其发行给投资者的要求权类型，以及在协议各方之间传递信息的成本。此外，他强调融资项目结果和金融中介本身陷入财务困境的可能性之间的联系。

Bond描述了中介如何因其所持有的资产和负债组合类型，以及信息共享成本差异而产生不同类型。[20]第一类金融中介，比如金融财团，通过向投资者提供高风险证券来筹集资金，为高风险/低质量项目提供融资。财团中的投资者试图通过风险共担来保护其利益：从财团中借款的人承受各自部分的损失。本质上，借款人之间的这种风险共享将使得财团能够更好地管理部分道德风险和逆向选择问题。

银行以及近似于银行的机构构成了第二类金融中介。它们为低风险/高质量项目提供融资。银行发行低风险负债，并且银行的借款人无法通过相互承受各自的风险而获利。相反，银行的投资者能够有效承受项目融资损失。如果低风险金融中介是由许多存款者提供融资的，那么这些中介进行专业化信息处理将非常经济。

8.2.4 信息共享

金融中介还可以通过管理信息不对称效应来创造价值。实体需要资金，其管理层相比

---

19 例如，花旗集团的建立是为了将花旗银行的银行业务和旅行者保险的保险业务合并起来。支持这一合并的主要观点关注开展国际业务的能力以及实现规模经济。自从1997年合并以来，合并企业在两个独立的交易中，出售了两种类型的保险业务。

20 Bond通过除非信息披露会发生核实成本，否则代理人产出的是私有信息这一假设来实现信息成本共享。

资金提供者知道更多有关项目未来回报的概率分布时，就会存在事前信息不对称。当资金提供者或者投资者无法观测管理层的投资项目选择，无法观测他们为使项目成功而付出的努力时，事后信息不对称就会产生了。正如前面一章所解释的，信息不对称所创造的效应包括逆向选择，这是一个总体现象，以及道德风险，这是一种能够影响个体交易的障碍。信息不对称的问题可以得到解决，有时是通过筛选部分解决，有时是完全解决。[21]在这里，我们考察管理逆向选择的总体效应。

8.2.4.1 信息不对称和逆向选择

逆向选择涉及金融家和客户群体之间的关系，而金融家可能无法区分客户群体的质量。逆向选择通过阻碍最佳信用风险，同时吸引质量较差的信用风险，影响金融家的盈利性。例如，假设金融家宣布交易条款，他们将和潜在无法分辨的客户进行交易，而这些客户的计划又代表了不同的风险范围。如果这些条款对客户池中风险最低的客户而言不具吸引力，那么这些客户将转向其他的融资渠道，金融中介所能继续吸引到的客户群的平均风险将随之上升。[22]

金融中介有时能够通过为客户创造激励，促使他们发出真实的信号，缓解逆向选择效应，否则无法区分质量。来自 Freixas 和 Rochet(1997) 的模型能非常方便地说明这一问题。[23]假设风险厌恶的企业家偏好获得外部融资而非使用他们自己的资源为一个风险项目融资。但是，他们不可能不付成本：更确切地说，只有以非常有利的条款他们才能获得外部融资。假设不同企业家寻找融资的项目具有不同的均值，但是都具有相同的方差。假设企业家利用下面的偏好函数对项目进行估值：

$$\mu = \theta - \rho\sigma^2/2 \tag{8-1}$$

其中，θ 为项目均值，σ^2 为其方差，ρ 是反映企业家对风险态度的一个系数。[24]在考虑是否应该自我提供融资时，企业家在保留其股份还是将其出售给金融家之间做出决策来使其状况有所改善。式(8-1)意味着均值为 θ 风险为 σ^2 的项目和一个均值为 $\theta - \rho\sigma^2/2$ 风险为零的项目是一样的。因此，式(8-1)就是对企业家而言的企业确定性等价的价值。[25]

假设利率为零，并且风险中性金融家(例如风险资本企业)可以设定他们购买企业股份的价格 S_0^*。这些假设意味着项目是根据金融家有关项目均值——一个定义为 $E(\theta)$ 的量——的估计进行的，并且证券价格据此设定。即，

$$S_0^* = E(\theta)$$

由于金融家无法区分好企业和坏企业，从而对所有的企业他们都将提供 S_0^*。

如果 S_0^* 是企业出售股份的均衡价格，那么以 S_0^* 的价格购买股份的金融家获得的期望回报将为零(等于假设的利率)。但是由于到目前为止的推理还没有认识到逆向选择的效应，从而 S_0^* 并不是一个均衡价格。企业家将选择这两个交易中较好的一个——价格 S_0^* 或者企业确定性等价的价值：

21　只有当筛选所带来的交易盈利性得到适当改善，利润最大化的贷方才会承担筛选成本。
22　如果宣布的条款吸引更多高风险客户进入池中，那么逆向选择效应将恶化。
23　一个经典的信号模型来自 Leland 和 Pyle(1977)。
24　带来这一估值的一组经常使用的假设就是，随机前景服从正态分布，且投资者具有负的指数效用函数。
25　第11章探讨了确定性当量价值的概念。

无论哪一个值大，只有当：
$$S_0^* \geq \theta - \rho\sigma^2/2 \tag{8-2}$$
企业家才会将股份出售给金融家。

不等式(8-2)意味着，只有质量较低企业的企业家才愿意出售其股份。定义 θ_0^* 为式(8-2)中等号成立时 θ 的值。那么期望回报 $\theta \leq \theta_0^*$ 企业的企业家将向金融家出售其股份，但是其他质量较高企业的企业家将认为 S_0^* 过低，并将选择不出售股份。换言之，金融家提供了一种防范下跌风险的保险形式，但是高质量企业的企业家认为该保险成本太高，从而不值得购买。

理解了这些反应，金融家将其报价 S_0^{**} 设为：
$$S_0^{**} = E[\theta \mid \theta \leq \theta_0^*] \tag{8-3}$$

其中，θ_0^* 为当式(8-2)左边等于 S_0^{**} 时，方程中等号成立时的值。这就是逆向选择的含义：由于式(8-3)所定义的价格将使一些企业(那些 $\theta \geq \theta_0^*$ 的企业)失望，S_0^{**} 将式(8-3)中所定义的条件期望纳入考虑。然而，由于 S_0^{**} 确保金融家能够获得他们所要求的期望利润(为零)，并且由于金融家被假设能够设定价格，从而 S_0^{**} 是一个均衡价格。

8.2.4.2 发出信号

如果潜在客户能够有信用地对其质量发出信号，那么逆向选择效应将得到缓解。假设只存在两类企业，高质量和低质量，分别由 H 和 L 来表示。定义企业平均回报为 θ_H 和 θ_L。假设 H 企业通过保留 α 的股份，而出售剩余的 $(1-\alpha)$ 来发出有关其质量的信号。进一步假设 L 企业通过出售所有的股份来发出低质量的信号。为了使得这两种信号都是可信的，L 企业禁止通过伪装成 H 企业而受益。因此，不保留任何股份的 L 企业所获得的价格必须是这样一个价格，$S_L = \theta_L$，满足：
$$\theta_L \geq (1-\alpha)\theta_H + \alpha\theta_L - \rho\sigma^2\alpha^2/2 \tag{8-4}$$

其中财富效用函数的形式和式(8-1)相同。不等式(8-4)称为**不模仿条件**，意味着对一个低质量企业而言，真实地对其分类，并以 S_L 出售所有的股份是比较好的，而非通过伪装获得 $S_H(1-\alpha)$ 的收益。如果一个低质量企业通过保留一定比例的股份，从而伪装成一个高质量企业，那么将获得高质量企业的价格 $S_H = \theta_H$，但这只是对 $(1-\alpha)$ 比例的股份而言。不等式(8-4)指出，这一结果相比低质量企业真实地对其分类，并出售所有的股份，要差一些。

由于式(8-4)未提供激励以促使 L 企业保留任何比例的权益，从而任何保留 α 比例权益的企业就是 H 企业。对于高质量企业有：
$$(1-\alpha)S_H = (1-\alpha)\theta_H > (1-\alpha)\theta_L$$

然而，H 企业财富的确定性等价的价值仅为：
$$\theta_H - \rho\sigma^2\alpha^2/2 \tag{8-5}$$

这是因为，他们必须保留其股份的 α 比例作为其较高质量的信号。高质量企业的企业家必须保留的最低比例 α 定义为使式(8-4)中不模仿条件变为等式的比例。从而我们可以将等式重新写为：
$$\alpha^2/(1-\alpha) = 2(\theta_H - \theta_L)/\rho\sigma^2 \tag{8-6}$$

只要式(8-6)成立，那么均衡状态下，低质量企业以 S_L 的价格获得完全的外部融资。高质量企业获得 $(1-\alpha)S_H$。

8.2.4.3 合作贷款协会

为了说明金融中介如何改善目前的情况，首先需要确定 α 如何随着 σ^2 的变化而变化。根据式(8-5)，高质量企业的企业家损失的确定性等价价值可以度量为：

$$\rho \sigma^2 \alpha^2 / 2 \tag{8-7}$$

将式(8-6)和式(8-7)结合在一起得到：

$$\rho \sigma^2 \alpha^2 / 2 = (\theta_H - \theta_L)(1-\alpha) \tag{8-8}$$

为了说明 α 如何随着 σ^2 的变化而变化，注意式(8-6)的右边随着 σ^2 的下降而上升。通过在 α 趋近于 0 时估计式(8-6)的左边，发现当 α 接近 1 时它的值比较大，然后检查一下，确保在 0 到 1 的区间上左边是上升的，我们发现方程左边随着 α 的上升而增加。从而，我们得出结论，α 随着 σ^2 的上升而下降。此外，式(8-8)的右边随着 α 的上升而下降，这也意味着成本，即式(8-8)的左边，随着 σ^2 的下降而下降。

现在我们可以利用上面的结果来考察如果借款人形成一个信用合作社或者联盟将发生什么情况，即如果他们结合在一起构成一个金融中介会怎样。假设联盟成员将均值相等的统计上独立的项目结合在一起，[26] 从而项目的加权组合将比任何在加权组合中具有相同价值的单个项目具有更低的方差。由于 α 随着 σ^2 的下降而上升，从而信用合作社就可以发出一个可信的信号，即它相比任何个体企业，具有较低的标准差，进而具有较低的回报方差。由于这一信号的结果，信用合作社的外部融资成本将低于任何个体企业的成本。这一结论的重要性不仅仅在于组合贷款相比任何个体贷款具有更低的方差，而且在于信用合作社可以可信赖地发出信号，即其组合风险要低于联盟中任何个体借款人。因此，只要利息成本的减少能够覆盖信用合作社的运作成本，那么建立一个信用合作社（即建立金融中介）就可以创造价值。

8.2.5 授权监督

Diamond(1984)指出，贷方可能通过授权其部分治理功能，实现规模经济，进而推导出授权监督可以成为一个解释金融中介存在的因素。在下面的模型中，监督者通过核实已实现的盈利，来决定借款人是否能够完全偿还其贷款，全部偿还还是允许其按收入实现的程度来部分偿还。每一个贷方单个监督其收入，相较于将这一责任授权给一个中心机构，这里认为是银行，将产生较高的成本。然而，由于监督人必须能够恰如其分地代表他们监督以使贷方满意，从而授权监督功能将带来新的激励问题。

假设任何贷方监督一个借款账户将产生单位成本 K。此外假设借款账户数目 (n) 很大，从而为了满足一个给定借款人的融资要求，需要 m 个贷方，他们中的每一个提供相同比例的资金。如果每个贷方各自监督账户，那么总监督成本将为 nmK。表 8-1 总结了每个贷方监督自己的借款人时的直接融资情况。

---

26 如果项目仅仅是不完全相关的，那么也可以得到类似的结果。假设他们是独立的，并不是必需的，只是会简单一些。

表 8-1 直接融资：每一个贷方监督自己的借款人，总成本 nmK

借款人 1	贷方 m
	贷方 1
借款人 n	贷方 $(n-1)m+1$
	贷方 nm

如果贷方将监督授权给银行，那么对每个个体借款人，银行将花费 K，假设其他成本 C_n，该成本取决于借款人数目。从而总成本将为 $nK+C_n$。如果监督成本的减少大于运作成本的上升，那么由银行代表之前的个体贷方来监督就是值得的。在这种情况下，银行存款者被视为一方，否则就称为单个的贷方。表 8-2 总结了这种中介金融的情况。

表 8-2 中介融资：贷方授权给银行监督，总成本 $nK+C_n$

借款人 1	银行	贷方 1……贷方 m
借款人 n		贷方 $(n-1)m+1$……贷方 nm

还有一个问题。存款者如何知道银行进行了监督，并真实地向存款者公布其盈利？显然，存款者必须使用某种类型的合约，在银行未能准确公布时进行惩罚。有时经济学文献提出非金钱目的的惩罚来确保银行将以符合存款者利益的方式进行监督。Diamond(1984)指出，随着银行的资产增长到足够大，每一个存款者的监督成本可以变得任意小。此外，利用大数定理，就可以以更高的精度来定义贷款违约的可能比例。在这种情况下，正如 Lewis(1995)所提到的，"通过认真的筛选和对贷款以及投资的监督，中介降低了其贷款违约损失，并通过利用规模和分散化的优势降低其破产概率，从而不太可能发生违约。"

中介信息处理

长期以来，中介在信息处理方面存在差异。DeLong(1991)和 Ramirez(1995)认为，19 世纪后期和 20 世纪早期的美国银行企业解决了外部融资问题，这是由缓解了由信息不对称产生的委托-代理问题。类似地，Gorton 和 Kahn(2000)认为，银行贷款具有与公开市场中出售的债券不同的特征，银行贷款的这一特征来自银行治理贷款的方式。他们认为，在银行发放贷款和收集偿还之间的这段时间内，银行发挥了重要的功能。特别是，银行具备市场主体所不具备的能力，即与借款人再协商信用条款，并在再协商和监督之间创造一种紧密的关系。

8.3 内部治理

最后，我们转向内部治理。Stein(1997)开发了一个模型，指出当可获得的融资是有限的时候，内部资本市场如何为特定类型的金融交易带来增值。如果公司总部经营具备在不同项目之间重新分配稀有资金的权威和动机，那么它就能在信用约束的环境下创造价值，在这种情况下，并非所有有利可图的项目都能获得融资(项目的盈利性是由其净现值决定的，第 6 章我们探讨企业投资项目估值时描述了这一度量)。正如下面将给出的，当不知情的外部人施加信用约束，不允许项目实现最优规模时，总部所创造的内部资本市场就能创造价值。

Stein 的模型提供了建立内部资本市场的经济理论基础，还确定了集团企业资产预算的最优规模。[27] Stein 还强调内部资本市场最优范围的决定因素。假设项目的规模是由其初

---

27 Stein 还谈及内部资本市场最优范围的决定因素。

始投资决定的,它可以是 1 单位或者 2 单位资本。项目是单期风险项目,具有两种可能的回报——状态 G 下的高回报,状态 B 下的低回报。状态 G 回报为 θy_i,状态 B 回报为 y_i;$i=1,2$。状态发生概率分别为 p 和 $(1-p)$,且 $\theta>1$。项目经理能观察到真实状态;外部投资者只知道状态发生的概率。假设利率为零。表 8-3 给出了投资和投资回报。

表 8-3 投资和投资回报

投资	状态 G(概率 p)	状态 B(概率 $1-p$)
1	θy_1	y_1
2	θy_2	y_2

假设 $y_1>1$,即使是在状态 B 下,投资 1 也将产生正的回报。其结果就是,投资 1 的外部融资永远不会有任何困难。然而,Stein 还假设项目回报是递减的,并且如果投资 2,那么状态 B 的净现值不再为正:

$$1 < y_1 < y_2 < 2 \tag{8-9}$$

在本节接下去的一个例子中,我们设定 $y_1=1.0100$,$y_2=1.9400$,$\theta=1.1000$。

回到更加一般化的设置下,我们还假设:

$$\theta(y_2 - y_1) > 1 \tag{8-10}$$

正如可以从式(8-10)中所看到的一个事实,这一方程意味着 $\theta y_2 > \theta y_1 + 1$,从而状态 G 下最优投资为投资 2。注意给出的例子中数据满足式(8-10)的条件:$1.1000 \times (1.9400 - 1.0100) = 1.0230$。

假设不建立公司总部的时候,每个项目都有各自的项目经理。项目经理有动机过度投资,这是因为,项目不仅为企业带来收益,还会产生私人收益。假设外部人无法核实表 8-4 中给出的私人收益实现值(s 定义了私人收益系数)。然而,由于私人收益意味着项目经理有动机将不在 G 状态的项目伪装成处于状态 G,从而就产生一个道德风险问题。

表 8-4 私人收益

投资/私人收益	状态 G(概率 p)	状态 B(概率 $1-p$)
1	$s\theta y_1$	sy_1
2	$s\theta y_2$	sy_2

为了开始我们的分析,假设项目经理的信息不向外部投资者披露,也不向公司内部其他部门披露。如果一个项目获得 1 单位融资,其期望净现金流为:

$$[p\theta + (1-p)]y_1 - 1 \tag{8-11}$$

正如我们已经提到的,总是能够从外部金融家那里获得 1 单位的融资[请参见式(8-1)]。继续上面给出的例子,设 $p=0.3$,$1-p=0.7$。利用这些数据以及前面的值,式(8-11)就变成:

$$1.0100 \times [0.3 \times (1.1000) + 0.7] - 1 = 0.0403$$

然而,假设项目经理希望投资 2。从而期望净回报就是:

$$[p\theta + (1-p)]y_2 - 2 \tag{8-12}$$

对一个给定的 θ,如果 p 足够小的话,那么式(8-12)就可能小于式(8-11),正如接下去假设的。事实上,如果:

$$[p\theta + (1-p)][y_2 - y_1] < 1 \tag{8-13}$$

那么由于不等式(8-13)意味着:

$$\{[p\theta + (1-p)]y_2 - 2\} - \{[p\theta + (1-p)]y_1 - 1\} = [p\theta + (1-p)][y_2 - y_1] < 1$$

从而较大的项目无法获得外部融资。

还是根据例子中的数据，式(8-12)变成：

$$1.940\,0 \times [0.3 \times (1.100\,0) + 0.7] - 2 = -0.001\,8$$

假设公司总部能够筛选，从而获得有关项目成功的（可能是噪声）信息。那么公司总部的存在就能够改善为个体项目提供融资的状况，并改善从外部金融家获得资金的状况。假设公司总部自身不拥有金融资源，但是由于能够获得项目经理所获私人收益的一部分，那么就有动机来监督。如果公众证实的现金流为 y，总私人收益为 sy。假设公司总部可以获得 ϕsy，剩下的 $(1-\phi)sy$ 由项目经理保留。公司总部没收私人收益的能力降低了对项目经理的激励影响，正如在所有状态下及任何一种初始投资水平下因子 $k<1$ 减少现金流所反映出来的。换言之，公司总部的存在吸收了任何实现现金流的 $(1-k)$ 部分。

由于公司总部运作减少了现金流以及私人收益，从而在单一项目情况下总是减少价值的。此外，由于公司总部从项目中实现私人收益，从而像个体项目经理一样，其运作带来了同样的道德风险问题。然而，尽管存在这些成本，但是在存在两个或更多项目的情况下，公司总部仍能够创造净价值。

公司总部的控制范围使其能够同时从几个项目中获得私人收益，从而它就有动机将资金引导到更富成效的投资中去。假设公司总部有权在项目之间重新分配投资，如果公司总部控制了 n 个项目，从而能够筹集 n 个单位的融资，那么它就能够以任何范式将这 n 个单位的融资在这些项目之间进行再分配。一些项目可能分配到 2 个单位的资本，一些分配到 1，还有一些分配到 0 个单位的资本。公司总部不同于银行，银行只具备接受或者拒绝个体融资提议的权威，而非制定再配置的权威。

假设有两个项目 i 和 j，其状态是独立的，此外假设公司总部能够通过筛选项目完全观测到状态。由于有两个项目，从而公司总部就能从外部金融家那里融到 2 单位的资本。假设当 i 处于好的状态，而 j 处于坏的状态时，比如，在项目 i 中投资第 2 个美元时的边际回报大于在项目 i 和项目 j 中分别投资 1 个美元的边际回报。也就是，$\theta y_2 > (\theta + 1)y_1$，据此有：

$$\theta(y_2 - y_1) > y_1 \tag{8-14}$$

为了评估运作一个内部资本市场的收益，首先注意外部市场（定义为 EM）投资者的期望回报为：

$$EM = 2[y_1(p\theta + (1-p)) - 1] \tag{8-15}$$

回到前面例子的数据，式(8-11)得到的计算可以指出，对这些数据，$EM = 2 \times (0.040\,3) = 0.080\,6$。

由于公司总部可以将资金再分配到更富成效的项目中，从而内部市场（定义为 IM）回报为：

$$IM = 2(1-p)^2 ky_1 + 2p^2 k\theta y_1 + 2p(1-p)k\theta y_2 - 2 \tag{8-16}$$

式(8-16)中 $2p(1-p)k\theta y_2$ 这一项意味着当两个项目处于不同状态时，任何一个处于状态 G 的项目将获得两个单位的融资（回顾一下，建立一个公司总部运作意味着任何实现现金流的 $(1-k)$ 比例将被该运作所吸收）。继续使用之前给出的例子中的数据，以及 $k = 0.999\,9$，式(8-16)就变成：

$$2 \times (0.7)^2 \times (0.999\,9) \times (1.010\,0) + 2 \times (0.3)^2 \times (1.100\,0) \times (1.010\,0) +$$
$$2 \times (0.7) \times (0.3) \times (0.999\,9) \times (1.940\,0) - 2 = 0.085\,9$$

证实了对于我们正在考虑的数据而言，内部市场解决相比外部市场解决能够创造更多的价值。

还可以确定公司总部应该配置的资本预算的最优规模。假设公司总部的监督能力随着项目数目的上升而下降，并且为了简便起见，进一步假设项目在统计上是相互独立的。定义$M(n)$为监督成功的概率，并假设$M(n)$是关于n的减函数。为了计算项目的最优数目，首先选择一个任意的n，据此可以确定一个$M(n)$。对任意水平的融资F，事前期望利润为：

$$\pi(n,F) = M(n)\pi^M(n,F) + [1-M(n)]\pi^N(n,F) \tag{8-17}$$

其中，$\pi^M(n,F)$为监督成功时每个项目的利润，$\pi^N(n,F)$为监督失败并且公司总部一无所知时每个项目的利润。对每一个固定的n，关于F最优化式(8-17)得到$F^*(n)$。最后，选择使下式最大化的n：

$$\pi[n, F^*(n)] \tag{8-18}$$

监督技术的改善并不总是意味着内部资本市场最优规模的上升，这主要是因为计算包含两个相互抵消的效应：利用更好的监督技术带来利润增加，利润增加来自投资更多的钱。当监督技术改善时，可能大大缓解了信贷紧缩，同时减少了项目数目。在这种情况下，增加项目数目以期促进每个项目的融资水平就不那么重要了。

Stein(2002)探讨了不同的组织结构如何产生有关投资项目信息的不同形式。当项目信息难以可信地传递时，一种权力分散方法——小型、单个经理人企业可能是最具吸引力的。相比之下，当信息能够廉价、方便地在企业内部传递时，大型等级制度的表现就比较好。Stein认为，该模型帮助我们思考银行业整合的后果，尤其是所记录的合并导致小企业贷款下降这一趋势。由于小企业贷款信息很难传递，较大的等级制度组织处理这些信息的成本可能相对较高。

要　点

- 任何金融市场的主要功能就是创造一个场所，供卖方和卖方（或者他们的代理主体）交易金融要求权。
- 通常市场绩效是通过市场效率、市场流动性以及信息生产来评估的，并且市场组织的选择旨在促进这些绩效特征。
- 市场活动的两个主要维度是交易量和交易频率。
- 金融体系中不同类型的市场可以根据三种特征来区分：①市场成本和收益函数；②生产有关市场交易资产信息的经济学；③交易企业的经济学。
- 经济考虑还决定了任何给定金融市场的运作效率和配置效率，在市场中交易的市场主体类型和数目，交易工具的流动性，以及交易过程所揭示的价格信息程度。
- 公开市场对私人市场，一级市场对二级市场，交易商市场对经纪人市场，批发市场对零售市场，都表现出不同的能力组合，结果就是按成本-效益来匹配不同类型的金融交易，每种类型表现出不同的特性组合。
- 扮演市场主体角色的企业本质和规模是由其运作经济体制决定的。
- 完美竞争金融市场是配置有效的，同时也是运作有效的。
- 当具有同等风险的计划可以以相同的回报率公平地获得融资时，金融市场就是配置有效的。由于资金提供者需要弥补其成本，并产生资本回报，从而上述回报率就

- 不一定是资金提供者筹资的成本。
- 根据有效市场假说,当金融市场是完美竞争,且不存在交易成本或体制障碍时,均衡证券价格就完全反映所有可公开获得的信息,这将是配置有效的意义。
- 通常规模较大较为活跃的二级证券市场被视为配置有效的。
- 如果在给定主导技术和最佳实践的情况下,金融市场能以最低的可能成本提供金融服务,那么它就是运作有效的。
- 市场之间的流动性差异取决于诸如市场结构、交易工具的本质以及那些工具所代表的义务类型(如债务、权益)等因素。
- 资产证券化是证券企业使用的一种为非流动资产组合提供融资的机制,它涉及出售一个新的证券,这个证券代表一个专门组合的要求权,通常组合的是非流动性的贷款。
- 当金融中介①利用不同于市场主体所使用的能力治理金融交易,②进行非常规的金融交易,这些交易要求他们生产不同于市场主体的信息类型,③管理信息不对称效应,并④通过规模经济和组合管理而实现一些金融交易的成本下降。
- 内部治理(即内部资本市场)能够为特定类型的金融交易增加价值,这些金融交易要求严格的高能力治理形式。例如,它们可以利用命令和控制机制来配置资金,从而克服代理问题,否则外部融资数量可能是有限的。

问 题

1. 请给出三个理由来说明为什么金融市场配置不能完全包含金融交易治理的复杂性。
2. 金融市场的主要功能是什么?
3. 市场活动的两种最重要的度量是什么?
4. 市场运作中经济规模的含义是什么?
5. 市场失灵的含义是什么?
6. 为什么一级市场发行对新资本形成而言是重要的?
7. 为什么二级市场在评估有关企业的新信息时是有用的?
8. 批发市场和零售市场之间的差异是什么?
9. 扮演市场主体角色的企业的两种主导组织形式是什么?
10. (1) 请给出三个预期配置有效的市场类型的例子。
    (2) 请给出三个预期配置不完全有效的市场类型的例子。
    (3) 你认为金融交易的时间范围与进行交易的市场是否配置有效有关吗?
11. 下面的内容来自纽约大学 Lasse H. Pedersen 教授在 Forbes.com(Http://www.fobes.com/2009/09/29/free-markets-liquidity-opinions-contributors-lasse-h-pedersen.html)的一个评论,"从市场失灵中拯救自由市场"。

    最近发生的金融危机正在改变我们对经济和金融的看法,但是要吸取的主要教训是什么?一些经济学家提出大型财政刺激的关键重要性,而另一些则认为政府根本就不应该干预。都不是。真正的教训是,我们需要从市场失灵中拯救自由市场。市场效率取决于流动性和运作良好的机构。
    (1) 市场失灵的含义是什么?
    (2) 市场效率的含义是什么?
    (3) 流动性的含义是什么?
12. 有效资本市场和运作有效资本市场之间的差异是什么?

13. 哪些因素导致不同的金融工具之间存在流动性差异？
14. 资产证券化涉及什么？
15. 新古典经济分析中对市场做出了什么样的假设？
16. 在哪些情况下金融中介能够创造价值？
17. 请解释逆向选择的效应能够如何得到缓解。
18. 内部治理如何使特定类型的金融交易增值？

参考文献

Allen, Franklin D., and Douglas Gale. (2000). *Comparing Financial Systems*. Cambridge, MA: MIT Press.

Bond, Philip. (2004). "Bank and Nonbank Financial Intermediation," *Journal of Finance* **59**: 2489–2529.

DeLong, Bradford. (1991). "Did J. P. Morgan's Men Add Value? An Economist's Perspective on Financial Capitalism," in Peter Temin, ed., *Inside the Business Enterprise: Historical Perspectives on the Use of Information*. Chicago: University of Chicago Press.

Diamond, Douglas. (1984). "Financial Intermediation and Delegated Monitoring," *Review of Economic Studies* **51**: 393–414.

Freixas, Xavier, and Jean-Charles Rochet. (1997). *Microeconomics of Banking* (1st ed.). Cambridge, MA: MIT Press.

Gemmill, Gordon. (1996). "Transparency and Liquidity: A Study of Block Trades on the London Stock Exchange under Different Publication Rules," *Journal of Finance* **51**, 1765–1790.

Gorton, Gary, and James Kahn. (2000). "The Design of Bank Loan Contracts," *Review of Financial Studies* **13**: 331–364.

King, Robert G., and Ross Levine. (1993). "Financial Intermediation and Economic Development," in Colin Mayer and Xavier Vives (eds.) *Financial Intermediation in the Construction of Europe*. London: Centre for Economic Policy Research, 156–189.

Leland, Hayne, and David H. Pyle. (1977). "Informational Asymmetries, Financial Structure, and Financial Intermediation," *Journal of Finance* **32**: 371–387.

Lewis, Mervyn K., (1995). *Financial Intermediaries*. Aldershot: Elgar.

Neave, Edwin H. (2009). *Modern Financial Systems: Theory and Applications*. Hoboken, NJ: John Wiley & Sons.

Ramirez, Carlos D. (1995). "Did J.P. Morgan's Men Add Liquidity? Corporate Investment, Cash Flow, and Financial Structure at the Turn of the Century," *Journal of Finance* **50**: 661–678.

Stein, Jeremy C. (1997). "Internal Capital Markets and the Competition for Corporate Resources," *Journal of Finance* **52**: 111–133.

Stein, Jeremy C. (2002). "Information Production and Capital Allocation: Decentralized versus Hierarchical Firms," *Journal of Finance* **57**: 1899–2002.

Tinic, Seha M., and Richard R. West. (1974). "Marketability of Common Stocks in Canada and the USA: A Comparison of Agent versus Dealer Dominated Markets," *Journal of Finance* **29**: 729–749.

第三部分

积极应对风险

第 9 章 金融经济学的微观经济学基础

第 10 章 或有要求权和或有策略

第 11 章 风险和风险管理

第 12 章 关于风险测度的选择

第 9 章 金融经济学的微观经济学基础

正如第 1 章所指出的,金融经济学主要关注于解释金融决策制定的本质,以及确定这些决策的经济效果。第 2~8 章的讨论已经提出,金融经济学解释主体应该如何制定决策,称之为**规范性理论**,以及实践中主体实际上如何制定决策,称之为**描述性理论**。事实上,金融经济学试图将规范性理论和描述性理论结合在一起,以提供有益的见解来说明理论上应该如何解释事情,以及实践中事情是如何运作的。[1]

由于金融经济学是一门以实证为导向的学科,规范性方法和描述性方法常常结合在一起使用。然而,这两种方法采用各自的框架,试图将它们结合在一起考虑之前,单独理解每一个方法将是非常有用的。**规范性金融经济学**在很大程度上是利用**新古典范式**的假设发展起来的,根据这一范式,竞争性市场中,理性主体在信息同质分布以及不存在交易成本的情况下相互作用(第 8 章介绍了新古典范式;进一步的细节将在后面的 9.2.1 节中给出)。

新古典范式的假设带来了令人印象深刻的统一的理论结果。特别是,金融经济学非常成功地说明了经济主体如何在风险条件下,通过理性决策建立起均衡资产价格。也同样成功地确定决定资产价格的一些因素。此外,它还指出价格和价格之间的关系提供了资产风险溢价(即投资者承担的与投资该项资产相关的风险所应得到的补偿)的信息。进一步,这一范式指出,在不存在套利机会的情况下,各种均衡价格是如何相互联系在一起的。最后,同样是在无套利机会的假设下,这一范式建立了一种风险中性的概率度量,它可以应用于金融工具之间的相对价格的计算。[2]

在实证工作方面,研究者就金融经济学的理论内涵进行了并仍在继续进行大量缜密的检验。在某些情况下,实证研究揭露了不同于已被接受的理论发现的一些关系。作为回应,金融经济学扩充了其初始的规范性假设,将额外的以描述性为导向的可能性包含进去,得到的方法试图解释额外观察到的金融市场价格和交易特征。

---

1 这两点并不矛盾。相反,我们可以将理论视为地图,而将对理论适用性的担心视为对地图所描绘的领土有多准确的担心。当然,描述的充分性取决于观察者的目的。

2 在这一新古典范式的描述中,我们提到了诸如套利机会、均衡价格、风险中性度量之类的术语,但是没有给出正式的定义。当我们继续在后面的章节中深化对金融经济学的理解时,将给出正式的定义。

两种更加有名的理论演化说明了实践中套利的限制,[3]描述了证券交易和定价的行为方法的重要性。这些突破包括,认识到信息生产成本是高昂的,以及主体为了获得特定形式的信息可能会承担不同的成本。其结果就是,交易各方可能获得不同的信息,并且其特定观点能够影响他们愿意进行交易的价格。[4]信息方面的认知差异进一步导致对这一情形的描述和解释(使用的理论称为**代理理论**),即知情人代表不知情的人制定决策。更进一步,认识到决策制定和交易的成本,即关注如何降低成本的理论,以及这些行动对金融经济学的描述力意味着什么的理论。本章介绍了上述主题中的每一种。

最后,本章提供了一些例子,帮助说明原始的新古典规范性方法的特点,以及随着更多的行为特征被认识到,新古典规范性方法的演化。[5]这些例子旨在给出本书后面章节的主题,并将在本书余下部分进一步扩展。

9.1 规范性方法和描述性方法

金融经济学始于一些用于理论发展和实证检验的基本概念。首先,金融经济学家采用**期望效用理论**来规定经济主体行为。[6]其次,金融经济学家利用一些概念,这些概念是从观察和实证研究中通过描述人的实际行为而产生的,然后将这一描述与规范性行为假设得到的预测相比较与对照。为了说明这两种研究方案的本质,本节首先给出期望效用理论的基础,然后给出一些目前以描述性为导向的研究强调的问题,这通常被称为**行为金融**。

9.1.1 效用理论:有关偏好和选择的规范性方法

本节考虑风险条件下的选择,这些条件包括确定性结果的选择,可以看成是一个特例。[7]这里给出的观点最早是由 Von Neumann 和 Morgenstern 在《博弈论与经济行为》(1994)中提出的。Von Neumann-Morgenstern 理论利用**效用**的量值表来代表个体的偏好,即效用函数将消费者对不同选择的偏好映射到量值表之上。假设决策制定者追求期望效用最大化,从这个意义上来说,决策制定者是理性的。[8]

例如,确定性情况下,选择结果是事先知道的,效用函数代表个体做出一种特定选择后获得的相对满意度。如果个体偏好商品 A 多于商品 B,那么赋予选择 A 的效用要高于赋予选择 B 的效用,符号上,$u(A) > u(B)$。在风险条件下,选择可能实现的结果根据**概率分布**加权。每种可能结果的重要性由赋予其的效用反映出来。而后 Von Neumann 和 Morgenstern 指出,对风险前景[9]的偏好可以根据计算其期望效用进行排序,也就是说根据可能结果期望效用的概率加权。[10]

---

3 第 15 章和第 16 章将展开进一步的讨论。
4 本书中,我们将采取**规范性行为**的决策制定者称为"经济人",而将采取**描述性行为**的决策制定者称为人或组织。
5 在一些情况下,规范性理论足以捕捉金融现象,而在另一些情况下,规范性理论无法做到。明确指出这些情况,以及理论的可应用形式构成了当前金融经济学研究的大部分内容。
6 遵守期望效用理论基础的主体通常被描述为采取理性行为。我们将马上进一步探讨理性行为的含义。
7 **不确定性情况下的决策制定理论**还处于起步阶段,将在本书的第六、第七和第八部分进行介绍。
8 企业通常都被认为是利润最大化者。正如接下去将变得更为明显的,利润最大化企业可以被建模为采用一种货币回报的线性效用函数。
9 后面我们将把这些前景称为"彩票"。
10 Von Neumann 和 Morgenstern 的工作证实只有期望效用能够描述彩票的偏好。

在期望效用理论中，所采用的概率分布反映了客观概率，这一假设与中性选择中具有内在的随机性的观点是一致的。在 Von Neumann 和 Morgenstern 框架中，假设所有的个体观察到的彩票回报的客观概率分布是相同的。

期望效用理论的吸引人之处有两点：一是其对待风险条件下选择的一般性；二是其能够很方便地代表偏好。尤其是，效用理论允许通过主体的效用函数来反映其偏好。例如，接下去将进一步说明的，我们可以利用凹、凸和线性效用函数来分别描述主体的风险厌恶、风险偏好和风险中性。此外，利用反映主体显著偏好的效用函数就可以描述全部类别主体的选择行为。再次，举例来说，如果一种给定类别中所有的主体都是**风险中性**的，那么他们将完全根据彩票的期望价值对其进行排序。我们进一步说明，可以建立并使用一些称为**占优排序**的规则，来定义一个给定类型主体的有效选择集，这些主体的偏好在较小意义上做出规定。

9.1.1.1 圣彼得堡悖论

Daniel Bernoulli 于 1738 年提出了著名的**圣彼得堡悖论**问题的解决方法，他的工作使得有关选择理论的 Von Neumann 和 Morgenstern 方法黯然失色。[11] 该悖论由一个彩票来说明，规定抛硬币直到出现正面为止。如果第一次抛硬币出现正面，那么回报将为 $1；如果第二次出现正面，那么回报将为 $2；如果第三次出现正面，那么回报将为 $4；如果第四次抛出现正面，回报就为 $8；如果在第 n 次抛出现正面，那么回报将为 2^{n-1} 美元。

在 Bernoulli 提出其解决方法时，该彩票的公平价值应该等于其回报的期望值这一观点被广泛认可。由于抛的是一枚硬币，从而在第 n 次时出现正面的概率等于 $1/2^n$，从而彩票的期望回报为：

$$\$1(1/2) + \$2(1/4) + \$4(1/8) + \cdots + \$2^{n-1}/2^n + \cdots$$

无穷项之和，每一项等于 1/2。从而彩票的期望价值无穷大，意味着无论参加该游戏的门票价格有多高，人们都应该愿意参加这个游戏。然而，实践中，很少有人愿意为这种门票支付很高的金额。

为了解释这一悖论，Bernoulli 指出，应该考虑效用，而非实际回报。随着这一观点的改变，公平价值就应该由下式计算得到：

$$u(1)(1/2) + u(2)(1/4) + u(4)(1/8) + \cdots$$

为了对这一无穷项求和收敛，Bernoulli 考虑了一种边际效用递减的效用函数，即对这一效用函数而言，随着人们手中持有的钱的增加，获得额外 1 美元所带来的效用是递减的。例如，如果 $u(x) = \log x$，那么彩票的公平价值大约等于 $2，而非原先提出的无限值。[12]

9.1.1.2 Von Neumann-Morgenstern 期望效用

严格说来，一个彩票是一个根据回报集定义的概率分布[13]，圣彼得堡悖论的彩票在下表中给出：

---

11 本节余下的部分将紧跟 Rachev、Stoyanov 和 Fabozzi(2009) 的研究进展。
12 诸如 Bernoulli 之类的解决方法并不是完全令人满意的，原因在于，即使采用 log 函数形式的效用函数，也可以改变彩票，从而使得其公平价值依旧是无穷大。然而，圣彼得堡悖论的解决方法使用了后来被发展到不确定性条件下决策制定理论中的概念。
13 彩票可以是离散的、连续的，或者混合的，但是出于我们目前的目的，我们只使用离散型彩票。

| 概率 | 1/2 | 1/4 | 1/8 | ... | $1/2^n$ |
| 回报 | 1 | 2 | 4 | ... | 2^{n-1} |

定义 P_X 为一个彩票的概率分布，其回报由随机变量 X 来描述。规定如下：

(1) 彩票的特定结果，为小写字母 x
(2) 回报不大于 x 的概率为 $P(X \leqslant x) \equiv F_X(x)$
(3) x 的结果的概率为 p_X

如果我们需要指明特定的结果，那么我们就使用诸如 x_i 的符号来表示这个特定的结果，对这个特定结果的发生概率使用 p_i 的符号。

Von Neumann 和 Morgenstern 定义的**理性行为**是指符合下面四个原则的行为，这些原则通常称为公理。

公理 1：排序的完整性
公理 2：排序的可传递性
公理 3：排序的连续性
公理 4：独立

假设一个决策制定者遵循上面四个公理，Von Neumann 和 Morgenstern 证明可以使用一个量值表来描述任何偏好顺序。用 **X** 代表所有彩票集。**X** 的任何元素 X（即任何彩票）被视为经济主体可进行的选择。量值表是一个实值函数 u，它将决策制定者关于 X 的态度映射到数值 $u(X)$ 上。建立如下的表达方案，当且仅当：

$$E[u(X)] \geqslant E[u(Y)]$$

彩票 X 的偏好甚于彩票 Y 的偏好。

其中 E 定义了期望值。

即使偏好顺序由经济主体定义给出，并且不同的主体有可能具有不同的偏好顺序，但是在应用中，通常使用一个量值表相比直接处理偏好顺序更为方便。量值表并非唯一的，它更像一个温度计，只是定义到一个正的线性转换为止。也就是说，如果 $u(X)$ 对一组可能的结果 X 进行排序，那么 $a+bu(X)$ 同样如此，其中 a 可以取任何值（正值，负值，零），b 可以取任何正的值。

圣彼得堡悖论解决公平价值的公式有如下的形式：

$$E[u(X)] \equiv E[\log(X)]$$

意味着将彩票的价值定义为一个潜在购买者对其的期望效用，圣彼得堡悖论得到了解决。

9.1.1.3 效用函数的类型

效用函数的一些特征反映了偏好，所有类别的主体都很有可能表现出这些偏好。例如，所有主体偏好确定性回报更高的回报，是不知足的。其效用函数在可能的结果范围内是非递减的。如果存在两个彩票，其中一个具有确定性回报 \$100，另一个具有确定性回报 \$200，那么一个不知足的主体将永远不会偏好第一个机会（尽管在一些情况下，这两个机会对主体而言可能是无差异的）。这一偏好可以由下面的式子反映出来：$u(200) \geqslant u(100)$。我们可以将上述内容一般化：

对任何 $X, Y \in \mathbf{X} \leftrightarrow E[u(x)] \leqslant E[u(y)], X \leqslant_u Y$

其中，符号 $\leqslant_u$ 代表一种由效用函数 u 所反映出来的偏好顺序。如果我们进一步假设主体的偏好可以由一个可导的效用函数反映出来的，那么对彩票 **X** 的每一个结果 x，一个不知足的主体的效用函数的一阶导数将为非负，即 $u'(x) \geqslant 0$。

有关主体偏好的其他特征也可以由效用函数的形状来描述。假设主体偏好获得确定性收入，它等于彩票的期望价值，而非彩票本身。在这种情况下，我们称主体是**风险厌恶**的。假设彩票有两种可能的结果，比方说 x_1 的发生概率为 p_1，x_2 的发生概率为 $p_2 = 1 - p_1$，$p_1 \in (0, 1)$。[14]那么彩票的期望回报等于：

$$x_1 p_1 + x_2 (1 - p_1)$$

就效用函数而言，风险厌恶特征可以表达为：

$$\forall x_1, x_2 {}^{15} u[x_1 p_1 + x_2 (1 - p_1)] \geqslant u(x_1) p_1 + u(x_2)(1 - p_1), \quad p_1 \in (0, 1) \quad (9\text{-}1)$$

其中，不等式的左边代表一个确定性结果的效用，右边代表彩票的期望效用。

满足式(9-1)的函数称为**凹函数**，并且所有风险厌恶主体的效用函数都是凹的。如果效用函数二阶可导，那么凹特征就由非正的二阶导数反映出来，对 u 的值域中所有的 x，$u''(x) \leqslant 0$。

从局部意义上来说，可以通过效用函数的导数来反映风险厌恶者效用函数的曲度。一种描述是采用 Arrow-Pratt **绝对风险厌恶系数**，[16]由下式定义：

$$r_A(x) = -u''(x)/u'(x) \quad (9\text{-}2)$$

这一度量随着效用函数曲度的增加而上升，即系数越大，式(9-1)中所给出的不等式的大小就更加显著。[17]绝对风险厌恶系数与风险溢价，以及表现出不同偏好类型的个体所选择的组合类型正式联系在一起（其他细节请参见第 12 章）。

接下来给出了效用函数的一些常见例子：

1. 线性效用函数 $u(x) = a + bx$

线性效用函数总是满足式(9-1)的等式情况，从而代表一个风险中性的主体。如果 $b > 0$，那么效用函数代表一个不知足的主体偏好。线性效用函数的绝对风险厌恶系数为零。

2. 二次效用函数 $u(x) = a + bx + cx^2$

如果 $c < 0$，那么二次效用函数是凹的，并且至少在二次函数达到最大值点之前是凹的，这代表了风险厌恶主体的效用函数。二次效用函数风险厌恶的局部度量随着函数自变量的上升而上升。

3. 对数效用函数 $u(x) = \log x, x > 0$

对数效用函数代表一个不知足的风险厌恶主体。由于 $r_A(x) = 1/x$，并且绝对风险厌恶系数随着 x 的下降而下降，从而上述效用函数表现出递减的绝对风险厌恶。

4. 负指数效用函数 $u(x) = -e^{-ax}, a > 0$

指数效用函数代表一个不知足的风险厌恶主体。由于 $r_A(x) = a$，即绝对风险厌恶系数不依赖于 x，从而上述效用函数表现出常数的绝对风险厌恶。

14　符号 $\in$ 用于代表集合的元素。

15　符号 $\forall$ 代表"任取"。

16　第 11 章和第 12 章进一步探讨了 Arrow-Pratt 绝对风险厌恶系数。

17　注意 Arrow-Pratt 绝对风险厌恶系数不受比例 $u^*(x) = a + bu(x)$ 变化的影响。从而，从特定的意义上来讲，相比一个给定的效用函数所产生的数值，它更具基础性。

5. 幂函数效用函数 $u(x) = -x^{-a}$; $x > 0$, $a > 0$

幂函数效用函数代表一个不知足的风险厌恶主体。由于 $r_A(x) = a/x$,即绝对风险厌恶系数随着 x 的上升而下降,从而上述效用函数表现出递减的绝对风险厌恶。

9.1.1.4 随机占优类型

在有些情况下,主体不须知道很多有关客户的信息就可以制定决策。因此,当决策制定者只能对个体偏好做出弱假设而不能假设效用函数的确切特征时,依旧能够正确地制定一些决策。例如,一些而非所有的概率分布可以对任何效用函数进行比较,比方说这些效用函数仅仅表现出风险厌恶。

首先考虑一种适用于不知足的主体的情况,无论他们是否风险厌恶。(在考虑这种情况之后,我们将探讨风险厌恶决策制定者适用的准则。)对所有不知足的决策制定者,一些彩票显然要优于另一些。例如,考虑两个彩票 A 和 B,其回报和相关的概率如下:

彩票 A		彩票 B	
回报	概率	回报	概率
$1	0.5	$0	0.6
$3	0.5	$2	0.4

彩票 A 相比彩票 B 将更受偏好,这是因为,前者相比后者总是以较低的概率提供低于一个给定值的结果(即彩票 A 的下跌风险较低)。为了证实这一结果的真实性,对任何决策制定者其效用随着财富的上升而上升,考虑:[18]

$$E[u(A)] = u(1)\frac{1}{2} + u(3)\frac{1}{2}$$

$$E[u(B)] = u(0)\frac{6}{10} + u(2)\frac{4}{10}$$

然后,在效用随着财富的上升而上升的假设下,

$$E[u(B)] = u(0)\frac{6}{10} + u(2)\frac{4}{10} < u(1)\frac{6}{10} + u(3)\frac{4}{10} < u(1)\frac{1}{2} + u(3)\frac{1}{2} = E[u(A)]$$

从而 $E[u(A)] \geq E[u(B)]$。正如这个例子所指出的,当两个彩票各自的概率分布不相交时,[19] 就可以根据上面的思路在这两个彩票之间做出选择。因此,如果这是唯一可获得的排序规则,那么在许多情况下就意味着无法进行比较。

有时,无法比较相交的概率分布的情况可以通过对决策制定者的偏好做出额外的假设而得到解决。我们假设所有的决策制定者都是不知足的,同时也是风险厌恶的,并且我们希望比较彩票 C 和彩票 D,其回报和相关的概率如下。

彩票 C		彩票 D	
回报	概率	回报	概率
$0	1/3	$1	1/2
$2	1/3	$4	1/2
$4	1/3		

这些是累积概率分布相交的彩票,正如图 9-1 所给出的。首先注意彩票 D 的期望回报为

---

[18] 注意我们在效用函数中省略了美元符号。本书全书中我们都将采用这种做法。
[19] 在这种情况下,A 和 B 之间的关系就可以说是 A 相对于 B 一阶占优。

$2.5,而彩票 C 的期望回报为 $2,从而风险厌恶主体至少将更偏好彩票 D。另外注意彩票 D 最差的情况至少和彩票 C 的最差情况一样好(事实上,要优于彩票 C 的最差情况)。[20]

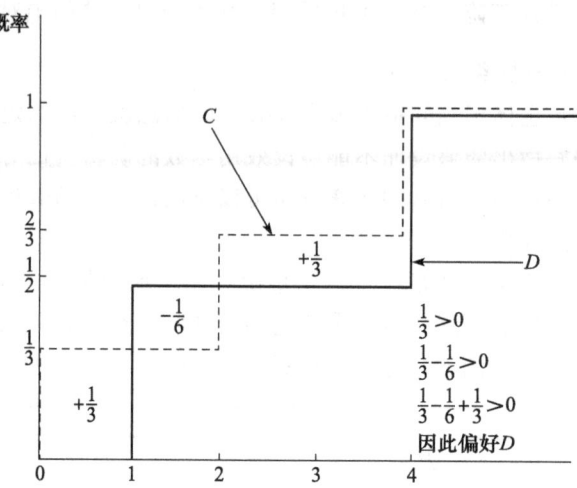

图 9-1 二阶随机占优(从图的左边开始估值,这是因为,风险厌恶投资者赋予下跌风险的负的权重要大于赋予上升潜力的正的权重)

为了正式说明彩票 D 事实上受所有风险厌恶者偏好,让我们来看是否有 $E[u(C)] \geqslant E[u(D)]$。如果是的话,那么我们有:

$$u(1)\frac{1}{2} + u(4)\frac{1}{2} > u(0)\frac{1}{3} + u(2)\frac{1}{3} + u(4)\frac{1}{3}$$

也可以记为:

$$u(1)\left(\frac{1}{3}+\frac{1}{6}\right) + u(4)\left(\frac{1}{3}+\frac{1}{6}\right) > u(0)\frac{1}{3} + u(2)\left(\frac{1}{6}+\frac{1}{6}\right) + u(4)\frac{1}{3}$$

然后,再消去同类项并重新组合后,我们得到:

$$[u(1) - u(0)]\frac{1}{3} + [u(4) - u(2)]\frac{1}{6} > [u(2) - u(1)]\frac{1}{6}$$

于是,根据风险厌恶者边际效用递减的特征,$u(1) - u(0) > u(2) - u(1)$,从而只要我们能够指出:

$$[u(1) - u(0)](1/6) + [u(2) - u(1)](1/6) + [u(4) - u(2)](1/6) > [u(2) - u(1)](1/6)$$

那么初始的不等式自然就成立。

但是上述表达式可以简写为:

$$[u(1) - u(0)](1/6) + [u(4) - u(2)](1/6) > 0$$

上式显然成立。相应地,现在就很简单,通过从最后一行开始倒推,就可以证实 $E[u(C)] \geqslant E[u(D)]$,即彩票 D 相比彩票 C,更是风险厌恶决策制定者的偏好。第 12 章将给出这一关系的检验,称为**二阶随机占优**。[21]

---

20 这些是我们正在建立的排序——二阶随机占优的必要条件。为了防止彩票 D 被一些尤其容易受最差情况影响的风险厌恶者拒绝,这些条件是必需的。注意这些必要条件并不意味着 $\sigma^2(D)$ 必须总是小于 $\sigma^2(C)$,其中 σ^2 定义了彩票结果的方差。

21 也称为二次随机占优。

并不是所有情况都能根据二阶随机占优进行排序，这是因为，存在一些分布对，随着其分布之间差异的区域从左边开始不断累积，其符号会发生变化。例如，考虑下面两个彩票：F 和 G。

彩票 F		彩票 G	
回报	概率	回报	概率
$0	1/6	$1	2/3
$2	1/2	$4	1/3
$4	1/3		

这两个彩票具有和彩票 C、D 相同的回报，但是具有不同的概率分布。注意到 $E(F)=\$2\frac{1}{3}>E(G)=\$2$，从而根据期望价值（而不是根据最小结果），彩票 F 有可能被证实为一个占优彩票。但是我们必须获知更多有关决策制定者偏好的信息，才能在彩票 F 和彩票 G 中做出选择。风险中性决策制定者将偏好彩票 F，但是彩票 G 的最小结果要高于彩票 F，从而一个高度风险厌恶[22]的决策制定者将偏好彩票 G。从而，彩票 F 和彩票 G 都满足使得其中一个彩票占优的两个必要条件。

Rothschild 和 Stiglitz(1970, 1971)引入了一种占优排序，推进了有关比较彩票风险的概念。他们的排序要求主体是风险厌恶的，[23]其偏好可以由所有的凹效用函数集表达出来，并要求用于排序的随机变量类别具有相同的期望值。从而这些条件就类似于二阶随机占优的条件，只是有一个额外的要求，即彩票的期望回报相等。Rothschild-Stiglitz 排序的重要性在于它提供了额外的经济见解。正如我们将在第 12 章进一步探讨的，**Rothschild-Stiglitz 占优**意味着一个被占优的变量可以记为占优变量加上反映纯风险的误差变量，即一个均值为零的随机变量。

9.1.2 行为理论：个体偏好和选择的描述性方法

金融经济学在很大程度上建立在规范性理论之上，但是大约从 20 世纪 50 年代开始，研究表明，在许多情况下，主体行为并不遵守规范性理论。由于大量的金融现象无法完全由金融经济学的规范性理论来解释，[24]这一领域越来越关注描述性方法，这一方法将其对异象的解释能力推进了一步。

行为金融考察心理因素如何影响主体决策。在本章中简要介绍行为金融在资产定价理论以及组合选择中的应用，这些内容将在后面的章节进一步详细探讨。Barberis 和 Thaler(2003)确认了行为金融的两块基石：

(1) 套利限制理论
(2) 决策制定的心理学解释

套利限制理论认为，对完全理性的交易者而言，消除由相对不太理性的交易者造成的定价异象是困难的(第 15 章将探讨套利理论，第 20 章将探讨套利限制)。根据心理学方面的文献解释，相对新古典理性的偏离有可能会影响金融市场价格，我们将在后面探讨那些

---

[22] 这就是说，如果决策制定者的绝对风险厌恶指数足够大。请参见第 3 章。
[23] 然而，主体可以是满足的（即不需要满足不知足的条件）。
[24] 当然，规范性理论由于其解释力以及其所提供的与描述性理论相比较的标杆，依旧具有重大的价值。

到目前为止被证实对金融经济学研究非常有用的发现。

9.1.2.1 信念

在 Von Neumann-Morgenstern 理论中，主体期望由客观概率来描述。相比之下，心理学识别出实践中主体如何选择概率分布的一些特征。那些看上去和金融经济学具有特殊关系的特征有：

- 过度自信
- 乐观和单凭主观愿望的想法
- 代表性
- 保守主义
- 对信念的坚持
- 锚定
- 可获得性偏差

我们依次对每一个特征进行简单的探讨。

人们对于其自身判断的**过度自信**主要包括两个维度。首先，他们赋予判断的信心限制要远远低于统计研究所揭示的信心限制。其次，实践中主体过高估计相对可能发生的事件的概率，而过低估计相对不可能发生的事件的概率。

乐观和单凭主观愿望的想法也通过上述两种形式表现出来。大多数人对于诸如驾驶技术之类的个人能力，以及诸如幽默感之类的个人素质表现出不现实的乐观估计。他们常常预测能够很快地完成任务，而事实上要慢得多。

代表性意味着人们利用**启发式方法**[25]得出，当现象 A 越能够代表现象 B，那么就越有可能相信 A 发生的概率接近 B 发生的概率。换言之，人们对明显的相似性赋予了过高的权重，而对事件隐含的概率赋予了过低的权重。人们还倾向于忽视样本规模，并过度相信小样本。**保守主义**是一种与代表性相对的现象，由于过去的经验，人们通常对那些并不能代表他们熟悉模式下的数据赋予过高的权重。

对信念的坚持是指人们持有观念时间太长，碰到否定性的证据时不改变观念。**锚定**这一术语意味着人们首先采用一个初始的任意的值估计一个事件的概率，然后根据证据对估计做出调整，故估计结果可能在很大程度上受初始锚定选择的影响。其结果就是，对于同样的证据，不同的锚定可能会产生完全不同的最终估计。**可获得性偏差**意味着，越是最近的且越是突出的事件，越是被赋予更高的权重，进而扭曲估计结果。

9.1.2.2 主观期望效用

Leonard Savage 于 1954 年出版的《统计学基础》指出，在特定的一致条件下，个体对风险偏好的结果可以用一种根据结果对应的效用的概率加权计算得到的期望效用来描述。根据 Savage 的方法，权重是结果的主观概率。这些主观概率和结果的效用都是根据个体的偏好得到的，前提是个体偏好能够一致地表达出来。不幸的是，实证证据并不能很好地

---

[25] 启发式方法指，为了减少制定决策所需要花费的时间，而遵守经验法则或者好的向导性策略。

支持 Savage 的理论。

9.1.2.3 偏好：前景理论

相比规范性标准的效用理论，行为金融理论试图解释观察到的行为。描述实验结果中最成功的一种与金融经济学相关的理论就是**累积前景理论**。这一理论[26]采用一个价值函数连同一个调整前景的累积客观概率的权重函数来度量回报差异，即相对于一个参考点的回报。

通过关注损益，累积前景理论给出了不同的人为什么会做出不同的选择的解释，这些选择不同于 Von Neumann-Morgenstern 理论所提出的解释。举个例子，累积前景理论解释了同时购买保险（风险厌恶行为）和彩票（风险偏好行为）的偏好。为了实现这一点，该理论假设一个效用函数，它同时具有凹区域和凸区域。效用函数的凸部分发生在损失区域，并且通常导致风险追求。与此同时，对小概率的过分强调将导致风险厌恶，即厌恶以很小的概率遭受很大的损失的前景。

9.1.2.4 偏好：模糊性厌恶

所观察到的行为的另一个方面是人们似乎不喜欢他们对彩票概率分布不确定的情况。**模糊性厌恶**看似与个体在评估一个概率分布时感到胜任的程度有很大关联。个体越是觉得他们无法胜任评估一个彩票，那么他就越有可能回避该彩票。另一方面，个体对一个彩票越是有信心，那么他就越有可能买入该彩票。

9.1.2.5 识别偏好：Shefrin 的方法

我们将在第 15 章探讨传统资产定价理论，该理论假设，如果主体持有有关回报的客观概率的正确观点，并且其偏好遵守期望效用理论，那么资产价格就可以定下来。另一方面，行为资产定价理论，即由支持行为金融的人提出的资产定价，假设主体受制于心理导致的系统误差，且其偏好违反了期望效用理论的假设。特别是，Shefrin(2005)所指出的，人是异质的，即

（1）他们持有不同的信念
（2）他们的风险容忍程度存在差异
（3）他们的耐心程度存在差异

个体差异通常是巨大的，并且这些差异可以影响价格和交易量。此外，在极端市场变动后，意见分歧将扩大。

Shefrin(2005)认为，行为现象通过其对市场定价方法的影响来影响资产价格，这一方法使用**随机贴现因子**[27]的概念。Shefrin 提供了一个理论框架来揭露行为信念以及偏好对随机贴现因子的影响。Shefrin 的核心观点在于**主体的情绪**，这一观点捕捉到了影响投资大众不同行为的市场定价效应。随机贴现因子的对数可以分解为两部分之和：①一个基本组成部分；②一个情绪组成部分。其中基本价值由新古典定价理论来确定，情绪组成部分则代表由行为影响决定的对基本价值的偏离。当情绪为零时，价格就反映基本面，市场定价与新古典范式相一致。当情绪不为零时，一些资产的价格偏离了其基本价值。此外，市场误差可能并不类似于任何个体主体所犯的错误，这是因为，市场定价效应可以受多种影

---

26 请参见 Kahneman 和 Tversky(1979)和 Tversky 和 Kahneman(1982)。
27 这里我们可以将随机贴现因子视为一种风险调整贴现率。第 16 章将详细探讨这一概念。

响,包括主体错误的总体影响、主体偏好,或者两者兼而有之。

9.2 金融经济学隐含的假设

通过考察金融经济学中常用的假设,本节给出了不同分析形式所代表的条件。本节首先简述新古典范式的原则:该方法包含了规范性经济学中最常用的假设。然后,本节考虑鉴于诸如成本高昂的信息、信息不对称、交易成本和委托人-代理关系之类的复杂性的影响,我们该如何放松这些假设。随着新假设的引入,金融经济学开始从一个纯规范性领域演化到规范性分析和描述性分析的结合。

9.2.1 新古典范式

新古典范式指正式的经济学分析,其结果取决于个体理性、同质(对称)分布的信息、不存在交易成本的假设,也(通常)取决于竞争市场的假设。该范式主要关注对经济主体的理性行为建模,以及这些主体通过交易建立的金融市场均衡价格的特点。正如前面的章节已经指出的,本书所引用的理论结果都是从新古典范式下获得的发现开始的,然后在修正结果的基础上得到了连续,这些结果是旨在反映所观察到的金融现象的额外复杂性的假设。在本书对新古典范式的扩展中,我们将考虑不同的假设如何改变原始的理论结果:当信息分布是非对称的,当存在交易成本时,决策将如何受到影响;当规范性理性假设被行为特征代替时,决策又将如何受到影响。

9.2.2 成本高昂的信息

尽管新古典范式假设,所有的经济主体无须付出任何成本就可以获得相同的信息,但是自从 Marschak 和 Radner(1972)的著作问世以来,经济学家认识到,金融信息的获取和使用成本都是高昂的。认识到信息生产成本的一个结果就是,并非所有的经济主体在制定决策时都持有相同的信息。[28] 此外,持有不同信息的主体可能不会就资产价格达成共识,这恰恰是因为他们持有的信息存在差异。

9.2.3 信息不对称

可能是因为我们已经认识到的信息成本,当交易一方持有其交易对手所不具备的与回报相关的信息[29],**信息不对称理论**随之产生。信息不对称将导致**逆向选择**和**道德风险**。在受制于逆向选择的交易中,不知情的一方与知情一方持有不同的信息,不知情的一方在平均的基础上与知情的一方进行交易。在涉及道德风险的交易中,不知情的一方缺乏有关达成共识的交易是否实际执行的信息。

在金融交易中,不知情的一方通常被视为向知情的一方提供资源。Spence(1973)最初提出了发出信号这一概念,指出信息不对称有时可以通过让知情的一方向不知情的一方发

---

[28] 信息差异通常在不同的概率分布中引入,这些分布根据相同的给定状态集定义得到。
[29] Marschak 和 Radner 从状态世界定义的条件概率分布的角度理解信息。与回报相关的信息指条件概率分布,其本质对使用该信息制定决策的期望价值产生正面影响。

出信号,从而可信地将信息传递给交易对手。Stiglitz(2002)最早提出了**筛选理论**,根据这一过程,持有信息相对较少的一方可以诱使交易对手揭示额外的信息。

Akerlof(1970)的一篇经典文章,"柠檬市场",考虑了涉及发出信号和筛选信息不对称问题的解决方法。一些形式的筛选涉及购买的条件概率分布,而另一些涉及定义一个选择菜单,从而知情的一方的信息被可信地传达到不知情的一方。

9.2.4 委托-代理关系

代理理论研究委托人和代表委托人行动的主体之间的关系。[30] 由于持有信息的主体被认为代表别人制定决策,从而代理理论产生于昂贵的信息传递成本。因此,代理理论涉及就委托人和主体之间的利益达成共识,以及确定解决两者之间冲突的成本。举一个例子,共同基金(一种集中投资工具)的组合经理人代表基金中的股东进行交易。在这一关系中,组合经理人就是主体,股东就是委托人。为了尽可能地满足股东优先权,组合经理人可能会试图对股东的平均风险厌恶做出一个大致的估计。然而,组合无法对每一个股东对待风险的态度做出精确的估计,从而管理层所采取的决策对任何单个股东而言可能不是最优的。再举一个例子,可以将企业管理层视为企业股东的主体,在这种情况下,股东就有可能采取激励机制激励管理层根据股东利益行事。

9.2.5 成本高昂的交易

交易成本能够解释许多不同类型的组织。Demsetz(1968)作为最早指出交易成本含义的研究者之一,指出在一个零交易成本世界中,我们观察到的许多经济安排事实上不是必要的。举例来说,如果信息生产是免费的,每一个经济主体就可以根据完全信息而非部分信息制定决策。Demsetz 进一步指出,实践中,许多经济组织成立的目的在于最小化交易成本的影响。例如,前一章已经指出的,一些形式的资源分配是在公司内部而非市场中进行的,这是因为,这一做法的成本较低。更进一步,交易成本阻碍了套利的可能,进而促使金融市场价格持续偏离新古典经济学所预测的基本价值。[31]

例如,假设一只股票以 \$48.25 的价格进行交易,而其基本价值为 \$49。如果每单位股份交易价格超过 \$0.75,那么即使决策制定者知道该股票的价值被低估,他也不会购买该股票。再比如,如果一条特定信息的一次性货币价值为 \$100,但是开发这条信息的成本高于 \$100,那么理性主体将不会根据该条信息制定决策。在这种情况下,均衡价格还是不能完全反映所有可以公开获得的信息。

一旦认识到交易成本,还必须考虑**规模经济**的问题。[32] 个体进行交易的单位成本可能远远高于金融机构进行交易所支付的单位成本,金融机构在进行交易时能够实现规模经济。例如,对个体而言,每单位股份的交易成本可能是 \$0.75,但是对金融机构而言该成本可能要远低于此。其结果就是,金融机构可以通过大笔交易,消除价格效应,而这对个体而言言利用这一机会将是不经济的。

---

30 有关代理理论的一篇经典文献参见 Alchian 和 Demsetz(1972)。
31 第 16 章是关于资产定价的,将进一步探讨基本价值。
32 规模经济指生产一件商品,或者进行一个交易的平均成本随着活动规模的上升而下降的情况。

要 点

- 金融经济学采用规范性方法来提供所有主体都是理性的情况下金融世界是什么样的解释,而与该观点相对的,描述性方法旨在确定金融世界实际上是什么样的。
- 当规范性方法和描述性方法给出不同的预测时,金融研究试图解决这些发现。
- 期望效用理论用于规定主体如何在具有不同风险和回报的彩票之间做出选择。
- 可以选择不同的效用函数来反映不同主体隐含的偏好。例如,一些主体可能被表示为风险中性的,而另一些则被表示为高度风险厌恶的。
- 随机占优排序可以利用有关主体偏好的最少假设对风险进行排序。例如,假设主体是风险中性的,那么仅仅根据其期望价值就可以对风险进行排序。
- 金融行为(心理)方法试图描述主体实际上是如何在风险选择中做出选择的。例如,他们有可能过度自信,或者他们可能采用单凭主观愿望的想法。
- 行为方法识别了一系列主体理解风险并且在不同风险之间做出选择的方法。例如,一些主体可能是高度保守的,或是表现在他们对什么将有可能发生的理解上,或是表现在他们改变观点的意愿上。
- 金融经济学规范性方法所隐含的新古典范式对主体如何制定金融决策做出了一系列特定的假设。本质上,它假设主体具有高度的逻辑性,善于计算,并且知道风险事件可能发生的准确概率。
- 新古典范式还假设所有的主体能够获得相同的信息,但是事实上,决策制定者通常并不持有相同的信息。
- 新古典范式进一步假设信息可以免费获得,但是实践中,收集信息的成本是昂贵的。该成本影响主体实际上持有的信息,以及主体制定金融决策的方式。
- 在许多情况下,代理人代表委托人制定金融决策。

问 题

1. (1) 关于风险前景及其排序,Von Neumann-Morgenstern 指出了什么?
   (2) 风险项目期望效用是如何定义的?
   (3) 在 Von Neumann-Morgenstern 框架下,对所有投资者,彩票回报的客观概率分布做出了什么样的假设?
   (4) 使用期望效用理论的吸引人之处是什么?
2. (1) 圣彼得堡悖论是什么?
   (2) Daniel Bernoulli 如何提出这一悖论的解决方法?
   (3) Bernoulli 所提出的解决圣彼得堡悖论的方法在不确定性条件下制定决策时有什么用?
3. 经济学家如何定义一个彩票?
4. 在 Von Neumann-Morgenstern 框架中,理性行为是如何定义的?
5. 不知足的偏好的含义是什么?
6. Charlie Brown 的效用函数为 $50w - w^2$;他当前的财富 w 为零,以美分度量。Lucy 有 1 美分,并且希望 Charlie 接受如下的打赌:投掷该美分,如果出现正面,那么 Charilie 就需要向 Lucy 支付 2 美分;而如果出现反面,那么 Lucy 除了将把这 1 美分给 Charlie 之外,还需要再给他 1 美分。
   (1) Charlie 是否应该接受这个打赌?为什么?
   (2) 作图,并给出你的计算。
   (3) Lucy 由于未能说服 Charlie 接受她上

面提出的打赌而感到恼怒，疑惑他是否比她一开始想的更加胆大。这促使她思考，如果利益加倍的话，Charlie Brown 是否会赌一把。通过计算另一个期望效用，指出 Lucy 的想法是不正确的。用图来证实你的计算。

(4) 计算旧的打赌和新的打赌的方差，并利用这些方差作为风险度量，并用一句话解释为什么 Charlie Brown 甚至更不愿意接受这个新的打赌。

(5) 假设 Lucy 打算提出如下的第三个打赌。如果投掷该美分，出现正面，那么 Charilie 就需要向 Lucy 支付 2 美分。而如果出现反面，Lucy 就该给 Charlie y 个美分，其中 y 的值还需要确定。请说明如果 y 至少等于 3，那么毋庸置疑，Charlie Brown 就会接受这一打赌（事实上，如果 y 大于 $[50-(2\,084)^{1/2}]/2 \approx 2.2$，那么他将接受这一打赌。你不需要确定这最后一个数字；这里给出这个数字只是因为你可能对 y 的大小感兴趣）。

7. 下面的两段话节选自 Lars Tyge Nielsen 发表于 *Economic Theory* 的一篇文章，"Von Neumann-Morgenstern 效用的可导性"(Vol. 14, No, 2, 1999)。

　　可导性是 Von Neumann-Morgenstern 效用函数一个方便的特征，通常都会施加这一条件，但是尚未转换成行为项。(p. 285)

(1) 可导性是"Von Neumann-Morgenstern 效用函数的一个特征"的含义是什么？

　　在经济学和金融学的大多数应用中，效用函数都被假设为风险厌恶的。(p. 286)

(2) 这类行为的含义是什么？

8. 下面的一段话节选自 Thierry Post, Martijn J. Van den Assem, Guido Baltussen 和 Richard H. Thaler 发表于 *American Economic Review* 的"Deal or No Deal? Decision Making under Risk in a Large-Payoff Game Show"一文 (Vol. 98, No, 1, 2008)：

　　大量有关风险选择的理论得以发展，包括 John Von Neumann 和 Oskar Morgenstern(1944) 和 Daniel Kahneman 和 Amos Tversky(1979) 的描述性前景理论。尽管风险选择对经济学每一个分支都是根本性的，但是对这些理论的实证检验被证实是困难的。(p. 38)

(1) "Daniel Kahneman 和 Amos Tversky(1979) 的描述性前景理论"指的是什么？

(2) Von Neumann-Morgenstern 的规范性期望效用理论如何不同于前景理论？

(3) 你为什么认为这些理论可能需要不同形式的实证检验？

9. 风险厌恶主体的效用函数形状是什么样的？在回答这个问题时，你可以假设主体总是偏好更多的财富。

10. 绝对风险厌恶系数的含义是什么？它试图度量什么？

11. 对下面每一种效用函数，请解释其偏好反映了什么样类型的主体，以及每一种的经济解释，并推导每一种的绝对风险厌恶系数：

(1) 线性效用函数

(2) 二次效用函数

(3) 对数效用函数

(4) 负指数效用函数

(5) 指数效用函数

12. (1) 随机占优的含义是什么？它如何应用于决策制定？

(2) Rothschild-Stiglitz 占优的含义是什么？

13. (1) 行为金融的含义是什么？

(2) 行为金融的两块基石是什么？

14. 在行为金融中，

(1) 代表性

(2) 锚定的含义是什么？

15. 一旦认识到金融信息的获得和应用成本都是昂贵的，对金融决策制定意味着什么？

16. (1) 信息不对称的含义是什么？
    (2) 信息不对称将带来什么问题？

17. 发出信号的含义是什么？其对解决信息不对称的重要性何在？

18. (1) 代理理论的含义是什么？
    (2) 请给出两个应用代理理论的例子。

19. 交易成本对套利可能性以及金融资产定价的主要影响是什么？

参考文献

Akerlof, George. (1970). "The Market For Lemons: Quality Uncertainty and The Market Mechanism," *Quarterly Journal of Economics* **84**: 488–500.

Alchian, Armen, and Harold Demsetz. (1972). "Production, Information Costs, and Economic Organization," *American Economic Review* **62**: 777–795.

Arrow, Kenneth J. (1971). *Essays in the Theory of Risk-Bearing*. Chicago: Markham.

Barberis, Nicholas, and Richard Thaler. (2003). "A Survey of Behavioral Finance," in George M. Constantinides, Milton Harris, and Rene Stulz (eds.), *Handbook of the Economics of Finance*. Burlington, MA, Elsevier.

Demsetz, Harold. (1968). "The Cost of Transacting," *Quarterly Journal of Economics* **82**: 33–53.

Freixas, Xavier, and Jean-Charles Rochet. (2008). *Microeconomics of Banking* (2nd ed.). Cambridge: MIT Press.

Kahneman, Daniel, and Amos Tversky. (1979). "Prospect Theory: An Analysis of Decision under Risk," *Econometrica* **47**: 263–299.

Knight, Frank H. (1933). *Risk, Uncertainty, and Profit*. Chicago: University of Chicago Press.

Marschak, Jacob, and Roy Radner. (1972). *The Economic Theory of Teams*. New Haven, CT: Cowles Foundation, Yale University Press.

Pratt, John W. (1964). "Risk Aversion in the Small and in the Large," *Econometrica* **32**: 122–136.

Rachev, Svetlozar T., Stoyan V. Stoyanov, and Frank J. Fabozzi. (2008). *Advanced Stochastic Models, Risk Assessment, and Portfolio Optimization*. Hoboken, NJ: John Wiley & Sons.

Rothschild, Michael, and Joseph E. Stiglitz. (1970). "Increasing Risk I: A Definition," *Journal of Economic Theory* **2**: 225–243.

Rothschild, Michael, and Joseph E. Stiglitz. (1971). "Increasing Risk II: Its Economic Consequences," *Journal of Economic Theory* **3**: 66–84.

Shefrin, Hersh. (2005). *A Behavioral Approach To Asset Pricing*. Burlington, MA: Elsevier.

Spence, A. Michael. (1973). "Job Market Signaling," *Quarterly Journal of Economics* **87**: 355–374.

Stiglitz, Joseph E. (2002). "Information and The Change in The Paradigm in Economics," *American Economic Review* **92**: 460–501.

Tversky, Amos, and Daniel Kahneman. (1986). "Rational Choice and The Framing of Decisions," *Journal of Business* **59**: 251–278.

Tversky, Amos, and Daniel Kahneman. (1992). "Advances in Prospect Theory: Cumulative Representation of Uncertainty," *Journal of Risk and Uncertainty* **5**: 297–323.

第 10 章　或有要求权和或有策略

本章介绍或有要求权和或有策略的概念。它们都是分析和评估风险性金融决策的工具，并在本书余下部分被广泛使用。事实上，我们后面将给出如何利用或有要求权来对所有金融工具进行估值，包括诸如看跌期权和看涨期权之类的工具以及可转换债券。我们会进一步提供一些例子，来说明如何利用或有策略改善风险决策制定的回报，以及如何将它们理解为对实物期权进行估值的工具。

我们首先解释状态世界的概念，这是一种对风险结果进行分类的方式，风险结果的价值可以利用或有要求权表达出来。在提供如何利用或有要求权进行估值的例子之后，我们介绍不完全市场的概念，然后考虑其对解释现实世界中金融安排的重要性。然后，我们考察一些可以用于交易或者管理风险的金融工具和配置。我们还说明，或有要求权分析是如何提供了另一种证明第 5 章所解释的有关资本结构的 Modigliani-Miller 定理的方法。最后，我们探讨或有策略的使用：在不同的状态世界中如何存在差异，以及如何改善决策制定的回报，这些决策制定在现行主流的世界状态中是或有的。

10.1　状态世界

状态世界的概念对于思考如何简便地对风险回报进行建模是非常有用的。在一个二时点模型中，状态世界被定义为未来事件，未来事件对所考虑的决策问题很重要。根据决策制定者的定义，这些状态世界各部分之间是相互排斥的，所有部分是完全穷尽的。采用 Savage(1951)给出的一个例子，如果一个人要在一个已经盛有八枚鸡蛋的碗中再打入第九枚鸡蛋，相关的状态世界就是第九枚蛋是不是臭的，从而会将其他的也弄坏（这里我们假设只有在鸡蛋被打碎到碗里时，才能够分辨臭鸡蛋）。

在第二个与金融更加相关的例子中，一个投资者可能关注一单位股票的未来价格，而这一价格取决于经济状况。假设一个投资者定义①"状态"来代表经济条件；②"未来价格"为可能的股票价格，这些价格在一个给定的状态发生时实现。

状态	未来价格
1	10
2	8
3	6

(单位：美元)

例如，状态 1 可能就意味着，企业经营所处的行业面临繁荣的市场状况；状态 2 意味着不好也不坏；状态 3 意味着状况不好。在每一种状态下，效应是被记录在股票价格中。我们常常将状态与概率联系在一起。例如，p_i 可以用来代表状态 i 实际发生的概率，即 $i=1, 2, 3$。由于这些状态是相互排斥的，其中只有一个可能发生；由于这些状态是完全穷尽的，这三种中的一种必发生。从而，$\Sigma p_i = 1$。[1]

10.2 或有要求权及其价值

单位或有要求权是一种证券，在一个特定的状态世界真正实现时，它会支付 $1，否则就不支付。在状态 i 实现时支付 $1 的要求权称为**状态 i 的单位要求权**。单位要求权也称为**初级证券**或 **Arrow-Debreu 证券**。[2] 相应地，10.1 节所描述的未来股票价格因此等价于包含以下内容的打包：

状态 1 的 10 个单位要求权

状态 2 的 8 个单位要求权

状态 3 的 6 个单位要求权

从而，就基本单位而言，或有要求权的思想对于准确表达在不同的可能状态世界中一个给定证券的回报是多少是非常有用的。

也许，给出现实世界中要求权的例子需要一些想象力，并且现实世界中这样的例子并不多。[3] 但是单位要求权打包后就代表诸如股票或债券之类的更加普通的证券的完美替代品，并且我们将发现，利用要求权来理解证券之间的价格关系将是非常有用的。例如，如果我们假设金融市场是完美竞争的，并且根据状态世界来描述未来事件，那么必然就能得到证券和或有要求权之间特定的价格关系。而这就意味着，正如接下去以及第 16 章将进一步探讨的，我们能够得到证券价格之间特定的可预测的关系。

为了说明这些关系，假设我们利用两种状态世界来进行描述，并有两个可获得的股票，即股票 A 和股票 B。我们假设股票未来的价格有如下的分布：

(单位：美元)

状态	股票 A 未来的价格	股票 B 未来的价格
1	10	7
2	8	9

---

1 尽管在本书全书中，我们较少使用利用或有要求权的多期模型，但是我们也可以在不同时点定义状态，例如，不同时点的状态世界。由于这些事件状态的定义使用相对较少，我们将在本书后面遇到的特定情况中进一步发展它们。

2 这是根据引入他们的经济学家 Arrow(1964) 和 Debreu(1959) 来命名的。

3 赌马的门票是要求权的一个例子；火灾保险是另一个。单位要求权的一个例子就是一个期权，当特定的标的资产价值超过一个固定的美元值时，该期权就支付 $1。

定义 $A(1)=\$6$ 为 1 时刻股票 A 的价格，$B(1)=\$5$ 为 1 时刻股票 B 的价格，并假设这些价格不允许出现套利机会。现在，如果我们定义 C_1 和 C_2 分别为为状态 1 和状态 2 单位要求权在 1 时刻的价格，那么我们就可以利用上述有关股票价格和回报的信息来找到 1 时刻的价格 C_1 和 C_2。以 \$6 的价格买入股票 A 相当于买入 10 个单位状态 1 的打包和 8 个单位状态 2 的打包，而以 \$5 的价格买入股票 B 相当于买入 7 个单位状态 1 的打包和 9 个单位状态 2 的打包。由于构成这两个股票的单位要求权是完全替代品，从而它们在完美市场中必须以相同的价格销售。从而，我们有：

$$10C_1 + 8C_2 = \$6$$
$$7C_1 + 9C_2 = \$5$$

求解可以得到：

$$C_1 = \$\frac{7}{17}, C_2 = \$\frac{4}{17}$$

我们可以利用同样的逻辑，找到该市场中必须得到的无风险利率。由于无论何种状态，无风险工具总是提供相同的回报，从而我们就希望找到 2 时刻无论何种状态发生都能提供相同回报的股票组合，这里定义回报为 k。问题也就是，必须对下面的方程求解 α：

$$\alpha\binom{10}{8} + (1-\alpha)\binom{7}{9} = \binom{k}{k}$$

我们可以将回报 k 记为等于下面两种回报中的任何一种：

$$10\alpha + 7(1-\alpha) = 8\alpha + 9(1-\alpha)$$

这意味着：

$$2\alpha = 2(1-\alpha)$$

从而 $\alpha = \frac{1}{2}$。从而无风险回报为 $\frac{1}{2} \times 10 + \frac{1}{2} \times 7 = \$8.50$，并据此可以得到价格等于 $\frac{1}{2} \times 6 + \frac{1}{2} \times 5 = \$5.50$，这是因为，一个由这两种股票以相同比例构成的组合意味着无风险投资。相应地，无风险回报为：

$$\frac{\$8.50 - \$5.50}{\$5.50} = \frac{6}{11} = 54.55\%$$

当然，这并不一定是一个现实的无风险利率值。[4] 然而，这里我们的目的在于给出有关计算的说明，来显示或有要求权之间的关系，出于这个原因，数字的特定大小并不重要。

进行无风险投资的另一种方式就是买入一单位每一个可获得的单位要求权，即一单位状态 1 的要求权和 1 单位状态 2 的要求权。这样一个组合提供 \$1 的特定回报，其投资成本为：

$$\$\frac{4}{17} + \$\frac{7}{17} = \$\frac{11}{17}$$

从而这一投资的回报率为：

$$\frac{\$1 - \$\frac{11}{17}}{\$\frac{11}{17}} = \frac{\$17 - \$11}{\$11} = \frac{\$6}{\$11} = 54.55\%$$

---

4 它是否是现实的取决于所考虑的时间区间长度，到目前为止我们还没有明确指出这个问题。

和之前一样。

10.3 或有要求权市场中投资者效用最大化

本节，我们描述当一个投资者面临或有要求权市场风险时如何解决效用最大化的问题。在我们的说明中，我们将继续前一节的股票 A 和股票 B。更进一步，我们将假设投资者的初始财富为 \$600。表 10-1 总结了这一情景。我们定义 w_1 为状态 1 发生时的财富，w_2 为状态 2 发生时的财富。我们可以在 (w_1, w_2) 空间中做出这些数据的图，正如图 10-1 所显示的。注意之前确定的将购买划分为购买相同数目（每种 54.5）的每种证券的无风险头寸将产生一个无风险的最终财富头寸，为 \$926.50。

表 10-1　两种状态下最终财富总结　　　　　　　　　　　　　（金额单位：美元）

	购买股份数目	终止财富	
		状态 1	状态 2
仅买入股票 A	100	1 000	800
仅买入股票 B	120	840	1 080

我们还可以利用另一种方法来计算 1 时刻要求权组合的价值。我们可以将图 10-1 中直线的方程记为：

$$w_2 = a - bw_1$$

从而对 1 时刻股票 A 的价格，我们有：

$$800 = a - 1\,000b$$

而对 1 时刻股票 B 的价格，我们有：

$$1\,080 = a - 840b$$

求解这两个方程联立的方程组，我们有 $b = 1.75$ 和 $a = \$2\,550$。从而当 $w_1 = 0$ 时，$w_2 = \$2\,550$，而当 $w_2 = 0$ 时，$w_1 = \$1\,457$，这是图 10-1 中直线在两个轴上的截距。

现在如果 $w_2 = 0$，我们有状态 1 的要求权（初级证券）。（该证券在状态 1 支付 \$1 457，否则不支付。）该要求权的价格可以通过将初始财富除以 1 状态发生时可获得的最大财富计算得到，即 $\$600/\$1\,457 = 0.41 \left(= \frac{7}{17}\right)$。类似地，初级证券 2 的价格为 $\$600/\$2\,550 = 0.24 \left(= \frac{4}{17}\right)$，和之前的得到的值是相同的。

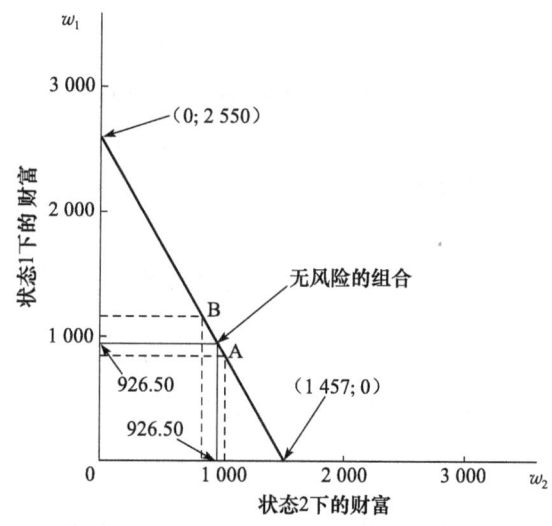

图 10-1　市场机会线给出的单位要求权隐含的价格

注意图 10-1 中，投资者 1 时刻的头寸在 AB 线上的某一点。投资者如何获得一个最终财富头寸，位于这两点之外？投资者可以进行**卖空**，即卖出当前不持有的股票，当未知的未来状态世界知晓时再用于交割。在这个交易中，投资者从 0 时刻证券的出售中获得现金，并用其买入另一个证券。如此，投资者承诺之后以市场主导价格买入该卖空的股票，无论当时的市场主导价格是多少都进行交割。注意在这个交易中，存在实现巨大收入或巨大损失的可能性。这里我们将利用初始财富作为约束，并且我们将要求，在最差的情况下，当投资者猜测错误时，其最终财富将为零。即期末不允许借入资金，从而投资者无法超越图 10-1 中的截距。

为了说明，考虑点 $w_1 = \$1\,457$，$w_2 = 0$。定义 n_A 为购买股票 A 的数目，n_B 为购买股票 B 的数目。如果状态 1 发生，那么最终财富将为：

$$10n_A + 7n_B = \$1\,457$$

而如果状态 2 发生，我们必须有：

$$8n_A + 9n_B = 0$$

求解这些联立方程组，我们得到 $n_B = -343$。如果投资者以 \$5 的当前价格卖空 343 个单位的股票 B，他将得到 \$1 715。将其与初始财富 \$600 相加，得到 \$2 315，从而投资者可以以每股 \$6 的价格买入 \$2 315/\$6 = 386 个单位的股票 A。如果状态 1 发生，该投资者将获得 \$3 860（\$10 乘以 386 股），但是现在必须为股票 B 支付 \$2 401（\$7 乘以 343 股），来填补这一空头头寸。净最终财富为 \$3 860 - \$2 401 = \$1 459（差异源于四舍五入），正如所要求的那样。在状态 2 下，最终财富将等于 \$3 088（\$8 乘以 386 股），减去用于填补空头头寸而回购股票 B 的成本，以每股 \$9 的价格买入 343 股，即 \$3 087。因此，净最终财富等于零（计算结果等于 \$1，但这是四舍五入的结果）。

注意到目前为止我们所考虑的点都不一定是效用最大化的点。为了确定这一点，就必须知道投资者在 (w_1, w_2) 空间中的效用函数。给定一个效用函数，投资者效用最大化的点就变成一个非常熟悉的问题，我们在第 2 章探讨了这一问题。投资者最优组合满足切点条件，即财富约束线的斜率（单位要求权价格的比率）等于无差异曲线的斜率（状态 1 消费相对于状态 2 消费的边际替代率）。

上面说明指出每一个证券可以被视为一束单位要求权，从而代表有关未来状态世界头寸的组合。此外，在这些情况下，投资者可以达到市场机会线上的任何一点。如果证券数目小于不同状态的数目，那么可能就无法得到个体的最优消费选择。其重要性将在下一节详细探讨。

尽管到目前为止第二个目的还没有被清晰地揭示出来，但正如第 17~19 章将给出的，它实际上是为了说明或有要求权的分析为复杂金融工具和金融安排估值提供了一种强大的方法。

10.4 不完全市场的或有要求权

当经济主体能够通过投资于单位或有要求权（即初级证券）构造任何未来状态回报集时，市场就称为**完全市场**。如果市场中交易的（**线性**）独立证券的数目小于不同状态世界数目，那么金融市场就称为**不完全的**。显然，市场不完全性取决于状态世界是如何定义的。然而，由于用于描述一个典型金融市场的状态世界数目有可能是很大的，[5] 从而现实世界中金融市场是不完全的可能性是非常现实的。

最好用一个例子来说明市场不完全性的重要性。让我们来考虑一个具有 3 种可能状态世界的经济体，并假设仅存在两种证券（为了便于说明，假设它们都是单位要求权形式）在其中交易。表 10-2 描述了每种状态世界下证券在 1 时刻的回报。从表 10-2 中，显而易见，

---

5 状态的正确数目取决于分析的目的。

这两个单位要求权的加权平均能够被用于创造各种打包,其 1 时刻的价值分布为 0~1,而其真实结果则取决于究竟是状态 1 实现还是状态 2 实现。然而,仅利用现存的两个单位要求权,在状态 3 下,投资者只能创造一个价值为零的收入要求权。此外,在这个例子中,没有一个投资者能够安排一个无风险投资,这是因为,利用可获得的证券,不可能在每一种状态世界中确保相同的回报。

表 10-2 1 时刻两个证券的市值

证券	状态世界		
	1	2	3
1	1	0	0
2	0	1	0

如果存在第三个单位要求权,其在状态 3 下的价值为 \$1,而在其他状态下价值为零,那么情况就大不一样了。现在要求权的数目等于不同状态的数目,从而就可以安排一个无风险投资。

现在我们将探讨市场不完全性的一些实践意义。从前面的例子很容易看出,不完全市场中投资者选择将受到限制。此外,如果投资者选择受到限制,那么相比市场是完全的情况(即如果限制被消除),投资者的状况将永远无法得到改善,并且反而很有可能变差。在这种情况下,可以预期,如果可以找到使市场变得完整的方法,那么就很有可能可以利用那些可能性。也就是说,在不完全金融市场的情况下,新工具的出现可能被视为尝试为投资者提供金融机会。衍生品(期权、期货和互换)的出现可以被视为这种尝试的例子。Mossin(1977)认为,现有企业对安排新活动成为独立公司的偏好可能是解决市场不完全性的另一个尝试的迹象。

我们将在后面的章节探讨更多有关最近创造出来的金融工具,这些工具与不完全市场的关系,以及这些工具的定价。现在,我们希望接下来能够指出现实世界中金融工具和安排可以被理解为或有要求权的一些方式。

10.5 重回 Modigliani-Miller 定理

让我们利用或有要求权重新回到第 5 章所探讨的 Modigliani-Miller 定理。我们的目的在于,提供另一种将企业发行证券视为仅仅代表企业经营收入一部分的说明。

定义 $p(s)$ 为 2 时刻状态 s 实现时获得 \$1 的 1 时刻价格。也就是说,$p(s)$ 为一个单位要求权在 1 时刻的价格,如果 2 时刻状态 s 发生,那么该要求权支付 \$1。现在假设管理层通过发行债券筹集资金,该证券承诺在 2 时刻支付 \$500(包括利息和面值)。继续假设 2 时刻只有两种可能的状态,并且在每种状态下企业能够产生的经营收入在下表给出,债券持有者和股东要求权也在下表给出:

(单位:美元)

状态	经营收入	债券持有者	股东
1	1 700	500	1 200
2	800	500	300

利用或有要求权的价格,1 时刻债券的价值,定义为 $B(1)$,为:

$$B(1) = \$500p(1) + \$500p(2)$$

换言之,为了排除套利的可能性,债券价值必须正好等于构成债券完全替代品的或有要求权打包的价值。类似地，1 时刻股票价值，定义为 $S(1)$，为：

$$S(1) = \$1\,200p(1) + \$300p(2)$$

最后，两种证券的价值之和（该价值也代表企业的市值），定义为 $V(1)$，为：

$$V(1) = \$1\,700p(1) + \$800p(2)$$

注意企业市值正好等于这两种证券的市值之和，正如根据 Modigliani-Miller 的假设，必须如此。

上面的计算表明，企业证券的回报以及企业自身的回报，可以被视为或有要求权的打包。任何不同的打包集将具有相同的组合价值，只要回报之和等于企业的总收入。为了说明这一点，考虑第二种情况，在 2 时刻发行承诺支付 \$1 000 的债券。从而要求权的分布为：

（单位：美元）

状态	经营收入	债券持有者	股东
1	1 700	1 000	700
2	800	800	0

由于状态 2 下，回报小于要求的债券支付，导致这些债券将部分违约，从而 1 时刻债券价值为：

$$B(1) = \$1\,000p(1) + \$800p(2)$$

并且 1 时刻股票价值为：

$$S(1) = \$700p(1) + \$0p(2)$$

到那时这就意味着，1 时刻两种证券的价值加在一起和之前给出的 $V(1)$ 一样：

$$V(1) = \$1\,700p(1) + \$800p(2)$$

这一讨论的重要性主要分为三个层次。首先，它使用一种不同的方式，在 Modigliani 和 Miller 假设的基础上，证实了资本结构的无关性，同第 5 章。其次，它指出债券和股票仅仅代表基本单位（或有要求权）的不同打包方式，这可以被视为代表企业收入。在 Modigliani-Miller 分析的假设下，基本单位的不同打包方式不影响由企业收入所代表的每一种类型基本单位的总数。最后，这里的讨论指出，将或有要求权分析应用于不同证券的估值非常简单。本质上，上述证明指出，无论证券有多复杂，金融理论以完全相同的方式对不同类型的证券进行估值。在每种情况下，证券价值的基础就是其所代表的基本单位的打包。

10.6 金融工具作为或有要求权

大多数金融工具可以用于买卖，但并不是所有的工具在金融市场中的交易都是活跃的。例如，一种常见的或有要求权（它与单位要求权的概念接近）形式就是彩票。根据其最简单的形式，这一要求权将导致其持有者赢得正奖或为零。相应地，该彩票代表一种可以利用两种状态世界进行估值的要求权。[6] 但是彩票一旦发行，很少再被用于交易。诸如赌马或者其他类似竞赛的门票之类的或有要求权也同样如此。

保单是一种与相关金融工具概念比较接近的或有要求权，但是传统形式的保单很少在金融市场上交易。另一方面，看跌期权或者看涨期权代表了以事先确定的价格卖出或者买

6　显然，如果一个彩票具有不同的奖项，那么就可能需要定义几种不同的状态世界来对其做出完整的描述。

入证券或金融指数的或有要求权（第 18 章和第 19 章将详细探讨期权），在有组织的交易所内交易活跃。权利和权证是或有要求权的其他例子，这是因为，它们允许，但不是要求持有者根据事先规定的条款买入证券。

还有一些**内含衍生品**的证券，这些衍生品不能独立于工具本身进行交易。例如，**可赎回债券**赋予发行者在未来某个时刻根据事先规定的价格赎回债券的权利，即可赎回债券可以被视为一个普通债券附带一个赋予债券发行者的内含看涨期权。**可卖回债券**赋予投资者在未来某个时刻根据事先规定的价格卖出（即看跌）债券的权利。从而，该债券结构可以被视为一个普通债券附带一个赋予投资者的内含看跌期权。**可转换证券**，包括可转换债券或可转换优先股，代表或有要求权，这是因为，它们通常都允许所有者将原始发行证券换成其他证券，通常是普通股，并且它们是可赎回的。一些可转换证券甚至包含了一个内含的看跌期权。

其他一些常见的金融配置也可以被视为或有要求权，它们同样不常在市场上交易。正如 Brennan(1979) 所指出的，这些包括诸如企业纳税义务之类的可能性，企业的纳税义务取决于其应税收入。[7] 在这种情况下，相关的状态世界就将影响所报告的收入的经济状况。折旧税盾或者租赁费用只有在存在充足的经营收入时才富有价值。只有当企业面临技术破产时才需要支付的成本代表企业的另一种或有要求权。最后，当租赁到期时，企业可能拥有进行未来投资（具有不同盈利水平的投资）或者购买实物资产的机会代表企业所拥有的或有要求权。

许多这种机会的实现常常取决于企业使用的或有策略（在不同的状态世界下制定不同的决策），这是我们接下来将要探讨的问题。

10.7 或有策略

随着更多类型的或有要求权的出现，投资者满意程度将上升，企业可以通过采用**或有策略**改善其收入分布。[8] 为了认识到在决策制定中将或有事件考虑进去的可能性，我们称决策制定者使用或有计划，此人将宣布"如果状态 1 实现，我将采取 X_1，如果状态 2 实现，我将采取 X_2"，而不是简单地说"我将采取 X。"[9] 或有计划的细节称为**制定或有策略**。

正如不完全市场中证券数目的不足将限制投资者的满意程度，或有计划的缺失将导致较差的回报分布，否则情况将有所改善。为了更加详细地建立起或有要求权和或有策略之间的纽带，我们首先探讨或有策略产生的背景，然后提供一个例子，来说明或有计划如何相比非或有决策制定带来的改善。

考虑一家企业，正在计划选址建立一个工厂，如果其产品能够成功地占有市场，那么之后它将扩张其设施。初始选址决策无法轻易改变，并将影响企业未来获得的回报。例如，之后有可能发生的扩张活动类型很有可能取决于初始选址，以及未来可能获得的相关信息。有可能在一个场所将完整的产品生产出来，而在另一个场所将用于装配的零件生产出来，而装配还将发生在另外一个场所。无论何种情况，一旦选择了一个给定的场所，所选的扩张计划类型将取决于初始选址。此外，随着时间的逝去，扩张计划类型的细节也可

---

[7] 在 20 世纪 80 年代中期，美国政府有效地允许通过一个租赁安排，在特定条件下出售税收收入。请参见 Fabozzi 和 Yaari(1983)。

[8] 如果采取或有策略无须付出任何成本，那么即使它不能改善企业的回报，它也永远不会导致企业的状况变差。

[9] "如果走陆路，就选 1；如果走海路，就选 2"是 Paul Revere 时代如何使用或有计划的一个例子。

能随之发生变化，这是因为，在制定初始选址决策后，有可能获得更多有关当地情况的信息。相应地，管理层有一个选择：如果未来像预期的一样，现在就选择提供最高标准函数价值的场所；或者，如果未来不同于现在预期的最优可能的情景，就选择最适合制定一系列可能决策的场所。后者就是或有计划的一种形式。

为了发展与或有计划相关的计算细节，我们给出一个数值例子。在这种情况下，我们假设所探讨的特定决策问题可以独立于企业所面临的其他问题进行考虑。并且，为了简便起见，我们假设企业希望最大化所涉及回报的期望价值。[10] 深奥电子是一家工业应用和空间探索零件制造商。公司正在计划其未来两个季度的生产。由于公司无法同时生产零件 a 和零件 b，从而它就必须决定，每个季度是生产零件 a 还是零件 b。两个季度都稳定生产同一种零件将消除生产准备成本。另一方面，连续生产零件 b 的收入将受空间探索任务成败的影响，其结果将在第一个季度末之前知晓，但是此时第一个季度生产决策制定时间已经结束。零件 a 不属于空间行业所使用的零件，从而生产零件 a 的收入与空间探索任务的结果无关。

表 10-3 给出了上面的考虑，表中显示，生产计划的回报取决于状态世界（即任务的结果）。一个成功的任务结果由 g 来定义，一个失败的任务结果由 b 来定义。图 10-2 中的决策树给出了事件的发生次序。

表 10-3 决策次序及其回报

（单位：美元）

决策次序	状态 g 下的回报	状态 b 下的回报
Aa	3	3
Ab	0	−4
Ba	3	−3
Bb	7	−7

现在假设目前可获得的对任务成功（状态 g）的概率估计为 0.65。管理层就有可能进行表 10-4 中给出的计算，并指出在这两个季度，都应该选择生产零件 a，因为这样能够带来最高的期望回报。然而，选择在两个季度都生产零件 a 的思路如下。较长的生产过程消除了生产准备成本，从而较优。与此同时，任务更有可能获得成功，从而根据期望价值，在两个季度都生产零件 a 是值得的。此时，读者就应该考虑，如何将非或有策略在图 10-2 的决策树中表现出来。

在假设的情况下非或有策略的问题在于，实际任务的结果将在决定第二个季度的生产之前知晓。尽管第一个季度后转换生产将产生第二次生产准备成本，但在某些情况下，这些增加的成本有可能被知晓任务结果后生产任何一种合适的产品所带来的较高的回报所抵消。因此，选择允许这种修正可能性的计划将是非常重要的，尤其是在最有可能的结果没有出现时。

为了说明如何实施这一类型的理由，我

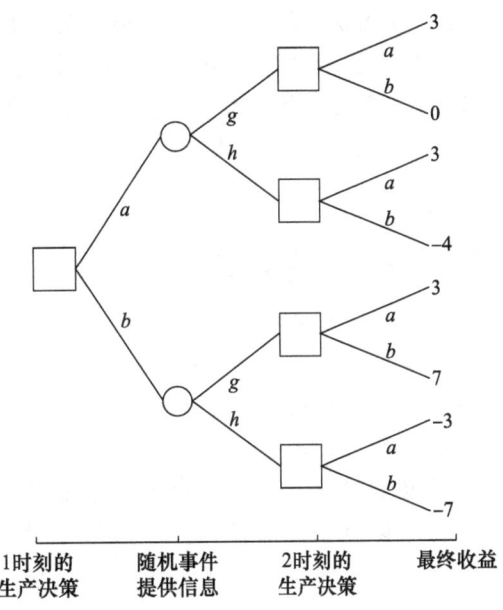

图 10-2 或有策略的说明

---

10 在现在这个例子中，期望效用最大化也可以仅仅被假设为将回报理解为用效用单位来表达。

们现在来考虑或有策略。这类策略可以由 $c(gd, be)$ 来定义，意味着第一个季度计划生产 c，如果任务成功，那么第二个季度就生产 d，而如果任务失败，那么第二个季度就生产 e。注意 $c(gd, bd)$ 类型的或有策略事实上是退化的，因为它和之前已经考虑的非或有类别策略并没有差异。表 10-5 给出了非退化的或有策略及其回报；完整的或有解决方法同时考察了表 10-4 和表 10-5 中的策略。我们可以利用图 10-2 来说明或有策略如何通过对决策制定者选择施加较少的约束，而不同于非或有策略。

表 10-4 非或有策略和期望回报
（单位：美元）

非或有策略	期望回报
$a(ga, ha)$	$3\times(0.65)+3\times(0.35)=3.00$
$a(gb, hb)$	$0\times(0.65)-4\times(0.35)=-1.40$
$b(ga, ha)$	$3\times(0.65)-3\times(0.35)=0.90$
$b(gb, hb)$	$7\times(0.65)-7\times(0.35)=2.10$

表 10-5 或有策略和期望回报
（单位：美元）

或有策略	期望回报
$a(ga, hb)$	$3\times(0.65)-4\times(0.35)=0.55$
$a(gb, ha)$	$0\times(0.65)-3\times(0.35)=1.05$
$b(ga, hb)$	$3\times(0.65)-7\times(0.35)=0.50$
$b(gb, ha)$	$7\times(0.65)-3\times(0.35)=3.50$

注：符号 $c(gd, bd)$ 代表第一个季度生产 c，接着无论任务的成败，在第二个季度生产 d。

从表 10-5 中，我们发现，最优策略为 $b(gb, ba)$。换言之，管理层从生产零件 b 开始，如果任务成功，那么继续生产 b，而如果任务失败，那么就转向 a。注意这一策略的期望价值要高于管理层初始考虑的非或有策略。从而我们所指出的就是，将灵活性纳入企业决策制定包含了更多的可能性，并且所获得的额外灵活性永远不会对企业造成伤害（除了进行额外计算的成本）。这一过程往往能产生现实的收益，正如刚才研究的那个例子。

在另一些情况下，或有计划所带来的回报增加只能以更高的成本获得。于是问题就变成决定期望增加收益是否大于增加的成本。在本书后面的一些地方，我们将探讨涉及这些问题的金融决策的例子。我们将发现，或有计划提供了重新分配风险和有关风险回报的方式。特别是，我们将在第 26 章探讨管理层对有关未来状况的信息的使用，与制定或有资本支出决策之间的关系。我们还将在本书的第七部分探讨管理层向投资者提供信息与制定或有融资决策（例如，发行可转换债券）之间的关系。

要 点

- 或有要求权分析和或有策略都是应对金融决策制定过程中的风险的工具。
- 或有要求权采用状态世界的概念来评估未来的风险回报。
- 单位或有要求权（也称为初级证券或 Arrow-Debreu 证券）是一种证券，在一个特定的状态世界真正实现时，支付 \$1，否则就不支付。
- 在状态 i 实现时支付 \$1 的或有要求权也称为状态 i 的单位要求权。
- 尽管现实中或有要求权较少，但或有要求权对于证券估值以及理解证券价格之间的关系是非常重要的。
- 一个面临或有要求权市场风险的投资者可以将其决策问题视为效用最大化。
- 每一种证券都可以被视为一束单位要求权，进一步代表有关未来状态世界的头寸（多头和空头）的组合。
- 或有要求权可以用于指出投资者如何通过卖空（即卖出当前不持有的股票，当未知的未来状态世界知晓时用于交割）影响其最终财富头寸。这种情况下的结果要比不存在卖空时的风险高。
- 如果市场中交易的(线性)独立证券的数目小于不同状态世界的数目,那么金融市场就称为不完全的。
- 由于描述一个运作良好的金融市场所必需的状态世界数目有可能是很大的,从而显示世界中的金融市场是不完全的可能性是非常现实的。
- 尽管许多代表或有要求权的金融工具可以用于买卖,但到那时并非所有的金融工具或安排都在金融市场中活跃交易。
- 企业管理层可以利用或有策略来认识到金融决策制定时将或有事件考虑进去的可能性。或有策略可以改善从金融决策制定中获得的回报。

问 题

1. 理解下述两个概念的目的是什么。
   (1) 或有要求权
   (2) 或有策略
2. "状态世界"的概念对风险条件下制定决策有什么作用?在不确定性条件下呢?
3. 单位或有要求权的含义是什么?这一概念为什么在金融经济学中非常有用?
4. 假设我们可以利用两种状态来描述世界,并且有两种可获得的资产,资产 K 和资产 L。我们假设资产的未来价格有如下的分布。

   (单位:美元)

状态	资产 K 的未来价格	资产 L 的未来价格
1	25	21
2	20	18

   定义 $K(1)=\$20$ 为 1 时刻资产 K 的价格,定义 $L(1)=\$19$ 为 1 时刻资产 L 的价格。
   (1) 假设不存在套利机会,1 时刻单位要求权的价值是多少?
   (2) 该市场中必须获得的无风险回报率是多少?
5. 假设我们可以用两种状态来描述世界。1 时刻该市场中状态 1 和状态 2 的单位或有要求权的价格分别为 \$0.3 和 \$0.5。投资者在 (w_1, w_2) 空间中的效用函数为 $U(w_1, w_2) = w_1 \cdot w_2$,其中 U 代表效用水平。此外,投资者的初始财富为 \$420。该投资者的最大效用组合是什么?
6. 卖空的含义是什么?
7. 不完全金融市场的含义是什么?
8. 假设我们可以利用两种状态来描述世界,并且有两种可获得的资产,股票 Y 和股票 Z。我们假设资产的未来价格有如下的分布。

   (单位:美元)

状态	股票 Y 的未来价格	股票 Z 的未来价格
1	10	15
2	20	11

   股票的初始价格为:$Y(1)=\$13$,$Z(1)=\$10$。我们在 (w_1, w_2) 空间中的效用函数为 $U(w_1, w_2) = w_1 \cdot w_2$,其中 U 代表效用水平。现在我们的初始财富为 \$420。为了最大化我们的效用函数,我们在构建组合时应该选择多少单位的股份,即 Y 和 Z 的头寸分别是多少?(假设允许分数的股份。)
9. 哪些类型的债券内含的期权可以被视为或有要求权?
10. 为什么企业的纳税义务可以被视为或有要求权?
11. Henry Morton 的初始财富为 \$1 200。他认为未来是有风险的,但是可以完全可以由两种可能的状态来描述。Henry 有机会投资两个证券 S 和 T,其初始价格

分别为 $S(1) = \$10$，$T(1) = \$12$。这些证券的回报为：

（单位：美元）

状态	证券 S 的未来价格	证券 T 的未来价格
1	10	21
2	20	18

(1) 如果 Henry 只买入证券 S，他可以购买多少单位？

(2) 如果 Henry 只买入证券 T，他可以购买多少单位？

(3) 对于上述两种情况，每种状态下，其最终的财富分别是多少？

(4) 现在假设 Henry 可以发行证券，也可以购买证券。然而，在任何一种状态下，他都必须满足所有的要求权要求（最终财富可以为零，但是他不能违背任何承诺）。现在 Henry 最多可以卖出多少单位的 S 来买入 T？反之，他最多可以卖出多少单位的 T 来买入 S？

(5) 现在对于上述两种情况，每种状态下，其最终的财富分别是多少？

12. 两个证券有如下回报。

（单位：美元）

状态	证券 G 的未来价格	证券 H 的未来价格
1	10	30
2	20	10

当前的价格为：$G(1) = \$8$，$H(1) = \$9$。两种未来状态发生的可能性相等。你的初始财富（当前财富）为 \$720。

(1) 如果你希望买入一个完全无风险的组合，应购买多少单位的 G 和 H（允许出现分数的单位）？

(2) 隐含的无风险回报率是多少？

13. 假设市场中有一只股票 S，其终止价格可以为 \$40，\$42，或 \$45。因此，我们可以用三种状态来描述这一世界。另外还有一个证券，其回报如下。

- 当终止股票价格 S_T 大于 \$41 时，该证券支付 $S_T - \$41$。
- 当终止股票价格 S_T 小于等于 \$41 时，该证券支付 0。

请说明该证券是一个或有要求权。

参考文献

Arrow, Kenneth J. (1964). "The Role of Securities in the Optimal Allocation of Risk-Bearing," *Review of Economic Studies* **31**: 91–96.

Brennan, Michael J. (1979). "The Pricing of Contingent Claims in Discrete Time Models," *Journal of Finance* **34**: 55–68.

Debreu, Gerard. (1959). *The Theory of Value*. New York: John Wiley & Sons.

Fabozzi, Frank J., and Uzi Yaari. (1983). "Valuation of Safe Harbor Tax Benefit Transfer Leases," *Journal of Finance* **37**: 595–605.

Mossin, Jan (1977). *The Economic Efficiency of Financial Markets*. Lexington, MA: Heath.

Savage, Leonard J. (1951). *The Foundations of Statistics*. New York: John Wiley & Sons.

第 11 章　风险和风险管理

金融经济学家所指的风险的含义是什么，如何管理风险？本章，我们将解释为什么不能抽象地描述风险，而取决于诸如决策制定者偏好、财富水平，以及在许多情况下的环境状况等。例如，$1 000 货币的可能损失对一个处于挣扎中的学生而言是比较重要的，而对一个富裕的商人而言就没有那么重要了。类似地，$1 000 货币的可能损失在经济萧条时更为严重，而经济繁荣时就不那么严重了。风险也可以根据其他一系列特征来描述。例如，风险可以随着决策制定者所选择的时间而发生动态演化。此外，那些风险可以随时间发生动态演化。决策制定者的偏好也可以随着条件以及时间的变化而发生变化。由于这些众多描述风险的因素，管理层的任务也表现出各种形式，并且类似地也会随着时间而演化。

为了系统地说明风险管理任务的复杂性，本章将其视为管理层的问题来处理。本章，我们首先给出各种不同类型的风险以及决策制定者面临风险时态度的概况。然后我们考察这些元素的不同组合如何带来一系列最优化问题。在目前的探讨中，最优化意味着在给定你已经知道的以及你能找到的[1]的情况下尽你所能。尽管这一最优化概念包含期望效用最大化的概念，但是它涉及的范围更广。例如，在不确定性条件下，根据定义就可以排除最大化选择：不确定性指无法对可能的结果赋予概率分布的情况。但是即使是在不确定情况下，试图制定较好的决策依旧是一个合乎情理的目标。

接下来，本章通过定义风险和不确定性之间的差异向前推进。然后考虑决策制定者的管理目标及其用于追求那些目标而采用的标准。一旦一个标准被选定，并假设决策制定者有一些能力来影响其所面临的情况，本章探讨如何利用该标准来指引决策的选择。例如，决策制定者有可能能够明确地表达问题，即在风险条件下最大化预选效用函数的期望效用，预选的方法就是通过风险转移。

本章考虑不同的概率分布。此外，具体来说：①我们描述实践中决策制定者可能遇到的概率分布的主要特征；②我们探讨如何将不同的概率分布纳入问题构想；③我们考察分布如何影响问题的解决方法。最后，本章解释了不同形式的效用函数，以及效用函数的选择如何影响风险管理问题的解决方法。

1　"你能找到的"取决于找到的成本相对你的目标是否合理。它并不是指"无论信息的收益有多高，都要不惜代价地获取它。"

11.1 风险和不确定性

尽管**不确定性**和**风险**之间的差异可以被视为一个度的问题，但是出于讨论的目的，对两者进行更明显的区分将带来很多便利。再者，不确定性本身可以分为两类：第一类指定量描述如此困难以至于定义可能的未来状态世界都不现实的情况；第二类不确定性（金融经济学文献中经常探讨的一类）指能够定义未来状态世界，但是无法对其可能的实现值赋予概率分布的情况。[2] 风险指既能够定义未来状态世界，也能够定义实现值可能发生概率[3]的情况。正如我们已经指出的，这里的类别是一个度的问题：明确区分这两类不确定性是不容易的，甚至在一些情况下是不可能的，区分不确定性和风险也是不容易的。从解决问题的角度来看，对不确定性的区分取决于定义可能的状态世界有多大的实践用处，而将风险与不确定性区分开来则取决于估计和使用状态结果的概率分布有多大的实践用处。

无论面临何种形式的不确定性或风险，决策制定者从思考如何对管理问题建模，包括决策如何影响结果的效果，即决策制定者试图预知可能的结果并将其结构化，并且，如果可能的话，评估其效果。取决于决策制定者的能力和对情况的了解程度，决策制定者有可能采用不同的管理技术。

11.1.1 不确定性

第一类不确定性是最难描述的，同时也是最难处理的。例如，它可以产生于诸如新产品开发之类的情况。如果产品的成功有可能受未知的消费者和竞争制造商的反应的影响，那么就很难以任何有用的精度来定义相关的未来状态世界。与此同时，对不确定性的态度也很难精确给出，相当重要的原因就是情况本身没有被很好地定义出来。其结果就是，一些决策制定者可能就简单地只是想避免这种情况。

然而，如果决策制定者决定继续前进，并试图管理诸如新产品开发之类的情况，那么对合适的标准的选择可能是相当原始的。例如，决策制定者可能尝试避免一些不确定性，或者尝试控制可能的损失。[4] 为了形成其他可能的行动，决策制定者可能尝试确定消费者对新产品接受的主要方面，并确定竞争对手反应的主要方面。面临第一类不确定性的决策，其考虑的是可能无法接受被竞争对手打败的结果。如果是这样的话，决策制定者可能的最佳做法就是继续一个（一定是粗略的）开发计划，与此同时制定一个进展不顺利时的退出策略。

第二类不确定性，即文献中最常描述的那一类，可以由决策树来表示。决策树描述了一种情况的可能结果的情况（例子请参见第 10 章）。然而，根据定义，不确定性意味着试图对结果赋予概率在实践中没有用。[5] 例如，如果特定的资产市场未能顺利运作，那么一个

---

2 由于很难对其甚至连状态世界都无法定义的情况做出很多的评论，从而我们就无法广泛探讨第一类不确定性。然而，认识到其复杂性是非常重要的，这是因为，决策制定者有些时候确实会面临第一类不确定性。在对这些情况做出一些简要的评论之后，本章的余下部分对不确定性的探讨将集中在第二类不确定性上。

3 这里所指的概率是指事件实现的客观概率。要和第 16 章所探讨的风险中性概率区分开来，风险中性概率对事件结果赋值。清楚它们的差异，以及它们不同的用途是非常重要的。

4 尝试最大化一个标准不太可能发挥作用，其原因在于，情况无法以足够的精度定义出来。

5 例如，参见 Machina and Rothschild(2008)。

大型的金融机构就可能面临破产。在分析这前景时，金融机构的管理层也许能够确定一些业务线上可能损失的量级，但是仍然无法用概率来描述结果。[6] 在这种情况下，决策制定者就有可能相当强调损失预防，可能试图避免所看到的最差结果。例如，在 2007 年夏天开始的不确定性世界金融环境中，对不确定性的一个常见的反应就是避免特定类型的交易。这一策略，主要通过购买被认为不存在信用风险的资产表现出来，常常被称为"安全投资转移"。

不确定性情况可以随时间而演化，正如决策制定者用于解决这些不确定性的能力一样，记住这一点是非常重要的。[7] 其结果就是在实践中，管理不确定性是一个动态的过程。决策制定者可能会在尝试建模的过程中犯错，导致其试图解决的情况不同于其实际面对的情况，记住这一点也是非常重要的。这称为**建模风险**。

11.1.2 风险

大量的金融经济学文献聚焦在允许结构化和分析性选择的定量方法上，这些选择旨在影响未来状态的实现值。风险条件下的情况通常是最大化问题建模，并且利用决策树分析通常可以得到很好的效果（例子还是请参见第 10 章）。决策制定者对风险的态度可以由第 9 章所介绍的许多效用函数中的一种来表达。[8] 另一种将对风险的态度包含进去的方法就是利用风险中性概率度量来对结果估值，正如第 16 章将要探讨的。最后，还可以使用诸如机会约束方法之类的其他标准，下面将要进一步探讨。

11.2 决策标准

可能的决策标准源于决策制定者和其所面临的情况之间的相互作用。我们已经指出如何在不确定性条件下选择相对不正式的标准。在风险条件下，决策制定者的标准包括期望财富最大化，最小化最大后悔值，以及常用的期望效用最大化。不同的标准选择将有助于管理风险管理问题的确定性方面，但是解决方法并不一定与使用其他标准得到的方法相一致。为了富有成效地管理风险或者不确定性，也许认识到标准选择的含义和将问题的其他方面尽可能清晰详细地阐述出来是同等重要的。

11.2.1 基于财富的标准和基于离散度的标准

基于财富的标准强调决策制定者最终的财富分布，通常都集中在将集中趋势作为期望值的度量。例如，一个期望效用最大化、风险中性的决策制定者将根据两个组合的期望结果（或期望回报）来做出选择，而无须关注有关结果分布的其他任何特征。

基于离散度的标准强调随机变量的分布。例如，最终财富的方差以及投资财富回报的

6　这并不是否认概率可以不证自明地定义出来（请参见，Savage，1951），而是指任何这样的概率分布可能无法证实在实践中是有用的。例如，如果对一个很大的可能结果范围，概率分布是一致的，那么它可能对于在可能的决策中做出选择并没有很大的帮助。

7　特别地，随着一些不确定性情况变得逐渐熟悉起来，将它们视为有风险的来建模将是富有成果的，至少出于建立标杆的目的是这样的。

8　如果使用效用函数，它们的特征就可以根据本章后面将要描述的 Arrow-Pratt 风险厌恶度量进一步细化。

方差，两者都是测度均值的离散度。它们也都是对称的度量，其结果就是，将高于均值的变化和低于均值的变化同等对待。相比之下，许多决策制定者偏好使用赋予损失比收益更高权重的标准。[9]

基于财富的标准和基于离散度的标准都会导致相互冲突的结果。例如，一个不知足的决策制定者最终将偏好以相同概率提供$2或者$4的回报的财富分布，而非$1的确定回报。然而，仅仅考虑离散度的度量将选择$1的确定财富，这是因为这一结果的离散度为零，而第一个彩票的离散度为正。为了解决这些问题，最终财富度量以及离散度度量都被用于选择一个标准函数。例如，决策制定者常常使用如下的效用函数：

$$E(X) - \beta\sigma^2(X)$$

其中，$\beta>0$ 用于反映风险厌恶程度，[10] 而 X 的风险由方差 $\sigma^2(X)$ 来度量。[11]

11.2.2 基于目标的标准

在一些情况下，管理层可能通过试图避免下跌风险（不利的结果）表现出对风险的厌恶。我们将这类技术称为基于**目标的方法**或**受机会约束的方法**。也许这一概念通过一个例子能够最方便地表达出来。

假设一家企业的管理层正尝试将流动资产分配到两个账户：其中一个（例如银行支票账户）是无风险的，但是不支付利息；而另一个提供风险回报（例如货币市场投资，如果我们假设并不一定要持有到期）。为了简便起见，我们假设第二个账户的回报率 r 服从 $[-0.5, 0.7]$ 的一致分布。如果 R 为目前可分配于这两个账户的资金数目，那么下一期所投资的资源的价值将为：

$$(R-S) + S(1+r) \tag{11-1}$$

其中，S 为投资于风险资产的资金数目，而剩余的 $R-S$ 被存放于不产生利息的无风险账户。注意为了简便起见，式(11-1)可以改写为：

$$R + Sr \tag{11-2}$$

现在假设管理层希望使得下一期的投资价值尽可能大，但是又受制于 $R+Sr$ 不能太频繁地低于初始价值 R 的95%（一个任意选择的百分比）。当然，这就意味着，我们还需要定义"频繁"。在这个例子中，我们指投资价值低于其初始价值95%的时间不能超过25%（另一个任意选择）。换言之，管理层不希望企业陷入流动性不足的时间（丧失初始投资价值的5%）超过25%。可以将管理层的希望正式地表达为：

$$\max_S E\left[R\left(1 + \frac{S}{R}r\right)\right] \tag{11-3}$$

受制于：

$$\Pr[R + Sr \geqslant 0.95R] \geqslant 0.75 \text{ 且 } 0 \leqslant S \leqslant R$$

其中，Pr 指累积概率。

式(11-3)的意思是，我们应该最大化期望回报，同时受制于一个在期末计算的（概率

---

[9] 利用风险中性概率最大化价值就是这样一种标准（请参见第16章）。
[10] 这里，β 的使用相对不是很正式，仅仅用于反映赋予风险结果的重要程度。更为正式的方法将在下面给出，它采用 Arrow-Pratt 风险厌恶度量。
[11] 这一标准与采用负指数并且假设结果服从正态分布的期望效用最大化是一致的。

的)最低平衡要求。整个问题可以用一种略微简单的形式表达出来：

$$\max_{\alpha} E(1+\alpha r)$$

受制于：

$$\Pr[(1+\alpha r) \geqslant 0.95] \geqslant 0.75 \text{ 且 } 0 \leqslant \alpha \leqslant 1 \qquad (11\text{-}4)$$

其中，$\alpha=S/R$（这一问题的解为 $\alpha^*=0.25$）。

根据式(11-3)控制的下跌风险的约束条件的要求，这对企业强加了一个机会成本，这是因为，如果企业承担更高的风险，那么期望回报将上升。评估这一机会成本的一种方法就是允许损失的概率上升，并重新计算原始问题的解。（另一种方法就是在同样的概率下允许更高的损失。）为了允许出现更高的损失概率，我们将式(11-4)中的约束替换成

$$\Pr[(1+\alpha r) \geqslant 0.95] \geqslant 0.67 \text{ 且 } 0 \leqslant \alpha \leqslant 1$$

这一问题的解为 $\alpha^*=0.50$。这一解允许被投资的资产的期望回报上升到 0.05，但是回报的标准差也上升了。在缺少进一步信息的情况下，我们不可能知道管理层应该选择哪一个分布，但是至少这些计算明确了风险（在这种情况下指流动性下降的风险）和回报之间的权衡。此外，我们还指出，当实践中碰到问题的时候（对这个问题只需要做出一个大致的风险-回报权衡计算），受机会约束的方法能够提供一种考察所包含的权衡的有用的方法。

11.2.3 标准的选择

正如第 9 章所提到的，从 Daniel Bernoulli 时代开始，期望效用就被作为一种金融决策标准。此外，利用其他标准的分析可能与期望效用最大化的结果是一致的。首先，利用风险中性概率计算一项决策的价值可以与期望效用最大化完全一致，正如第 16 章将指出的。作为第二个例子，诸如上面所描述的最小化未能达到目标的概率与最大化一种特定形式的效用函数的期望也是一致的。[12]

一些金融研究取代了经典的 Von Neumann-Morgenstern 的财富依赖的效用函数，它们的形式更加复杂，在表达选择结果时更加灵活。例如，**状态依赖效用函数**类似于第 9 章所介绍的效用函数，但是它同时根据财富和财富实现的状态对结果进行打分，从而更加复杂。该函数记为 $u(w,s)$，其中 w 代表财富，s 代表从可能状态集 S 中得到的单个状态。使用状态依赖效用函数的研究能够解释一系列观测到的资产价格特征，这将在本书后面进行探讨。[13]

11.3 风险转移方法

风险管理经常涉及将风险转移到最能够承担风险的主体身上。**风险转移**使得主体能够承担本可以避免的新风险，进而改善经济体的资源分配。许多风险管理尝试根据一个事先

---

12 请参见 Rachev et al. (2008)。然而，需要做出正确的目标选择，以避免对决策制定者可获得的机会的错误评估。例如，实践中尚未关注负债目标，而 Rachev et al. (2008)指出，负债导致了美国固定收益计划养老金的资金不足。

13 这包括第 12 章中所探讨的诸如高权益风险溢价、高回报波动率、波动聚集、低无风险利率和股票回报可预测性之类的实证问题。

选择的标准来选择风险转移形式。利用决策树的概念来代表管理层问题，我们可以将风险转移视为旨在影响特定结果效果的行动。[14] 接下来考虑的风险转移形式为对冲、保险和分散化。[15] 在许多但并不是所有的分析中，我们假设结果本身并不能发生变化，并且我们进一步假设实现这些结果的概率不会受所选择的风险转移方式的影响。尽管下面所探讨的大多数主体在模型中将风险转移到另一方身上，但是他们这么做的能力取决于愿意扮演交易对手角色并承担风险的主体的存在。

11.3.1 对冲

对冲指消除实现收益或者损失的可能性。对冲可以通过将风险前景出售给另一方，或者买入一个相互抵消的风险前景来实现风险转移。例如，假设决策制定者持有一个随机变量 X 的多头头寸，承诺以 $1/2$ 的概率支付 \$4，以 $1/2$ 的概率支付 $-\$2$。如果现在决策制定者卖空同一随机变量，那么头寸就变为 $X-X$，无论 X 的结果，都提供一个为零的确定回报。在这种情况下，决策制定者就完全对冲了风险。当然，在这个例子中，决策制定者完全消除了实现收益或者遭受损失的可能性。如果用于相互抵消的空头头寸是通过市场交易来安排的，那么对冲者就必须找到一个合适的交易对手，例如一个承担 X 多头头寸的投机者。

对冲涉及风险共享，是**风险管理**的一种形式。我们将在第 18 章和第 19 章探讨一种称为衍生品的金融工具，它们可以用于对冲以及其他形式的风险管理。

11.3.2 保险

保险指通过购买保险，降低一个或者更多不利结果的概率达到保护购买人的目的。为了获得保护而支付的价格称为**保费**。有利结果通常不受购买保险的影响。

为了说明对冲和保险的差异，考虑上面例子的一个变动。假设现在可以以价格 p 购买一个保险合约 P，允许投保人以 \$1.5 的价格将随机变量 X 出售给保险公司。从而不算保费 p，决策制定者的回报为：

（单位：美元）

工具	X	P	X+P
第一种结果	4.0	0.0	4.0
第二种结果	−2.0	1.5	−0.5

现在通过支付价格 p，决策制定者的损失敞口就从 \$2 下降到 \$0.5，从而如果情况不好的话，决策制定者的总损失就是 $\$0.5+p$。另一方面，决策制定者的毛收益仍然是 \$4，并且包含保费（由保险合约的成本来代表，在这个例子中是一个看跌期权）之后的净收益为 $\$4-p$。和上面的对冲例子一样，只有在能够找到一个愿意承担风险的交易对手时，才能实现风险转移。在这种情况下，交易对手就是以假设的价格 p 卖出保险合约 P 的代理人。

在第 18 章和第 19 章，我们将进一步区分用于风险管理的保险类型合约以及风险共享

---

[14] 但是在较为简单的模型中，它并不影响结果本身。在更加复杂的模型中，可能会出现决策及其结果之间的相互作用。

[15] 这一分类是 Bodie，Merton 和 Cleeton(2009)提出的。

类型合约。我们将在第 19 章探讨一种保险类型合约。

11.3.3 分散化

分散化指将不同的前景以降低下跌风险的方式进行组合。为了说明分散化如何降低与回报相关的风险，考虑仅投资于两个金融工具 X 和 Y。定义这两个金融工具所实现的回报为 r_X 和 r_Y，表 11-1 给出了 0 时刻估计得到的联合概率分布，其中回报在一期以后实现。例如，假设联合结果 $r_X=1\%$ 且 $r_Y=10\%$ 发生的概率为 1/9，正如表中其他组合所给出的。

表 11-1 回报的联合概率分布

r_X	r_Y		
	4%	7%	10%
1%	1/9	1/9	1/9
3%	1/9	1/9	1/9
5%	1/9	1/9	1/9

表 11-1 中两种金融工具的期望回报都是由每一个结果乘以其实现概率之和给出的。r_X 结果的概率由联合概率行的和给出，而 r_Y 结果的概率由联合概率的列的和给出。从而，

$$E(r_X) = (1/3) \times 0.01 + (1/3) \times 0.03 + (1/3) \times 0.05 = 0.03$$

且 $E(r_Y)=0.07$。

回报的**方差**及其平方根**标准差**，都是回报离散度有多大的度量——离散度越大，方差越大，标准差也越大。方差定义为结果及其均值之差的平方的期望值：

$$\text{Var}(r_X) = \sigma^2(r_X) = E[r_X - E(r_X)]^2$$

例如，定义 $\sigma^2(r_X)$ 为金融工具 X 回报的方差，

$$\sigma^2(r_X) = E[r_X - E(r_X)]^2 = (1/3) \times [0.01 - 0.03]^2 + (1/3) \times [0.03 - 0.03]^2 + (1/3) \times (0.05 - 0.03)^2 = (2/3) \times (0.02)^2 = 0.000\,267$$

关于后面的使用，注意金融工具 X 回报的标准差为 $\sigma(r_X) = (0.000\,267)^{1/2}$。类似的计算指出，$\sigma(r_Y) = (0.000\,6)^{1/2}$。

由于这两个金融工具分别提供 0.03 和 0.07 的期望回报，任何由这两个工具构成的组合，其期望回报将等于各自回报的加权平均。例如，将可获得的资金的一半各投资于这两个金融工具所构建的组合，其期望回报等于：

$$(1/2)E[E(r_X) + E(r_Y)] = 0.05$$

由这两个风险金融工具构成的组合，其回报的方差由下面的公式给出：

$$\sigma^2(w_X r_X + w_Y r_Y) = (w_X)^2 \sigma^2(r_X) + 2 w_X w_Y \text{cov}(r_X, r_Y) + (w_Y)^2 \sigma^2(r_Y)$$

式中　$\sigma^2(r_X)$——金融工具 X 回报的方差；

$\sigma^2(r_Y)$——金融工具 Y 回报的方差；

w_X——投资于金融工具 X 的资金比例；

$w_Y = 1 - w_X$——投资于金融工具 Y 的资金比例。

$\text{cov}(r_X, r_Y)$——这两个金融工具回报之间统计关系的一种度量，称为 r_X 和 r_Y 之间的**协方差**，协方差定义为：

$$\text{cov}(r_X, r_Y) = E(r_X \cdot r_Y) - E(r_X)E(r_Y)$$

在现在这个例子中，由于这两个金融工具的回报分布是相互独立的，从而协方差等于

零。注意无论你考虑的 r_X 是多少，r_Y 的三种结果的概率都是相等的，从而就可以看出这些回报是相互独立的。[16]

11.4 概率分布的特征

金融理论中一个重要的假设就是资产回报的假设**概率分布**。不幸的是，用于金融理论的传统概率分布以及商学院使用的主导性统计课本中的概率分布都是**正态分布**，并不与现实世界金融市场中通常发现的分布非常一致。[17]尽管原则上，任何形式的概率分布都可以纳入决策树分析，但实践中，概率分布的最佳选择并不总是容易确定的。[18]首先，在将风险管理问题用公式表达出来的时候，必须考虑许多候选的分布。特别是，选择统计上简便的分布能够简化问题建模，但也有可能导致无法精确地对状态可能实现的概率做出描述。此外，估计合适的概率分布可能存在错误，并且任何这样的错误都会影响模型结果。最后，估计和使用一种现实形式的概率分布可能涉及大量的计算，在实践中，这对机构组合管理而言是一个非常重要的考虑，这里必须经常对大量的金融工具进行估值。[19]

正如刚才解释的，金融经济学通常假设资产回报服从正态分布。由于正态分布可以由两个参数来描述，即均值和方差，组合风险与回报的关系(见第13章和第14章)也同样可以利用这两个参数来描述。[20]尽管可以用这种方法对组合风险和回报建模，但是对这一假设合理程度的实证检验表明情况并非如此。估计得到的回报并不服从正态分布。相反，估计得到的分布：

(1) 相比正态分布表现出重尾(即**厚尾**)；

(2) 是偏斜的而非对称的(即 $E\{[X-E(X)]^3\}\neq 0$)；

(3) 很有可能是**尖峰态分布**的(即均值的四阶矩 $E\{[X-E(X)]^4\}>3$，其值呈正态分布)。

此外，实证分布所实现的极端结果可能还要高于选择经常使用的**重尾分布**所反映的概率。

偏度参数对包含诸如期权(见第18章和第19章)之类的组合的影响尤其重要，但是即使认识到偏度的影响可能也不足以捕捉到所有重要的问题特征。正确的分析可以包括利用多变量模型，其特征完全由组合中所有随机变量成分的统计(边际)特征来描述。此外，成分变量的依赖结构很有可能要比11.3节中使用的线性相关系数所能够捕捉到的来得复杂。完整的分析所需要的分布可能需要包含诸如不同的风险如何组合在一起，其成分的相互依赖性如何随着时间的变化而变化，进而整个组合的分布如何随着时间的变化而变化之类的特征。

可以构建包含所有这些实际特征的模型，但是构建和求解成本都将是非常高昂的。例如，如果我们试图利用决策树分析将上面所有的特征都包含进去，那么所带来的问题表述

---

16 统计上的相互独立只要求不同的条件概率都是相等的。
17 正态分布也称为**高斯分布**。
18 然而，即使对于相对复杂的问题，工作表分析也被证实是非常有用的。例如，请参见 Benninga(2008)。
19 如果需要进行敏感性分析，那么这些考虑就有可能变得尤为重要。
20 这些问题将在第13章的组合理论中进行探讨。

将是非常复杂的。事实上，一些模型如此复杂，以至于即使是目前最高速的计算机也无法在短时间内求解。例如，如果对一个包含数千个证券的机构组合进行完整的每日盯市，那么实际所需要的时间可能要多于交易期间可以获得的时间。

11.5 期望效用理论和 Arrow-Pratt 风险厌恶

正如概率分布的选择影响风险管理问题的解，标准函数的选择同样如此。本节考察效用函数的一些特征如何影响其所隐含的解。第9章，我们解释说风险厌恶者的效用函数是凹的，并引入了称为 Arrow-Pratt 风险厌恶系数的度量。这里我们将继续调查研究下去。

直观上一种描述风险转移者行为的方法认为，风险转移者将下跌风险看得更为严重，而对同样的上涨潜力的估值就没有这么高，这意味着如果要风险厌恶投资者接受风险，就需要给予补偿。为了说明风险厌恶投资者如何对上涨潜力和下跌风险赋权，考虑彩票 X：以相同的概率支付 \$10 或 $-$\$10。该彩票的均值为零。我们可以计算该彩票的**确定性等价值**，定义为决策制定者认为正好等于彩票价值的确定支付或者得到的现金金额。因此，对一个风险厌恶投资者而言，彩票 X 的确定性等价值为负。在现在这个例子中（继续不在效用函数中加入美元符号的惯例）：

$$u(c) \equiv E[u(X)] = (1/2)u(10) + (1/2)u(-10) \leqslant u(0)$$

其中，c 为彩票的确定性等价值，"$\equiv$"代表"定义为"。正如我们已经解释的，在这个例子中，对任何风险转移而言 c 为负。如果个体因为下跌风险（从 0 到 -10）所带来的不高兴和因为上涨潜力（从 0 到 10）所带来的高兴正好相当，那么彩票的确定性等价值为零。但是由于事实上它是负的，从而风险厌恶投资者必然赋予下跌风险更高的权重。这种情况就意味着，风险厌恶投资者可能宁愿放弃一部分财富来避免这一特定的彩票。如此放弃的财富的最大金额称为**风险溢价**。[21] 一般而言，风险溢价数目同时取决于彩票以及效用函数的精确本质。

回顾第9章，风险溢价和风险承担行为的一些方面都可以与效用函数特征联系在一起，称为 Arrow-Pratt **局部风险厌恶**度量。为了说明这一点，让我们再一次来考虑我们假设的风险厌恶投资者，现在其初始财富为 w，以及一个更加一般化定义的彩票 X。为了简便起见，我们假设 $E(X)$ 依旧为零。然后我们的问题就是，必须从 $E(X)$ 中减去多少风险溢价 $\pi(w,X)$，从而使财富的确定性等价值所提供的满意度与其初始头寸所提供的满意度一样，即我们希望找出满足下式的风险溢价：

$$E[u(w+X)] \equiv u[w+0-\pi(w,X)] \tag{11-5}$$

我们可以利用 w 的泰勒展开式找到方程 $u(\cdot)$ 的一个局部线性近似。[22] 从式(11-5)的右边开始，我们将风险溢价的符号简化为 π，并记住根据假设，$E(X)=0$。从而 $u(w-\pi)$ 的泰勒展开式为：

$$u(w-\pi) = u(w) - \pi u'(w) + O(\pi^2) \tag{11-6}$$

其中，$u'(w)$ 为效用函数的一阶导数，$O(\pi^2)$ 指这一项的级数至多等于 π^2 的级数，即足够小以至于可以被忽略不计。类似地，方程左边 $E[u(w+X)]$ 的泰勒展开式为：

---

21 正如我们将在第12章发现的，这一风险溢价称为马科维茨风险溢价。
22 网页附录 K 描述了这一运算。它假设 X 的结果相对于 w 不是很大。

$$E[u(w+X)] = E[u(w)] + E(X)u'(w) + \frac{1}{2}E(X^2)u''(w) + O(X^3)$$
$$= u(w) + \frac{1}{2}\sigma_X^2 u''(w) \tag{11-7}$$

$O(X^3)$ 同样被假设足够小以至于可以被忽略不计。式(11-7)可以如上面给出的那样简化，这是因为，$E[u(w)] = u(w)$（初始财富是确定知道的），$E(X) = 0$，从而 $E(X^2) = \sigma_X^2$。利用式(11-6)和式(11-7)，并对 π 求解，我们得到：

$$\pi = -\frac{1}{2}\sigma_X^2 \frac{u''(w)}{u'(w)} \tag{11-8}$$

式(11-8)中的函数 $-u''(w)/u'(w)$ 就是最早在第 9 章引入的 Arrow-Pratt **绝对风险厌恶度量**[23]。

由于方差总是正的，从而风险溢价 π 的符号就取决于比率的符号。我们已经假设效用总是随着财富的上升而上升，从而 $u'(w) > 0$。对风险厌恶者而言，随着财富的上升，财富的效用以递减的速度上升，即 $u''(w) < 0$，从而 $u''(w)u'(w) < 0$。这种类型的效用函数在图 11-1 中给出，对这样一个个体，正如所期望的那样，风险溢价 $\pi > 0$。

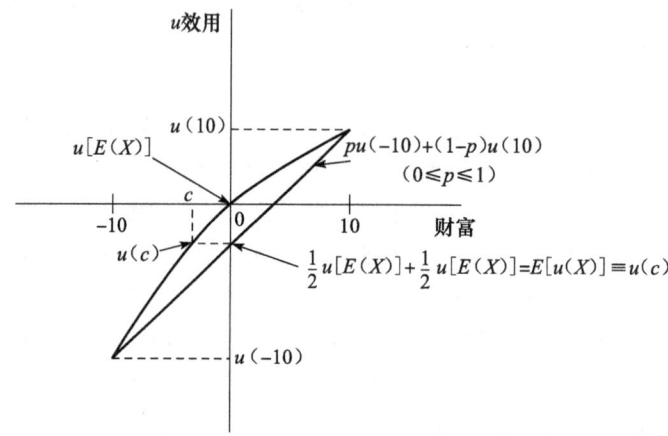

图 11-1 对风险厌恶者而言，下跌风险要比同等的上涨潜力更加重要

利用类似的方法，我们可以指出个体对比例风险的态度由相对风险厌恶度量来表达：

$$\text{相对风险厌恶} = -w\frac{u''(w)}{u'(w)} \tag{11-9}$$

正如我们接下去将指出的，个体对以货币金额度量的风险的态度可以由绝对风险厌恶度量反映出来。回顾一下，每一个消费者的效用可以从起源和规模上具体说明。如果我们选定一个特定的彩票，例如一个以 1/2 概率支付 \$10，以 1/2 概率支付 \$0 的彩票，并定义：

$$u_A(0) = u_B(0) = 0, \quad u_A(10) = u_B(10) = 1$$

其中，A 和 B 指两个投资者，并且如果投资者 B 对彩票的确定性等价值 c_B 小于 c_A，那么就可以说 B 表现出较高的绝对风险厌恶。此外，还可以指出，在这种情况下，B 的绝对风险厌恶度量要大于 A（因为 B 的风险溢价较高）。[24] 这一观察意味着当效用以合适的方

---

23 请参见 Arrow(1971)和 Pratt(1964)。
24 请参见 Pratt(1971)。

式衡量时，B 的效用函数的曲度要大于 A，即当效用以合适的方式衡量用于比较时，绝对风险厌恶度量随着效用函数曲度的上升而上升。

另一个有意思的问题就是绝对风险厌恶度量如何随着初始财富水平的重大变化而变化。根据偶然经验，通常推测绝对风险厌恶度量应该随着初始财富水平的上升而下降，而相对风险厌恶度量可能保持不变。如果绝对风险厌恶下降，那么我们可以指出，决策制定者对一个固定构成的彩票的投资金额将上升。类似地，如果相对风险厌恶下降，那么我们可以指出，决策制定者对一个固定构成比例的彩票的投资金额将上升。

效用函数的这种特质及其对风险行为的含义可以通过计算 Arrow-Pratt 度量推导得到的。例如，根据组合回报定义的二次效用函数被广泛用于组合背景，正如第 13 章将进一步探讨的。让我们接着第 9 章的例子，将一个具有代表性的二次效用函数记为：

$$u(w) = aw - bw^2 \qquad (11\text{-}10)$$

有 $u'(w)=a-2bw$，和 $u''(w)=2b$（且 $w \leqslant a/2b$）。相应的风险厌恶度量为：

$$\text{绝对风险厌恶} = \frac{2b}{a-2bw}$$

$$\text{相对风险厌恶} = \frac{2b}{(a/w)-2b}$$

这两种度量都是 w 的增函数，而非减函数或者常数，这就意味着，二次效用函数的决策制定者随着财富的增加而变得更加规避风险。一些观察者拒绝使用二次效用函数，其理由是，递增的风险厌恶是**先验**不合理的。

风险溢价和风险厌恶度量的定义为考察不同可能的效用函数，以及推断风险行为提供了有用的方法，正如我们刚才看到的。但是，回顾一下，绝对风险厌恶和相对风险厌恶的定义假设风险是很小的，或者是局部的。局部这一特征源于这样一个事实，即风险厌恶度量是利用当前财富水平的线性泰勒展开式推导得到的，并且这样一种近似仅对小变化成立。第 12 章，我们将指出 Aumann 和 Serrano（2008）所提出的全局风险度量如何与 Arrow-Pratt 局部风险厌恶度量联系在一起。

要 点

- 制定金融决策的环境可以被视为不确定的或者有风险的。
- 不确定性指甚至难以定性地明确指出的环境。例如，在极端情况下，甚至无法定性地识别出可能的结果。
- 在不太极端的不确定性情况下，可能可以定性地识别结果，但是无法对这些结果赋予有意义（即对于在这些结果当中进行选择是非常有用的）的概率分布。
- 尽管提出了一些对不确定性条件下选择进行建模的定量方法，但是这些方法的结果仍然是相当初步的。到目前为止，不确定性条件下，定量建模方法对于在实际可能结果中做出选择并不是很有用。
- 相比不确定性条件下的决策制定，风险条件下的决策制定允许利用定量问题的公式化。例如，可以定量地指出可能的结果，利用决策树，对结果赋予有意义的概率估计，以及根据特定形式的标准函数在可能的结果当中做出选择。
- 金融经济学中几乎所有的模型都假设决

策是在风险条件下制定的。
- 金融决策建模涉及在不同的标准之间做出选择,这是根据其对特定情景的捕捉能力来选择的。例如,一种形式的标准函数规定根据最大化期望财富采取行动,而第二种形式关注能够最小化最终可能结果的离散度的行动。
- 在一些情况下,财富最大化标准是非常合适的,而在另一些情况下降低财富离散度可能是更合适的。还有一些情况下,可能需要对期望财富和财富离散度的权衡建模,比如说利用效用函数。
- 对金融决策建模的另一种方法旨在达到规定的目标结果。例如,决策制定者可能试图以一个特定的事先规定的概率达到目标金融财富水平。
- 不同决策标准之间的选择是通过考虑问题产生的背景,以及进一步考虑决策制定者的偏好来完成的。例如,面临高度不确定性的决策,制定者可能试图最小化他们所能预想到的最差的可能结果。
- 相比之下,面临风险的决策制定者可能试图最大化最终可能结果的期望效用。
- 许多金融决策问题都关注风险转移。
- 有三种主要类型的风险转移方式——对冲、保险和分散化。
- 对冲涉及消除实现收益或者损失的可能性。
- 保险通过支付保费来消除特定的负面结果。
- 分散化指将不同的前景以降低下跌风险的方式进行组合,而非将其出售。
- 对风险选择效果的建模涉及选择合适的分布,来反映其结果概率。例如,如果存在实现极端结果的可能性,那么使用诸如正态分布之类的解析上比较方便的分布就有可能低估极端结果的概率,导致决策制定者承担较初始打算更高的风险。
- 对风险选择效果的建模常常采用期望效用最大化,并且在那些情况下,Arrow-Pratt 风险厌恶度量为所假设的偏好类型提供了引导。例如,使用一个常数绝对风险厌恶效用函数意味着无论个体的初始财富水平是多少,决策制定者都希望承担同样比例的风险水平。

问 题

1. 如何描述风险?
2. 最优化的含义是什么?
3. (1) 不确定性和风险的差异是什么?
   (2) 两类不确定性分别是什么?对每一类给出一个例子。
   (3) 哪一类不确定性是金融经济学文献中通常研究的?
4. 为什么对风险建模是风险管理中的一个重要的任务?
5. 关于风险管理,下述概念的含义是什么?
   (1) 基于财富的标准
   (2) 基于离散度的标准
6. 风险对称度量的劣势是什么?
7. 请给出一个例子,来说明基于财富的标准和基于离散度的标准是如何给出相互冲突的结果的。
8. 什么是风险管理的基于目标的方法?
9. 假设一家企业的管理层正在试图将 \$1m 的资金分配给两个投资工具。一个支付 0.1 的无风险利率。第二个提供风险回报 r。假设 r 服从均值为 0.2 方差为 1 的正态分布,即 $N(0.2, 1)$。此外,假设管理层希望使得下一期的投资价值尽可能地大，但是受制于总财富不能以高于 $N(0.3)$ 的概率下降，其中 $N()$ 代表标准正态累积分布函数。管理层应该如何将资金在这两个投资工具之间进行分配？

10. Von Neumann-Morgenstern 财富依赖效用函数与状态依赖效用函数有什么差异？

11. (1) 风险管理的含义是什么？
    (2) 风险转移的含义是什么？

12. (1) 对冲的含义是什么？
    (2) 对冲的两种安排方式是什么？

13. (1) 在风险管理中，为一项资产投保的含义是什么？
    (2) 对冲与为一项资产投保的差异是什么？

14. 分散化这一风险管理策略包含什么？

15. 哪些是经常用于代表回报离散度的度量？

16. (1) 金融理论通常假设的是哪种分布？
    (2) 当一个简单概率分布并不能很好地描述现实世界概率分布时，在风险管理中使用这一分布会导致什么问题？

17. (1) 厚尾分布和重尾分布的含义是什么？
    (2) 如果假设一项资产的回报服从正态分布，但事实上却是厚尾的，那么这对风险管理意味着什么？
    (3) 回报分布是偏斜的意味着什么？

18. 彩票的确定性等价值的含义是什么？

19. 一个风险厌恶投资者为了避免风险，可能愿意放弃的最大财富值的术语叫什么？

20. 风险溢价和风险厌恶度量的定义如何为考察可能的效用函数以及推断风险行为提供有用的方法？

21. 存在两种局部风险厌恶，绝对风险厌恶和相对风险厌恶。
    (1) 这两种度量的定义是什么？
    (2) 如果一个投资者的效用函数表现出递增的绝对风险厌恶，那么你认为其投资是什么样的？
    (3) 如果一个投资者的效用函数表现出常数相对风险厌恶，那么你认为其投资是什么样的？

参考文献

Arrow, Kenneth J. (1971). *Essays in the Theory of Risk-Bearing*. Amsterdam: North-Holland.

Aumann, Robert J., and Roberto Serrano. (2008). "An Economic Index of Riskiness," *Journal of Political Economy* **116**: 810–836.

Benninga, Simon. (2008). *Financial Modeling* (3rd ed.). Cambridge, MA: MIT Press.

Bodie, Zvi, Robert C. Merton, and David L. Cleeton. (2009). Financial Economics (2nd ed.). Upper Saddle River, NJ: Pearson Prentice-Hall.

Machina, Mark J., and Michael Rothschild. (2008). "Risk" in Steven N. Durlauf and Lawrence E. Blume (eds.), *The New Palgrave Dictionary of Economics* (2nd ed.). New York: Palgrave Macmillan.

Pratt, John W. (1964). "Risk Aversion in the Small and in the Large," *Econometrica* **32**: 122–136.

Rachev, Svetlozar T., Sergio Ortobelli, Stoyan V. Stoyanov, Frank J. Fabozzi, and Almira Biglova. (2008). "Desirable Properties of an Ideal Risk Measure in Portfolio Theory," *International Journal of Theoretical and Applied Finance* **11**: 19–54.

第 12 章　关于风险测度的选择

正如我们在前一章所解释的,风险管理问题可以被视为旨在最优化一系列标准的问题。[1] 本章,我们考察风险测度是如何定义的,并且如何帮助解决个体投资者或者机构投资者选择风险管理的问题。存在多种不同的风险测度,但是它们的使用都是基于同样的考虑:每一种测度都试图描述风险,并为风险管理问题的应对提供一些信息。然而,由于任何风险测度对彩票特征都能做出概括性的描述,因此,正如本章所指出的,只有在特定最优化问题的背景下才能正确地使用它。

12.1　利用风险测度

风险测度是一个函数,定义为 ρ,它将彩票 X 映射到实数集 $\mathbf{R}$ 上:[2]

$$\rho : X \to \mathbf{R}$$

函数 ρ 的值域被定义为正。例如,如果风险管理问题被公式化为最大化期望效用函数 u,并且 u 的值域为正,[3]那么:

$$\rho(X) \equiv m - E[u(X)]$$

其中,m 是一个适当大的正常数,可以作为一种风险测度。尽管这一观察表明风险测度与风险管理问题相关,但是它只简单地重复了原始问题,从而并不能提供很多信息。幸运的是,存在其他一些方法来找到有用的测度,本章接下来将给出说明。

12.1.1　基于前两阶矩的测度

从传统意义上来说,金融经济学主要侧重使用概率分布的均值和方差作为描述性风险测度,这部分是因为当效用函数是凹的时候,这两种测度强调了期望效用最大化的本质。考虑这样一种效用函数,出于解释的目的,进一步假设风险厌恶投资者面临彩票 X,其有

---

[1] 如果我们足够广义地来理解效用函数,那么尽管个体投资者和机构投资者两者所选择的特定效用函数可能大不相同,但是我们可以认为其对两者偏好的描述。本章后面所描述的 Foster-Hart 风险测度回避了传统的效用函数,转而关注破产的可能性(事实上,就是对非连续效用函数的关注)。

[2] 实数包括有理数和无理数。

[3] 由于效用是由一个正的线性函数来定义的,从而总是有可能找到一个值域为正的效用函数。

如下两种结果(称为**两点彩票**)和概率分布。

状态	概率	结果
1	0.5	$w-a$
2	0.5	$w+a$

根据上述信息，$E[X]=w$，$\sigma^2(X)=a^2$，其中 $\sigma^2(X)$ 为上述两点彩票结果的方差。如果 a 上升，而彩票的期望价值保持常数，很容易指出对于任何风险厌恶的决策制定者，X 的确定性等价值(见第 11 章)将下降。也就是说，在具有相同期望值但是不同方差的对称两点彩票中，风险厌恶者将偏好方差最小的彩票。[4]

因此，我们可以说，至少对于这些特殊类型的彩票，[5] 期望效用随着方差的上升而下降(保持期望价值不变)，并且期望效用随着 $E[X]$ 的上升而上升(保持方差不变)。期望回报是期望未来财富的一种测度，[6] 而回报的方差是财富离差的一种测度。此外，在这些情况下，由于 $\sigma^2(X)$ 和 $\sigma(X)$ 都描述了彩票的离差，从而我们可以使用方差 $\sigma^2(X)$ 或者标准差 $\sigma(X)$ 作为风险测度。同样可以使用诸如**平均绝对偏差**之类的离差测度，定义为：

$$E[|X-E[X]|]$$

对离差测度的选择在很大程度上反映了重要的问题特征。例如，上面所定义的均值绝对偏差相比方差给予极端结果的权重要小一些。

在马科维茨组合理论(请参见第 13 章)发展起来之前，风险的效果是由 $1/(1+r+\pi)$ 形式的贴现因子来表达的，其中 r 代表无风险利率，π 为风险溢价，对风险厌恶者的估值而言，π 为正。马科维茨提出利用整个组合回报的方差作为风险的测度，从而更精确地确定风险溢价。[7] 马科维茨注意到个体投资配对的协方差(即线性相关系数)可以用于考察分散化对组合回报方差的影响。从而马科维茨解释说，分散化是一种源于组合回报方差计算的解的特征。

对一些分布和一些效用函数，马科维茨方法可以正确使用。马科维茨所描述的均值-方差权衡准确地描述了任何随机回报服从联合正态分布的期望效用最大化问题的解，并且即使回报不服从正态分布，它也能描述二次效用最大化问题。在这两种情况下，$\rho(r_X) \equiv \sigma^2(r_X)$ 或者 $\rho(r_X) \equiv \sigma(r_X)$ 作为风险测度，能正确地对具有相同期望回报的组合进行排序。在所有具有相同期望回报的组合中，方差最小的组合受到偏好。作为另一种选择，期望回报可以用于对具有相同方差的组合进行排序；在这种情况下，追求的是具有最大回报的组合。[8] 提供可能获得的最优均值和方差组合的组合称为位于均值-方差**有效前沿**上。

以理论为导向的资本资产定价模型(CAPM)和以实证为导向的套利定价理论(APT)作

---

4 一些分析师偏好仅仅考察下跌风险的半方差测度。在现在这个例子中，半方差将仅由向下偏离来测度。
5 知道这一点，非常重要，这是因为，更加复杂的彩票可以视为两点彩票的复合。
6 如果 W 是一个随机结果，我们可以认为其是由 $V(1+R)$ 来决定的，其中 V 是确定的，R 是随机的。从而，我们的讨论就可以交替使用 W 或者 R；读者可以根据要求做出合适的转换。
7 只有对于对称分布，方差才是风险的一种合适的测度方式。
8 单独看方差并不足以看出一个彩票更受偏好或者更不受偏好，正如比较一个确定支付 \$3 的彩票(其方差为零)和一个各以概率 1/2 支付 \$5 和 \$7 的彩票(从而其方差为 1)。12.3 节所给出的一个例子将指出，保持均值不变，方差的上升将导致 Aumann-Serrano 彩票(将在 12.2 节中给出)风险的上升，但是一些效用函数，并不能一致地对彩票进行排序。

为目前使用的两种主要定价模型，通常使用回报分布的前两阶矩来描述回报分布[9]——期望价值(均值)和方差。从而组合回报的方差就可以与其构成证券回报的方差联系在一起。例如，如果一个组合由两个证券构成，其由 CAPM 评估的风险就可以描述为：

$$\sigma^2(r_X + r_Y) = \sigma^2(r_X) + \sigma^2(r_Y) + 2\sigma(r_X)\sigma(r_Y)\text{corr}(r_X, r_Y)$$

其中

$$\text{corr}(r_X, r_Y) \equiv E\{[r_X - E(r_X)][r_Y - E(r_Y)]\}$$

为 r_X 和 r_Y 之间的线性相关系数。

给定正态分布随机变量或者二次效用函数(或者同时满足上述两个条件)，所希望的风险-回报权衡可以非常容易地利用一种称为**两基金分离**的求解特性计算得到。例如，如果存在一个无风险资产，那么由 CAPM 描述的最优组合就是无风险资产和市场组合的加权。[10]

最近的研究识别出一类随机变量，其分布的等密度面是椭圆的分布，作为一个非独立测度，使用性或相关性在理论上是正确的。所谓的**椭圆分布**包括正态分布和具有有限方差的学生 t 分布。[11]

12.1.2 识别出更高阶矩的测度

正如前一章所解释的，从现实世界金融市场中实证估计得到的回报分布通常都不是椭圆的，它们是重尾的、偏斜的，并且不同于正态分布有峰度测度 $E[X - E(X)]^4$。[12]此外，一些实证估计得到的分布有可能出现极端结果，其发生概率可能还要远远高于即使是选择经常使用的**重尾分布**所反映的概率。线性相关系数也许并不能正确地描述具有实证估计得到的分布的个体随机变量其风险之间的相互依赖性，并且根据 CAPM 得到的风险-回报排序可能并不能正确描述相关的效用最大化问题的解。[13]

特别是，对非椭圆分布使用方差-协方差模型导致严重低估极端损失。诸如峰度之类的更高阶矩可能是不稳定的，从而需要从相对较大的样本中估计来得到结果，这些事实均导致困难进一步加大。此外，我们并不知道事实上到底需要多少参数来确定一个多参数有效边界。[14]更进一步的，即使相关的最优化问题能够定义整个类别的投资者的最优选择，大样本计算可能变得太复杂，以至于问题的求解变得很困难，此外，如果禁止卖空，那么计算困难将进一步增大。[15]另一方面，如果最优化问题被简化，使得计算上更加易处理，那么无论选择何种风险测度，都只能识别最优组合的子集。

---

9 CAPM 的理论推导明确假设回报服从正态分布，而 APT 的理论推导假设回报服从线性因子结果，但是没有对误差项的分布做出进一步的规定。

10 这一特性的扩展并不容易：尽管两基金分离对两参数分布成立，但是 k 参数分布的 k 基金分离通常都不成立。有关一般分离定理和不存在无风险利率时的分离条件的讨论，请参见 Ingersoll(1987)。

11 网页附录 M 提供了更多有关正态分布、学生 t 分布以及其他分布的信息。

12 正态分布的峰度的值为 3。峰度值大于 3 的分布称为尖峰，而小于 3 的分布称为低阔峰。

13 Tobin(1969, p.14)写道，有关均值-方差的批评"欠我们的不仅仅是它取决于限制假设的证明。它们需要向我们指出，一种更加一般化并不那么脆弱的方法是如何产生经济学家所感兴趣的比较静态结果的"。正如 Aumann-Serrano(2008, p.813)一样——上面的引用即是从那里获得的，在本章剩余的部分我们将解决 Tobin 所建议的目的。

14 实证中，APT 通常利用 3 个或者 4 个风险参数估计得到。

15 在后面的一章中，我们将进一步探讨卖空。

12.2 风险测度

现在我们转而考虑相比均值和方差具有更大应用范围的风险测度。本节考察两种这样的测度，Aumann 和 Serrano(2008)提出的风险测度，以及 Foster 和 Hart(2008)提出的一个相关的测度。Aumann-Serrano 测度扩展了基于均值和方差测度以及基于随机占优测度的排序能力。此外，Aumann-Serrano 测度提供了任意分布形式下，组合风险及其构成证券风险之间的关系。它是彩票风险的全局描述，同时也与第 11 章所解释的 Arrow-Pratt 局部风险厌恶测度相关。

Foster-Hart 测度是彩票风险的另一种全局性描述，同时也与 Arrow-Pratt 局部风险厌恶测度相关。然而，它是基于避免破产标准之上的，该假设不同于 Arrow-Pratt 测度所基于的公理。

下一节论述 Aumann-Serrano 测度所基于的两个公理[16]，然后探讨该测度的主要特征。接着简要地比较 Aumann-Serrano 测度和 Foster 和 Hart(2008)所提出的相关风险测度的概念基础和目的。

12.2.1 Aumann-Serrano 公理

如果 $\rho*(X) \geqslant \rho*(Y)$，那么就称彩票 X 的风险比彩票 Y 的高，其中 $\rho*()$ 代表 Aumann-Serrano(2008)风险。正如我们马上要说明的，函数 $\rho*()$ 由一对公理唯一地定义，分别称为**二元性公理**和**正的同质性公理**。然而，为了实现这一点，首先需要引入"一致更加风险厌恶"的概念，这个条件要强于 Arrow-Pratt 风险厌恶。如果对特定的 w，$r_{Ai}(w) \geqslant r_{Aj}(w)$，其中 $r_{Ai}()$ 定义为 Arrow-Pratt 绝对风险厌恶测度(参见第 11 章)，那么就称效用函数 u_i 相比效用函数 u_j 更加风险厌恶。Aumann-Serrano 更强的条件如下。如果对所有的财富水平 w：

$$\min_w[r_{Ai}(w)] \geqslant \max_w[r_{Aj}(w)]$$

那么就称 i 相比 j 一致更加风险厌恶。对所有的财富水平 w：

$$\max_w[r_{Ai}(w)] \leqslant \min_w[r_{Aj}(w)]$$

那么 i 相比 j 一致更加不风险厌恶。一致更加(不)风险厌恶的概念意味着一个函数的风险厌恶测度不低(高)于另一个在整个风险厌恶测度值域的值。由于"一致风险厌恶"并不描述那些可以相互交叉的风险厌恶测度之间的关系，从而就是**一种部分排序**。[17]

我们现在就可以论述 Aumann-Serrano 测度所依据的公理。第一个公理，二元性公理，指两个主体，其中一个相比另一个一直更风险厌恶，并且两个彩票，一个的风险要比另一个的高。

二元性公理：如果 $u_i(w)$ 相比 $u_j(w)$ 一致更加风险厌恶，如果 $\rho*(X) \geqslant \rho*(Y)$，并且如果 i 在财富水平 w 上接受 X，那么 j 在 w 水平上接受 Y。

---

16 使用公理的目的在于清楚地指出分析所基于的背景。
17 部分排序是一种比较方法，只能对一些被比较的项目给出有意义的结果。例如，如果 A 的确定性结果为 3，B 的确定性结果为 2，那么 A 就大于 B。但是如果 A 以相同的概率提供可能的结果 3 和 1，那么它就不大于 B，也不小于 B。

二元性公理确保如果一致更加风险厌恶的主体接受两个彩票中风险较高的那一个，一致更不风险厌恶的主体接受风险较低的那个彩票。[18]

第二个公理，正的同质性公理，是有关彩票量级的公理。

正的同质性公理：对所有正的 t，$\rho*(tX)=t\rho*(X)$。

根据这个公理，彩票量级的变化同样将带来风险测度的变化。例如，如果一个彩票的结果以千美元测度，风险测度为7，那么以百美元测度这个彩票时，相应的风险测度就是 $10\times 7=70$。特别注意，正的同质性公理意味着，如果对一个以美元测度回报的彩票，我们有风险测度，那么将彩票及其风险测度进行转换，来反映以回报率测度的回报将是非常容易的。正的同质性公理对于建立组合风险以及构成组合的个体证券风险之间的关系也是非常有用的。

下面一个定理定义了风险测度。

定理12.1 如果满足二元性公理和正的同质性公理，那么对任何彩票[19] X，$\rho*(X)$ 定义为下式唯一的解：

$$1-E[e^{-X/\rho*(X)}]=0 \tag{12-1}$$

Aumann-Serrano(2008)提供了定理12.1的证明。计算 $\rho*(\cdot)$ 的一种现实的做法，以及一些说明该测度特征的例子在12.2.2节中给出。

注意定理12.1中的函数代表具有下述效用函数的决策制定者的偏好，

$$u(w)=1-e^{-\gamma w} \tag{12-2}$$

其风险厌恶参数 $\gamma=1$。式(12-2)给出了一个常数绝对风险厌恶效用函数，[20]并且如果 $\gamma=1$，那么对所有的 w，$r_A(w)\equiv -u''(w)/u'(w)\equiv 1$。

根据下面一个定理，$\rho*(\cdot)$ 允许对所有决策制定者比较彩票风险，而这些决策制定者比式(12-2)中的决策制定者一致更加风险厌恶。

定理12.2 如果 $\rho*(X)>\rho*(Y)$，那么相比于具有常数绝对风险厌恶且风险厌恶参数 $\gamma=1$ 的效用函数的决策制定者，对于一致更加风险厌恶的决策制定者，Y 相比 X 将受到弱偏好。

同样，定理的证明可参见 Aumann-Serrano(2008)。

作为定理12.2的一个例子，一个具有常数绝对风险厌恶且风险厌恶参数为1.3的决策制定者相比式(12-2)中的决策制定者而言表现出一致更加风险厌恶，从而 $\rho*(X)>\rho*(Y)$ 就意味着对风险厌恶参数为1.3的决策制定者，Y 相比 X 将受到（弱）偏好，正如风险厌恶参数为1的决策制定者一样。

这个结果可以进一步扩展到其他一致更加风险厌恶的决策制定者。然而，尽管这种比较对任何可以被描述为比式(12-2)中的决策制定者一致更加风险厌恶的决策制定者成立，但是还是存在其他决策制定者，他们并不一致更加风险厌恶，从而这种比较就不成立。这就是 Aumann-Serrano 测度只是一种部分排序，而非完全排序的原因。

---

18 Aumann 和 Serrano(2008，p. 814)。
19 Schulze(2008)指出只有当彩票 X 具有上限时这个定理才成立。
20 Aumann 和 Serrano 还基于一个常数相对风险厌恶函数发展了一种 $\rho*(X)$ 的变式。

12.2.2 $\rho*(\cdot)$的特性

定理 12.1 指出，$\rho*(\cdot)$将彩票的全局风险测度和绝对风险厌恶的局部定义联系在一起。形式上，$\rho*(\cdot)$是连续的，具有次可加性(如下面所定义的)，并与占优排序相一致(12.3 节将探讨一致性)。式(12-1)中给出的 $\rho*(\cdot)$形式以及下面的例子都说明，相比彩票获利的那部分，风险对彩票损失的那部分更敏感。$\rho*(\cdot)$的其他有用特性也将通过例子来说明。

为了说明 $\rho*(\cdot)$同时识别了均值和离差的效应，我们考虑三种彩票。首先，比较一个彩票 X 和一个彩票 Y，其中彩票 X 以相同的概率提供 \$5 的回报或者 \$2 的损失，彩票 Y 同样以相同的概率提供 \$4 的回报或者 \$3 的损失。那么：

$$E(X) > E(Y)$$
$$\sigma^2(X) = \sigma^2(Y)$$
$$\rho*(X) = 3.56 < \rho*(Y) = 12.10$$

求解 $\rho*(X)$和 $\rho*(Y)$的计算可以在 Excel 工作表中完成，正如表 12-1 中所给出的。表 12-1 给出了如何建立一个工作表，将每一个彩票的结果及其概率都涵盖进去的步骤，与如何计算期望效用的步骤一样。这包括对每一种结果[除以一个临时选择的 $\rho*()$的值]求幂值，然后将结果乘以相关的概率。然后，对规定的 $\rho*()$的值，表 12-1 进一步说明了刚才计算得到的期望效用测度满足式(12-1)。如果初始选择的 $\rho*()$的值不满足解的条件，那么这个值将增加或者减少，直到收敛到一个解。[21] 通常只需要尝试一些值就能找到解。

表 12-1 计算风险测度

	第一个彩票 X		
结果，$\rho*(X)$	−2	5	**3.56**
结果的概率	0.5	0.5	
求幂(−结果/风险测度)	1.753 823	0.245 491	
上面一行乘以概率	0.876 911	0.122 746	
上面一行之和减去 1：式 12-1 的否定条件			−0.000
	第二个彩票 Y		
结果，$\rho*(Y)$	−3	4	**12.10**
结果的概率	0.5	0.5	
求幂(−结果/风险测度)	1.281 375	0.718 508	
上面一行乘以概率	0.640 688	0.359 254	
上面一行之和减去 1：式 12-1 的否定条件			−0.000

继续探索 $\rho*(\cdot)$如何同时将均值和方差效应涵盖进去，接下来考虑一个彩票 Z，它以相同的概率提供 \$6 的回报或者 \$3 的损失。那么：

$$E(X) = E(Z)$$
$$\sigma^2(X) < \sigma^2(Z)$$

---

21 尽管读者将使用 Excel 中的"目标寻找"作为另一种选择，但是试错法通常不会花费很多时间。

$$\rho*(X) = \$3.5 < \rho*(Z) = 6.2 \text{ [22]}$$

注意，上面的例子同时考虑彩票 X 和 Y 时均值的变化效应，以及比较彩票 X 和 Z 时方差的变化效应。显然，风险测度可以定量地认识到同时改变均值和方差时的效应，从而实际上定义了一个函数，其定义域可以视为均值-方差域。由于均值-方差域中的每一个点都可以与一个给定分布族的风险测度值联系在一起，[23]这一测度就相比历史上的均值-方差法前进了一步，后者无法对均值和方差的同时改变赋上一个定理测度。[24]本质上，同时发生的效应是由用于定义 $\rho*(\cdot)$ 的期望效用最大化计算来认识到的[回顾式(12-1)]。

Aumann 和 Serrano(2008)还指出，风险测度正好是为正态分布变量而定义的。如果 X 服从正态分布：

$$\rho*(X) \equiv \sigma^2(X)/2E(X)$$

其结果就是，任何服从正态分布的变量 X 的风险可以类比为一个风险相当的标准形式的正态分布 N。例如，取 $E(N)=1$ 且 $\sigma^2(N)=2\rho*(X)$。那么 $N[1; 2\rho*(X)]$（其中 N 的第一个变数为其均值，第二个为其方差）的风险和 X 一样高。马上就可以得到，如果 X 和 Y 都服从正态分布，并且 $\rho*(X) < \rho*(Y)$，那么 $N[1; 2\rho*(X)]$ 的离差就没有 $N[1; 2\rho*(Y)]$ 的大。

Aumann 和 Serrano 还为 $\rho*(\cdot)$ 提供了另一种应用更广泛的标杆。假设 X 是一个彩票，并且不再受限于正态分布，$\rho*(X)=k$。那么彩票 B 以 $1/e$ 的概率得到结果为 $-k$，其中 e [25] 为 2.178 28，从而其倒数大约为 0.37，并且对一个概率为 $1-1/e$ 的足够大[26]的结果 m，其接近 0.63，有 $\rho*(B)=k$。也就是说，每一个具有给定风险测度的彩票可以类比为一个标准彩票，它提供①一个等于风险测度 k 的损失（以 $1/e$ 的概率实现）和②一个等于某个大数值的收益（以 $1-1/e$ 的概率实现）。原始彩票和标杆都具有相同的风险测度 k。

风险测度还帮助将一个组合的风险与构成组合的证券的风险联系在一起。对任何彩票 X 和 Y：

$$\rho*(X+Y) \leqslant \rho*(X) + \rho*(Y)$$

也就是说，彩票之和的风险不大于个体彩票风险测度之和。这一特性称为**次可加性**。此外，如果变量 X 和 Y 是独立同分布的，那么不仅有 $\rho*(X)=\rho*(Y)$，还有：

$$\rho*(X+Y) = \rho*(X) = \rho*(Y)$$

表明当两个独立分布的变量加在一起时，$\rho*(\cdot)$ 不会上升。更进一步，如果 X 和 Y 完全正相关（即如果它们是相同的彩票），那么：

$$\rho*(X+Y) = 2\rho*(X) = 2\rho*(Y)$$

最后，如果这两个变量完全负相关（例如，如果 $X \equiv -Y$），那么尽管 $\rho*(X+Y)$ 不一

---

[22] 我们使用的例子均值为正，部分原因在于，均值为零、结果概率为 1/2 的两点彩票的风险测度渐近趋于 1。
[23] 比如，两点分布族或者正态分布族。
[24] 当然，马科维茨方法的效用函数在均值-方差域中定义无差异曲线，并且无差异曲线上的任何一点就可以赋予效用函数的一个值。相比之下，一个给定的分布族 $\rho*(\cdot)$ 对均值-方差域中的每一个点赋予一个唯一的数值。
[25] 这是 Naperian 对数的底数。
[26] m 的数量被要求足够大，从而对类似式(12-1)中的期望效用计算的影响很小。例如，$m=10k$ 是一个非常方便的选择，这是因为带来对 $e^{-10k/k}=e^{-10}$ 价值的考虑，其小数点后前四位都为零。

定为零,它也将达到最小化。[27]

对上面的陈述应用正的同质性特性马上就能提供组合理论的应用。定义 w 和 $1-w$ 为正的权重,那么对任何[28] X 和 Y:

$$\rho*(wX+(1-w)Y) \leqslant w\rho*(X)+(1-w)\rho*(Y)$$

组合的风险不高于其成分的风险测度的加权平均。更进一步,独立同分布彩票的等权重和的风险下降:

$$\rho*(X/2+Y/2) = \rho*(X)/2 = \rho*(Y)/2$$

因此,$\rho*(\cdot)$ 提出了对马科维茨组合理论一般化的特点。

风险测度还可以被应用于复合彩票。例如,如果 X 和 Y 以概率 p 复合,并且如果 $\rho*(X) \leqslant \rho*(Y)$,那么 Aumann 和 Serrano(2008, p.819)证明:

$$\rho*(X) \leqslant \rho*(pX+(1-p)Y) \leqslant \rho*(Y)$$

复合彩票(彩票的彩票)的风险测度处于其成分彩票的风险测度之间。

最后,为了说明 $\rho*(X)$ 并不总是反映一个彩票是否受到偏好,Aumann 和 Serrano(2008, p.823)比较了以相同概率提供回报 $5 和 - $3 的彩票 X 和分别以 1/8 和 7/8 概率提供回报 $15 和 - $1 的彩票 Y。注意到:

$$E(X) = E(Y) = \$1$$
$$\sigma^2(X) = 8 < \sigma^2(Y) = 32$$
$$\rho*(X) = 7.70 \leqslant \rho*(Y) = 9.20$$

然而,即使 Y 的风险较高,还是可以找到常数绝对风险厌恶的效用函数 u,其风险厌恶参数[29]满足 $E[u(Y)] \geqslant E[u(X)]$。这个例子不仅指出对于一些决策制定者,风险较高的彩票更受偏好,还再次指出 $\rho*(\cdot)$ 所提供的排序是一种部分排序。[30]在这个例子中,它并没有对所有的决策制定者做出类似的彩票排序,而只是对那些可以一致更加风险厌恶排序的决策制定者。和其他测度一样,为了正确地使用 $\rho*(\cdot)$,就必须知道它的局限。

12.2.3 Foster-Hart 操作测度

Foster 和 Hart(2008)在发展他们自己的操作风险测度时,得益于 Aumann 和 Serrano(2008)的灵感。**Foster-Hart 测度**和 Aumann-Serrano 测度具有很多共性,并且常常得到类似的排序结果。出于这些原因,我们将不再给出 Foster-Hart 测度的细节,但是注意到下面这些仍然是非常重要的。Aumann-Serrano 测度由风险厌恶的临界水平推导得到,并且主要关注比较彩票的风险,而 Foster-Hart 测度由财富的临界水平推导得到,同时单独定义每一个彩票。Foster-Hart 在发展这个测度时,仅使用了一个假设:相比破产,人们更加偏好不发生破产。[31]他们还指出他们的测度如何与 Arrow-Pratt 常数相对风险厌恶函数联系在一起。Foster-Hart 进一步强调了该测度的实用性,意味着它们可以在机构的组合选

---

27 Aumann 和 Serrano(2008, p.820-821)。
28 进一步注意上面的话指组合多头寸;组合空头头寸的关系还需要进一步的研究。当然,$\rho*(\cdot)$ 可以由一个净多头头寸的分布计算得到,该头寸本身由多头头寸和空头头寸构成。
29 如果一个主体具有负的指数效用函数,其风险厌恶参数至少等于 0.2,那么彩票 X 将更受偏好,但是对大约等于 1 的风险厌恶参数,彩票 Y 将更受偏好。
30 如果违反一致更加风险厌恶的条件,那么排序就不一定成立了。
31 或者在股票的情境下,无限增长相比破产更受偏好。

择问题中得到应用。特别是，该测度可以用于说明什么时候应该拒绝彩票。然而，它对最优组合选择问题并没有帮助——与本章探讨的其他许多测度有类似的局限。

12.3 一致性风险测度和随机排序

一致性这一概念描述了效用最大化组合和风险测度之间进一步的联系。回顾一下，第9章引入了占优标准。本章将进一步探讨这些占优标准，并指出对给定类型的决策制定者，它们中的每一个如何与效用最大化相一致。

如果对所有属于一个给定类型[32]的效用函数 u，$E[u(X)] \geqslant E[u(Y)]$，意味着对所有可接受的彩票 $X \leqslant_D Y$，其中 $\leqslant_D$ 代表一种特定的占优关系，那么就称风险测度 $\rho*(\cdot)$ 与随机排序关系是**一致的**。由于当财富分布或者期望效用满足一种特定排序关系所归纳出的条件时，一致性可以描述所有最优组合选择集，考察一致性如何与第9章所引入的并且接下去将进一步定义的占优标准一起使用将是非常有用的。我们将指出，$\rho*(\cdot)$ 扩展了每一个占优标准所提供的排序。

12.3.1 一阶占优

这里描述的一种随机占优形式就是一阶随机占优，它对所有不知足的主体所有可能的彩票的子集进行排序。U_1 为代表不知足主体的所有效用函数集，即包含所有非递减效用函数的集合。如果一个不知足的主体弱偏好 X 甚于 Y，那么我们就说在**一阶随机占优**(FSD)的意义上，X 相比 Y 占优，其中 FSD 用 $X \geqslant_{FSD} Y$ 代表。根据期望效用，对任何 $u \in U_{1.m}$，$X \geqslant_{FSD} Y \leftrightarrow E[u(X)] \geqslant E[u(Y)]$。正式来说，定理 12.3 描述了一阶占优关系的特征，证明了对 FDS 的检验包括比较彩票的累积概率分布。

定理 12.3 对所有位于分布函数 F_X 和 F_Y 值域（假设是相同的）中的 x，当且仅当 $F_X(x) \leqslant F_Y(x)$ 时，有 $X \geqslant_{FSD} Y$。

当满足定理 12.3 中的条件时，FSD 对所有知足的主体有一致的排序：对所有非递减的效用函数 $u \in U_1$，当且仅当 $E[u(X)] \geqslant E[u(Y)]$ 时，有 $X \geqslant_{FSD} Y$。此外，$\rho*(\cdot)$ 扩展了 FSD 提供的部分排序。例如：[33]

$$\text{如果 } X \geqslant_{FSD} Y, \text{那么 } \rho*(X) < \rho*(Y)$$

为了说明这一点，假设 X 是一个彩票，以相同的概率提供 \$3 或者 -\$2；Y 是一个彩票，以相同的概率提供 \$3.2 或者 -\$1.8。显然，$X \geqslant_{FSD} Y$。此外，$\rho*(Y)$ 约等于 \$12.20，而 $\rho*(X)$ 大约为 \$6.05。

$E(X) \geqslant E(Y)$ 是 $X \geqslant_{FSD} Y$ 的必要条件。[34] 另一方面，对于 FSD，均值排序不是充分条件。如果 $E(X) \geqslant E(Y)$，并不一定每一个不知足的主体都将更加偏好 X。事实上，可以有选择 X 的不知足的主体，也可以有其他不知足的主体选择 Y。

---

[32] 对刚才提到的占优关系，分别为递增、递增且凹的，以及凹的但不一定是递增的。
[33] 例如，请参见 Aumann 和 Serrano(2008，p. 818)。
[34] 通过反证法可以得到这一结果。假设所有不知足的主体都更偏好 X，但是 $E(X) < E(Y)$。但是根据 FSD 的假设，具有效用函数 $u(x) = x$ 的不知足的主体更偏好 X，对此有 $E(X) > E(Y)$。这一矛盾就意味着原始假设不成立。

一阶随机占优是一种相对限制的局部排序，不仅能够对任何分布函数在其各自的值域不相交的彩票进行排序，还可以通过对主体偏好施加额外的现值来对更多的彩票进行排序。

12.3.2 二阶占优

我们在第 9 章引入了二阶随机占优的概念。所有非递减的凹效用函数集用 U_2 代表。因此，U_2 就代表不知足的风险厌恶主体的集合，U_2 包含在 U_1 之中。如果一个不知足的风险厌恶主体弱偏好 X 甚于 Y，那么我们就说在**二阶随机**占优（SSD）的意义上，X 相比 Y 占优，其中 SSD 用 $X \geqslant_{SSD} Y$ 表示。就期望效用而言，SSD 也是一种一致排序：

$$X \geqslant_{SSD} Y \leftrightarrow E[u(X)] \geqslant E[u(Y)], u \in U_2$$

例如，考虑一个提供两种可能回报的彩票 Y，以 1/2 的概率提供回报 $100，以 1/2 的概率提供回报 $200，将其与以概率 1 提供回报 $180 的彩票 X 进行比较。由于 Y 的期望效用不高于 X，从而一个不知足的风险厌恶主体将永远不会偏好 Y 多于 X：

$$E[u(X)] = u(180) \geqslant u(150) \geqslant u(100)/2 + u(200)/2 = E[u(Y)]$$

其中假设 $u(x)$ 是非递减的。

对 SSD 的检验是一种积分检验。

定理 12.4 当且仅当

对所有 $F(x)$ 和 $F(y)$ 值域（假设是相同的）中的 a，

$$\int_{-\infty}^{a} F(x) \mathrm{d}x \leqslant \int_{-\infty}^{a} F(y) \mathrm{d}y \tag{12-3}$$

时，有 $X \geqslant_{SSD} Y$。

类似前一节的结果，$\rho*(\cdot)$ 扩展了 SSD 提供的部分排序。例如：[35]

如果 $X \geqslant_{SSD} Y$，那么 $\rho*(X) < \rho*(Y)$

为了说明这一点，假设 Y 是一个以相同概率提供回报 $2 或者 $-$1 的彩票；X 以 0.27 的概率提供回报 $2.10，以 0.23 的概率提供回报 $1.95，以 0.5 的概率提供回报 $-$1.00。显然，$X \geqslant_{SSD} Y$。此外，$\rho*(X)$ 大约为 $2.071，而 $\rho*(Y)$ 大约为 $2.075。

和 FSD 的情况一样，$E(X) \geqslant E(Y)$ 是 SSD 的必要条件。然而，相比 FSD，SSD 的积分条件的限制性没有那么强，这是因为，只要满足式（12-3），分布函数就可以相交。

12.3.3 Rothschild-Stiglitz 占优

正如最早在第 9 章所提到的，Rothschild 和 Stiglitz(1970，1971)引入了一种占优排序，要求主体是风险厌恶的，但并不一定是不知足的。所考虑的风险厌恶主体类别是由所有凹效用函数集来表示的，这个集合包含 U_2。Rothschild-Stiglitz 占优（RSD）进行排序的随机变量类别限制在具有相同期望值的变量。

就实践而言，RSD 和 SSD 都关注离差，但是 RSD 所提供的经济见解并没有在 SSD 的发展过程中得到强调。特别是，RSD 意味着一个被占优变量可以记为一个占优变量加上一

---

[35] 例如，请参见 Aumann 和 Serrano(2008，p.818)。

个均值[36]为零的噪声项,即被占优变量的离差要比占优变量的大。类似 FSD 和 SSD,RSD 提供一种一致排序。

正如前一节所提到的,$\rho*(\cdot)$扩展了占优关系所提供的部分排序。在现在的情况下:

$$\text{如果 } X \geqslant_{RSD} Y, \text{那么 } \rho*(X) < \rho*(Y)$$

正如 Aumann 和 Serrano(2008,p.818)所建立的;风险测度也与 RSD 相一致。

为了说明这一点,回顾一下一个我们已经研究过的例子。定义 X 以相同的概率提供 \$5 或者 -\$2,并且 Z 以相同的概率提供 \$6 或者 -\$3。那么:

$$E(X) = E(Z)$$
$$\sigma^2(X) < \sigma^2(Z)$$
$$\rho*(X) = \$3.5 < \rho*(Z) = 6.2$$

12.3.4 一般化及其局限

占优排序是部分排序,它们中的每一种都只能对所有可能组合的一个子集进行排序。然而,依次限定偏好集将扩大一个给定排序所能进行排序的组合类别。例如,SSD 相比 FSD 能够对更多的随机变量进行排序,但是这只是对 U_1 的一个子集而言的。[37]另一方面,找到一个满足占优排序的组合并不总是一个普通的计算任务,尤其是如果组合可以包含大量的具有不同回报分布形式的金融工具。因此,基于占优排序的风险测度仅仅为最优组合选择问题提供了部分的解决方法。

给定一个类别的投资者,一致性意味着对于这一个类别的投资者,最优投资都属于占优并且风险较低的组合。然而,当考虑所有可能的组合时,并不保证风险较低的选择是效用最大化的选择。例如,决策制定者可能发现一些组合虽然无法根据一个给定的随机排序进行排序,但是可以提供更高的效用。

12.4 风险价值和一致性风险测度

本节,我们首先考虑一种称为风险价值的测度方法,它常常被称为 VaR。VaR 被广泛用于实践当中,并且到目前为止其应用依旧很广泛,并受到银行监管者的推崇。然而,VaR 的使用也受到了学术界的严厉批评。[38]本节将首先探讨 VaR 的特性,及其使用所带来的困难。然后我们考虑一种定义风险测度的公理方法,它是由 Artzner、Delbaen、Eber 和 Heath(1999)发展得到的,以下简称 ADEH。ADEH 发展了一致测度这一概念,作为一种解决 VaR 某些困难的方式,并且我们接下来将指出一致测度的选择为何要优于 VaR 测度的原因。在这个过程中,我们还比较和对比了一致测度和 Aumann-Serrano 风险概念的特性。

---

36 噪声可以视给定的彩票结果而定。
37 发展一些更高阶的随机排序是可能的,它们事实上利用了更多的参数(例如,请参见 Milne 和 Neave (1994))。Milne-Neave 结果是根据标准化变量(即变量结果服从一种初始选择的划分)得到的。那些结果不服从初始选择的划分的分布即为反例,但是如果初始选择的划分得到了合适的改善,那么它们就不再是反例。这里的问题是从哪里开始分析。
38 例如,请参见 ADEH(1999)、Aumann 和 Serrrano(2008)以及 Foster 和 Hart(2008)。

12.4.1 风险价值

VaR 最初是由 J. P. Morgan 在 20 世纪 80 年代发展得到的,定义了一个组合的管理者在给定的概率下预期损失的最低现金金额。考虑一个组合,其从现在开始的 30 天以后的可能的价值可以看成一个期望价值为 \$20m,标准差为 \$2m 的正态分布。那么,给定正态假设,该组合在 30 天以后实现的价值不高于 \$17m 的概率为 0.066 8。就 VaR 而言,[39] 这一情况就将表达为概率为 0.066 8,价值为 \$3m 的 VaR。

换言之,VaR 给出一个损失量级,它定义了概率分布条件下的下尾的上限。然而,必须记住一些重要的限制。首先,0.066 8 的概率意味着组合管理者很有可能实现高于 \$3m 的损失,这是因为,VaR 仅指尾部的上限。其次,所使用的正态分布很有可能只是真实分布的一个近似。实践中,大于等于 \$3m 的组合损失可能具有非正态的概率分布,其下尾相比正态分布要肥(以及更肥的上尾)。这就意味着在实践中,发生 $\geqslant$ \$3m 的损失的概率有可能高于 0.066 8(有关其他概率分布的探讨,请参见网页附录 M。)

尽管上述种种限制,VaR 被组合管理者以及银行广泛使用,作为其面临的风险的测度。尽管 VaR 的合适程度实际上受限于正常时期,但是 VaR 测度有时也被用于混乱时期。实践中,VaR 计算常常基于前三年或前四年的经营数据。因此,如果在那段时间经营很顺利的话,那么 VaR 很有可能低估未来损失的风险。事实上,基于过去正常时期的损失经验的 VaR 测度可能甚至无法很好地预测变化的经济环境下的未来损失,并且利用 VaR 的一些组合管理者有时不能回答这样一个问题,即如果他们的计算所隐含的假设发生了变化,那么可能会产生何种类型的损失。

其他还有一些有关 VaR 的实践问题。将 VaR 应用于非椭圆回报分布的尝试忽视了分布尾部所包含的信息,即 VaR 忽视了极端事件。此外,降低组合 VaR 的尝试实际上可能产生延伸尾部损失的效应,增加了极端情况下可能实现的损失的量级。更进一步,组合分散化可能增加所承担的风险,同时阻止各成分的 VaR 相加。此外,VaR 不适合用于许多最优化问题,尤其是 VaR 测度有诸多极值点导致排序变得不稳定的时候。最后,在不同的置信水平下,VaR 可能产生相互冲突的结果。

VaR 的使用还可能造成诸如资产价格动态不稳定之类的系统问题。波动性的场景将导致 VaR 上升,而这将触发卖出行为,进一步导致波动率的上升。公允价值会计要求资产根据当前市价进行估值,也会加剧价格变动,这是因为,将资产根据较低的市价标价会刺激进一步的卖出。尽管存在上述种种问题,且即使 VaR 的使用有时带来了非常严重的结果,监管机构依旧非常推崇它。

VaR 还因为理论的原因而受到严厉批评。首先,除非回报的联合分布是椭圆的,否则 VaR 就不具备次可加性。但是在椭圆联合分布的情况下,一个 VaR 最小化组合也是马科维茨方差最小化组合,意味着 VaR 并不优于更简单更传统的方差测度。最后,就下一节所探讨的意义而言,VaR 并不是一种一致性测度。

但是如果决策制定者接受下一节所给出的四个一致公理,那么条件 VaR(CVaR),即

---

[39] VaR 测度通常定义的时间区间从几天到大约一年。用于评估 VaR 的概率通常都是诸如 1% 或 5% 之类的约整数。我们选择了另一个不同的概率的目的在于简化例子。

VaR 的一种修正，将尾部风险更加认真地考虑进去，条件 VaR 提供可能的测度选择，并且不受同样问题的影响。[40] 特别地，从 VaR 转向 CVaR 本质上要求类似于 VaR 的计算应用。在本节开始的例子中，CVaR 就是尾部极限 \$3m 所描述的条件期望损失价值，显然这个数要大于 \$3m。由于条件损失至少为 \$3m，从而 CVaR 的合适的价值事实上大约为 \$3.47m。[41]

12.4.2 一致性风险测度公理

正如刚才所提到的，为了弥补使用 VaR 过程中的不足之处，一致性测度的概念得到了发展。Artzner, Delbaen, Eber 和 Heath(1999，以下简称 ADEH)将一致性测度定义为那些满足下面四个公理的测度。

正的同质性：对所有随机变量 X 和所有正实数 t，有 $\rho(tX)=t\rho(X)$。

即，风险测度的量级应该与随机变量定义所依据的量级相一致。回顾一下，正的同质性也是 Aumann-Serrano(2008) 所采用的两个主要公理中的一个。

次可加性：对所有随机变量 X 和 Y，有 $\rho(X+Y)\leqslant\rho(X)+\rho(Y)$。次可加性确保了将随机变量组合在一起不会使得风险测度上升到个体成分风险测度之和之上。

次可加性是由 ADEH 所假设的，而本章之前则说明该性质是 Aumann-Serrano 公理的一个自然的结果。

单调性：$X\leqslant Y$ 意味着对所有的随机变量 X 和 Y，都有 $\rho(X)\leqslant\rho(Y)$。

单调性公理排除了任何非对称形式的测度，并且由于这个原因，并不能代表所有的决策制定者。此外，单调性事实上不是由 Aumann 和 Serrano 假设的，他们的测度对彩票的负面比正面更为敏感。此外，单调性排除了诸如半方差之类的测度，[42] 该测度仅仅应对下行风险。

变换不变性：对所有随机变量 X，所有确定性结果 k 和所有实数 α，有 $\rho(X+k)=\rho(X)-\alpha$。变换不变性意味着将一个确定的回报加到一个随机回报 X 中将降低风险测度。

Aumann 和 Serrano 没有假设 ADEH 所理解的变换不变性，但是他们的测度遵循相同的概念：$\rho^*(X)\geqslant\rho^*(X+a)$，其中 a 是一个正实数。

如果同时满足 ADEH 的四个公理，那么就称 ρ 为**一致性风险测度**。这四个公理并没有定义一个单一的测度，而是允许选择的多样性。相比之下，Aumann-Serrano 测度是由他们对公理的选择唯一定义的。

12.4.3 一致性风险测度的例子

许多不同的风险测度满足 ADEH 公理，并且任何满足条件的测度可以被称为一致性

---

40 到目前为止，Foster-Hart 还没有处理其测度与 CVaR 或者期望后悔之间的关系，但是他们确实注意到，他们的测度不满足变换不变性公理。

41 CVaR 的确切值为小于等于 \$3m 的结果与那些结果发生的条件概率的乘积的积分。积分的离散近似可以利用诸如 Excel 之类的工作表计算得到，并且这个值大约等于 \$3.47m。本章最后的问题 19 要求读者做出这样的计算。

42 **半方差**是由 $X-E(X)$ 的负项的平方来定义的，即定义一个看跌期权的回报项的平方。为了说明这一点，定义 $Y\equiv\min[E(X)-X,0]$。从而 Y 的非负项定义了负面结果，且半方差计算为 $E(Y^2)$。

测度。一种最直接的一致性测度就是 CVaR，它所确定的期望损失价值大于等于 VaR 的水平。从而，CVaR 试图描述期望尾部损失而非 VaR 所指的上限。[43] 正如我们已经提到的，对本节开始的例子，一个 6.68% 的 VaR 等于 \$3m，一个 6.68% 的 CVaR 大约为 \$3.47m，它是由正态分布的尾部所描述的条件期望损失（计算在脚注 40 中给出，并在本章末尾的问题 19 中进一步详述）。

其他可能的一致性测度选择包括期望后悔，即超过某个阈值的损失分布的期望值，和最差条件期望。[44] Rachev et al.(2008) 注意到，一致性测度主要用于识别不知足的风险厌恶决策制定者的最优选择。另一方面，一致性公理违反了 Aumann-Serrano 的二元性，从而一致性测度不需要反映 Aumann-Serrano 的风险。

12.4.4 一般化和局限性

正如我们已经指出的，对于任何风险管理问题，一个给定的风险测度只能识别其某些方面。此外，模型错误（例如，来自资产回报分布建模的方式）可能导致额外的问题，但是这些问题通常不会在风险测度中被识别。例如，只有当资产回报的建模能够反映实证观测到的特征时，分散化的潜在回报才能得到精确的测度。

要 点

- 风险测度提供了彩票风险一些方面的数值描述。
- 本章所描述的所有测度都是部分排序，这是因为，每一种测度都无法对某种特定形式的彩票进行排序。
- 早期的风险测度形式是基于彩票均值和彩票离差测度之上的。
- 风险测度的均值-离差方法未能捕捉到实证估计得到的分布的所有重要方面。
- Aumann-Serrano 风险测度是迄今为止能够找到的最全面的测度。它的能力源自其基于期望效用的利率基础，并进一步拓展到全局性地描述彩票。
- Foster-Hart 风险测度给出了类似 Aumann-Serrano 风险测度的描述。然而，Foster-Hart 采用了一个不同的利率基础，它是基于实践中所围绕的避免破产的标准之上的。
- 一致性风险测度对彩票的排序方式同时也最大化期望效用，但只是在受限制的情况下如此。
- 一阶随机占优、二阶随机占优和 Rothschild-Stiglitz 占优都是能够为特定彩票进行排序的一致性测度形式。每一种测度能够比较一个不同定义的彩票集。
- 一致性风险测度是由一些公理推导得到的，这些公理试图提供能够克服特定实践困难的排序。
- 一致性风险测度解决了利用从业的风险管理者在实践中所发展的 VaR 形式的测度所遇到的部分实践困难。
- 一致性测度的支持者提议对 VaR 测度进行修正，来克服之前遇到的实践困难。

---

43 CVaR 不仅仅是一个一致测度，它还可以与偏差测度以及期望限制测度以一一对应的方式联系在一起。
44 还有谱风险测度，其探讨不在本章的范围之内。

- 对一致性风险测度存在大量可能的选择，从而一致性给出了大量有关风险的描述。然而，这些描述中没有一个与 Aumann-Serrano 测度完全一致。

问 题

1. 金融经济学文献提出了许多风险测度，每一种测度试图做什么？
2. 风险测度的定义是什么？
3. 传统中用于金融经济学的两种回报分布的风险测度是什么？
4. 在具有相同期望值的两点彩票中，风险厌恶决策制定者将偏好哪一个彩票？
5. （1）平均绝对偏离的含义是什么？
   （2）为什么决策制定者偏好使用平均绝对偏离而非方差作为离差的测度？
6. 有效前沿的含义是什么？
7. 假设合适的资产定价模型是资本资产定价模型，那么两基金分离的含义是什么？
8. 请解释椭圆分布类别和独立性测度之间的关系。
9. 请解释对非椭圆分布使用方差-协方差模型是如何导致对极端损失的严重低估的。
10. （1）Aumann-Serrano 测度所基于的二元性公理的经济含义是什么？
    （2）Aumann-Serrano 测度所基于的正的同质性公理的经济含义是什么？
11. 为什么 Aumann-Serrano 风险测度提供了一种风险的部分排序而非完整排序？
12. 有一个投掷两枚相互独立的硬币的打赌：正面产生 $3 的回报，而反面产生 $2 的损失。这个打赌的 Aumann-Serrano 风险测度是多少？
13. Foster-Hart 测度和 Aumann-Serrano 测度的区别是什么？
14. 占优排序的含义是什么？
15. （1）一阶随机占优的含义是什么？
    （2）二阶随机占优和一阶随机占优的差异是什么？
16. （1）在何种意义下 Rothschild-Stiglitz 占优类似于二阶随机占优？
    （2）在何种意义下 Rothschild-Stiglitz 占优不同于二阶随机占优？
17. （1）一致性风险测度的含义是什么？
    （2）一个风险测度要成为一致性风险测度所必须满足的 4 个公理是什么？
    （3）请给出 3 个一致性风险测度的例子。
18. （1）风险价值的含义是什么？
    （2）风险价值是一种一致性风险测度吗？请做出解释。
19. 请给出如何利用工作表计算 12.4.1 节例子中 5% 的 CVaR 的。（请看下面的近似方法。）

A	B	C	D	E	F
0.066 807	17	0.044 057	0.659 466	3	1.978 398
0.022 75	16	0.016 54	0.247 585	4	0.990 34
0.006 21	15	0.004 86	0.072 743	5	0.363 716
0.001 35	14	0.001 117	0.016 724	6	0.100 343
0.000 233	13	0.000 201	0.003 008	7	0.021 056
3.17E-05	12	2.83E-05	0.000 423	8	0.003 386
3.4E-06	11	3.11E-06	4.66E-05	9	0.000 419
2.87E-07	10	2.87E-07	4.29E-06	10	4.29E-05
列之和		0.066 807	1		3.457 7

列 A：NORMDIST(X, 20, 2, True)的值
列 B：列 A 公式中 X 的值
列 C：增加值：A1—A2, A2—A3, …
列 D：增加值/增加值之和
列 E：列 F 中的值所代表的损失；期望值之和
列 F：个体损失的期望值

参考文献

Artzner, Philippe, Freddy Delbaen, Jean-Marc Eber, and David Heath. (1999). "Coherent Measures of Risk," *Mathematical Finance* **9**: 203–228.

Aumann, Robert J., and Roberto Serrano. (2008). "An Economic Measure of Riskiness," *Journal of Political Economy* **116**: 810–836.

Foster, Dean P., and Sergiu Hart. (2008). "An Operational Measure of Riskiness," Working Paper, Center for the Study of Rationality, The Hebrew University of Jerusalem.

Ingersoll, Jonathan E. (1987). *Theory of Financial Decision Making*. Totowa, NJ: Rowman & Littlefield.

Milne, Frank, and Edwin H. Neave. (1994). "Dominance Relations Among Standardized Variables," *Management Science* **40**: 1343–1352.

Rachev, Svetlozar T., Sergio Ortobelli, Stoyan Stoyanov, Frank J. Fabozzi, and Almira Biglova. (2008). "Desirable Properties of an Ideal Risk Measure in Portfolio Theory," *International Journal of Theoretical and Applied Finance* **11**: 19–512.

Rothschild, Michael, and Joseph E. Stiglitz. (1970). "Increasing Risk I: A Definition," *Journal of Economic Theory* **2**: 225–243.

Rothschild, Michael, and Joseph E. Stiglitz. (1971). "Increasing Risk II: Its Economic Consequences," *Journal of Economic Theory* **3**: 66-84.

Schulze, Klaase. (2008). "How to Compute the Aumann-Serrano Measure of Riskiness," Working Paper, BGSE, University of Bonn, Germany.

Tobin, James. (1969). "Comment on Borch and Feldstein," *Review of Economic Studies* **36**: 13–112.

第四部分
PART 4

风险资产选择和定价

第 13 章　均值-方差组合选择

第 14 章　资本资产定价模型

第 15 章　套利定价模型和因子模型

第 16 章　资产定价的一般原理

第 17 章　公司证券定价

第 13 章 均值-方差组合选择

本章,我们将详细而缜密地介绍最著名的组合选择理论:均值-方差组合理论。我们从两个风险资产的简单情况开始理解基本问题,然后一般化到任意数量的风险资产。当我们从图表以及分析中得到均值-方差组合边界后,我们将这一理论应用到一个实际的例子。我们还讨论了一些与均值-方差分析相关的实际问题。最后,我们进一步考虑一些复杂的问题。

13.1 两个风险资产

考虑将 $1 投资于两个风险资产——资产 1 和资产 2,它们各自下一期的随机回报分别为 r_1 和 r_2。在这一节,我们假设期望回报、方差和协方差都是已知的,并将注意力集中于组合选择问题。实践中,这些变量都是未知的,都需要通过历史数据估算出来。13.4.3 节将给出相关的说明。

13.1.1 组合回报

如果我们定义 w_1 和 w_2 分别为投资于资产 1 和资产 2 的百分比,那么分配到这两个资产的总的百分比必须等于 1,即

$$w_1 + w_2 = 1 \tag{13-1}$$

这一方程称为**预算约束**。例如,如果投资者将组合的 40% 分配到资产 1(即 $w_1=0.4$),那就意味着,投资者将组合的 60% 分配到资产 2(即 $w_2=0.6$)。

给定组合在这两个资产之间的分配,让我们来看投资者实现的回报,称为**组合回报**,用 r_p 表示。组合回报取决于这两个资产所实现的回报,我们分别用 r_1 和 r_2 表示。资产 1 对组合回报的贡献为 $r_1 w_1$。类似的,资产 2 对组合回报的贡献为 $r_2 w_2$。将这两个资产的贡献相加,我们就得到组合回报:

$$r_p = r_1 w_1 + r_2 w_2 \tag{13-2}$$

如果我们知道 r_1 和 r_2,我们就可以利用式(13-2)来计算实现的组合回报。我们还可以利用它来计算期望组合回报,即,我们还有:

$$E[r_p] = w_1 E[r_1] + w_2 E[r_2] \tag{13-3}$$

其中，$E[r_1]$ 和 $E[r_2]$ 分别为这两个风险资产的期望回报，$E[r_p]$ 为期望组合回报。

注意，我们还没有提到权重的符号。当一个资产在一个组合中所占比例的权重为正时就意味着投资者建立一个**多头头寸**。一个负的权重就意味着投资者建立一个**空头头寸**，这是通过卖空一个资产来实现的。

对权重的限制具有一些重要的意义。首先，如果权重不能为负，那么最大期望组合回报就不能超过期望回报最高的那个资产的期望回报。如果允许卖空（即允许出现负的权重），那么期望组合回报就可以远远高于期望回报最高的那个资产的期望回报。

例如，如果 $E[r_1]=5\%$，且 $E[r_2]=10\%$，那么期望回报为：

$$E[r_p] = w_1 \cdot 5\% + w_2 \cdot 10\%$$

如果一个投资者希望得到 100%（即 $E[r_p]=1$）的期望回报，这就意味着，投资者试图满足以下方程：

$$1 = w_1 \cdot (0.05) + w_2 \cdot (0.10)$$

这个方程中有两个未知数。但是，投资者不仅需要满足上面的方程，还需要满足式(13-1)所给出的预算约束。从而，就有两个方程和两个未知数。解这两个方程，我们得到 $w_1=-18$ 和 $w_2=19$。我们如何来理解这两个权重呢？

我们假设投资者有 \$1 用于投资。权重 $w_1=-18$ 就意味着，投资者卖空 \$18 价值的资产 1。假设投资者从卖空中得到 \$18，从而可以投资于资产 2 的量就等于 \$18 加上初始投资的 \$1。也就是说，\$19 将投资于（多头头寸）资产 2。这就是方程解 $w_2=19$ 的含义。

实践中，卖空资产并不简单，或者，对一些资产而言卖空是可能的。例如，存在投资者通过向经纪人借入股票并将其抛出的普通股卖空机制。然而，股票的借出者根据需求要求投资者返还股票。这就是卖空股票的投资者所面临的风险。债券可以通过回购机制卖空，也可以通过和普通股一样的证券借贷交易卖空。但是，房地产、私人公司（即非公有公司）的普通股等其他类型的资产就很难卖空了。此外，即使一个投资者可以卖空，对投资者如何使用卖空所得可能存在一些限制。对个人投资者而言，他们无法获得卖空所得，相反，这些卖空所得是由经纪人保管的，从而保证卖空所借入的资金能够得到偿还。即，经纪人希望降低交易的风险。对机构投资者而言，卖空是否可能，取决于特定的交易。

13.1.2 组合风险

尽管期望组合回报只是组合中两个资产期望回报的加权平均，组合回报的方差就要复杂得多。根据式(13-2)，组合回报的方差就是资产方差和协方差的加权和，即：

$$\text{var}(r_p) = w_1^2 \text{var}(r_1) + 2w_1 w_2 \text{cov}(r_1, r_2) + w_2^2 \text{var}(r_2) \tag{13-4}$$

其中，var 代表方差，cov 代表协方差。式(13-4)是直接根据统计中随机变量线性函数的方差公式得到的。金融中，我们常用 σ^2 来表示方差。此外，如果我们定义 ρ_{12} 为资产 1 和资产 2 回报的相关系数，那么：

$$\rho_{12} = \frac{\text{cov}(r_1, r_2)}{\sqrt{\text{var}(r_1)\text{var}(r_2)}} = \frac{\text{cov}(r_1, r_2)}{\sigma_1 \sigma_2}$$

然后，我们可以从数学上简化式(13-4)：

$$\sigma_p^2 = w_1^2 \sigma_1^2 + 2w_1 w_2 \rho_{12} \sigma_1 \sigma_2 + w_2^2 \sigma_2^2 \tag{13-5}$$

式(13-5)就是组合回报的方差,在均值-方差框架下就是风险测度方式。方差的平方根 σ_p 也常常被用于表示一个组合的风险,但这是以标准差形式测度的风险。值得注意的是,这两种风险测度方式包含的信息是一样的。这是因为,当且仅当采用 σ_p 测度风险时,按照 σ_p^2 才知道一个组合的风险高于另一个组合。

13.1.3 分散化效应

分散化效应指通过将具有特定统计特征的资产组合在一起,就可以降低一个组合的风险。为了说明这一点,一个最简单的方式就是,假设两个资产的回报在统计上是相互独立的,具有相同的期望回报,用 μ 表示,相同的方差 $\sigma_1^2 = \sigma_2^2 = \sigma^2$。在这种情况下,由于这两个资产的回报是相互独立的,从而 $\rho_{12} = 0$,由这两个资产构成的等权重组合具有相同的期望回报,但是其方差为:

$$\sigma_p^2 = \left(\frac{1}{2}\right)^2 \sigma^2 + 2 \times \frac{1}{2} \times \frac{1}{2} \times 0 \times \sigma^2 + \left(\frac{1}{2}\right)^2 \sigma^2 = \frac{1}{2}\sigma^2 \tag{13-6}$$

对式(13-6)的考察说明,通过持有这两个资产,组合的方差等于由这两个资产中的一个构成的组合的方差的一半。

当这两个资产具有不同的均值和方差时,分散化效应就要复杂得多。为了直观地考察这一点,让我们来分析通过组合资产 1 和资产 2 得到的组合风险和回报,其中,资产 1 和资产 2 的期望回报分别为 4% 和 8%,标准差分别为 6% 和 10%。如果它们根据不同的权重组合在一起,那么期望回报为:

$$E[r_p] = w_1 \times 0.04 + (1 - w_1) \times 0.08$$

为了得到这两个资产相关性(ρ_{12})对组合方差的影响,让我们来考察三种情况:完全正相关,完全负相关和不完全相关。

情况 1:完全正相关。在这种情况下,$\rho_{12} = 1$。当 w_1 在 0 和 1 之间变化时,由标准差和期望回报所度量的组合的风险-回报关系,就是图 13-1 中的直线 AB。这是因为,当 $\rho_{12} = 1$ 时,

$$\sigma_p^2 = w_1^2 \sigma_1^2 + 2w_1(1-w_1)\sigma_1\sigma_2 + (1-w_1)^2 \sigma_2^2 = [w_1\sigma_1 + (1-w_1)\sigma_2]^2$$

这就意味着:

$$\sigma_p = w_1 \sigma_1 + (1-w_1)\sigma_2 = 0.06 w_1 + 0.10(1-w_1) \tag{13-7}$$

现在对 σ_p 关于 w_1 求偏导,有:

$$\frac{\mathrm{d}\sigma_p}{\mathrm{d}w_1} = \sigma_1 - \sigma_2$$

从而回报-风险关系的导数为:

$$\frac{\mathrm{d}E[r_p]}{\mathrm{d}\sigma_p} = \frac{\mathrm{d}E[r_p]/\mathrm{d}w_1}{\mathrm{d}\sigma_p/\mathrm{d}w_1} = \frac{0.04 - 0.08}{0.06 - 0.10} = 1$$

数学上,这就说明,由于所求得的导数与 w_1 无关,从而线段 AB 必须是一条斜率为 1 的直线。

直观上,当两个资产完全正相关时,组合风险就是单个资产风险的加权和。如果我们限制组合权重不能为负(即不存在卖空),组合风险就不可能低于风险较低的那个资产,正如 AB 线所明确指出的。这就意味着,分散化是不可能的。但是,如果允许卖空,那么就

可以将组合风险降低到任何期望水平。例如，如果我们希望得到 $\sigma_p=2\%$，那么我们求解式(13-7)得到 $w_1=2$ 和 $w_2=-1$。从而所得到的组合的标准差为2%。但是，期望组合回报将为 $2\times0.04-1\times0.08=0\%$，是我们不希望看到的。换言之，尽管我们可以降低组合风险，但是由于其对期望回报的影响，我们可能不希望这么做。注意图13-1只给出了权重不为负的情况，即不存在卖空的情况。

作为实践中的一个例子，来近似说明完全正相关。

我们可以考虑两个锌矿公司的股票，这两个公司具有相同的规模，相同的回报标准差（由于处于同一个行业），但是不同的期望回报（例如，一个公司的管理层能够更加有效地控制固定成本）。同样，由于这两个公司处于同一个行业中，从而我们就可以假设这两个公司的收益是完全正相关的。

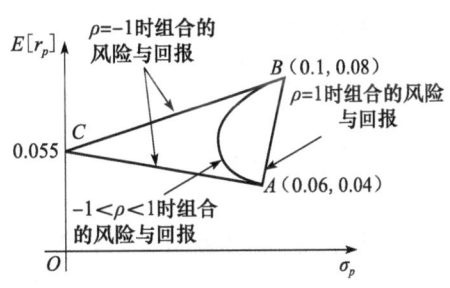

图13-1　两个风险资产的分散化

情况2：完全负相关。在这种情况下，$\rho_{12}=-1$，且

$$\sigma_p^2 = w_1^2\sigma_1^2 - 2w_1(1-w_1)\sigma_1\sigma_2 + (1-w_1)^2\sigma_2^2 = [w_1\sigma_1 - (1-w_1)\sigma_2]^2$$

从而对 σ_p 仍然是 σ_1 和 σ_2 的线性函数。但是，上面的平方根的值为非负，为：

$$w_1\sigma_1 - (1-w_1)\sigma_2$$

或

$$-[w_1\sigma_1 - (1-w_1)\sigma_2]$$

当 $w_1=0.625$ 和 $w_2=0.375$ 时，σ_p 正好等于零。当 w_1 在0.055和0.10之间时，我们可以看出，类似图13-1中的直线AB，这一风险-回报组合也是一条直线，由图13-1中的直线CB给出。类似地，当 w_1 在0.06和0.055之间时，组合就是线段CA。

情况3：不完全相关。在这种情况下，$-1<\rho_{12}<1$，这是实践中最有可能碰到的情况。在这种情况下，σ_p 就不再是回报的线性函数。事实上，风险-回报组合位于图13-1中的弧线上。为了追溯这条弧线的来源，我们首先让 ρ_{12} 稍微偏离 -1。随着 ρ_{12} 逐渐接近1，弧线变得越来越平坦。最终，当 $\rho_{12}=1$ 时，就变成直线AB。

只要这两个资产不完全相关，那么无须卖空就可以降低组合风险。这就意味着，即使是在这两个风险资产中都建立多头头寸（即权重为正），一般也能实现分散化。但是，对两个风险资产而言，分散化效应是相当有限的。

此外，如果我们将期望组合回报固定下来，那么就无法降低风险了。我们可以从图13-1中看出这一点。在每一条水平线上，只存在唯一一种风险水平，别无其他选择。数学上，我们可以从预算约束中清晰地看出这一点。假设两个风险资产具有不同的期望回报。那么，对任何给定水平的 $E[r_p]$，只存在 w_1 和 w_2 的唯一组合，使得组合的期望回报达到 $E[r_p]$。由于组合是唯一的，一个投资者就无法再降低其风险。然而，正如下一节将指出的，当存在 $N>2$ 个资产时，分散化的可能性就变大了。这些资产将构成无数可能的组合，这些组合的期望回报都等于 $E[r_p]$。在这种情况下，从所有具有相同期望回报水平的组合中选择风险最低的那个组合就是有意义的。实践中，由于存在大量的资产，提供了大量的方法来获得一个给定水平的期望组合回报，风险就可以大大降低。

13.2 多个风险资产

现在考虑投资于 $N>2$ 个风险资产的情况,下一期资产的随机回报分别用 $r_1, r_2, \cdots, r_N$ 表示。定义 $w_1, w_2, \cdots, w_N$ 分别为组合权重(即分配的百分比)。作为两个资产情况的扩展,预算约束为:

$$w_1 + w_2 + \cdots + w_N = 1 \tag{13-8}$$

从而组合回报为:

$$r_p = w_1 r_1 + w_2 r_2 + \cdots + w_N r_N \tag{13-9}$$

对 r_p 使用标准统计公式,得到组合期望回报和方差:

$$E[r_p] = w_1 E[r_1] + w_2 E[r_2] + \cdots + w_N E[r_N] \tag{13-10}$$

$$\sigma_p^2 = \text{var}(r_p) = \sum_{i=1}^{N} \sum_{j=1}^{N} w_i w_j \text{cov}(r_i, r_j) \tag{13-11}$$

注意式(13-11)的右边只是简单表示了这 N 个资产所有可能的协方差和组合权重的乘积之和。包括所有的方差和协方差,就有 N^2 个可能的项。式(13-11)有时也记为:

$$\sigma_p^2 = \sum_{i=1}^{N} w_i^2 \sigma_i^2 + \sum_{i=1}^{N} \sum_{i \neq j}^{N} w_i w_j \text{cov}(r_i, r_j) \tag{13-12}$$

其中,第一项为 N 个方差的和,第二项为 $N(N-1)$ 个不同资产之间协方差的和。

为了表述的简单,也是出于阅读大量有关均值-方差组合选择文献的需要,我们必须习惯向量和矩阵的表达形式。N 个风险资产的期望回报表示为:

$$\mu = E[r] = \begin{bmatrix} \mu_1 \\ \mu_2 \\ \vdots \\ \mu_N \end{bmatrix} \tag{13-13}$$

其中,r 为一个由 N 个资产风险回报所构成的 N 阶向量,且 $\mu_i = E[r_i]$ 为第 i 个资产的期望回报。采用向量的形式,我们可以将预算约束和期望组合回报记为:

$$w' 1_N = 1 \tag{13-14}$$

和

$$\mu_p = w' \mu \tag{13-15}$$

其中,$w = (w_1, w_2, \cdots, w_N)'$ 是一个由组合权重构成的 N 阶向量,1_N 是一个 N 阶单位向量,角分符号 $'$ 代表矩阵的转置。

N 个风险资产的风险是由以下协方差矩阵给出的:

$$\Sigma = \text{var}(r) = \begin{bmatrix} \text{var}(r_1) & \text{cov}(r_1, r_2) & \cdots \text{cov}(r_1, r_N) \\ \text{cov}(r_2, r_1) & \text{var}(r_2) & \cdots \text{cov}(r_2, r_N) \\ & & \vdots \\ \text{cov}(r_N, r_1) & \text{cov}(r_N, r_2) & \cdots \text{var}(r_N) \end{bmatrix} \tag{13-16}$$

通常假设上述协方差矩阵不是奇异的,这就相当于假设没有一个资产的回报正好是其他资产的线性组合。如果一个资产的回报正好是其他资产的线性组合,这种情况就称为存在**冗余资产**,如果我们将这个资产留在资产集中,那么它将不会改变任何投资者的最优组合选择,从而我们可以将其从资产集中剔除掉。

采用矩阵符号,式(13-12)所给出的组合风险可以简单记为:

$$\sigma_p^2 = w' \Sigma w \tag{13-17}$$

μ 和 Σ 给出了均值-方差组合选择过程中所需要的所有风险资产信息。

13.2.1 分散化及其限制

风险厌恶投资者通常都希望在降低组合风险的同时不降低期望组合回报。通常,他们通过在组合中加入额外的资产,以期达到这一目标。首先考虑一种简单的假设情况,N 个风险资产都具有相同的期望回报,例如 $\mu_1 = 10\%$,相同的组合方差,例如 $\sigma^2 = 20\%^2$。进一步假设所有的回报是相互独立的,从而协方差为零。因此,根据式(13-12),一个等权重组合的风险为:

$$\sigma_p^2 = \sum_{i=1}^{N} \left(\frac{1}{N}\right)^2 \sigma^2 = \frac{1}{N}\sigma^2 = \frac{1}{N} 0.20^2 \tag{13-18}$$

注意,随着越来越多资产的加入(即随着 N 的上升),组合风险减小到零。与此同时,组合回报保持 10%。在这个例子中,分散化有可能消除所有的风险。

但是,上面的例子是不现实的。在现实世界中,资产回报是相关的。例如,经济衰退很有可能影响所有的股票和房地产价格。在这个情况下,就不可能消除所有的风险。为了获得直观的感受,假设所有的资产具有相同的相关性 ρ,并且 $\rho > 0$。那么,

$$\sigma_p^2 = \frac{1}{N}\sigma^2 + \frac{N-1}{N}\rho\sigma^2 \tag{13-19}$$

随着 N 趋近于无穷大,组合方差趋近 $\rho\sigma^2$,这是一个正数,其值无法进一步下降。

如果资产回报具有不同的均值和方差,[1] 那么我们自然就要问,所能达到的风险最多能够降低多少?换言之,给定期望组合回报为 μ_p,一个投资者需要承担的风险最低是多少?尽管实践中最低风险通常都不为零,找到达到这一最低风险水平的组合权重显然是非常重要的。数学上,我们需要找到一个 w 使得 σ_p^2 达到最小值,即

$$\min_{w} \sigma_p^2 = w' \Sigma w \tag{13-20}$$

其中组合权重必须满足两个约束:

$$w' 1_N = 1$$
$$w' \mu = \mu_p$$

第一个约束是预算约束,第二个是为了达到一个给定的期望组合回报 μ_p 所必须满足的条件。

例如,假设一个投资者为了实现 10% 的期望组合回报,可以利用 10 个风险资产构建一个组合方差为 $\sigma^2 = 0.30^2$ 的组合。进一步假设该投资者希望利用 100 个风险资产得到同样的回报。于是,投资者就需要利用 $\mu_p = 10\%$ 及这 100 个资产的期望组合回报 μ 及其协方差矩阵 Σ 来解决上述问题。如果投资者所能找到的最好的就是找到一组组合权重(这 100

---

[1] 本章我们的一个隐含假设是,所有的投资者对任何资产有相同的期望的回报和方差。

个资产之间的资金分配)进而得到方差为 $\sigma^2=0.20^2$ 的组合方差,于是从组合方差的角度出发,分散化效应将为 $0.30^2-0.20^2=0.05$。如果投资者将标准差作为标准,那么组合风险从 $\sigma_p^2=30\%$ 下降到 $\sigma_p^2=20\%$。

式(13-20)给出的最优化问题可以从解析上利用积分解决,正如下一节将给出的。

13.2.2 最优组合的推导

回顾一下,在微积分中,为了最优化一个目标函数,我们只需要使得这个函数的一阶导数等于零,称为**一阶条件**(FOCs),然后求解。FOCs 的解即为最优化问题的解,根据函数的行为特征,最优化可能是最大化目标函数或者最小化目标函数。对我们现在的问题,方差是一个二次函数,且显然不存在上限。从而,解必须是最小化目标函数。

注意最小化 σ_p^2 就等同于最小化 $\sigma_p^2/2$,从而简化 FOCs。此外,由于我们的最优化问题有两个约束条件,我们就必须利用拉格朗日乘数将它们加入到目标函数中去。从而就可以把新的目标函数(或拉格朗日方程)记为:

$$L = \frac{1}{2}w'\Sigma w + \lambda_1(1-w'1_N) + \lambda_2(\mu_p - w'\mu) \tag{13-21}$$

其中,λ_1 和 λ_2 为拉格朗日乘数,反映了这两个约束条件。分别对 w、λ_1 和 λ_2 一阶求导:

$$\frac{\partial L}{\partial w} = \Sigma w - \lambda_1 1_N - \lambda_2 \mu = 0$$

$$\frac{\partial L}{\partial \lambda_1} = 1 - w'1_N = 0 \tag{13-22}$$

$$\frac{\partial L}{\partial \lambda_2} = \mu_p - w'\mu = 0$$

其中,$\partial L/\partial w$ 为 L 关于向量 w 求偏导,即一个 N 阶向量,它由对每一个 w_i 求偏导得到的值构成,

$$\frac{\partial L}{\partial w_i} = w_i\sigma_i^2 + \sum_{j\neq i}^{N} w_j\sigma_{ij} - \lambda_1 - \lambda_2\mu_i = 0 \quad (i=1,2,\cdots,N)$$

FOCs 的解就是我们问题的解。这三个方程中的第一个为:

$$w = \lambda_1 \Sigma^{-1} 1_N + \lambda_2 \Sigma^{-1} \mu \tag{13-23}$$

但是 λ_1 和 λ_2 是未知的。将这个方程的两边同乘以 $1_N'$,并利用 FOCs 的第二个方程,我们有:

$$1 = \lambda_1 (1_N' \Sigma^{-1} 1_N) + \lambda_2 (1_N' \Sigma^{-1} \mu) \tag{13-24}$$

将式(13-23)的两边同乘以 μ',利用 FOCs 的第三个方程,我们有:

$$\mu_p = \lambda_1 (\mu' \Sigma^{-1} 1_N) + \lambda_2 (\mu' \Sigma^{-1} \mu) \tag{13-25}$$

由于式(13-24)和式(13-25)是两个线性方程,含有两个未知数,通过标准代数运算得到:

$$\lambda_1 = \frac{B - A\mu_p}{\Delta}, \quad \lambda_2 = \frac{C\mu_p - A}{\Delta} \tag{13-26}$$

其中 A、B、C 和 Δ 为期望资产回报和协方差矩阵的函数,

$$A = 1_N' \Sigma^{-1} \mu, B = \mu' \Sigma^{-1} \mu, C = 1_N' \Sigma^{-1} 1_N$$

且 $\Delta = BC - A^2$。

将 λ_1 和 λ_2 的解代入式(13-23)，我们就得到最优组合权重：
$$w = g + b\mu_p \tag{13-27}$$

其中，
$$g = \frac{1}{\Delta}[B(\Sigma^{-1}1_N) - A(\Sigma^{-1}\mu)], b = \frac{1}{\Delta}[C(\Sigma^{-1}\mu) - A(\Sigma^{-1}1_N)]$$

从而组合最小方差为：
$$\sigma_p^2 = \frac{A\mu_p^2 - 2B\mu_p + C}{\Delta} \tag{13-28}$$

上述方程和最优组合权重方程在均值-方差组合选择中都是根本的。

13.2.3 有效前沿

为了达到期望的组合回报水平，根据我们的推导，投资者应该根据式(13-27)寻找组合权重。一旦知道期望资产回报和协方差矩阵，我们可以非常方便地计算出这些权重。在所有具有相同期望组合回报 μ_p 的可能组合中，这些权重所构成的组合具有**最小组合风险**，从而这些权重是**最优的**。

作为 μ_p 的一个二次方程，式(13-28)给出了最小组合风险。从而，如果我们对所有可能 μ_p 描出(μ_p, σ_p)的图，我们就得到一条抛物线，即图 13-2 中的曲线 AGB。这一曲线称为**均值-方差前沿**。当经过风险和回报权衡后得到的组合落在曲线上时，这些组合就称为**前沿组合**。如果我们同时画出任何单个资产或任何其他组合的期望回报和标准差，它们必然位于曲线内部。这是因为，在相同的组合回报水平，或者在穿过期望组合回报的水平线上，最优组合的风险最低，位于其他组合的左侧。

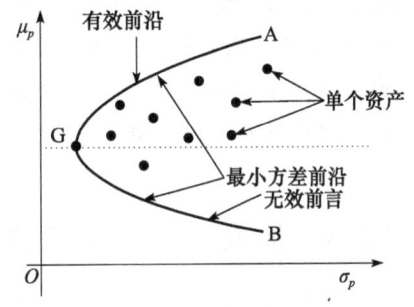

图 13-2　均值-方差前沿

有效前沿上的点 G，代表具有最小的可能风险的组合，称为**全局均值-方差组合**。数学上，由于 σ_p^2 是一个二次方程，就必然存在一个 μ_p 使得 σ_p^2 达到最小。注意 GA 和 GB 关于穿过 G 点的水平线对称。从而边界 GB 就不是有效的。尽管对于任何低于 G 点的期望组合回报，最优组合位于 GB 上，但是投资者在同样的风险水平上，将偏好更高的期望组合回报，即 GB 上的点在 GA 上的对称点。因此，投资者仅对 GA 上的有效组合感兴趣。曲线 GA 上的前沿组合称为有效组合，从而曲线 GA 称为**有效前沿**（或**均值-方差前沿**），代表投资者所能选择的风险和回报权衡。

13.2.4 两基金定理

均值-方差前沿组合的推导提供了一系列有关组合选择问题的见解，其中一个重要的问题就是所谓的**两基金定理**。它意味着，如果存在 N 个可供投资的风险资产，那么：
①没有必要考虑那些风险资产所构成的所有组合；②两个组合就足够了。持有这两个组合的某种组合将使得所有的投资者满意。实践中，我们就可以把这两个组合理解为两个共同基金。在那种情况下，根据均值-方差理论，只需要两个这样的基金就足够了，而投资者

所要做的就是购买这两个基金的某种组合。

为了理解两基金定理为什么成立，考虑 $\mu_p=0$ 和 $\mu_p=1$ 时的最优组合权重。根据式(13-27)，权重分别为 g 和 $g+b$。换言之，通过以权重 g 持有一个组合，我们将得到一个期望回报为 0% 的前沿组合，而权重 $g+b$ 将产生一个期望回报为 100% 的前沿组合。将式(13-27)改写为：

$$w=(1-\mu_p)g+\mu_p(g+b)$$

为了得到一个期望组合回报为 μ_p 的任意前沿组合，上面的公式指出，我们只需要持有$(1-\mu_p)$个单位的 g 加上 μ_p 个单位的 $g+b$，这是一个由两个前沿组合构成的组合。特别地，所有的前沿组合都是 g 和 $g+b$ 的组合，即期望回报为 0 和 1 的两个组合。由于所有的投资者只会持有有效组合，他们将对持有合适的 0 期望回报组合和 1 期望回报组合的组合表示满意。

任何两个不同的前沿组合就可以发挥与 0 期望回报组合和 1 期望回报组合相同的作用。这是因为，它们的组合权重可以由 g 和 $g+b$ 线性给出。将这一关系反过来，g 和 $g+b$ 也可以由它们给出。从而，任何前沿组合作为 g 和 $g+b$ 的某种组合，也都是这两个不同前沿组合的某种组合。

值得注意的是，均值-方差前沿是最优组合选择的结果。但是当组合在前沿上移动的时候，组合风险并不是组合回报的线性方程。如果我们希望期望组合回报翻倍，组合风险作为 μ_p 的二次方程，并不一定会翻倍。相比之下，我们实际选择资产时采用的组合权重确实随 μ_p 的变化而发生线性变化。如果我们将 μ_p 翻倍，我们只需要将 $g+b$ 的持有量翻倍，同时将 g 的持有量降低到$(1-\mu_p)$来满足预算约束。

13.3 加入一个无风险资产

让我们现在来考虑，如果存在一个无风险资产，并可以加入 N 个风险资产的组合，将会出现什么情况？这是一个非常现实的问题，因为实践中投资者可以投资于短期国库券，我们可以认为，在测度回报的单期时间内它是无风险的。此外，投资者确实可以获得一些资产，使得他们可以不用承担风险就可以获得回报，因此这个问题是非常重要的。零风险回报（即无风险资产的回报）是资金的机会成本，构成了评估任何风险投资价值的标杆。

我们可以从图表中看出在一个组合中加入一个无风险资产所带来的巨大改善。如果不存在无风险资产，那么投资者只能在有效前沿上的组合中做出选择。即图 13-3 中的曲线 AB。定义 $D=(r_f,0)$ 为无风险资产的风险-回报点。直观上，从 D 点出发有且仅有一条与有效前沿相切的直线。我们将这一点所代表的组合称为**切点组合**，用 P 点表示。DP 线上的风险-回报选择可以通过持有无风险资产和 P 的组合达到。这是因为，DP 线上的任何一点必须是 D 和 P 的线性组合（几何中，通常一

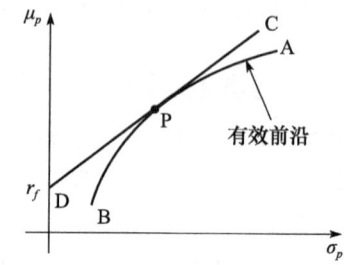

图 13-3 存在一个无风险资产的最优组合

个方程代表一条线),并且与 D 和 P 相关的组合构成了具有希望得到的风险-回报选择的组合。类似的,PC 线上的风险-回报选择也可以通过引入无风险资产(负的持有)和投资于 P 点达到。这里,为了简便起见,我们假设投资者可以以相同的利率借贷任何数量的资金。

事实上,DPC 线是新的风险-回报机会集的最优选择。只有当从 D 点开始的任意直线与前沿相交时才是可行的。除了 D 点之外,不存在任何具有相同风险和回报水平的组合。另外,对任何与前沿相交但是不是相切的直线,选择是由 DPC 线来主导的。这是因为,对于它们中的任何一点(除 D 点之外),我们可以在 DPC 线上找到一个具有相同期望组合回报但是组合风险较低的组合。因此,在存在无风险资产的情况下,投资者将在 DPC 线上选择组合。

注意在加入无风险资产之后,两基金定理显然依旧成立。在这种情况下,所有的投资者根据 DPC 线选择组合时,仅持有切点组合和无风险资产的组合。因此,根据我们目前所得到的均值-方差组合理论的假设,只需要存在两个共同基金,一个货币市场基金(即为无风险资产)和一个风险资产基金。从而所有的投资者将对持有这两个共同基金的某种组合表示满意。

加入无风险资产后组合权重将发生什么样的变化?了解这一点将是非常重要的。无风险资产回报率用 r_f 表示。从而风险资产不再存在预算约束。这是因为,我们的组合的回报为:

$$r_p = (w_1 r_1 + w_2 r_2 + \cdots + w_N r_N) + (1 - w_1 - w_2 - \cdots - w_N) r_f \tag{13-29}$$

其中,第一项为组合权重分别为 $w_1, w_2, \cdots, w_N$ 的风险资产的总回报,第二项为无风险资产回报。投资于风险资产的总量为 $w_1 + w_2 + \cdots + w_N$,这可以是任何分配比例,而 $(1 - w_1 - w_2 - \cdots - w_N)$ 为分配到无风险资产的剩余部分。如果剩余的为负,这就意味着我们以无风险利率借入资金。

然后我们可以将希望获得的期望组合回报表达为:

$$\mu_p = w'\mu + (1 - w'1_N) r_f \tag{13-30}$$

这将是我们新的最优化问题的唯一约束。然后就可以根据与前面一样的方法获得最优组合权重,由下式给出:

$$w = \frac{\mu_p - r_f}{\psi} \Sigma^{-1} (\mu - r_f 1_N) \tag{13-31}$$

其中,$\psi^2 = B - 2Ar_f + Cr_f^2$,且系数 A、B 和 C 的定义同式(13-26)。这个公式具有直观意义。如果 $\mu_p = r_f$,我们有 $w = 0$,即所有风险资产头寸为零,并且整个组合完全投资于无风险资产获得 r_f。期望组合回报越高,我们投资于风险资产的比例也越高。这一比例与 $\mu_p - r_f$ 成线性关系,即为希望得到的期望组合回报超过无风险利率的部分。

最小化组合风险(由组合方差测度)为:

$$\sigma_p^2 = (\mu_p - r_f)^2 / \psi^2$$

标准差为:

$$\sigma_p = \frac{\mu_p - r_f}{\psi} \tag{13-32}$$

其中,$\mu_p > r_f \geq 0$。这就是说,从标准差的角度出发,组合风险正好是希望得到的超额期望组合回报的线性方程。一个投资者追求的最优组合回报越高,他所需要承担的组合风险也越高。

数学上，式(13-32)为 DPC 线的方程。在 P 点，期望回报为：

$$\mu_p^* = \frac{A}{C} - \frac{\Delta/C^2}{r_f - A/C} \tag{13-33}$$

其中，Δ 的定义同式(13-26)，且相关的标准差是在这一期望回报水平下根据式(13-32)计算得到的。

13.4 马科维茨组合

均值-方差前沿上的组合也称为**马科维茨有效组合**，因为这一理论很大程度上来自 Markowitz(1952)。在这一节，我们分析实践中应用马科维茨理论的相关问题。马科维茨框架可以应用于三个方面。首先，它被应用于决定不同资产类别（例如，股票、债券、房地产、投资等）之间的资产分配。其次，在同一个资产类别中通常也有不同的部门。例如，对普通股而言，存在不同的分类方法，例如防守型股票和周期型股票，或者周期型股票还可以进一步划分为以下 9 个部门：资本、货物、能源、技术、卫生保健、通信、运输、基本原材料和消费类周期股。本章后面我们将给出马科维茨理论在这方面是如何应用的。最后，马科维茨理论被应用于一个资产类别中的特定投资。例如，它被用于构造一个股票组合——即它被用于从 N 个候选股票中选出特定股票构成组合。

13.4.1 偏好

理论上，尽管那些仅关注均值和方差的投资者将选择众多可能的马科维茨有效组合中的一个，但是除非我们知道一个投资者的偏好或效用方程，我们才能精确地知道到底应该选择哪一个。例如，如果我们知道一个 20% 的期望组合回报对应于一个 30% 的组合风险（即标准差为 30%），且一个 10% 的期望组合回报对应于一个 20% 的组合风险，那么一些投资者可能偏好前者，而另一些投资者则可能偏好后者。

图 13-4 给出了图示说明。图中三条虚线代表三个投资者的无差异曲线。投资者 I 的无差异曲线为 I，是非常激进的，将选择 PC 线上与无差异曲线相切的那一点作为其组合。投资者 II 有可能正好选择切点组合。投资者 III 是最典型的，因为涉及将部分组合投资于无风险资产，并将余下的投资于风险切点组合 P。

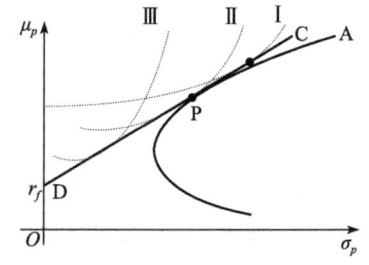

图 13-4　不同投资者不同的组合选择

13.4.2 二次效用函数

一种常见的均值-方差偏好函数由下面的二次效用函数给出：

$$u(\mu_p, \sigma_p) = E[r_p] - \frac{\gamma}{2}\text{var}[r_p] = \mu_p - \frac{\gamma}{2}\sigma_p^2 \tag{13-34}$$

其中，γ 通常称为风险厌恶参数，实践中通过影响回报和风险的权衡来反映风险厌恶程度。[2]这里效用为期望组合回报的递增函数,同时为组合风险的递减函数。通常我们设定 $\gamma=3$。在这种情况下,一个 10% 的期望组合回报和一个 20% 的偏差将带来下面的效用水平:

$$u(0.10, 0.20) = 0.10 - 1.5 \times 0.20^2 = 0.04$$

对于一个 30% 的组合风险,投资者将要求 17.5% 的回报,因为:

$$u(0.175, 0.30) = 0.175 - 1.5 \times 0.30^2 = 0.04$$

换言之,投资者对(17.5%,30%)和(10%,20%)这两个选择是无差异的。

在二次效用函数下,使得无差异曲线和 DPC 线相切的风险资产最优组合权重为:

$$w^* = \frac{1}{\gamma} \Sigma^{-1}(\mu - r_f 1_N) \tag{13-35}$$

这就是式(13-31)所给出的 w 的一种特殊形式。注意 w^*、w 和切点组合都与 $\Sigma^{-1}(\mu - r_f 1_N)$ 成比例,其差异仅在于比例系数。从而,有关 w^* 的方程再次重申,在投资风险资产时,最优投资选择就是将合适的数量投资于切点组合,并将余下的量投资于无风险资产。

我们无须利用式(13-31),直接将式(13-34)的效用函数最大化,就可以得到式(13-35)。为了说明这一点,我们首先将式(13-30)给出的期望组合回报改写为:

$$r_p = r_f + w'(\mu - r_f 1_N)$$

从而组合方差为:

$$\sigma_p^2 = w' \Sigma w$$

和前面的一样。直观上,对任何给定的 w,加入无风险资产不会改变风险。效用为:

$$U(\mu_p, \sigma_p) = r_f + w'(\mu - r_f 1_N) - \frac{\gamma}{2} w' \Sigma w \tag{13-36}$$

现在最大化的 FOC 就比之前要简单得多,并由下式给出:

$$\frac{\partial U}{\partial w} = (\mu - r_f 1_N) - \gamma \Sigma w = 0$$

我们可以非常容易地得到上述方程的解,即式(13-35)所给出的。

根据最优组合权重,投资者最大效用为:

$$U(w^*) = r_f + \frac{1}{2\gamma}(\mu - r_f 1_N)' \Sigma^{-1}(\mu - r_f 1_N) \tag{13-37}$$

这是通过在式(13-36)中代入最优组合权重得到的。这通常称为最优策略的确定性等价回报。[3]其原因在于,效用函数的第二项发挥风险调节的功能。如果 $E[r_p]$ 为 25%,第二项为 5%,那么在考虑风险因素后,最大化效用为 20%。如果投资者无须承担任何风险就可以获得 20% 的回报,那么最大化效用也是 20%。从而,25% 的风险回报相当于 20% 的确定回报。

实践中,w^* 是无法计算的,因为期望资产回报向量 μ 和协方差矩阵 Σ 都是未知的。为了实现 Markowitz(1952)的均值-方差理论,最优组合回报的确定通常是通过两步来完成的。假设投资者拥有 N 个回报的 T 期观察数据,$r_1, r_2, \cdots, r_T$,并希望为 $T+1$ 期构造一个组合。首先,根据观察数据估计资产回报的均值和协方差矩阵。注意,只有那些高

---

2 注意 γ 不是最早在第 9 章给出并在第 11 章和第 12 章进一步讨论的 Arrow-Pratt 风险规避系数。式(11-8)定义了 Arrow-Pratt 绝对风险规避度量方式,式(11-9)定义了 Arrow-Pratt 相对风险规避度量方式。

3 第 11 章给出了确定性当量价值的概念。

于无风险利率的回报，$\theta=(\mu-r_f1_N)$，才会在组合权重方程中发挥作用，这就是我们通常使用的超额回报（即超过无风险利率的回报）。定义：

$$R_t = r_t - r_{f_t}1_N$$

R_t 为每一期资产超额回报的 N 阶向量，即向量的每一个组成部分为 t 期资产回报减去无风险回报，从而估计值为：

$$\hat{\theta} = \frac{1}{T}\sum_{i=1}^{T}R_t \tag{13-38}$$

$$\hat{\Sigma} = \frac{1}{T}\sum_{i=1}^{T}(R_t - \hat{\theta})(R_t - \hat{\theta})' \tag{13-39}$$

分别为样本超额回报和协方差矩阵。

第二步，将样本估计值作为实际值，代入式(13-35)，计算得到最优组合权重：

$$\hat{w}^* = \frac{1}{\gamma}\hat{\Sigma}^{-1}\hat{\theta} \tag{13-40}$$

尽管随着时间流逝可以加入更多的数据来更新估计值，但是理论上最优组合权重是固定不变的。更多的数据只能使得估计更加精确。但是，如果我们假设真实的期望资产回报和标准差（风险）会随着时间发生变化，那么 w^* 也会发生变化。在这种情况下，估计过程将变得更加复杂，并且这种情况下的分析就不在本书讨论范围之中了。

13.4.3 一个例子

正如我们前面所解释的，马科维茨理论可以有三种方式应用于资金分配。其中的一种方式是在一个资产类别中的不同部门之间分配资金。让我们现在来考虑如何在经济的五个部门分配资金。所有公开交易的股票可以归到五个行业：[4]

（1）消费品
（2）制造业
（3）高技术
（4）医疗保健
（5）其他

行业分类是根据它们在每一年 6 月底 4 位标准行业分类（SIC）代码来进行的。然后计算每个月每个行业组别的市值，进一步用其计算这五个组别的月回报。现在一共有关于 $N=5$ 个资产，即五个行业组合，当中总共 $T=984$ 个观测值。我们用月度国库券利率近似替代无风险利率，并将观测到的回报减去无风险利率，得到月超额回报。借助任何软件，或者直接根据式(13-38)和式(13-39)，我们就可以非常简便地计算得到样本均值和协方差矩阵。

表 13-1 给出了这五个行业的月度超额回报、方差和协方差。采用矩阵形式表示，其结果就是：

---

[4] 数据从 1927 年 1 月开始到 2008 年 12 月结束，可以从 Kenneth French 教授的网站上获得，网址为 http://mba.tuck.dartmouth.edu。

$$\hat{\theta} = \frac{1}{100}\begin{bmatrix} 0.654 \\ 0.655 \\ 0.582 \\ 0.758 \\ 0.571 \end{bmatrix}, \quad \Sigma = \frac{1}{100^2}\begin{bmatrix} 29.436 & 26.594 & 25.060 & 24.547 & 31.094 \\ 26.594 & 31.381 & 25.841 & 24.357 & 32.673 \\ 25.060 & 25.841 & 32.641 & 23.535 & 29.609 \\ 24.547 & 24.357 & 23.535 & 33.577 & 28.123 \\ 31.094 & 32.673 & 29.609 & 28.123 & 42.635 \end{bmatrix}$$

我们发现,医疗保健行业(行业4)的月度超额回报最高,为0.758%,而其他行业的月度超额回报最低,为0.571%。医疗保健行业和其他行业的月度标准差分别为5.791% ($=\sqrt{33.577/100}$)和6.530%。注意其他行业(行业5)的回报要低于医疗保健行业,而风险要高于医疗保健行业。在行业层面,从数据来看这一结果是可能的。但是,在组合层面,具有较高期望回报的最优组合必然也具有较高的风险。

将估计值代入式(13-40),并令 $\gamma=3$,我们得到最优组合权重估计:

$$\hat{w}^* = \begin{bmatrix} 0.571 \\ 0.644 \\ -0.009 \\ 0.575 \\ -0.837 \end{bmatrix}$$

表 13-1 例子的估计输入值

		期望月度回报
1.	消费品	0.006 54
2.	制造业	0.006 55
3.	高技术	0.005 82
4.	医疗保健	0.007 58
5.	其他	0.006 71

方差(对角线值)和协方差(非对角线值)(所有的值必须除以 100^2)

	消费品	制造业	高技术	医疗保健	其他
消费品	29.436	26.594	25.060	24.547	31.094
制造业	26.594	31.381	25.841	24.357	32.673
高技术	25.060	25.841	32.641	23.535	29.609
医疗保健	24.547	24.357	23.535	33.577	28.123
其他	31.094	32.673	29.609	28.123	42.635

表 13-2 的第二列总结了问题的解。

表 13-2 例子的最优组合权重
$\hat{w}^* = (0.192, 0.132, -0.106, 0.527, 0.075)'$ (%)

行业约束		没有约束	没有卖空	医疗保健①
1.	消费品	57.1	18.6	19.6
2.	制造业	64.4	13.6	14.1
3.	高技术	-0.9	0.0	0.0
4.	医疗保健	57.5	51.8	50.0
5.	其他	-83.7	0.0	0.0
国库券		5.6	16.0	16.3
合计		100.0	100.0	100.0

① 约束 $0 \leqslant w_4 \leqslant 0.5$。

鉴于我们前面有关均值和标准差的计算，最优配置结果并不令人感到意外。注意这里风险资产的权重之和小于1，这就意味着我们将余下的5.6%的资金投资于无风险资产（美国国库券）。

13.5 实践中的问题

在应用均值-方差框架的过程中，存在一系列相关的实施问题。为了简便起见，我们在前面的例子以及二次效用函数的框架下来分析这些问题。

13.5.1 组合权重限制

第一个问题是投资者是否真的能够卖空。上面的例子中，最优策略意味着通过利用组合资金的83.7%在其他行业中建立一个空头头寸，相比投资资金的数目，这个头寸显然是很大的。实际上，均值-方差最优组合的解通常都要求建立很大的空头头寸。但是实践中，对大多数个人投资者或者机构投资者而言，很难或者根本不可能卖空相当于其财富而言很大的数量。例如，大多数共同基金限制卖空，SEC管制同样有这样的要求。但是对冲基金是一个例外，因为通常不存在对冲基金的卖空限制。但是我们也应该记住，对于一些资产类别或者单个资产，即使不存在任何法律或自加的卖空限制，通常也很难在市场中实现卖空。正如本章前面所提到的，即使允许卖空，投资者也可能无法获得卖空所得用于投资。

现在假设不允许卖空。这就相当于在效用最大化问题中加入了另一个约束集：

$$w_i \geqslant 0, i = 1, 2, \cdots, 5 \tag{13-41}$$

尽管现在不像之前的例子那样存在简单的分析解，但是利用特定的二次规划软件，我们可以从数值上非常简便地对这一问题进行求解。

从而在不允许卖空的情况下，我们例子的解就是：

$$\hat{w}^* = (0.186, 0.136, 0.000, 0.518, 0.000)'$$

表13-2总结了问题的解。注意一旦不允许卖空，我们减少了在其他行业中风险敞口，同时减少了在国库券中的投资。这与直觉是一致的，因为我们不再有空头头寸来抵消组合风险，从而我们就必须减少其他行业的投资来平衡这一风险。

实践中经常施加的一种约束就是规定权重的范围。在一个将资金配置于不同资产类别的资产配置问题中，就可以存在权重范围限制。将组合选择模型应用于一个给定的资产类别、资产部门、特定的资产发行者或部门，就可能存在最小或最大配置量的限制。例如，如果一个投资者考虑房地产作为其组合中的一个候选，但是由于这一资产类别缺乏流动性，投资者就有可能限制其投资量。

权重的范围是由下面的一组约束给出的：

$$a_i \leqslant w_i \leqslant b_i, i = 1, 2, \cdots, 5 \tag{13-42}$$

即对每一个资产类别，其头寸必须在a_i和b_i之间。例如，我们前面的解在医疗保健行业中建立了一个较大的头寸。现在我们可以加入一个额外的约束来解决这一问题：

$$0 \leqslant w_4 \leqslant 0.5$$

在这一额外约束下，问题的解为：

$$\hat{w}^* = (0.196, 0.141, 0.000, 0.500, 0.000)'$$

最优配置也在表13-2中给出，这一结果也是非常直观的。由于在第四个行业中投资

51.8%是最优的,一旦我们将 w_4 的比例限制在50%之内,问题的解就利用了最大的可利用量,$w_4=0.5$。这一50%的约束限制了组合的总的风险敞口。作为平衡,问题的解就将第一个行业的持有量从18.6%增加到19.6%,并将第二个行业的持有量从13.6%增加到14.1%。分配到无风险资产的量略有增加。

更加一般化的约束就是对权重施加如下的线性关系:

$$c \leqslant w_1\beta_1 + w_2\beta_2 + \cdots + w_5\beta_5 \leqslant d \tag{13-43}$$

其中 β_i 为 β 风险(见第14章),或第 i 个资产/部门/发行者特征。这一约束就限制了组合的总 β 敞口。和前面一样,尽管分析中很难得到这一问题的解,但是实践中利用特定的软件我们很容易得到问题的数值解。

13.5.2 组合再平衡

均值-方差框架是一个一期模型。从而组合选择中的第二个实践问题就是每个时期进行**组合再平衡**。如果最优组合权重一直保持不变,就必须在每个时期进行资产交易时保持同样的常数权重。

例如,在前面的例子中,在消费品行业(第一个行业)中的头寸为19.6%,这一行业价值在下一期可能会发生变化,比如翻倍,而其他的行业保持不变。在这种情况下,我们对消费品行业的配置将超过19.6%的最优组合权重。这就要求投资者卖出消费品行业中足够的持有量使得组合权重依旧保持在19.6%,并用这些所得投资于其他资产使得它们各自的最优权重保持不变。实践中,由于每一期资产价值的变化都是随机的,从而我们就需要在每一期买卖资产使得最优权重保持不变。这一行为将在每一期给投资者带来成本,并且这一成本将是巨大的。

考虑到实践中投资决策通常始于特定资产的组合而非现金,就需要清算一些资产并将清算所得投资于其他资产。Chen 等(1971)通过考察组合修正过程中的交易成本,最早探讨了这一问题。事实上,资产买卖的相关成本必须直接纳入组合最优问题。在存在交易成本的条件下如何最优化组合是当前研究的一个热点。[5]

13.5.3 估计误差

第三个实践问题涉及每个资产期望回报和方差,以及所有资产组回报的协方差(相关系数)模型参数的估计误差。在现实世界中,这些参数很有可能是随时变化的,并且估计模型并不是完全有效的。即使我们假设真实的参数是常数,并且数据呈正态分布,参数估计问题依旧十分复杂。下一节以及后面的章节将进一步讨论这一问题。

13.6 高级主题

在这一节,我们讨论三个具有实践重要性的主题,它们在组合选择中更具挑战性。

13.6.1 长期投资

尽管投资期的长度是任意的,可以是一个月也可以是一年,但是在均值-方差组合理

---

5 见 Davis 和 Normal(1990)、Adcock 和 Meade(1994)、Yoshimoto(1996)、Konno 和 Wijayanakake(2001)、Best 和 Hlouskova(2005)、Lobo 等(2007)及 Chen、Fabozzi 和 Huang(2010)。

论中，投资期为一期。现在考虑一个 H 期的投资问题。假设现在是 0 时刻，投资者拥有初始财富。从而经过 H 期投资后，投资者的财富将为：

$$W_H = W_0(1+R_1)(1+R_2)\cdots(1+R_H) \tag{13-44}$$

其中，R_t 为 t 期的组合回报。

现在假设投资者仅关注第 H 期期末的最终财富。令 $U(W_H)$ 为投资者的效用函数。这里我们所关注的一个问题就是，在什么样的情况下，投资者将采用一种一期常数投资策略；即，投资者在做出当前投资决策时把明天当作终止日，并在余下的每一期采用相同的组合权重。如果是这样的话，那么这一常数投资策略是如何与均值-方差最优组合权重相互关联在一起的？

假设所有时期回报服从独立同分布（IID）。如果不做出这样的假设，随着投资者对不同时期回报分布做出不同的反应，投资策略将毫无疑问随着时间的变化而变化。在 IID 的假设下，Smuelson(1969)指出，如果投资者具有如下的幂函数形式的财富效用函数，那么他将采取一种常数投资策略：

$$u(W_H) = \frac{W_H^{1-\gamma}}{1-\gamma} \tag{13-45}$$

其中，$\gamma > 0$ 为风险厌恶系数。当 $\gamma = 1$ 时，效用就定义为 γ 的极限趋近于 1，即为对数效用函数。在对数效用函数下，每一期的常数组合权重也是由均值-方差最优组合回报近似给出的。

为了理解其中的原因，考虑对数效用函数的情况。从而期望财富效用为：

$$E[\log(W_H)] = \log(W_0) + E[\log(1+R_1)] + E[\log(1+R_2)] + \cdots + E[\log(1+R_H)] \tag{13-46}$$

式(13-46)右侧所有的项都是不相关的，从而最大化期望效用，$E[\log(W_H)]$，就相当于最大化每一项。由于存在 IID 的假设，最大化 $\log(W_0)$ 之外的每一项将产生同样的常数投资策略。对每一项的二次近似将产生均值-方差投资策略。

总体上，对于一个任意的效用函数和时变的资产回报分布，在 0 时刻（现在）最大化 $u(W_H)$ 将是非常困难的，因为决策取决于投资者将如何在 1 时期、2 时期，到 $H-1$ 时期的每一期做出的反应。作为一种特殊类型的数学规划，动态规划能够成功地反推出问题的解，即找到 $H-1, H-2, \cdots, 2, 1$ 和现在的最优策略，从而常常被用于解决上述问题。Merton(1990)及 Campell 和 Viceira(2003)给出了一些模型和解答。但是只对一些模型和一些资产存在解。其结果就是，尽管近年来组合理论取得了巨大的发展，均值-方差框架仍然是目前实践中资产配置和主动组合调整中所采用的主要模型。

Grinold 和 Kahn(1999)、Litterman(2003)和 Meucci(2005)提供了均值-方差框架的大量实践应用。均值-方差分析广泛应用的一个主要原因在于，诸如大维度、因子敞口和交易限制等大量现实世界中的问题，都可以很好地纳入这一框架，不仅提供了分析上的见解，还能快速给出数值解。

13.6.2 指数跟踪

实践中，组合管理者经常面临这样一个任务，即战胜一个标杆指数（或者只是一个指数），这通常是标的资产（通常是股票或者债券）的市值权重组合。为了说明股票指数的原理，例如，考虑这样一种情况，经济体中只有两只股票，A 和 B，它们各自的市值分别为 \$100 和 \$200。从而根据它们在市场中价值的比例，在其价值权重指数中，A 将占 1/3 的权重，而 B 将占 2/3 的权重。常见的标准普尔 500 指数就是这样一种由 500 个交易活跃的大市值公司股票的市值权重指数。

定义 $\overline{w}$ 为指数的组合权重，w 为所管理的组合的权重。积极回报定义为：

$$\text{积极回报} = \text{所管理的组合的总回报} - \text{指数总回报} \tag{13-47}$$

显然，为了实现优于指数的业绩，w 必须不同于 $\overline{w}$。但是，出于风险的考虑，投资者并不希望 w 与标杆差异太大。他们希望的是承担和指数相当的风险，同时获得较高的期望回报。为了测度所管理的组合的风险，通常采用积极回报的方差。这一方差称为**跟踪误差**，定义为：

$$\text{跟踪误差} = \text{var}[w'r - \overline{w}'r] = (w-\overline{w})'\textstyle\sum(w-\overline{w}) \tag{13-48}$$

尽管可能存在多种方式利用均值-方差理论获得优于指数的业绩，我们接下去主要关注跟踪误差,[6] 并将其作为一个标准。组合管理者的任务就是在将跟踪误差限制在一个水平之内的同时，尽可能获得优于指数的业绩。这一限制称为**风险约束**，它控制了一个组合管理者所能承担的风险。在跟踪误差的目标下，考察最大化期望组合回报的解析解，将是一件非常有趣的事。Roll(1992) 和 Jorion(2003) 提供了这一问题以及相关问题的解析解。

数学上，这一问题就是：

$$\begin{aligned}&\max_w w'\mu\\ &\text{s.t. } w'1_N = 1\\ &(w-\overline{w})'\textstyle\sum(w-\overline{w}) = \tau\end{aligned} \tag{13-49}$$

其中，τ 为给定的追踪误差量。回顾一下，$w'1_N = 1$ 这一约束是一个标准的因素，因为它的含义是所有的财富都用于投资，从而权重之和为 1。从而解就是：

$$w_r = \overline{w} + \sqrt{\frac{\tau C}{\Delta}}\textstyle\sum^{-1}(\mu - \mu_{gmv}1_N) \tag{13-50}$$

其中，$\mu_{gmv} = B/A$ 为全局最小方差组合的期望组合回报，A、B、C 和 Δ 的定义在 13.2.2 节已经给出。当 $\tau = 0$ 时，所管理的组合必须等于 $\overline{w}$，即标杆组合。随着 τ 上升，组合中 $\textstyle\sum^{-1}(\mu - \mu_{gmv}1_N)$ 组合的部分相应增加。

这里有两点重要的观察值得注意。首先，所管理的组合是通过在 $\overline{w}$ 中加入第二个组合得到的。只有当 $\mu_{gmv} = r_f$（不可能）时，$\textstyle\sum^{-1}(\mu - \mu_{gmv}1_N)$ 才有可能与 $\textstyle\sum^{-1}(\mu - r_f 1_N)$ 成比例，从而加入的组合不是一个有效的组合。这就是，跟踪误差约束或许是有问题的，因为它不管标杆组合是否有效，促使组合管理者持有一个无效的组合。其次，加入的比例与 $\overline{w}$ 相互独立。这就意味着，比如说一个世界中有 500 只股票，无论指数是由 500 只股票构成的还是由 2 000 只股票构成的，组合管理者为了战胜指数，加入的总是是同样的组合。

13.6.3 估计误差

为了应用均值-方差模型，就需要知道期望资产回报和协方差矩阵，但是实践中它们都是未知的参数，必须估计得到。式(13-38) 和式(13-39) 提供了估计所需的公式。估计包

---

[6] 例如，见 Grinold 和 Kahn(1990)。

含随机误差。[7] 两个关键的问题为：①估计误差有多大；②这些误差对组合决策是否存在重大影响？

为了评估估计误差，我们必须对每一期资产回报的行为特征做出一个假设。最简单的假设就是，它们的表现都很好，服从 IID，并具有相同的联合正态分布。特别地，对每一个个体资产超额回报，我们有：

$$R_{i,t} \sim N(\theta_i, \sigma_i^2) \tag{13-51}$$

这就是说，资产超额回报，用 $R_{i,t}$ 表示，服从均值为 θ_i 方差为 σ_i^2 的正态分布。从而我们对观测值均值 θ_i 的样本估计也应该服从正态分布：

$$\hat{\theta}_i \sim N(\theta_i, \sigma_i^2/T) \tag{13-52}$$

这就是说，$\hat{\theta}_i$ 的均值为 θ_i，估计误差方差为 σ_i^2/T。换言之，如果我们利用同样的样本大小 T 对 θ_i 进行无数次估计，那么平均来说，我们得到的 $\hat{\theta}$ 就等于真实的 θ_i，但是每一次误差的量级很有可能达到 $\sigma_i/\sqrt{T}$。在我们前面 13.4.3 节的例子中，$T=984$，并且对其他行业（第五个行业）来说，$\sigma_i/\sqrt{T}$ 估计水平为 0.185%。

现在我们通过在 0.571% 中加入 0.185% 的可能误差，将其他行业的期望月度回报改为 0.756%。所有其他参数的值不变，这种情况下，如果不存在权重约束，那么最优组合权重就是：

$$\hat{w}^* = (0.192, 0.132, -0.106, 0.527, 0.075)'$$

这一解和月度超额回报为 0.518% 时的原先的解总结如表 13-3 所示。

正如我们可以从表 13-3 中看出的，与之前在其他行业中建立一个很大的空头头寸不同，投资者现在在那个行业中持有一个多头头寸。考虑估计误差完全改变了我们的策略（即组合配置），这一现象不仅存在于这个例子中，还存在于几乎所有的均值-方差理论应用中。众所周知，实践中，期望资产回报是很难估计的。此外，最优组合权重对估计的结果非常敏感，即使是估计值很小的变化也可能导致权重发生巨大的变化。

表 13-3

估计误差下的组合权重

		0.756%	0.518%
1.	消费品	19.2%	57.1%
2.	制造业	13.2%	64.4%
3.	高技术	−10.6%	−0.9%
4.	医疗保健	52.7%	57.5%
5.	其他	7.5%	−83.7%
国库券		18.1%	5.6%
总计		100%	100%

估计误差影响组合的最优组合权重及其确定性等价回报（或最高效用水平）。为了说明这一点，考虑这样一种简单的情况，一个投资者知道真实的期望资产回报，但是不知道真实的协方差矩阵。Kan 和 Zhou(2007) 指出，根据估计得到协方差达到的最大效用仅达到根据真实协方差达到的最大效用的一部分。比例系数由下式给出：

$$k_1 = \left(\frac{T}{T-N-2}\right)\left[2 - \frac{T(T-2)}{(T-N-1)(T-N-4)}\right] \tag{13-53}$$

例如，如果我们对 $N=200$ 个资产和 $T=984$ 应用均值-方差组合理论。我们得到 $k_1=52.27\%$。也就是说，即使仅仅是 Σ 的估计中存在误差，我们也只能获得大约一半的可能达到的期望效用。

---

[7] 见 Best 和 Grauer(1991)、Black 和 Litterman(1992)、Chopra(1993) 及 Chopra 和 Ziemba(1993)。

鉴于估计误差对最优解的巨大影响，寻找到一些解决方法就是非常重要的。下面两章将讨论期望资产回报及其协方差矩阵的一些理论框架。下面两章所提供的理论和方法对降低估计误差而言是非常重要的。

要 点

- 在均值-方差理论中，一个组合的风险和回报分别是由组合回报方差（或标准差）和期望组合回报来决定的。
- 通过加入更多具有特定统计特征的资产就可以降低回报风险，称为分散化效应。
- 一个有效组合是所有具有给定期望组合回报的可能组合中风险最低的。
- 风险和回报之间存在权衡：一个有效组合的期望回报越高，组合风险也越高。
- 均值-方差前沿是根据期望组合回报和相同期望组合回报下一个组合所需要承担的最低风险所做出的图。
- 实践中，马科维茨理论被用于确定：①不同资产类别（例如，股票、债券、房地产、投资等）之间的资产配置；②同一个资产类别中不同部门之间的资金配置；③一个资产类别中特定投资的选择。
- 如果不存在无风险资产，那么有效前沿就是均值-方差前沿的上半部分，且它包含了所有投资者可以选择的可能组合。
- 如果存在无风险资产，有效组合就位于始于无风险资产回报风险为零，并与风险资产的均值-方差前沿相切的那条直线上。
- 一个投资者选择的特定有效组合取决于一个投资者的偏好或效用函数。
- 给定相关数据和一个投资者的二次效用函数，就可以根据每一个资产的历史平均回报和回报标准差，以及每一组资产回报的历史协方差从分析的角度计算得到最优组合。
- 为了在未来时期保持组合维持最优水平，随着时间的逝去，就需要不断对最优组合进行再平衡。
- 期望资产回报、方差和协方差的估计误差对估计得到的最优组合的业绩具有重要影响。

问 题

1. 在均值-方差组合理论中，预算约束的含义是什么？
2. 如果一个均值-方差组合问题的解认为资产 X 的权重为负，这代表什么意思？
3. 请解释你是否同意或者不同意下面的说法："一个组合的期望回报和回报方差就是组合中所有资产的期望回报和方差的平均。"
4. 考虑将资金投资于两只股票。假设它们下一年的期望回报分别为 10% 和 20%。进一步假设它们各自的标准差分别为 15% 和 25%，且相关性为 50%。
   (1) 等权重组合的期望回报是多少？
   (2) 如何得到一个回报为 18% 的组合，该组合的风险是多少？
   (3) 如何得到一个回报为 100% 的组合，该组合的风险是多少？
   (4) 假设这两只股票下一年实现的回报分别为 30% 和 −10%。等权重组合的实现回报是多少？如果投资 $100，那么现在的财富价值是多少？

5. 假设有三只股票,每年的期望回报都是 10%,风险(标准差)都是 100%。它们中任何两个之间的相关系数为 50%。
   (1) 其中两个股票的等权重组合的风险是多少?
   (2) 三只股票的等权重组合的风险是多少?
   (3) 三只股票构成的组合的最低可能的风险是多少?
   (4) 如果第三只股票和其他两只股票的相关系数为 −50% 而非 50%,那么三只股票的等权重组合的风险是多少,并且最低可能的风险是多少?

6. 假设你拥有一个风险资产,每年以 20% 的波动(标准差)提供 12% 的期望回报。考虑一个无风险资产,它提供 3% 的无风险回报。
   (1) 如果你拥有 $100 000,并将其中 80% 投资于风险资产,20% 投资于无风险资产,你的组合的期望回报和风险是多少?
   (2) 如果风险资产所实现的回报是 15%,那么你的组合的价值将是多少?
   (3) 如果你无法借入资金,你的组合的最大可能的期望回报是多少。最低的是多少?
   (4) 如果你可以以无风险利率借入资金,你如何得到一个回报为 18% 的组合,组合的风险是多少?

7. 在均值-方差框架中,全局最小方差组合和一个有效前沿的含义是什么?

8. 两基金定理的含义是什么?为什么这一理论非常重要?

9. 考虑这样一个问题,寻找三只股票——Johnson 和 Johnson、Microsoft 和 Walmart 的最优组合。这三只股票的期望回报和协方差矩阵为:

$$\mu_N = \begin{bmatrix} 1.216 \\ 2.408 \\ 1.241 \end{bmatrix},$$

$$\Sigma = \begin{bmatrix} 0.438\,1 & 0.175\,1 & 0.148\,3 \\ 0.175\,1 & 0.354\,4 & 0.236\,1 \\ 0.114\,4 & 0.236\,1 & 0.567\,3 \end{bmatrix}$$

其中数值为百分比形式的月度值,作为数据的样本均值和样本方差/协方差估计。
   (1) 最优组合权重是否依赖于估计参数的数据的频率?
   (2) 如果假设真实的参数是固定不变的,最优组合权重是否会发生变化?
   (3) 一旦我们现在根据最优组合权重购买股票,那么我们下个月是否需要进行一些交易?
   (4) 等权重组合的风险和回报是多少?
   (5) 如果希望得到的期望回报为 1.725 1%,找出最优组合权重。
   (6) 如果希望得到的期望回报为 2.408%,找出最优组合权重。

10. 考虑一个投资者所面临的资产配置问题,他拥有 100 万美元在一个股票指数市场和一个货币市场基金之间配置。假设这个投资者认为,股票指数的年期望回报为 12%,风险为 20%。无风险利率为每年 3%。
    (1) 如果投资者具有二次效用曲线,且风险厌恶系数为 $\gamma = 3$,那么资产配置决策将是什么样的?
    (2) 投资者最优组合的风险和回报是多少?
    (3) 如果对 15% 的组合风险,投资者希望得到 9.75% 的期望回报,那么投资者的风险厌恶系数是多少?

11. 在均值-方差框架中,什么是与
    (1) 在均值-方差框架中卖空;
    (2) 组合再平衡;
    (3) 模型参数估计;
    相关的实际问题?

参考文献

Adcock, C. J., and N. Meade. (1994). "A Simple Algorithm to Incorporate Transaction Costs in Quadratic Optimization," *European Journal of Operational Research* **79**: 85–94.

Best, M. J., and R. R. Grauer. (1991). "On the Sensitivity of Mean-Variance Efficient Portfolios to Changes in Asset Means: Some Analytical and Computational Results," *Review of Financial Studies* **4**(2): 315–342.

Best, M. J., and J. Hlouskova. (2005). "An Algorithm for Portfolio Optimization with Transaction Costs," *Management Science* **51**(11): 1676–1688.

Black, F., and R. Litterman. (1992). "Global Portfolio Optimization," *Financial Analysts Journal* **48**: 28–43.

Chen, A. H., F. J. Fabozzi, and D. Huang. (2010). "Models for Portfolio Revision with Transaction Costs in the Mean-Variance Framework." In J.B. Guerard, Jr. (ed.), *The Handbook of Portfolio Construction: Contemporary Applications of Markowitz Techniques*. New York: Springer.

Chen, A. H., F. C. Jen, and S. Zionts. (1971). "The Optimal Portfolio Revision Policy," *Journal of Business* **44**: 51–61.

Chopra, V. K. (1993). "Mean-Variance Revisited: Near-Optimal Portfolios and Sensitivity to Input Variations," *Journal of Investing* **2**(1): 51–59.

Chopra, V. K., and W. T. Ziemba. (1993). "The Effects of Errors in Means, Variances, and Covariances on Optimal Portfolio Choices," *Journal of Portfolio Management* **19**(2): 6–11.

Grinold, R. C., and Kahn, R. N. (1999). *Active Portfolio Management: Quantitative Theory and Applications*. New York: McGraw-Hill.

Jorion, Philippe. (2003). "Portfolio Optimization with Tracking-Error Constraints," *Financial Analyst Journal* **59**: 7–82.

Kan, R., and G. Zhou. (2001). "Optimal Portfolio Choice with Parameter Uncertainty," *Journal of Financial and Quantitative Analysis* **42**: 621–656.

Konno, H., and H. Yamazaki. (1991). "Mean-Absolute Deviation Portfolio Optimization Model and Its Applications to Tokyo Stock Market," *Management Science* **37**: 519–531.

Konno, H., and A. Wijayanayake. (2001). "Portfolio Optimization Problem under Concave Transaction Costs and Minimal Transaction Unit Constraints," *Mathematical Programming* **89**(2): 233–250.

Litterman, B. (2003). *Modern Investment Management: An Equilibrium Approach*. New York: John Wiley & Sons.

Lobo, M. S., M. Fazel, and S. Boyd. (2007). "Portfolio Optimization with Linear and Fixed Transaction Costs," *Annals of Operatons Research* **152**(1): 341–365.

Markowitz, H. M. (1952). "Portfolio Selection," *Journal of Finance* **7**(1): 77–91.

Merton, R. C. (1990). *Continuous Time Finance*. Cambridge, MA: Basil Blackwell.

Meucci, A. (2005). *Risk and Asset Allocation*. New York: Springer-Verlag.

Roll, R. (1992). "A Mean-Variance Analysis of Tracking Error," *Journal of Portfolio Management* **18**: 13–22.

Samuelson, P. A. (1969). "Lifetime Portfolio Selection by Dynamic Stochastic Programming," *Review of Economics and Statistics* **51**(3): 239–246.

Yoshimoto, A. (1996). "The Mean-Variance Approach to Portfolio Optimization Subject to Transaction Costs," *Journal of Operations Research Society of Japan* **39**(1): 99–117.

第 14 章 资本资产定价模型

前一章的投资组合理论和这一章的资本资产定价模型以及后面将要介绍的两章一起构成了现代投资组合理论的基础。投资组合选择的目标是，在考虑个体所能接受的风险水平的条件下，构建使投资者期望回报最大的投资组合。投资组合理论通常被称为均值-方差组合理论，为投资者构建资产组合的行为提供了标准和准则。但是，这一理论的目标并不是完美刻画实际金融市场中的投资者行为，它仅仅是在投资者行为满足一定假设条件的情况下，通过理论模型来规范刻画出市场中资产回报率和风险之间应当存在的关系。因而，资产定价理论是金融理论界的一个很大的进步。在假设投资者行为满足一定假设的条件下，资产定价理论推导出一个模型（称为**资产定价模型**），这个模型着重关注投资的期望回报，而期望回报这个变量正是均值-方差组合分析的重要变量。

在本章和接下来的两章中，我们将详细介绍各类资产定价理论。但是必须注意的是，之前的投资组合理论独立于任何有关资产定价的理论，也就是说规范的投资组合理论的有效性并不依赖于资产定价理论的有效性。

投资组合理论和资产定价理论共同提供了一个确定和测度投资风险，并建立期望资产回报和风险之间的关系的框架。尽管我们在第 12 章介绍了一系列风险测度方式，本章和接下来的两章所描述的测度方式都是目前常用的。

本章推导了著名的资本资产定价模型（CAPM），根据这一模型，任何资产的期望回报都是其相对于市场的风险和市场本身风险溢价的线性方程。CAPM 的发展离不开一些金融学者，包括 William Sharpe(1964)、John Lintner(1965)、Jack Treynor(1962) 和 Jan Mossin(1966)。[1]

14.1 CAPM 的假设

CAPM 是在一组假设前提下推导出的一个均衡资产定价模型。尽管其中一些假设比较抽象，但是在很大程度上简化了数学推导问题，是现实情况的高度概括。为了更好地理解

---

1 见 Perold(2004) 和 Rubinstein(2006)。

下面的推导,我们首先讨论六个隐含的假设。这些假设为:

假设 1:投资者根据期望回报和回报方差制定投资决策,并遵循马科维茨组合投资理论。

假设 2:所有的投资者都是理性的,并且是风险厌恶的。

假设 3:投资者都在同一时期投资。

假设 4:投资者对所有资产的回报率的均值和方差具有相同的预期。

假设 5:市场上存在一种无风险资产,并且投资者可以以无风险利率自由借贷资金。

假设 6:资本市场是完全竞争的,且不存在摩擦。

前四个假设讨论投资者制定决策的方式,后两个假设与资本市场的特性相关。假设 1 告诉我们一个投资者如何选择最优组合。特别地,该理论假设投资者根据前一章所给出的均值-方差分析制定决策。

假设 2 指出,为了使投资者愿意接受更高风险的投资组合,就必须为他们提供更高的期望回报率作为补偿。我们称这类投资者的行为是风险厌恶的。这一假设意味着,如果投资者面临两个具有相同期望回报率的投资组合,投资者将一致地选择风险较低的那个。这是一个非常符合投资者行为特点假设。

根据假设 3,所有的投资者都在某个时期共同制定投资决策。这一假设并没有指出这个时期(即 1 个月、1 年、2 年等)有多长。现实中,投资决策过程更加复杂,许多投资者有多个投资期限。但是,为了简化理论的数学运算,单期投资期限的假设就是必需的。

在推导 CAPM 时,我们需要利用有效前沿理论(即前一章所解释的有效组合集)。为了得到有效前沿,就必须假设投资者对用于推导有效组合的变量具有相同的期望:资产回报、方差和协方差。这就是假设 4,并被称为**同质期望假设**。

假设 5 中的无风险利率在投资中起着衡量资金机会成本标准的作用。尽管实践中投资者借贷资金的利率存在差异,但是财务领域许多经济模型通常都假设投资者可以以无风险利率无限制地借贷资金。这一假设简化了推导,并且和前一章的假设是一样的。

最后,假设 6 指出资本市场是完全竞争的。这就意味着,买卖双方的数量足够大,相比于整个市场所有的投资者都是非常渺小的,不存在单个投资者能够影响资产的价格。这个假设的结果就是,所有的投资者都是价格接受者,因为资产供需相等时资产市场价格就被确定。此外,根据这一假设,不存在交易成本或其他障碍影响一个资产的供需。经济学家将各种成本和障碍称为**摩擦**。与摩擦相关的成本通常导致买方支付较多和/或卖方获得较少。

在 CAPM 的扩展模型的推导过程中,上述假设中的一个或多个会逐渐被放松。本章也将讨论部分扩展模型。但是无论这些扩展模型是什么样的,模型的基本含义是不变的:投资者只有在承担特定类型的风险时才会得到补偿。正如我们将看到的,投资者能够得到补偿的风险是系统风险。这一结果适用于 CAPM 和本章所讨论的 CAPM 扩展模型,也适用于第 15 章将讨论的套利定价理论。

14.2 推导资本市场

CAPM 的基石是资本市场线和证券市场线。在这一节,我们主要关注资本市场线的推导。

在同质预期假设(假设 4)和无风险资产假设(假设 5)下，投资组合的有效前沿对每个投资者而言都是相同的。图 14-1 中，前沿是由经过 $(0, r_f)$ 和 $[\sigma(r_m), E(r_m)]$ 的直线构成的，其中 m 是与始于 $(0, r_f)$ 的直线相切的唯一前沿组合。这是因为，每个投资者都认为，可获得的风险组合的前沿在图中的位置都是相同的，从而，所有的投资者将购买由无风险资产和风险资产组合 m 构成的某种组合。但是，不同投资者的资金在无风险资产和 m 组合之间的分配比例取决于投资者对风险的态度。因此，一个特定投资者所选择的特定风险-回报组合可能不同于其他投资者的选择。但是确定的是所有投资者选择的都是无风险资产和市场组合(m)的组合。所有选择的投资组合都位于图中的直线上。位于 m 点右上方部分的组合是以无风险利率借入资金，并将初始资本和借入的资金都投资于切点组合，也就是卖空无风险资产，买入风险资产组合 m。

风险资产的切点组合 m 通常都被称为**市场组合**。依旧假设市场中有 N 个风险资产。市场组合中第 i 个资产的权重定义为：

$$w_m = \frac{资产\ i\ 的市值}{总市值} \tag{14-1}$$

也就是说，投资于第 i 个资产的量是根据其市值相对于市场总市值赋权的。例如，如果 Microsoft 的市值占总市值的比例为 2%，那么如果我们希望持有市场组合，我们就将资金的 2% 投资于 Microsoft。

那么为什么切点组合就是市场组合呢？假设只有两家公司，Motor 和 Food，且这两家公司都只发行了股票，而不发行其他证券。在这个高度简化的资本市场中，唯一可以投资的资产就是这两个公司所发行的股票。假设 Motor 和 Food 发行的股份总数分别为 100 股和 150 股，Motor 公司股票的市场价格为 \$5，而 Food 的为 \$2，Motor 和 Food 的市值就分别为 \$500 和 \$300，总市值为 \$800。

进一步假设只存在两个投资者。定义 I_a 和 I_b 分别为其投资于这两只股票的资金总量。由于他们持有相同比例的风险资产，我们就可以假设 w 为投资于 Motor 的总的组合，$1-w$ 为投资于 Food 的量。从而我们必然有下面的市场出清条件：

$$I_a w + I_b w = \$500$$

和

$$I_a(1-w) + I_b(1-w) = \$300$$

也就是说，这两个投资者在每只股票中的总投资必须等于每只股票的市值。而且，他们投资于股票的总量必须等于总市值，$I_a + I_b = \$800$。解上面这两个方程，我们有 $w = \$500/\$800$，这就是 Motor 的市场组合的权重。对任意数量的股票和任意数量的投资者，类似的方程组都会成立。可以说，只要投资者持有相同比例的风险资产，其风险资产共同的组合权重就必须是市值加权市场组合的权重。

理论上，所有投资者的行为加总在一起意味着，m 和无风险资产的价格都将由投资者对风险资产的总需求来决定。之所以这样，是因为根据该理论的预测，投资的选择总是涉及购买 m 和无风险资产的一种组合，从而市场上所有投资者对风险组合 m 的总需求决定了该组合中每一个资产的总需求。类似的，对无风险资产的总需求为所有个体投资者对其需求之和。由于每一个投资者在风险资产组合中持有的风险资产比例是相同的，从而这些选择构建出每一个资产的特定价格,这就是所谓的市场均衡价格。此均衡价格使投资者的最优资产持有正好等于资产的供给,从而达到市场出清。

由所有可选择的资产组合组成的直线称为**资本市场线**(CML)。它描述了所有投资者的均衡最优组合选择。这条线的斜率称为**每单位风险的市场价格**;从图 14-1 中,我们可以看出这一价格为:

$$\text{斜率} = \frac{E(r_m) - r_f}{\sigma(r_m)} \qquad (14\text{-}2)$$

式中　$E(r_m)$——市场组合的期望回报;
　　　r_f——无风险回报;
　　　$\sigma(r_m)$——市场回报的标准差。

利用 CML,一个投资者所选择的组合的风险和回报的关系可以记为:

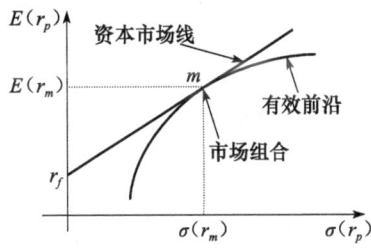

图 14-1　资本市场线

$$E(r_p) = r_f + \left[\frac{E(r_m) - r_f}{\sigma(r_m)}\right]\sigma(r_p) \qquad (14\text{-}3)$$

式中　$E(r_p)$——个体投资者的期望组合回报;
　　　$\sigma(r_p)$——个体投资者组合回报的标准差。

我们可以非常容易地证明式(14-3)所给出的风险-回报关系。这是因为,它所代表的直线为 $E(r_p) = a + b\sigma(r_p)$,其中 b 为斜率,a 为截距。由于这条直线穿过 $(0, r_f)$,就必然有 $a = r_f$。注意:

» 如果 p 仅是一个由无风险资产构成的组合,那么 $E(r_p) = r_f$,不存在风险。
» 如果 p 为市场组合,那么 $E(r_p) = E(r_m)$,风险为 $\sigma(r_p)$。

CML 的含义就是,最优选择的组合风险越高,期望组合回报也越高。[2] 此外,由 $(Er_p - r_f)/\sigma(r_p)$ 给出的任何个体投资者最优选择的组合每单位风险的价格必须等于每单位风险的市场价格。这一每单位风险的市场价格的测度方式也称为**夏普比率**。之所以这样命名,是为了纪念 William Sharpe 在投资组合理论领域所做出的开创性贡献。根据 CML,一个投资者所选择的任何最优组合的夏普比率等于市场组合的夏普比率。(由于市场组合是最优的可获得组合,从而任何组合的夏普比率不可能高于市场组合。)我们可以通过在 CML 线上任意选择组合得到市场组合的夏普比率,并且由于我们假设投资者在给定的风险水平下会最大化投资回报,所以投资者不会选择任何比市场组合差的投资组合。

现在考虑一个投资者在无风险资产和市场组合中的权重选择问题,该投资者可以通过选择其持有的 m 和无风险资产的比例来平衡风险和回报。每一个投资者的组合的期望回报和风险是由下式给出的:

$$Er_p = (1-w)r_f + wE(r_m) = r_f + wE(r_m - r_f) \qquad (14\text{-}4)$$

以及方差:

$$\sigma^2(r_p) = \text{var}[(1-w)r_f + wr_m] = w^2\sigma^2(r_m) \qquad (14\text{-}5)$$

其中,w 为投资者配置到市场组合的组合财富比例,$1-w$ 为配置到无风险资产的比

2　但是在资产层面并不总是成立。

例。为了解出 w，我们就必须知道投资者的目标函数。在前面一章中，我们引进了二次效用函数，我们现在再次给出：

$$U(w) = E[r_p] - \frac{\gamma}{2}\text{var}[R_p] = r_f + w[E(r_m) - r_f] - \frac{\gamma}{2}\sigma^2(r_m)w^2 \quad (14\text{-}6)$$

其中，γ 称为风险厌恶系数，用于反映风险厌恶程度。γ 越大，投资者就越倾向于厌恶风险。[3]

在我们的论述中，将采用二次效用函数。对这一效用函数关于 w 求导，并使之等于零，我们有：

$$w^* = \frac{1}{\gamma}\frac{E(r_m) - r_f}{\sigma^2(r_m)} \quad (14\text{-}7)$$

其中，w^* 为配置到市场组合的最优比例。

换言之，式(14-7)指出：

(1) 期望市场回报超出无风险利率越多，或者市场利率越低，投资者对 m 的投资越多。
(2) 投资者风险厌恶程度越高，或者市场利率越高，投资者对 m 的投资越少。

例如，假设式(14-7)的输入值如下：

$$\gamma = 3$$
$$E(r_m) - r_f = 8\%$$
$$\sigma(r_m) = 20\%$$

正如第 13 章所指出的，我们假设 γ 的一个合理的值为 3。将这些值代入式(14-7)，我们发现该投资者将其财富的 $w = 0.08/(3 \times 0.2^2) = 67\%$ 投资于市场组合。

让我们来看不同的风险厌恶程度会对投资比例的分配造成什么影响。如果一个投资者更加保守，其风险厌恶系数为 $\gamma = 6$，那么他将其财富的 33% 投资于市场组合，同时将剩下的部分投资于无风险资产。但是，如果一个投资者更加激进，其风险厌恶系数为 $\gamma = 1$，那么他将其财富的 200% 投资于市场组合，同时以无风险利率借入资金为超过自有资金的那一部分提供融资。这种情况可以对应于图 14-1 中 m 右上方的 CML 线上。

CML 的一个含义就是，在一个具有同质预期的完美资本市场中，每一个投资者在选择其组合中的风险资产组合时，能够并且会选择市场组合。这显然是不现实的，因为它依赖于假设 6，即资本市场不存在摩擦从而不存在交易成本。只要任何人为一种资产支付其现行价格，就可以在市场中购买这种资产的任何比例。此外，由于每个人对资产价格拥有相同的信息，就不存在投资组合监管成本。这种情况下，经营一个共同基金、银行或者其他金融机构的功能就可以由个人或者由企业来承担。在这样一个世界中，个体自己就可以像金融机构一样高效地完成分散化和杠杆操作(例如用债务借入资金)。由于这些假设存在，我们必须记住，CML 只是给出了理想化条件下的预测。

14.3 CAPM 的推导

在这一节，我们利用 CML 背后蕴含的理论思想推导单个资产的风险-回报关系。企业

---

[3] 回顾一下第 13 章，γ 既不是 Arrow-Pratt 绝对风险厌恶度量方式，也不是 Arrow-Pratt 相对风险厌恶度量方式。那些度量方式由式(11-8)和式(11-9)定义。

所发行的资产通常都称为证券，单个证券的均衡风险-回报关系能够告诉我们证券是如何估值的。为此，我们将考察证券 j 的加入如何影响市场组合的风险。

首先考虑投资于证券 j 的资金比例的变化会如何影响一个由证券 j 和原有市场资产构成的原有市场组合的均值-标准差有效前沿的斜率。图 14-2 给出了均衡 CML，风险证券的有效前沿，以及加入额外证券 j 的市场组合 m 的组合的均值和标准差。

定义 w_j 为证券 j 和市场组合 m 所构成的组合中证券 j 的比例。当 $w=0$ 时，我们就只有市场组合（m 点，包含证券 j 的均衡量），而当 $w=1$ 时，我们的组合就仅由证券 j 构成，正如图 14-2 中的 A 点所示。当 w 为正但是小于 1 时，除了组合中包含了较多的证券 j，组合就和市场组合一样。这可以由类似 B 点来表示。A' 点代表 $w<0$ 的情况，可以理解为类似于市场组合的

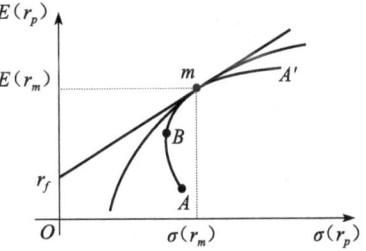

图 14-2 将市场组合与另外一个资产组合得到的前沿

组合，只是部分减少了证券 j 的初始比例。前沿 AA' 位于原先的前沿之内，因为证券 j 和组合 m 的任何组合都是初始资产的特定组合，从而它不可能优于之前的情况。同样的，加入无风险资产不可能优于之前的 CML。另一方面，当组合 m 位于前沿 AA' 上时，这一前沿和无风险利率的组合能够达到之前的最大值，前沿 AA' 和无风险资产的组合不可能变差。因此，前沿 AA' 也必须和 CML 在 m 点相切。

上面假设的组合的期望回报和标准差为：

$$E(r_p) = wE(r_j) + (1-w)E(r_m) \tag{14-8}$$

和

$$\sigma(r_p) = [w^2\sigma^2(r_j) + 2w(1-w)\text{cov}(r_j, r_m) + (1-w)^2\sigma^2(r_m)]^{1/2} \tag{14-9}$$

式中　$\sigma(r_j)$——证券 j 的标准差；

$\text{cov}(r_j, r_m)$——证券 j 回报和市场组合回报的协方差。

现在我们希望找到：

$$\frac{\partial E(r_p)/\partial w}{\partial \sigma(r_p)/\partial w} = \frac{\partial E}{\partial \sigma} \tag{14-10}$$

它测度了图 14-2 中在 AA' 线上移动时风险和回报之间的替代。这是 Sharpe(1964) 个一个重要发现。这种替代将单个资产的期望回报和市场回报联系在一起。

对 w 求偏导，我们得到：

$$\frac{\partial E(r_p)}{\partial w} = Er_j - Er_m$$

和

$$\frac{\partial \sigma(r_p)}{\partial w} = \frac{2w\sigma^2(r_j) + 2(1-w)\text{cov}(r_j, r_m) - 2w\text{cov}(r_j, r_m) - 2(1-w)\sigma^2(r_m)}{2\sigma(r_p)}$$

特别的，当 $w=0$ 时，我们就得到：

$$\left.\frac{\partial \sigma(r_p)}{\partial w}\right|_{w=0} = \frac{\text{cov}(r_j, r_m) - \sigma^2(r_m)}{\sigma(r_m)}$$

这就是说，AA' 在点 m 的斜率（当 $w=0$ 时）为：

$$\frac{\partial E}{\partial \sigma} = \frac{\sigma(r_m)[E(r_j) - E(r_m)]}{\mathrm{cov}(r_j, r_m) - \sigma^2(r_m)}$$

现在我们令上述斜率和 CML 的斜率在点 m 相等, 得到:

$$\frac{E(r_m) - r_f}{\sigma^2(r_m)} = \frac{\sigma(r_m)[E(r_j) - E(r_m)]}{\mathrm{cov}(r_j, r_m) - \sigma^2(r_m)}$$

上述方程可以改写为:

$$E(r_j) = r_f + \beta_j [E(r_m) - r_f] \tag{14-11}$$

其中

$$\beta_j = \frac{\mathrm{cov}(r_j, r_m)}{\sigma^2(r_m)} = \frac{\mathrm{corr}(r_j, r_m)\sigma(r_j)}{\sigma(r_m)} \tag{14-12}$$

其测度了第 j 个证券与市场的协同变化。

现在看式(14-12)的构成。在财务中, 我们通常将 β_j 称为证券的 β, 其值被称为证券的 **β 风险**, 它测度了一个证券相对于市场组合的风险, 因此是一种相对测度标准。如果 $\beta_j > 0$, 证券 j 就随着市场组合的变化而同向变化, 而如果 $\beta_j < 0$, 那么证券 j 就随着市场组合的变化而反向变化。$E(r_m) - r_f$ 这一项被称为**市场风险溢价**。它是超过无风险利率的回报, 代表承担市场风险所需得到的溢价。

对市场中所有的证券, 式(14-11)都成立。根据这一公式, 证券 j 的期望回报必须等于无风险利率和该证券风险溢价之和, 其中, 证券 j 的风险溢价等于市场风险溢价和证券 j 的 β 值的乘积。市场上所有风险资产的上述关系的图示形式就称为**证券市场线**(SML), 如图14-3 所示。在市场均衡状态下, 所有证券的期望回报与其 β 风险的关系都必须位于 SML 线上。注意不要将 SML 和 CML 混淆, SML 描述了单个证券期望回报相对于 β 风险的关系, 而 CML 则描述了投资者最优组合期望回报相对于组合总风险的关系。

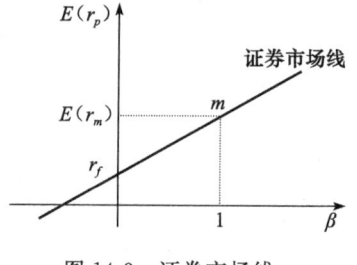

图 14-3 证券市场线

财务领域的一个关键问题就是解释为什么一些企业的回报要高于另一些企业, 这决定了从单个证券中一个投资者期望得到的回报应该是多少? 根据式(14-11), 所有的投资者根据一个证券对市场组合风险的贡献程度来评估这一证券。直观上解释, 如果这个证券增加市场风险, 那么用于补偿风险的期望回报也应该较高。式(14-11)解释说, 股票等证券回报的截面差异源于 β 风险的差异。式(14-11)也称为资本资产定价模型(CAPM)。

例如, 为了解释我们之前例子中 Motor 和 Food 这两只股票的回报, 假设它们各自的 β 风险分别为 1.5 和 0.14。假设无风险利率为 3%, 期望市场回报为 12%。那么, 市场风险溢价为 8%(11%-3%)。根据 CAPM, 这两只股票的期望回报分别为:

对 Motor: $15\% = 3\% + 1.5 \times 8\%$

和

对 Food: $9.4\% = 3\% + 0.8 \times 8\%$

这就是, 和 Food 相比, Motor 因为 β 风险较高, 从而应该具有较高的期望回报, 为 15%。

在现实世界中，CAPM 的应用是非常具有挑战性的，绝非将数字代入模型计算那么简单。首先，式中的所有的参数都必须估计得到。我们将会讨论 β 风险是如何估计的，但是关于市场风险溢价的定义各不相同。此外，不同时期的宏观经济环境的和企业层面的因素变化也会导致企业 β 风险变化。

14.4 不存在无风险资产时的 CAPM

当不存在无风险资产时，比如贷款利率低于借款利率时，Black(1972)指出，CAPM 可以修正为：

$$E(r_j) = E(r_z) + \beta_j[E(r_m) - E(r_z)] \tag{14-13}$$

其中，r_z 为一个与 r_m 不相关的组合的回报，即该组合的 β 为零。由于这个原因，式(14-13)通常被称为**零 βCAPM**。

如果存在一个无风险资产，那么上式中的 r_z 就可以由 r_f 来替代，得到式(14-11)所给出的标准 CAPM。当不存在 r_f 时，改写我们前面对 CAPM 的推导，均值-方差前沿上只存在唯一一个 r_z，其相对于 r_mβ 值为零。从而，零 βCAPM 是标准 CAPM 的一个特例。其是，由于对实践者而言，不太容易确定 r_z，从而零 βCAPM 不如标准 CAPM 使用广泛。另一方面，实践者通常将美国国库券回报率视为无风险利率，并将其作为 r_f 的近似，标准 CAPM 要比零 βCAPM 更受欢迎。

14.5 CAPM 的含义

为了理解 CAPM，我们总是可以利用证券 j 的超额回报对市场超额回报做回归：

$$r_j - r_f = \alpha_j + \beta_j(r_m - r_f) + \varepsilon_j \tag{14-14}$$

其中，ε_j 为回归残差，其与市场回报不相关。上述回归将 r_j 的随机回报分解为一个常数项(α_j)加上两个部分：一个是与市场相关的部分(β_j)和一个与市场不相关的(ε_j)。

对式(14-14)的两边都取期望，并重新排列后我们有：

$$E(r_j) - r_f = \alpha_j + \beta_j[E(r_m) - r_f] \tag{14-15}$$

无论是何种财务理论，上式始终成立。常数项 α_j 为市场所不能解释的期望回报，可能为任何值。根据 CAPM，当投资者具有同质预期并当其他特定的假设(14.1 节列出的那些假设)成立时，均衡状态下，对每一个证券 j，α_j 必须等于零。

14.5.1 总风险的分解

一个证券或者一个组合的总风险由其方差测度。根据式(14-14)所给出的回归，我们可以对两边求方差，得到：

$$\sigma^2(r_j) = \beta_j^2 \sigma^2(r_m) + \sigma^2(\varepsilon_j) \tag{14-16}$$

其中，$\beta_j^2 \sigma^2(r_m)$ 测度证券 j 的总市场风险敞口，称为**系统风险**；$\sigma^2(\varepsilon_j)$ 为余下的风险，称为**非系统风险**。

从而，风险分解可以记为：

$$总风险 = 系统风险 + 非系统风险 \tag{14-17}$$

许多研究，例如 Wagner 和 Lau(1971)，指出非系统风险可以通过分散化消除。理论上，在 CAPM 的条件下也确实如此。但是在现实世界中，由于存在资产定价偏差，一些非系统风险可能就无法消除了。[4] 在实际中，单个股票的系统风险相对于总风险的比例平均来说通常为 30%。平均来说，40% 的单个证券风险可以通过随机选择大约 20 只股票构建组合来消除。再进一步的的分散化可以使非系统性风险更显著地降低。一个分散化组合的回报通常与市场回报高度相关，且其系统风险占总风险的比例超过 90%。图 14-4 刻画了分散化的过程。非系统风险也称为公司特定风险、公司特有风险或特质风险。

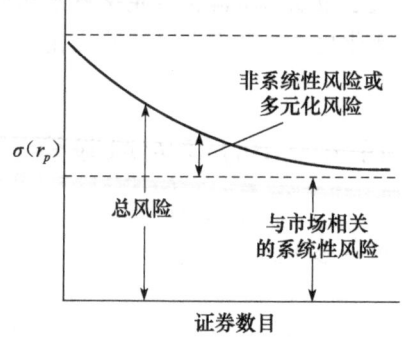

图 14-4 非系统风险递减

相比非系统风险，系统风险无法消除。CAPM 所传递的信息就是，只有这部分风险会得到补偿。投资者持有市场组合，为实体经济提供融资，而投资者可以通过其得到风险溢价补偿，并且单个证券的补偿仅来自于其对市场组合的贡献。在现实中和理论上，我们可以承担任何风险，但并不是所有的风险都会带来补偿。

14.5.2 利用 CAPM 为组合定价

值得注意的是，CAPM 所刻画的关系对无风险资产和市场组合都是成立的，无风险资产和市场组合分别具有 0β 风险和 1β 风险。因此，CAPM 不仅对每个单个证券成立，还对无风险资产和市场组合成立。此外，它对一个任意资产组合也成立。为了说明这一点，定义 $w_1, w_2, \cdots, w_n$ 为组合权重，其和为 1。将每个 w_i 与每个资产超额回报相乘，并将所有的乘积相加，我们得到：

$$E[r_q] = \sum_{i=1}^{n} w_i E(r_i) = r_f + \left(\sum_{i=1}^{n} w_i \beta_i\right)[E(r_m) - r_f] \tag{14-18}$$

式(14-18)即为投资组合的 CAPM 模型。特别的，一个资产组合的 β 等于资产 β 的组合。也就是说，组合 β 风险与其构成 β 呈**线性关系**。相比之下，一个组合的总风险（即方差风险）不具有这种特性，它基本上都不等于总风险的组合。

14.6 另一种推导

现在考虑另一种根据前面式(14-6)的二次效用假设对 CAPM 的证明。提供另一种证明的方法是非常有意义的，因为它提供了更多的对 CAPM 的理解，以及当现实中的某些情况违背 CAPM 理论时，通过何种方式改善投资者的效用。

回顾一下，在无风险资产和市场组合之间配置资金的时候，市场组合的最优持有（即

---

[4] 对非系统风险完全消除意味着那些风险价格为零。但是实践中它们肯定会出现定价错误。正如 Shleifer 和 Vishny(1997)所指出的，由于套利者的资本是有限的，并且需要承担成本，从而套利行为也是有限度的。我们将在第 21 章讨论套利的限制。

权重)是由式(14-6)所给出的 w^*。将它代入效用函数,我们得到最优效用(投资者的满意程度):

$$u(w^*) = r_f + \frac{1}{2\gamma}\frac{[E(r_m) - r_f]^2}{\sigma^2(r_m)} \tag{14-19}$$

根据之前介绍,夏普比率即风险的市场价格,其等于期望市场回报和无风险利率之差除以市场方差。式(14-19)的第二项为夏普比率的平方除以 2γ。正如我们在第13章中所讨论的,效用水平,由上面公式的右边来表示,即为确定性等价回报。

如果对于资产 j,式(14-12)中的 α_j 不等于零,那么考虑一个由无风险资产、市场组合和这一资产 j 构成的组合 q。组合 q 的回报为:

$$r_q = (1 - w_1 - w_2)r_f + w_1 r_m + w_2 r_j \tag{14-20}$$

其中,w_1 为市场的组合权重,w_2 为 r_j 的权重,剩余的比例为投资者财富投资于无风险资产的比例。我们希望证明,如果 $\alpha_j \neq 0$,那么对特定的组合权重选择,投资者可以达到高于 $u(w^*)$ 的效用,但是由于 $u(w^*)$ 已经是最大值了,所以这种情况是存在的。这一矛盾说明,必须有 $\alpha_j = 0$。

我们首先有:

$$r_q = r_f + w_1(r_m - r_f) + w_2(r_j - r_f) = r_f + x_1(r_m - r_f) + x_2(\alpha_j + \varepsilon_j)$$

其中,$x_2 = w_2$ 以及 $x_1 = w_1 + w_2\beta_j$。我们只需要找出 x_1 和 x_2 使得效用到达最大化,根据 x_1 和 x_2 项给出的 r_q 方差表达式相对就比较简单:

$$\sigma^2(r_q) = x_1^2 \sigma^2(r_m) + x_2^2 \sigma^2(\varepsilon_j)$$

其中,$\sigma^2(\varepsilon_j)$ 为 ε_j 的方差。因此效用为:

$$u(x_1, x_2) = r_f + x_1[E(r_m) - r_f] + x_2\alpha_j - \frac{\gamma}{2}[x_1^2\sigma^2(r_m) + x_2^2\sigma^2(\varepsilon_j)] \tag{14-21}$$

对 x_1 和 x_2 求导,一阶条件得到:

$$x_1^* = \frac{1}{\gamma}\frac{E(r_m) - r_f}{\sigma^2(r_m)} \tag{14-22}$$

是和之前一样的市场组合持有,并且:

$$x_2^* = \frac{1}{\gamma}\frac{\alpha_j}{\sigma^2(\varepsilon_j)} \tag{14-23}$$

如果 $\alpha_j \neq 0$:当 $\alpha_j > 0$ 时,投资者将增加其在资产 j 的头寸,当 $\alpha_j < 0$ 时,投资者将减少资产 j 的头寸或者卖空资产 j。最大效用为:

$$u(x_1^*, x_2^*) = r_f + \frac{1}{2\gamma}\frac{[E(r_m) - r_f]^2}{\sigma^2(r_m)} + \frac{1}{2\gamma}\frac{\alpha_j}{\sigma^2(\varepsilon_j)} \tag{14-24}$$

其中前两项和之前一样,第三项为投资者的额外确定性等价回报。当 $\alpha_j \neq 0$ 时,这一效用水平将高于式(14-19)所给出的最优效用水平。这与之前最大效用的假设不一致。因此,α_j 必须等于零。

实践中,如果投资者能够预测这一 α,就可以获得超额回报。这一 α 有助于构建所谓的价值增加组合,使得基金管理者战胜市场指数。上述效应分析的一般形式称为**积极组合管理的基本原则**,是由 Grinold(1989)率先提出的。[5]

5　Zhou(2008a,2008b)及其参考文献提供了一些最近的进展。

尽管这一节的推导假设二次效用，但是只要回报服从独立同分布的正态分布，那么利用任意形式的效用都可以推导出 CAPM。Rubinstein(1973)对 CAPM 的证明不仅充满见解而且非常简洁。附录 14A 给出了这一证明。

14.7 估计 β 风险

实践中，估计一个证券的 β 值可以通过计算 β 方程中的协方差和标准差，也可以通过将高于无风险利率的股票回报对高于无风险利率的市场回报做回归。接下来，我们将解释并给出这些方法如何实现。

考虑估计 IBM 公司的 β 值。一个投资者可以收集 IBM 股票的 120 个月度回报，然后将 IBM 超额回报对市场超额回报做回归：

$$r_{IBM_t} - r_{ft} = \alpha + \beta(r_{mt} - r_{ft}) + \varepsilon_{IBM_t} \tag{14-25}$$

其中，下标 t 代表月份（$t=1, 2, \cdots, 120$）。也就是说，一个投资者将 120 个 IBM 超额回报所构成的时间序列对 120 个市场超额回报所构成的时间序列做回归（回归方程包含一个常数项）。利用 1997 年 1 月到 2006 年 12 月的数据，标准回归软件或者 Excel 可以产生表 14-1 中前两行的结果。α 和 β 的回归系数为 0.006 9 和 1.282 8。一个大于 1 的 β 意味着，IBM 的风险要高于市场。这一 β 的标准差为 0.145 0（在表中的括号中给出），意味着在统计上真实的 β 不等于零。每个月的 α 值为 0.69%，但是估计得到的标准差相对较大，为 0.006 7。由 R^2 给出的回归决定系数为 39.87%。对单只股票，这样大小的 R^2 意味着，回归所得到的拟合结果是相当不错的。

表 14-1 β 估计

公司	α	β	R^2
IBM	0.006 9	1.282 8	0.398 7
	(0.006 7)	(0.145 0)	
BAC	0.007 8	0.747 3	0.207 9
	(0.006 2)	(0.134 3)	
MRK	0.003 5	0.337 5	0.032 5
	(0.007 8)	(0.169 4)	

注：括号中的值为估计系数的标准差。

出于比较的目的，我们还估计了美国银行（BAC）和默克（MRK）的 β。IBM 属于高技术行业，而这两个公司则分别属于银行业和制药业。结果在表 14-1 中给出。有趣的是，BAC 的 β 大约为 IBM 的一半，而 MRK 的 β 又大约为 BAC 的一半。BAC 相比 IBM 更加分散化，从而其风险也较低。对 MRK 而言，无论经济状况的好坏，人们总是需要消费药品，这使得 MRK 的宏观经济风险敞口较小，而宏观经济风险敞口是由市场投资组合所描绘的。[6]

14.8 CAPM 在投资管理中的应用

CAPM 有两个主要方面的应用。一是帮助投资者和基金管理者制定投资决策和评估基金业绩，二是帮助企业财务经理人制定资本预算决策和进行项目估值分析。我们暂时不讨论第二个应用，在本书第七部分讨论资本预算决策时我们再来讨论。

关于 CAPM 在投资决策中的应用，我们关注如何利用 CAPM 来改善一只股票未来期

---

[6] 如果我们将样本扩充到 2008 年 12 月的数据，从而覆盖最近的金融危机，这三个 β 没有发生变化：1.208 1、0.844 5 和 0.449 7。

望回报的预测结果。例如，为了估计 IBM 的期望回报 $E(r_{IBM})$，投资者可以做和之前一样的事，即通过收集 IBM 股票的 120 个月度回报，然后将 IBM 超额回报对市场超额回报做回归，估计出 β：

$$r_{IBM_t} - r_{ft} = \alpha + \beta(r_{mt} - r_{ft}) + \varepsilon_{IBM_t}$$

这一回归通常称为**市场模型**或**单指数市场模型**。利用任何线性回归软件，都可以非常简便地估计市场模型，得出回归系数估计，即前面表 14-1 给出的 0.006 9 和 1.282 8。由于现在投资者拥有更多有关 IBM 和市场的信息，总体上投资者可以获得 $E(r_{IBM})$ 更加精确的估计。特别地，如果 CAPM 是正确的，那么投资者的期望超额回报估计为：

$$E(r_{IBM_t} - r_{ft}) = 1.282\,8 \times (r_{mt} - r_{ft}) \tag{14-26}$$

从标准差的角度来说，它应该比样本均值更精确。

更重要的是，如果一个投资者对市场未来期望回报，或未来 IBM β 的变化有一定的看法，那么 CAPM 就可以帮助我们估计 IBM 未来的期望回报。对其他任何资产而言，只要我们知道它的 β，情况同样如此。单独考察 IBM 或者仅仅利用其历史数据是无法获得这些发现的。

由 CAPM 激发的市场模型不仅能够用于估计一个资产的期望回报，还可以估计它与其他资产的协方差。这是因为，理论通常假设不同资产之间残差是不相关的。因而两个资产之间的协方差由下式给出：

$$\text{cov}(r_i - r_{ft}, r_j - r_{ft}) = \beta_i \beta_j \text{var}(r_{mt} - r_{ft}) \tag{14-27}$$

且方差为：

$$\text{var}(r_i - r_{ft}) = \beta_i^2 \text{var}(r_{mt} - r_{ft}) + \text{var}(\varepsilon_{it}) \tag{14-28}$$

相比样本协方差矩阵，它需要估计 $N(N+1)/2$ 个参数，而市场模型只需要 $2N$ 个估计，即 N 个 β 和 N 个残差方差，这大大减少了参数估计的数量，并且对任何 N 都是可行的。这就使得将均值-方差组合理论应用于大量的资产成为一种可能。尽管实践中市场模型的表现并不好，我们可以通过加入额外的风险因子加以改善。下一章将探讨多因子资产定价模型的估计问题。

14.9 CAPM 的检验

正如其他的经济理论一样，CAPM 理论也需要实证检验。这一节，我们讨论有关 CAPM 的各种实证检验，我们首先解释检验方法，然后给出一个简单的说明。最后，我们探讨主要的实证结果及其含义。

14.9.1 方法

主要有两种方法来检验 CAPM 的有效性，分别是时间序列方法和横截面方法。

14.9.1.1 时间序列方法

时间序列方法通过将资产超额回报对市场超额回报做时间序列回归，通过实证检验 α 是否为 0，即，

$$r_{it} - r_{ft} = \alpha_i + \beta_i(r_{mt} - r_{ft}) + \varepsilon_{it}, t = 1, \cdots, T \tag{14-29}$$

其中，T 为证券 i 的样本大小。如果 CAPM 成立的话，式(14-29)给出的回归模型中所有的 α 就不应该在统计上显著不为零。也就是说，对所有资产而言，零假设为：

$$H_0: \alpha_i = 0, i = 1, \cdots, N \tag{14-30}$$

其中，N 为检验资产的总数。这是回归分析中一个明确定义的参数假设。

有两种方法检验这一假设。第一种是单变量方法。给定资产 i，我们计算：①其在不同时期，比如 1 时期到 T 时期的超额回报，$r_{it} - r_{ft}'s$；②一个市场指数的超额回报，即市场超额回报的近似，$(r_{mt} - r_{ft})'s$。然后，我们利用标准普通最小二乘法（OLS），对式(14-29)进行回归，得到每个资产的 α 和 β。然后，利用标准 t 检验来评估 α 是否统计上显著不为零。

但是，上面所介绍的单变量方法忽视了资产之间残差的相关性，这并不符合实际。为了将可能存在的相关性考虑进去，我们需要利用资产回报残差的协方差矩阵所包含的信息。定义估计得到的协方差矩阵为 $\hat{\Sigma} = (\hat{\sigma}_{ij})$，其中 (i, j) 根据拟合残差的交叉乘积的均值计算得到：

$$\hat{\sigma}_{ij} = \frac{1}{T} \sum_{t=1}^{T} \hat{\varepsilon}_{it} \hat{\varepsilon}_{ij}$$

然后，我们就可以根据 $\hat{\Sigma}$ 构建一个检验统计量，来检验所有的 α 是否都同时为零。由于所有的 α 和资产在检验中都是共同考虑的，因此这种方法称为多变量方法。所得到的检验称为 Gibbons、Ross 和 Shanken(GRS)检验。[7]

为了进行 GRS 检验，定义 $\hat{\alpha}$ 为时间序列估计得到的 α 的 N 阶向量，$\hat{\theta}_m = \bar{r}_m / s_m$ 为市场组合的样本夏普比率，其中 $\bar{r}_m$ 和 s_m^2 为 $r_m - r_f$ 的均值和方差：

$$\bar{r}_m = \frac{1}{T} \sum_{t=1}^{T} (r_{mt} - r_{ft}), s_m^2 = \frac{1}{T} \sum_{t=1}^{T} (r_{mt} - r_{ft} - \bar{r}_m)$$

然后，假设零假设成立，GRS 检验统计量服从一个 F 分布：

$$GRS = \frac{T - N - 1}{N} \frac{\hat{\alpha}' \hat{\Sigma}^{-1} \hat{\alpha}}{1 + \hat{\theta}_m^2} \sim F_{N, T-N-1} \tag{14-31}$$

其中，波形符号代表左侧的统计量服从右侧给出的自由度为 N 和 $T-N-1$ 的 F 分布。给定 $\hat{\Sigma}$，GRS 检验统计量越大，估计的 α 偏离零的程度就越大。事实上，GRS 检验统计量测度了市场组合 m 距离均值-方差前沿有多远。F 分布提供了考虑样本误差后的 GRS 检验统计量的 p 值。当 p 值小于 5% 时，我们通常就拒绝 α 为零这一原假设，也就意味着我们认为 CAPM 理论在实证中不成立。

14.9.1.2 横截面方法

检验 CAPM 的第二种方法是由 Fama 和 MacBeth(1973)率先提出的横截面方法，相比之下，这种方法更加有名。Fama-MacBeth 方法包含两个步骤，并且常常应用于月度数据。

第一步，通过将单个资产月度回报对市场组合进行回归，估计得到不同资产的 β 值。第二步，利用横截面回归估计市场风险溢价。不同于将平均月度回报对 β 做一个横截面回归，Fama-MacBeth 方法采用了将月度回报对 β 做逐月回归的横截面回归的计量方法。然后，其利用这些回归的斜率和截距的均值以及这些均值的标准差的月度时间序列来检验平

---

[7] 见 Gibbons、Ross 和 Shanken(1989)。

均市场风险溢价 $E(r_{mt}-r_{ft})$ 是否为正和截距是否为零。

现在来规范地考虑将资产超额回报对市场指数超额回报的一个时间序列线性回归：

$$r_{it} - r_{ft} = \alpha_i + \beta_i(r_{mt}-r_{ft}) + \varepsilon_{it}, i = 1, \cdots, N, t = 1, \cdots, T \qquad (14\text{-}32)$$

其中，ε_{it} 为干扰项或随机误差项，N 为资产数目，T 为时间序列观测值数。第一步，通过对每一个资产，利用 OLS 对式(14-32)回归，估计得到 β。定义 $\hat{\beta}=(\hat{\beta}_1, \cdots, \hat{\beta}_N)$ 为所有资产 OLS 估计得到的截距构成的 N 阶向量。在第二步中，对每一个月，将 $R_t = (r_{1t}-r_{ft}, \cdots, r_{Nt}-r_{ft})'$ 对 $\hat{X}=[1_N, \hat{\beta}]$ 做横截面回归：

$$r_{it} - r_{ft} = \gamma_0 + \beta_i \gamma_1 + \varepsilon_{it}, i = 1, \cdots, N \qquad (14\text{-}33)$$

如果 CAPM 成立，那么 $\gamma_0 = 0$，且 γ_1 就应该是市场风险溢价 $E(r_{mt}-r_{ft})$。

利用矩阵的表达形式，对于任意一个月，根据式(14-33)给出的回归模型估计得到的伽马(γ)为：

$$\begin{pmatrix} \hat{\gamma}_{0t} \\ \hat{\gamma}_{1t} \end{pmatrix} = (\hat{X}'\hat{X})^{-1}\hat{X}'R_t$$

上式的时间序列均值由下式给出：

$$\begin{pmatrix} \hat{\gamma}_0 \\ \hat{\gamma}_1 \end{pmatrix} = \frac{1}{T} \sum_{t=1}^{T} \begin{pmatrix} \hat{\gamma}_{0t} \\ \hat{\gamma}_{1t} \end{pmatrix} \qquad (14\text{-}34)$$

估计得到的 γ 通常就作为最终的估计结果。

在一些研究中，β 是根据过去数据的滚动窗口估计得到的。在这种情况下，X 就是随时变化的。在利用 OLS 估计时，通常用于评估因子定价显著性的 t 统计量计算如下：

$$\hat{t}_1 = \frac{\hat{\gamma}_1}{\hat{s}_1/\sqrt{T}} \qquad (14\text{-}35)$$

其中，$\hat{\gamma}_1$ 和 $\hat{s}_1$ 是时间序列 $\hat{\gamma}_{1t}$，$t=1, \cdots, T$ 的样本均值和标准差。但是，由于在计算过程中 β 的估计误差被忽略了，t 统计量会存在一个变量误差问题。Shanken(1992)纠正了这一问题，Shanken 和 Zhou(2007)提供了可以替代 Fama-MacBeth 两步估计法的估计量和检验方法。

14.9.2 一个简单的应用

为了更好地理解检验方法，我们提供一个简单的例子。

14.9.2.1 时间序列检验：单变量和 GRS 检验

再次考虑前面一章所用到的五个行业组合——消费品、制造业、高技术、医疗保健和其他。从而，就有 $N=5$ 个资产，并且和前面一章所说的一样，对这五个时间序列，每一个都包含 $T=984$ 个观测值。市场指数根据所有 NYSE、AMEX 和 NASDAQ 所有股票的价值权重得到。

现在通过将消费品行业和市场指数各自的回报减去一个月国库券的利率，来计算得到消费品行业和市场指数各自的超额回报，然后将消费品行业组合的超额回报对市场指数的超额回报做回归。任何标准的 OLS 回归软件都可以得到回归系数 α 和 β，分别为 0.001 1 和 0.929 0，在表 14-2 中给出。[8] 估计值标准差位于每个估计值下面。0.000 6 的值并不是太

---

8 数据可以从 http://mba.tuck.dartmouth.edu/pages/faculty/ken.french/data_library.html 免费下载。

小，因而 t 统计量只有 1.77，我们无法在通常所采用的 5% 的显著水平下拒绝 α 为零的假设。β 的标准差为 0.011 2，相比其估计值显然很小。t 统计量非常大，为 82.79，显著说明 β 不为零，其在解释消费品行业组合的回报中发挥着重要的作用。

表 14-2 利用五个行业组合检验 CAPM

Panel A：回归	α	β	R^2
消费品	0.001 1	0.929 0	0.874 7
	(0.000 6)	(0.011 2)	
	[1.77]	[82.79]	
制造业	0.000 8	0.985 7	0.923 7
	(0.000 5)	(0.009 0)	
	[1.54]	[109.01]	
高技术	0.000 3	0.947 3	0.820 3
	(0.000 8)	(0.014 1)	
	[0.34]	[66.95]	
医疗保健	0.002 6	0.854 5	0.648 8
	(0.001 1)	(0.020 1)	
	[2.33]	[42.59]	
其他	−0.000 8	1.116 1	0.871 6
	(0.000 8)	(0.013 7)	
	[−1.12]	[81.66]	
Panel B：GRS 多元检验	GRS	4.682 7	(0.000 3)
Panel C：两步市场风险溢价估计	γ_1	−0.006 1	[−1.21]

注：括号中的值为估计系数的标准差，方括号中的值为 t 统计量。

对其他四个行业可以做类似的回归。如此，我们就得到了表 14-2 中 Panel A 的所有结果。有趣的是，根据单变量回归，只有医疗保健行业组合的 α 显著不为零。因而，只有在医疗保健行业，CAPM 成立的原假设被拒绝。相比之下，GRS 检验作为一个多元检验，给出了不同的结果。特别地，利用 GRS 检验所有的 α 都为零，得到的 GRS 统计量为 4.682 7，p 值为 0.000 3，远远小于 5%。基于此检验结果，拒绝 CAPM 成立的原假设。

CAPM 和回归中 α 值有关。尽管 α 显著不为零，但是由于表 14-2 最后一列给出的 R^2 都在 65%～92%，就说明回归能够很好地拟合数据。换言之，尽管回归得到的 α 与 CAPM 的预测不一致，但是市场回报对行业回报差异确实具有很强的解释力。

14.9.2.2 横截面检验：Fama-MacBeth 检验

Fama-MacBeth 两步检验法要求将这五个行业组合的每月超额回报对 β 做下面的两步横截面回归：

$$\begin{bmatrix} r_{1t} - r_{ft} \\ \vdots \\ r_{5t} - r_{ft} \end{bmatrix} = \gamma_0 + \begin{bmatrix} 0.929\ 0 \\ \vdots \\ 1.116\ 1 \end{bmatrix} \gamma_1 + \begin{bmatrix} \varepsilon_{1t} \\ \vdots \\ \varepsilon_{5t} \end{bmatrix}$$

注意每个行业组合的 β 估计值是从表 14-2 获得的。

这里 $N=5$ 作为上面的回归方程的样本大小。每个月的 γ_1 的标准 OLS 估计都可以非常简便地计算出来。在所有的月份中，根据式 (14-34) 计算得到的 γ_1 估计值的均值即为市场风险溢价的估计值。表 14-2 显示这是一个不太可靠的值，-0.0016，并且 t 统计量为 -1.21。相比之下，根据市场超额回报数据 $(r_{mt}-r_{ft})'s$ 的时间序列平均，在这 82 年期间，市场风险溢价的估计值大约为每年 7%。这一结果和两步估计的相互矛盾就告诉我们，市场回报并不能很好地从横截面层面为资产进行定价。

14.9.3 文献中的实证结果

前面例子中 CAPM 的表现都很差，这也是许多学者对 CAPM 的实证研究经常得到的结果，通过图表的方式或许能够更清楚地看到这些结果。CAPM 预测，证券市场线（SML）成立，即，根据组合回报和 β 风险作图得到的点应该位于一条直线上，并且该直线的截距为无风险利率 r_f，斜率为市场期望超额回报 $E(r_m)-r_f$。正如 14.5.2 节中所讨论的，这对任何资产组合都成立。但是图 14-5 非常明显与 CAPM 理论相矛盾。每一年，根据股票的账面市值比（B/M，普通股账面价值与其市场价值之比）进行分类后，所得到的平均回报和其 β 根本不存在密切关系。B/M 最高的组合的 β 处于中间水平，但是却获得了最高的平均回报。当股票根据规模（市值）分类时也会出现类似的情况。Fama 和 French (1992，1993 和 2004) 讨论了这些结果对 CAPM 的含义。与 CAPM 相关的实证问题不仅出现在利用 CAPM 检验美国股票市场，还出现在之后对国际股市检验的研究中。

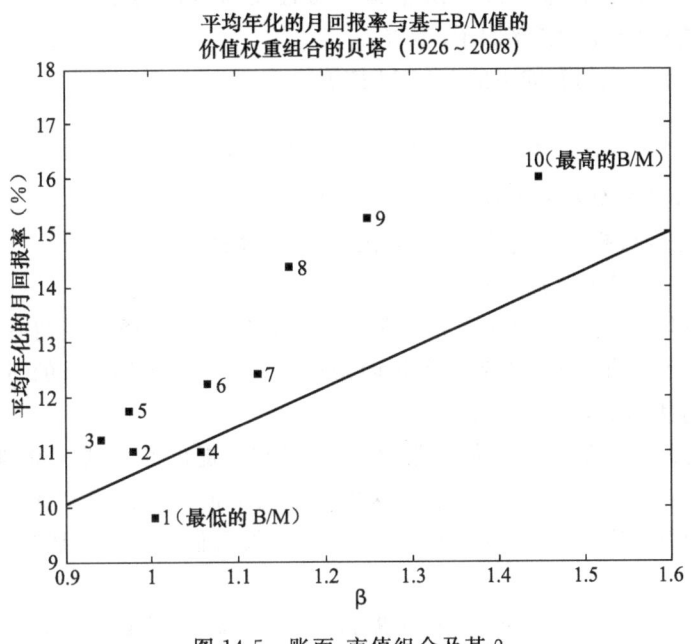

图 14-5 账面-市值组合及其 β

所有经济理论的实证检验都面临着各种各样的困难，包括理论问题和统计问题。作为对实证研究未能支持 CAPM 的回应，出现了一些争论，为什么 CAPM 的实证检验是有缺陷的。下面来讨论这些评论。

14.9.3.1 CAPM 实证检验的评论

尽管 CAPM 表现不佳，但是 Roll(1977) 指出，这些可能不是围绕真实的 CAPM 做出的，因为真实的 CAPM 从来就没有得到检验，或许将来也不会。一个理由就是，市场组合不论是在理论还是实证上都是不能准确定义的。理论上，投资者可以持有包括住宅财产和人力资本的任何资产。但是在实际中，由于数据的可获得性，通常使用股票指数作为真实的无法观测的市场组合的替代变量。即使 CAPM 成立，市场组合的替代变量的误差也可能带来问题。另外，即使存在一个市场组合替代变量对所有资产的定价都满足 α 等于零，它依旧不是围绕一个真实的市场组合是否能达到这一效果展开的。在 Roll 这一重要的批判发表之后，有关 CAPM 的检验就被理解为给定替代变量效率的检验。

14.9.3.2 多因子解释

CAPM 失败的一个重要的解释是由另一种定价理论给出的——**多因子资产定价理论**。例如，Merton(1973)给出了一个跨期资本资产定价模型(ICAPM)，这是对传统 CAPM 的一个扩展。传统 CAPM 只有一个因子，而 ICAPM 将其扩展为多因子。根据 ICAPM，我们可以认为前面所描述的检验存在设定错误，即存在遗漏变量，原先的那些检验并不一定会拒绝多因子的 ICAPM。根据 ICAPM，投资者不仅关注其期末报酬，还关注如何在未来消费或投资这些报酬的机会。从而，当投资者在现在时刻选择投资组合时，他们不仅考虑不久的将来，他们的财富将如何随着未来状态变量如劳动收入、消费品价格和未来股票期望回报的变化而变化，还考虑不久的将来之后期望的劳动收入、消费品价格和未来股票期望回报。其结果是，存在**市场外风险来源**，而且任何资产的期望回报与之相关。Fama(1996)进一步讨论了风险的"多因子"本质。

因此，理论上，我们有如下的 CAPM 扩展：

$$Er_j = r_f + \beta_j[E(r_m) - r_f] + \sum_{s=1}^{S}\beta_{sj}[E(r_s) - r_f] \quad (14\text{-}36)$$

式中 S——一个经济体中所有状态变量的总数；

r_s——状态 s 模拟组合的回报(即与状态 s 相关性最大的组合)；

β_{sj}——与 r_s 相关的资产 j 的 β。

不同于式(14-11)所给出的标准 CAPM，现在资产 j 的期望回报拥有一个额外的风险溢价，为其对未来所有状态风险敞口的风险溢价之和。作为市场之外的 S 个额外因子，状态 S 决定了均衡状态下资产的期望回报。

理性资产定价理论的另一个例子就是 Ross(1976)提出的套利定价理论(APT)模型。由于 ATP 是后一章的主要内容，我们在这里只是简单提一下。和 ICAPM 一样，APT 模型假设存在多个因子决定一个资产的期望回报。假设我们有一个一般的 K 个因子模型来决定股票回报：

$$r_{it} - r_{ft} = \alpha_i + \beta_{i1}f_{1t} + \cdots + \beta_{iK}f_{Kt} + \varepsilon_{it} \quad (14\text{-}37)$$

其中，f_{jt} 为 t 时期低 j 个因子的实现值，ε_{it} 为干扰项或随机误差项。这 K 个因子影响所有的股票，是系统性的。ε_{it} 可以视为企业特定风险或者特质风险。在不存在套利和另外一些下一章将详细讨论的假设之下，有：

$$E[r_i] = r_f + \gamma_1\beta_{i1} + \cdots + \gamma_K\beta_{iK} \quad (14\text{-}38)$$

其中，$\gamma_1,\cdots,\gamma_K$ 为与各因子相关的因子风险溢价。例如，如果一只股票只对第一个因子存在风险敞口，且 β 风险为 1，那么 γ_1 就是该股票的期望回报。如果另外一个股票对 f_1 具有两倍 β 风险，那么其回报就应该是 $2\gamma_1$。CAPM 就可以视为 APT 的一种特殊情况，即 $K=1$，$f_1=r_m-r_f$，$\gamma_1=E(r_m)-r_f$。

鉴于 CAPM 的实证问题，Fama 和 French(1993)提出了他们著名的三因子模型：

$$r_{it} - r_{ft} = \alpha_i + \beta_{im}(r_{mt} - r_{ft}) + \beta_{is}SMB_t + \beta_{ib}HML_t + \varepsilon_{it} \tag{14-39}$$

其中 SMB_t 和 HML_t 为市场之外的两个因子。SMB_t 这一项代表"小的减去大的"，定义为分散化投资组合中小规模股票和大规模股票回报的时间序列差异。具体而言，规模指股票公司市值(cap)，小的指小市值股票，而大的指大市值股票。HML_t 这一项代表"高的减去低的"，定义为高分散化投资组合中 B/M 股票和低 B/M 股票回报的时间序列差异。之所以加入这些因子，目的在于捕捉根据规模和账面市值比构建的组合的平均回报的系统变化，正是这些系统变化给 CAPM 理论带来了的问题。β 因子，也即回归方程的斜率，测度股票对这些系统因子的敞口。注意式(14-39)所给出的回归始终成立，这是因为，我们总是可以写出任意一个变量对其他变量的回归方程，并且 α 并不一定为零。相比之下，资产定价理论认为 α 为零，从而期望回报就是因子风险溢价的线性方程：

$$E[r_i] = r_f + \beta_{im}[E(r_{mt}) - r_{ft}] + \beta_{is}E[SMB_t] + \beta_{ib}E[HML_t] \quad i=1,\cdots,N \tag{14-40}$$

式(14-4)没有 α，并且之前的因子被其风险溢价替代了。式(14-40)可以给 Merton 的 ICAPM，或 Ross 的 APT(包含两个因子)等多因子理论模型带来启示，SMB_t 和 HML_t 这两个因子就可以理解为那些模型中的替代因子。

除了规模和账面市值比因子之外，此后的研究试图将更多的因子纳入模型中去。尤其是 Carhart(1997)在 Fama 和 French(1993)的三因子模型中加入了动量因子(短期赢家和输家分散化组合的回报的差异[9])。这些都是从已知的平均回报模式中提取并找出系统因子的例子。然而，由于动量效应持续时间很短，而流动性效应与消极投资者的相关度并不很高，导致这些扩展的模型应用并不广泛。

14.9.3.3　一种行为理论的解释

行为金融学为 CAPM 的失败提供了另一种解释。它解释说，高账面市值比的股票，也就是通常所说的价值股，通常都是处境艰难企业，而低账面市值比的股票通常与成长机会联系在一起，称为成长股。当投资者对坏消息反应过度时，并且当这些过度反应后来才得到纠正时，我们就会观测到价值股的高回报和成长股的低回报。

14.9.3.4　底线

实证中，Fama 和 French(1993)的三因子模型大大改善了 CAPM 的表现，并且风靡学术研究和实践应用，Kenneth French 网站上所提供的因子数据也使得这一模型的应用变得更加容易。实践中，非常有价值的就是 CAPM 提供了对资产定价深刻的见解，即金融市场只会对系统风险做出补偿。我们并不是要找到最好的模型，而是要找到一个相比其他模型要好的模型，这样这个模型就能得到利用、研究和进一步的改善。尽管 Fama 和 French(1993)的三因子模型得到了广泛的应用，但是为了在大量的应用中理解和估计期望回报，这个模型还是不够的。这三个因子不足以解释大量资产的期望回报，从而就需要更多的因子，这也正是下一章将要讨论的问题。

9　大量的研究考察了股票价格中是否存在动量。动量研究的实证检验包括定义赢家股票和输家股票，根据一些度量方式，前者定义为市场表现最好的股票，而后者则定义为市场表现最差的股票。

要　点

- CAPM 对投资者行为和资本市场做出了一系列假设。关键的假设是，投资者拥有相同的信息集，以及资本市场完全竞争且不存在摩擦（即完美资本市场）。
- 在 CAPM 的假设之下，所有投资者的最优组合都必须位于资本市场（CAL）线上。也就是说，它们是市场组合和无风险资产的组合。
- 在 CAPM 的假设之下，期望证券超额回报和 β 必须位于证券市场线（SML）上。β 风险越高，期望回报也越高。
- 根据 CAPM，任何资产的期望回报等于无风险回报加上该证券的风险溢价，且证券的风险溢价这是由证券的 β 与期望市场超额回报的乘积给出的。
- 一个组合的 β 等于组合中各证券 β 的加权平均。
- CAPM 对任何资产组合成立，即任何组合的期望回报等于无风险回报加上组合 β 与期望市场超额回报的乘积。
- 根据 CAPM，一个组合的风险可以分解为系统风险和非系统风险。系统风险也称为不可分散风险，是与市场相关的风险，由 β 来测度。非系统风险是可以通过分散化消除的风险。
- CAPM 认为，投资者能够得到补偿的风险只有系统风险，而不是非系统风险。
- 根据 CAPM，通过将任何证券的超额回报对市场超额回报做实证回归估计得到的 α 必须等于零。如果 α 不等于零，那么投资者就可以通过持有市场组合和无风险资产改善其状况。
- CAPM 不仅提供了一种估计投资项目期望回报的方法，还提供了一种估计构建组合所需的资产期望回报的方法。
- 大量的研究考察了 CAPM 的有效性。主要有两类方法，时间序列和横截面方法。检验总体上都发现，期望资产回报并不与 β 风险完全一致，在一定程度上拒绝了 CAPM。
- 相比于 CAPM，那些具备除市场因子之外其他因子的模型，能够更好地解释横截面资产期望回报。

问　题

1. 请解释下列有关 CAPM 的说法是否正确。
   (1) CAPM 认为，如果一个股票的 β 风险为零（不存在系统风险敞口），那么该股票的回报就应该为零。
   (2) CAPM 假设任何资产的 β 风险都是一个常数。
   (3) CAPM 中的 β 测度了一个股票的总风险敞口。
   (4) 根据 CAPM，如果一个投资者希望得到更高的期望回报，那么他就必须愿意接受更高的通胀风险。
   (5) 根据 CAPM，两个具有相同 β 的股票必须取得相同的回报。
2. 在 CAPM 中，市场风险溢价的含义是什么？
3. 系统风险和非系统风险的差异是什么？
4. (1) 非系统风险的名称有哪些？
   (2) 理论上，如何消除一个组合的非系统风险？
   (3) 为什么在现实世界中完全消除非系统风险是非常困难的？
5. 证券市场线和资本市场线的差异是什么？
6. 假设市场期望回报为 12%，且波动率

（风险或标准差）为 20%。假设 CAPM 能够准确地描述我们所使用的数据。IBM 与市场的相关性为 0.90%，波动率为 50%。无风险利率为 3%。

(1) IBM 和市场的协方差是多少？
(2) IBM 的 β 是多少？
(3) IBM 的期望回报是多少？
(4) IBM 总方差风险中有多少比例是特定的（非系统的）？
(5) 假设你希望对你的投资组合承担 15% 的风险。如果你仅投资于 IBM 和无风险资产，那你能做的最好的是什么？
(6) 如果在(5)中加入市场组合，你能获得多大的改善？

7. 关于 CAPM 的一个问题就是，它假设借贷利率是相等的。如果违反这一假设，那么 CAPM 是不是就没有用处了？如果不是，为什么？

8. 实践中，为了估计一个资产的 α 和 β，通常会估计下面的线性回归：

$$r_j - r_{ft} = \alpha_j + \beta_j(r_{mt} - r_{ft}) + \varepsilon_j$$

其中 r_j 为资产回报，r_{ft} 为无风险利率，r_{mt} 为市场回报。

(1) 如果 CAPM 能够准确地描述我们所适用的数据，估计得到的 α 是否应该为零？
(2) 如果估计得到的 α 统计上显著不为零，那么 CAPM 成立与否？
(3) 如果资产回报为一个共同基金的回报，并且如果 α 为正，这是否意味着共同基金战胜了市场（即表现优于市场）？
(4) 如果我们对所有的股票进行回归（即我们依次对每一个可获得的股票进行回归），那么平均 α、β 和特质风险是什么样的？

9. 假设股票市场中只存在两只股票。A 股票售价为 $20 且有 100 股在市面上流通。B 股票售价为 $40 且有 200 股在市面上流通。假设存在一个无风险资产。

(1) 在这个假设的经济体中市场组合是什么？
(2) 如果 A 股票的 β 等于 1.2，那么 B 股票的 β 等于多少？
(3) 如果这两只股票的波动率分别为 20% 和 30%，并且如果投资者具有二次效用函数，从而 CAPM 就能够准确地描述这里所使用的数据。那么均衡状态下这两只股票的超额期望回报（即实践者所说的均衡期望回报，也即 CAPM 隐含的期望回报）是多少？

10. 下面的观点如何来解释支持 CAPM 实证研究的失败？
(1) 在实证检验中未能使用真正的市场组合。
(2) 那些被 CAPM 所忽略的其他因子的存在。
(3) 行为金融理论。

11. （根据本章的附录）假设经济体中存在 I 个投资者，他们都具有二次效用函数：

$$u_i = a_i W_i - \frac{b_i}{2} W_i^2$$

其中，$a_i > 0$ 且 $b_i > 0$，都是个体投资者 i 的常数参数，W_i 为财富。在不存在正态假设的条件下证明 CAPM。

附录 14A　Rubinstein 对 CAPM 的证明

假设有 I 个投资者，他们各自的效用都是不同的，用 $u_i(i=1, 2, \cdots, I)$ 表示。让我们定义 W_0^i 为投资者 i 的初始财富，从而其下一期的财富就等于他的初始财富乘以无风险资产和风险资产回报之和。因此，投资者的最优化问题就是最大化他的财富的期望效

用 $u_i(W_i)$：

$$W_i = W_0^i(1 - \sum_j w_{ij})(1 + r_f) + \sum_j w_{ij}(1 + r_j) \tag{14A-1}$$

其中，w_{ij} 为风险资产 j 的组合权重。对 $E[u_i(W_i)]$ 关于组合权重求偏导，我们得到一阶条件，

$$E[u_i'(W_i)(r_j - r_f)] = 0 \tag{14A-2}$$

上式对所有的 $j(j=1, 2, \cdots, N)$ 成立。由于任何两个随机变量的协方差 $cov(a, b)$ 为 $E(ab) - E(a)E(b)$，式（14A-2）就可以记为：

$$\text{cov}(u_i', r_j) = -E[u_i']E(r_j - r_f) \tag{14A-3}$$

即

$$E(r_j) - r_f = \text{cov}[u_i', W_i] / E[u_i'] \tag{14A-4}$$

下一个关键的步骤就是利用 Stein 引理，它计算了一个服从正态分布的随机变量函数和另一个服从正态分布的随机变量的协方差，且协方差等于这两个随机变量的协方差与随机变量函数导数的期望的乘积，$\text{cov}[g(a), b] = E[g(a)]\text{cov}(a, b)$。由于假设回报服从正态分布，从而财富也必须服从正态分布。然后利用 Stein 引理就意味着：

$$E(r_j) - r_f = \theta_i \text{cov}(W_i, r_j) \tag{14A-5}$$

其中，$\theta_i = -E[u_i''] / E[u_i']$。对式（14A-5）两边同除以 θ_i，并对所有的 i 求和，我们有

$$\left(\sum_i \frac{1}{\theta_i}\right)[E(r_j) - r_f] = \text{cov}(W_m, r_j) \tag{14A-6}$$

其中，$W_m = \sum_i W_i$ 为市场财富，由 $W_{m0}(1 + r_m)$ 给出，其中 W_{m0} 为初始市场财富。可以得到

$$E(r_j) - r_f = W_{m0} \left(\sum_i \frac{1}{\theta_i}\right)^{-1} \text{cov}(r_m, r_j) \tag{14A-7}$$

现在，将式（14A-7）乘以资产 j 的市场权重，然后将所有的资产相加，有

$$E(r_m) - r_f = W_{m0} \left(\sum_i \frac{1}{\theta_i}\right)^{-1} \text{cov}(r_m, r_m) \tag{14A-8}$$

最后，将式（14A-7）除以式（14A-8），然后两边同乘以 $E(r_m) - r_f$，得到式（14-11）所给出的 CAPM 关系，就完成了证明。

参考文献

Black, Fischer. (1972). "Capital Market Equilibrium with Restricted Borrowing," *Journal of Business* **45**: 444–455.

Carhart, Mark. (1997). "On Persistence in Mutual Fund Performance," *Journal of Finance* **52**: 57–82.

Fama, Eugene F. (1996). "Multifactor Portfolio Efficiency and Multifactor Asset Pricing," *Journal of Financial and Quantitative Analysis* **31**: 441–465.

Fama, Eugene F., and Kenneth R. French. (1992). "The Cross-Section of Expected Stock Returns," *Journal of Finance* **47**: 427–465.

Fama, Eugene F., and Kenneth R. French. (1993). "Common Risk Factors in the Returns on Stocks and Bonds," *Journal of Financial Economics* **33**: 3–56.

Fama, Eugene F., and Kenneth R. French. (2004). "The Capital Asset Pricing Model: Theory and Evidence, " *Journal of Economic Perspectives* **18**: 25–46.

Fama, Eugene F., and James D. MacBeth. (1973). "Risk, Return, and Equilibrium: Empirical Tests," *Journal of Political Economy* **81**: 607–636.

Gibbons, Michael R., Stephen A. Ross, and Jay Shanken. (1989). "A Test of the Efficiency of a Given Portfolio," *Econometrica* **57**: 1121–1152.

Lintner, John. (1965). "The Valuation of Risk Assets and the Selection of Risky Investments in Stock Portfolios and Capital Budgets," *Review of Economics and Statistics* **47**: 13–37.

Merton, Robert C. (1973). "An Intertemporal Capital Asset Pricing Model," *Econometrica* **41**: 867–887.

Mossin, Jan (1966). "Equilibrium in a Capital Asset Market," *Econometrica* **35**: 768–783.

Pastor, Lubos, and Robert F. Stambaugh (2003). "Liquidity Risk and Expected Stock Returns," *Journal of Political Economy* **111**: 642–685.

Perold, Andre F. (2004). "The Capital Asset Pricing Model," *Journal of Economic Perspectives* **18**: 3–24.

Roll, Richard R. (1977). "A Critique of the Asset Pricing Theory's Tests Part I: On Past and Potential Testability of the Theory," *Journal of Financial Economics* **4**: 129–176.

Ross, Stephen A. (1976). "The Arbitrage Theory of Capital Asset Pricing," *Journal of Economic Theory* **13**: 341–360.

Rubinstein, Mark. (1973). "The Fundamental Theorem of Parameter-Preference Security Valuation," *Journal of Financial and Quantitative Analysis* **8**: 61–69.

Rubinstein, Mark. (2006). *A History of the Theory of Investments: My Annotated Bibliography.* Hoboken, NJ: John Wiley & Sons.

Shanken, Jay. (1992). "On the Estimation of Beta-Pricing Models," *Review of Financial Studies* **5**: 1–33.

Shanken, Jay, and Guofu Zhou. (2007). "Estimating and Testing Beta Pricing Models: Alternative Methods and Their Performance in Simulations," *Journal of Financial Economics* **84**: 40–86.

Sharpe, William F. (1964). "Capital Asset Prices: A Theory of Market Equilibrium under Conditions of Risk," *Journal of Finance* **19**: 425–442.

Shleifer, Andrei, and Robert W. Vishny. (1997). "The Limits of Arbitrage," *Journal of Finance* **52**: 35–55.

Treynor, Jack L. (1962). "Toward a Theory of Market Value of Risky Assets," Unpublished manuscript. Final version published in *Asset Pricing and Portfolio Performance*, 1999, Robert A. Korajczyk, ed. London: Risk Books, pp. 15–22.

Wagner, Wayne H., and Sheila Lau. (1971). "The Effect of Diversification on Risks," *Financial Analysts Journal* **26**: 414–453.

Zhou, Guofu. (2008a). "On the Fundamental Law of Active Portfolio Management: What Happens if Our Estimates Are Wrong?" *Journal of Portfolio Management* **34**: 26–33.

Zhou, Guofu. (2008b). "On the Fundamental Law of Active Portfolio Management: How to Make Conditional Investments Unconditionally Optimal? *Journal of Portfolio Management* **35**: 12–21.

第 15 章 套利定价模型和因子模型

本章将通过介绍 Ross(1976)的套利定价理论(APT)来继续对**资产定价模型**的探讨。正如第 14 章所提到的，APT 是一般化的多因子资产定价模型。我们将首先给出一个单因子模型的特例，在此基础上证明 APT 的一般形式。即使不考虑 APT 的有效性，因子模型也对实际市场中期望资产回报及其协方差矩阵的估计中非常有用，而这两者对组合管理和风险分析又是极其有价值的。因此，我们将提供因子模型的详细介绍及其估计。

15.1 APT 和 CAPM

财务领域一个基本的问题就是解释期望资产回报的横截面差异，尤其是哪些因素可以解释这些所观察到的差异？由于那些能从系统上影响期望回报差异的因子是投资者能够得到补偿的风险，因此我们使用可以相互替代的**因子**和**风险因子**两个术语来描述它们。

第 14 章资本资产定价模型(CAPM)认为，期望回报仅与单一的系统风险来源，即市场组合的风险，呈线性关系。β 是市场风险的一种相对度量方式，我们称之为 β 风险。相比之下，也正如第 14 章结尾所提到的，APT 认为，期望回报是与 K 个系统风险因子线性相关的，并且这些因子的敞口可以用 β 因子来度量。即，

$$E[\tilde{r}_i] = r_f + \gamma_1 \beta_{i1} + \cdots + \gamma_K \beta_{iK} \tag{15-1}$$

其中，β_{ik} 为第 k 个因子的 β 或风险，$\gamma_k(k=1, 2, \cdots, K)$ 为因子风险溢价。当 $K=1$ 且 f_1 为市场组合因子时，APT 就等同于 CAPM。如果一个资产仅对第二个因子存在单位 β 风险，即 $\beta_{i2}=1$，其他因子的 β 风险都等于零，那么根据式(15-1)，其期望回报就是 $E[r_i]=r_f+\lambda_2$，也就是无风险利率加上一个额外的回报，即承担 f_2 的因子风险所得到的补偿。λ_2 也就被称为 f_2 的**因子风险溢价**，可以理解成一个投资者对一个因子承担一个单位的 β 风险所获得的额外回报。对其他 λ 的解释是一样的。

但是，CAPM 和 APT 的假设存在一些关键性的差异。CAPM 是建立在均值-方差理论之上的，并且假设只有均值和方差(其计算包含协方差)在组合选择中发挥作用。这些假设要求对资产回报的统计分布做出假设，例如服从正态分布，或者对效用函数的形式做出假设，例如二次效用函数。但是，APT 就不需要对资产回报分布做出如此强的假设，它

仅仅假设资产回报会受一些因子的影响。此外，除了需要投资者偏好获得更多的通常假设之外，它对效用函数的形式也没有任何限制。

在 CAPM 中，所有的投资者都知道真实的资产回报均值、方差和协方差，并且他们都利用马科维茨组合理论来制定最优投资决策。其结果是，所有的投资者持有相同的风险资产市场组合，只是在无风险资产和市场组合之间的财富配置上存在差异，这一差异取决于他们个人投资者的风险偏好水平。相比之下，APT 假设只要有一些投资者能够利用套利机会就足够了。如果资产存在定价错误，导致这些资产的期望回报偏离了其 β 风险相对应的回报水平，那么聪明的投资者就可以构建一个套利组合，从而取得非正常回报。我们会在后面详细讨论这些问题。在一个竞争性市场中，我们可以假设，不存在"免费的午餐"这样的套利机会，因为，如果存在这样的机会的话，聪明的投资者将马上利用这些机会。因此，经济体中的资产回报就只应该由其 β 风险敞口来决定，因此 APT 成立，较高资产的期望回报也对应着较高的系统风险。

实际上，APT 假设一个 K 因子模型。即资产回报受经济体中 K 个因子的影响，通过下面的线性回归方程给出，

$$\tilde{r}_{it} - r_{ft} = \alpha_i + \beta_{i1}\tilde{f}_{1t} + \cdots + \beta_{iK}\tilde{f}_{Kt} + \tilde{\varepsilon}_{it} \tag{15-2}$$

其中，$\tilde{f}_1, \tilde{f}_2, \cdots, \tilde{f}_K (i=1, 2, \cdots, N)$ 为影响公式左边资产回报的系统因子；$\tilde{\varepsilon}_{it}$ 为资产特定风险。注意我们在随机资产回报、因子和特定风险上加了一个波形符号（~）。如果出现波形符号，就代表因子是随机变量，而同样的记号不存在波形符号时就代表变量的实现值（数据）。这有利于理解下面的估计。

理论上，在不存在套利机会的假设下，式(15-1)所给出的 APT 资产定价关系必须成立。在开始 APT 的证明之前，我们需要指出重要的两点。首先，式(15-2)所给出的回报产生过程，本质上不同于资产定价关系。这里的资产回报是通过一个统计模型得出，这个统计模型是用于度量资产回报的风险敞口。通过此模型，我们不要求得出一个经济结论，也不需要对资产的期望回报应该是多少做出任何说明。换言之，回报产生过程中的 $\alpha(\alpha_i's)$ 在统计上可以是任何数值。只有加入无套利假设时，我们才可以说 APT 成立，根据 APT，α 应该与其风险敞口（β）线性相关。

APT 没有提供存在哪些因子的任何特定信息，也没有提出因子的数目应该是多少（相比之下，CAPM 指出存在单一的因子，即为市场因子）。APT 只是假设资产回报是由这些因子来决定的，并且如果聪明的投资者知道 β（利用学习或者通过估计），那么当市场上出现违反 APT 定价关系的情况时，就可以构建一个套利组合，不需要初始投资就可以获得正的回报。因此，均衡状态下，如果不存在套利机会，我们观察到的资产回报就应该与 APT 定价关系相一致。

15.2 一个特殊单因子模型下的 APT

为了获得对 APT 的初步认识，首先考虑一个存在两个资产的单因子模型，假设这一因子模型不存在误差项。具体形式是，

$$\tilde{r}_1 = \mu_1 + 0.8\tilde{f}$$

和
$$\tilde{r}_2 = \mu_2 + 1.6\tilde{f}$$

其中，$\tilde{f}$ 为影响这两个资产回报的单一因子，且 $E[\tilde{f}]=0$，μ_1 和 μ_2 分别为资产1和资产2的期望资产回报。例如，对资产1：

$$E[\tilde{r}] = \mu_1 + 0.8E[\tilde{f}] = \mu_1 + 0.8 \times 0 = \mu_1$$

问题是，μ_1 和 μ_2 是如何与它们各自的 β——0.8 和 1.6 相关联的。

在两个资产和一个因子的情况下，由这两个资产构成的一定比例的组合可以消除这一单一的因子风险。根据当前的 β 值——0.8 和 1.6，一个这样的组合（我们称之为组合 z）就是：

$$\tilde{z} = 2\tilde{r}_1 - \tilde{r}_2 = 2\mu_1 - \mu_2$$

这一组合是无风险的，并具有常数回报 $2\mu_1 - \mu_2$。和前面两章一样，假设市场上存在一种无风险资产，其回报率为 r_f。如果两个无风险投资具有不同的回报，那么就存在**套利机会**。在这里的分析中，让我们假设 r_f 为 5%。组合 z 是无风险的，从而其回报也应该是 5%。假设组合 z 的回报为 6%。即 $2\mu_1 - \mu_2 = 6\%$。如果市场中存在这种情况，投资者就可以以 5% 的无风险利率借入资金，然后将借入的资金投资于无风险资产组合获得 6% 的回报。这样的话，投资者不需要任何初始投资，就可以带来 1% 的确定收益。同理，假设组合 z 的回报为 4%（即 $2\mu_1 - \mu_2 = 4\%$），投资者可以卖空这一资产组合，并将卖空所得资金投资于无风险资产获得 5% 的回报。同样地，不需要任何初始投资，就可以获得 1% 的确定收益。这两种情况都带来了确定的利润，显然在竞争性市场中是不太可能存在的。在资产定价理论中，我们通常都假设不存在这样的确定利润的套利机会，因为一旦出现这样的情况，一些聪明的投资者就会利用这些机会并迅速消除这些机会。

由于无风险组合 z 应该具有和无风险资产一样的回报，我们有：

$$2\mu_1 - \mu_2 = r_f$$

可以改写为：

$$\frac{\mu_1 - r_f}{0.8} = \frac{\mu_2 - r_f}{1.6} \tag{15-3}$$

这就是说，这两个资产的超额期望回报除以其 β 应该是相等的。定义 λ_1 为比例系数，式(15-3)就意味着：

$$\mu_1 = r_f + 0.8\lambda_1$$
$$\mu_2 = r_f + 1.6\lambda_1$$

类似地，同样的 β 定价关系对任何资产成立，即，

$$\mu_i = r_f + \beta_i \lambda_1 \tag{15-4}$$

其中 μ_i 为一个风险资产的期望回报，其 β 风险为 β_i（只要单因子模型的假设，$\tilde{r}_i = \mu_i + \beta_i \tilde{f}$ 成立，并且不存在套利）。根据式(15-4)，期望超额资产回报与其 β 风险成比例，这也恰恰就是单因子模型下的 APT 所说的。式(15-4)和 CAPM 很像，但是这里的推导所用到的假设与 CAPM 不同。

15.3 多因子模型下的 APT

现在考虑 K 因子模型，式(15-2)可以等价为，

$$\tilde{r}_{it} - r_{ft} = \mu_i + \beta_{i1}\tilde{f}_{1t} + \cdots + \beta_{iK}\tilde{f}_{Kt} + \tilde{\varepsilon}_{it} \tag{15-5}$$

其中我们假设因子的均值为零(可以理解为原有风险因子已经减去均值了,这是 APT 因子模型中常常采用的处理方式),期望超额资产回报就可以由 $\mu_i's$ 给出。现在我们考虑什么条件下的定价关系会成立。

$$E[\tilde{r}_i] = \mu_i = r_f + \gamma_1\beta_{i1} + \cdots + \gamma_K\beta_{iK} \tag{15-6}$$

相比特殊的单因子模型,这里有 K 个风险因子,并出现了非系统风险 $\tilde{\varepsilon}_{it}$(即噪声)。

虽然如此,支持单因子模型下 β 定价的理由可以推广到 K 因子模型。为了说明这一点,再次回顾前面的单因子模型。对任何权重 w_1 和 w_2,

$$w_1 + w_2 = 1 \tag{15-7}$$

只要满足无风险的条件,就和之前一样是无风险的。

$$w_1\beta_1 + w_2\beta_2 = 0 \tag{15-8}$$

(在我们的例子中,$\beta_1 = 0.8$ 和 $\beta_2 = 1.6$),组合 $\tilde{z} = w_1\tilde{r}_1 + w_2\tilde{r}_2$

因此,它具有无风险回报,即

$$w_1\mu_1 + w_2\mu_2 = r_f$$

利用这一组合条件,式(15-7)可以改写为:

$$w_1(\mu_1 - r_f) + w_2(\mu_2 - r_f) = 0 \tag{15-9}$$

注意任何满足式(15-8)的组合就是一个消除因子风险的组合。从线性代数的角度出发,式(15-8)认为组合向量与 β 向量成直交[即式(15-9)给出的组合向量与 β 向量的内积为零]。[1] 式(15-9)认为,任何与 β 向量成正交的向量也与期望超额回报向量成正交。这只有在期望超额回报向量可以由 β 产生的时候才成立,即期望超额回报向量必须是 β 的线性方程时才成立。这一结果就是前面的式(15-4),也就是说我们在这里所探讨的是适用于 K 因子情况的一般推理。

为了说明为什么 β 定价关系对 N 个资产的情况依旧成立,考虑组合:

$$\tilde{r}_p = \sum_{i=1}^{N} w_i \tilde{r}_i = \left(\sum_{i=1}^{N} w_i\beta_{i1}\right)\tilde{f}_{1t} + \cdots + \left(\sum_{i=1}^{N} w_i\beta_{iK}\right)\tilde{f}_{Kt} + \sum_{i=1}^{N} w_i\tilde{\varepsilon}_{it} \tag{15-10}$$

现在假设组合权重与所有的 β 成直交,

$$\sum_{i=1}^{N} w_i\beta_{ik} = w_1\beta_{1k} + w_2\beta_{2k} + \cdots + w_N\beta_{Nk} = 0 \quad (k=1,2,\cdots,K) \tag{15-11}$$

那么组合就只存在非系统风险,根据式(15-10),

$$\tilde{r}_p = \sum_{i=1}^{N} w_i\tilde{\varepsilon}_{it} \tag{15-12}$$

在确定条件下这个风险近于 0,为了说明原因,假设资产之间的所有非系统性风险是相互独立的,且具有相同的方差 σ_u^2。从而 $\tilde{r}_p$ 的方差就是:

$$\sigma^2(\tilde{r}_p) = (w_1^2 + w_2^2 + \cdots + w_N^2)\sigma_u^2 \tag{15-13}$$

当存在大量资产时,权重就都大致为 $1/N$,从而 $\sigma^2(\tilde{r}_p)$ 的量级就应该是:

$$(1/N)^2 \times N \times \sigma_u^2 = \sigma_u^2/N$$

随着 N 趋近于无穷大,就趋近于零。这就意味着,$\tilde{r}_p$ 几乎是无风险的。

---

1 直交和内积的概念请参见网页附录 O。

因此，在不存在套利的情况下，$\tilde{r}_p$ 的回报就应该近似等于 r_f，即

$$w_1(\mu_1 - r_f) + w_2(\mu_2 - r_f) + \cdots + w_K(\mu_K - r_f) \approx 0 \tag{15-14}$$

正如单因子的情况，这表示着一种近似 β 定价关系。在其他诸如所有风险资产的方差存在上界，效用存在一些特征的一些假设下，上述近似关系就完全等同于式(15-6)。

15.4 因子模型

从实践的角度来看，APT 是非常抽象的，因为它并没有告诉投资者应该到哪里去寻找这些因子，也没有告诉投资者如何来估计相关的 β 风险。另外，这恰恰就是理论的一般性的体现。在对一组资产投资时，比如对特定部门或产业，这一理论允许投资管理者识别出影响所关注的资产的重要因子，并考察是否存在错误定价的机会。

更重要的是，因子模型在实践中得到了广泛的应用。即使在不考虑 APT 有效性的情况下，它也被大量地用于估计期望资产回报及其协方差矩阵。这是因为，如果市场参与者能够识别出那些影响资产回报的真实因子，那么他们将能够更精确地估计得到真实的资产回报和协方差矩阵，进而构建更好的组合。因此，投资界进行了大量的研究，分析实践中的因子模型，存在一支智力"军备竞赛"，致力于寻找最优的组合策略来战胜竞争对手。此外，因子模型不仅能够用于解释资产回报，还能够用于预测未来回报。

因子模型估计在很大程度上取决于因子是被识别出（已知的）还是没有被识别出（隐性的），进一步取决于样本规模和资产数目。在这一节，我们就已知因子和隐性因子来回顾因子模型，以便提供一个综述，然后在 15.5 节讨论估计的细节问题。

15.4.1 已知因子

因子模型最简单的形式就是假设 K 个因子是已知的，或者是可观测的，从而我们就有这些因子的时间序列数据。在这种情况下，回报产生过程的 K 因子模型为：

$$\tilde{r}_{it} - r_{ft} = \alpha_i + \beta_{i1} \tilde{f}_{1t} + \cdots + \beta_{iK} \tilde{f}_{Kt} + \tilde{\varepsilon}_{it} \tag{15-15}$$

这是一个对每个资产的多重回归，如果将所有的单个回归放在一起，就是多元回归。例如，如果一个投资者认为国内生产总值（GDP）是一组股票回报的驱动力，那么就有一个单因子模型，

$$\tilde{r}_{it} - r_{ft} = \alpha_i + \beta_{i1} \widetilde{GDP}_t + \tilde{\varepsilon}_{it}$$

上面的公式与式(15-15)是一致的，即 $K=1$，$\tilde{f}_1 = \widetilde{GDP}$。实践中，一个投资者可以获得资产回报和 GDP 的时间序列，然后就可以通过回归得到所有的参数，尤其是期望回报。另外一个著名的单因子模型就是市场模型回归（第 14 章所介绍的）：

$$\tilde{r}_{it} - r_{ft} = \alpha_i + \beta_{i1}(\tilde{r}_{mt} - r_{ft}) + \tilde{\varepsilon}_{it}$$

其中，$\tilde{r}_{mt}$ 为股市指数的回报。

为了进一步理解协方差矩阵估计，用矩阵的形式给出 K 因子模型：

$$\widetilde{R}_t = \alpha + \beta \tilde{f}_t + \tilde{\varepsilon}_t \tag{15-16}$$

即

$$\begin{bmatrix} \widetilde{R}_{1t} \\ \vdots \\ \widetilde{R}_{Nt} \end{bmatrix} = \begin{bmatrix} \alpha_1 \\ \vdots \\ \alpha_N \end{bmatrix} + \begin{bmatrix} \beta_{11} & \cdots & \beta_{1K} \\ \vdots & \ddots & \vdots \\ \beta_{N1} & \cdots & \beta_{NK} \end{bmatrix} \begin{bmatrix} \widetilde{f}_{1t} \\ \vdots \\ \widetilde{f}_{Kt} \end{bmatrix} + \begin{bmatrix} \widetilde{\varepsilon}_{1t} \\ \vdots \\ \widetilde{\varepsilon}_{Nt} \end{bmatrix}$$

式中 $\widetilde{R}_t$——一个关于资产超额回报的 N 阶向量；

α——一个关于 α 的 N 阶向量；

β——$N \times K$ 的 β，即因子载荷；

$\widetilde{f}_t$——一个关于因子的 K 阶向量；

$\widetilde{\varepsilon}$——一个关于模型残差的 N 阶向量。

例如，我们可以将一个 $N=3$ 和 $K=2$ 的因子模型记为：

$$\begin{bmatrix} \widetilde{R}_{1t} \\ \widetilde{R}_{2t} \\ \widetilde{R}_{3t} \end{bmatrix} = \begin{bmatrix} \alpha_1 \\ \alpha_2 \\ \alpha_3 \end{bmatrix} + \begin{bmatrix} \beta_{11} & \beta_{12} \\ \beta_{21} & \beta_{22} \\ \beta_{31} & \beta_{32} \end{bmatrix} \begin{bmatrix} \widetilde{f}_{1t} \\ \widetilde{f}_{2t} \end{bmatrix} + \begin{bmatrix} \widetilde{\varepsilon}_{1t} \\ \widetilde{\varepsilon}_{2t} \\ \widetilde{\varepsilon}_{3t} \end{bmatrix}$$

对式(15-16)的两边取协方差，得到回报的协方差矩阵：

$$\Sigma = \beta' \Sigma_f \beta + \Sigma_\varepsilon \tag{15-17}$$

其中，Σ_f 为因子的协方差矩阵，Σ_ε 为残差的协方差矩阵。矩阵 Σ_f 可以利用历史回报的样本协方差矩阵估计得到。如果 N 相对于 T 比较小的话，对矩阵 Σ_ε 也可以采取上述估计方法。但是，如果 N 相对于 T 很大的话，残差的样本协方差矩阵就不太有效。

在估计中，通常加入残差是不相关的额外假设，从而 Σ_ε 就变成一个对角矩阵，进一步可以利用残差的样本方差估计得到。将所有参数的估计值代入式(15-17)的右边，得到均值-方差组合分析所需的协方差矩阵。

在估计一个多因子模型时，一个隐含的假设就是时间序列观测值数 T 要远大于因子数目 K。不然的话，回归的表现就会很差。在 K 接近 T 或者大于 T 的情况下，需要进行计量上的一些特殊处理，我们在本章的后面讨论这些问题。

包含已知因子的多因子模型的例子

让我们来简要地描述一些包含已知因子的多因子模型：①Fama-French 三因子模型；[2] ②MSCI Barra 基本因子模型；[3] ③Burmeister-Ibbotson-Roll-Ross（BIRR）宏观因子模型；[4] ④Barclay Group Inc. 因子模型。[5] 前三个模型都是股票因子模型，最后一个是债券因子模型。

我们在前一章所探讨的 Fama-French 三因子模型是式(15-15)的一种特殊情况，其中 $K=3$，

$$\widetilde{r}_{it} - r_{ft} = \alpha_i + \beta_{im}(\widetilde{r}_{mt} - r_{ft}) + \beta_{is}\widetilde{S}MB_t + \beta_{ib}\widetilde{H}ML_t + \widetilde{\varepsilon}_{it}$$

其中，$\widetilde{S}MB_t$ 和 $\widetilde{H}ML_t$ 分别为账面市值比因子和规模因子。一些研究成果支持了这些

---

2 请参见 Fama 和 French(1993)。Carhart(1997)在模型中加入动量因子，从而将 Fama 和 French(1993)的三因子模型扩展为四因子。
3 请参见 Bender 和 Nielsen(2010)。
4 请参见 Burmeister、Roll 和 Ross(1993)。
5 第 23 章提供了 Fabozzi(2009)对这一因子模型的详细介绍。

因子，因为它们指出市值和对股票进行成长或价值的分类会影响超额回报。

基本因子模型利用公司和行业特征以及市场数据作为"描述符"。例如市盈率、市账率、估计收益增长率和交易活动。一个基本因子模型的估计从历史股票回报和一个公司的基本面的分析开始。例如，在 MSCI Barra 模型中，因子识别过程从数以百计的股票月度回报开始，这些回报都是描述符所必须解释的。描述符并不一定是因子本身，而是风险因子的候选。描述符是根据其解释股票回报的能力选出的。所有的描述符都是隐性的风险因子，但是只有那些对股票回报解释而言比较重要的描述符才被用于构建风险因子。一旦那些统计上能够显著解释股票回报的因子被识别出，它们就被归类为"风险指数"来捕捉相关的公司特征。例如市场杠杆率、账面杠杆率、债务-权益比率和公司债务评级之类的描述符都合并在一起获得一个风险指数，称为"杠杆"。因此，一个风险指数就是一系列描述符的组合，这些描述符捕捉了一个公司的特定特征。例如，MSCI Barra 基本因子模型包含 13 个风险指数和 55 个行业组别，这 55 个行业组别又被进一步细分为部门。

在一个**宏观因子模型**中，模型的输入是历史股票回报和可观测的宏观经济变量。在 BIRR 宏观因子模型中，那些成功地解释了超额回报进而包含到市场中去的宏观变量包括：

- **商业周期**：实际产出的变化，由工业产出指数变化的百分比来度量。
- **利率**：投资者对未来利率预期的变化，由长期政府债券收益率的变化来度量。
- **投资者信心**：对未来经济状况的预期，由高评级和低评级公司债券的收益差的变化来度量。
- **短期通胀**：诸如黄金和石油之类的商品价格的月度变化，由消费者价格指数的变化来度量。
- **通胀预期**：通胀预期的变化，由短期无风险名义利率的变化来度量。

其他如实际 GDP 增长率和失业率等宏观经济变量也是资产管理者常常用于宏观多因子模型的变量。此外，一些资产管理者还将交易量和市场流动性等技术变量作为因子。

Barclay Group Inc. 债券因子模型（之前称为 Lehman 债券因子模型）利用两类系统风险因子：期限结构和非期限结构风险因子。前者包括利率水平的变化以及收益率曲线形状的变化。后者包括部门风险、信用风险、选择性风险（与内含期权的债券相关的风险），以及一系列与投资住房抵押贷款证券相关的风险。

对资产管理者而言，对因子的搜寻是一项永不停息的工作。实践中，许多著名的投资软件包利用大量的因子。一些学术研究，例如 Ludvigson 和 Ng（2007），甚至利用了数以百计的因子。

15.4.2 隐性因子

尽管一些实际应用已经利用可观测的因子，还有一些研究则完全利用隐性因子，他们认为 K 因子模型中的因子是无法直接观测的。

$$\widetilde{R}_t = \alpha + \beta \widetilde{f}_t + \widetilde{\varepsilon}_t$$

利用隐性因子的一个论据就是，可观测的因子可能存在测量误差，或者已经被投资者预期到了。无须根据极有可能错误的认识对 f_t 做出任何限制，我们就可以基于因子模型和数据从统计上估计这些因子。

统计领域有一种称为"因子分析"的方法，因子分析中使用的模型称为"因子模型"。当然，这些因子不同于我们之前所讨论的因子，而是代表基本的潜在原因，被称为隐性因子。隐性因子模型主要有两个优势：①它们降低了模型的维度，从而使得估计成为可能；②它们能够找到那些影响数据的可能的真实原因。在接下去对多因子模型的讨论中，我们将试图确定隐性因子。

尽管我们将在下一节探讨决定因子集的估计步骤，但是现在就知道一些因子模型的特性将是非常有用的。首先，模型中的因子不是单独定义的，所有的因子集都是各自的线性组合。这是因为，如果$\hat{f}_t$是一个因子集，那么，对任何$K \times K$的可逆矩阵，我们有：

$$\widetilde{R}_t = \alpha + \beta \hat{f}_t + \widetilde{\varepsilon}_t = \alpha + (\beta A^{-1})(A \hat{f}_t) + \widetilde{\varepsilon}_t \tag{15-18}$$

也就是说，如果$\hat{f}_t$以及回归系数β（在因子模型中称为因子载荷）能够很好地解释资产回报，那么$\hat{f}_t^* = A \hat{f}_t$（因子载荷为$\beta A^{-1}$）也能够很好地解释资产回报。$\hat{f}_t$的线性变换$\hat{f}_t^*$也称为$f_t$的**转置**。

第二个特性就是我们可以假设所有的因子均值为零，即$E[\hat{f}_t] = 0$。这是因为，如果$\mu_f = E[f_t]$，那么因子模型就可以记为：

$$\widetilde{R}_t = \alpha + \beta \hat{f}_t + \widetilde{\varepsilon}_t = (\alpha - \beta \mu_f) + \beta(\hat{f}_t - \mu_f) + \widetilde{\varepsilon}_t \tag{15-19}$$

如果将$\alpha - \beta \mu_f$重命名为新的α，$\hat{f}_t - \mu_f$为新的因子，那么新的因子均值就为零，并且新的因子模型在统计上与原先的模型是一致的。因此，在不失一般性的情况下，假设在下一节的估计中因子的均值为零。

值得关注的是资产回报协方差矩阵方程式(15-17)（在这里再次给出）对可观测因子和隐性因子都成立。

$$\Sigma = \beta' \Sigma_f \beta + \Sigma_\varepsilon \tag{15-20}$$

但是，通过因子转置，我们就可以得到一组新的因子，进而得到单位协方差矩阵。在这种情况下$\Sigma_f = I_K$，我们称因子模型是**标准化**的，而协方差方程就可以简化为：

$$\Sigma = \beta' \beta + \Sigma_\varepsilon \tag{15-21}$$

一般来说，Σ_ε的非对角线元素可以不为零，意味着残差可以是相关的。如果我们假设残差是不相关的，那么Σ_ε就变成一个对角矩阵，此时因子模型称为**绝对因子模型**。如果我们进一步假设Σ_ε的对角线元素都是相等的，即对$\sigma > 0$，$\Sigma_\varepsilon = \sigma^2 I_N$，且$I_N$为一个$N$维单位矩阵，那么这一因子模型就称为**标准因子模型**。

15.4.3 两类因子

不同于考虑仅存在可观测因子或仅存在隐性因子的观点，我们可以考虑一种更加一般化的因子模型，它融合了这两种观点，

$$\widetilde{R}_t = \alpha + \beta \hat{f}_t + \beta_g \widetilde{g}_t + \widetilde{\varepsilon}_t \tag{15-22}$$

其中，$\hat{f}_t$为隐性因子的K阶向量，$\widetilde{g}_t$为可观测因子的L阶向量，β_g为与$\widetilde{g}_t$相关的β。这个模型具有直观意义。如果我们认为一些基本因子和宏观因子是驱动力，那么我们就利用这些因子构建$\widetilde{g}_t$向量。因为我们可能没有将所有的因子考虑进去，所以我们需要加入K个未知的因子，这些因子将从实际数据中估计得到。

对式(15-22)给出的上述因子模型的估计通常包含两步。在第一步中，将资产回报对已知因子做回归，从而得到 β_g 的估计 $\hat{\beta}_g$。这使得我们能够计算得到残差：

$$\hat{u}_t = R_t - \hat{\beta}_g g_t \tag{15-23}$$

即资产回报与利用所有时期的可观测因子拟合得到的资产回报的差。然后在第二步中，采用因子估计法估计 $\hat{u}_t$ 的隐性因子：

$$\hat{u}_t = \alpha + \beta \widetilde{f}_t + \hat{v}_t \tag{15-24}$$

其中，$\hat{u}_t$ 是一个随机差项，其实现值为 $\hat{u}_t$。这一模型的估计方法与隐性因子模型估计方法相同，我们将在下一节详细讨论这一问题。利用因子估计，我们就可以把隐性因子当作已知因子来处理，然后利用式(15-22)来确定其为资产回报及其协方差矩阵。

15.4.4 预测性因子模型

所有的因子模型包含的一个重要特征就是它们利用 t 时刻因子来解释 t 时刻回报。它们估计了资产的长期风险敞口，这对风险控制和组合构建都是非常重要的。另外，投资管理理者也非常关注时变期望回报。在这种情况下，他们通常采用如下的预测性因子模型来预测回报：

$$\widetilde{R}_{t+1} = \alpha + \beta \widetilde{f}_t + \beta_g \widetilde{g}_t + \widetilde{\varepsilon}_t \tag{15-25}$$

其中，$\widetilde{f}_t$ 和 $\widetilde{g}_t$ 之前一样，分别为隐性因子和可观测因子。唯一的区别在于之前的 $\widetilde{R}_t$ 被现在的 $\widetilde{R}_{t+1}$ 替代了。式(15-25)利用 t 时刻因子来预测未来回报 $\widetilde{R}_{t+1}$。

在实际计算中，预测性因子模型的估计和标准因子模型的估计是相同的。但是，值得强调的是，用于度量模型拟合度的回归 R^2 在解释性因子模型中通常都是非常好的。例如，我们回顾前一章将五个行业组合回报对市场回报做回归，得到的 R^2 在 65% 到 92% 之间，意味着拟合度非常好，即模型拥有很强的解释能力。相比之下，如果利用一个预测性因子模型来预测不同资产的期望回报，很少出现 R^2 超过 2% 的情况。这说明，在现实世界中，资产回报是相当难预测的。例如 Rapach et al. (2011) 发现，当利用一系列历史经济变量和历史行业回报来预测行业回报时，R^2 通常都小于 1%。

15.5 因子模型估计

在这一节，首先，基于**主成分分析**(PCA)这一常用的可操作方法，我们提供因子模型的分部估计方法。网页附录 P 提供了主成分分析详细和直观的介绍。PCA 是一种统计工具，当因子无法观测时，统计学家就利用 PCA 来确定因子。这是通过统计技术来实现的，即给定一个方差-协方差矩阵，统计学家就可以利用 PCA 的技术来确定因子。然后，在理解计算过程后，我们提供一种应用来确定债券回报的三个因子。最后，我们给出其他因子模型估计步骤的概况。

15.5.1 计算过程

继续我们在 15.4 节的讨论，我们只需要考虑如何从 K 因子模型中估计得到隐性因子的，

$$\widetilde{Y}_t = \beta \widetilde{f}_t + \widetilde{\varepsilon}_t \tag{15-26}$$

其中因变量和因子的均值都为零,
$$E(\widetilde{f}_t) = 0, E[\widetilde{Y}_t] = 0$$

这一形式的因子模型是通过两步得到的。首先,我们将因子 f_t 减去其均值,α 就等于资产的期望回报。其次,我们将资产回报减去其均值。[6] 换言之,我们令 $\widetilde{Y}_t = \widetilde{R}_t - \alpha$。

实践中,假设我们有 N 个风险资产 T 个时期的资产回报数据。那么,随机变量 $\widetilde{Y}_t$ 的实现值就可以用一个矩阵给出:

$$\boldsymbol{Y} = \begin{pmatrix} Y_{11} & Y_{21} & \cdots & Y_{N1} \\ \vdots & \vdots & & \vdots \\ Y_{1T} & Y_{2T} & \cdots & Y_{NT} \end{pmatrix} \tag{15-27}$$

其中每一行表示 t 时刻 N 个资产回报减去其样本均值后的值,$t=1, 2, \cdots, T$。我们的任务就是估计在 T 个时期内,K 个因子的实现值(无法观测的)$\widetilde{f}_t$:

$$\boldsymbol{F} = \begin{pmatrix} F_{11} & F_{21} & \cdots & F_{K1} \\ \vdots & \vdots & & \vdots \\ F_{1T} & F_{2T} & \cdots & F_{KT} \end{pmatrix} \tag{15-28}$$

现在应用 PCA 估计方法。这里有两种主要的情况,每一种都需要应用不同的估计方法。第一种情况是传统因子分析,将 N 视为固定的来处理,而允许 T 增大。在后面的介绍中,这一情况称为"固定 N"。第二种情况下,允许 N 增大,而 T 既可以当作固定的值来处理,也可以允许其 T 增大。这种情况简单称为"大 N"。

情况 1:固定 N。在这种情况下,资产数目相对较少而样本数相对较大。那么资产回报的协方差矩阵和 $\widetilde{Y}_t$ 的协方差矩阵一样,可以利用样本协方差矩阵估计得到:

$$\boldsymbol{\Psi} = \frac{Y'Y}{T} \tag{15-29}$$

由于 Y 是一个 T 乘以 N 的矩阵,式(15-29)就是一个 N 乘以 N 的矩阵。举例来说,如果我们认为存在 K 个因子($K=5$),我们就可以利用标准统计软件来计算 $\boldsymbol{\Psi}$ 前 K 个最大的特征值对应的前 K 个特征向量,每一个特征向量都是一个 N 阶向量。定义 $\hat{\beta}$ 为这 K 个特征向量所构成的 N 乘以 K 的矩阵,$\hat{\beta}$ 就是 β 的估计。据此,因子就可以利用下式估计得到:

$$\widetilde{F}_t = \hat{Y}_t \hat{\beta}, \quad t = 1, 2, \cdots, T \tag{15-30}$$

其中,Y_t 为 Y 的第 t 行,$\widetilde{F}_t$ 为 F_t 的估计,即 F 的第 t 行。$\widetilde{F}'_t s$ 为前 K 个因子实现值的估计。$\widetilde{F}'_t s$ 是真实但无法观测的因子实现值的一个好的估计,15.5.2 节解释了原因。然而,尽管理论上它们是接近的,但是随着 T 的增大,除非因子模型是正态的,否则它们并不一定会趋近于真实值。尽管存在这一问题,实践中还是广泛应用了这一方法。

情况 2:大 N。在这种情况下,有大量的资产存在。我们现在根据 Y 和 Y' 的乘积构建一个新的矩阵:

---

6 将变量减去其均值的过程称为"去均值"。

$$\Omega = \frac{Y'Y}{T} \tag{15-31}$$

由于 Y 是一个 T 乘以 N 的矩阵，式(15-31)就是一个 T 乘以 T 的矩阵。给定 K，我们利用标准软件来计算 Ω 前 K 个最大的特征值对应的前 K 个特征向量，它们中的每一个都是一个 T 阶向量。[7] 定义 $\hat{F}$ 为这 K 个特征向量所构成的 T 乘以 K 的矩阵，根据 PCA，只需要进行线性转换，$\hat{F}$ 就是式(15-28)中真实的和未知的因子 F 的估计。在财务领域，Conner 和 Korajczyk(1986)率先提出了上面所描述的 PCA 的应用。由于大 N 方法允许资产数目无限增长，因此也称为**渐进** PCA。相比之下，传统 PCA 方法保持 N 为固定的，而允许很大的时期数目 T。

Bai(2003)指出，理论上如果真实的因子模型就是绝对因子模型，或者差异不是太大(即残差相关性不是太高)，当 T 和 N 同时无限增大时，只需要经过线性转换，$\hat{F}$ 就趋近于 F。估计误差的取值为 $1/T$ 和 $1/\sqrt{N}$ 中较大的那一个，随着 T 和 N 趋于无穷大，估计误差就趋近于零。但是，当 T 是固定的时候，我们就需要做出较强的假设，即真实的因子模型接近整体模型，在这种情况下，估计误差的量级为 $1/\sqrt{N}$。直观上，鉴于只存在为数不多的因子为大量的资产定价，在每一个时刻 t，我们需要足够的信息将这些因子精确找出。

根据估计得到的因子，就可以从式(15-26)得到因子载荷的估计。例如我们利用普通最小二乘法(OLS)，将资产回报对因子做回归，就可以得到每一个资产的因子载荷。数学上，这就等价于根据下式计算所有的因子载荷：

$$\hat{\beta}' = (\hat{F}'\hat{F})^{-1}\hat{F}'X \tag{15-32}$$

在和前面一样的情况下，$\hat{\beta}$ 也趋近于 β，或者是 β 的线性变换。

剩下的问题就是如何确定 K。实践中，这取决于不同的 K 在模型拟合和满足模型应用目标的表现，可以通过试错法来确定 K。从计量经济学的角度出发，情况 2 存在一种简单解。Bai 和 Ng(2002)提供了一种统计标准：

$$IC(K) = \log[V(K)] + K\left(\frac{N+T}{NT}\right)\log\left(\frac{NT}{N+T}\right) \tag{15-33}$$

其中，

$$V(K) = \sum_{i=1}^{N}\sum_{t=1}^{T}(Y_{it} - \hat{\beta}_{i1}\hat{f}_{1t} - \hat{\beta}_{i2}\hat{f}_{2t} - \cdots - \hat{\beta}_{iK}\hat{f}_{Kt})^2 \tag{15-34}$$

对一个给定的 K，$V(K)$ 为不同资产各个时刻因子模型拟合残留误差的平方项之和，这是模型拟合度的一种度量方式。$V(K)$ 越小，K 因子模型对资产回报的解释力越强。我们希望找到一个使得 $V(K)$ 最小化的 K。然而，因子数目越多，$V(K)$ 就越小，但是这一改善是以估计更多的因子并且导致更大的估计误差为代价的。因此，我们要对加入额外的因子做出惩罚。和线性回归一样，线性回归中我们也会惩罚过多的回归变量。式(15-33)的第二项就发挥这一作用，它是 K 的递增函数。因此，模型拟合与估计误差的权衡要求我们最小化 $IC(K)$。Bai 和 Ng(2002)指出，假设因子模型对一些拟合的 K^* 确实成立，随着 N

---

[7] 特征值和特质向量的解释请参见网页附录 O。

或 T 或者 N 和 T 都趋近于无穷大，$IC(K)$ 最小化的 K 就趋近于 K^*。

15.5.2 债券回报的应用

为了说明这一过程，考虑 PCA 因子分析的一个具体应用，即到期期限为 12、18、24、30、36、42、48、54、60、120 和 120 个月以上的长期国库券超额回报（一共有 $N=11$ 个资产）。利用芝加哥大学布斯商学院证券价格研究中心所公布的从 1980 年 1 月到 2008 年 12 月的月度数据，我们有样本大小（即数据的时间点）为 $T=348$ 的样本。由于 N 相对于 T 很小，这就是一种固定 N 的情况。

因此：

$$\Psi = \frac{Y'Y}{348}$$

是一个 11 乘以 11 的矩阵。我们可以非常方便地计算得到它的特征值和特征向量。最大的三个特征值为：

$$(\lambda_1, \lambda_2, \lambda_3) = 10^{-2}(0.240\ 3, 0.013\ 3, 0.001\ 2)$$

它们的和大于所有特征值之和的 99%。从而考虑 $K=3$ 个因子并使用前三个特征向量，PCAs，作为因子的代理变量就足够了。定义它们分别为 F_1，F_2 和 F_3。

现在考虑将这 11 个超额债券回报对这三个因子做回归：

$$R_{it} = \alpha_i + \beta_{i1}F_{1t} + \beta_{i2}F_{2t} + \beta_{i3}F_{3t} + \varepsilon_{it}$$

其中 $i=1, 2, \cdots, 11$。表 15-1 的最后一列给出了对每一个资产利用所有的因子回归得到的 R^2。除了第一个，其他都大于等于 99%，证明了特征值分析的结果：三个因子就足以解释几乎所有债券回报的变化。但是当我们只利用前两个因子时，尽管 R^2 的最小值也达到 80%，相比之下还是要小很多。当只利用前一个因子时，R^2 的大小在 67%（第一个债券）和 99%（第十个债券）之间。总体上，PCA 因子在解释资产回报时是有效的。

表 15-1 因子载荷及其解释能力

	β_1	β_2	β_3	$R^2(F_1)$	$R^2(F_1$ 和 $F_2)$	R^2（所有 3 个）
12 个月	0.067 1	−0.141 8	0.404 6	0.67	0.80	0.96
18 个月	0.111 8	−0.205 7	0.422 7	0.79	0.84	0.99
24 个月	0.152 4	−0.245 5	0.337 1	0.85	0.87	1.00
32 个月	0.193 2	−0.287 6	0.319 9	0.88	0.89	1.00
38 个月	0.226 9	−0.285 1	0.210 1	0.91	0.92	1.00
42 个月	0.252 3	−0.262 1	−0.081 3	0.94	0.94	0.99
48 个月	0.283 7	−0.241 5	−0.253 1	0.95	0.96	1.00
54 个月	0.307 2	−0.192 0	−0.376 2	0.97	0.97	1.00
60 个月	0.336 8	−0.181 9	−0.324 6	0.97	0.98	0.99
120 个月	0.403 8	0.042 6	−0.150 7	0.99	0.99	0.99
120 个月以上	0.596 6	0.717 3	0.239 4	0.92	0.93	1.00

表 15-1 还给出了因子载荷，即因子回归系数。有趣的是，第一个因子的载荷全部为正。这就意味着，当 F_1 的实现值为正时，其对所有债券回报存在正向影响。但是很显然，

F_1 对长期债券的影响要大于短期债券。作为一种近似，F_1 通常被理解为**水平效应**或**平行效应**，它大体上平移了债券回报及其期限结构图（即**收益率曲线**）。

第二个因子的模式不同于第一个因子。当 F_2 的实现值为正时，其对短期债券回报存在负向影响，而对长期债券回报存在正向影响。这就相当于增加了收益率曲线的斜率。因此，F_2 通常称为**倾斜程度**因子。

最后，当 F_3 的实现值为正时，其对短期债券和长期债券回报存在正向影响，而对中期债券回报存在负向影响，因此 F_3 债通常被理解为**曲度**因子。Litterman 和 Scheinkman（1991）是最早应用 PCA 来研究债券回报并识别出上面三个因子的。尽管我们这里应用的数据是不同的，但是我们计算得到的三个因子和他们指出的因子具有相同的特征。

15.5.3 其他方法和扩展

估计因子模型的标准统计方法就是极大似然估计（ML）方法，这一方法最大化 ML，即数据的密度函数。考虑同样的因子模型，式(15-26)，即

$$\widetilde{Y}_t = \beta \widetilde{f}_t + \widetilde{\varepsilon}_t$$

其中，

$$E(\widetilde{f}_t) = 0, E(\widetilde{Y}_t) = 0$$

通常假设去均值回报和标准化的因子服从正态分布。此外，因子通常都被标准化，$\Sigma_f = I_K$，并假设残差是不相关的，因而 Σ_ε 为对角矩阵。资产回报的对数似然式（对数密度函数）为：

$$\log L(\beta, \Sigma_\varepsilon) = -\frac{NT}{2}\log(2\pi) - \frac{T}{2}\log|\beta'\beta + \Sigma_\varepsilon| - \frac{1}{2}\sum_{t=1}^{T} Y_t'(\beta'\beta + \Sigma_\varepsilon)^{-1} Y_t \quad (15\text{-}35)$$

参数 β 和 Σ_ε 的 ML 估计就是使得对数似然方程达到最大化的值。由于 β 在方程中是一种复杂的非线性形式，寻找到这一最大化问题的解析解是非常困难的，然而即使从数值上尝试直接最大化 $\log L(\beta, \Sigma_\varepsilon)$ 仍然是十分困难的。

但是，可以利用一种数据扩大工具，称为**期望最大化**（EM）算法。[8] Lehman 和 Modest 指出，可以利用 EM 算法有效地获得最大化问题的数值解。EM 算法的思想非常简单，但是主要的难点在于，因子是无法观测的。但是根据参数和因子模型，我们就可以知道这些因子。给定因子 $\widetilde{f}_t$ 下的条件对数似然方程就是：

$$\log L_c(\beta, \Sigma_\varepsilon) = -\frac{NT}{2}\log(2\pi) - \frac{T}{2}\log|\Sigma_\varepsilon| - \frac{1}{2}\sum_{t=1}^{T}(Y_t - \beta f_t)'\Sigma_\varepsilon^{-1}(Y_t - \beta f_t) \quad (15\text{-}36)$$

由于上述公式是在给定 f_t 条件的，因而这一因子模型就是一般的线性回归。换言之，将 f_t 整体从式(15-36)中剔除掉，我们就得到无条件的 $\log L(\beta, \Sigma_\varepsilon)$。$f_t$ 给定下的 β 估计是非常直观的。它们就是一般的 OLS 回归系数，而 Σ_ε 的估计就是残差的方差。另外，在这些参数的条件下，就可以利用因子的条件期望值知道具体因子，而条件期望值可以通过因子与回报的联合分布非常简便地获得。因此，我们就有一种迭代算法。从因子的初始猜测值开始，我们最大化条件似然方程，得到 β 和 Σ_ε 的 OLS 估计，这一过程称为 M 步。根

---

[8] Lehman 和 Modest(1988)是最早在财务领域利用 EM 算法来研究因子模型和 APT 的。

据这些估计,我们利用其期望值,更新 f_t 的估计,称为 E 步。利用新的 f_t,我们在 M 步中得到 β 和 Σ_ε 新的估计值。根据这些新的估计值,我们可以再次更新 f_t 的估计。在 E 步和 M 步之间迭代,极限就趋近于无条件性 ML 估计,且因子估计就趋近于其真实值。

作为 ML 方法的一种替代,Geweke 和 Zhou(1996)提出一种贝叶斯方法。这种方法将所有的参数视为随机变量来处理,[9] 其原理类似于 EM 算法。通过条件参数可以获得因子,在因子为条件的情况下,再获得参数。通过迭代几千次后,我们就可以完全知道因子和参数的联合分布,而这些都是因子模型中所需要的所有信息。贝叶斯方法的优势在于,它可以将先前信息包含进去并提供准确的推断。相比之下,ML 方法无法利用任何先前的信息,此外,鉴于因子模型的复杂性,它也无法获得我们所关注的参数和方程的准确标准差。Nardari 和 Scruggs(2007)扩展了贝叶斯方法,得到了一个更加一般化的模型,允许协方差矩阵是随时变化的,并可以施加 APT 定价约束条件。

最后,我们提供因子模型的两种重要扩展,在实践中非常有用。值得注意的是,目前为止我们所讨论的因子都假设回报和因子服从独立同分布,这些称为**静态因子模型**。这里的第一种扩展就是利用**动态因子模型**,允许因子根据如下的自回归向量随着时间的变化而发生变化:

$$\widetilde{f}_t = A_1 \widetilde{f}_{t-1} + A_2 \widetilde{f}_{t-2} + \cdots + A_m \widetilde{f}_{t-m} + \widetilde{v}_t \tag{15-37}$$

其中,$A's$ 为回归系数矩阵,m 为自回归的阶数且决定了多久之前的因子实现值还会对现在产生影响,v_t 为残差。实践中,许多经济变量都具有高度的持久性,因此像上面一样将其包含进去是非常重要的。[10]

第二种扩展就是允许大量因子的情况。考虑我们前面的因子模型:

$$\widetilde{R}_t = \alpha + \beta \widetilde{f}_t + \beta_g \widetilde{g}_t + \widetilde{\varepsilon}_t \tag{15-38}$$

其中,$\widetilde{f}_t$ 为隐性因子的 K 阶向量,$\widetilde{g}_t$ 为可观测因子的 L 阶向量。存在的问题就是 L 很大,比如 100 或 200。规避这个问题要求至少有几百个时间序列观测值,使得 R_t 对 g_t 的回归表现比较好。但是由于缺少长期时间序列数据或者出于对平稳性的考虑,这个问题总是存在。解决问题的想法就是将 $\widetilde{g}_t$ 分为两组——$\widetilde{g}_{1t}$ 和 $\widetilde{g}_{2t}$,前者包含一些关键变量而后者包含另一些关键变量。然后我们考虑修正的模型:

$$\widetilde{R}_t = \alpha + \beta \widetilde{f}_t + \beta_{g1} \widetilde{g}_{1t} + \beta_{b1} \widetilde{b}_t + \widetilde{\varepsilon}_t \tag{15-39}$$

其中 $\widetilde{b}(t)$ 包含一些变量,这些变量代表一些主要的驱动因子,而这些驱动因子通过另外一个因子模型,概括了 $\widetilde{g}_{2t}$ 中潜在的数以百计的变量:

$$\widetilde{g}_{2t} = B \widetilde{b}_t + \widetilde{u}_t \tag{15-40}$$

其中,$\widetilde{u}_t$ 为残差。第二个因子模型通过将数以百计的变量转换成为数不多的一些变量,从而大大降低了模型维度,使得其可以利用 PCA 进行估计。最终,式(15-39)中就只有一些因子了,就可以使用我们之前所讨论的方法进行分析。Ludvigson 和 Ng(2007)率先在财务领域应用了这样一个模型。他们发现,这一模型可以有效地包含数以百计的变量,大大推进了对股市可预测性的理解。

---

9 贝叶斯方法及其在财务领域的应用的探讨,请参见 Rachev、Hsu、Bagasheva 和 Fabozzi(2008)。
10 Amengual 和 Watson(2007)及其参考文献讨论了动态因子模型的估计。

要 点

- APT 所做出的假设要弱于 CAPM。
- CAPM 指出存在单一的因子，即为市场，相比之下，APT 没有提供存在哪些因子的任何特定信息。此外，APT 也没有规定因子的数目应该是多少。
- 和 CAPM 一样，APT 也认为，只有在承担市场风险时才会得到补偿。
- APT 只是假设如果回报是由因子驱动的，并且如果投资者知道因子的 β，那么当市场上出现违反 APT 定价关系的情况时，就可以构建一个套利组合，不需要初始投资就可以获得正的回报。从而，在均衡状态下，如果不存在套利机会，就不应该出现偏离 APT 定价关系的情况。
- 即使不考虑 APT 的有效性，因子模型在实践中也被广泛应用于期望资产回报及其协方差矩阵的估计。原因在于，如果投资者能够识别驱动资产回报的因子，他们就能对真实的资产回报及其协方差矩阵做出更好的估计，进而构建更好的组合，反之，是无法达到这种效果的。
- 因子模型估计在很大程度上取决于：①因子是被识别出（已知的）还是没有被识别出（隐性的）；②样本规模和资产数目。此外，因子模型不仅能够用于解释资产回报，还可以用于预测未来回报。
- 因子模型最简单的情况就是假设因子是已知的或可观测的，这样就可以利用那些因子的时间序列来估计模型。
- 实践中，三种广泛使用的利用已知因子的权益多因子模型是：①Fama-French 三因子模型；②MSCI Barra 基本因子模型；③Burmeister-Ibbotson-Roll-Ross（BIRR）宏观因子模型。基本因子模型利用公司和行业特征以及市场数据作为描述符。在一个宏观经济因子模型中，模型的输入值为历史股票回报和可观测的宏观经济变量。
- 利用隐性因子的一个论据就是，可观测的因子可能存在测量误差，或者已经被投资者预期到了。隐性因子模型使得资产管理者无须根据极有可能有偏差的认识指出因子可能是什么样的，直接基于因子模型和数据从统计上估计这些因子。
- 实践中，对静态因子模型的两种重要扩展是：①动态因子模型，这一模型允许因子根据一种自回归向量随着时间的变化而发生变化；②允许大量因子。这第二个因子模型通过将数以百计的变量转换成为数不多的一些变量，从而大大降低了模型维度，进而可以利用主成分分析进行估计。
- 主成分分析是一种统计方法，能够非常简便有效地用于因子模型估计。

问 题

1. 请解释下列有关套利定价理论（APT）的说法正确与否。
   (1) APT 要求市场组合是有效的。
   (2) APT 是建立在马科维茨均值-方差组合理论基础上的。
   (3) APT 假设经济体中存在大量的资产和大量的系统因子。
   (4) APT 假设市场中不存在套利机会。

(5) APT 要求特质风险的方差存在上限。

2. 假设经济体中有两个风险资产，其风险分别通过下面两个方程与一个单一的风险因子相关：

$$\tilde{r}_1 = \mu_1 + \beta_1 \tilde{f}$$
$$\tilde{r}_2 = \mu_2 + \beta_2 \tilde{f}$$

定义 r_f 为无风险资产回报。

(1) 如何消除因子风险？

(2) 如果不存在套利，并且如果 $\beta_1 \neq \beta_2$，请说明存在一个参数 λ（因子风险溢价），满足下面的线性定价规则：

$$\mu_j = r_f + \beta_j \lambda, j = 1, 2$$

(3) 假设

$$\mu_2 = r_f + \beta_2 \lambda + \eta$$

其中 $\eta > 0$，而线性定价规则对 μ_1 成立。请说明如何获取套利利润。

3. 什么是一个基本因子模型？

4. 什么是因子分析？它在因子模型构建过程中发挥什么作用？

5. (1) 隐性因子的含义是什么？
   (2) 为什么使用隐性因子而非可观测的因子？

6. 考虑 Fama–French(1993) 三因子模型：

$$\tilde{r}_{it} - r_{ft} = \alpha_i + \beta_{im}(\tilde{r}_{mt} - r_{ft}) + \beta_{is} \widetilde{SMB}_t + \beta_{ib} \widetilde{HML}_t + \tilde{\varepsilon}_{it}$$

其中 $\tilde{r}_{mt}$、$\widetilde{SMB}_t$ 和 $\widetilde{HML}_t$ 分别为市场因子、账面市值比因子和规模因子。

为了分析一只股票，对这三个因子做上述回归，得到 $\alpha_i = 1\%$，$\beta_{im} = 0.9$，$\beta_{is} = 0.3$ 和 $\beta_{ib} = 0.2$。

假设从 CAPM 或三因子回归得到的市场 β 是相同的（实践中，两个值是接近的）。

假设无风险利率为 3%，市场、账面市值比和规模溢价分别为 12%、5% 和 6%。

(1) 如果认为 CAPM 能够准确地描述回报，那么股票的要求回报率时多少？

(2) 如果认为三因子模型能够更加准确地描述回报，那么答案将是什么？

(3) 如果不认为因子模型是有效的，那么答案将是什么？

7. 如何对前一个问题中的 Fama-French 三因子模型进行标准化？

8. 假设你认为 S&P 500 中的 500 只股票是由五个因子驱动的，并且你有为期 10 年的月度股票超额回报数据。请给出详细的方法，来说明如何估计这五个未知的因子。

9. 在问题 8 中，假设你认为 S&P 500 指数本身就是一个因子，那么在这种情况下，你将如何寻找到其他四个因子，并且如何确定要求的回报率？

参考文献

Amengual, Dante, and Mark Watson. (2007). "Consistent Estimation of the Number of Dynamic Factors in a Large N and T panel," *Journal of Business and Economic Statistics* **25**: 91–96.

Bai, Jushan. (2003). "Inferential Theory for Factor Models of Large Dimensions," *Econometrica* **71**: 135–172.

Bai, Jushan, and Serena Ng. (2002). "Determining the Number of Factors in Approximate Factor Models," *Econometrica* **70**: 191–221.

Bender, Jennifer, and Frank Nielsen. (2010). "The Fundamentals of Fundamental Factor Models," *MSCI Research Insight*, June.

Burmeister, Edwin, Richard Roll, and Stephen A. Ross. (1994). "A Practitioner's Guide to Arbitrage Pricing Theory," in *A Practitioner's Guide to Factor Models*. Charlottesville, VA: Institute of Chartered Financial Analysts.

Carhart, Mark M. (1997). "On Persistence in Mutual Fund Performance," *Journal of Finance* **52**: 57–82.

Connor, Gregory, and Robert Korajzcyk. (1986). "Performance Measurement With The Arbitrage Pricing Theory: A New Framework For Analysis," *Journal of Financial Economics* **15**: 373–394.

Fabozzi, Frank J. (2009). *Institutional Investment Management*. Hoboken, NJ: John Wiley & Sons.

Fama, Eugene F., and Kenneth R. French. (1993). "Common Risk Factors in the Returns on Stocks and Bonds," *Journal of Financial Economics* **33**: 3–56.

Geweke, John, and Guofu Zhou. (1996). "Measuring the Pricing Error of The Arbitrage Pricing Theory," *Review of Financial Studies* **9**: 557–587.

Lehmann, Bruce N., and David M. Modest. (1998). "The Empirical Foundations of The Arbitrage Pricing Theory," *Journal of Financial Economics* **21**: 213–254.

Litterman, Robert, and Jose Scheinkman. (1991). "Common Factors Affecting Bond Returns," *Journal of Fixed Income* **1**: 54–61.

Ludvigsona, Sydney C., and Serena Ng. (2007). "The Empirical Risk-Return Relation: A Factor Analysis Approach," *Journal of Financial Economics* **83**: 171–222.

Nardari, Federico, and John Scruggs. (2007). "Bayesian Analysis of Linear Factor Models With Latent Factors, Multivariate Stochastic Volatility, and APT Pricing Restrictions," *Journal of Financial and Quantitative Analysis* **42**: 857–892.

Rapach, David E., Jack K. Strauss, Jun Tu, and Guofu Zhou. (2011). "Industry Return Predictability: Is It There Out of Sample" Working paper, Washington University in St. Louis.

Rachev, Svetlozar T., John S. J. Hsu, Biliana Bagasheva, and Frank J. Fabozzi. (2008). *Bayesian Methods in Finance*. Hoboken, NJ: John Wiley & Sons.

Ross, Stephen A. (1976). "The Arbitrage Theory of Capital Asset Pricing," *Journal of Economic Theory* **13**: 341–360.

第 16 章 资产定价的一般原理

本章我们将探讨资产定价的一般原理。相比于之前只是在特殊情况下做出讨论，这里我们将在一个更加综合的框架下分析资产定价问题。由于其一般性，本章会有些抽象并富有挑战性，但是这对理解现代资产定价理论的基础是非常重要的。在扩展第 10 章所讨论的依赖于状态发生的或有要求权以允许任意状态数量的前提下，我们将随后引入完全市场的经济概念，即一价原则和套利原则。此外，我们给出将这些概念与资产定价关系相联系的基本的资产定价理论。接下来，我们探讨随机贴现因子模型，提供资产定价理论的统一框架。在这一框架中，资本资产定价模型（CAPM）和套利定价理论（APT）作为特例包含在内。我们还探讨了可能的随机贴现因子波动率的 Hansen-Jagannathan 界限，并将其应用于权益风险溢价分析。

16.1 一期有限状态经济体

回顾一下第 10 章中，一个证券的收益为：

$$\tilde{x} = \begin{cases} \$1, & 经济繁荣 \\ 0, & 经济萧条 \end{cases}$$

这就意味着，下一期经济出现两种状态——**繁荣和萧条**，且证券在繁荣状态和萧条状态下的收益分别为 \$1 和 0。类似的，作为一种简单的扩展，我们可以认为下一期经济可能出现三种状态：好、一般和差。从而，根据这三种状态，经济体中的任何证券将出现三种可能的收益。例如：

$$\tilde{x} = \begin{cases} \$3, & 好 \\ \$2, & 一般 \\ \$1, & 差 \end{cases}$$

就是这一三状态经济体中的一个证券，在这三种状态下，其收益价值分别为 \$3、\$2 和 \$1。为了表述的简洁性，我们有时采用去掉美元符号的转置向量 $(3, 2, 1)'$ 来定义这一证券的收益，其中角标 $(')$ 代表转置。

一般来说，我们可以考虑这样一个经济体，其中包含 s 个任意数目的状态和 N 个任意

数目的证券。在这个经济体中，任何证券的收益可以记为：

$$\tilde{x} = \begin{cases} v_1, \text{状态 } 1 \\ v_2, \text{状态 } 2 \\ \vdots \\ v_s, \text{状态 } s \end{cases} \tag{16-1}$$

其中，$v's$ 为 m 个状态下证券的价值。例如，如果 $s=4$，那么在这一四状态经济体中，就可以通过 $(1.10, 1.10, 1.10, 1.10)'$ 来定义一个证券的收益。如果这一证券当前的价格为 \$1，那么无论下一期的状态是什么，该证券的收益都为 \$0.10 或 10%（\$0.1/\$1）。因而该证券是无风险的，其回报为 10%。

现在假设在一个具有 s 种状态的经济体中一共有 N 个证券：$\tilde{x}_1, \cdots, \tilde{x}_N$。我们就可以利用下面的矩阵来给出所有这 N 个证券下一期的收益，

$$X = \begin{bmatrix} v_{11} & \cdots & v_{1N} \\ \vdots & \ddots & \vdots \\ v_{s1} & \cdots & v_{sN} \end{bmatrix} \tag{16-2}$$

其中 N 列中的每一列代表证券价值。很显然，矩阵 X 总结了所有证券所有可能的收益，完全决定了它们未来的价值。

资产定价问题就是如何确定每一个证券的价值。数学上，定价机制 ρ 可以视为第 j 个证券（或 s 向量，持有该证券可能带来的收益）对一个投资者当前愿意支付的价格 p 的映射，

$$\rho(\tilde{x}_j) = p_j \tag{16-3}$$

正如我们所看到的，简单的经济原理意味着映射具有众多有用的特征，我们接下去将讨论这些问题。这些特征构成了**资产定价的一般原理**。

16.2 组合和市场完全性

在评估证券时，一个重要的原则就是将所有的证券作为一个整体进行评估，而不是独立评估。考虑一个由 N 个证券构成的组合：

$$\tilde{x}_p = \varphi_1 \tilde{x}_1 + \varphi_2 \tilde{x}_2 + \cdots + \varphi_N \tilde{x}_N \tag{16-4}$$

其中 $\varphi's$ 为组合权重，代表在组合中购买的证券单位数，$\tilde{x}_p$ 为组合收益构成的向量，这一向量仅仅是将单个值相加。注意权重可为正或为负。一个证券权重为负就意味着一个**空头头寸**。如果不允许卖空，那么权重就必须为正。

注意之前的权重为我们投资于证券的资金比例，其中价格是已知的，而我们主要关注一个组合的回报。相比之下，这里我们关注单位数形式的权重，因为我们感兴趣的是确定证券价格。但是，一旦获知价格，数目形式的权重和比例形式的权重是非常容易联系在一起的。为了说明这一点，我们以回报的形式给出一个组合，而不是前面的收益形式，组合回报为：

$$R_p = w_1 R_1 + w_2 R_2 + \cdots + w_N R_N \tag{16-5}$$

其中，$R_j = \dfrac{\widetilde{x}_j}{p_j}$ 为证券 j 的总回报；即 1 加上通常的百分比回报。式(16-5)对第 13 章所讨论的一般百分比回报也成立。$\varphi's$ 和 $w's$ 之间的关系为：

$$w_j = \frac{\varphi_j p_j}{\varphi_1 p_1 + \cdots + \varphi_N p_N} \tag{16-6}$$

其中分子为我们在证券 j 上投入的资金，分母为在所有证券上投入的资金总量，$w's$ 和之前一样也是比例权重。

考虑一个二状态经济体中的两个证券，

$$\widetilde{x}_1 = \begin{cases} 1, \text{经济繁荣} \\ 0, \text{经济萧条} \end{cases}, \quad \widetilde{x}_2 = \begin{cases} 0, \text{经济繁荣} \\ 1, \text{经济萧条} \end{cases}$$

假设它们现在的价格为 \$1。现在，投资 \$1，每种证券各购买 0.5 个单位，可以得到一个组合：

$$\widetilde{x} = \varphi_1 \widetilde{x}_1 + \varphi_2 \widetilde{x}_2 = 0.5\, \widetilde{x}_1 + 0.5\, \widetilde{x}_2$$

其收益为：

$$\widetilde{x} = \begin{cases} 0.5, \text{经济繁荣} \\ 0.5, \text{经济萧条} \end{cases}$$

在初始投资为 \$1 的情况下，也可以购买 2 个单位的第一个证券，同时卖空 1 个单位的第二个证券，在这种情况下，所得到的组合为：

$$\widetilde{x} = 2\, \widetilde{x}_1 + (-1)\, \widetilde{x}_2$$

其收益为：

$$\widetilde{x} = \begin{cases} 2, \text{经济繁荣} \\ -1, \text{经济萧条} \end{cases}$$

注意在经济萧条状态下，组合回报为负：－\$1。这就意味着，当经济萧条时，为了轧平头寸，就需要以 \$1（经济萧条时第二个证券的价格）的价格买回第二个证券。相比将相等的资金投资于两个证券的组合，这一存在卖空的组合允许在经济繁荣时获得较高的收益：\$2，它补偿了经济萧条状态下的损失。

16.2.1 冗余资产

一个组合是由其组合权重唯一决定的，其中，权重是由一个 N 阶向量给出的：

$$\varphi = (\varphi_1, \varphi_2, \cdots, \varphi_N)'$$

组合的收益是由 s 向量唯一决定的，

$$\text{收益} = X\varphi \tag{16-7}$$

例如，我们可以非常容易地证实，这对我们第一个论述是成立的，其中 X 就等于单位矩阵。

如果对一个组合 φ，我们可以找到另外一个组合，具有不同的权重 w，但是收益是相等的，那么我们就称组合 φ 是**可复制的**，

$$Xw = X\varphi, \quad w \neq \varphi \tag{16-8}$$

特别地，如果其中一个 x 可以由另一个组合复制，那么我们就称之为**冗余资产**或**冗余**

证券。在一个经济体中，冗余证券的消除不会影响剩余资产的各种可能组合的特征。有时，为了区分证券，我们将那些定义了整个经济体及其所有可能组合的 $x's$ 称为**原始证券**，因为所有其他组合都是由它们构成的。

考虑以下二状态经济体，

$$\tilde{x}_1 = \begin{cases} 1, 经济繁荣 \\ 0, 经济萧条 \end{cases}, \quad \tilde{x}_2 = \begin{cases} 2, 经济繁荣 \\ 0, 经济萧条 \end{cases}$$

这两个资产现在的价格都是 \$1。权重向量为 $\varphi = (0.5, 0.5)'$ 的组合为：

$$\tilde{x} = 0.5\,\tilde{x}_1 + 0.5\,\tilde{x}_2$$

这一组合是可复制的，因为它也等于：

$$\tilde{x} = 1.5\,\tilde{x}_1$$

原始资产 x_2 的收益只是第一个资产回报的翻倍，因而就是冗余的。

16.2.2 完全市场

在一个具有 N 个风险资产和 s 个状态的经济体中，如果允许任意地做多和做空，就能够构建无穷数目的组合，就形成了一个证券市场。如果对任何可能的收益，都存在一个原始证券的组合来复制它，那么我们就称这一市场是完全的，称为完全市场。即对任何希望得到的收益 $\tilde{x}$，我们可以找到如下的组合权重：

$$\varphi_1\,\tilde{x}_1 + \varphi_2\,\tilde{x}_2 + \cdots + \varphi_N\,\tilde{x}_N = \tilde{x} \tag{16-9}$$

一个完全市场不仅允许投资者在任何状态下（以一种价格）获得任何希望得到的收益，还允许唯一的证券定价，我们之后将会论证清楚。

例如，在第一个例子中的两个证券就能构成一个完全市场。这是因为对任何可能的收益：

$$\tilde{x} = \begin{cases} a, 经济繁荣 \\ b, 经济萧条 \end{cases}$$

组合：

$$a\,\tilde{x}_1 + b\,\tilde{x}_2$$

实现这一收益。例如，如果一个投资者希望在经济繁荣状态下获得 \$2，并在经济萧条期获得 \$3，那么购买 2 个单位的第一个证券并购买 3 个单位的第二个证券就正好能提供投资者所希望的收益。但是，在第二个例子中的两个证券就能构成一个不完全市场。这是因为，对任何由这两个证券构成的可能的组合，无法在经济萧条时提供 \$1 的收益。

利用矩阵和向量的符号，一个完全市场要求，对任何收益向量 φ，我们可以找到组合权重满足下面的线性方程，其中 φ 为未知变量，

$$X\varphi = y \tag{16-10}$$

注意 X 是一个 s 乘以 N 的矩阵，y 是一个 s 阶向量。回顾一下线性代数，矩阵 X 无关组中向量的个数为称为矩阵 X 的秩，下面定义为 $\text{rank}(X)$。如果 $\text{rank}(X) = s$，这些组的线性组合将产生所有可能的 s 向量。也就说明既然那些证券的组合能够产生任何可能的收益，那么市场就是完全的，其中，证券收益由那些独立组给出的。反之，如果上面的线

性方程对任何 y 存在解，那么对 s 个独立的 $y's$ 同样成立，比如 s 维单位矩阵的 s 组，这一矩阵是 s 乘以 s 的，其对角元素为 1，其他元素为 0。例如，如果 $s=2$，那么 $y's$ 就与我们第一个例子中的两个证券相对应。这就意味着，X 组的线性组合能够产生 s 个独立的组，独立组的数目必须大于等于 s。由于 X 是一个 s 乘以 N 的矩阵，其独立组的数目，秩 $\text{rank}(X)$，不可能大于 s，所以唯一的可能性就是等于 s。我们可以用下面的引理来总结我们的讨论：

市场完全性引理：当且仅当 s 乘以 N 的收益矩阵 X 的秩等于 s 时，市场是完全的，即，

$$\text{rank}(X) = s \tag{16-11}$$

其结果就是，对 s 个可能的状态，为了使得市场是完全的，我们至少应该有 $N \geqslant s$ 个原始资产。可以证实，秩条件对我们第一个例子中的两个证券成立，但是对第二个例子不成立。

16.3 一价原则和线性定价

在这一节，我们谈谈一价原则及其与线性定价的关系。然后我们引入状态价格的概念，并将其与一价原则联系在一起。

16.3.1 线性定价

一价原则(LOP)认为，具有相同收益的两个资产必须具有相同的价格。在国际交易中，当不存在关税和运输成本时，在将价格换算为同一种货币时，一个在纽约销售的苹果价格必须等于一个在伦敦销售的苹果价格。这就提供了一种将货币联系在一起的经济渠道。在金融市场中，根据一价原则，不可能通过低价买进一个证券并将其高价售出获得利润。

数学上，在一价原则下，如果两个组合具有相同的收益，

$$X\varphi = Xw \tag{16-12}$$

那么它们现在的价格必须是相同的：

$$\rho(X\varphi) = \rho(Xw) \tag{16-13}$$

其中，正如 16.1 节中提到的，ρ 为一个资产或一个组合的回报对其价格的映射。

一价原则成立的一个简单的充要条件就是，每一个收益为零的组合的价格也必须为零。为了说明这个条件是必需的，假设存在一个资产，其回报为零，但是价格不为零，例如，$0.01。我们可以将这一资产与任何其他资产组合在一起而不改变其收益，但是这一新资产的价格相比将这两个资产打包之前的价格要高 $0.01。根据一价原则，新旧两个资产必须具有相同的价格，这就相互矛盾了。为了说明这一条件是充分的，假设具有相同价格的两个组合以不同的价格出售，例如 $2.01 和 $2。那么买入价格为 $2.01 的资产同时卖空价格为 $2 的资产就创造出一个收益为零的资产，但是其价格为 $0.01。根据零价格条件，这显然是不可能的。

一价原则有效地防止了一个资产拥有多种价格，这就是其名称的由来。只有当其成立时，才有可能存在唯一价格的理性定价。一个最重要的理论含义就是，价格映射 ρ 必须是

线性的，

$$\rho[X(a\varphi+bw)] = a\rho(X\varphi) + b\rho(Xw) \tag{16-14}$$

即一个组合的价格必须等于组合构成资产价格的组合。直观上，两个的汉堡包的价格必须等于一个汉堡包价格的两倍，而一个汉堡包和一个可乐的价格必须等于这两个个体价格之和。这一线性定价规则在财务领域是基本的。它意味着，如果一个公司的股价等于其未来现金流的价格，那么无论如何分割现金流，价格将保持不变，并等于这些部分的价值之和。

线性定价规则就明确意味着一价原则。价格映射仅由其收益唯一决定，从而当收益相等时，价格也必须相等。反之，如果一价原则成立，那么支付式(16-14)左侧的价格就必须得到一个收益等于方程右侧的组合，从而，其价格必须相等。正式说法如下：

线性定价规则：当且仅当线性定价规则成立时一价原则有效。

16.3.2 状态价格

在资产定价中，状态价格这一概念是基本的。在我们假设的经济体中，一共有 s 个状态。状态 i 下的状态价格就是投资者为了在那种状态而非其他状态下获得一个单位的收益所需要支付的价格。状态价格也称为 **Arrow-Debreu 价格**，这是为了纪念这一概念的创始者而命名的。一个状态价格向量就是所有状态下所有价格构成的 s 阶向量。如果存在一个状态价格向量 $q=(q_1, q_2, \cdots, q_s)'$，那么我们就可以将每一个原始证券的资产价格记为：

$$p_j = q_1 v_{1j} + q_2 v_{2j} + \cdots + q_s v_{sj} \tag{16-15}$$

这一方程指出，第 j 个证券的价格等于其在每一种状态下的收益乘以该状态下每单位价值的价格。

状态价格不仅有助于将原始证券的收益及其价格联系在一起，还有助于为经济体中其他资产定价，包括股票、债券、其他或有要求权和衍生品。我们所需要做的就是识别出这些资产的收益，然后将收益与其状态价格的乘积相加得到资产价格。

问题就是状态价格向量是否始终存在。我们将状态定价关系式(16-15)改写为矩阵形式：

$$p = X'q \tag{16-16}$$

状态价格向量 q 的存在就相当于式(16-16)所给出的线性方程存在 q 的解。在我们这里的状态经济体中，我们可以证明，一价原则是状态价格存在的充要条件(在更加复杂的经济体中，比如无限数目的资产和无限数目的状态，可能需要一些附加条件)：

状态价格存在条件：当且仅当存在状态价格向量时一价原则有效。

我们可以利用线性代数进行证明。如果存在状态价格向量，那么：

$$p'\varphi = qX\varphi = qXw = p'w$$

这就是说，只要权重为 φ 的组合和另一个组合具有相同的收益，那么这两个组合的价格就是相等的。反之，如果一价原则成立，那么对任何收益为零权重为 w 的组合，即满足 $X'\varphi=0$，那么其价格必须为零，即 $p'\varphi=0$。这就意味着，p 与每一个与 X 成直交的向量成直交。[1]现在将 p 投影到整个 N 维空间，那么 p 就必须是 X 组的线性组合。系数组合正

---

[1] 直交的定义请参见网页附录 O。

好等于 q，这正是我们所寻找的。从而证明就完成了。

作为一个例子，考虑一个二状态经济体中的两个证券，

$$\widetilde{x}_1 = \begin{cases} 1, 经济繁荣 \\ 0, 经济萧条 \end{cases}, \quad \widetilde{x}_2 = \begin{cases} 2, 经济繁荣 \\ 0, 经济萧条 \end{cases}$$

其中第一个资产的价格为 \$1，第二个资产的价格为 \$2。显然，价格符合一价原则。在这种情况下，状态价格 $(1, 0)'$ 就可以为这两个证券所构成的组合定价：

$$1 = 1 \times 1 + 0 \times 0$$

和

$$2 = 1 \times 2 + 0 \times 0$$

另一种状态价格 $(1, 2)'$ 也可以实现。一个经济体中更加微妙的情况是：

$$\widetilde{x}_1 = \begin{cases} 1, 经济繁荣 \\ 1, 经济萧条 \end{cases}, \quad \widetilde{x}_2 = \begin{cases} 2, 经济繁荣 \\ 2, 经济萧条 \end{cases}$$

这两个资产的价格分别为 \$1 和 \$2。$(0.5, 0.5)'$ 和 $(0.2, 0.8)'$ 都能对这两个原始资产及其组合做出准确定价。

在什么样的情况下状态价格是唯一的？为了找到这些条件，回顾一下状态定价关系的矩阵形式：

$$p = X'q$$

一价原则等价于存在状态价格向量 q。此外，如果市场是完全的，那么上式中的 q 就存在唯一解，为：

$$q = (XX')^{-1}Xp \qquad (16\text{-}17)$$

注意 X 是一个 s 乘以 N 的矩阵，只有当 $s=N$ 时，其逆矩阵才是有定义的。但是 XX' 这一 s 乘以 s 的逆矩阵却被定义了。式(16-17)给出了下一个引理。

状态价格唯一性引理：如果一价原则成立，并且如果市场是完全的，那么状态价格必然存在且是唯一的。

例如，考虑一个二状态经济体中的两个证券，

$$\widetilde{x}_1 = \begin{cases} 1, 经济繁荣 \\ 2, 经济萧条 \end{cases}, \quad \widetilde{x}_2 = \begin{cases} 3, 经济繁荣 \\ 4, 经济萧条 \end{cases}$$

其中第一个资产的价格为 \$4，第二个资产的价格为 \$10。我们可以验证，秩条件和一价原则条件都成立。唯一的状态价格向量由式(16-17)给出，

$$\begin{bmatrix} q_1 \\ q_2 \end{bmatrix} = \begin{pmatrix} 5 & -3.5 \\ -3.5 & 2.5 \end{pmatrix} \begin{pmatrix} 1 & 3 \\ 2 & 4 \end{pmatrix} \begin{bmatrix} 4 \\ 10 \end{bmatrix} = \begin{bmatrix} 2 \\ 1 \end{bmatrix}$$

可以证实，这些价格对这两个原始证券的定价确实有效。

16.4 套利和正的状态价格

资产定价理论依赖于无套利的假设。如果存在免费的午餐，即经济学家所说的**套利机会**，资产价格之间的关系就不那么明确了。在这些情况下，投资者就有可能利用套利机会来纠正价格的偏差，使得最终这些套利机会消失，价格反映均衡价值，这正是资产定价理论所关注的。

在我们关注状态经济中，可以对套利这一概念做出正式定义。实际中，存在两类套利。如果存在一种组合策略，现在不需要进行投资（即我们之前所说的零投资策略），就可以在未来产生非负的收益，并且至少在一种状态下产生正的回报（或者不等于零），这种套利机会就称为第一类套利机会。数学上，这一类型的套利可以表达为：

$$X\varphi \geqslant 0, X\varphi \neq 0$$

其中

$$p_1\varphi_1 + p_2\varphi_2 + \cdots + p_N\varphi_N \leqslant 0$$

第二类套利就是可以在现在赚钱，但是在未来不存在义务的组合策略。数学上，我们可以将其表达为：

$$X\varphi \geqslant 0$$

其中

$$p_1\varphi_1 + p_2\varphi_2 + \cdots + p_N\varphi_N < 0$$

例如，考虑一个二状态经济体中的两个证券，

$$\tilde{x}_1 = \begin{cases} 1, 经济繁荣 \\ 2, 经济萧条 \end{cases}, \quad \tilde{x}_2 = \begin{cases} 2, 经济繁荣 \\ 4.1, 经济萧条 \end{cases}$$

它们的价格分别为 \$1 和 \$2。如果我们采取这样一种策略，卖空 2 个单位的第一个证券，同时买入 1 个单位的第二个证券，那么我们的净投资就等于零，但是收益将为：

$$-2 \times \tilde{x}_1 + 1 \times \tilde{x}_2 = \begin{bmatrix} 0 \\ 0.1 \end{bmatrix}$$

这就是第一类套利的一个例子。但是不存在第二类套利，因为对任何权重 φ_1 和 φ_2，如果成本为负，即，

$$\varphi_1 + 2\varphi_2 < 0$$

那么经济繁荣状态下，组合的收益为：

$$\varphi_1 + 2\varphi_2$$

也为负。

为了说明第二类套利，考虑一个二状态经济体中的两个证券，

$$\tilde{x}_1 = \begin{cases} 1, 经济繁荣 \\ -1, 经济萧条 \end{cases}, \quad \tilde{x}_2 = \begin{cases} 2, 经济繁荣 \\ -2, 经济萧条 \end{cases}$$

其价格分别为 \$1 和 \$1.9。如果卖空 2 个单位的第一个证券，同时买入 1 个单位的第二个证券，那么我们的净投资为：

$$(-2) \times 1 + 1 \times 1.9 = -0.1$$

但是收益为：

$$-2 \times \tilde{x}_1 + 1 \times \tilde{x}_2 = \begin{bmatrix} 0 \\ 0 \end{bmatrix}$$

这个例子说明，第二类套利表现不同于第一类套利。这是因为对任何权重 φ_1 和 φ_2，套利都要求组合收益非负，在这两种状态下，分别为，

$$\varphi_1 + 2\varphi_2 \geqslant 0$$

和

$$-\varphi_1 - 2\varphi_2 \geqslant 0$$

在这种情况下，两种状态下唯一的非负收益就是零收益，因此它不可能是第一类套利。

定价算子将一个资产的收益映射到其价格上，并提供了这一状态而非其他状态下获得 $1 收益的状态价格。如果一个状态下的状态价格为零，那么显然就存在一个套利机会，即投资者现在无须支付，未来就可以在这一状态下获得收益。为了使得经济体中不存在套利机会，就必须要求状态价格为正。当定价算子是线性的，并且所有的状态价格为正时，我们称之为正的线性定价规则。正如我们下面要给出的，这一正的线性定价规则的存在就等价于经济体中不存在套利机会。

套利也与一价原则相关联。如果不存在套利，那么一价原则必然成立。如果两个具有相同收益的组合以不同的价格出售，那么一种"低买高卖"的策略就将构建出一种组合，其未来收益为零，但是当前能获得正的收益，也就是存在第一类套利机会。因此，无套利情况就意味着一价原则。事实上，无套利的假设是关键的，接下来的资产定价基本定理也将解释。

16.5 资产定价基本定理

现在考虑一个投资者的效用最大化问题。假设投资者偏好获得更多，效用函数就是消费的单调增函数。给定初始财富 W_0，并给定交易机会，那么一个投资者未来的消费以 s 个状态中的向量给出，为：

$$C_1 = W_1 + (W_0 - C_0) \times R_p$$

式中　C_0——现在的消费（以美元度量）；

　　　R_p——一个组合资产的回报，这是投资者效用最大化下所做出的最优选择；

　　　W_1——下一期投资者从其他来源获得的收入，例如劳动收入。

假设效用函数 $u(C_0, C_1)$ 为 C_0 和 C_1 的单调增函数。

下面的定理将无套利、正的线性定价规则和效用最大化问题联系在一起。

资产定价基本定理认为下面的情况是等价的：

(1) 不存在套利；

(2) 存在一个正的线性定价规则；

(3) 存在一个具有单调偏好的投资者，其效用达到最大化。

我们在这里提供一种简化的证明。[2]

为了说明不存在套利即意味着存在一个正的线性定价规则，首先注意在 16.4 节提供了这一定价规则的存在。在不存在套利的情况下，状态价格必须为正。这是因为，如果在某个状态下状态价格为零或为负，这一状态下的收益就是"免费的午餐"，就带来了套利机会。反之，如果状态价格为正，每一种状态下的收益就为正，就不存在任何"免费的午餐"。

数学上，证明也是非常容易的。如果 φ 是一个套利组合，其价格为零或为负，那么：

$$0 \geqslant p'\varphi = (X'q)'\varphi = q'(X\varphi)$$

2　Dybvig 和 Ross(1987)提供了更加缜密的证明。

其中第一个等式为线性定价规则,而根据矩阵乘法运算规则,第二个等式成立。由于状态价格为正,q 所有的元素为正。如果 $p'\varphi$ 为零,那么 $X\varphi$ 都为零;如果 $p'\varphi$ 为负,那么 $X\varphi$ 必须包含严格为负的元素。这都与 φ 是一个套利组合的假设相矛盾,因此当状态价格为正时就不存在套利机会。

为了说明存在一个正的线性定价规则就意味着存在一个最大化的单调效用,必须说明每一种状态下投资者的消费有限,这是因为,首先,投资者的财富是有限的,并且面临预算约束(由于状态价格为正)。其次,存在一个具有单调偏好的投资者,其效用最大化显然就意味着不存在套利。这样的话,在投资者的组合中加入一个套利组合(即免费的午餐)只会严格增加其效用而不会影响其预算,这就与投资者效用已经实现了最大化相矛盾。这就完成了证明。

基本定理为资产定价模型提供了重要的启示。在定价方程推导过程中,许多理论上的均衡资产定价模型假设所有的投资者都是理性的,并具有同质的信息集(回顾一下,在第 14 章中,这就是 CAPM 的假设 2 和假设 4)。根据这一定理,为了理性地为资产定价,或者确保市场是有效的,我们不需要假设所有的投资者都是聪明的。我们需要的只是存在一些聪明的投资者或交易者,他们能够利用任何套利机会。在此基础上,均衡价格就应该预示着不存在套利机会。

16.5.1 贴现因子

贴现因子的概念与基本定理相关。事实上,贴现因子是几乎所有资产定价模型的一个共同特征,在下一节我们将清楚这一点。定义 $\theta_i > 0$ 为状态 i 将发生的概率。式(16-15)给出了线性定价规则就可以改写为:

$$p_j = \theta_1(q_1/\theta_1)v_{1j} + \theta_2(q_2/\theta_2)v_{2j} + \cdots + \theta_s(q_s/\theta_s)v_{sj} = E(mv_j) \quad (16\text{-}18)$$

其中 m 是一个随机变量,其在状态 s 下的值为:

$$m_s = \frac{q_s}{\theta_s} \quad (16\text{-}19)$$

根据式(16-18),资产 j 的价格是由其收益的期望价值乘以随机变量 m 得到的,其中 m 对所有的资产都是相同的。

现在假设经济体中存在一个无风险资产,能够获得无风险利率 r,且这一无风险资产当前的价格为 \$1(必要情况下我们可以按比例缩放资产单位)。在所有的状态下,下一期这一无风险资产的价格都将为 $1+r$。通过式(16-18),这一无风险资产有如下的期望收益:

$$1 = E[m(1+r)]$$

因此,

$$E[m] = \frac{1}{1+r} \quad (16\text{-}20)$$

如果经济体中不存在风险并且不存在套利机会,很显然,所有的资产就应该获得同样的无风险回报。资产应该由其现金流的现值来定价;利用贴现因子 $1/(1+r)$,价格就等于贴现现金流。当存在风险时,也就是现在的情况,就将收益与随机变量 m 相乘,其中 m 的均值为 $1/(1+r)$。这就是 m 之所以称为**随机贴现因子**的原因:①它是随机的;②它将无风险贴现推广到风险资产的情况。

例如，考虑三状态经济体中的三个证券，其价格分别为 $5、$5 和 $6，且收益矩阵如下：

$$X = \begin{bmatrix} \$10 & \$20 & \$30 \\ \$10 & \$10 & \$10 \\ \$10 & \$5 & \$5 \end{bmatrix}$$

在这个经济体中，第一个资产是无风险的，因为无论未来的状态，其收益总是一个常数 $10。此外，由于第一个资产现在的价格为 $5，因此无风险利率为 100%。我们可以利用式(16-17)对状态价格向量求解，得到 $q = (0.1, 0.2, 0.2)'$。假设每一种状态的概率为 1/3。线性定价规则就可以记为：

$$\$5 = p_1 = \frac{1}{3} \times (0.3 \times \$10) + \frac{1}{3} \times (0.6 \times \$10) + \frac{1}{3} \times (0.6 \times \$10)$$

$$\$5 = p_2 = \frac{1}{3} \times (0.3 \times \$20) + \frac{1}{3} \times (0.6 \times \$10) + \frac{1}{3} \times (0.6 \times \$5)$$

$$\$6 = p_3 = \frac{1}{3} \times (0.3 \times \$30) + \frac{1}{3} \times (0.6 \times \$10) + \frac{1}{3} \times (0.6 \times \$5)$$

定义 m 为一个随机变量，在这三种状态下的值分别为 0.3、0.6 和 0.6。上面的等式就说明，对每一个资产，其价格就等于贴现收益的期望价值。贴现因子的均值就等于：

$$E[m] = \frac{1}{3} \times 0.3 + \frac{1}{3} \times 0.6 + \frac{1}{3} \times 0.6 = 0.5 = \frac{1}{1 + 100\%}$$

这就证实了式(16-20)。

状态价格向量，等价于贴现因子，不仅有助于对原始资产进行定价，还有助于对任何资产及其构成的组合进行定价。例如，考虑一个看涨期权，它赋予所有者以 $10 的价格购买 1 个单位第二个资产的权利。[3] 这一期权在状态 1 下的价值就等于 $10（状态 1 下第二个资产的价格减去获得该资产所需要支付的价格，根据这一期权，为 $10。因此这一期权的收益就是 $10，即状态 1 下 $20 - $10。）在另外两种状态下，期权的收益就不会大于 $10。因而，从经济收益上来说期权所有者不会行权。这一看涨期权的价格就等于：

$$看涨期权价格 = \frac{1}{3} \times (0.3 \times \$10) + \frac{1}{3} \times \$0 + \frac{1}{3} \times \$0 = 1$$

贴现因子通过在真实概率下取期望对资产进行定价。

16.5.2 利用风险中性概率进行定价

我们还可以利用一种称为风险中性概率的概率测度方法对资产进行定价。当我们在本书的第五部分探讨衍生品定价时这一方法尤其有用。其原因在于，在一般性情况下，风险中性收益相对容易确定，而寻找贴现因子在一般情况下相对比较复杂。

为了说明风险中性方法的原理，这里对无风险资产应用式(16-15)给出的线性定价规则，我们有：

$$1 = q_1(1+r) + q_2(1+r) + \cdots + q_s(1+r)$$

所以

$$q_1 + q_2 + \cdots + q_s = \frac{1}{1+r} = q$$

---

[3] 我们将在第 18 章和第 19 章详细探讨诸如期权之类的衍生品。

也就是说，状态价格之和必须等于 $1 的现值。将单个 $q's$ 的和用 q 表示，由于现在所有的状态价格都为正，我们就可以将每一个状态价格和 q 的比率视为概率。由于这些比率之和为 1，概率就是符合定义的（正如下面所揭示的，这称为风险中性概率）。当然，这不是状态的客观概率，而是一种经济数目，它对衍生品和其他资产定价是非常有用的。

不失一般性的，现在假设，无风险资产是第一个资产。其他资产的定价关系就是：

$$p_j = q_1 v_{1j} + q_2 v_{2j} + \cdots + q_s v_{sj} = \frac{1}{1+r}\left(\frac{q_1}{q}v_{1j} + \frac{q_2}{q}v_{2j} + \cdots + \frac{q_2}{q}v_{sj}\right)$$

$$= \frac{1}{1+r} E^Q[v_j] \tag{16-21}$$

即价格等于风险调整的资产期望收益根据无风险利率贴现得到的现值，其中 E^Q 表示风险中性概率下得到的期望。换言之，对任何风险资产，我们通过两步计算其价值。第一步，计算得到风险中性收益。第二步，我们将这一收益视为无风险的，根据无风险利率对这一收益进行贴现得到价格。其结果就是，我们现在所使用的概率通常称为**风险中性概率度量**。

例如，对我们前面例子中的资产，状态价格之和等于：

$$0.1 + 0.2 + 0.2 = \frac{1}{1+100\%} = 0.5$$

此外，风险中性概率为 1/5、2/5 和 2/5。从而前面看涨期权的期望收益就等于：

$$E^Q[call] = \frac{1}{5} \times \$10 + \frac{2}{5} \times \$0 + \frac{1}{5} \times \$0 = \$2$$

对 \$2 根据无风险利率贴现（在我们例子中为 100%），我们得到价格 \$1=［\$2/(1+1)］。这一价格当然和前面利用贴现因子在真实概率下为这一看涨期权定价得到的结果是一致的。

16.6 贴现因子模型

在这一节，不同于前面一节状态数目是有限的，我们在更加一般化的情况下给出贴现因子模型，允许资产回报服从任意分布。然后我们对所有可能的贴现因子的方差推导出一个下限，称为 Hansen-Jagannathan 界限，并分析其对财务领域的一些应用。

16.6.1 随机贴现因子

现在考虑投资者所面临的一个更加一般化的问题，希望最大化其当前消费和未来消费价值所构成的效用，即

$$u(C_t, C_{t+1}) = u(C_t) + \delta E[u(C_{t+1})]$$

其中第一项为当前消费的效用，第二项为未来消费的效用，δ 为投资者的主观时间贴现因子，捕捉了投资者对当前消费和未来消费的权衡。注意第二项包含一个期望函数，由于未来消费在现在是未知的，因此投资者只能够最大化期望效用，即对所有可能随机实现的未来消费取期望。

除了二次效用之外，另一种常用的效用函数形式就是指数效用：

$$u(C_t) = \frac{C_t^{1-\gamma}}{1-\gamma}$$

其中，γ 为 Arrow-Pratt 绝对风险厌恶系数（将这一问题及其解与第 2 章第 2.1.5 节给

出的相比较）。γ 越大，投资者越是厌恶风险。在实际应用中，有时一个大约为 3 的 γ 被认为是合理的。

为了表述的简洁，我们假设只存在一个风险资产。不同于本章前面几节假设有限数目的状态，我们现在假设只要期望被良好定义，那么风险资产的收益就可以服从任意概率分布。（尤其是分布可以是连续的。）效用最大化的预算约束就可以记为：

$$C_t = W_t - p_t w$$
$$C_{t+1} = W_{t+1} + X_{t+1} w$$

其中 W_t 和 W_{t+1} 为投资者从其他来源获得的财富，w 为投资者在当前 t 时刻购买的风险资产单位，p_t 为证券价格，X_{t+1} 为收益。

将预算约束代入效用函数，并对 w 求偏导，我们得到一阶条件(FOC)，

$$p_t u'(C_t) = E_t[\delta u'(C_{t+1}) X_{t+1}]$$

即

$$p_t = E_t[m X_{t+1}], m = \delta \frac{u'(C_{t+1})}{u'(C_t)} \tag{16-22}$$

根据这一公式，当前的价格等于贴现收益的期望价值，且 m 为贴现因子。在指数效用函数的情况下，

$$m = \delta \left(\frac{C_{t+1}}{C_t} \right)^{-\gamma} \tag{16-23}$$

为消费的指数函数。

我们从式(16-22)中推导出的称为**基于消费的资产定价模型**。之所以这么命名，是因为这一理论是基于消费的角度之上的。这一观点不同于前面推导出式(16-18)的无套利的角度。但是，除了贴现因子的差异，这两种定价方程的形式是相同的。[4]

对于式(16-22)给出的特定形式的 m，由于 m 是边际效用率，正如第 2 章第 2.1.5 节最先指出的，m 也称为**边际替代率**。直观上，当边际替代率很高时，未来消费的价值就很高，如果资产的收益很高的话，投资者就愿意为其支付较高的价格。这就是式(16-22)给出的价格很高的原因。

资产价格的贴现因子通常以回报的形式来表达。定义 R_t 为资产的总回报，其中总回报等于 1 加上通常回报（即比例回报），即 $R_t = X_{t+1}/p_t$。式(16-22)给出的定价关系等价于：

$$1 = E_t[m R_{t+1}] \tag{16-24}$$

如果一个资产的价格按比例调整到 \$1，那么收益就等于其回报，期望贴现回报必须等于 \$1，即其现在的价格。如果有 N 个风险资产，我们就可以将贴现模型记为：

$$1 = E_t[m R_{j,t+1}] \tag{16-25}$$

其中，$R_{j,t+1}$ 为资产 j 的回报。

注意式(16-25)中的期望取决于 t 时刻可以获得的所有信息，这一定价关系称为**条件贴现因子模型**。对式(16-25)的两边同时取期望，我们得到：

$$1 = E[m R_{j,t+1}] \tag{16-26}$$

---

4 事实上，即便不是所有的情况下，在大多数情况下，资产定价模型都采用贴现因子的形式，并且不同的理论对 m 的表述有所不同。

称为**无条件贴现因子模型**。条件期望相等意味着非条件期望相等,但是反过来就不一定了,因此式(16-26)是模型较弱的形式。

16.6.2 应用于 CAPM 和 APT

为了说明一般性的贴现因子模型,现在考虑因子贴现模型与 CAPM 及 APT 的关系。正如我们马上要解释的,我们可以将这两个资产定价模型记为:

$$E[R_j] = \tau + \lambda_1 \beta_{j1} + \cdots + \lambda_K \beta_{jK} \tag{16-27}$$

其中,R_j 为资产 j 的总回报,对 $k=1, 2, \cdots, K$,β_{jK} 为其 β 或对第 k 个因子 f_k 的风险敞口,λ_k 为因子风险溢价,τ 为一个常数。

尽管式(16-27)是以总回报的形式给出的,它也可以改写为与前面两章一样的回报形式。例如,根据 CAPM,$K=1$,τ 为总无风险回报 $1+r$,$\lambda_1 = E[R_m]-1-r$,R_m 为市场组合的总回报。在这种情况下,由于一般的市场回报与无风险回报所包含的 1 在相减时可以抵消掉,λ_1 就等同于一般的市场回报与无风险回报的差。

接下去我们指出,如果随机贴现因子是因子的线性函数,

$$m = a + b_1 f_1 + \cdots + b_K f_K \tag{16-28}$$

我们就得到式(16-27)。反之,如果式(16-27)成立,那么贴现因子就必然是因子的线性函数。所以,CAPM 和 APT 就是因子贴现模型的特殊形式。

为了说明为什么是这样,分析 $K=1$ 的情况就足够了。为了简单起见,我们去掉角标,希望证明:

$$m = a + bf \tag{16-29}$$

和

$$E[R_j] = \tau + \lambda \beta_j \tag{16-30}$$

是等价的。后者常常被称为 β 定价模型。在下面的证明中,由于我们总是能够将 f 的均值转移到 a 中去,我们就假设 $E[f]=0$。回顾一下简单的统计公式,两个随机变量的协方差可以记为其乘积的期望和其期望的乘积之和:

$$\text{cov}(x,y) = E[xy] + E[x]E[y] \tag{16-31}$$

利用这一公式以及 $E[f]=0$,如果式(16-29)成立的话,我们有,
$$1 = E[mR_j] = aE[R_j] + bE[fR_j] = aE[R_j] + b\,\text{cov}(R_j, f) - bE[R_j]E[f]$$
$$= aE[R_j] + b\,\text{cov}(R_j, f)$$

求解 $E[R_j]$,得到:

$$E[R_j] = \frac{1}{a} - \frac{b}{a}\text{cov}(R_j, f) \tag{16-32}$$

将上式与式(16-30)相对照,有:

$$\tau = \frac{1}{a}, \quad \lambda = -\frac{b}{a}\sigma^2(f) \tag{16-33}$$

其中,$\sigma^2(f)$ 为因子方差。如果贴现因子模型成立,就意味着 β 定价模型成立。反之,如果 β 定价模型成立,那么我们就能根据式(16-33)求出 a 和 b,进而得到贴现因子模型。

16.6.3 Hansen-Jagannathan 界限

正如我们所讨论的,一个资产定价模型是贴现因子的一种表述形式。问题就是,所有

可能的贴现因子 m 必须具有什么样的特征。Hansen 和 Jagannathan(1991)指出，贴现因子的方程必须具有下界。换言之，m 相比需要定价的资产回报必须有足够的波动性。

贴现因子关系，即式(16-26)，通过资产回报 R_t 与 m 的乘积的期望，将一个资产的回报与其价格联系在一起。为了进一步理解 m 和 R_t 的关系，将 R_t 单独出来是非常有用的。再次利用式(16-31)的协方差公式，我们有：

$$1 = \text{cov}[m, R_{t+1}] + E[m]E[R_{t+1}] \tag{16-34}$$

假设存在一种无风险资产，其总回报为 $R_f = 1 + r$，其中 r 为通常所说的无风险利率。对无风险资产应用式(16-34)，第一项就等于零，有：

$$E[m] = \frac{1}{1+r} \tag{16-35}$$

注意这一公式对所有可能的贴现因子成立，并且是式(16-20)的扩展。换言之，在无风险资产定价过程中，对所有可能的随机贴现因子，其均值必须等于 $1/(1+r)$。

现在我们将式(16-34)两边同乘以 R_f，得到：

$$E[R_{t+1}] - R_f = -R_f \text{cov}[m, R_{t+1}]$$

这就是说，如果一个资产的回报与 m 的协方差较大，那么其超额回报就较高。回顾一下，协方差与相关系数和标准差是通过下式联系在一起的：

$$\text{cov}[x, y] = \sigma(x) \times \sigma(y) \times corr(x, y)$$

其中 $\sigma(\cdot)$ 表示标准差函数。由于相关系数总是在 -1 和 1 之间，我们从前面的等式就得到：

$$|E[R_{t+1}] - R_f| = R_f |\text{cov}[m, R_{t+1}]| \leqslant R_f \times \sigma(m) \times \sigma(R_{t+1})$$

将关于 m 的项和关于 R_{t+1} 的项分离，我们就得到 m 的标准差[标识为 $\sigma(m)$]的下界，

$$\frac{\sigma(m)}{E[m]} \geqslant \frac{|E[R_{t+1}] - R_f|}{\sigma(R_{t+1})} \tag{16-36}$$

上式右侧是一个风险资产的回报与其标准差的比率，即为夏普比率，它测度了每单位资产风险超过无风险利率的额外回报。根据式(16-36)给出的关系，对任何为资产定价的贴现因子，其波动率必须足够大，才能使得其标准差除以其均值大于经济体中任何风险资产的夏普比率。

上面的 $\sigma(m)$ 的下界称为 Hansen-Jagannathan 下界。这是一个重要的结果，因为如果一个资产定价模型未能达到这一界限，就可以拒绝所提出的资产定价模型。例如，为了检验一个有限状态经济体中式(16-18)给出的贴现因子模型，或者检验式(16-22)给出的基于消费的资产定价模型，或者检验第 14 章和第 15 章分别给出的 CAPM 和 APT，我们可以首先检验它是否满足式(16-36)所给出的下界。如果它未能满足 Hansen-Jagannathan 下界，就不需要任何进一步的检验了。理论上，Kan 和 Zhou(2006)指出，利用与影响随机贴现因子的状态变量的相关信息，就能大大收紧 Hansen-Jagannathan 界限。

16.7 股权风险溢价之谜

现在我们就可以对理论做出实证检验，来解释经济学家所说的**股权风险溢价之谜**。**股权风险溢价**定义为股票或市场组合超过无风险利率的回报，它是投资者承担市场风险所得

到的额外补偿。根据美国二战后数据的样本均值,股票风险溢价大约为 8%(每年),而风险或标准差大约为 16%(每年),因此不等式(16-36)右侧的夏普比率就大约为 0.5。

考虑这样一种情况,当这一理论被应用于经济体中一个具有指数效用函数的代表性投资者时,消费水平就由人均消费水平来替代。假设消费增长率近似服从正态分布,根据式(16-23)给出的指数形式的 m,不等式(16-36)就近似为:[5]

$$0.5 = \frac{|E[R_{t+1}] - R_f|}{\sigma(R_{t+1})} \leqslant \frac{\sigma(m)}{E[m]} \approx \gamma \times \sigma(c) \tag{16-37}$$

其中,$\sigma(c)$ 为消费增长率的标准差。对指数效用函数,经济学家通常采用大约为 3 的风险厌恶系数。由于美国消费波动率大约为 1%(每年),即使我们令风险厌恶系数为 $\gamma=5$,不等式(16-37)右侧的值也仅为 0.05。这一结果要小于理论所要求的值。为了使得式(16-37)给出的关系确实成立,我们需要一个大到难以置信的参数大约为 50!

因此,如果我们严肃地审视理论,可以发现美国股票风险溢价如此之高,以至于难以用标准理论来解释。这就是它被称为股权风险溢价之谜的原因。股权风险溢价之谜最早是由 Mehra 和 Prescott(1985)提出的。股权风险溢价之谜促使大量的经济学家发展了各种新的资产定价模型。我们在这里讨论两个最近发展的最有用的模型,它们成功地解释了股票风险溢价:Campbell 和 Cochrane 模型和 Bansel-Yaron 模型。

Campbell 和 Cochrane(1999,2000)提出了具有如下随机贴现因子的模型:

$$m = \delta \left(\frac{S_{t+1}}{S_t} \frac{C_{t+1}}{C_t} \right)^{-\gamma} \tag{16-38}$$

其中,$S_t = (C_t - X_t)/C_t$,且 X_t 为一个投资者的习惯消费水平与其估计的消费水平的比率(投资者不像之前那样仅仅考虑绝对消费水平。)在 Campbell-Cochrane 模型中,X_t 是由总的消费历史来决定的,并随时间发生缓慢变化。其思想是,现在投资者希望其消费水平相对市场总体水平更加平稳。这就引入了其消费水平变化的摩擦,且当资产价格下降时,效用下降也较多。因此,尽管他们具有相同的指数效用,但他们将要求得到较高的期望回报,这就能够解释风险溢价之谜。

Bansel 和 Yaron(2004)提供了另一种模型,解释了风险溢价之谜。Bansel-Yaron 模型有两个主要的特征,首先,Epstein-Zin 递归效用函数代替了指数效用函数,

$$u_t = \left[(1-\delta) C_t^{(1-\gamma)/\theta} + \delta (E_t u_{t+1}^{(1-\gamma)})^{1/\theta} \right]^{\theta/(1-\gamma)} \tag{16-39}$$

其中,γ 和之前一样为风险厌恶系数,$\delta = (1-\gamma)/(1-1/\psi)$,其中 ψ 为跨期替代弹性。这一效用函数是递归的,因为第二项中出现了未来期望效用。[6]其次,Bansel 和 Yaron 引入了一个长期风险构成成分 X_t,它通过下面两个回归,同时影响消费和股利增长,$\log(C_{t+1}/C_t)$ 和 $\log(D_{t+1}/D_t)$,

$$\log(C_{t+1}/C_t) = \mu_c + X_t + \sigma_t \eta_{t+1}$$
$$\log(D_{t+1}/D_t) = \mu_d + \varphi X_t + \varphi_d \sigma_t u_{t+1} \tag{16-40}$$

其中,$X_{t+1} = \alpha X_t + \varphi_x \sigma_t e_{t+1}$ 服从一个时变自回归,方差过程 σ_t 同样如此;η_{t+1}、u_{t+1} 和

---

5 请参见,例如,Cochrane(2001)。

6 但是,在 $\gamma = 1/\psi$ 的特殊情况下,这一效用方程在数学上就等价于指数效用方程。指数效用方程的一个缺少美丽的特征就是,即它无法将风险规避(在不同状态下平滑消费的希望)的概念与跨期替代弹性(在不同时间平滑消费的希望)区分开。在效用方程中,这两个效应分别由 γ 和 ψ 来表达。

e_{t+1} 是从标准正态分布得到的独立的冲击。

Bansel-Yaron 模型的原理是，X_t 捕捉了长期经济增长前景。长期 X_t 和短期 η_{t+1} 的冲击同时驱动消费增长和资产价格。为了避免长期增长为负，就要求较高的风险溢价作为补偿。伴随着股利增长的长期冲击和短期冲击，资产价格可以是高度波动的。基于此，Bansel-Yaron 模型就能够成功地解释股票风险溢价及其相关的谜。近年来这一模型得到了财务领域的广泛关注。Zhou 和 Zhu(2009)扩展了这一模型，为了解释诸如利用消费水平和股利解释股票回报、市场波动率风险溢价为负之类的股票市场的另外一些典型事实，允许长期和短期的波动。

要点

- 如果对任何希望得到的未来收益，都存在一个现有资产构成的一定的组合产生这一收益，那么这一市场就是完全的。
- 在一个存在有限状态(未来情景)的世界中，当且仅当状态数目等于资产收益矩阵的秩时市场是完全的。尤其是，资产的数目必须大于状态的数目。
- 根据一价原则，两个具有相同未来收益的资产当期必须具有相同的价格。
- 一个线性定价规则就意味着，一篮子资产的价格等于这个篮子里资产价格之和。当且仅当线性定价规则成立时一价原则才成立。
- 状态价格是一个投资者为了在未来一个特定状态而非其他状态下得到 1 美元收益所需要支付的价格。状态价格的存在等价于一价原则的成立。当市场是完全的时候，状态价格是唯一的。
- 存在两类套利机会。第一类套利就是现在不需要支付就可以在未来获得一些收益，第二类是现在能够获得一些收益，但是未来不存在义务。
- 资产定价基本理论指出财务领域三个主要的问题都是等价的：①不存在套利；②存在正的线性定价规则；③存在一个投资者偏好更多，并且最大化其效用(经济体中不存在"免费的午餐")。
- 由于存在风险，一个理性投资者为资产支付的价格就不等于其期望价值，而会根据一个合适的风险因子对其进行贴现。一个随机贴现因子是一个随机变量，其期望价值与资产收益的乘积即为资产的理性价格。随机贴现将无风险贴现(资金的时间价值)扩展到风险资产的情况，并且对经济体中所有资产定价是相同的。
- CAPM 和 APT 是随机贴现因子模型的特殊形式，其中贴现因子为市场因子的线性函数或 APT 因子。此外，几乎所有的资产模型都可以通过随机贴现因子模型的公式来表达。
- Hansen-Jagannathan 界限提供了一个随机贴现因子方差的简单下界，我们就可以考察随机贴现因子是否满足数据的基本限制要求。如果不满足的话，我们无须进一步的分析就可以拒绝。

问题

1. 冗余资产的含义是什么？
2. 套利机会仅涉及投资者当前无须付出任何成本未来也不存在任何义务就可以实现一些经济价值。你是否同意上述观点，请解释。

3. 考虑一个经济体，包含两只股票。其中股票 A 当前价格为 \$50，且明年的价格将为 \$60 或 \$40，股票 B 当前价格为 \$40，且明年的价格将为 \$52 或 \$28。

   (1) 根据 16.1 节所说的有限状态经济体，资产和状态的数目分别为多少？收益矩阵是什么？
   (2) 如果你有 \$100 用于投资，请问你如何购买等权重组合？
   (3) 假设第一种状态（经济繁荣）发生的可能性为 80%，那么等权重组合的期望回报和风险是多少？
   (4) 假设还存在一个无风险资产，投资 \$100 就能带来确定的 \$105。那么这会对你在(1)中的回答带来什么样的影响？
   (5) 假设有一个新的股票可以投资，明年的价格将为 \$250 或 \$150。这是不是一个冗余资产？如果是的话，为什么？
   (6) 如果(5)中的新股当前价格为 \$201，那么是否存在套利机会？如果存在的话是什么原因？

4. 假设一个有限状态经济体中有三个资产，其收益矩阵为

$$\boldsymbol{X} = \begin{bmatrix} \$30 & \$20 & \$10 \\ \$20 & \$15 & \$0 \end{bmatrix}$$

   (1) 第三个资产的收益是多少？
   (2) 第三个资产是否是冗余的？为什么？
   (3) 第二个资产是否是冗余的？为什么？
   (4) 市场是否是完全的？
   (5) 假设这三个资产的价格分别为 \$25、\$17 和 \$8。那么这一市场中一价原则是否成立？
   (6) 如果有一个新的资产，在这两种状态下的收益分别为 \$20 和 0，那么它的价格应该是多少？

5. 假设一个有限状态经济体中有三个资产，其收益矩阵为

$$\boldsymbol{X} = \begin{bmatrix} \$30 & \$20 & \$50 \\ \$20 & \$15 & \$30 \end{bmatrix}$$

   (1) 假设这三个资产的价格分别为 \$28、\$18 和 \$46。那么这一市场中是否存在套利机会？
   (2) 如果第三个资产的收益为 \$35 而非 \$30，那么这一市场中是否存在套利机会？

6. 假设一个有限状态经济体中有三个资产，其收益矩阵为

$$\boldsymbol{X} = \begin{bmatrix} \$30 & \$20 & \$50 \\ \$20 & \$15 & \$35 \end{bmatrix}$$

   (1) 假设这三个资产的价格分别为 \$28、\$18 和 \$47。那么这一市场中是否存在套利机会？
   (2) 如果第三个资产的价格下降到 \$46，那么这一市场中是否存在套利机会？

7. 假设一个有限状态经济体中有三个资产，其收益矩阵为

$$\boldsymbol{X} = \begin{bmatrix} \$110 & \$100 & \$48 \\ \$110 & \$50 & \$40 \\ \$110 & \$40 & \$36 \end{bmatrix}$$

   (1) 这一市场中是否存在无风险资产？
   (2) 假设这三个资产的价格分别为 \$100、\$70 和 \$40。那么这一市场中是否存在套利机会？
   (3) 假设存在一种资产，能够在第三种状态（经济萧条）而非另外两种状态下对冲经济萧条风险，提供 \$10 的收益，那么这一资产的价格应该是多少？
   (4) 风险中性概率是多少？
   (5) 利用风险中性估值方法，重新计算资产价格，这一资产能够在第三种状态（经济萧条）而非另外两种状态下对冲经济萧条风险，提供 \$10 的收益。

8. 线性定价规则对一个企业的股价意味着什么？

9. Hansen-Jagannathan 界限在检验资产定价模型中具有什么样的重要性?
10. 正如本章所讨论的,资产价格通常能够表达为:
$$1 = E_t[mR_{j,t+1}]$$
其中 m 为贴现因子,$R_{j,t+1}$ 为资产 j 的回报。假设存在 N 个风险资产,其期望回报为 μ,协方差矩阵为 Σ。定义 $\mu_m = E[m]$ 和 σ_m^2 分别为贴现因子的为均值和标准差。

(1) 定义
$$m_0 = \mu_m + (\mathbf{1}_N - \mu_m \mu)' \Sigma^{-1}(\mathbf{R}_{t+1} - \mu)$$
其中 $\mathbf{1}_N$ 为 N 阶单位向量。请证明
$$\mathbf{1}_N = E[m_0 \mathbf{R}_{t+1}]$$
即 m_0 也是一个贴现因子,其中 $\mathbf{R}_{t+1}$ 为 N 个风险资产回报构成的 N 阶向量。

(2) 利用 Cauchy-Schwart 不等式,请证明:
$$\sigma_m^2 \geqslant \mathrm{var}[m_0] = (\mathbf{1}_N - \mu_m \mu)' \Sigma^{-1}(\mathbf{1}_N - \mu_m \mu)$$
为本章式(16-36)所给出的 Hansen-Jagannathan 界限扩展的一般形式。根据 Cauchy-Schwart 不等式,对任意随机变量 x 和 y,有
$$[\mathrm{cov}(x, y)]^2 \leqslant \sigma_x^2 \sigma_y^2$$

(3) 现在假设 $m = m(x)$ 为一个经济变量 x 的函数,并且现在 R_{t+1} 和 x 服从联合正态分布。请证明:
$$\sigma_m^2 \geqslant \frac{1}{\rho_{x,m_0}^2} \mathrm{var}[m_0]$$
其中 ρ_{x,m_0}^2 为 x 和 m_0 的相关系数。这是 Hansen-Jagannathan 界限的一种改善,在这种情况下,$m = m(x)$。

参考文献

Bansal, Ravi, and Amir Yaron. (2004). "Risks for the Long Run: A Potential Resolution of Asset Pricing Puzzles," *Journal of Finance* **59**: 1481–1509.

Campbell, John Y., and John H. Cochrane. (1999). "By Forces of Habit: A Consumption-Based Explanation of Aggregate Stock Market Behavior," *Journal of Political Economy* **107**: 205–251.

Campbell, John Y., and John H. Cochrane. (2000). "Explaining the Poor Performance of Consumption-Based Asset Pricing Models," *Journal of Finance* **55**: 2863–2878.

Cochrane, John H. (2001). *Asset Pricing*. Princeton, NJ: Princeton University Press.

Dybvig, Philip H., and Stephen A. Ross. (1987). "Arbitrage," in J. Eatwell, M. Milgate, and P. Neuman (eds.), *The New Palgrave: A Dictionary of Economics*. London: Macmillan, 100–106.

Hansen, Lars P., and Ravi Jagannathan. (1991). "Implications of Security Market Data for Models of Dynamic Economies," *Journal of Political Economy* **99**: 225–262.

Kan, Raymond, and Guofu Zhou. (2006). "A New Variance Bound on the Stochastic Discount Factor," *Journal of Business* **79**: 941–961.

Mehra, Rajnish, and Edward C. Prescott. (1985). "The Equity Premium: A Puzzle," *Journal of Monetary Economics* **15**: 145–161.

Mehra, Rajnish, and Edward C. Prescott. (2003). "The Equity Premium in Retrospect," in George Constantinides, Milton Harris, and René M. Stulz (eds.), *Handbook of the Economics of Finance: Vol. 1B, Financial Markets and Asset Pricing* Amsterdam: Elsevier, 887–936.

Zhou, Guofu, and Yingzi Zhu. (2009). "A Long-Run Risks Model with Long- and Short-Run Volatilities: Explaining Predictability and Volatility Risk Premium," Working Paper, Washington University in St. Louis.

第 17 章　公司证券定价

金融家和投资者花费了大量时间建立金融工具的估值方法。例如，金融家为了事先确定贷款的盈利程度来防范风险，需要评估一个贷款合同的价值；交易者在试图购买一个证券之前，需要估计其价值。由于不同金融工具的风险各不相同，确定风险和价值是如何联系的就是至关重要的，而掌握系统性的方法来认识不确定性究竟是如何影响一个金融工具的估值（定价）则是更加重要的。但是迄今为止，这部分金融理论的发展还是相当滞后的，部分原因在于，不确定性很难量化。

本书第四部分的前 4 章，我们主要关注市场中风险条件下金融工具估值方法，并且市场中的所有套利机会都被充分利用，这在一定程度上偏离了现实世界中的证券价格关系。一些高度活跃的金融市场所表现出的价格关系与金融理论的结果高度一致，而另一些市场所表现出的价格关系则在很大程度上持续偏离理论预测。尽管金融研究高度关注诸如信息差异之类的因素对于定价的影响，但是目前还远远未能对不同市场中资产的价格关系做出完全的解释。尽管如此，其为实践中的金融工具估值提供一些定性的指导原则还是有可能的。

或许，在所有的有利可图的交易机会都已经被消除的情况下，为一个证券定价的最直接的方法就是将其价格与其他类似证券的价格相比较。因此，在这一章，我们在不存在套利机会的假设下，解释公司证券定价。我们已经第 16 章探讨了不同类型的套利，在无套利假设下推导得到的价格称为**无套利价格**。无套利价格与风险中性概率这种隐含的测度可以非常方便地相互联系在一起，我们在第 16 章也曾介绍过风险中性概率。本章，我们说明如何利用风险中性概率计算具有不同风险水平的证券价值。特别地，我们给出如何利用债务和权益来分割一个给定资产所产生的收益风险，以及金融工具的价格是如何与产生那些收益的标的资产的价格联系在一起的。此外，我们也会介绍如何利用同样的风险中性概率来解决债券估值的一些问题。

在本书第五部分的两章中，我们的注意力就转移到衍生品定价上。我们利用新古典范式来说明如何为公司证券估值（本章）和衍生工具估值（接下去两章）。在第 20 章和第 21 章，我们放宽套利的假设，并在存在套利障碍和限制的情况下探讨市场关系。

17.1 追逐利润消除套利机会

一个金融资产的价值取决于它所承诺支付的时机和概率分布。正如前面的章节所探讨的,金融理论指出,利用合适的贴现因子就可以将未来能够得到的支付转换为现值。例如,用于确定性收益的合适的贴现因子就是无风险利率。[1]当市场中的主体是风险厌恶的时候,风险支付的合适的贴现因子所采用的利率就要高于无风险利率。这两种利率之间的差就称为**风险溢价**。在这一节,我们将介绍,当不存在任何套利机会时,资产价格是如何相互联系在一起的,以及获得支付的风险差异是如何从风险溢价中反映出来的。

为了在不存在仅有的套利机会的假设下计算资产价格,新古典范式将考察均衡状态下它们是如何相互联系在一起的。例如,假设存在两种具有相同支付流的资产,这两个支付流可以是确定的,也可以是具有相同概率分布的。由于这两个支付流之间不存在差异,这两个资产就应该具有相同的市值,[2]并且在不存在交易成本的竞争性市场的均衡状态下成立。否则,利润追逐者将低买高卖,获得套利利润。但是这种获利机会无法长期存在,当这两个资产的价格趋同时,套利交易就将结束。换言之,当我们所讨论的资产不存在交易障碍时,以利润为中心的交易将消除套利机会。[3]

金融市场效率和不存在套利机会

金融市场有效性将导致套利机会消失,但是有效性事实上是一个不同的概念,因为它描述了一个资产的收益与其隐含信息之间的价值关系。正如我们在第2章中所解释的,在所有的市场参与者之间,隐含信息的分布并不一定是均匀的,信息分布的可能差异称为强式、半强式或弱式有效。

在一个**强式有效市场**中,资产价格反映所有可获得的公开信息和私有信息。根据建立在强式有效基础上的**有效市场假说**,在经过风险和交易成本调整之后,任何基于所有可获得信息的投资策略的表现不可能优于市场。[4]这是因为,市场通过证券价格已经将所有的可获得的公开信息包含进去。尤其是,市场参与者经常采用的证券基本分析和技术分析等工具并不能带来表现优于有效市场的策略。

证券基本面分析涉及对一个公司经营的分析,进而评估其经济前景。分析始于对公司财务报表的分析,其目的在于分析收益、现金流、盈利性和债务负担。[5]关注基本面的分析师将考察主要的产品线、产品的经济前景(包括现有竞争对手和潜在竞争对手),以及公司所处

---

[1] 不同的时期,无风险利率可能会发生变化,正如本章后面的一些例子将要给出的。

[2] 相同的概率分布的假设意味着,诸如市场风险和违约风险的概念是相同的。后面我们会再详细介绍。

[3] 在第16章,我们解释了两种类型的套利。不幸的是,实践中,市场专业人士将一些交易称为"风险套利"。尽管实践中采用这一术语,但是理论探讨中却不采用这一术语,这是因为,风险套利指存在一些风险的交易,但是交易者认为这些风险是很小的。我们经常可以听到**风险套利**这一术语的一个例子就是涉及两个公司合并的交易。我们可以认为风险套利类似于"富有一些想象力"。

[4] 这一结论导致了 Grossman-Stiglitz(1980)悖论:如果信息是没有价值的话,那么为什么还要收集信息?理论上,只有一些信息能从均衡价格中反映出来的假设解决了这一悖论。

[5] 本杰明·格雷厄姆(Benjamin Graham)被誉为现代基本分析之父,在其经典著作《证券分析》一书中,赞成这一分析。此书有不同的版本。其中第1版是与西德尼·科特尔(Sidney Cottle)合著的,出版于1934年。现在更常见的版本是与 David Dodd 合著的(Graham、Dodd 和 Cottle,1962)。Graham 的著作及其学说对 Warren Buffet 产生了巨大的影响。

的行业。根据这一分析的结果，就能得到收益增长的前景。建立在这些前景的基础上，基本分析试图确定股票的公平价值。相比之下，**技术分析**则忽视了有关公司经济状况的公司信息。技术分析只关注供需变化所带来的个股、股票组合以及整体市场的价格和/或交易量。这种类型的分析不仅用于普通股分析，还用于商品、债券和期货合约交易的分析。

在一个**半强式有效市场**中，资产价格反映所有可获得的公开信息，而在一个**弱式有效市场**中，资产价格仅反映过去价格的影响。因此，在一个半强式有效市场中，无论是技术分析还是证券基本分析都不能产生异常回报（即在经过风险和交易成本调整之后，高于期望的回报）。如果市场弱式有效，那么当投资者基于过去价格所包含的信息进行交易时，无法获得异常回报，这是因为，现在的价格已经反映了那些信息，即技术分析是无效的。然而，弱式有效并没有排除这样一种可能，即利用基本面分析来识别估值过低或过高的股票，以获得异常回报。因此，精明的投资者通过研究公司的财务报表，寻找有利可图的投资机会，就有可能获得收益。

尽管实践者和学者们就不同类型资产构成的市场的有效性究竟有多大差异持有各种不同的观点，大量的实证证据表明，大多数市场至少是弱式有效的。此外，市场流动性越好，市场中的交易越活跃，交易工具的同质性越高，市场就越接近强式有效。

17.2 证券相对定价

不存在套利机会是市场均衡的一个必要条件。[6]如果存在任何套利机会，交易将继续，并且价格将不断调整，直到套利机会完全消除。其结果就是，在均衡状态下，只要任何金融工具在交换成另一种工具的过程中不存在交易成本，那么以相同概率分布提供相同承诺支付的金融工具应该具有相同的价值。正如我们马上将要指出的，这一发现具有重要的意义：只要证券承诺的支付之间的关系能够准确地表述出来，那么不存在套利机会就使得我们能够通过任一证券计算得到其他任何证券的价值。为了说明这些结果的有用性，我们首先考虑一些简单的例子，接着还是在无套利机会的情况下，来说明如何利用金融理论来计算所有证券的价格。

首先考虑 5 美元的硬币和 5 美元的纸币是否存在实质差异。如果仅仅是总的购买力才是重要的，实质上它们就是无差异的：硬币应该能够自由兑换为纸币，反之亦然。硬币自由兑换为纸币，或纸币自由兑换为硬币的任何障碍，都将导致上述原则不成立。例如，如果你有价值 $50 的硬币，一家银行可能就不会将其兑换为一张 $50 的纸币。相反，在进行兑换的时候，他们可能会收取一定的服务费。当你用超市的机器将硬币兑换成纸币的时候，你也会遇到同样的情况。通常，机器在进行兑换时会根据程序扣除一定的费用。

作为第二个例子，假设一个证券承诺的支付是由一个风险资产 S 给出的（见表 17-1）。假设第二个证券 Y，承诺支付的数目正好是证券 S 的两倍，也在表 17-1 中给出。即每一种支付数目正好是证券 S 的两倍，且每一种支付发生的概率不变。当不存在套利机会时，第二个证券的价格必须正好是初始风险

表 17-1 两个风险证券的收益：S 和 Y

	2 时刻收益	2 时刻收益	概率
好的情景	$100	$200	p
坏的情景	$95	$190	$1-p$
1 时刻价值	$S_1 = Y_1/2$	$Y_1 = 2S_1$	

---

6 大多数时候，我们只是简单地假设不存在套利机会，而没有明确指出是否存在均衡。

证券的两倍。无论最后的支付是什么样的，持有 2 个单位的 S 的收益正好等于持有 1 个单位的 Y 的收益。由于头寸是相同的，证券持有者对两者的估值应该也是相同的。这就意味着，0 时刻证券 S 的价格 S_1，必须等于 $Y_1/2$，其中 Y_1 是证券 Y 的价格。

我们可以利用同样的思想，将更加复杂情况下的资产联系在一起，但是为了建立起这种可能性，有必要对一些工具做出定义，这将有助于我们继续下面的讨论。

17.3 风险中性概率的计算

利用无套利机会的假设，可以非常简便地进行估值计算。这一过程涉及我们在第 16 章所描述的**风险中性概率**，并用于这里的一些例子中。正如 16 章所提到的，尽管称为风险中性，但实际上这种方法已将风险考虑进去，这是因为，用于计算概率的证券价格中已经包含了风险溢价。一个风险概率分布的正式定义如下：将一个资产的期望支付价值根据无风险利率贴现得到的价值就等于资产现在的市值。[7] 此外，如果当前的市值是在一个风险厌恶市场中确定的，那么它就包含了一个风险溢价。

计算过程包含以下思想：从一个证券当前 1 时刻的价值开始，2 时刻是实现证券收益的未来时刻，并为 1 时刻和 2 时刻之间的无风险利率假设一个值。如果我们从 1 时刻来看任何给定的证券，其 2 时刻的收益可以由一个概率分布来描述。例如，假设一个证券在 1 时刻的价值为 $S_1=\$92$，在 2 时刻可能支付 \$95 或 \$105。只有其中一种收益最终会实现，但是从 1 时刻来看，没有人知道收益将会是多少。假设 1 时刻和 2 时刻之间的无风险利率为 5%，如果我们利用无风险利率将 2 时刻的收益贴现到 1 时刻，那么对可能的较小的收益，我们将得到 \$95/1.05，而对可能的较大的收益，我们将得到 \$105/1.05。

如果我们现在假设价格 S_1 意味着不存在套利机会，[8] 定义风险中性概率 q 和 $1-q$ 满足：[9]

$$92 = q(105/1.05) + (1-q)(95/1.05)$$

求解，我们得到 $q=0.16$ 和 $1-q=0.84$ 满足上述条件。我们马上就会给出如何利用这一风险中性概率为其他证券估值。[10]

正式的，如果只存在两种可能的未来状态，找到风险中性概率意味着找到一个向量：

$$\boldsymbol{q} \equiv (q, 1-q)'$$

其元素均为正，并满足如下的价值计算：

---

[7] 如果资产的未来支付有两种可能，那么如果无风险利率是已知的，资产 1 时刻的价值和 2 时刻的收益就足以确定风险调整概率分布。如果资产的未来支付有三种可能，那么为了找到风险调整概率分布，就需要知道两个工具的价值，等等。17.4 节更为正式地给出了这一方法的细节。

[8] 无套利条件意味着，所有在市场中交易的证券的价格都不允许出现套利机会。在给出如何计算风险中性概率之后，我们将利用它来为其他证券定价，并且在那个时候，我们就可以清楚地认识到无套利假设的重要性。

[9] 如果存在两种可能的收益，我们就说存在两种可能的未来状态。在这种情况下，存在两个风险中性概率，每种状态一个。此外，由于只存在两种状态，从而在 1 时刻它们中的一种必然会实现，从而这两种状态发生的概率之和必须等于 1。

[10] Pliska(1997)等给出了这样计算的理论依据。对无套利机会、不存在占优策略和一价原则的关系的详细讨论，请参见 Pliska(1997, pp.4-10)。

$$S_1 = E^Q[S_1/(1+r)|\Im_1] \qquad (17\text{-}1)$$

式(17-1)的右侧意味着,"在风险中性概率下,对 1 时刻收益的贴现值取期望。"$1+r$ 刻画了 1 时刻和 2 时刻之间无风险利率的累积效应,无风险贴现因子就是 $1/(1+r)$。符号 $\Im_t$ 代表根据 t 时刻已知的信息取条件期望,并且在这个例子中,$t=1$。如果不需要给出信息集的条件标记,为了简便起见,就可以去掉 $|\Im_t$。

为了说明风险中性概率是如何用于证券估值的,假设 q、$1-q$ 和无风险利率都是给定的。在不存在套利机会的情况下,利用这些数据计算 S_1 的价值就是正确的。这些计算看上去就是期望价值贴现的计算。[11] 由于 $1+r=1.5$,

$$S_1 = [105q + 95(1-q)]/1.05$$

将 q 的值代入最后一行:

$$S_1 = [\$105 \times 0.16 + \$95 \times 0.84]/1.05 = \$92$$

当然,计算就必须得到 1 时刻资产的价值,这是因为,风险中性概率的定义就是这么要求的。但是,风险中性概率的重要性在于,一旦获得风险中性概率,它们也可以用于为其他相关金融工具定价——只要这些金融工具的价格不允许套利机会的产生。

一种说明风险中性概率可以用于为不同金融工具定价(其他的有效性检查将在后面给出)的方式就是重新计算 S_1 超过 $\$95/1.05$ 的价值(以这一金融工具为抵押,银行愿意以无风险利率 5% 贷出的资金量)。如果金融工具在 2 时刻实现了较高的收益,那么在还本付息之后,还剩下 $\$10(=\$105-\$95)$。然而,如果金融工具在 2 时刻实现了较低的收益,那么刚好向银行还本付息,而资产的所有者将一无所有。根据风险中性概率计算,这一金融工具高于 1 时刻债务价值 $\$95/1.05=\$90.48$ 的价值为:

$$[q(105-95)/1.05] = (0.16 \times \$10 + 0.84 \times \$0)/1.05 = \$1.52$$

最后,将债务和权益的价值相加得到

$$\$90.48 + \$1.52 = \$92$$

这正好就是资产总价值,证实了我们得到 $\$1.52$ 的方法是正确的。

17.4 利用风险中性概率为证券估值

正如第 16 章所指出的,如果在一个给定的时刻,市场中所有交易证券的价格不允许出现套利机会,那么上面定义的风险中性概率就将存在,并且可以用于为任何风险资产估值。例如,假设存在四种状态,并且 q 在这四种状态下的值分别为 0.15、0.20、0.35 和 0.30。[我们也可以利用式(16-17)得到 q 的值。] 如果无风险利率为 3%,那么 1 时刻在状态 1 下一个或有要求权的价值就是 $0.15 \times (\$1)/1.03$。如果 2 时刻一个证券在这四种状态下提供的收益分布为 \$3、\$7、\$0 和 \$2,那么该证券在 1 时刻的价值就等于:

$$(\$3 \times 0.15 + \$7 \times 0.20 + \$0 \times 0.35 + \$2 \times 0.30)/1.03 = \$2.38$$

注意如果状态 2 最终实现了,那么 2 时刻证券的价值将为 \$7,但是如果状态 3 最终实

---

11 我们需要重申,风险中性估值并不是意味着风险资产的利率不存在风险溢价,这是非常重要的。当市场是风险规避的时候,风险中性概率就包含了风险调整。如果市场是风险中性的,那么资产的价格 S_1 就为 $\$100/1.10$ 而非 $\$97.90/1.10$。此外,风险中性概率将等于隐含的客观概率,这里假设为 $1/2$。

现了,那么2时刻证券的价值将为0,这个例子就表明了一个风险投资的收益随着隐含概率分布而发生变化。

17.5 债务对权益

不同种类的金融工具带来了不同类型的风险,但是在无套利机会的假设下,我们可以利用风险中性概率计算将其价值相互联系在一起。例如,我们可以利用债务和权益来分割风险资产的收益,并且这两种工具的收益具有不同的风险特征。

17.5.1 如何利用债务和权益来分割风险

现在,让我们将17.3节所介绍的资产收益 S_2 理解为一家企业所产生的现金流(例如净营业收入)。假设一个银行贷款提供者(或企业所发行债券的购买者[12])认为企业实现的收益和之前一样,可能为$105或$95。同样,假设企业资产当前的市值为$89。如果利用实现的现金流来偿还贷款,那么在无风险的基础上,银行愿意贷出的资金量存在一个最大值。假设无风险利率为10%,那么最大的量将为$95/1.10(如果从现在开始一年以后需要支付的本金和利息正好等于$95,那么这些收入当前的价值就是$95/1.10=$86.36)。给定所假设的概率分布,通过将贷出的资金量限定在$95/1.10以内,那么无论企业业绩的好与坏,资金提供者将确保能够在1时刻回收$95。根据这一交易,资金提供者无须承担风险,就可以确保获得10%的收益。由于在不太好的情境下,企业的现金流只有$95,所以超过$95/1.10的贷款并不总是能够利用企业所产生的现金流得到偿还。换言之,当贷款的承诺偿还价值高于$95时就存在违约风险。

假设企业确实在无风险的基础上筹集到了$95/1.10,考虑1年之后当企业实现现金流并需要偿还贷款的时候将会发生什么情况。承诺的$95的本金和利息将被支付给资金提供者,而超过$95的任何现金流将成为企业股东的回报。用符号表示,债务和权益收益的分割可以记为**价值=债务+权益**,其中**价值**代表资产收益,即企业价值,**债务**代表支付给资金提供者的本金和利息,**权益**代表向股东的支付。表17-2给出了这个例子的数据。我们同时给出了1时刻和2时刻的价值。

表 17-2 债务和权益估值

	价值(企业价值)	债务	权益
2时刻高收益	$100	$95	$10
2时刻低收益	$95	$95	$0
1时刻价值	$97.90/1.10=$89	$95/1.10=$86.36	$2.90/1.10=$2.64

表17-2的列标题代表可获得的资金和在这两种证券的可能价值下向这两类证券持有者的支付。前两行的每一行代表一种情景,其中第一行代表企业业绩好的时候所能获得的收益,第二行代表企业业绩不好的时候所能获得的收益。通过将表17-2中不同行的数据相加,我们发现债务和权益的总收益正好等于企业整体所能得到收益。然而,注意无论企业表现的好与坏,债券持有者所得到的收益是相同的。这个例子中,债务具有无风险回

---

12 为了简便起见,在这个例子中,假设债券和银行贷款具有相同的功能。然而,实践中银行贷款不同于债券,差异在于,银行相比债务投资者通常具有较强的治理能力。

报，而权益就不是这样了。具有不同风险特征的工具将获得不同的期望回报率，正如当我们将风险中性概率应用于这些工具的估值时所将看到的。

17.5.2 债务和权益估值

无套利机会下价格确定的原理可以用于上面定义的债务和权益收益估值。首先，表17-2中，**债务**列和**权益**列中行收益之和等于**价值**列中行收益之和这一事实就意味着，在无套利情况下，1时刻债务那一列和权益那一列的值相加必须等于其1时刻的价值。即只需要知道1时刻两个列值，就可以确定第三个——只要无套利机会的定价假设成立。继续假设无风险利率为10%，在这家企业中的无风险投资的市值就等于$95/1.10。进一步假设整个企业的市值依旧为$89，由于不存在套利机会，从而这个项目中权益的价值必须等于整个企业的价值与其债务价值的差。（这称为 Modigliani-Miller 定理，我们在第5章讨论了这一问题。）即权益价值为：

$$E^Q[价值_1/(1+r)|\Im_t] - 债务_1/(1+r) = \$89 - \$95/1.10$$
$$= [\$97.90 - \$95]/1.10 = \$2.64$$

表17-2证实了下面的发现。价值这一列中的$89是由假设给定的，如果无风险利率为10%，那么债务这一列底部的$86.36就必须是无风险债务的价值。（由于无论企业表现的好与坏，债务总是能够获得同样的收益，因此债务就是无风险的。）我们可以发现，在高收益情景或者低收益情景下，权益的收益正好等于整个企业的收益减去债券持有者的收益。在无套利机会的情况下，权益的价值就等于整个企业的价值减去债务的价值。

17.5.3 风险债务

现在假设企业发行债务，承诺的支付高于$95。从表17-2价值这一列的总收益分布中我们可以清楚地看到，企业并不总是能够完全履行承诺。例如，假设企业发行债务，名义上承诺在2时刻支付的本金和利息之和为$99。假设企业没有其他资金来源，违约也不存在其他成本，表17-3给出了证券持有者的收益。

在这种情况下，债务就不是无风险的。如果企业业绩好的话，那么能够偿还的数目就是$99，但是如果企业业绩不好的话，那么能够偿还的数目就只有$95。债务所显示的价值为$87.42，我们马上就会计算出这个值。

表 17-3 当债务承诺支付$99时债务和权益估值

	价值（企业价值）	债务	权益
2时刻高收益	$105	$99	$6
2时刻低收益	$95	$95	$0
1时刻价值	$89	$87.42	$1.58

现在的例子中假设这两种可能的实现结果发生的可能性是相同的，2时刻债券持有者期望得到的贴现价值就等于：

$$E[债务/(1+r)|\Im_1] = [(1/2) \times (\$99) + (1/2) \times (\$95)]/1.10 = \$88.18$$

其中 E 代表"取期望价值"，在这种情况下，利用客观概率而非风险中性概率。当不存在套利机会时，由于对期望价值根据无风险利率贴现不足以对债务风险做出调整，因而1时刻债务的价值就必须小于$97/1.10 = \$88.18$。

换言之，由于企业改变了承诺给债券持有者的支付，企业的价值不可能增加。无论企业做出的名义承诺支付是多少，投资者关注的是企业能够获得多少收益，并根据这些收益来对其证券进行估值。因此，为了获得债务的价值，我们只需要对权益进行估值，并从企业价值中减去权益价值就得到债务价值。给定两种收益 \$105 和 \$95，无风险利率为 10%，且企业当前的市值为 \$89，17.3 节计算得到的风险中性概率分别为 $q=0.29$ 和 $1-q=0.71$。因此，权益价值为：

$$E^Q[\text{权益}/(1+r)|\mathfrak{I}_1] = 0.29 \times (\$6)/1.10 = \$1.58$$

正如表 17-3 右下角所给出的。我们可以得到，债务价值必须为 \$89.00 − \$1.58 = \$87.42。继续假设这两种收益情境发生的概率是相同的，那么期望债务支付就等于：

$$E[\text{债务}|\mathfrak{I}_1] = (1/2) \times [(\$99) + (1/2) \times (\$95)] = \$97$$

适用于债务的贴现率就是：

$$(\$97 - \$87.42)/\$87.42 = 0.1096 = 10.96\%$$

由于我们假设无风险利率为 10%，这一特定债务的风险溢价就是 0.96% 或 96 个基点。

17.6 应用：债券估值和市场风险

尽管实践中认为公司债券的风险要低于权益，但是它们并不是无风险的。首先，正如前面的例子所指出的，公司债券可能存在违约风险，意味着公司发行人可能无法像债务合约所要求的那样还本付息。实践中，违约风险由商业评级公司给出的信用评级来衡量。其次，即使公司债券发行者的信用等级很高，违约风险很低，但是投资于该债券所实现的回报依然会发生随机变化，这可能是因为无风险贴现利率的变化所导致的，也可能是因为价格水平的变化影响了贴现率而导致的。这些类型的风险都属于市场风险，本章将探讨这些问题。

17.6.1 利用风险中性概率估值

即使债券不存在违约风险，利率变化也会带来市场风险，进而影响债券价值。下面的例子是基于 Pliska(1997) 的基础之上，指出了无风险利率的随机变化是如何产生这种类型的市场风险的。这个例子还说明如何利用风险中性概率来为债券估值。[13] 尽管这里的估值过程在概念上和前面一节是一样的，但是现在应用于利率的随机变化而非直接应用于收益的变化。

假设有两个零息票债券[14]，第一个债券承诺在 1 时刻偿还本金 \$1，第二个债券则承诺在 2 时刻偿还本金 \$1。现在时刻是 1 时刻，假设 1 时刻和 2 时刻之间的无风险利率为 r_{12}，2 时刻和 3 时刻之间的无风险利率为 r_{23}，在表 17-4 中给出。假设在 1 时刻，1-2 时刻的利率是确定的，但是 2-3 时刻的利率只是以概率的形式知道，并且直到 2 时刻才能确定知道。1 时刻计算得到的 2 时刻和 3 时刻之间

表 17-4 利率和概率

r_{12}	r_{23}	2-3 时刻利率的风险中性概率
	0.09	0.3000
0.06	0.06	0.3000
	0.03	0.4000

---

13 对这一方法更深入的探讨，请参见 Pliska(1997，第 6 章)。
14 利用零息票债券简化了这个例子。对息票债券的计算可以视为对一个代表本金的零息票债券的估值和另一个(些)代表息票支付的零息票债券的估值。

利率的风险中性概率在表17-4的最后一列中给出。

现在考虑一个1时刻发行2时刻到期的零息票债券如何估值。在2时刻，它将履行本金支付义务，而在1时刻，其价值等于2时刻支付贴现到1时刻的现值，其中贴现率为1时刻和2时刻之间的确定利率6%（由于相关的利率是确定知道的，我们将6%的利率视为以风险中性概率1发生）。正如表17-5所给出的，这一期债券在1时刻的价值为$0.9434。

表17-5 一个在2时刻到期的零息票债券的价值

1时刻	2时刻
$1/1.06 = $0.943 4	$1.00

现在考虑为一个二期债券估值。在3时刻，无论当时通行的利率是多少，它的价值是承诺的支付$1。如果在2时刻可以确定知道利率 r_{23}，那么债券在2时刻的价值就是其3时刻价值根据这一已知利率贴现得到的价值。但是，在2时刻（刚好在知道实现的利率 r_{23} 之前），市值为与这三种可能的利率结果相对应的三种价值乘以相应的风险中性概率得到的价值之和。表17-6的第二列给出了计算过程。1时刻债券价值等于其2时刻价值以1.06贴现，正如第一列最后一行给出的。这个例子需要注意的是，如果一个投资者购买一个两期债券并在2时刻将其卖出，那么债券就包含价格风险，这是由投资者出售债券时2-3时刻利率价值决定的。

表17-6 一个在3时刻到期的零息票债券的价值

1时刻	2时刻	3时刻
	($1/1.09)×0.300 0 = $0.275 2	$1
	($1/1.06)×0.300 0 = $0.283 0	$1
	($1/1.03)×0.400 0 = $0.388 3	$1
1时刻市值=	刚好在知道 r_{23} 之前2时刻市值= $0.946 5	

17.6.2 债券价格和期望

另外一个原因也使得债券表现出市场风险，即其价格会受到预期通货膨胀的影响。无论隐含的实际利率（经购买力变化调整后的利率）走势是什么样的，名义利率将受期望通货膨胀率的影响。这第二种变化又可能是可以预测的，也有可能是无法预测。例如，因为将其完全包含到名义利率中去是需要时间的，所以通胀的突然爆发将扰乱正常的利率水平。尤其是，名义利率的变化可能是缓慢的，导致在通胀爆发后，一段时间内实际利率有可能为负。但是，一旦名义利率调整完成，实际利率应该，也通常会恢复到更加常规的水平。[15]

为了说明通胀对名义利率的影响，简便起见，假设实际利率是确定知道并保持不变的。并假设一个投资者购买一个三年期债券，计划持有到期。假设在债券生命周期不支付利息，在第3年末偿还所有的$1 000。如果知道通胀率为0，且在接下去3年中的每一年，无风险利率都保持4%不变，那么1时刻债券1的售价就是 $1 000/(1.04)^3 = $889。当一个投资者以$889的价格购买该债券并持有到期，按照每年复利计算，他将获得的实际回报率为4%。

现在假设尽管预期价格水平保持不变，但是通胀率以每年1%的比例上升。这就意味着，如果我们利用名义利率来贴现，那么它们将受到通胀的影响。其结果就是，如果一个投资者未能预期到通胀的发生，并以$889的价格买入该债券，那么该债券投资所能得到

---

[15] 在一些经济体中，这一过程可能是漫长的。例如，日本在20世纪90年代末到21世纪初，经历了一个漫长的负实际利率时代。

的实际回报率将远远低于4%。根据购买力平价，在债券到期时，投资者只能获得$1 000/(1.01)^3$。由于我们没有将未能预期到的通胀考虑进去，这项投资实现的实际回报率就可以通过求解下面方程中的 r 得到：

$$\$889(1+r)^3 = \$1\,000/(1.01)^3$$

对 r 求解，我们得到 $r=2.970\,3\%$。未能预期到的通胀降低了债券的实际回报率。

上面的例子说明，一个债券的实际利息收入受未能预期到的通货膨胀率变化的影响。此外，投资者并不能通过在通胀预期修正时将债券出售来逃避这一风险。这是因为，一旦期望得到修正，[16] 债券价格也会做出相应调整，至少在一个流动性市场中是这样的。假设在前面的例子中，在我们的投资者刚刚购买债券后，通胀预期从0%变成1%。当这一变化从市场中反映出来的时候，债券价格将从初始的：

$$\$1\,000/(1.04)^3 = \$889$$

下跌到

$$\$1\,000/(1.01)^3(1.04)^3 = \$862.85$$

即下跌其初始资本价值的2.94%！并且一旦债券价格发生变化，投资者想通过出售债券而又不遭受最后一个计算过程中所给出的资本损失，已经是为时过晚了。

要 点

- 一个金融资产的价值取决于它所承诺的支付的时间和概率分布。
- 根据金融理论，未来能够从一个金融资产获得的支付可以利用合适的贴现因子转换成其现值。
- 资产价格是在无套利机会的假设下计算得到的。新古典范式考察均衡状态下资产价格是如何联系在一起的。
- 在一个强式有效市场中，资产价格反映所有可获得的公开信息和私有信息。尤其是，市场参与者经常采用的证券基本面分析（通过对一个公司经营的分析，评估其经济前景）和技术分析（分析供需变化所带来的个股、股票组以及整体市场的价格和/或交易量）等工具并不能带来表现优于有效市场的策略。
- 不存在套利机会是市场均衡的一个必要条件，在均衡状态下，只要任何金融工具在转换成另一种工具的过程中不存在交易成本，那么以相同概率分布提供相同承诺支付的金融工具应该具有相同的价值。
- 利用无套利机会的假设，可以根据风险中性概率进行估值计算。由于风险溢价包含在用于计算概率的证券价格中，计算过程就将风险包含进去。
- 如果在一个给定的时刻，市场中交易的所有证券的价格不允许出现套利机会，那么风险中性概率存在并且能够用于为任何风险资产估值。
- 任何证券可以视为单位或有索取权的组合。
- 在无套利机会的情况下，利用风险中性概率，我们还是能够将具有不同类型风险的金融工具的价值联系在一起。
- 利用无套利情况下价格确定原则，并给予债务和权益的期望收益，我们可以对债务工具和权益工具估值。

---

16 正如上面所提到的，有时修正存在滞后。

问 题

1. 有效市场假设中所说的三种市场类型是什么？
2. 在风险中性定价中，为什么不需要考虑投资者的风险偏好？
3. 下面哪个利率更接近无风险：一个月国库券利率或 LIBOR？
4. 下面重新给出了本章的表 17-3。在计算 1 时刻债务价值时，我们将权益价值从企业价值中减去。根据风险中性定价重新计算债务价值。

当债务承诺支付 $99 时债务和权益估值

	价值（企业价值）	债务	权益
2 时刻高收益	$105	$99	$6
2 时刻低收益	$95	$95	$0
1 时刻价值	$89	$87.42	$1.58

5. 找出至少三个影响债券价格的因素。
6. 假设一个股票的现价为 $92，并预期 3 个月后其价格将为 $95 或 $105。假设 3 个月无风险利率为 2%，且投资者可以以该利率借贷资金。
   (1) 假设不存在交易成本，请解释为什么存在一个套利机会。
   (2) 请解释如何构建一个组合来利用这个机会。
7. （这个问题探讨的是期权，下一章的主题。）假设一个股票的现价为 $30，并预期 1 年后其价格将为 $28 或 $35。有一个欧式期权，其成交价为 $30，到期期限为 1 年。给定股票数目为 Δ，现金数目为 M，利用无套利的观点来计算这一欧式期权的价格。假设 1 年期无风险利率保持不变，为 10%。
8. 假设一家企业当前的价值为 $80m，预期取决于企业开发的新产品的实际销售情况，从现在开始的一年以后，其价值将为 $85m 或 $90m。现在企业管理者打算发行 1 年期债券，且债券持有者所能获得的支付如下：
   » 如果从现在开始的一年以后，企业价值为 $85m（较低的期望企业价值），那么投资者将获得 $84m。
   » 如果从现在开始的一年以后，企业价值为 $90m（较高的期望企业价值），那么投资者将获得 $88m。
   (1) 假设 1 年期无风险利率为 10%，计算这一债务的风险中性概率。
   (2) 制表说明 2 时刻（即从现在开始的一年以后）企业所面临的债务和权益价值。
9. 市场上有一个承诺在 4 时刻支付 $1 本金的零息票债券。现在（1 时刻），1 时刻和 2 时刻之间的无风险利率（定义为 r_{12}）是一个常数 0.02。然而，在 1 时刻，利率 r_{23} 和 r_{34} 只是以概率形式知道。利率和概率如下。

r_{12}	r_{23}	r_{34}	每种状态的风险中性概率
	0.07	0.09	0.600 0
0.02	0.03	0.06	0.200 0
	0	0.04	0.200 0

10. 假设当前时刻对未来 3 年通胀的预期为 2%。有一种 3 年期通胀调整债券，向债券持有者支付的利率等于一个固定的利率 2% 加上通胀率，且每隔半年支付一次息票。假设你购买了这一债券，并且在你刚刚购买了这一债券之后，报道了一项重大的科技突破，能在半年以后将能源成本降低一半。作为回应，未来两年的通胀预期从 2% 下降到 1%。在这一消息公布前后债券价格分别是多少？将债券收益率视为贴现率，并假设债券面值为 100。
11. 一个基金管理者希望购买一个公司债券

从而实现组合回报最大化；但是，债券发行人的违约概率为30%，一旦发生违约，投资者将一无所得。为了对冲这一风险，组合管理者为这一债券购买了保险，在债券到期时将向管理者支付债券面值的80%。保险的风险中性概率价格是多少？假设无风险利率为10%，且债券是一年期零息票债券。

12. Geroge Soros——一位著名的对冲基金管理者——在其《金融点金术》一书中提出了一种称为**反射性**的理论。根据这一理论，价格影响基本面，而这些新近受到影响的基本面集将改变市场预期，从而影响价格。由于这一模式是自我加强的，从而市场将逐渐走向非均衡状态。市场迟早会达到一个点，在该点，意见反转，并且负面的预期在向下的趋势中得到自我加强，从而解释了我们所熟悉的繁荣和萧条期。将这一观点与有效市场假说进行对比。

参考文献

Graham, Benjamin, David L. Dodd, and Sidney Cottle. (1962). *Security Analysis* (4th ed.). New York: McGraw-Hill.

Grossman, Sanford and Joseph Stiglitz. (1980). "On the Impossibility of Informationally Efficient Markets," *American Economic Review Finance* **70**: 393–408.

Pliska, Stanley R. (1997). *Introduction to Mathematical Finance: Discrete Time Model*. Malden, MA: Blackwell.

第五部分
PART5

衍生品工具

第18章　衍生品套利定价：线性回报衍生品

第19章　衍生品套利定价：非线性回报衍生品

第 18 章 衍生品套利定价：线性回报衍生品

衍生品是一种金融工具，其价值取决于标的资产。之所以用"衍生"这个术语来描述这一产品，是因为其价值衍生于标的资产的价值。**标的资产**，简称为**标的**，可以是一种商品、一种金融工具，或者利率、股指等参考实体。根据这些标的资产的不同，衍生品可以划分为商品衍生品和金融衍生品。**商品衍生品**的标的是传统的农副产品，并可以进一步划分为硬商品和软商品。**硬商品**指来源于能源（例如石油和天然气）、贵金属（例如金、铂和银）和工业金属（铝、铜和锌）部门的产品。**软商品**通常都来源于农业部门依赖于天气的、易腐败的消费商品，例如谷物、大豆或牲畜（例如牛或猪）。相对于商品衍生品，**金融衍生品**在衍生品市场中出现得就比较晚。金融衍生品包括个股、股指、利率、债券和货币衍生品。

尽管衍生品工具与诸如债务和权益之类的现货市场工具具有相近的概念关系，但是这两类工具的使用存在差异：债务和权益主要用于向投资者筹集资金，而衍生品则主要用于风险分割和风险交易。[1] 此外，债务和权益是对一家企业资产的直接要求权，而衍生品工具通常是对第三方的要求权。一个衍生品的价值取决于其标的的价值，但是衍生品工具本身代表对交易另一方的要求权。

衍生品工具可以根据其回报特征进行分类：线性回报和非线性回报。前者包括远期合约、期货合约和互换合约，后者包括期权。在本章和第 19 章，我们继续无套利情况下金融工具定价的探讨。我们在这一章考察具有线性回报的衍生品工具的定价，并在第 19 章考察具有非线性回报的衍生品工具的定价。本章，我们首先说明具有线性回报的衍生品工具和具有非线性回报的衍生品工具的含义。

18.1 线性对非线性回报衍生品工具

为了理解根据回报来对衍生品进行分类，首先考虑一个种植玉米的农民和一个食品制造商，他们都关注未来玉米的价格。前者担心未来收获玉米之后，玉米价格将下跌到现行市场价格之下；后者担心未来需要利用玉米投入生产的时候，玉米价格上涨到现行市场价

---

[1] 但是也存在例外。一些债务发行同时也包含类似期权的工具，称为权证，其设计目的在于提高债务的可交易性。另一些债券发行是可转换的，意味着它们包含一个内在期权，能够将债务转换成权益。

格之上。农民和食品制造商所面临的风险就是价格风险：当需要卖出玉米（对种植玉米的农民而言）或者买入玉米（对食品制造商而言）时，玉米的价格可能向不利的方向移动。衍生品使得双方都可以管理这种风险。此外，衍生品为管理这类风险提供两种约定的方式，这也是我们将衍生品划分为线性衍生品和非线性衍生品的原因。

18.1.1 线性回报衍生品工具

一种风险管理的方式就是签订一个合约，双方同意在未来某个时刻以固定的价格进行交易（即买和卖）。例如，假设种植玉米的农民和食品制造商同意在从现在开始的 3 个月以后以每蒲式耳 \$3 的固定价格交易 10 000 蒲式耳玉米，即种植玉米的农民同意在从现在开始的 3 个月以后以每蒲式耳 \$3 的固定价格卖出 10 000 蒲式耳玉米，而食品制造商同意在从现在开始的 3 个月以后以每蒲式耳 \$3 的固定价格买入 10 000 蒲式耳玉米。因此，双方都消除了玉米的价格风险。[2]

基本上，由于双方都承担了从现在开始的 3 个月以后玉米价格向不利方向移动的风险，这是一个**风险分担合约**。假设从现在开始的 3 个月以后玉米价格上涨到每蒲式耳 \$3.50。尽管双方都实现了各自的风险管理目标，即将价格锁定在每蒲式耳 \$3.00，但是由于玉米价格为每蒲式耳 \$3.50，而食品制造商可以以低于市场价格 \$0.5 的价格买入玉米，从这个意义上来说将受益，而种植玉米的农民本来可以以比合约规定的 \$3.00 的价格高 \$0.5 的价格卖出玉米，从这个意义上来说将遭受损失。

让我们来考虑同样的风险分担安排，假设两方为 A 和 B，根据合约的条款，A 同意卖出（交割）玉米，B 同意买入玉米。A 称为合约的卖出者，即"空头"合约。如果 A 认为从现在开始的 3 个月以后玉米价格将下跌，那么他将签订这一合约。B 称为合约的买入者，即"多头"合约。如果 B 认为从现在开始的 3 个月以后玉米价格将上涨，那么他将签订这一合约。

考虑从现在开始的 3 个月以后每蒲式耳玉米价格每变化 \$1 将发生什么情况。当每蒲式耳玉米价格下降 \$1 时，A 就可以以每蒲式耳 \$2 的价格从市场中买入玉米，并根据合约条款，以每蒲式耳 \$3 的价格将玉米出售给 B，获得每蒲式耳 \$1 的收益。更一般化地，当标的资产价格下降时，空头一方将受益。由于这是一个零和游戏（除了交易成本，这里假设为零），多头一方（B）将遭受损失。而从现在开始的 3 个月以后如果每蒲式耳玉米价格上涨 \$1 时，B 就可以根据合约条款，以每蒲式耳 \$3 的价格买入玉米并以 \$4 的价格在市场上出售，获得每蒲式耳 \$1 的收益；A 将遭受每蒲式耳 \$1 的损失。因此，如果标的资产价格上涨，对于这种类型的衍生品工具，多头一方获得利润而空头一方遭受损失。

正因为如此，这类工具的回报总是 \$1 的收益或损失，因此被称为**线性回报衍生品工具**。线性回报衍生品工具也称为**对称回报衍生品工具**。这类合约是本章的主题，包括远期、期货和大多数互换。还需要注意的是，在这种风险分担安排中，双方都需要履行合约义务。

18.1.2 非线性回报衍生品工具

现在考虑另一种更常见的用于防范价格风险的合约。假设食品制造商能够找到一个

---

[2] 当然，他们没有消除机会成本。如果未来 3 个月价格发生变化，那么相比没有签订这个合约，必然有一方的状况变差了（且另一方的状况变好了）。我们接下去探讨这些细节。

人，愿意保证从现在开始的 3 个月以后企业为买入 10 000 蒲式耳的玉米，无须支付高于每蒲式耳 \$3 的价格。根据这一保险合约，食品制造商需要支付一个价格，称为**保险费**，那么从现在开始的 3 个月以后食品制造商为买入 10 000 蒲式耳的玉米就无须支付高于每蒲式耳 \$3 的价格。让我们假设保险费为每蒲式耳 \$0.10。假设从现在开始的 3 个月以后玉米价格上涨到每蒲式耳 \$3.50。食品制造商将要求保险提供者以每蒲式耳 \$3.00 的价格出售给企业 10 000 蒲式耳的玉米。这种情况下，食品制造商有效地设置了每蒲式耳玉米价格的最大值，为 \$3.10，即保险合约下的每蒲式耳价格 \$3.00 加上合约成本（保险费），即每蒲式耳的保险费 \$0.10。假设从现在开始的 3 个月以后每蒲式耳玉米价格下跌了 \$0.50，跌到每蒲式耳 \$2.50。很显然，食品制造商希望在从现在开始的 3 个月，以市场通行价格每蒲式耳 \$2.50 的价格买入玉米。和保险提供者的签订的合约赋予了食品制造商与保险提供者交易的权利而不是义务。如果从现在开始的 3 个月以后每蒲式耳玉米价格下跌到 \$2.50，那么食品制造商将撕毁合约并从市场上买入玉米。从而，食品制造商只是损失了每蒲式耳 \$0.10 的保险费，却可以以较低的价格买入玉米。

假设 C 而不是食品制造商认为从现在开始的 3 个月以后，每蒲式耳玉米的价格上涨幅度将超过 \$0.10。在我们的例子中，D 而不是保险公司认为这不可能发生，或者认为价格上涨的幅度不可能大于其与 C 签订合约而向 C 收取的费用。这一费用就相当于我们前面说明中的保险费。

让我们来看，如果从现在开始的 3 个月以后每蒲式耳玉米的价格发生了变化，将会发生什么情况。假设从现在开始的 3 个月以后玉米价格上涨到每蒲式耳 \$3.50。那么根据合约，C 就可以以每蒲式耳 \$3 的价格从 D 那里买入玉米，并将其以每蒲式耳 \$3.50 的价格在市场上卖出，C 就实现了每蒲式耳 \$0.50 的收益。但是，这一收益必须减去每蒲式耳支付给 D 的费用（\$0.10）。从而 C 每蒲式耳的收益为 \$0.40。假设从现在开始的 3 个月以后每蒲式耳玉米价格下跌了 \$0.50，跌到每蒲式耳 \$2.50，C 就没有义务一定要执行合约，即 C 无须买入玉米。在价格下跌的情况下，C 选择什么都不做，将遭受每蒲式耳 \$0.10 的损失（支付给 D 的费用）。

注意对 C 而言，从这类保险类型的衍生品工具中获得的回报是非线性的。例如，当每蒲式耳玉米价格每上涨 \$1 时，最大损失保持不变，为保险费，但是能够获得 \$1 的收益。这就是一种**非线性回报衍生品**。同样，它也被称为**非对称回报衍生品**。注意不同于线性回报衍生品，一方有履约的义务，即提供保险的那一方。具有这类回报的衍生品称为期权，这类衍生品工具的定价将是第 19 章的主题。

18.2 远期合约

远期合约是用于交易一个资产未来价格风险的一种最简单的工具。本质上，远期合约规定在未来一个给定的时刻，可以以给定的价格买入或者卖出一个资产。由于合约到期时，资产的现货价格可能不同于合约规定的价格，这一工具就将价格变动的风险与合约规定的价格分离开来。

18.2.1 什么是远期合约

远期合约是一种协议，根据这一协议，一个投资者有义务在给定的时间以给定的价格交易一个特定的资产。协议规定的价格称为**远期价格**。建立一个**远期合约的多头头寸**意味着承担在合约规定的未来日期以远期价格买入一个特定资产的义务。这一日期称为**交割日**或**结算日**。类似地，建立一个**远期合约的空头头寸**意味着承担在合约规定的未来日期以远期价格卖出一个特定资产的义务。在远期合约中建立一个头寸的主要目的在于交易合约签订日到到期日之间价格变动的风险。当交易双方签订合约时，可能拥有也可能不拥有这项资产，并且在交割日打算或者不打算实际占有这项资产。

一个远期合约的毛收益或损失，进而其价值取决于合约所规定的远期价格与交割日资产的实际现货价格之间的关系。当资产的实际现货价格高于远期价格时，远期合约多头头寸就提供了一个获利的机会。例如，如果远期合约的一方同意以 $100 的价格买入一个资产，并且交割日资产的实际价格为 $111，那么多头头寸的持有者就可以根据远期合约的条款买入这一资产，并将其在现货市场上出售，立刻就能获得 $11 的毛收益。[3] 同样地，如果交割日资产的现货价格低于远期价格，那么多头头寸的持有者将遭受损失。例如，如果远期合约的一方同意以 $100 的价格买入一个资产，并且交割日资产的实际价格只有 $91，那么合约持有者将损失 $9。由于一个空头头寸正好是一个多头头寸反过来，空头头寸持有者的毛收益或损失正好相抵多头寸持有者的毛损失或收益。

有两类远期合约：盯市（MTM）和非盯市（non-MTM）远期合约。[4] 在交易开始的时候，合约双方要求提供初始的担保品。担保品的目的在于降低交易风险，即合约的另一方违约的风险。违约指交割日，建立多头头寸的那一方未能买入标的资产或者建立空头头寸的那一方未能交割标的资产。盯市指在远期合约规定的时刻记录合约双方的头寸价值。远期合约可以规定每日、每周或每月盯市等。为了完成盯市，合约双方将就确定头寸价值的步骤做出明确的规定。如果合约一方的头寸价值下降到合约规定的水平，那么他们必须提供额外的担保品。此外，如果合约一方的头寸价值上涨到合约事先规定的水平，那么他们可以收回部分担保品。正如本章后面将解释的，期货合约类似于盯市远期合约，这是因为，在每个交易日结束的时候，需要对合约双方的头寸价值进行盯市。但是，对于期货合约的盯市，头寸价值计算的步骤是由进行合约交易的交易所来规定的。

当合约双方都是高信用质量实体时，他们也许就会同意无须盯市。在我们分析远期合约估值时，我们首先只是来分析非盯市远期合约估值。但是，如果订约一方或者双方都担心交易对手风险，那么就会采用盯市制度。随着头寸价值发生随机变化，盯市所带来的期间现金流将导致盯市远期合约估值更加困难。

18.2.2 远期合约估值

签订远期合约的目的在于将交易收益或损失和当前对资产价格的期望分离开来。为了

---

[3] 即不考虑交易成本时计算得到的收益。
[4] 许多书籍错误地认为，远期合约不是逐日盯市的，但是情况并非如此。

交易这种价格变动的风险，双方必须签订一个双方都可以接受的合约。为了从概念上说明这样一个合约是如何签订的，再次考虑第 17 章所讨论的一个风险资产的回报。

2 时刻可能的市值(现货价格)	实现这一价格的客观概率
$105	0.5
$95	0.5

这里假设 S_2 代表这个资产在 2 时刻可能的市值分布，表 18-1 给出的客观概率表明这两种结果发生的可能性是相同的。[5] 假设你在 1 时刻建立了一个远期合约多头头寸，根据这一合约，你将在 2 时刻买入一个资产，且远期价格为 $100。有关这样一个合约的第一个问题就是它对你意味着多大的收益或损失，第二个问题就是你的潜在收益或损失的现值是多少。

尽管业界的实践经验是签订一个初始价值为零的合约，出于解释的目的，我们假设这里的合约初始市值不为零。表 18-1 的第三列给出了 2 时刻你的多头头寸将带来的毛收益或损失。2 时刻回报由 S_2 来表示，是一个

表 18-1 一个远期价格为 $100 的远期合约的收益或损失(远期价格将在 2 时刻支付)

	S(资产回报)	O(远期价格)	S−O(毛收益或损失)
2 时刻高价	$S_2 = \$105$	$O_2 = \$100$	$S_2 - O_2 = \$5$
2 时刻低价	$S_2 = \$95$	$O_2 = \$100$	$S_2 - O_2 = -\$5$
1 时刻价值	$S_2 = \$89$	$O_2/1.10 = \$90.91$	$S_1 - O_2 = -\$1.91$

数量的概念，其价值只有到 2 时刻才能知道。但是，远期价格是在 1 时刻确定的，并且从那一刻起就是已知的(时间 2 下标代表进行支付的时间，而不是签订合约的时间)。在这个例子中，假设无风险利率为 10％，从而无风险贴现因子就是 1/1.10＝0.909 1。

如果你在 1 时刻建立了一个远期合约多头头寸，同意在 2 时刻以 $100 的价格买入资产。这就意味着，如果在交割日资产价格为高价，那么你将实现 $5 的毛收益，如果在交割日资产价格为低价，那么你将遭受 $5 的毛损失。本质上，表 18-1 指出，远期合约将 S_2 所代表的风险回报分为一个确定的支付 O_2 和一个随机收益或损失($S_2 - O_2$)。符号上，原始风险的分割可以表达为：

$$S_2 \equiv O_2 + (S_2 - O_2)$$

式中　S_2——资产回报；
　　　O_2——远期价格；
$(S_2 - O_2)$——远期合约(多头)头寸的毛收益或损失。

将这些符号相加相当于将表 18-1 的每一行相加。本质上，这个等式总结了表 18-1 中的信息：无论实际实现的资产价值是什么，远期合约代表一种回报的分割。多头头寸持有者同意支付一个确定的价格，而其交易另一方承担规定的远期价格和现货价格之间任何价格变动的收益或损失(在 1 时刻和 2 时刻之间计算得到)。

承担价格风险的 1 时刻价值是多少？答案显然取决于远期价格。在现在的例子中，建立一个远期合约多头头寸意味着无论未来出现什么样的情况，你将为这个资产支付 $100。在不存在套利机会的情况下，1 时刻远期合约的价值必须等于 1 时刻资产价值与 1 时刻确定性支付[6]价值 $100 的差。假设和之前一样，1 时刻资产价值为 $89。并假设无风险利率为 10％，从而确定性支付 $100 在 1 时刻的价值为 $90.91。从而，在不存在套利机会的情

5　用于估值的概率为风险中性概率，不同于客观概率。请参见下面的讨论。
6　这个例子忽略了出现不能支付 $100 的任何违约可能性，即忽略了交易对手风险。

况下,表 18-1 中远期合约的回报在 1 时刻的价值必须为:

$$\$89 - \$90.91 = -\$1.91$$

负的价值意味着,给定资产价格为 $89 以及无风险利率为 10%,交易另一方需要在 1 时刻向你支付 $1.91 促使你签订这项远期合约。[7] 表 18-1 的最后一行总结了价值计算过程。

18.2.3 如何确定远期价格

正如我们已经提到的,远期合约通常规定一个远期价格,使得签订合约时合约价值为零。在现在的例子中,如果 1 时刻合约的市值为零的话,远期价格就应该小于 $100。由于资产当前的价值为 $89,从现在开始 1 年以后(2 时刻)其确定性等价的价值必须为 $89×1.10 = $97.90。如果远期合约规定从现在开始 1 年以后支付这一金额,那么支付的现值就是 $89,与资产当前市值相等。即,当远期价格为 $97.90 时,合约现值为零。

正如表 18-2 给出的,如果实际资产价格为高价,那么这一合约将带来 $7.10 的收益,而如果实际资产价格为低价,那么这一合约将带来 $2.90 的损失。如果标的资产当前的市场价格为 $89,并且无风险利率为 10%,那么表 18-2 中第 3 列 2 时刻的支付在 1 时刻的市值必须为零。正如我们已经确定的,根据无风险利率累计,使得 1 时刻合约价值为零的远期价格就是资产当前价格(即 $89 × 1.10 = $97.90)。表 18-2 的最后一行给出了这一价值计算过程。

表 18-2 远期合约估值,且远期价格为 $97.90

	S	O	S-O
2 时刻高价	$105	$97.90	$7.1
2 时刻低价	$95	$97.90	-$2.9
1 时刻价值	$89	$89	$0

我们可以利用第 17 章找到的风险中性概率,$q=0.29$ 和 $1-q=0.71$ 来检验这个新的远期合约的现值是否为零:

$$E^Q[(S_2 - O_2)/1.10 | \Im_1] = 0.29 \times \$7.10/1.10 - 0.71 \times \$2.90/1.10 = \$0$$

现在应该是一般化前面例子中见解的时候了。在写一份远期合约时,标准惯例规定一个远期价格使得合约的初始价值为零。定义合约签订日期为 1 时刻,合约交割日期为 T 时刻。定义 O_T 为远期价格(1 时刻确定,T 时刻支付)。定义 S_T 为 T 时刻标的资产的价格,定义 B_T 为 1 时刻到 T 时刻根据无风险利率累计的 $1 的价值。在不存在套利机会的情况下,远期价格必须满足:

$$E^Q[(S_T - O_T)/B_T | \Im_1] = 0 \tag{18-1}$$

其中 Q 为风险中性概率测度,$\Im_1$ 意味着风险中性概率测度是利用 1 时刻可获得的信息建立起来的。从 1 时刻的角度来看,远期价格 O_T 是确定知道的,而资产价格 S_T 是一个随机变量。假设 B_T 所表示的无风险利率效应是确定知道的。[8] 改写式(18-1)得到:

$$E^Q[S_T/B_T | \Im_1] = O_T E^Q[1/B_T | \Im_1] = S_1 \tag{18-2}$$

由于我们假设 1 时刻远期价格是一个可以确定的值,因此就可以从期望符号中拿出来。改写式(18-2),一个交割日为 T 的合约的远期价格计算如下:

---

7 你要求的 $1.91 是基于承诺买入资产的那一方不会发生违约的假设之上的。如果存在交易对手可能发生违约的情况,那么要使得你签订合约,你将要求更多的支付。

8 尽管我们一般都假设无风险利率是可以确定的,我们接下去马上会给出如何放松这一假设而又不会使得估值问题变得过为复杂。相关讨论请参见 Pliska(1997)。

$$O_T = S_1/E^Q[1/B_T | \Im_1] \tag{18-3}$$

根据式(18-3)，如果无风险利率是随机的，那么远期价格就等于当前资产价格乘以期望利率，其中期望是在风险中性概率下取的。注意利率效应是通过贴现因子取期望计算得到的。这与期望利率的倒数是不同的。

如果像我们现在所假设的那样，利率是可以确定的，那么 B_T 就可以从期望符号中拿出来，式(18-3)就被简化为：

$$O_T = S_1/B_T \tag{18-4}$$

在利率是可以确定的条件下，远期价格的表达式是非常直截了当的：它就是根据可以确定的无风险利率累计到交割日的资产当前价格。由于在这个例子中利率是可以确定的，从而我们就可以利用式(18-4)来计算：

$O_T = S_1/(1/B_2) = \$89/(1 \div 11/10) = \$89/(10/11) = \$89 \times (11/10) = \$97.90$

就是前面得到的值。

18.2.4 非风险中性定价下的套利

上面的讨论给出了利用风险中性概率对远期合约定价，这对于理解如何利用套利原则来为这一工具定价是非常有用的。但是，我们无须借助风险中性概率，只利用套利原则就可以推导得到远期合约的理论价格。[9] 为了说明这一点，我们首先利用一个例子来说明一个假设的远期合约的价格，然后给出一般情况。

对远期合约我们做出如下的假设：

假设 1：在远期合约生命周期中，标的资产没有支付。
假设 2：在远期合约生命周期中，不采用盯市制度。
假设 3：存在一个无风险利率，市场参与者可以以该利率自由借贷资金。
假设 4：不存在交易另一方违约风险。

前两个假设意味着，不存在期间现金流（现金流入或现金流出），使得在远期合约估值过程中，我们无须关注这些因素。后面我们将修正部分假设，并来看这将对远期合约的理论价值产生什么样的影响。

在这个例子中，我们依旧假设①标的资产的现货价格为 $89；②交割日是从现在开始的一年以后；③无风险利率为 10%。

假设市场中远期合约价格为 $105。让我们来看这一价格是否能在市场中维持下去。考虑下面的交易策略。

» 以 $105 的价格在市场中卖出这一合约。
» 以 $89 的价格从现货市场中买入标的资产。
» 以 10% 的利率借入资金买入标的资产。

根据这一策略，在交割日，以 $105 的价格将标的资产卖出，并偿还借入的 $89 加上

---

[9] 这一结果并不令人感到意外。这里给出的风险中性概率推导和价值计算都是无套利机会的结果。所以很显然，利用这两种方法中的任何一种得到的价值都是相同的。

利息 $8.90（$89 的 10%）。显然，$105 的收入要高于购买成本 $97.90，这一策略将带来 $7.10 的利润。

无论从现在开始的一年以后标的资产的现货价格是多少，根据这一策略所得到的 $7.10 的利润是有保证的。这是因为，在前面对这一策略结果的分析中，无须用到从现在开始的一年以后标的资产的现货价格。此外，这一利润的产生无需任何投资费用；在策略实施过程中，用于购买资产的资金是借入的。我们刚才给出的这一策略的利润来源于标的资产现货市场价格和标的资产期货市场的价格之间的无风险套利。

在一个运作良好的市场中，能够利用零投资实现套利利润的套利者将实施上面所分析的策略。为了实施这一策略，需要卖出远期合约并买入标的资产，这将导致远期价格下降，当下降到一定的水平时套利利润就消除了。

这一带来套利利润的策略称为**现货持有交易**。之所以这么命名，是因为这一策略的实施涉及借入资金买入标的资产，并将其"持有"到交割日。

从现货持有交易中我们发现，远期合约的价格不应该是 $105。假设市场中远期合约的价格为 $95 而非 $105。让我们尝试下面的策略来看这一价格是否能在市场中维持下去。

» 以 $95 的价格在市场中买入这一合约。
» 以 $89 的价格卖出（卖空）标的资产。
» 投资（贷出）从卖空中获得的 $89，为期一年，获得 10% 的无风险利率。

我们假设不存在资产卖空成本或将卖空所得贷出的成本。[10] 根据这些假设，这一策略和现货持有交易一样，不存在初始现金花费。在交割日，买入标的资产，轧平远期合约的多头头寸。标的资产被接受，并用于轧平现货市场的空头头寸。

在交割日，以 $95 的价格买入标的资产。投资所带来的现金为 $89 加上利息 $8.90。从而，一共获得 $97.90，而支付为 $95。从而这一策略的利润为 $2.90。

和现货持有交易一样，这一策略所带来的 $2.90 的利润是套利利润。这一策略无需初始现金花费，并且无论交割日标的资产的现货市场价格是多少，都可以产生 $2.90 的利润。在现实世界中，这个机会将促使套利者买入期货合约并卖空标的资产。这一策略的实施将导致远期价格上涨，直到套利利润消失。

这一带来套利利润的策略称为**反向现货持有交易**。即根据这一策略，卖空标的并将卖空所得用于投资。

我们可以看出，远期价格不应该是 $95 或 $105。给定我们例子中的假设，理论上远期价格应该是多少？我们可以指出，如果远期价格为 $97.90，那么就不存在获取套利利润的机会了。即现货持有交易或者反向现货持有交易都无法带来套利利润。

和式(18-3)相当，给定模型假设，确定理论的远期价格的公式为：

$$\text{理论的远期价格} = \text{现货市场价格}(1 + \text{无风险利率}) \tag{18-5}$$

---

[10] 这一策略假设卖空所得是可以获得的并且用于再投资。实践中，对个人投资者而言，卖空所得是无法获得的，并且事实上，为了卖空，个体投资者要求存放保证金（证券保证金而非期货保证金）。对机构投资者而言，可以借入标的，但是存在借入成本。通过减去我们接下去将讨论的标的资产的现价收益，我们就可以将借入成本包含到我们的模型中去。

在我们的例子中,由于标的的现货市场价格为 $89,无风险利率为 10%,我们有:

$$理论的远期价格 = \$89 \times 1.10 = \$97.90$$

尽管这个结果和前面利用风险中性概率得到的结果是一样的,现在这个例子的推理提供了获得理论远期价格的进一步的认识。

注意在远期合约的交割日,远期价格必须等于现货价格。原因在于,一个立刻需要交割的远期合约就相当于一个现货市场交易。随着交割的临近,远期价格将趋近于现货价格。我们从式(18-5)给出的理论远期价格中可以非常清楚地认识到这一事实。随着交割日的临近,获得的利息也趋近于零。

18.2.4.1 考虑标的资产的现金流

我们在推导理论的远期价格的过程中做出了一个假设,即在远期合约生命周期中,标的资产不提供任何现金流。例如,如果标的资产是一单位普通股股份,那么在合约生命周期,就可能支付股利。当标的资产是一个债券,那么在合约生命周期,就可能支付利息。让我们来看,如果标的资产存在现金流,那么我们将如何修正式(18-3)和式(18-5)所给出的理论的远期价格。

为了简便起见,我们假设现金流仅发生在交割日。更具体地来说,在我们的例子中,我们假设在一年年末,会发生一个标的资产现货价格 2% 的支付(我们称之为**现金收益**)。即在一年末,会发生一个 $1.78 的现金支付。让我们现在来看现货持有交易和反向现货持有交易。

回顾一下,根据现货持有交易。

» 以 $105 的价格在市场中卖出这一远期合约。
» 以 $89 的价格从现货市场中买入标的资产。
» 以 10% 的利率借入资金买入标的资产。

在交割日将发生:

卖出标的资产来轧平远期合约头寸所得	= $105.00
标的资产的现金流	= $1.78
实收所得	= $106.78
偿还贷款本金	= $89.00
贷款利息	= $8.90
总花费	= $97.90

因此,现货持有交易策略的套利利润为 $8.80。因此,$105 的远期价格无法在远期市场中维持下去。

考虑前面分析的反向现货持有交易:

» 以 $95 的价格在市场中买入这一合约。
» 以 $89 的价格卖出(卖空)标的资产。
» 投资(贷出)从卖空中获得的 $89,为期一年,获得 10% 的无风险利率。

在交割日将发生：
买入标的资产来轧平远期合约头寸的支付   = $95.00
标的资产的现金流支付   = $1.78
实际支付   = $96.78

卖空标的资产所得   = $89.00
投资卖空所得获得的利息   = $8.90
实收所得   = $97.90

因此，反向现货持有交易策略的套利利润为 $1.20。也就是说，$95 的远期价格无法在远期市场中维持下去。可以证明的是，使得上述两种交易都不存在收益或损失价格为 $96.12。

一般地，理论远期价格公式为：

$$\text{理论的远期价格} = \text{现货市场价格} \times (1 + \text{无风险利率} - \text{现金收益率}) \quad (18\text{-}6)$$

在我们的例子中，由于标的资产的现金收益为 2%。从而：

$$\text{理论的远期价格} = \$89 \times (1 + 0.10 - 0.02) = \$96.12$$

无风险利率和现金收益率之间的差称为**净融资成本**。注意根据式(18-6)，基于净融资成本，有下面的现金收益和远期价格关系：

如果净融资成本为	那么
正	远期价格＞现货价格
负	远期价格＜现货价格
零	远期价格＝现货价格

市场参与者关于净融资成本更常用的术语是**持有成本**或简单地称为**持有**。如果从标的资产获得的收益（即现金收益）大于买入标的资产所需资金的借入成本，那么持有为正。如果买入标的资产所需资金的借入成本大于从标的资产获得的现金收益，那么持有为负。给予持有，现货价格和远期价格存在如下的关系：

如果持有为	那么
正	远期价格＜现货价格
负	远期价格＞现货价格
零	远期价格＝现货价格

18.2.4.2 借贷利率不等

完美资本市场的一个特征就是借贷利率是相等的。在那样一个资本市场中，资金借出者无法生存下去，因而这一假设显然就是没有根据的。在现实世界的资本市场中，贷款利率要高于那个利率。这对定价的影响就是，不存在理论的远期价格，但是在无套利机会的情况下，存在远期价格的一个范围。

特别地，在现货持有交易中，式(18-6)所给出的理论的远期价格就变成：

$$\text{理论的远期价格} = \text{现货市场价格} \times (1 + \text{借入利率} - \text{现金收益率}) \quad (18\text{-}7)$$

对反向现货持有交易，就变成：

$$\text{理论的远期价格} = \text{现货市场价格} \times (1 + \text{贷出利率} - \text{现金收益率}) \quad (18\text{-}8)$$

式(18-7)和式(18-8)共同给出了不存在套利利润的情况下，实际远期价格的范围。式(18-7)给出了这个范围的上限，而式(18-8)给出了这个范围的下限。例如，假设借入利率为每年10%，贷出利率为每年8%。利用式(18-7)，理论的远期价格的上限为\$96.12。利用式(18-8)，理论的远期价格的下限为\$94.34。

18.3 期货定价

在这一节，我们考察期货合约。我们讨论期货合约和远期合约的差异及其产生原因，然后解释如何对期货合约进行估值。对期货合约进行估值要比对非盯市远期合约估值复杂得多，这是因为，期货价格在其生命周期会发生随机变化，并且期货合约在生命周期中提供资本利得或损失的阶段性支付。此外，我们还将考察特定类型的期货合约，来说明如何对定价模型做出修正，对特定合约的特征做出解释。

18.3.1 什么是期货合约

期货合约类似盯市合约。期货合约是标准化的协议，规定了交割日（或月）和交割数量，并在组织的交易所进行交易。而远期合约的差异在于，它通常不是标准化的（即每个合约的条款是由买卖双方私下协商的），不存在清算所，并且通常不存在二级市场，即使存在，市场也是非常窄的。期货合约是一种交易所交易产品，而远期合约是柜台交易工具。

在本章前面我们指出，远期合约的双方面临交易对手风险，即交易的另一方未能履行合约义务的风险。交易对手风险部分原因在于，不存在清算所来保证远期合约中交易双方都能履行合约义务。与每一个期货交易相关的是一个清算所，它发挥各种功能，其中一个功能就是保证交易双方将履行合约义务。由于清算所的存在，交易双方就无须担心合约另一方的财力和诚实守信程度。在执行一个命令之后，双方之间的关系就结束了。对每一项卖出交易，清算所扮演买方的角色，而对每一项买入交易则扮演卖方的角色。从而，交易双方都可以自由清算其头寸，这不会牵涉初始合约的另一方，也无须担心另一方有可能违约。

18.3.2 保证金要求

当一个投资者最初在一个期货合约中建立一个头寸时，交易所规定他必须存入的最低美金量，这一数目称为**初始保证金**，是合约所要求的存款。初始保证金可以是国债等带息证券的形式。初始保证金存放在一个账户中，这个账户中的数目称为投资者权益。随着每个交易日期货合约的价格发生波动，头寸中投资者权益的价值也将发生变化。

在每个交易日结束时，交易所确定期货合约的"结算价"。结算价不同于收盘价，收盘价为每个交易日最后一笔交易（可以发生在这一交易日中任何时候）的价格。相比之下，结算价是交易所在一个交易日结束时认为能够代表这一交易日交易的价格。交易所利用结算价计算投资者头寸的市值，投资者权益账户中马上就反映出头寸的收益或损失。

当发生不利的价格波动时，投资者权益头寸有可能会下降，**维持保证金**就是要求投资者追加额外保证金之前，保证金账户中必须维持的最低余额（由交易所来规定）。维持保证金要求的美金数目要小于初始保证金。它给出了要求投资者追加额外保证金之前，投资者权益账户的最低水平。存入的额外保证金称为**追加保证金**，是使得权益账户回到初始保证金水平所必需的数目。不同于初始保证金，追加保证金必须是现金形式的，而非带息工具。投资者可以取回账户中任何超额保证金。如果期货合约的一方未能在 24 小时内存入追加保证金，那么清算所将清算其期货头寸。[11]

为了说明盯市过程，让我们假设资产 XYZ 的保证金要求如下。

» 每个合约初始保证金为 $7。
» 每个合约维持保证金为 $4。

假设 Bob 以 $100 的期货价格买入 500 个合约，而 Sally 以同样的期货价格卖出同样数目的合约。Bob 和 Sally 的初始保证金都是 $3 500，这是由初始保证金 $7 乘以合约数目 500 得到的。Bob 和 Sally 都必须提供 $3 500 的现钞、国债或其他可接受的担保品。在这一时刻，$3 500 就是这两方账户中的权益。

这两个头寸的维持保证金都是 $2 000（每个合约的维持保证金 $4 乘以合约数目 500）。这就意味着，账户中的权益不能低于 $2 000。如果是的话，那么权益价值低于维持保证金的那一方就必须提供额外的保证金，即追加保证金。关于追加保证金，需要注意两点。首先，追加保证金必须是现金。其次，所要求的追加保证金的数目是使得账户中权益达到初始保证金水平的数目，而不仅仅是达到维持保证金的数目。

18.3.3 期货和非盯市远期价格之间的关系

为了对期货合约估值，我们必须考虑到这样一种可能性，体现在工具上的期货价格会随着实现的资本利得或损失将发生变化。实现的损益由于盯市每天将计入双方的交易账户。尽管对估值中这一问题的全面调查是非常复杂的，不在本章的讨论范围之内，但是下面的例子给出了如何比较期货合约和非盯市远期合约的价格。这一技术差异降低了可能的违约成本（即交易对手风险），并且如果利率是不确定的，还具有估值效应。因此，在我们接下去的讨论中，我们所指的远期合约即为非盯市远期合约。

首先，比较在一个远期合约或期货合约中建立一个多头头寸的现金流，其中这两个合约的流通期均为二期。[12] 2 时刻将对期货合约重新估值，但是在 2 时刻，类似远期合约的条款保持不变。这两个合约的现金流用符号的形式在表 18-3 中给出。

表 18-3 中，O_{13} 为 1 时刻确定 3 时刻交割的远期价格。类似地，U_{13} 为 1 时刻确定 3 时刻交割的期货价格。[13] 此外，U_{23} 为 2 时刻利用结算价计算期货合约头寸的市值后的期货

表 18-3 远期和期货合约

	1 时刻	2 时刻	3 时刻
远期合约现金流	0	0	$S_3 - O_{13}$
期货合约现金流	0	$U_{23} - U_{13}$	$S_3 - U_{23}$

---

11 尽管以保证金形式购买证券也有初始保证金和维持保证金要求，但是对证券和期货而言，保证金的概念是不同的。当以保证金形式购买证券时，证券价格与初始保证金的差是向经纪人借入的。所购买的证券发挥贷款担保品的作用，并且投资者支付利息。对期货合约而言，初始保证金本质上发挥"高信用"货币的作用，意味着投资者将履行合约义务。通常，投资者不会借入资金。

12 我们可以考虑更多的时期，但是这就意味着重复简单计算而不能带来任何新的发现。

13 期货价格有两个下标，这是因为，即使是对一个固定到期期限的合约，从一个时刻到下一个时刻，它的价格也会发生变化。

价格，交割日仍为 3 时刻。最后，S_3 代表 3 时刻资产价格。

很显然，根据表 18-3，这两个合约多头头寸的差即为期货合约的现金流（正或负），这是 2 时刻利用结算价计算期货合约头寸的市值的结果。如果现金流为正，那么我们假设它可以以当时市场通行的无风险利率用于再投资，如果为负，那么我们假设可以以无风险利率借入资金。

定义
$$B_2 = 1 + r_{12}$$
其中 r_{12} 为 1 时刻和 2 时刻之间的利率，和
$$B_3 = (1 + r_{12})(1 + r_{23})$$
2 时刻和 3 时刻之间的利率就是：
$$(B_3/B_2) - 1 = r_{23}$$

1 时刻和 2 时刻之间的贴现因子就是 $1/B_2$，而 B_2/B_3 就是 2 时刻和 3 时刻之间的贴现因子。在 1 时刻，我们假设 1 时刻和 2 时刻之间的利率是确定知道的，但是 2 时刻和 3 时刻之间的利率只是一个随机变量[14]，要到 2 时刻才能确定知道。B_3/B_2 的随机性假设意味着从 1 时刻的角度来看，2 时刻的现金流是随机的。

表 18-3 说明了为什么从 1 时刻的角度来看，这两个合约具有不同的风险。如果 3 时刻的现货价格是已知的，那么 1 时刻就可以确定给出远期合约的现金流。但是，即使 3 时刻的现货价格是已知的，期望合约在 3 时刻的现金流贴现到 1 时刻的价值还是无法确定给出的，这是因为，现金流的现值仍然取决于随机利率。

18.3.4 利用风险中性概率寻找期货价格

我们可以利用无套利证券价格和风险中性概率的思想，进一步深化期货价格确定，以及远期价格和期货价格差异。假设根据合约条款，需要交割 1 个单位的某种标的资产。在这个合约中，交割日 T 所需要支付的量就是那个时刻资产的价值。并假设 1 时刻到交割日 T 之间，资产不存在现金支付。为了简便起见，回顾式(18-3)，1 时刻签订 T 时刻交割的远期价格为：[15]

$$O_{1T} = S_1/E^Q[1/B_T | \Im_1]$$

并可以改写为：

$$O_{1T} = E^Q[S_T/B_T | \Im_1]/E^Q[1/B_T | \Im_1] \tag{18-9}$$

我们接下去给出期货价格为：

$$U_{1T} = E^Q[S_T | \Im_1] \tag{18-10}$$

首先，在 1 时刻，根据标准市场惯例，期货价格必须使得一个二期合约的现金流估值为零：

$$E^Q[(U_{23} - U_{13})/B_2 + (U_{33} - U_{23})/B_3 | \Im_1] = 0$$

但是，在 2 时刻利用结算价计算头寸的市值就意味着：

$$E^Q[(U_{33} - U_{23})B_2/B_3 | \Im_2] = 0 \tag{18-11}$$

---

14 利率之所以称为无风险的，是因为它是一个不存在违约风险的债券的市场利率。然而，随着时间的变化，这一利率也可能发生随机变化。我们有关利率是确定已知的假设意味着我们将其视为一个可预测的过程。请参见 Pliska(1997)。

15 为了比较的目的，我们现在赋予远期价格两个下标，代表合约开始日和支付远期价格的合约交割日。

如果该合约不允许用其他资产来代替所要交割的资产,[16]那么 $U_{33}=S_3$。但是式(18-11)意味着:

$$U_{23} = E^Q[U_{33}|\Im_2] = E_Q[S_3|\Im_2] \tag{18-12}$$

由于在2时刻,U_{23}、B_2 和 B_3 都是已知的。将式(18-12)代入式(18-11)得到:

$$E^Q[(U_{23}-U_{13})B_2+0|\Im_1] = 0 \tag{18-13}$$

由于在1时刻,B_1 也是已知的,式(18-13)就可以改写为:

$$E^Q[(U_{23}-U_{13})|\Im_1] = 0$$

进一步可以得到:

$$U_{13} = E^Q[U_{23}|\Im_1] = E^Q\{E^Q[U_{33}|\Im_2]|\Im_1\} = E^Q[U_{33}|\Im_1] = E^Q[S_3|\Im_1] \tag{18-14}$$

当 $T=3$ 时确立了式(18-10)。

如果利率是随机的,那么从1时刻的角度来看,当 $T>1$ 时,B_T 的价值就是随机的。但是,如果利率是可以确定的,那么 B_T 的价值也是可以确定的。根据后一种情况,B_T 的价值就可以从期望函数中拿出来,得到:

$$O_{13} = E^Q[S_T/B_T|\Im_1]/E^Q[1/B_T|\Im_1] = E^Q[S_T|\Im_1] = U_{13} \tag{18-15}$$

最后一个等式是从式(18-13)得到的,即在一个利率可以确定的世界中,1时刻远期价格和期货价格是相等的。

注意根据式(18-15),当利率是随机的时候,远期价格表达式包含利率项,但是对应期货价格的式(18-14)不包含利率项。你可以发现,我们为什么要将式(18-15)和式(18-13)与式(18-14)比较。在一个期货合约中,资本利得或损失是分时期收到或付出的,因而在不同的时点之间不需要一定相等。最后,如果在合约交割前只剩下一期,远期价格就等于期货价格[17],这是因为,在这一时点,这两种合约所代表的结果是相同的。

例子

这里我们给出两个有关期货和非盯市远期价格之间的关系的例子,都来源于 Pliska (1997)。[18] 第一个是一个一期例子,且利率是可以确定的。这个例子证实在这种情况下,非盯市远期合约和期货合约是一样的,还给出了远期和期货价格方程的差异。此外,这个例子还说明,尽管这两个价格方程存在差异,在现在受限制的情况下,所得到的值是相等的。假设一个资产1时刻的市值为 \$1,并且在2时刻支付 \$8 或者 \$4,表 18-4 给出了相关信息。

另外假设 $B_2=10/9$,相当于无风险利率为1/9。假设在不存在套利机会的情况下,可以利用下式找到风险中性概率:

$$S_1 = E^Q[S_2/B_2|\Im_1]$$

对这个例子利用最后一行意味着对下面的方程:

表 18-4 资产价格和确定的利率

1时刻	2时刻	风险中性概率
\$5	\$8	$q=7/18$
\$5	\$4	$1-q=11/18$

$$\$5 = q \times \$8 \times (9/10) + (1-q) \times \$4 \times (9/10)$$

---

[16] 一些期货合约允许这样的代替。我们后面会讨论一种这样的合约。
[17] 在该时刻利用结算价计算合约头寸的市值之后。
[18] 注意 Pliska 没有用"非盯市远期"合约这一术语。我们之所以采用这一术语,是出于我们前面对远期合约运作的实际方式的探讨。

求解 q。求解所得到的值在表 18-4 第一行第三列中给出。1 时刻确定 2 时刻支付的远期价格由下式给出：

$$O_{12} = S_0 \times B_1 = \$5 \times (10/9) = \$50/9$$

期货价格由下式给出：

$$U_{12} = E^Q[S_2 | \mathfrak{I}_1] = \$8 \times (7/18) + \$4 \times (11/18) = \$100/18 = \$50/9$$

正如我们已经提到的，这些计算给出了一期非盯市远期和期货合约之间的本质相似之处，同时指出，当利率是可以确定的时候，非盯市远期合约和期货合约价格是一样的。

Pliska 第二个例子包含两个时段，且 2 时刻和 3 时刻之间的利率是随机的。表 18-5 的每一行给出了从 1 时刻，到 2 时刻，再到 3 时刻资产价格的可能变化。

1 时刻债券价格为 1，2 时刻为 1，3 时刻为 17/16 或 9/8。17/16 的价格与表 18-5 中前两行的事件有关，而 9/8 的价格与表 18-5 中后两行的事件有关。因此，1 时刻到 2 时刻的利率为零，而根据 2 时刻资产价格上涨还是下跌，2 时刻到 3 时刻的利率为 1/16 或者 1/9。这里，与无套利价格的假设相一致，风险中性概率测度的值被视为给定的。

表 18-5 资产价格和随机利率

1 时刻	2 时刻	3 时刻	风险中性概率
$5	$8	$9	5/24
$5	$8	$6	1/24
$5	$4	$6	9/24
$5	$4	$3	9/24

对应于两种可能的资产价格，1 时刻期货价格表现出两种价值。如果 2 时刻资产价格为 $8，那么下一期资产价格就是 $9 或 $6。反映这些事件的条件风险中性概率分别为 (5/24)/(6/24)＝5/6 和 (1/24)/(6/24)＝1/6。如果是那样的话，就可以利用式 (18-14) 找到 2 时刻的期货价格：

$$(U_{23} | S_2 = \$8) = E^Q[S_3 | \mathfrak{I}_2] = \$9 \times (5/6) + \$6 \times (1/6) = \$51/6 = \$17/2$$

如果资产价格为 $4，那么条件风险中性概率就都等于 1/2，期货价格则为：

$$(U_{23} | S_2 = \$4) = E^Q[S_3 | \mathfrak{I}_2] = \$6(1/2) + \$3(1/2) = \$9/2$$

最后，1 时刻期货价格由下式给出：

$$(U_{13}) = E^Q[S_3 | \mathfrak{I}_1] = \$9 \times (5/24) + \$6 \times (1/24) + \$6 \times (9/24) + \$3 \times (9/24)$$
$$= \$132/24 = \$11/2$$

在风险中性概率测度下，1 时刻期货价格也可以通过对前面计算得到的 2 时刻期货价格取条件期望计算得到。利用式 (18-14)：

$$U_{13} = E^Q[U_{23} | \mathfrak{I}_1] = \$(17/2) \times (1/4) + \$(9/2) \times (3/4) = \$11/2$$

另一方面，1 时刻[19]远期价格可以根据式 (18-1) 得到：

$$O_3 = 5/[(16/17) \times (6/24) + (8/9) \times (18/24)] = 5/(46/51) = 255/46$$

联系式 (18-1) 后面的讨论，上面计算中的期望贴现率为：

$$E^Q[1/B_2 | \mathfrak{I}_1] = (\$16/17) \times (1/4) + (\$8/9) \times (3/4) = \$46/51$$

即远期价格等于当前资产价值乘以期望利率。

18.3.5 股指期货和中长期国债期货定价

为了将体制约束细微差异和特定期货合约的规定考虑进去，式 (18-14) 所给出的一个期货合

---

[19] 我们可以计算得到 2 时刻的远期价格，但是合约不允许在 2 时刻交割。

约的理论期货价格就必须修正。由于上面给出的一般定价模型所隐含的假设，这些改进就是必需的。接下去我们将考察两种非常常用的期货合约：股指期货合约和中长期国债期货合约。

18.3.5.1 股指期货

尽管股指期货和个股期货合约都存在，但是前者更为常用。因此，我们只关注股指期货。

股指期货合约的标的可以是一个宽基股票市场指数，也可以是一个窄基指数。一些利用宽基股票市场指数作为标的的股指期货合约的例子有标准普尔500指数、标准普尔中盘股400指数、道琼斯工业平均指数、纳斯达克100指数、纽约证券交易所综合指数和罗素2 000指数。一个窄基股指期货合约是基于一个宽基股票市场指数的子部门或成分股基础之上的，包括股票组或一家银行所开发的专门的部门。例如，道琼斯微型部门指数在第一芝加哥(OneChicago)这一全电子化上市证券期货交易所交易，这个指数包括15个部门。

一个股指期货合约的价格等于期货价格乘以一个规定的"乘数"。即，

$$一个股指期货合约的美金价值 = 期货价格 \times 乘数$$

例如，假设标准普尔500指数的期货价格为1 410。标准普尔500指数期货合约的乘数为\$250，标准普尔500指数期货合约的美金价值就是\$352 500(=1 410× \$250)。如果一个投资者以1 410的价格买入一个标准普尔500指数期货合约，并将其以1 430的价格卖出，那么这个投资者实现的利润就等于20乘以\$250，即\$5 000。如果以1 360的价格卖出期货合约，那么投资者就将遭受50乘以\$250，即\$12 500的损失。

股指期货合约结算时将发生现金交换。例如，如果一个投资者以1 410的价格买入一个标准普尔500指数期货合约，并且期货的结算价格为1 430，那么结算过程如下：投资者同意购买价值为1 410乘以\$250，即\$352 500的标准普尔500。在结算日，标准普尔500的价值为1 430乘以\$250，即\$357 500。这一期货合约的卖方就必须向投资者支付\$5 000(\$357 500－352 500)。如果在结算日期货价格为1 360而非1 430，那么标准普尔500指数期货合约的美金价值就等于\$340 000。在这种情况下，投资者必须向这一期货合约的卖方支付\$12 500(\$352 500－\$340 000)(当然，实践中，当每个交易日结束的时候，利用结算价计算合约双方头寸的市值时，交易双方就会实现收益或损失)。

显然，如果一个投资者希望做空整个市场或者一个部门，就会利用股指期货合约。这相比卖空构成股指的个股，或者尝试以最小的跟踪误差构建一个组合来复制股指的成本，股指期货的成本就是很小的。

股指期货合约存在的一些细微的差别要求修正理论期货模型。这些差异包括①标的资产期间现金流；②用于交割的资产是一揽子股票而非单个资产。在推导基本定价模型的过程中，假设不存在因为期货价格的变化而带来的期间现金流(即不存在追加保证金)。对股指期货而言，存在期间现金流。事实上，许多现金流取决于成分股公司的股利发放日。为了对一个股指期货合约做出正确的定价，就必须将这些期间股利支付包含进去，但是股利发放模式不是确定知道的。因此，就必须首先根据股指成分公司历史股利支付数据预测未来股利支付，进而将其纳入定价模型。仅存的一个问题就是，结算日股利支付的价值取决于其再投资的利率，再投资期从预测收到股利到结算日。股利支付水平越低，并且股利支付日期离期货合约结算日越近，再投资收入在期货价格确定中就越不重要。

现在让我们来看有一篮子股票需要交割的情况。股指期货合约套利的一个问题就是，

买入或卖出股指中所包含的每一个股票的成本可能太高了。相反，可以构建一个包含较少数目股票的组合，来跟踪这个篮子或者这一股指（这就意味着，组合的价格变动非常接近于股指的变动）。但是，这两个套利策略涉及一个跟踪组合而非单个资产作为标的，由于跟踪组合并不能完全精确地复制股指的变化，这些策略就不再是无风险的。正是因为这个原因，股指期货合约的市场价格很有可能偏离理论价格，且偏离的范围（即理论期货价格的下限和上限）较大，但是却无法利用这些偏离机会获得利润。

18.3.5.2 中长期国债期货合约

中长期国债期货合约在芝加哥商品交易所（CME）交易。长期国债期货合约的标的是一个假设的 20 年期面值为 \$100 000 的付息债券。这一假设的债券的息票率称为**名义息票**。名义息票率为 6%。一共有三种中期国债期货合约：10 年期、5 年期和 2 年期。所有这三种合约都模仿长期国债期货合约，并在同一个交易所交易。10 年期中期国债期货合约的标的是一个假设的 10 年期面值为 \$100 000 名义息票率为 6% 的中期债券。期货价格根据面值来报价，为 100。由于长期国债期货合约和中期国债期货合约是类似的，我们接下去的讨论将集中在长期国债期货合约上。

我们已经指出，标的是一个假设的长期国债。尽管一些利率期货合约只能以现金结算，如果一个长期国债期货合约的卖方（空方）选择交割而不是在结算日之前通过买回合约清算其头寸，那么他就必须交割一定数量的长期国债。这就提出了一个问题：交割哪种长期国债？CME 允许卖方从规定的交割债券中选择一种用于交割。一个卖空特定债券的交易者总是担心无法获得足够的证券来轧平头寸的风险。

符合一个特定合约交割要求的所有债券集称为**可交割篮子**。CME 从所有流通的国债发行中决定哪些国债是可以用于交割的，从交割月的第一天开始计算，这些国债的到期期限至少在 15 年以上。尽管这一合约的标的长期国债是假设的，无法用于期货合约交割，但是债券期货合约本身不是一个结算合约，记住这一点是非常重要的。为了将一个长期国债期货合约平仓，唯一的方法就是建立一个相互抵消的期货头寸或者从可交割债券篮子中选择一种国债用于交割。

长期国债期货合约的交割过程是极具创新的，并被视为全世界各个交易所交易的政府债券期货合约的典范。在结算日，期货合约的卖方（空方）被要求向买方（多方）交割一个 20 年年期面值为 \$100 000 名义息票率为 6% 的长期国债。正如我们已经指出的，真实市场中不存在这样的长期国债，卖方就必须从可交割债券篮子中选择一种国债，并将其交割给多方。假设卖方选择一个 20 年年期息票率为 5% 的长期国债来结算这一期货合约。由于这一债券的息票率低于 6% 的名义息票率，买方就无法接受这一债券，因为根据合约，他将获得一个 20 年年期面值为 \$100 000 息票率为 6% 的长期国债。或者，假设卖方不得不交割一个 20 年年期息票率为 7% 的长期国债。由于这一债券的息票率高于 6% 的名义息票率，卖方就无法接受这一债券。总而言之，鉴于可交割债券篮子中的债券具有不同于名义息票率为 6% 的息票率和到期期限，我们如何对其做出调整？

为了使得交割对双方而言都是公平的，CME 利用转换因子来调整每种可用于长期国债期货合约交割的国债的价格。给定一种国债发行的转换因子和期货价格，调整价格是通过将转换因子乘以期货价格得到的。这一调整价格称为**转换价格**。即，

$$\text{转换价格} = \text{合约规模} \times \text{期货结算价} \times \text{转换因子}$$

例如，假设一个长期国债期货合约的结算价为 1.10，而空方选择的交割国债的转换因子为 1.25。给定合约规模为 $100 000，**转换价格**就是 $100 000×1.10×1.25 = $137 500。当一个长期国债交割时，买方必须支付给卖方的价格称为**清单价格**。直观上，清单价格应该是期货结算价格加上累计利息。但是，正如刚才指出的，卖方可以从可交割债券篮子中选择任何一种国债。为了使得交割对双方而言都是公平的，清单价格必须利用实际交割国债的转换因子进行调整。清单价格为：

$$清单价格 = 合约规模 \times 期货结算价 \times 转换因子 + 累计利息$$

卖方从所有的可交割债券中选择拥有交割的国债时，将选择根据前面所解释的现货持有交易带来最高回报率的那一种国债。对长期国债期货合约而言，现货持有交易策略就是利用借入的资金买入一个可用于交割的现金债券，同时卖出长期国债期货合约。买入的债券可以用于交割，来轧平期货空头头寸。通过买入可用于交割的国债，同时卖出期货合约，一个投资者实际上就以交割价（即转换价格）卖出债券。

可以计算出这一交易的回报率。这一回报率称为**隐含回购利率**。[20] 一旦我们计算出可交割债券篮子中每一个债券的隐含回购利率，那么用于交割的债券就是隐含回购利率最高的那个债券（即根据现货持有交易带来最高回报率的那一种国债）。具有最高回报率的国债称为**最廉交割债券**。它在长期国债期货合约定价中发挥着核心的作用。[21]

除了选择哪种可接受的国债用于交割——有时称为品质选择权或互换选择权——之外，根据 CME 的交割指导原则，空方至少还拥有另外两个选择权。允许空方选择在交割月中实际交割的时间。这称为**择时选择权**。另一个选择权就是，即使芝加哥交易所已经关门（芝加哥时间下午 3：15），当天的期货结算价格已经确定下来了，但是只要是在芝加哥时间晚上 8 点之前，空方都拥有通知交割意愿的权利。这一选择权称为**外卡选择权**。品质选择权、择时选择权和外卡选择权（总而言之，称为**交割选择权**）意味着多方永远不确定什么样的长期国债将用于交割或者什么时候发生交割。

现在让我们再来看，期货合约的一些细微差别是如何要求修正理论期货模型的。两个要求修正模型的假设是有关①不存在期间现金流；②可交割资产和结算日是已知的假设。

对于期间现金流，国债期货合约的标的是中长期国债。不同于股指期货合约，中长期国债合约的利息支付时间是由美国财政部决定的，从而对于一个可用于交割的债券而言，利息支付时间是确定知道的，可以纳入模型。但是，从利息支付日到合约结算日之间再投资利息是未知的，并取决于每个支付日的通行利率水平。

现在让我们来看一个已知的可交割债券和已知的结算日的意义。上述两个假设都有悖于一些期货合约的交割规则。例如，对每个中长期国债期货合约而言，合约规定，可交割国债发行中的任何一个都可以用于合约交割。这些发行称为**可交割发行**。选择哪种可交割发行用于交割是合约空方（即卖方）的选择权。因而，合约多方（即合约的买方）不知道哪种特定国债被用于交割。但是，市场参与者可以从可接受交割发行中确定最廉交割发行，并利用这一发行获得理论期货价格。空方选择可交割发行满足合约要求的净效应就是降低了

---

20 回购是"回购协议"的简称，这一协议是交易者和组合经理人最常用的抵押借款形式。回购协议的利率称为回购率。

21 尽管一个特定的长期国库券目前可能是最廉交割的，但是，例如，利率变动就可能导致未来另外一些国库券成为最廉交割的。

利率期货价格，其中下降的量等于空方所享有的交割选择权的价值。

此外，不同于其他期货合约，中长期国债期货合约不存在交割日。相反，只有一个交割月。空方所享有的这种交割选择权再一次降低了理论期货价格。更具体地来说，

根据交割选择权调整后的理论期货价格 ＝ 现货市场价格 ＋ 现货市场价格 ×（融资成本 － 现金收益）－ 空方所享有的交割选择权的价值

18.4 互换

互换是一种协议，根据这一协议，双方（称为交易对手）同意交换阶段性支付。用于交换的支付的美金金额是基于特定的事先确定的美金本金得到的，称为**名义本金金额**，或简称为**名义金额**。每一方支付给另一方的美金金额等于达成一致的定期利率乘以名义金额。双方用于交换的美金仅仅是达成一致的支付，而非名义金额。

互换是一种柜台交易合约，这互换双方面临交易对手风险。最著名的互换就是利率互换。本节我们解释这类互换及其定价。

18.4.1 利率互换机制

利率互换是一种线性回报衍生品。在这一互换中，交易双方根据一个利率交换同种货币的支付。在最普通的利率互换中，一方支付固定利率而另一方支付浮动利率。这类互换称为一般利率互换。浮动利率通常称为**参考利率**。

例如，假设一个互换协议的双方分别为农具设备公司（一家制造企业）和 JP Morgan。这一互换的名义金额为 $100m，互换期限为五年。在接下去五年中的每一年，农具设备公司同意向 JP Morgan 支付 5％ 的固定利率，而 JP Morgan 同意向农具设备公司支付一年期 LIBOR 作为参考利率。[22] 这就意味着，每一年，农具设备公司将向 JP Morgan 支付 $5m（5％ 乘以 $100m），而 JP Morgan 向农具设备公司支付的金额取决于 LIBOR。例如，如果一年期 LIBOR 为 3％，那么 JP Morgan 将向农具设备公司支付 $3m（3％ 乘以 $100m）。

18.4.2 利率互换的解释

如果我们仔细审视一个利率互换，我们就能发现，这并不是一个新的衍生品工具。相反，它可以分解为一系列衍生工具的组合，而这些衍生品工具是我们已经讨论过的。为了理解这一点，考虑我们所假设的利率互换。在接下去五年中的每一年，农具设备公司同意向 JP Morgan 支付 5％，而 JP Morgan 同意向农具设备公司支付一年期 LIBOR 作为参考利率。由于名义金额为 $100m，农具设备公司同意支付 $5m。或者，我们也可以这样理解协议：在接下去五年中的每一年，JP Morgan 为了获得 $5m 的支付，必须同意交割一些东西（一年期 LIBOR）。从这个角度来看，交易双方签订了多个远期合约：一方同意在未来某个时点交割一些东西，而另一方同意接受这一交割。我们之所以说这里有多个远期合约，是因为协议要求接下去五年中的每一年进行交换。

尽管一个互换可能只是一系列远期合约，它并不是一个冗余合约，这是因为，首先，

---

22 实践中，利率互换通常涉及季度支付交换，且参考利率为当时的 3 个月期 LIBOR，伦敦同业拆借利率。

尽管许多市场中有远期合约或期货合约，但是这些合约最长的期限一般都没有一个典型互换合约的期限长。其次，互换是一种交易效率更高的工具。这里的意思是，在一个交易中，一个实体可以建立起一种支付，本质上等同于一系列远期合约。而每一个远期合约都需要单独协商。再次，自从1981年互换问世以来，特定类型的互换清算逐渐发展起来；尤其是对长期合约，目前互换的流动性要优于远期合约。

18.4.3 利率互换定价

通过对利率互换的理解，就可以对其定价：互换的价值等于一系列远期合约的价值之和，其中每一个远期合约在互换支付日到期。即，如果市场中存在一些远期合约，进而可以人工合成一个互换，那么互换的价值就等于这些远期合约的价值之和。不幸的是，即使是对利率互换这种交易最广泛的互换，期限低于两年的远期合约是无法获得的，或者说由于它们的流动性很差，将导致定价不可靠。

但是对利率互换而言，存在利率期货合约，其到期期限足够长，从而使得人工合成一个利率互换成为可能。[23]

要　点

- 衍生品工具是一种金融工具，其价值取决于特定的标的资产。
- 衍生品工具的标的可以是一种商品，一种金融工具，或者利率、股指等参考实体。
- 衍生品工具可以根据其回报特征进行分类：线性回报衍生品（包括远期合约、期货和互换合约）和非线性回报衍生品（包括期权）。
- 当标的的价格发生变动时，线性回报衍生品的回报就是$1的收益或损失。线性回报衍生品也称为对称回报衍生品。
- 线性回报衍生品是风险分担工具。
- 远期合约是一种协议，根据这一协议，在规定时间结束的时候，需要以规定的价格交割某种物品。它不同于期货合约，因为远期合约是非标准化的并且是柜台交易的。
- 期货合约是买方（卖方）和一个设立的交易所或其清算所之间的协议。根据这一协议，买方（卖方）同意在规定时间结束的时候，以规定的价格接受（做出）某种物品的交割。
- 期货合约必须是盯市的，而远期合约可以是盯市的也可以是非盯市的。
- 当期货价格上涨时，建立一个期货/远期多头头寸的投资者将实现收益；当期货价格上涨时，建立一个期货空头头寸的投资者将遭受损失。
- 期货/远期合约的理论价格是由套利观点确定的，即通过采用现货持有交易或反向现货持有交易，将纠正对理论价格的任何偏离。
- 期货/远期合约的理论价格等于现货价格加上持有成本。
- 持有成本等于为建立这一头寸的融资成本减去标的资产的现金收益。
- 股指期货合约的标的可以是一个宽基股

23　有关如何实现这一点的解释，请参见Fabozzi(2009)。

- 票市场指数，也可以是一个窄基指数。
- 股指期货合约是现金结算合约。
- 股指期货合约存在的一些细微差别要求修正理论期货模型，这些差异包括①标的的期间现金流；②用于交割的资产是一揽子股票而非单个资产。
- 长期国债期货合约的标的工具是一个假设的20年期面值为$100 000息票率为6%的付息债券。
- 转换因子用于调整长期国债期货合约的清单价格，使得交割对双方而言都是公平的。
- 做空长期国债期货合约具备几个交割选择权：品质选择权或互换选择权、择时选择权和外卡选择权。
- 最廉交割发行就是可接受国债发行中具有最高回报率的那个发行。
- 对长期国债期货合约而言，空方所享有的交割选择权降低了标准套利模型所给出的理论期货价格。
- 利率互换是一种协议，根据这一协议，交易双方在规定的时间根据名义本金金额交换利息支付。
- 在一个一般利率互换中，一方同意支付固定利率并获得浮动利率支付，而另一方同意支付浮动利率并获得固定利率支付。
- 利率互换是柜台交易的工具。

问 题

1. (1) 从交易对手风险的角度来看，期货合约和远期合约存在什么差异？
   (2) 对下面的说法做出评论：不同于远期合约，期货合约要求盯市。
   (3) 在什么情况下，期货和远期价格是相等的？
2. 在期货合约中，当最初在合约中建立起一个头寸时，必须存入初始保证金。如果账户中的权益下降到维持保证金之下，那么为了维持这一头寸，需要存入多少资金？
3. 请从金融的角度而非数学的角度解释式(18-14)，下面再次给出式(18-14)：
$$U_{13} = E^Q[U_{23} | \mathfrak{I}_1]$$
$$= E^Q\{E^Q[U_{33} | \mathfrak{I}_2] | \mathfrak{I}_1\}$$
4. (1) 为什么股指期货合约定价不是那么直接的？
   (2) 是否能够利用理论期货价格和期货市场价格之间的偏差获得套利？请对你的回答做出解释。
5. (1) 对长期国债期货合约而言，有哪三种主要的交割选择权？
   (2) 它们如何影响理论期货价格？
6. 为了实现特定的风险管理目标，市场参与者为何偏好使用利率互换而非一系列期货/远期合约？
7. 假设存在一个以不支付股利的股票为标的的远期合约。股票的现货价格为$80，并且下一个时段其价格将为$85或$78。远期价格为$83。无风险利率是一个常数，为5%。
   (1) 这一期货合约的价值是多少？
   (2) 给定(1)部分的答案，是否存在一个套利机会？
   (3) 如果存在套利机会，请给出利用这一套利机会的策略。
8. 假设一个股指当前的指数价值为10 000。期望股指年股息支付率为3%。如果无风险借贷利率为每年6%，那么以这一股指为标的的6个月期货合约的理论指数价值是多少？
9. 签订一个以不支付股利的股票为标的的一年期期货合约，股票的现货价格为$30，无风险利率为10%。
   (1) 当前的期货价格等于多少？这一期货合约的价值是多少？

(2) 6个月以后，股票价格上涨到 $35，无风险利率上涨到 8%。期货价格等于多少？那个时候这一期货合约的价值是多少？

10. 在一个无套利市场中，存在两个时段，且 2 时刻和 3 时刻之间的利率是随机的。假设有一个资产，在这两个时段中不支付股利。下表中的每一行给出了一种可能的从 1 时刻到 3 时刻资产价格的变化。

资产价格变化

1 时刻	2 时刻	3 时刻
$5	$6	$8
$5	$6	$5
$5	$3	$5
$5	$3	$3

1 时刻和 2 时刻之间的利率为 10%；对前两种情况，2 时刻和 3 时刻之间的利率为 12%，对后两种情况为 8%。

(1) 计算 1 时段和 2 时段，以及 2 时段和 3 时段之间所有的风险中性概率。

(2) 计算期货价格。

11. 对一个长期股权期货合约而言，一个最廉交割债券满足：

债券现货报价 − 期货报价 × 转换因子

最小化。假设长期国债期货报价为 $100。下面三个债券中哪一个是最廉交割的？

债券	债券报价	转换因子
1	$125	1.20
2	$131	1.25
3	$120	1.10

参考文献

Fabozzi, Frank J. (2009). *Bond Markets, Analysis and Strategies.* Hoboken, NJ: John Wiley & Sons.

Pliska, Stanley R. (1997). *Introduction to Mathematical Finance.* Malden, MA: Blackwell.

第 19 章 衍生品套利定价：非线性回报衍生品

本章，我们将为非线性回报衍生品定价，其中特例就是标准看涨和看跌股票期权。由于对所有类型的期权，估值方法是一样的，我们将主要关注股票期权，以期更好地理解非线性回报衍生品的定价特征。

19.1 基本概念

期权是一种合约，赋予期权买方在期权到期日当天或之前，以事先协商好的价格，买入或者卖出一个特定资产的权利，而非义务。协商好的价格称为**成交价格**或**行权价**。**看涨期权**代表买入标的资产的权利，而**看跌期权**则代表卖出标的资产的权利。利用期权买入或者卖出标的资产的行为称为**行权**。**美式期权**可以在期权到期日当天或之前任何时候行权。**欧式期权**只能在期权到期日当天行权。有四类主要的期权：美式看涨期权、美式看跌期权、欧式看涨期权和欧式看跌期权。[1]

为了签订一项期权合约，期权的买方必须向卖方(也称为期权卖方)支付一定的费用。这一费用称为**期权价格**或**期权费**。注意期货合约或远期合约相比期权有两个重要的差异。首先，为了签订一项期权合约，一方必须向另一方支付一笔费用：期权买方必须向卖方支付期权价格。其次，期权合约只要求一方履行义务，而期货合约或远期合约要求双方都履行义务。对期权而言，当期权买方行权的时候，就要求期权卖方履行义务。但是，在支付期权价格之后，期权买方只需要根据其意愿来决定是否行权。如果不行权的话，那么他就能轻而易举地放弃这个期权，而无须承担任何进一步的义务。

到期日期权估值时非常容易计算的。例如，考虑一个 IBM 股票的看涨期权和看跌期权，执行价格为 $100。在期权到期日，如果 IBM 的股价为 $110，那么看涨期权的价值就是 $10(= $110 − $100)，但是看跌期权就一文不值了。另一方面，如果 IBM 的股价为 $80，那么看跌期权的价值就是 $20(= $100 − $80)。

到期日，T 时刻，一个看涨期权的价值为股票交割减去执行价格的值和零中较大的那个，

---

[1] 还有一些期权允许在到期日之前的某些日期而非所有日期行权。

$$C_T = \max(S_T - X, 0) = (S_T - X)^+ \tag{19-1}$$

其中$(S_T-X)^+$为$\max(S_T-X, 0)$常用的简写，S_T为到期日股票价格，X为执行价格。

类似地，到期日，一个看跌期权的价值为：

$$P_T = \max(X - S_T, 0) = (X - S_T)^+ \tag{19-2}$$

注意，即使最终股票价格翻倍，回报并不一定翻倍。例如，考虑一个IBM股票的看涨期权，执行价格为$100，在到期日股价分别为$100和$200的情况下比较回报。当最终股票价格为$100时，看涨期权回报为零。但是，当终止股票价格为$200时，看涨期权回报为$100。所以说，期权回报是非线性的。这里我们可以看出期权和期货或远期合约的另一个差异。对期货或远期合约而言，标的最终价格的翻倍意味着合约回报的翻倍。正如第18章所讨论的，期货的远期合约具有线性回报。

实践中，期权投资者对所有可能股票价格下的潜在收益感兴趣。对上面的IBM期权而言，图19-1画出了期权到期日看涨期权的潜在收益。让我们假设IBM看涨期权的价格为$5。当到期日股票价格为$S_T$=$110时，期权买方的收益为$5（为了简便起见，假设利率为零）。通过执行这一看涨期权，期权卖方实现了$10。但是这一金额必须减去期权价格$5，从而行权的净收益为$5=($10-$5)。当$S_T$=$120时，收益为$15。但是，如果$S_T \leq 100$，那么期权买方就不会行权，遭受的最大损失为$5，即期权购买价格。图19-2是看跌期权潜在收益的类似的图。

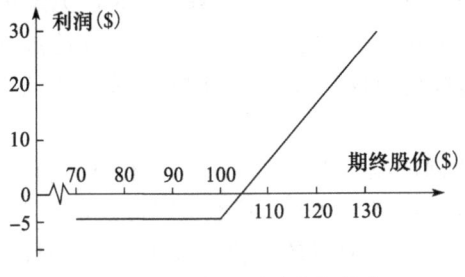

图19-1 到期日看涨期权价值

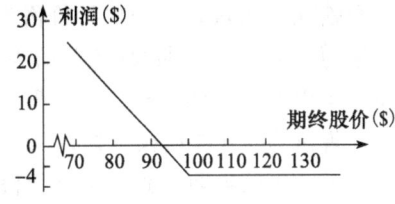

图19-2 到期日看跌期权价值

从现在到到期的任何时刻t，期权持有者可以采取以下三种行动中的一种：①持有期权；②行权（如果期权合约允许在到期日之前行权）；③卖出期权。我们称一个看涨期权。

虚值期权，如果股票价格低于执行价格，$S_T < X$

平价期权，如果股票价格等于执行价格，$S_T = X$

实值期权，如果股票价格高于执行价格，$S_T > X$

对一个看跌期权，定义相同，但是不等号要倒过来。

显然，只有当期权是实值期权的时候，期权买方才会行权。例如，对一个执行价格为$100（即$X$=$100）的IBM看涨期权，只有当股票价格高于$100时期权买方才会行权。执行价值称为期权的**内在价值**。一般而言，$\max(S_T-X, 0)$是一个看涨期权的内在价值，而$\max(X-S_T, 0)$则是一个看跌期权的内在价值。值得一提的是，对虚值期权和平价期权，内在价值为零。

在到期之前，当期权是实值期权的，那么期权买方无须行权。如果期权买方希望实现内在价值，那么只需要在市场上将期权卖出即可。简单套利将保证期权的价格至少等于行权的价值（即内在价值），并且通常会高一些。本章后面所讨论的期权定价理论的目的在于确定一个期权的公平价格。

19.2 期权的简单应用

我们为什么要关注期权？它们不仅是对冲的工具，还是投机的工具。例如，如果一个投资者持有 IMB 股票，并担心股票存在价格下跌风险，那么他就可以购买一个 IBM 股票的看跌期权。例如，如果投资者持有一单位的 IBM 股份，当前价格为 \$100，并且希望避免股票价格跌倒 \$80 的风险，那么他就可以购买一个执行价格为 \$80 的看跌期权。那么从购买日到到期日，无论股票价格如何变动，投资者总是能够以至少 \$80 的价格卖出股票。换言之，由于看跌期权的存在，期权生命周期股票头寸的底部价值为 \$80。如果投资者更加偏好风险的话，那么他就可以购买一个执行价格为 \$50 的看跌期权。购买一个看跌期权类似于购买一份保险，而执行价格本质上就是一个资产所能获得的最低价格，资产当前价格和执行价格之差则是保险购买者愿意接受的免赔额。当然，期权价格就是保险费（从而，我们可以将期权费作为期权价格的同义词）。例如，假设股票价格为 \$100 并且投资者购买了一个执行价格为 \$70 的看跌期权。如果股票价格下跌，那么投资者愿意接受的最大损失为 \$30。因此，本质上 \$30 就是免赔的。反之，如果投资者购买了一个执行价格为 \$80 的看跌期权。那么如果股票价格下跌，投资者愿意接受的最大损失只有 \$20，免赔的就是 \$20。对保险而言，保险购买者愿意接受的免赔额越高（即执行价格越低），保险成本就越低。对看跌期权而言，一个执行价格为 \$70 的看跌期权（免赔的为 \$30）的成本要低于一个执行价格为 \$80 的看跌期权（免赔的为 \$20）。

现在考虑对期权的投机应用。假设 IBM 当前的股价为 \$100，一个执行价格为 \$110 的看涨期权售价为 \$5（即期权价格）。如果一个投资者有 \$5 000，那么他就可以购买 1 000 个期权。[2] 那么，如果到期日股票价格上涨到 \$150，每个期权的价值就等于 \$40，即这 1 000 个期权的总价值为 \$40 000。投资于看涨期权头寸的 \$5 000 的回报为 700%[=(\$40 000－\$5 000)/\$5 000]。相比之下，如果他直接投资于股票，投资者可以购买 50 个单位的股份（=\$5 000/\$100），每单位股份实现的利润为 \$50，即 50 个单位的股份总共实现的利润为 \$2 500。在这种情况下，回报为 50%[=(\$5 000－\$2 500)/\$5 000]。

尽管看涨期权投资产生的回报远远高于直接投资于股票，但是也存在风险大大上升的劣势。为了说明这一点，假设股票价格上涨到 \$105 而非 \$150。股票投资将带来 5% 的回报，而期权投资将遭受 100% 的损失，因为到期日所有的看涨期权一文不值。这个简单的例子强调了期权交易的高风险高回报本质。

期权的利用方式是多种多样的。例如，对公司消息或者收益公告下赌注就是非常常见的。现在假设，在消息公布之前，我们不知道消息是好是坏。如果一个投资者相信消息公布之后股票价格将发生大幅变动，那么他就可以同时买入股票的看涨期权和看跌期权，每

---

2 在现实世界中，股票期权通常包含 100 个单位的标的股票。但是，为了简便起见，我们假设每个期权包含 1 个单位的标的股票。

种期权的执行价格为平价（ATM）。如此，无论股票价格上涨还是下跌，只要股票价格变动的幅度足以弥补期权价格，他就可以赚钱。这一策略称为**鞍式期权策略**（straddle），如果不存在期权的话，显然是很难做到的。此外，由于平价期权的价格要远远高于虚值期权，投资者就可以买入后者。从而这一策略就称为**跨式期权**（strangle）。

19.3 看涨-看跌期权平价

一个欧式看涨期权和一个欧式看跌期权的价格关系并非任意的。套利存在的可能性使得它们通过**看涨-看跌期权平价**联系在一起：

$$S + P = C + D + PV(X) \tag{19-3}$$

其中，D 为期权生命周期内标的股票所支付的股利的现值，$PV(X)$ 为执行价格的现值。其含义就是，式(19-3)的左侧代表买入一份股票和一个看跌期权，具有上涨空间而下跌空间是有限的，式(19-3)的右侧代表买入一个看涨期权和一项可以获得确定现金的无风险投资。由于未来两者具有相同的回报，当不存在无成本的套利[3]时，两者当前的价格应该是相等的。注意尽管看涨-看跌期权平价是在个股期权的基础上建立的，但是这一关系对股指期权和债券期权同样成立。对债券期权而言，期权生命周期的股利支付被息票支付代替。

对看涨-看跌期权平价关系的缜密证明如下。为了简便起见，假设不存在股利。考虑这两个组合的回报。组合 A 由一单位股份和一个看跌期权构成。组合 B 由一个看涨期权和一项现值为 X 的投资构成。定义 S_T 为到期日股票价格。那么，正如我们下面将给出的，无论股票价格是多少，在到期日，这两个组合总是具有相同的回报。

因此，如果不存在套利，那么这两个组合当前的价格必须是相等的。

		到期日价值
如果	$S_T \leqslant X$	$S_T > X$
组合 A		
买入股票	S_T	S_T
买入一个看跌期权	$X - S_T$	0
合计	X	S_T
组合 B		
买入一个看涨期权	0	$S_T - X$
投资现值为 X	X	X
合计	X	S_T

在期权定价过程中，我们通常采用连续复利利率（见网页附录 J）。如果现在时刻是 0 时刻，并且到期日为 T，那么：

$$PV(X) = X e^{-rT}$$

其中，r 为连续无风险复利（年化的）。

看涨-看跌期权平价的应用是直截了当的。例如，假设一家企业的股票价格为 $50。假设有一个期限为 6 个月，执行价格为 $45 的看跌期权，市场售价为 $3。进一步假设 $r = 5\%$。那么一个看涨期权的售价应该是多少呢？

3　交易佣金和非流动性将阻止套利发生，进而阻止一个精确的看涨-看跌期权平价关系的建立。

现在我们有：
$$S = \$50, \quad X = \$45, \quad P = \$3, \quad r = 5\%, \quad T = 0.5, \quad D = 0$$
执行价格的现值为：
$$PV(X) = \$45 \times e^{-0.05 \times 0.5} = \$43.89$$
根据看涨-看跌期权平价，我们有：
$$C = S + P - PV(X) = \$50 + \$3 - \$43.89 = \$7.12$$

注意上面的看涨-看跌期权平价对欧式期权完全成立，而对美式期权只是近似成立。一个原因就是，美式看涨期权或看跌期权有可能在到期之前执行，而另一个期权可能依旧是虚值期权。

19.4 估值的关键思想

几乎所有期权估值公式（即确定一个期权理论价值的公式）的基本观点就是

» 股票和债券的一定组合（称为**复制组合**）复制期权的回报。
» 期权和股票的合适组合（称为**对冲组合**）是无风险的。

因此，如果不存在套利，第一个组合（即复制组合）的成本必须等于期权价格，而第二个组合（即对冲组合）的回报必须等于无风险利率。

为了获得期权价格，我们需要对从现在开始到期权到期这段时间股票价格的变动做出一个假设。给定这样一个假设，并利用不存在套利机会的假设，我们可以根据上述任意一种观点，得到理论期权价格。

19.5 单期二叉树模型

在这一节，我们通过基于上述关键观点的简单期权估值方法。为了使得思想和方法尽可能地易于理解，我们假设一个一期二状态股票价格模型。后面我们将放宽这些假设。

19.5.1 复制组合

假设一个股票当前的价格为 $50，并且下个月它将有两种可能的价值：“繁荣"状态下的 $60 或"萧条"状态下的 $40。考虑一个欧式看涨期权，下个月买入股票的执行价格为 $55。如果月度无风险利率为 $r=1\%$，那么看涨期权的价格应该是多少？

注意如果股票价格上涨的话，看涨期权的价值将为 $5，而如果股票价格下跌的话，看涨期权的价值将为 $0。现在我们希望复制这一期权的回报。考虑这样一个组合，包含 0.25 个单位的股份和卖出价值为 $9.90 的债券。卖出债券是获得资金（即借入资金）用于投资的一种方式，定义为 —$9.90。我们后面将推导这一包含 0.25 个单位的股份和卖出这一金额的债券的组合的构建。

如果股票价格上涨到 $60 的话，0.25 个单位的股份的价值将为 $60×0.25 = $15。卖出债券意味着，不仅需要偿还 $9.90，还需要支付 $0.90（1 个月利率 1%）的利息。为了履行债券义务，需要支付 $10。而组合的价值就等于股票价值($15)和债券还本付息($10)的差，即 $5。相反，如果股票价格下跌的话，0.25 个单位的股份的价值将为 $10，仅仅能够还本付息，从而组合价值为 $0。

我们已经指出，上面的组合复制了看涨期权的回报。如果不存在套利，那么组合的成本必须等于看涨期权的成本，意味着：

$$0.25 \times \$50 - \$9.90 = \$2.60$$

必须是看涨期权的价格。

剩下的问题就是：我们如何构建这一复制组合？假设我们需要 Δ 单位股份和 B 单位债券，于是我们希望利用(见图 19-3)：

在繁荣状态下，$\$60 \times \Delta + 1.01 \times B = \$5$
在萧条状态下，$\$40 \times \Delta + 1.01 \times B = \$0$

图 19-3 复制组合

来复制看涨期权的回报。通过求解上面的两个方程我们得到 $\Delta = 0.25$ 和 $B = -\$9.90$。

根据这一复制组合，持有一个看涨期权相当于一个持有 Δ 单位股份和 B 单位贷款的组合，即

$$C = S\Delta + B \tag{19-4}$$

这就是说：

$$\begin{aligned}&\text{建立看涨期权的多头头寸的价值}\\&= \text{建立标的资产的多头头寸的价值} + \text{借入资金}\end{aligned} \tag{19-5}$$

即看涨期权可以通过一个股票和杠杆的组合人工合成，其中这一组合的回报复制了看涨期权的回报，这也是这一组合称为复制组合(也称为**等价组合**)的原因。

一般来说，如果一个股票当前价格为 S，并有可能上涨到 $(1+u)S$ 或下跌到 $(1+d)S$，其中 $u>r$ 且 $d<r$，那么对复制组合，我们对

在繁荣状态下，$(1+u)S \times \Delta + (1+r) \times B = C_u$
在萧条状态下，$(1+d)S \times \Delta + (1+r) \times B = C_d$

求解，其中 C_u 和 C_d 分别为经济繁荣和经济萧条状态下的看涨期权价值。解是非常容易得到的，

$$\Delta = \frac{C_u - C_d}{S(u-d)}, B = \frac{(1+u)C_d - (1+d)C_u}{(u-d)(1+r)} \tag{19-6}$$

式(19-6)是寻找一个复制组合的一般公式。利用式(19-6)和式(19-4)，我们可以将看涨期权价格解为：

$$C = \frac{pC_u + (1-p)C_d}{1+r}, p = \frac{r-d}{u-d} \tag{19-7}$$

我们后面将指出，从一个风险中性投资者的角度来看，可以将风险中性概率 p 理解为概率。看涨期权的价值就只是风险中性概率计算得到的看涨期权期望回报的现值。式(19-7)是第 16 章所讨论的理论的一个特例。另外注意只要将公式中的回报改为看跌期权价值，那么同样的公式还可以用于看跌期权。或者，也可以利用看跌-看涨期权平价来计算看跌期权价格。

现在，为了对上面的看涨期权估值，我们可以直接利用式(19-7)而无须计算复制组合。我们有 $u=20\%$，$d=-20\%$，从而：

$$p = (0.01+0.20)/(0.20+0.20) = 0.525$$

从而，

$$C = \frac{0.525 \times \$5 + (1-0.525) \times \$0}{1+0.01} = \$2.60$$

和前面的答案是一样的，也确实应该如此。

19.5.2 对冲组合

现在考虑一个做市商的头寸，他向一个投资者出售一个看涨期权，并有可能买入 Δ 单位股份作为对冲。即他持有一个组合，由①一个看涨期权的空头头寸，和②Δ 单位股份的多头头寸构成。如果股票价格上涨的话，那么这一组合下个月的价值将为（$\$60\Delta - \$5$），而如果股票价格下跌的话这一组合下个月的价值将为 $\$40\Delta$。

做市商如何构建一个无风险组合？如果他买入 $\Delta=0.25$ 单位股份，无论哪种状态实现，即无论股票价格上涨还是下跌，组合的价值都将为：

$$\$60\Delta - \$5 = \$40\Delta = \$10$$

假设经济体中不存在套利机会，那么这一组合的收益必须为无风险利率。由于组合的成本为（$\$50 \times 0.25 - C$）$=$（$\$12.5 - C$），其中 C 为看涨期权价格，而 $-C$ 代表"负"成本，这是因为，做市商通过卖出这一看涨期权获得资金，我们必然有：

$$C = \frac{\$10 - (\$12.5 - C)}{\$12.5 - C} = 1\%$$

即 $C = \$12.5 - \$10/(1+1\%) = \$2.60$。

注意复制组合和对称组合密切相关。如果 $S\Delta + B$ 复制一个看涨期权 $C = S\Delta + B$ 的回报，那么由于 $S\Delta - C = B$ 是无风险的，$S\Delta - C$ 必然就是对称组合，反之亦成立。为了对冲任意一个看涨期权，对冲组合的股份数量 Δ（称为**对冲比率**）就可以从式(19-6)计算得到。

19.5.3 风险中性估值

复制组合和对冲组合估值为如何确定期权价格提供了深远的见解。特别地，期权价格与投资者的风险容忍程度无关。直观上，无论投资者的风险容忍程度有多高，他将利用任何套利机会，因为根据定义，这种机会是无风险的。因而，不存在套利不依赖于投资者风险容忍程度，而依赖于不存在套利机会的期权价格也同样如此。

期权价格不依赖于投资者风险容忍程度这一事实具有根本性的重要意义，带来了所谓的**风险中性估值**。我们可以通过计算一个想象的**风险中性**世界中期权价格，来获得现实世界中的期权价格。在这个风险中性世界中①所有的投资者仅关注期望回报（而非由标准差测度的风险）；②所有风险投资的期望回报和无风险利率相同。

风险中性估值是一种简便迅速计算期权价格的方法。现在考虑我们如何利用它来计算得到前面的看涨期权价格 $\$2.6$。在一个风险中性世界中，股票的期望回报必须等于每个月的无风险利率 1%，从而：

$$p\$60 + (1-p)\$40 = \$50(1+1\%)$$

其中，p 为股票价格上涨的风险中性概率，$(1-p)$ 为股票价格下跌的风险中性概率。求解上述方程，我们有：

$$p = 0.525$$

现在，利用这一概率，我们就能够计算看涨期权的期望回报，

$$0.525 \times \$5 + (1-0.525) \times \$0 = \$2.625$$

由于在一个风险中性世界中，该期权应该带来无风险利率，用 r 对其期望回报贴现就应该是其当前价格，即：

$$C = \frac{0.525 \times \$5 + (1-0.525) \times \$0}{1+r} = \frac{\$2.625}{1+1\%} = \$2.60$$

一般而言，如果一个股票价格上涨到 $(1+u)S$ 或下跌到 $(1+d)S$，那么风险中性概率就必须满足：

$$p \times (1+u)S + (1-p) \times (1+d)S = S \times (1+r)$$

从而：

$$p = \frac{r-d}{u-d} \tag{19-8}$$

看涨期权的期望回报就是：

$$pC_u + (1+u)C_d$$

看涨期权价格就等于期望回报贴现：

$$C = \frac{pC_u + (1+u)C_d}{1+r} \tag{19-9}$$

这个公式和式(19-7)一样。注意分析这些概率是股票价格增长率(即一个股票价格上涨或下跌的量)和 r 的方程，但是不依赖于任何看涨期权或看跌期权的特征。

为了进一步说明，考虑另外一个例子。一家企业的股票售价为 \$100。知道从现在开始的一年以后股票价格将为 \$125 或 \$75。可以知道，u 等于 0.25，d 等于 -0.25。假设无风险利率为每年 4%。那么一个执行价格为 \$110 期限为一年的欧式看涨期权的价格应该是多少？这个问题可以分三步解决。首先，找到风险中性概率：

$$p = (r-d)/(u-d) = (0.04+0.25)/(0.25+0.25) = 0.58$$

其次，找到期权到期日的期望回报：

$$p \times \$15 + (1-p) \times \$0 = \$8.70$$

最后，对期望回报贴现，得到 0 时刻期权价格：

$$C = \$8.7/(1+0.04) = \$8.37$$

19.6 布莱克-斯科尔斯公式

在这一节，我们给出著名的布莱克-斯科尔斯(Black-Scholes)期权定价公式。我们首先给出主要的假设，即股票价格服从对数正态分布，然后根据无套利原则计算期权价格。最后，我们探讨这一公式的各种特征。

19.6.1 对数正态分布股票价格

到目前为止，我们在计算期权价格时，都假设股票价格根据未来两种状态变化，这显然是一个过于简单的假设。另外一个描述股票价格变动的模型称为**随机游走**，根据这一模

型，假设股票价格根据下式变动：

$$S_{t+1} = S_t + \varepsilon_{t+1} \tag{19-10}$$

其中 ε_{t+1} 为噪声项。根据这一模型，未来的股票价格等于当前的股价加上一个随机噪声。噪声 ε_{t+1} 服从均值为零标准差为 σ 的正态分布。标准差 σ 反映了价格波动程度。例如，假设当前的价格 $S_0 = \$50$，$\varepsilon_{t+1}$ 的标准差为 2。各种各样接下来的好消息或者坏消息将给股票价格带来冲击，冲击程度比方说是 $\varepsilon_1 = 0.85$、$\varepsilon_2 = -1.34$、$\varepsilon_3 = 0.28$ 等。股票价格将为 $S_1 = \$50 + 0.85 = \$50.85$、$S_2 = \$50.85 - 1.34 = \$49.51$、$S_3 = \$49.51 + 0.28 = \$49.79$ 等。

为了更好地理解随机游走模型，在继续进一步的讨论之前，回顾两个有关回报率的定义是非常有用的。第一个定义就是**离散回报**或简单回报，由下式给出：

$$R_t = (S_{t+1} - S_t)/S_t = S_{t+1}/S_t - 1 \tag{19-11}$$

为价格变动的百分比。第二个定义就是**连续复利回报**，由下式给出：

$$R_t^* = \ln(S_{t+1}/S_t) \tag{19-12}$$

以自然对数形式给出的价格变化率。如果当前的价格为 \$50，未来价格为 \$25 或 0，那么简单回报为 -50% 或 -100%。由于简单回报存在下界，并且是对称的，所以一个 -200% 的简单回报就没有任何意义。另一方面，连续复利回报对任何值都是有意义的。例如，连续复利回报等于 -50%、-100% 和 -200% 就意味着，未来股票价格分别为 $\$33.33 (= 50\mathrm{e}^{-0.5\times 1})$、$\$18.40$ 和 $\$6.77$。为了与连续时间内价格变动也是连续的这一假设相一致，在衍生品定价中，通常采用连续复利回报而非简单回报。通常假设连续复利回报服从正态分布，进一步假设它关于 0 点对称。此外，衍生品中所使用的波动率为连续复利回报而非简单回报的标准差。

回到式(19-10)所给出的随机游走模型，尽管这一模型非常流行，但是存在两个问题。首先，正态随机变量实现一个大的负值的概率为正。例如，在前面 $S_0 = \$50$ 的例子中，ε_1 小于 $-\$50$ 的概率为正，导致 $S_1 < 0$。在现实世界中，这显然是不可能的。解决这一股票价格为负的一个简单方法就是假设价格的自然对数是一个随机游走。即：

$$\ln(S_{t+1}) = \ln(S_t) + \varepsilon_{t+1} \tag{19-13}$$

在这种情况下，如果当前的价格为正，那么未来价格 $S_{t+1} = S_t \mathrm{e}^{\varepsilon_{t+1}}$ 将始终为正。

随机游走模型的第二个问题就是，期望股票回报为零，这也是不现实的。假设 μ 为年期望回报。我们就可以将其加入上面的式(19-13)得到：

$$\ln(S_{t+1}/S_t) = \mu + \varepsilon_{t+1}, \varepsilon_{t+1} \sim N(0, \sigma^2) \tag{19-14}$$

其中，$N0(0, \sigma^2)$ 定义了均值为零标准差为 σ 的正态分布。

最后两个变化给我们带来了下面的布莱克-斯科尔斯模型背后的基本假设。

假设 1：连续复利股票回报 $\ln(S_{t+1}/S_t)$ 是独立的，且服从均值为 μ 方差为 σ^2 的正态分布。

这一假设也称为一般**随机游走模型**、**几何布朗运动**和**对数正态股票价格模型**。图 19-4 对于理解这一假设是非常有用的。

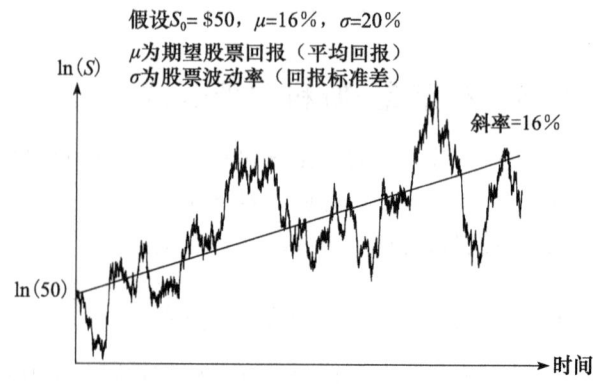

图 19-4 对数正态假设下的价格

假设当前股票价格为 \$50，且其平均增长率或期望回报为 $\mu=16\%$，每年的波动大小为 20%（即年波动率）。在无风险的情况下，股票价格应该以 16% 的速度增长，即其价格在不同时间的连线应该构成一条斜率为 16% 的直线。但是，由于在这个过程中不断有好消息和坏消息释放，实际价格路径是一条上下波动的曲线，且年度波动的幅度服从正态分布，年波动率为 20%。

对数正态假设是可加的，这是因为，两个对数正态回报的和依旧服从对数正态分布。假设当前时刻为 0 时刻。在 T 个时段以后，总回报为：

$$R_T^* = \sum_{t=1}^{T} \ln(S_{t+1}/S_t) = \mu T + \sum_{t=1}^{T} \varepsilon_t \tag{19-15}$$

期望回报和方差为：

$$E[R_T^*] = \mu T, \mathrm{var}[R_T^*] = \sigma^2 T \tag{19-16}$$

这就是说，期望回报随着时刻 T 线性增长，但是标准差（也称为波动率）以 $\sigma\sqrt{T}$ 增长。由于 $R_T^* = \ln(S_{t+1}/S_t)$，我们也可以将对数正态假设改写为：

$$\ln(S_T) \sim N[\ln(S_0) + \mu T, \sigma^2 T]$$

两边取对数，我们有价格形式的假设：

$$S_T = S_0 \mathrm{e}^{\mu T + \sigma \sqrt{T} \tilde{z}} \tag{19-17}$$

其中 $\tilde{z}$ 为一个均值为零方差为 1 的标准正态随机变量。这个公式在后面将是非常有用的。

19.6.2 公式

回顾一下，在我们的一期二状态模型中，看涨期权的价格是由下式给出的：

$$C = \frac{pC_u + (1-p)C_d}{1+r} \tag{19-18}$$

即价格以期望回报根据无风险利率贴现的形式给出。这也是第 16 章所探讨的风险中性估值原理。即使是在对数正态的假设下，我们仍然有：

$$C = \mathrm{e}^{-rT} E(\widetilde{C}_T) \tag{19-19}$$

其中，r 为连续复利无风险利率（通常是年化的），T 为从（当前时刻）到期权到期（通常以年来测度）的时间。现在的关键就在于在对数正态的假设下，计算期望回报 $E(\widetilde{C}_T)$。

由于 $\widetilde{C}_T = (S_T - X, 0)^+$，我们就可以将 $E(\widetilde{C}_T)$ 分解为两项，

$$\begin{aligned} E(\widetilde{C}_T) &= E(S_T - X \mid S_T \geqslant X) + E(0 \mid S_T < X) \\ &= [E(S_T \mid S_T \geqslant X) - X]\mathrm{prob}(\mid S_T \geqslant X) \end{aligned} \tag{19-20}$$

将 $\ln S_T$ 转换成标准正态随机变量，我们就能够明确计算得到这两项（见本章附录），进而得到最有用也是最著名的**布莱克-斯科尔斯期权定价公式**，这一公式用于欧式看涨期权的定价，

$$C = SN(d_1) - X\mathrm{e}^{-rT}N(d_2) \tag{19-21}$$

其中

$$d_1 = \frac{\ln(S/X) + (r + \sigma^2/2)T}{\sqrt{\sigma^2 T}}, d_2 = d_1 - \sqrt{\sigma^2 T}$$

且

$$N(d) = prob(\tilde{z} < d) = \int_{-\infty}^{d} \frac{1}{\sqrt{2\pi}} e^{-z^2/2} dz$$

为累积正态分布函数，即一个标准正态随机变量 $\tilde{z}$ 小于一个给定的值 d 的概率。实践中，$N(d)$ 可以利用 Excel 的 normsdist 函数命令非常容易地计算得到。例如，$N(0) =$ normsdist$(0) = 0.5$，$N(1) =$ normsdist$(1) = 0.8413$ 等。

式(19-21)给出的布莱克-斯科尔斯公式提供了一个以不支付股利的股票（后面将讨论支付股利的情况）为不断的欧式看涨期权的价格。为了计算看涨期权价格，需要提供五个参数：

S——当前股票价格；

X——执行或成交价；

r——期权生命周期的无风险利率（连续复利）；

σ——（连续复利）股票回报的标准差（波动率）；

T——到期日时间或到期期限。

注意 S、X 和 T 都是可以直接观测的，但是 r 和 σ 无法直接观测。需要估计得到它们的值，后面我们将讨论这些问题。

现在考虑如何应用布莱克-斯科尔斯公式。假设未来 3 个月不支付股利的股票现在的售价为 \$30。估计年化无风险利率为 6%，波动率为 50%。我们提出两个问题。首先，一个执行价格为 \$35 期限为 3 个月的看涨期权的价格是多少？其次，具有相同执行价格和期限的看跌期权的价格是多少？

这里我们有

$$S = \$30, X = \$35, T = 3 \text{ 个月}, \sigma = 0.5, r = 0.06$$

由于假设 r 为连续复利年化利率，从而 T 也应该是年的形式，即 $T = 3/12 = 0.25$ 年。

为了得到看涨期权的价格，我们首先计算 d_1 和 d_2：

$$d_1 = \frac{\ln(30/35) + (0.06 + 0.5^2/2) \times 0.25}{\sqrt{0.5^2 \times 0.25}} = -0.4316$$

$$d_2 = -0.4316 - \sqrt{0.5^2 \times 0.25} = -0.6816$$

然后，利用 Excel 或相关软件包，我们得到累积正态分布函数的值，

$$N(d_1) = N(-0.4316) = 0.3330$$

$$N(d_2) = N(-0.6816) = 0.2477$$

将这些值代入式(19-21)所给出的布莱克-斯科尔斯公式，我们有：

$$C = 30 N(d_1) - 35 e^{-0.06 \times 0.25} \times N(d_2)$$

$$= 30 \times 0.3330 - 35 e^{-0.06 \times 0.25} \times 0.2477 = \$1.45$$

给定看涨期权的价格，我们现在利用看跌-看涨期权平价得到如下的看跌期权价格：

$$P = C + PV(X) - S$$

$$= 1.45 + 35 e^{-0.06 \times 0.25} - \$30 = \$5.93$$

这里我们利用连续贴现计算执行价格的现值，这是因为，r 为连续复利利率。

我们如何来理解布莱克-斯科尔斯公式中的每一项？同样的复制组合理解，

$$C = S\Delta + B \tag{19-22}$$

对前面的二叉树模型和这里的对数正态模型都成立。只是这两个模型给出了不同形式的 Δ 和 B。现在我们有 $\Delta = N(d_1)$，即为复制看涨期权回报当前需要购买的 Δ，或对冲股份数量。这也是 S 上涨 \$1 时看涨期权买方大致可以赚到的钱。在这里的例子中，看涨期权卖方为了对冲这一看涨期权，应该买入 $N(d_1) = 0.3330$ 单位的股份。

$Xe^{-rT}N(d_2)$ 这一项类似于式 (19-22) 中的 B，即在复制组合过程中，为了给买入股票提供融资而借入的资金金额。注意 d_1 和 d_2 都是将对数股票价格和标准正态随机变量联系在一起的转换，它们不具有明显的经济意义。

此外，根据本章附录中的证明，$N(d_2)$ 是期权能够获利的风险中性概率。在前面的例子中为 24.77%。但是，需要指出的是，它不同于真实的概率 $N(d_2^*)$，其中：

$$d_2^* = (\ln(S/X) + \mu T) / (\sqrt{\sigma^2 T}) \tag{19-23}$$

是一个关于 μ 的方程，μ 为期望股票复利回报。如果风险中性概率等于真实概率，那么期望回报就是 $\mu = r - \sigma^2/2$。$N(d_2^*)$ 和 $N(d_2)$ 的标准差是一样的，只是对 $N(d_2^*)$ 而言，使用的是客观概率。在前面的例子中，如果 $\mu = 15\%$，那么 $d_2^* = -0.4666$，$N(d_2^*) = 33.3\%$。直观上，客观概率就是风险厌恶型投资者预期股票价格高于执行价格的概率，并且在一个风险厌恶型世界中必须高于风险中性概率。

布莱克-斯科尔斯公式第一个认识到期权是可以复制的资产，并且给定标的资产价格和其他参数，可以对期权做出定价的公式。它为之后的衍生品理论和实践提供了深远的见解。[4]

19.6.3 将股利考虑进去

布莱克-斯科尔斯公式假设不存在股利。但是实践中股票确实会支付股利。但是，很显然，只有那些在期权生命周期发生的股利才会影响期权定价。这里我们考虑两类股利。第一种是**离散**股利，在期权到期之前的一些有限日期支付。这是实践中个股的情况。第二种是**连续**股利，可以将股利视为连续支付的，例如持有股指或外币（外国利率发挥股利的作用）。

对欧式期权，我们可以直接将股利因素包含进去。我们可以非常容易地对股利调整价格再去应用布莱克-斯科尔斯公式，其中股利调整价格为股票价格减去股利现值。原因在于，当股利是可以完全预期的时候，每次股利支付的时候股票价格将下跌。我们可以想象有两家相同的企业，其中一家在当前支付所有股利的现值，另一家按序支付股利。由于两家企业支付的股利现值是相等的，从而在期权到期日必须具有相同的价值，这是欧式期权持有者所关注的问题。从而，第二家企业的期权必须和第一家的一样，只是对第二家企业而言，在其生命周期，不存在股利支付。

如果股利是离散的，并且根据一个已知的序列 $\{D_1, D_2, \cdots, D_m\}$，在 $0 < t_1, t_2, \cdots, t_m \leqslant T$ 支付，那么股利调整后的价格就是

$$S_D = S - D_1 e^{-rt_1} - D_2 e^{-rt_2} - \cdots - D_m e^{-rt_m} \tag{19-24}$$

---

[4] 布莱克-斯科尔斯的论文在被几本杂志拒绝之后，终于在 1973 年发表了。Merton(1973) 对他们的模型做出了扩展，提供了更深远的见解。斯科尔斯和莫顿因其在经济学领域做出的贡献，获得了 1997 年诺贝尔奖，而布莱克则因为已于 1995 年去世，未能获奖。

期权价格就为：
$$C = S_D N(d_1) - Xe^{-rT} N(d_2) \tag{19-25}$$

其中
$$d_1 = \frac{\ln(S_D/X) + (r + \sigma^2/2)T}{\sqrt{\sigma^2 T}}, \quad d_2 = d_1 - \sqrt{\sigma^2 T}$$

例如，假设 $S = \$50$，$X = \$50$，$T = 0.25$，$\sigma = 50\%$，$r = 6\%$，且股票在 1 个月中支付 \$2 的股利，即 $D_1 = 2$ 且 $t_1 = 1/12$。那么 $S_D = S - D_1 e^{-0.06 \times 1/12} = \$48.01$。对 S_D 应用式 (19-21) 所给出的布莱克-斯科尔斯公式，看涨期权的价格就等于 \$4.24。一个看跌期权的价格计算也是类似的。例如，具有相同执行价格的看跌期权的价格为
$$P = C - S_D + PV(X) = \$4.24 - \$48.01 + \$50 e^{-0.06 \times 3/12} = \$5.49$$

注意在这里应用的看跌-看涨期权平价是不包含股利的，这是因为，S_D 已经经过股利调整。我们也可以利用包含股利的看跌-看涨期权平价，但是此时就需要使用 S。答案显然是一样的。

对包含连续股利的欧式期权，股利现值为：
$$D = S(1 - e^{-\delta T}) \tag{19-26}$$

其中 δ 为年股息支付率。股利调整价格为：
$$S_D = S - D = Se^{-\delta T} \tag{19-27}$$

将其代入布莱克-斯科尔斯公式并重新整理各项，我们得到：
$$C = Se^{-\delta T} N(d_1) - Xe^{-rT} N(d_2) \tag{19-28}$$

其中
$$d_1 = \frac{\ln(S/X) + (r - \delta + \sigma^2/2)T}{\sqrt{\sigma^2 T}}, d_2 = d_1 - \sqrt{\sigma^2 T}$$

对欧式看跌期权的价格，类似的公式：
$$P = Xe^{-rT} N(-d_2) - Se^{-\delta T} N(-d_1)$$

成立。

19.6.4 估计 r

布莱克-斯科尔斯公式是 S、X、r、σ 和 T 这五个参数的函数（如果存在股利，那么第六个参数就是 δ），这些参数中，实践中，无风险利率 r 和波动率 σ 是需要估计得到的。根据金融市场数据可以非常容易地估计得到 r。对短期期权（1 年以内），r 的代理变量可以选择美国短期国债连续复利年回报率。例如，假设一个 90 天短期国债的面值为 \$100，现货价格为 \$99.30。那么就可以通过对 $100 = 99.30 e^{r \times 90/365}$ 求解，得到 r，即 $r = 2.85\%$。对长期期权，可以从中期国债价格中获得 r。

理论上，r 为期限与期权剩余期限相匹配的美国国债利率。对短期期权，短期国债的期限应该接近期权的期限。但是，由于期权价格对无风险利率相当不敏感，这些都是无关紧要的。为了说明这一点，考虑我们前面的例子，$S = \$30$，$X = \$35$，$T = 0.25$，$\sigma = 0.5$，$r = 0.06$，$d = 0.0$，看涨期权价格为 \$1.45。允许无风险利率从 1% 上升到 10%，我们有：

r	1%	2%	3%	4%	5%	6%	7%	8%	9%	10%
看涨期权价格（$）	1.34	1.36	1.39	1.41	1.43	1.45	1.47	1.49	1.51	1.54

上面的结果显示了看涨期权的价格如何随着无风险利率的变化而变化。r 的小差异或者估计误差并没有给期权价格带来很大的变化。

19.6.5　估计 σ

相比之下，看涨期权价格对波动率的值非常敏感。在上面的例子中，如果我们允许 σ 变化，我们有：

σ	10%	20%	30%	40%	50%	60%	70%	80%	90%	100%
看涨期权价格（$）	0.001	0.12	0.46	0.92	1.45	2.01	2.58	3.17	3.77	4.36

从上面可以看出，看涨期权价格从几乎一文不值波动到真实波动率 50% 下的 \$1.45。对同样百分比的估计误差，σ 相比 r 对期权价格的影响要大得多。所以，实践中对波动率做出精确的估计是非常重要的。

在布莱克-斯科尔斯公式中，波动率就是期权生命周期连续复利股票回报的标准差。它是期权定价中最重要的一个因子之一，也是最难估计的一个因子之一。这是因为，没有人知道，在期权余下的生命中，未来的波动率将是多少。但是，有两种广泛使用的方法。一是利用历史股票价格，并得到所谓的**历史波动率**。二是利用观测到的期权价格倒推得到波动率，在该波动率水平下，布莱克-斯科尔斯公式价格等于观测到的期权价格。这一波动率是由期权价格隐含给出的，称为**隐含波动率**。

19.6.5.1　估计历史波动率

历史波动率估计的计算可以分四步完成。

步骤 1：决定利用日数据、周数据还是月数据，以及利用多少数据观测值。

步骤 2：计算如下的连续复利回报

$$R_i^* = \ln[(S_i + Div_i)/S_{i-1}], i = 1, 2, \cdots, n$$

其中，S_0，S_1，S_2，$\cdots$，S_n 为股票价格，如果 i 时刻支付股利的话，Div_i 就为股利，否则就为零。

步骤 3：利用 Excel 或其他计算机软件获得 R_i^* 的标准差，称为 s。

步骤 4：将历史波动率 s 转换为年波动数据，

$$\hat{\sigma} = \sqrt{\tau} s$$

其中，τ 为一年中数据区间。例如，对日数据、周数据和月数据，分别为 $\hat{\sigma} = \sqrt{365} s$、$\hat{\sigma} = \sqrt{52} s$ 和 $\hat{\sigma} = \sqrt{12} s$。但是投资者通常都根据交易日数目而非日历数目调整日波动率。根据这一惯例，对日数据而言，就应该采用 $\hat{\sigma} = \sqrt{252} s$。例如，如果估计得到的日标准差为

1%，那么 $\hat{\sigma} = \sqrt{252} \times 1\% = 15.9\%$。由于布莱克-斯科尔斯公式所有的参数通常都是以年度形式来测度的，记住必须将标准差年化，这是非常重要的。

19.6.5.2 估计隐含波动率

现在考虑如何计算隐含波动率。通过一个例子，就可以很好地理解这一点。某日，微软的股票价格为 $80.375，并且执行价格为 $85 的看跌期权售价 $2.875。另外还有下面的额外信息，

$$S = \$80.375, X = \$85, T = 0.1945, r = 2.79\%, d = 0.0$$

对任何给定的 σ，我们就可以利用布莱克-斯科尔斯公式来计算看涨期权的价格。尽管我们现在知道 $C = \$2.875$，且 σ 是未知的需要倒推得到。

为了找到 σ，我们可以从一个低 σ 值和一个高 σ 值开始。一个 $\sigma = 10\%$ 大致说明，在下一年，股票价格有可能上涨 10%，也有可能下跌 10%，并且有可能是大多数股票波动率的低的估计值。另一方面，$\sigma = 100\%$ 就是一个高的估计值。计算 $\sigma = 10\%$ 时的看涨期权价格，标记为 $C(\sigma=0.10)$，同样计算 $\sigma = 100\%$ 时的看涨期权价格，我们有：

$$C(\sigma = 0.10) = \$0.2278, \quad C(\sigma = 1.00) = \$12.4018$$

注意观测到的价格 $C = \$2.875$ 在 $C(\sigma=0.10)$ 和 $C(\sigma=1.00)$ 之间，由于看涨期权价格是波动率的增函数，波动率必须在 0.10 好 1.00 之间。

现在计算 0.10 和 1.00 中点的看涨期权价格，我们有：

$$C(\sigma = 0.55) = \$6.0472$$

由于观测到的价格 $C = \$2.875$ 在 $C(\sigma=0.10)$ 和 $C(\sigma=0.55)$ 之间，波动率就必须在 0.10 好 0.55 之间。计算 0.10 和 0.55 中点的看涨期权价格，我们有：

$$C(\sigma = 0.325) = \$2.9168$$

由于观测到的价格 $C = \$2.875$ 在 $C(\sigma=0.10)$ 和 $C(\sigma=0.325)$ 之间，波动率就必须在 0.10 和 0.325 之间。计算 0.10 和 0.325 中点的看涨期权价格，我们有：

$$C(\sigma = 0.2125) = \$1.4361$$

由于观测到的价格 $C = \$2.875$ 在 $C(\sigma=0.2125)$ 和 $C(\sigma=0.325)$ 之间，波动率就必须在 0.2125 和 0.325 之间。

继续上面的过程，我们将发现：

$$0.2688 = (0.2125 + 0.325)/2, \quad C(\sigma = 0.2688) = \$2.1620 < \$2.875$$
$$0.2969 = (0.2688 + 0.325)/2, \quad C(\sigma = 0.2969) = \$2.5368 < \$2.875$$
$$0.3109 = (0.2969 + 0.325)/2, \quad C(\sigma = 0.3109) = \$2.7262 < \$2.875$$
$$0.3180 = (0.3109 + 0.325)/2, \quad C(\sigma = 0.3180) = \$2.8214 < \$2.875$$
$$0.3215 = (0.3180 + 0.325)/2, \quad C(\sigma = 0.3215) = \$2.8929 > \$2.875$$
$$0.3232 = (0.3180 + 0.3215)/2, \quad C(\sigma = 0.3232) = \$2.8929 > \$2.875$$
$$0.3224 = (0.3180 + 0.3232)/2, \quad C(\sigma = 0.3224) = \$2.8810 > \$2.875$$
$$0.3219 = (0.3180 + 0.3224)/2, \quad C(\sigma = 0.3219) = \$2.87502 \approx \$2.875$$

因此，隐含波动率为 $\sigma = 0.3219 = 32.19\%$。可以非常容易地利用计算机对上述过程编程，从而迅速找到隐含波动率。上述方法称为**二分法**。

一种更有效的(但是不那么直观的)方法就是 Newton-Raphson 算法。这一算法找到一

个方程的根；即从任意初始值 x_0 开始，根据下式不断迭代，获得 $f(x)=0$ 的解：

$$x_{i+1} = x_i - f(x_i)/f'(x_i)$$

其中，$i=0,1,2,\cdots$，直到收敛。由于现在的隐含波动率就是 $C(\sigma)-\$2.875=0$ 的解，我们基于一个任意的开始值，例如 $\sigma_0=1.0$，计算：

$$\sigma_{i+1} = \sigma_i - [C(\sigma=\sigma_i)-C]e^{d_1^2/2}\sqrt{2\pi}(S\sqrt{T})$$

得到 $\sigma_1=0.3225$，$\sigma_2=0.32192$，$\sigma_3=0.32192$。这一算法两步就得到了答案。

尽管交易者有可能会获得不同的历史波动率估计，但是如果他们认同布莱克-斯科尔斯公式，那么他们对隐含波动率的估计应该是相同的。隐含波动率代表当前市场对标的证券的波动率的估计，标的证券可以是一个股票、一个商品或一个股指。这不仅对期权交易者非常有用，还有助于股票投资者估计当前市场风险。

利用隐含波动率，布莱克-斯科尔斯公式所给出的期权价格就和其市场价格匹配起来。一个问题就是，我们为什么利用期权价格来计算波动率，而不是我们通常采用的其他方法。答案就是，期权市场包含所有交易者的股票波动信息，并从所交易的期权价格中反映出来。基于这样一个能够提供当前对波动率估计的期权价格就可以利用布莱克-斯科尔斯公式为其他以相同股票为标的但是具有不同执行价格和不同期限的期权定价，还可以为以与该股票密切相关的资产标的的期权定价。

19.6.6 测度价格对输入变量的敏感度：希腊字符

正如我们所发现的，下面的因素决定期权价格：①当前股票价格；②执行价格；③利率；④股票价格波动率；⑤到期期限；⑥持有成本（对股票而言就是股利）。给定这些因素，我们就可以利用布莱克-斯科尔斯公式来计算任意一个欧式期权的价格。这一节我们来考察这些因素的变化将如何影响期权价格。

现在根据连续股利布莱克-斯科尔斯公式考虑股票价格是如何影响一个看涨期权的价格的。我们的直觉就是，看涨期权赋予未来以一个固定价格（执行价格）买入一个股票的权利。其他因素相同的情况下，股票价格越高，看涨期权的价值也越高，从而看涨期权的价格也应该越高。数学上，对一个看涨期权价格关于股票价格求偏导，称为**期权的德尔塔**(delta)，为：

$$\Delta = \frac{\partial C}{\partial S} = e^{-\delta T}N(d_1) > 0 \tag{19-29}$$

其中右边为式(19-28)中布莱克-斯科尔斯看涨期权价格关于股票价格的偏导数。Δ 还是**对冲比率**，测度了股票价格变化所带来的看涨期权价格变化。

期权的伽马(gamma)，标记为 Γ，测度了股票价格变化所带来的**期权的德尔塔**变化，

$$\Gamma = \frac{\partial^2 \Delta}{\partial S^2} = \frac{n(d_1)e^{-\delta T}}{S\sigma\sqrt{T}} > 0 \tag{19-30}$$

其中 $n(d_1)=N'(d_1)=e^{d_1^2/2}/\sqrt{2\pi}$ 这就是说，随着股票价格上涨，德尔塔上升。如果 Γ 很小的话，那么德尔塔相对于 S 变化得很慢。如果 Γ 很大的话，那么德尔塔对 S 的变化更加敏感。

看涨期权价格显然是执行价格的减函数，

$$\frac{\partial C}{\partial X} = -e^{-\delta T}N(d_2) < 0 \tag{19-31}$$

直观上，执行一个看涨期权所需要的支付金额越大（即执行价格越高），那么期权的价

值就越低。

利率变化的效应称为**期权的柔**(rho)，标记为 ρ，为：

$$\rho = \frac{\partial C}{\partial r} = TX e^{-rT} N(d_2) > 0 \tag{19-32}$$

这就是说，看涨期权的价值与理论水平呈正相关。直观上，利率水平越高，行权购买一个价值相同的股票所需要支付的金额的现值越低，期权的价值就越高。

波动率是期权定价的一个关键因素。波动率变化所带来的期权价格变化称为**期权的维伽**（vega），并且通常标记为：

$$\text{vega} = \frac{\partial C}{\partial \sigma} = S\sqrt{T} e^{-\delta T} n(d_1) > 0 \tag{19-33}$$

这说明了一个著名的事实，即看涨期权价格随着波动率的上升而上升。一个看跌期权的 vega 也是正的。直观上，一个股票价格可能上涨也可能下跌。一个看涨期权或一个看跌期权允许投资者获得上涨潜力或下跌潜力，而其所承担的风险仅仅是期权费（在股票价格波动发生之前，向看涨期权或看跌期权所支付的金额）。波动率越高，股票价格上涨或下跌的幅度也越大。因此，较高的波动率伴随着较高的潜在回报。如果波动率上升，那么看涨期权或看跌期权的价值必然也上升了。

到期期限变化的效应称为**期权的西塔**(theta)，标记为 Θ，并通过下面的式子来测度：

$$\Theta = \frac{\partial C}{\partial T} = S e^{-\delta T} \frac{\sigma n(d_1)}{2\sqrt{T}} - \delta S e^{-\delta T} N(d_1) + rX e^{-rT} N(d_2) \tag{19-34}$$

可以为正，也可以为负。直观上，期权的生命周期越长，股票价格就可能上涨更多，从而期权的价值就越高。另一方面，如果支付太多的股利的话，那么股票价格可能根本没有上涨。但是，股票股利通常都很小，并且如果是这样的话，西塔将一致为正。实践中，基本上期权的生命周期越长，期权的价值就越高。

最后，股利变化效应由下式来测度

$$\frac{\partial C}{\partial \delta} = - TS e^{-\delta T} N(d_1) < 0 \quad (19-35)$$

这就是说，持有成本和看涨期权价格呈正相关。直观上，股利水平越高，股东获得的收益越多，看涨期权的价值就越低。

所有上面的偏导数测度了随着这六个参数中的一个发生变化，期权价格将如何变化，统称为希腊字符。[5] 表 19-1 总结了量化关系。

表 19-1　参数对期权价值的影响

	看涨期权价格	看跌期权价格
1. 当前股票价格(S)	+	−
2. 执行价格(X)	−	+
3. 利率(r)	+	−
4. 股票价格波动率(σ)	+	+
5. 到期期限(T)	+	+
6. 股利(δ)	−	+

19.7　二叉树模型

在这一节，我们将前面的一期二叉树模型扩展到多期。这一模型是布莱克-斯科尔斯公式的补充。它不仅汇集了布莱克-斯科尔斯公式所给出的欧式期权价格，还适用于美式期权。

5　不同于另外五个度量方式，vega 不是希腊字母。

19.7.1 多期

一期二叉树模型只允许股票价格在到期日有两种可能的值,这里假设到期日为1个月。正如我们已经指出的,这是一个不现实的假设,我们希望增加可能值的数目。为了得到三种可能的值,我们可以将一期二叉树模型扩展到两期二叉树模型,即假设在上半个月,股票价格有可能上涨到$(1+u)S$或者下跌到$(1+d)S$;①如果在上半个月上涨到$(1+u)S$,那么在下半个月,可能继续上涨到$(1+u)[(1+u)S]=(1+u)^2S$或者下跌到$(1+d)[(1+u)S]=(1+d)(1+u)S$;②如果在上半个月下跌到$(1+d)S$,那么在下半个月,可能上涨到$(1+u)[(1+d)S]=(1+d)(1+u)S$或者继续下跌到$(1+d)[(1+d)S]=(1+d)^2S$。从而,在月底,我们有股票价格的三种可能值:
$$(1+u)^2S,(1+d)(1+u)S 和 (1+d)^2$$
这在图 19-5 中给出。

问题就是,现在我们如何为一个看涨期权定价。实践中,递归贴现的思想被广泛用于复杂衍生品估值。借助递归法,我们可以利用一期模型,将回报逐期贴现,直到当前时刻。当股票价格上涨或下跌时,上半个月看涨期权价格为:

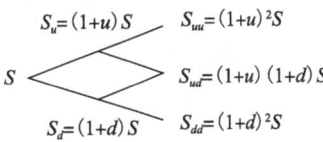

图 19-5 两期二叉树模型

$$C_u = \frac{pC_{uu}+(1-p)C_{ud}}{1+r}, \quad C_d = \frac{pC_{du}+(1-p)C_{dd}}{1+r} \tag{19-36}$$

其中,$p=(r-d)/(u-d)$,且 $C_{ud}=C_{du}$。从而,当前的看涨期权价格就是下面的期望回报贴现:

$$C = \frac{pC_u+(1-p)C_d}{1+r} \tag{19-37}$$

数学上,可以证实复制组合当前的成本正好就是C。尽管下一期将对组合做出调整,但是不存在未来资本流入或流出,这是因为,在到期日,组合回报等于所有三种状态下期权的回报。

例如,考虑一个售价为\$50的股票,在接下去三个月,每个月都有可能以$u=25\%$的概率上涨或$d=-25\%$的概率下跌。假设每个时期无风险利率都是常数,为1%。那么根据式(19-37),风险中性概率就是 $p=(0.01+0.25)/(0.25+0.25)=0.52$。对一个执行价格为\$55的看涨期权,①当股票价格在下一时期上涨,其回报为$C_u=(p\times 23.125+(1-p)\times 0)/1.01=\$11.91$;②当股票价格在下一时期下跌,其回报为$C_d=\$0$。从而,当前的价格就必须为$C=(p\times 11.91+(1-p)\times 0)/1.01=\$6.13$。对一个具有相同执行价格的看跌期权,我们可以通过将二叉树每个节点的看涨期权的回报替换成看跌期权的回报,用同样的方法计算出它的价值,或者利用看跌-看涨期权平价计算出它的价值。对于后一种情况,
$$P = C-S+D+PV(X) = 6.13-50+0+55/(1+r)^2 = \$10.05$$
其中$(1+r)^2$用于计算执行价格的现值,因为现在这里到到期日一共有两期。

两期二叉树模型允许股票价格在到期日有三种可能的值。为了得到四种可能的值,我们需要一个三期二叉树模型。在这种情况下,第三期的终止价值为
$$(1+u)^3(1+d)^0S,(1+u)^2(1+d)^1S,(1+u)^1(1+d)^2S 和 (1+u)^0(1+d)^3S$$
一般而言,我们可以利用n期二次项模型对股票价格变动建模,在第n期获得$(n+1)$

种可能的值。终止值为：

$$(1+u)^n(1+d)^0 S, (1+u)^{n-1}(1+d)^1 S, (1+u)^{n-2}(1+d)^2 S,$$
$$\cdots, (1+u)^1(1+d)^{n-1}S, (1+u)^0(1+d)^n S$$

为了得到这种情况下的看涨期权价格，类似两期二叉树模型，我们可以从二叉树的倒推，获得看涨期权价格。

例如，考虑一个售价为 $40 的股票，在接下去三个月，每个月都有可能以 $u=15\%$ 的概率上涨或 $d=-5\%$ 的概率下跌。

假设每个月无风险利率都是常数，为 1%。在三期二叉树模型中，为了计算一个执行价格为 $42，到期期限为 3 个月的看涨期权的价格，我们首先向前计算股票价格二叉树，然后反向计算期权价格二叉树。图 19-6 给出了结果。例如，

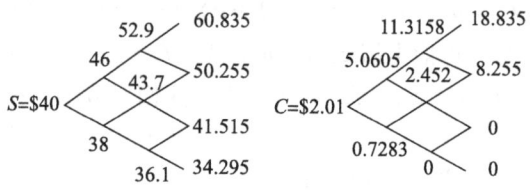

图 19-6 三期看涨期权估值

$$C_{uu} = [0.3 \times \$18.835 + (1-0.3) \times \$8.255]/(1+r) = \$11.316$$

和

$$C = [0.3 \times \$5.061 + (1-0.3) \times \$0.728]/(1+r) = \$2.01$$

19.7.2 与布莱克-斯科尔斯公式的联系

给定 S、X、r、σ 和 T，我们就可以利用布莱克-斯科尔斯公式计算一个以不支付股利的股票为标的的欧式看涨期权价格。或者，我们也可以利用二叉树模型来计算其价格。问题是，这两种价格如何相互联系在一起。

为了与布莱克-斯科尔斯公式的对数正态假设相匹配，我们对一个 n 期二叉树模型选择：

$$\Delta T = T/n, u = e^{\sigma\sqrt{\Delta T}} - 1, d = e^{-\sigma\sqrt{\Delta T}} - 1, p = \frac{e^{r\Delta T} - 1 - d}{u - d} \tag{19-38}$$

其中，ΔT 为每一期的时间。[6] 从而 n 越大（我们在二叉树模型中使用的时期数目越多），那么二叉树就越接近对数正态价格。在极限，它们是相等的。

例如，考虑前面的看涨期权，有：

$$S = \$30, X = \$35, T = 0.25, \sigma = 0.5, r = 0.06, d = 0.0$$

布莱克-斯科尔斯期权价格为 $1.45。现在，利用 n 期二叉树模型，我们得到期权价格为：

n	10	20	30	40	50	60	70	80	90	100	110
期权价格（$）	1.38	1.47	1.46	1.44	1.45	1.46	1.46	1.45	1.44	1.44	1.45

理论上，价格将以 $1/n$ 的误差量级收敛到 $1.45，但是误差是振荡的，即它并不是随着 n 的上升单调递减的。

---

6 这是通过将二项式模型和对数正态模型的均值和方差相匹配后得到的。在众多的选择中，我们沿袭 Cox Ross 和 Rubinstein(1979)的做法，选择 $1+u=1/(1+d)$。

理论上，注意如果最终股票价格没有上涨到太高的话，那么看涨期权的价值，$\max[(1+u)^{n-j}(1+d)^j S - X, 0]$ 为零。定义 a 为满足 $a \geqslant \ln[(1+u)^n S/X]/\ln[(1+u)/(1+d)]$ 的最小非负整数，当 $j \geqslant a$ 时，$\max[(1+u)^{n-j}(1+d)^j S - X, 0] = 0$，当 $j < a$ 时，$\max[(1+u)^{n-j}(1+d)^j S - X, 0] = S - X$。我们可以这样计算看涨期权价格：

$$C = \frac{1}{(1+r^*)^n} \sum_{j=0}^{a} \binom{n}{j} p^{n-j}(1-p)^j [(1+u)^{n-j}(1+d)^j S - X]$$

$$= S\Phi(n) - X(1+r^*)^{-n}\Psi(n)$$

其中 $r^* = e^{r\Delta T} - 1$，

$$\Phi(n) = \sum_{j=0}^{a} \binom{n}{j} p^{n-j}(1-p)^j (1+u)^{n-j}(1+d)^j (1+r^*)^{-n},$$

$$\Psi(n) = \sum_{j=0}^{a} \binom{n}{j} p^{n-j}(1-p)^j$$

利用概率理论的中心极限定理，我们可以证明随着 $n \to \infty$，$\Phi(n) \to N(d_1)$，$\Psi(n) \to N(d_2)$，即在式(19-38)给出的参数选择情况下，二叉树模型期权价格收敛到布莱克-斯科尔斯期权价格。

19.7.3 将股利考虑进去

二叉树模型远远要比布莱克-斯科尔斯公式灵活多变。它可以给出布莱克-斯科尔斯公式的结果，还可以非常容易地一般化，计算以支付离散股利或连续股利的资产为标的的期权价格。对离散股利而言，可以建立一个具有足够多时期的二叉树，在二叉树中所有时期末支付股利。然后，可以利用常用的除息股票价格计算期权价格。

例如，假设一个股票价格为$100，在接下去两个月，每个月都有可能以 $u=10\%$ 的概率上涨或 $d=-10\%$ 的概率下跌。该股票下个月将支付$3 的股利，且 $r=1\%$。让我们来说明如何为一个执行价格为 $X=100$ 期限为两个月的期权定价。我们首先向前计算股票价格二叉树。下个月的股票价格将为$110 或$90。和之前唯一的区别在于，下个月股票价格将从除息价格，$107 或$87 发生变化。最终的股票价格见图 19-7 的左侧。和通常一样，将股票价格减去执行价格计算得到到期日看涨期权的回报。我们得到的回报的值在图 19-7 的右侧给出。和之前一样，将回报逐期贴现到当前时刻，我们得到当前看涨期权的价格为$5.25。

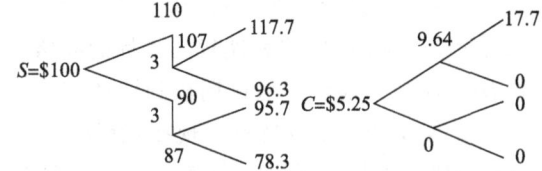

图 19-7 一个以支付股利股票为标的的看涨期权

对连续股利而言，可以像之前一样建立二叉树，但是需要对风险中性概率做出如下的调整：

$$p = \frac{e^{(r-\delta)\Delta T} - 1 - d}{u - d} \tag{19-39}$$

调整是必需的，因为在风险中性概率下，股票价格增值和股利加在一起应该获得无风险回报，所以每一期价格应该以 $(r-\delta)\Delta T$ 的速度增长，即

$$pu + (1-p)d = Se^{(r-\delta)\Delta T}$$

对上式求解就得到式(19-39)，当 $\delta=0$ 时就简化成式(19-38)。此时，估值就和没有股利的情况一样了。

19.8　美式期权

为了便于学习，到目前为止我们的讨论都集中在欧式期权上。现实世界中的很多期权，例如以标准普尔500为标的的期权，都是欧式期权，其持有者只能在期权到期日行权。但是，以个股为标的的期权、以标准普尔100为标的的期权（交易最为活跃的期权）以及其他许多期权都属于美式期权，其持有者可以在到期日当日或之前的任何时刻行权。通过将提前行权特征纳入到我们前面的分析中，我们就可以获得美式期权的价值。

首先，我们注意到一个美式期权的价值至少应该等于相对应的具有相同条款的欧式期权的价值。这是因为，美式期权享有欧式期权的各种特权，以及提前行权的额外特权。用小写字母代表欧式期权价格，大写字母代表具有相同条款的美式期权价格，我们有：

$$C = c + \varepsilon_C$$
$$P = p + \varepsilon_P$$

其中 ε_C 和 ε_P 都是非负的值，称为**提前行权溢价**。

对以不支付股利的股票为标的的美式看涨期权而言，一个颇令人感到意外的结论是，提前行权从来都不是最优的，所以提前行权溢价为零。即在零股利的情况下，欧式期权和美式期权具有相同的价值。为了说明这一点，假设有一个执行价格为\$45的美式看涨期权。股票价格为 $S=\$50$。考虑(a)一个由该看涨期权和\$45的现金构成的组合，和(b)一个由标的股票构成的组合。在到期日，组合(a)的价值至少为股票加上投资\$45的现金所获得利息，因此组合(a)的成本必然高于组合(b)，即 $C+\$45>\$50$，即 $C>\$5$。对这个看涨期权行权，只能获得\$5。所以，看涨期权持有者就不应该行权。如果期权持有者需要资金，或者认为股票价格将下跌，他就应该以 $C>\$5$ 的价格将该看涨期权在期权市场中卖出。

但是，对以不支付股利的股票为标的的美式看跌期权而言，总是存在提前行权的可能性，意味着美式看跌期权的价值永远不可能低于欧式看跌期权。例如，假设刚刚买入一个执行价格为\$100的看跌期权，且标的股票价格为\$120。总是存在当前股票价格大幅下跌到 $S=\$1$ 的可能性。假设期权到期还有1年。如果期权持有者等到到期日，最大价值为\$100。但是如果期权持有者现在就行权，那么就可以获得\$99，并且可以将这\$99用于无风险投资，例如，无风险利率为3%。通过提前行权，期权持有者下一年的收益将大于\$100。因此，期权持有者将提前行权，并且这总是可行的。

正如前面所提到的，二叉树模型非常灵活，并可以非常简便地修改用于计算美式期权的价格。相比欧式期权，关键在于，在二叉树的每一个节点，一个美式期权的价值等于其期望回报贴现或其行权价值的最大值。这对看跌期权同样成立。即，

$$C_i = \max\left[S_i - X, \frac{pC_{iu} + (1-p)C_{id}}{1+r}\right],$$

$$P_i = \max\left[X - S_i, \frac{pP_{iu} + (1-p)P_{id}}{1+r}\right] \quad (19\text{-}40)$$

为了说明原图，注意期权持有者在节点上可以选择等待或行权。如果期权持有者选择

等待，那么他将获得期望回报的贴现。如果他选择行权，那么他将获得行权价值。期权持有者将选择提供最高价值的行动路径。

例如，在图19-7中，如果这里现在是一个美式期权，如果当第一个月股票价格上涨时我们行权，那么我们就在股利发放之前行权，得到 \$10（= \$110 − \$100）。如果我们选择等待，那么等待价值就是欧式期权价值 \$9.64 =（p × \$17.7 +（1 − 0.55）× \$0）/（1 + 0.01），这个值就要小一些。所以，该节点美式期权的价值就应该是 \$10 而非 \$9.64。将其贴现回去，我们得到美式看涨期权价格为 \$5.45，要比欧式期权高 \$0.20。

19.9 任意回报和一般模型

尽管我们的分析主要关注标准期权回报，风险中性估值方法可以直接应用于计算具有任意回报函数的欧式期权。回报函数为 $V_T = V(S_T)$，其中 $V(\cdot)$ 代表终止股票价格的函数。在二叉树模型中，我们只需要将 V_T 的回报逐其贴现到当前时刻即可。在对数正态模型中，我们在风险中性对数正态分布下计算期望回报贴现，

$$V_0 = e^{-rT} E(\widetilde{V}_T) \tag{19-41}$$

其中 V_0 为当前时刻 0 时刻衍生品的价值，波形符号和之前一样，强调回报是随机的。这个公式和之前一样，即，我们将式（19-19）中的 $\widetilde{C}_T$ 替换成了 $\widetilde{V}_T$。但是，对一般函数 $V(\cdot)$，我们无法推导得到类似布莱克-斯科尔斯公式的简单表达式。

数值上，可以通过蒙特卡罗模拟[7]非常方便地计算得到 V_0。关键在于计算衍生品的期望回报。由于式（19-41）利用的是风险中性期望回报，我们就必须使用股票价格的风险中性分别而非真实的或者客观的分布。为了实现这一点，我们只需要利用式（19-17）即可，其中风险中性均值为 $\mu = r - \sigma^2/2$。利用系统模拟软件，我们就可以模拟出一个随机游走变量 $\widetilde{z}$，然后就可以利用式（19-17）计算得到一个随机终止股票价格。我们可以重复几千次，得到几千个价格。利用所有这些价格得到的平均贴现回报将是 V_0 的一个很好的近似替代。近似替代误差是随机的，但是其标准差以模拟价格数目的平方根的倒数的速度收敛到 0。

回报函数 $V(\cdot)$ 也可以取决于资产价格路径。此外，资产价格在不同时点间变化的时候还可以发生跳跃，波动率也可能发生随机变化。上面的方法修正之后就可以将所有这些扩展包含进去。[8]

要 点

- 不同于具有线性回报的期货合约或远期合约，期权回报是其标的资产价格的非线性函数。期权估值的最基本估值原则就是不存在套利机会。

---

[7] Slavinsky 和 Neave(2011) 提供了组合方法，他们认为这一方法相比传统的模拟能够更精确、更快地得到结果。

[8] 有许多教科书专门探讨衍生品，例如，Hull(2007) 和 McDonald(2005)。对高级数学处理，Shreve(2004) 及其参考文献是一个很好的出发点。

- 基本观点就是，期权回报可以由一个标的资产和无风险资产的一定头寸来复制得到，而期权价格必须等于复制组合的成本。
- 对冲组合是一个期权的空头头寸和一定数量的标的资产持有构成的无风险组合。它与复制组合密切相关。
- 欧式看涨期权的价格和具有相同标的、执行价格和到期日的欧式看跌期权的价格通过一种看跌-看涨期权平价联系在一起。对美式期权而言，上述关系只是近似成立。
- 根据风险中性估值，期权价格等于其期望回报根据无风险利率贴现，并根据风险中性概率对回报做出风险调整。
- 在一个股票价格的二叉树模型中，可以通过将期望未来回报逐期贴现，倒推计算得到期权价格。
- 在一个股票价格的对数正态模型中，可以利用布莱克-斯科尔斯公式计算得到一个欧式看涨期权的价格，然后利用看跌-看涨期权平价计算得到一个欧式看跌期权的价格。
- 对以支付股利的股票为标的的欧式期权，布莱克-斯科尔斯公式依旧可以应用于股利调整价格。其中，股利调整价格为当前股票价格减去期望股利的现值。
- 布莱克-斯科尔斯公式中用到的波动率为期权生命周期连续复利股票回报。这是决定期权价格的一个最重要的参数，可以通过历史波动率或者隐含波动率估计得到。
- 当二叉树模型选择兼容的参数时，并且当期数趋近于无穷大时，二叉树模型价格就收敛到布莱克-斯科尔斯价格。
- 对以不支付股利的股票为标的的美式期权而言，在到期日之前行权不是最优的，其价格等于相应的欧式看涨期权。但是，以支付股利的股票为标的的美式期权期权的价格通常都要高于相应的欧式看涨期权。
- 无论股利是否预期到，美式看跌期权提前行权的概率始终为正，其价格始终高于相应的欧式看跌期权。
- 尽管布莱克-斯科尔斯公式只适用于以不支付股利的股票为标的的美式期权，但是可以利用二叉树模型，在二叉树节点上取执行价值或等待价值的最大值，对美式期权进行估值。此外，也可以使用蒙特卡洛模拟。
- 二叉树和蒙特卡洛方法都可以用于具有任意非线性回报的衍生品。

问 题

1. 如果一个投资者希望免于遭受一个资产价值下跌的损失，并且存在该资产的看跌和看涨期权，那么投资者应该买入哪种期权？
2. 考虑一个以股票为标的的看跌期权，执行价格为 $50。如果股票价格为
   (1) $55
   (2) $46
   (3) $50

   那么到期日看跌期权的价值是多少？
3. 考虑一个以股票为标的的看涨期权，执行价格为 $50。如果股票价格为
   (1) $55
   (2) $46
   (3) $50

   那么到期日看涨期权的价值是多少？

4. 为什么看跌期权类似于购买一份保险?
5. 看跌-看涨期权平价的含义是什么?
6. 一家企业的股票售价为 $50。一个执行价格为 $55 到期期限为 3 个月的欧式看涨期权售价 $2。假设每年的连续复利无风险利率为 5%。
   (1) 那么一个具有相同执行价格和到期期限的欧式看跌期权的售价应该是多少?
   (2) 如果看涨期权价格被市场低估,那么看跌期权的价格将被低估还是高估?
   (3) 我们如何评判一个执行价格为 $50 的看跌期权的价格?
7. 在确定期权的理论价格时,什么是
   (1) 复制组合?
   (2) 对冲组合?
8. 一家企业的股票售价为 $50。从现在开始的 3 个月以后,股票价格将为 $65 或 $45。假设 3 个月无风险利率为 1%。
   (1) 一个执行价格为 $50 期限为 3 个月的欧式看涨期权的价格应该是多少?
   (2) 一个执行价格为 $55 期限为 3 个月的欧式看涨期权的价格应该是多少?
   (3) 一个执行价格为 $50 期限为 3 个月的欧式看跌期权的价格应该是多少?
   (4) 找到一个股票和债券(一个无风险借入资金的头寸)的组合使得买入执行价格为 $50 的欧式看涨期权等价于持有该组合。将这一组合的成本与看涨期权的价格相比较。
9. 考虑一个以 XYZ 股票为标的执行价格为 $110 期限为 3 个月的欧式看涨期权的估值。假设当前股票价格为 $100,并且在期权生命周期服从波动率为 40% 的对数正态分布。此外,每年的连续复利无风险利率为 2%。利用布莱克-斯科尔斯公式,回答下面的问题。
   (1) 这一看涨期权的理论价格应该是多少?
   (2) 如果股票将在下个月支付 $4 的股利,那么理论价格应该是多少?
   (3) 使得你在到期日行权的风险中性概率是多少?
   (4) 如果期望股票回报为 20%,那么该看涨期权将在到期日之前行权的真实概率是多少?
10. 从一个网上报价系统,你获知一个执行价格为 $40 期限为 5 周的欧式看涨期权售价为 $7/8,而股票售价为 $37。假设每年的连续复利无风险利率为 3%,并且接下去五周不存在股利支付。那么市场对这一股票的波动率(隐含波动率)估计是多少?
11. 一个售价为 $100 的股票在接下去两个月,每个月都有可能以 $u=10\%$ 的概率上涨或 $d=-10\%$ 的概率下跌。无风险利率是一个常数,每个月为 1%。考虑以该股票为标的,执行价格为 $X=\$95$ 期限为两个月的欧式看涨期权和看跌期权的估值。
    (1) 如果不存在股利支付,那么看涨期权和看跌期权的价格分别是多少?
    (2) 如果股票将在下个月支付 $10 的股利,那么执行价格为 $90 的看涨期权和看跌期权的价格分别是多少?
12. 一个售价为 $100 的股票在接下去两个月,每个月都有可能以 $u=20\%$ 的概率上涨或 $d=-20\%$ 的概率下跌。无风险利率是一个常数,每个月为 1%。股票将在下个月支付 $20 的股利。
    (1) 一个执行价格为 $75 期限为两个月的美式看涨期权的价格应该是多少?
    (2) 一个执行价格为 $110 期限为两个月的美式看跌期权的价格应该是多少?

13. 假设一个不支付股利的股票满足布莱克-斯科尔斯公式的所有条件,尤其是股票价格服从对数正态分布。回顾一下,一个标准看涨期权的回报函数为 $\max(S_T - X, 0)$。现在考虑一个衍生品,它将在到期日向你支付 V_T。

   (1) 如果 $V_T = S_T^2$(即股票价格的平方),那么我们是否能够利用布莱克-斯科尔斯公式来计算其价格?如果不能的话,请推导出它的价格计算公式。

   (2) 如果回报函数为 $V_T = f(S_T)$,其中 $f(\cdot)$ 代表一个任意连续函数,那么它的价格应该是多少?

附录 19A 布莱克-斯科尔斯公式推导

在本附录中,我们推导布莱克-斯科尔斯公式。首先注意风险中性估值通常都是成立的,正如 19.8 节中单期二叉树模型和第 16 章中有限状态模型所给出的。对对数正态或布朗运动价格,一个缜密的证明要求用到随机微积分。[9]

对于风险中性估值方法,我们需要找到风险中性概率下的股票价格分布。由于:

$$E(e^{az}) = \int_{-\infty}^{+\infty} e^{az} \frac{1}{\sqrt{2\pi}} e^{-z^2/2} dz = e^{a^2/2} \int_{-\infty}^{+\infty} e^{-(a-z)^2/2} \frac{1}{\sqrt{2\pi}} dz = e^{a^2/2} \quad (19A-1)$$

根据式(19-17),我们有:

$$E(S_T) = S_0 e^{(\mu+\sigma^2/2)T}$$

在风险中性概率下,期望回报就应该是无风险利率,得到,$\mu = r - \sigma^2/2$ 和 $S_T = S e^{(r-\frac{1}{2}\sigma^2)T + \sigma\sqrt{T}z}$。

为了推导布莱克-斯科尔斯公式,我们只需要计算式(19-20)中的两个期望值。定义 $f(S_T)$ 为 S_T 的密度函数。从而:

$$\text{Prob}(S_T \geq X) = \int_X^{+\infty} f(S_T) dS_T = \int_{\frac{\ln(X/S) - \mu T}{\sigma\sqrt{T}}}^{+\infty} n(z) dz$$

$$= \int_{-\infty}^{\frac{\ln(S/X) + \mu T}{\sigma\sqrt{T}}} n(z) dz = N(d_2) \quad (19A-2)$$

其中 $\mu = r - \sigma^2/2$。第一步来源于概率计算的定义,第二步对变量做了转换,

$$z = \frac{\ln(S_T/S) - \mu T}{\sigma\sqrt{T}}$$

第三步反转了积分的方向,最后一步从 $N(d_2)$ 得到。此外,

$$E(S_T | S_T \geq X) = \int_X^{+\infty} S_T f(S_T) dS_T = \int_{\frac{\ln(X/S) - \mu T}{\sigma\sqrt{T}}}^{+\infty} S e^{(\mu - \frac{1}{2}\sigma^2)T + \sigma\sqrt{T}z} n(z) dz$$

$$= S e^{rT} \int_{\frac{\ln(S/X) + \mu T}{\sigma\sqrt{T}}}^{+\infty} e^{-(\sigma\sqrt{T} - z)^2/2} \frac{1}{\sqrt{2\pi}} dz$$

$$= S e^{rT} \int_{-\infty}^{\frac{\ln(S/X) + \mu T}{\sigma\sqrt{T}} + \sigma\sqrt{T}} e^{-y^2/2} \frac{1}{\sqrt{2\pi}} dy = S e^{rT} N(d_1) \quad (19A-3)$$

其中的步骤和前面类似。

---

[9] 有关细节请参见 Shreve(2004)等。

参考文献

Black, Fischer, and Myron Scholes. (1973). "The Pricing of Options and Corporate Liabilities," *Journal of Political Economy* **81**: 630–654.

Cox, John C., Stephen A. Ross, and Mark Rubinstein. (1979). "Option Pricing: A simplified Approach," *Journal of Financial Economics* **7**: 229–263.

Hull, John C. (2007). *Options, Futures and Other Derivative Securities* (7th ed.). New York: Prentice-Hall.

McDonald, Robert L. (2005). *Derivatives Markets* (2nd ed.). New York: Addison Wesley.

Merton, Robert C. (1973). "Theory of Rational Option Pricing," *Bell Journal of Economics and Management Science* **4**: 141–183.

Shreve, Steven E. (2004). *Stochastic Calculus for Finance II: Continuous-Time Models*. New York: Springer-Verlag.

Slavinsky, Serge and Edwin H. Neave. (2011). "Efficient Valuation of Prepayment and Default Risky Securities," *Journal of Applied Finance* **2**: 1–17.

第六部分
资本市场不完美和套利限制

第 20 章　资本市场不完美和金融决策标准

第 21 章　套利障碍

第 20 章 资本市场不完美和金融决策标准

本章我们介绍一系列资本市场不完美,然后分析其对目前所发展金融理论的影响。**资本市场的不完美**对金融决策制定有着重要的影响,而这些影响取决于不完美的本质和它的普遍性。相比之前的金融理论,资本市场不完美与应用联系更为紧密,在本书余下的部分中我们将进一步探讨这些应用。这里我们会首先概括地介绍这些不完美的现象是如何影响理论本身。

我们认为,影响金融市场价格的主要不完美因素包括信息的收集和扩散。事实上,信息的分布似乎是相当不均匀的。需要注意的是,尽管存在诸如交易成本之类的不完美,但是像股票交易之类的拍卖市场仍然是有效的。因此,接下去我们将主要关注异质信息的分布,而对诸如发行费用和经纪费用之类明确费用的问题较少关注。我们还指出,某些时候,市场可能会出现类似第 16 章所指的不完全性,并且这些不完全性将不时地放大异质性信息分布的效应。

20.1 资本市场不完美类型

几类资本市场不完美对解释现实世界中的金融决策具有相当的重要性。我们首先对这些不完美分类,然后考察其重要性。

20.1.1 异质期望

在一个风险世界中,有关未来事件发生的概率分布会有很多不同的意见分歧,即投资者可能具有**异质期望**。即使我们假设投资者持有有关过去事件的相同数据,但是他们对可能的未来事件也会形成不同的概率分布。因此,我们必须考虑可能存在概率分布的差异对金融理论及根据这些理论所制定的决策的影响。

为了理解这一观点的精髓,我们利用第 10 章中所探讨的或有要求权的概念。我们假设存在两种可能的未来状态,我们的任务就是在下面三种条件集下评估一个或有要求权的不同价值的效应:

条件 1:同质期望和风险中性。假设每个人对下面或有要求权及其相关的客观概率的数据达成共识。

状态	概率	或有要求权
1	p	1
2	$1-p$	0

此外，假设一期无风险利率为 r。1时刻或有要求权的价值标记为 $C(1)$，即
$$C(1) = [p(1) + (1-p)(0)]/(1+r)$$
因为风险中性投资者利用无风险利率为这一风险前景来估值。投资者达成共识的假设就意味着1时刻价值也是或有要求权的市场价值。

条件2：同质期望和风险厌恶型投资者。在一个完美资本市场中，我们可以从市场价格数据中估计得到风险中性概率。在这种情况下，上述或有要求权在1时刻的价值就可以计算为：
$$C^*(1) = [q(1) + (1-q)(0)]/(1+r) < C(1)$$
假设（估计得到的）风险中性概率 $q<p$，[1] 并且无风险利率和之前一样。同样，由于投资者达成共识，$C^*(1)$ 的价值就是要求权的市场价格。但是 $C^*(1)<C(1)$，反映了市场所要求的风险溢价。

条件3：异质期望和风险厌恶型投资者。现在我们假设对每个投资者 i，其给予1状态和2状态下的风险中性概率分别为 q_i 和 $1-q_i$。我们继续假设投资者对无风险利率达成共识。在这些假设之下，投资者 i 的或有要求权的价值为：
$$C_i^*(1) = [q_i(1) + (1-q_i)(0)]/(1+r)$$
并且 $C_i^*(1)$ 有可能小于 $C^*(1)$，也有可能大于 $C^*(1)$，即每个投资者对或有要求权的估值随着其对状态1风险中性概率的所赋的主观值的变化而变化。这种情况下，1时刻或有要求权的价值就取决于不同投资者的数目，由上式隐含给出的投资者对要求权的需求，以及要求权的供给。利用一个更加扩展的模型，来方便说明这些因素对其市值的影响。

现在，我们假设资本市场中一共有 N 个流通的或有要求权，并且每个投资者至多只能购买一个要求权（现在对要求权价格的选择只是出于简便的考虑，并非从前面的例子中计算得到的）。当投资者 i 对要求权的估值 $C_i(1)$ 大于等于其市场价格 $C_m(1)$ 时，就会买入一个要求权。假设 N 等于4，假设如下的数据，并在表20-1中给出，并利用这些数据作图20-1。[2] 在投资者对风险中性概率的主观估计存在差异的假设下，图中阶梯线代表不同市场价格水平下所有潜在投资者的对或有要求权的需求函数。注意随着或有要求权价格的下跌，更多的投资者愿意买入这样一个要求权。水平线给出了所有投资者就其概率估计达成共识时要求权的市场需求。我们指

表 20-1 图 20-1 的数据

投资者数目	同质期望，要求权估值为	异质期望，要求权估值为[①]
1	0.5	0.60
2	0.5	0.58
3	0.5	0.56
4	0.5	0.54
5	0.5	0.52
6	0.5	0.50
7	0.5	0.48
8	0.5	0.46
9	0.5	0.44
10	0.5	0.42
11	0.5	0.40
	如果发行4个流通的要求权，均衡价格为0.50	如果发行4个流通的要求权，均衡价格为0.54

① 价值计算采用和上面条件3相同的方法。

---

1 在一个二状态世界中，如果1时刻与好的经济结果相关，那么一般情况都如此。
2 这个例子背后的思想源于 Edward Miller(1977)，请和图 20-1 相比较。

出，对一个典型的投资者，这两条需求曲线在同一个价格水平相交。这就意味着当期望存在差异时，对一个股票赋予高价的投资者数目大致等于赋予低价的投资者数目。$N=4$ 位置的垂直线代表不允许卖空条件下的可获得的供给，且市场出清价格是由市场供给和市场需求曲线的交点决定的。当 N 相对于潜在投资者的数目较小时，市场价格将高于同质期望下的价格水平，至少当有足够数目的投资者相比典型投资者要乐观的时候是这样的，正如我们的例子所讲。

适用于或有要求权的推理适用于任何证券。当将这一推理应用于股票时，根据这一异质期望的模型，可以得出如下的结论。[3]

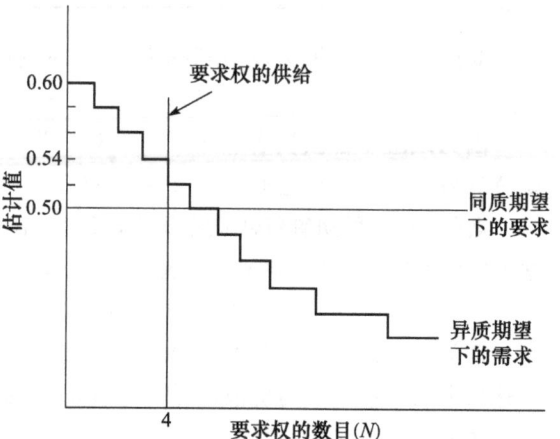

图 20-1　异质期望下或有要求权的市场出清价值

(1) 只要股票的总供给能够被少数潜在购买者消化掉，市场出清的价格就将高于潜在投资者的平均估值水平。

(2) 在条件 1 的情况下，**意见分歧**[4]的加剧将导致市场出清价格上升，而意见分歧的缓解将导致市场出清价格下降（当意见分歧下降到一个点，不再存在异议，我们就回到同质期望的情况了）。

(3) 如果潜在投资者对可能发生的投资平均回报分布做出无偏估计，并在标准组合理论的风险-回报基础之上进行投资，那么股票的市场出清价格将高于具有回报概率分布完全信息的投资者所愿意支付的价格。

(4) 在条件 3 的情况下，如果企业根据股票市值最大化制定投资决策，那么在那些意见分歧最大的企业和行业中，将出现过度投资，而这显然是风险较高的选择。

在上面的讨论中，我们假设证券供给相对于潜在投资者数目而言较小。但是如果市场存在分割的话，情况可能就不是这样了。例如，大量的私募股票被出售给少量的机构投资者。在这些相反的情况下，异质期望将降低价格而非提升价格。这或许能够部分解释特定类型的企业，如创业企业，常常出现难以筹集资金的情况。

无论是何种情况，在异质期望下，我们对诸如或有要求权模型（前面刚提到的）或 CAPM 的依赖性削弱了，这是因为，市场均衡价格更难预测。除非我们知道意见分歧是如何表现的，不然我们就不能说价格是高于还是低于诸如 CAPM 之类的模型所预测的价格水平。但是，我们并不认为这些因素的存在使我们抛弃之前的理论。相反，它们似乎还是能够近似刻画现实世界的状况，至少对股票组合而言是这样的。因此，如果假设异质期望，我们的任务就变成一个给定金融决策问题的近似程度评估。

20.1.2　不均匀分布的信息

未来结果是有风险的，实际上这比有关异质期望探讨所暗示的情况要复杂得多。这是

3　Miller(1922, p.1153)。我们只引用了原文的部分结论。相关扩展请参见 Miller(2004a, 2004b, 2004c)。
4　这意味着，在均值分布保持不变的情况下，意见分歧加剧。

因为，投资者不仅对未来持有不同的期望，还有可能对过去事件持有不同的信息。例如，一个火灾保险提供者得知一个客户对火灾破坏提出索赔后，通常无法分辨（至少对任何合理的成本）客户是否是故意纵火的。当然，客户持有这些信息，我们只是无法期望一个不诚实的客户会认罪。

另一个与金融管理更相关的例子，相比企业本身，投资者所持有的有关其历史和发展前景的信息是不同的。此外，企业可能不希望，或者没有能力完全传递所有可获得的信息。[5]最后一个问题在股票公开发行中尤为重要。在这些情况下，法制监管都有证券法规规定公司在招股说明书中给出其未来发展规划。但是众所周知，在这样一个文件中将所有的相关信息涵盖进去是非常困难的，尤其是那些定性的信息。正是因为这些原因，对潜在投资者而言，准确评估他们计划购买的公司证券所包含的风险将是非常困难的。相应地，潜在投资者在对企业未来做出评估时，所基于的信息也可能存在差异，并且即使他们持有相同的信息，他们在描述一家企业未来发展前景时的概率分布也可能存在差异。类似的情况还存在于协议市场，在这个市场中，资金借入者的信用风险可能是难以确定的。[6]

20.1.3 交易成本和税收差异

如果在进行金融交易时，投资者必须支付利息之外的其他费用（例如贷款申请费用、股票买卖中的经纪费用），那么其在财富约束的等现值线上移动的能力将受到不利影响。尤其是，任何不同于收入的现金流模式的现值可能要低于收入本身的现值，这是因为，投资者在从一种现金流模式转换成另一种模式的时候，有可能需要支付交易费用。

为了说明交易费用的效应，假设所有的投资者都是风险中性的，一个投资者在1时刻和2时刻的收入流期望的值分别为 \$800 和 \$770，利率为10%，这一收入流的现值为 \$1 500。现值投资者希望在1时刻花费 \$1 000。在一个完美资本市场中，这就意味着，支出流为（\$1 000，\$550），且这一收入流的现值也是 \$1 500。但是如果市场是不完美的，即投资者借入 \$200 的资金为1时刻消费提供融资时，不仅需要支付利息费用，还要支付一笔佣金，其在1时刻的现值为 \$10，那么1时刻和2时刻的支出流分别为（\$1 000，\$539），且这一收入流的现值也是 \$1 490。因此，投资者无法在图20-2实线所给出的财富约束线上自由移动，而为了根据所暗示的模式再分配收入，就必须接受净现值的减少。因此，尽管在不需要支付交易费用的时候，收入流 \$800 和 \$770 与收入流 \$1 000 和 \$550（分

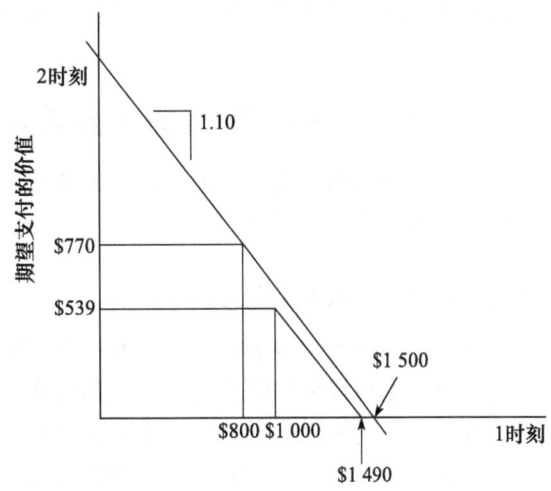

图 20-2　交易费用对财富约束的影响

5　这些情况就是信息冲撞的一个例子，而保险情境即为我们在第1章中所提到的并在后面一章详细探讨的道德风险的一个例子。对这些重要概念的进一步探讨，请参见 Williamson(1975)。
6　请参见 Jaffee 和 Russell(1976)。

别对 1 时刻和 2 时刻)具有相同的现值,但是现在投资者对这两个收入流就不是无差异的了。

类似的结论还适用于股票出售。如果在出售股票时需要支付经纪费用,那么相比通过股票价格上涨获得资本增值,投资者将更加偏好股利收入。另一方面,对于税收效应而言,问题是相同的,但是结论必须倒过来。例如,如果征收收入税,但是资本利得相比普通收入,其税率相对较低,此时投资者对股利和股票价格上涨就不是无差异的,他们很有可能明显偏好后者。

由于上面所给出的原因,将管理者财富最大化决策和其所在企业股东消费决策相分离并不总是可行。其意义将在 20.3 节详细讨论。

20.1.4 非系统性风险的成本

CAPM 预测,由于在一个完美资本市场中,所有的非系统性风险都可以通过分散化消除掉,因此应根据企业对市场组合的风险贡献来对其估值(见第 14 章)。对这一结果而言,非常重要的一点就是不存在可能阻碍完全分散化,也就是阻碍非系统性风险下降到不影响决策制定的成本。因此,诸如交易成本之类的市场不完美意味着投资者会关心并考虑非系统性风险。

此外,即使不存在阻碍分散化的交易成本,如果特定企业的管理者其个人的职业前景与单个企业的非系统性风险相关的话,这些企业的管理者可能就不会从 CAPM 的角度来审视企业风险。[7] 换言之,即使是在一个完美资本市场中,管理者市场也不是完美的。在这种情况下,一个给定企业收益的向下偏离对一个分散化组合的持有者而言可能并不重要,但企业管理者的职业生涯可能受到负面影响。因此,如果一些决策可以避免管理者的职业风险,管理者就更有可能选择这些策略,尽管这些决策并不能实现企业市值最大化。换言之,当管理者市场是不完美的时候,比如说存在监督成本,就很有可能出现管理者并不完全遵守市值标准的情况。在下一章我们将进一步考察这一问题。

20.2 资本市场不完美的一些效应

前面介绍市场不完美的本质,在此基础上,这一节将考虑市场不完美的存在将如何改变我们之前所建立的理论。

20.2.1 标准函数的缺失

在一个完美资本市场中,企业的市值充当管理者决策标准函数的角色,因为管理者能够为企业股东做得最好的就是最大化其财富。这就意味着管理者需要最大化投资者所持有的证券价值,同时也意味着最大化企业的市值。

而当资本市场不完美的时候,情况就发生了变化。在这种情况下,企业的市值并不总是能够明确定义。例如,如果利率不同于模型(比如 CAPM)预测,那么企业的市值就不是唯一确定的,正如图 20-3 所显示的。图中,我们假设投资者是风险中性的,所有的支付

---

[7] 当雇主(董事会)并不十分了解其雇员(企业管理层)的能力时,这一点就尤为重要。有关这些代理关系困难的探讨,请参见 Akerlof(1976) 和 Salop(1976)。

都通过对其期望贴现得到。我们进一步假设，图中借入资金的成本要高于贷出资金的成本，其结果就是，企业的市值取决于对收益贴现的利率是哪一个。即如果根据借入资金利率对企业收益贴现，那么 1 时刻企业的市值就等于 OA^*，而如果根据贷出资金利率对企业收益贴现，那么 1 时刻企业的市值就等于 OB^*。因此，我们无法再依据唯一的市值为管理者提供可以利用的唯一标准。

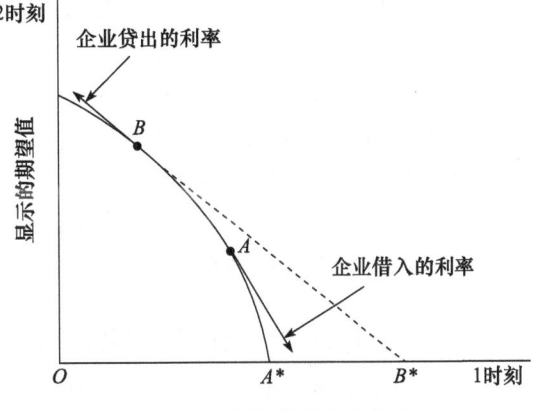

图 20-3　不同借贷利率的效应

图 20-3 还显示，金融决策和经营决策不再是可以分离的，这是因为，企业价值不仅取决于经营决策，还取决于所需要的资金是如何筹集的。由于借贷本身影响企业的市值，所以金融决策和经营决策不再是可以分离的。不可分离就意味着资本成本取决于所实施的投资决策，此时就不能只参考一种单一的资本成本来制定投资决策，而必须同时评估金融决策的效应。

20.2.2　股票价格决定理论的缺失

除了上面的问题之外，还会出现其他一些复杂的情况。异质期望本身并不一定会破坏 CAPM 对风险-回报权衡的概念，[8]但是由于异质期望的存在，一个给定投资者所面临的风险-回报权衡可能就不同于资本市场线所给出的情况。[9]因此，不同的投资者有可能对同一家企业的证券赋予不同的价值，正如 20.1 节中所描述的，这将使得企业市值的确定变得十分困难。此外，由于对一家给定企业的证券而言，可能只存在很少数量的购买者，因而出现客户效应对企业证券定价的影响，这种效应的发生可能是信息分布不均匀造成的，或者即使信息分布是均匀的，异质期望也会引起这种效应。单独来看这些可能性，或者联系前面所提到的不同的利率水平可以发现，企业的市值并不是由风险和回报的固定关系来唯一决定的。因此，管理者就不具备现成的方式，利用市场回报率来判断其特定行动将对企业股东的福利产生什么样的影响。当然，管理者依旧可以利用诸如 CAPM 之类的模型作为指导，但是其并不确定此时的预测是否还是一个给定决策效应的近似拟合。

20.2.3　金融决策和企业市值

资本市场不完美的另一个意义就在于，企业并不一定具有唯一的资本成本作为临界比率来决定投资项目的可接受性。事实上，正如我们已经提到的，我们无法像在完美资本市场中那样，分别决定资本预算和金融决策。此外，即使我们依旧可以定义资本成本是与企业的经营计划无关的，但是它可能也取决于提供资金的特定放贷人。如果投资者就企业的发展前景持有不同期望，对于相同的投资安排，他们可能要求不同的有效利率。在这些情

8　请参见 Lintner(1969)。实际上，风险的市场价格变为个体投资者风险-回报权衡的加权平均。资本市场线的解释在第 14 章中给出。

9　Miller(1977, p. 1157)总结了有关市场中风险最高的股票位于资本市场线下方的证据。进一步的讨论请参见 Friend 和 Bicksler(1977)。

况下，如果获取有关不同信贷来源的信息成本昂贵，管理者可能永远无法确定企业的资金是否是以与所涉及的风险水平相匹配的最低成本筹集到的。也正是因为这个原因，管理者无法知道市值是否真的实现了最大化。

最后，正如我们已经指出的，在任何时期，一种给定类型的资本成本可能取决于所筹集的资金数目。当情况确实是这样的时候，企业的市值不仅取决于金融决策的时机和数量，还取决于我们所探讨的其他变量。由于成本有可能取决于任何时段借入的资金数量，一家企业的管理者就有可能发现，分时段借入所需资金的策略所带来的融资成本将低于一次性借入所有所需资金的成本。

20.2.4 企业效用函数的受限适用性

在一个完美资本市场中，市场价值规则在于它能够提供一种标准，来反映企业所有股东的最佳利益。当市场不完美的存在影响这一标准的效能时，一个自然的问题就是，能否改用股东的效用函数。显然，这就是创业企业的情况：决策制定者可以估计一个单一所有者的效用函数，考虑企业可以签订的各种经营和金融交易的条款，并选择一种能够最大化所有者期望效用的决策。本质上，如果企业拥有多个具有相同偏好的所有者，即具有相同的期望，就可以利用同样的步骤。但是问题也随之产生，即如果企业的所有者具有相互冲突的偏好，那么我们该怎么办。在这些情况下，管理层就需要一种能够协调偏好冲突的规则，但是实际中往往不存在这种满足合理条件的规则。例如，股东投票机制至少原则上无法解决特定类型的冲突。上面的分析并不是说，永远不存在管理层所能采取的完美的行动，而是表明在一些情况下，管理层可能无法选择任何一种单一的决策来符合所有股东的最佳利益。[10]

20.2.5 共同基金和其他金融中介的作用

在一个完美资本市场中，投资者不需要金融中介所提供的分散化，因为投资者自己就能实现分散化。在不完美资本市场中，由于交易成本、规模经济和信息共享的不均匀，相比个人，中介有可能以较低的成本构建和管理组合，因此投资者有充分的理由寻找中介。正如本书的第二部分所说的，金融中介存在的合理性事实上在于我们现在所考察的资本市场是不完美的。一般来说，我们可以将共同基金视为提供这类金融服务的金融中介。市场组合的概念就暗示了共同基金在创造这种投资机会中的作用，并解释了**指数基金**成立的原因——以复制一些宽基股票市场指数为投资目标的共同基金。但是，其他金融中介在发挥其功能的过程中，也改变了其出借风险的本质（例如，即使存款者放在银行的存款没有被存款保险覆盖，但是银行对个体企业的贷款所包含的信贷风险仍然不同于存款者提供给银行的存款所对应的风险）。在这个过程中，金融中介不仅能够节约交易成本，还能够缓解交易信息收集的问题。因而，我们可以将各种金融中介的作用理解为至少能够克服部分我们已经指出的市场不完美现象。此外，通过转换风险，中介可以创造出一些证券，其回报分布不同于其他公司的回报分布，更进一步有助于改善市场的不完美。

---

10 20.4 节将建立这些结论。

20.2.6 企业集团的作用

不完美资本市场中信息共享的不均匀还突出了**企业集团**的作用。我们可以将企业集团活动定义为包含建立一家金融持股公司来控制不相关的业务。在一个完美资本市场中,并不存在任何经济优势,因为其只是构造了一个个人投资者也可以实现的分散化组合。但是如果企业集团活动能够实现相比证券市场更密切的投资监管,并且如果存在 20.1.2 节中所描述的借贷双方信息差异,就能够构建出其他情况下无法构建出的金融组合,或者说至少在相同的成本下是无法实现的金融组合。通过节省各种类型的交易成本,集团大企业还有可能构建更加分散化的组合。[11] 此外,在不完美市场中,非系统性风险也有可能是非常重要的,而企业集团活动可以通过密集的治理以及将负相关的收益流合并等行为降低非系统性风险。[12]

20.3 金融决策制定的一体化方法

本章的探讨意味着,在一个不完美资本市场中运营的企业,其管理层必须选择同时最大化经营和金融决策的一个标准函数。这个标准不一定是市值最大化,经营决策也不一定能够与金融决策相分离。此外,这些决策的结果并非总是能够利用一种简单的市值度量方式来评估,因为投资者有可能对具有相同现值的现金流模式具有不同的偏好。企业的管理层可能需要通过两种方式来解决不均匀分布的信息——一方面通过信号机制将这些信息传递给投资者,另一方面通过相关计划获得投资信息。事实上,企业管理层面临一系列困难的问题,包括利用何种标准,在选择了一个标准函数后如何解决一个复杂的多期规划问题,以及在这样做的时候如何处理不同的信息条件。当然,我们并不是要过分强调这些困难。完美资本市场理论升华了我们对金融现象的认识,并且即使在不完美资本市场中也能起到引导的作用。但是在操作层面一些重要的问题包括,完美资本市场理论在多大程度上被证实只能发挥粗略引导的作用,在特定的情况下为什么会出现这种现象。一些观察者推测,信息差异有可能相比诸如发行费用和经纪费用或贷款申请费用之类的其他类型的交易成本具有更重要的实践意义,我们也赞同这一观点。

20.4 金融决策的选择标准

接下来,我们探讨一些管理层在企业市值并非唯一确定的情况下制定金融决策过程中使用的工具。实践中,即使不知道市场价值是否是最好的标准,也应该在决策制定过程中考虑提高市值。无论怎样,希望熟悉其他可以利用的标准作为选择。如此,管理层就可以判断,诸如市值之类的给定标准相比其他可选择的标准,例如期望效用最大化,是否意味着应该采取不同的行为。

---

11 这一观点是由 Williamson(1975)提出的。另一方面,Miller(1977, p.1162)指出,在异质期望下,联合大企业合并就会降低两个原本相互独立的企业的总市值。
12 如果所涉及的资金数目很大,其他诸如投资俱乐部之类的拥有大量成员的组织或许就无法执行同样的任务。此外,投资俱乐部并不总是具备企业集团总部员工的监管能力。Williamson(1975)对企业集团的监管能力赋予了相当高的权重。

其他可供选择的标准表现出各种形式，其中一个就是企业的效用函数。在使用效用函数的时候，我们所必须面临的一个问题就是它究竟是否存在。如果这样一种效用确实存在，尽管我们有时候只需要知道效用函数的一般形式，但还必须面对的一个问题就是如何估计这一函数。当我们利用第12章所探讨的随机占优技术将决策回报进行排序时，就会出现这些情况。最后，给定一个标准，还需要确定管理者是否有动机实现其最大化。这意味着，需要激励管理者，使其在制定决策时符合股东利益最大化。随后我们将介绍不完美市场中选择决策标准的一些可以采用的方法，其中每种方法在特定的条件下都是非常有用的。

20.4.1 一家企业的效用函数并不总是存在：阿罗可能性定理

在企业价值并非唯一确定的不完美资本市场中，管理层并不总是知道如何选择符合所有股东利益最大化的投资项目。管理层知道，即使具有相同现值的不同模式现金流也可能为个体股东带来不同水平的满意度，其原因在本章前面已经给出。在这些情况下，如果知道可估计的效用函数(第11章所探讨的)，企业的管理层就有可能会选择一种能在某种程度上代表股东偏好的效用。但不幸的是，一个能够代表全体股东最大利益的总效用并不总是存在，因为个体股东之间的偏好冲突在任何民主的形式下并不总是容易解决的。

为了说明这些困难的本质，假设一家企业有三个股东(或三类股东)，被要求在三个项目之间选择一个。表20-2的主体部分给出了股东对项目的排序。例如，根据偏好程度，股东B对第二个项目的排序最低。为了使得一家企业的效用函数存在，其对行动的排序方式必须和个体股东相一致，问题就变成设计这样一种总排序。但是利用诸如对配对比较的投票表决之类的规则，并不一定能够给出一种解决偏好冲突的方法。事实上，Arrow (1951)指出，除非本质上采取独裁的行动，通常是不可能解决偏好冲突的。

尽管阿罗观点的技术本质远非本书所探讨的范围，但是我们可以利用一个例子来说明试图构造一家企业效用函数过程中会产生的困难。表20-3给出了在配对比较的基础上，根据表20-2所反映的偏好进行投票，每个项目将获得的投票。这样的比较基础至少对一些人而言是一种试图解决股东冲突的合理方式。但是，在给定的例子中，这一方法未能发挥作用。在对比项目2和项目3时，股东A和股东C将投票给项目2，而股东B将投票给项目3。

表20-2 股东对相互排斥项目的排序[①]

项目股东	1	2	3
A	1	2	3
B	2	3	1
C	3	1	2

①排序为1意味着投资者对这个项目最偏好。

表20-3 配对比较基础上股东投票

比较股东	1对2	2对3	3对1
A	1	2	1
B	1	3	3
C	2	2	3

而其他配对组的排序是类似的，正如表格所显示的。但是表格还意味着非传递性的存在，作为一个群体，股东(统计投票时)偏好项目1多于项目2，偏好项目2多于项目3，并且偏好项目3多于项目1。这就意味着，作为一个群体，股东的偏好不是一致的，也就不满足一个效用函数存在必要的传递性(见第11章)。正是这个原因，现在这种情况下就不存在一个群体效用函数使得管理层解决偏好冲突，并让所有的股东都表示满意。阿罗的研究指出，所有用于解决冲突的民主方案，例如我们刚才所考察的投票方案，都会遇到这一同样的困难。

20.4.2 当一家企业的效用函数确实存在的时候

尽管一家企业的效用函数并非总是存在,但是如果股东的偏好差异不是太大的话,企业的效用函数将存在。这种说法就意味着,如果股东拥有大致相同的排序,冲突就可以得到解决。如果股东对风险的态度或者对未来的期望是完全类似的,那么情况同样如此。接下来,我们将依次考察每种情况。在这些条件下,即使无法利用市值标准,管理者也可以自信合理地认为其行为最大化了股东利益。

20.4.2.1 单峰情况

为了解释排序中相似性的概念,考虑图 20-4,它画出了表 20-2 中所给出的每个股东对项目偏好的排序,这是根据数值顺序来排列的。图中,我们将每个股东的排序对项目数目作图[13]。可以看出,对股东 B 而言,项目 2 是这三个项目中最不偏好的,但是对股东 C 而言,项目 2 却是最偏好的。利用本书讨论范围之外的高级方法,可以知道,在这种情况下,我们有关配对比较方案的困难在于股东 B 的态度。此外,可以知道的是,如果股东 B 的偏好满足 B 的图只有一个唯一的最高点(而非图 20-4 中一个唯一的最低点),根据配对比较方案进行投票将给出一种排序,管理层就可以根据这一排序推导得到企业的效用函数。为了用一个例子来说明这一点,假设表 20-2 中股东 B 的排序由股东 A 或股东 C 的排序替代,或者颠倒这三个项目的排序,即 3,2,1。如果 B 采用这三种排序中的任何一种,配对比较这三个股东将选择一种单一最偏好的项目。如果排序为 3,2,1,在表 20-3 中,在第一个比较中股东 B 的投票将记录为 2,在第二个中记录为 3,在第三个中也记录为 3。这就意味着,群体现在偏好项目 2 多于项目 1,偏好项目 2 多于项目 3,偏好项目 1 多于项目 3,管理层就可以选择项目 2。

相应地,这个例子还说明,如果在类似图 20-4 中,没有一个股东的排序在排序项目当中表现出一个低点(技术上如果每个股东的偏好都是单峰

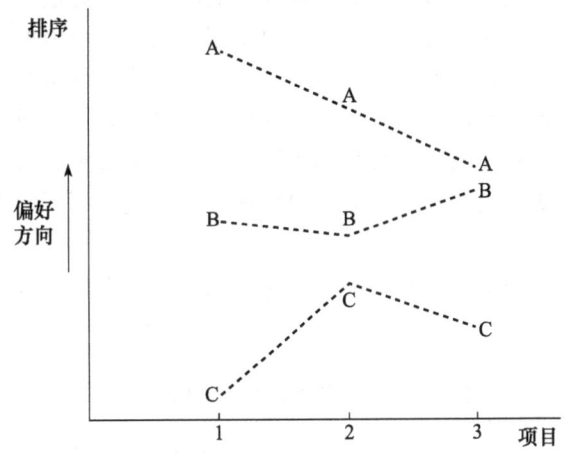

图 20-4 股东 B 的偏好未能表现出单峰特征

的),就可以使用一种解决利益冲突的投票方案,即当偏好是单峰的时候,阿罗所发现的困难就不存在了。因此,在这种情况下,管理层通过遵循上面所探讨的步骤,其行动就将符合股东利益最大化的目标。尽管这样一种方法在实践中并不容易实施,但是它至少说明,面对不一致的股东偏好,管理层并非总是束手无策。Scott(1978)指出了这一实践决策制定可能的重要性。

---

13 一个特定固定的偏好的高度是无关的。这个图本质特征在于,一个给定的投资者如何对这些项目进行相对排序,即个体股东做出的图的斜率,它代表了偏好。

在单峰之外更加严格的限制条件下，企业的效用函数会被更加关注。如果所有股东的偏好是相同的，或者如果他们的偏好是不一致的，但是其对未来的期望是完全相同的，也就存在明确定义的企业效用函数。

20.4.2.2 利用企业效用函数的意义

现在已经有三种情况，使得我们能够用企业效用函数来代替其股票的市值。这些情况包括：①每一个股东的偏好是单峰的；②所有股东的偏好是相同的；③如果不满足条件②的话，那么股东关于未来的期望必须是完全相同的。当然，如果条件②成立的话，如果股东的期望是相同的，则效用函数总是存在。关键在于，为了使得效用函数存在，必须满足条件①、②或③中的一个。如果同时满足条件②和条件③的话，效用函数当然就存在。此外，在第二种和第三种情况下，我们已经指出企业的效用函数是如何与个体股东联系在一起的。[14]

如果企业管理层过去的行动吸引了具有类似想法的投资者，或者过去的策略引发了一组特定的期望，那么就有可能满足上述条件。如果满足这些条件，它们就倾向于支持逐渐改变金融策略，进而使得不满意的投资者能够逐步调整其投资头寸。如果一家企业的策略变化能够事先公布，这似乎将是最有用的。因为如果提前获得了信息，不满意的投资者就有可能以较低的交易成本来调整其头寸，否则的话，这是无法实现的。

20.4.3 在可能的情况下使用效用函数

当企业效用函数确实存在的时候，管理层就可以将期望效用最大化作为决策标准，即管理层可以选择最大化企业期望效用而非市值的行动。正如我们在前一节所指出的，管理者考虑行动对现金流分布的影响，计算其他可行的行动（包括不同的投资水平）所带来的现金流分布的期望效用，并选择一种最大化期望效用的行动。

期望效用最大化的应用比它看起来要更容易一些，因为可以利用风险调整回报率来近似进行这些计算。为了说明这一点，考虑下面的例子。假设效用函数由下式给出：

$$u(w) = w^{1/2}$$

并且考虑一个彩票 X，在 2 时刻以相同的概率支付 \$1 和 \$4。那么：

$$E[u(x)] = \frac{1}{2}[u(\$1) + u(\$4)]$$

确定性等价 c 是由下面的条件来定义的：

$$u(c) = \frac{1}{2}[u(\$1) + u(\$4)]$$

利用隐函数形式来代替效用函数，得到：

$$c^{1/2} = \frac{1}{2} \times [(1)^{1/2} + (4)^{1/2}]$$

对上式两边求平方，得到：

$$c = \frac{1}{4} \times \{1 + 4 + 2 \times [1 \times 4]^{1/2}\} = \frac{1}{4} \times (1 + 4 + 4) = \frac{9}{4}$$

但是 $E[X] = \frac{5}{2} = \frac{10}{4}$，隐含的风险溢价为 $\frac{10}{4} - \frac{9}{4} = \frac{1}{4}$。这一风险溢价是在 2 时刻度量

---

[14] 完整的讨论请参见 Wilson(1968)。

得到的，因此 $\frac{9}{4}$ 就是 2 时刻的确定性等价。并假设这项投资 1 时刻的确定性等价[15]为 $\frac{8}{9} \times \left(\frac{9}{4}\right)$，即无风险利率为 $0.125 = \frac{1}{8}$。基于这些假设，该项目的风险调整回报率就是：

$$\frac{\frac{10}{4} - \frac{8}{9} \times \left(\frac{9}{4}\right)}{\frac{8}{9} \times \left(\frac{9}{4}\right)} = \frac{10-8}{8} = 25\%$$

相应地，利用一期问题的期望效用得到的结果与利用风险调整贴现率得到的结果是相似的。[16]这一方法的主要问题在于，除非效用函数的形式是已知的，否则企业管理层并不知道应该选择哪种风险调整回报率。但是如果在一系列风险调整贴现率下项目都是可以接受的，管理层就完全对企业股东接受这些项目的可能性有信心。此外，注意对风险厌恶股东而言，管理者所使用的最低贴现率当然不能低于无风险利率，即风险中性股东所使用的贴现率。

此时，你可能会问，通过将期望效用最大化来推断风险调整贴现率和利用 CAPM 找到风险调整利率并根据该利率对期望未来收益贴现决定股价之间是否真的存在差异。从策略的角度来看，这两种方法可能不存在很大的差异，即在这两种情况下，风险调整的规模随着所估值彩票的风险的上升而上升。其实，这两种方法的差异主要是概念上的。效用函数方法并不需要对风险做出任何特定描述，例如协方差，但是其需要使用项目回报风险的分布。

到这里，我们对风险投资回报探讨就衍生出一个隐含的问题，即采用哪一种风险调整。如果 CAPM 有效的话，就应该使用市场风险调整；如果期望效用模型对一个股东群体成立，那么其风险调整对企业管理层而言就是最重要的。无论是哪种情况，我们所介绍的工具都给出了如何计算调整的方法。

20.4.4　当效用不是完全说明的时候使用占优标准

尽管 20.4.3 节指出，期望效用最大化可以用风险调整贴现率来近似替代，但是也存在一些情况，在这些情况下，管理层不需要知道很多有关股东效用的信息就可以制定决策。通过一些并非所有的概率分布就可以对任何效用函数做出比较，例如那些表现出风险厌恶特质。[17]因此，当管理层只能对个体股东的偏好做出弱假设时（而非假定其效用的确切本质），还是能够代表所有的股东制定决策，并且知道所有的股东都将赞成这一决策。为了说明这一想法如何应用于风险厌恶股东，我们首先考虑一种简单的情况，只要假设股东是追求物质的，即偏好更多而非更少的现金，这种情况就适用。第一个例子不需要任何有关风险厌恶的假设。但是，在考虑这个简单的例子之后，我们将探讨一种适用于代表风险厌恶股东行动的管理层的规则。

如果管理层只愿意假设每个股东的效用随着财富的增加而增加，无论效用函数的特定形式，依旧会有一些彩票显然优于另外一些。例如，考虑下面两个彩票 A 和 B，其回报和相关的概率为：

15　即，如果无风险利率为 $0.125=1/8$。
16　警告：在多期模型中利用风险调整回报有可能导致错误的决策，只有在仔细解释的情况下才能避免这一错误。我们将在第 25 章探讨这些问题。
17　也请参见第 12 章对随机占优的探讨。

	彩票 A		彩票 B	
回报	$1	$3	$0	$2
概率	0.5	0.5	0.6	0.4

从图 20-5，彩票 A 看上去比彩票 B 更受偏好，因为相比彩票 B，彩票 A 所带来的结局低于一个给定固定数量的概率总是小于彩票 B（彩票 A 的下跌风险较低）。

为了证实这一结果对任何效用随着财富的增加而增加的决策制定者都成立，考虑：

$$E[u(A)] = \frac{1}{2}u(\$1) + \frac{1}{2}u(\$3)$$

$$E[u(B)] = \frac{6}{10}u(\$0) + \frac{4}{10}u(\$2)$$

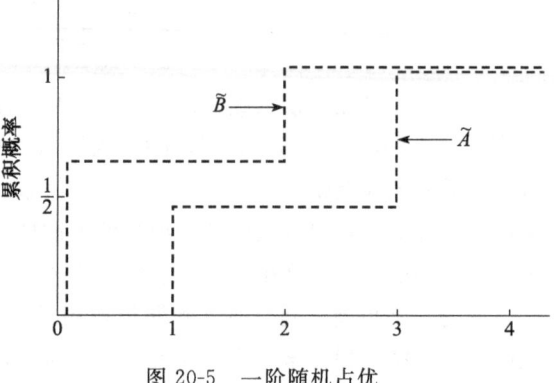

图 20-5　一阶随机占优

那么，在效用随着财富的增加而增加的假设下，

$$E[u(B)] = \frac{6}{10}u(\$0) + \frac{4}{10}u(\$2) < \frac{6}{10}u(\$1) + \frac{4}{10}u(\$3) < \frac{1}{2}u(\$1) + \frac{1}{2}u(\$3)$$
$$= E[u(A)]$$

所以

$$E[u(A)] > E[u(B)]$$

正如这个例子所指出的，当两个彩票各自的分布不相交的时候，[18] 就可以根据这些思想在这两个彩票之间做出选择。如果这是唯一一个排序规则，在很多情况下将无法进行比较。但是，这种相交分布无法进行比较的问题可以通过加入额外的股东偏好假设得到解决。

现在我们假设除了所有的股东都偏好更多的财富之外，他们还是风险厌恶的。然后我们假设管理层必须对彩票 C 和彩票 D 进行比较，其回报和概率如下：

	彩票 C			彩票 D	
回报	$0	$2	$4	$1	$4
概率	1/3	1/3	1/3	1/2	1/2

这些彩票的累计分布相互交叉，正如图 20-6 所给出的。正如我们在第 9 章所给出的，在这种情况下，根据二阶随机占优，彩票 D 更受偏好。为了简便起见，这里重复给出推理。首先注意 $E[D] = \$\frac{5}{2}$ 以及 $E[C] = \$2$，风险中性股东至少将更偏好彩票 D。另外注意彩票 D 最差的情况至少和彩票 C 最差的情况[19]一样好（事实上要比彩票 C 最差的情况好）。这意味着根据最大可能的下跌风险，彩票 D 从来没有彩票 C 那么差。

为了正式说明彩票 D，事实上受任何风险厌恶者的偏好，让我们来考察是否有 $E[u(D)] =$

---

[18] 这种情况下，彩票 A 和彩票 B 之间的关系可以表述为，彩票 A 相比彩票 B 一阶占优。对一般结果的证明请见 Hadar 和 Russell(1969)。

[19] 这些是我们现在正在建立的排序的必要条件，二阶占优。为了防止彩票 D 被那些尤其容易受最差情况思维模式影响的风险规避者拒绝，这些是必要的。注意这些必要条件并不意味着，$\sigma^2(D)$ 必须总是小于 $\sigma^2(C)$。

$E[u(C)]$。如果是的话,那么我们有:

$$\frac{1}{2}u(\$1)+\frac{1}{2}u(\$4) > \frac{1}{3}u(\$0)+\frac{1}{3}u(\$2)+\frac{1}{3}u(\$4)$$

也可以记为:

$$\left(\frac{1}{3}+\frac{1}{6}\right)u(\$1)+\left(\frac{1}{3}+\frac{1}{6}\right)u(\$4) > \frac{1}{3}u(\$0)+\left(\frac{1}{6}+\frac{1}{6}\right)u(\$2)+\frac{1}{3}u(\$4)$$

然后,在抵消掉常数项并重排各项后,有:

$$\frac{1}{3}[u(\$1)-u(\$0)]+\frac{1}{6}[u(\$4)-u(\$2)] > \frac{1}{6}[u(\$2)-u(\$1)]$$

根据风险厌恶者边际效用递减的特征,$u(\$1)-u(\$0) > u(\$2)-u(\$1)$,如果我们能够证明下式,那么初始的不等式自然就成立

$$\frac{1}{6}[u(\$1)-u(\$0)]+\frac{1}{6}[u(\$2)-u(\$1)]+\frac{1}{6}[u(\$4)-u(\$2)] >$$
$$\frac{1}{6}[u(\$2)-u(\$1)]$$

这一表达式可以简化为

$$\frac{1}{6}[u(\$1)-u(\$0)]+\frac{1}{6}[u(\$4)-u(\$2)] > 0$$

显然成立。相应地,现在通过从最后一行开始倒推,就可以非常容易地证实 $E[u(D)] > E[u(C)]$;即对所有风险厌恶决策制定者而言,彩票 D 相比彩票 C 更受偏好。

对这一关系的检验,称为二阶随机占优,是在第 12 章中给出的,可以如下系统地给出。如果从类似图 20-6 的左侧开始,从这个图的左侧始终保持符号不变,[20] 根据二阶随机占优的关系,从右侧开始的分布称为受偏好的。[21] 计算的方法在图中显示。

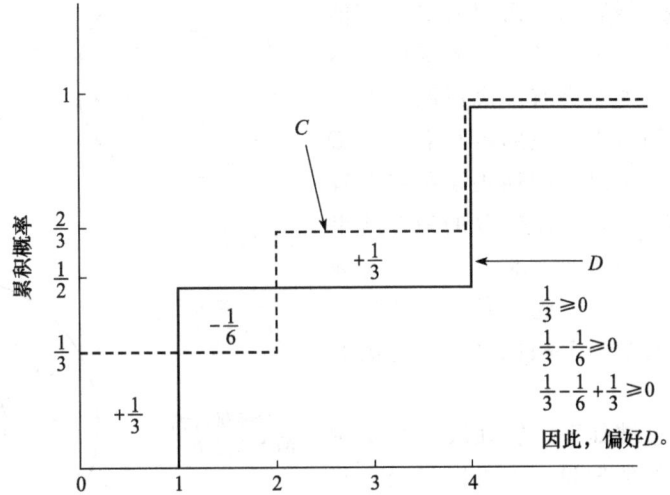

图 20-6 二阶随机占优(从图的左侧开始分析,这是因为,风险厌恶投资者对下跌风险所赋的负权重要大于对上涨潜力所赋的正权重)

---

20 累计区域的个体组成部分可能会改变符号,正如图 20-7 所给出的。仅仅是累计区域必须具有相同的符号。
21 Hadar 和 Russell(1969)给出了这一结果的正式证明。

并不是所有的东西都可以通过二阶占优进行排序，这是因为，存在一些分布组，随着分布区域从左侧开始累积，分布差异区域确实发生了符号变化。例如，考虑图 20-7，代表两个彩票的分布，这两个彩票具有和彩票 C 和彩票 D 相同回报不同概率分布：

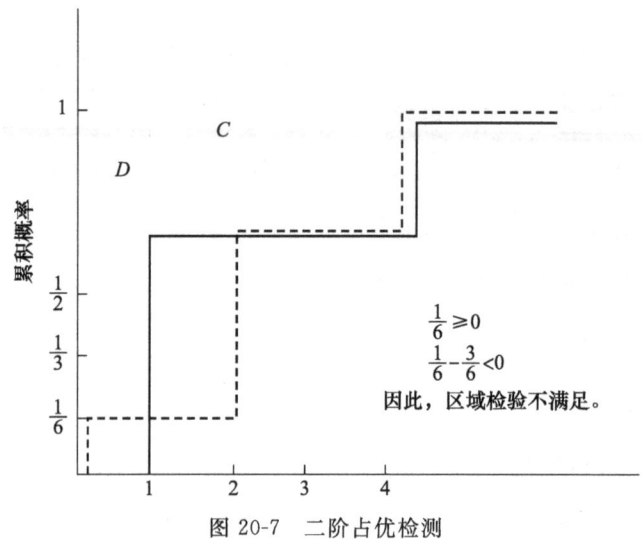

图 20-7 二阶占优检测

	彩票 C			彩票 D	
回报	$0	$2	$4	$1	$4
概率	1/6	1/2	1/3	2/3	1/3

注意 $E[C] = \$\frac{14}{6} > E[D] = \$2$，根据均值（但不是根据最低结果），彩票 C 就有可能是占优彩票。但是图 20-7 指出，区域检验不符合。如果我们未能获得有关决策制定者的进一步偏好，我们将无法在彩票 C 和彩票 D 之间做出选择。一个风险中性决策制定者有可能更偏好彩票 C，但是彩票 D 的最低结果要高于彩票 C，一个高度风险厌恶[22]的决策制定者将偏好彩票 D。因此，彩票 C 或彩票 D 都不满足使得其中一个相比另一个占优的两个条件。

我们的发现总结如下。管理层只需要对股东偏好做出最低的假设，就可以代表这些股东对一些概率分布进行排序。尽管不是所有的分布都可以用这里所探讨的标准中的一个进行排序，但是随着有关股东偏好的假设

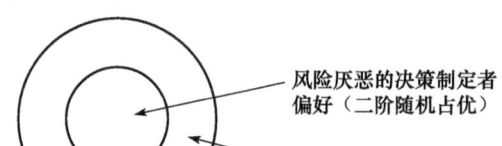

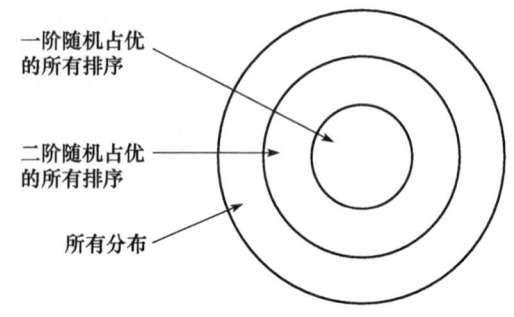

图 20-8 偏好关系和排序可能

22　如果决策制定者的绝对风险规避指数足够大的话，技术上这就将成立。

更加明确化，就可以对其做出更多比较。图 20-8 系统地给出了有关偏好的假设和可以进行排序的变量之间的关系。即我们愿意明确指出的股东偏好信息越多，那么我们就能比较更多的分布集。例如，如果我们假设股东是风险厌恶的，那么我们就可以利用二阶随机占优[23]代表风险厌恶型股东至少对一些发展前景做出比较。

20.5 激励管理者达到所有者的目标：代理理论

如果监督管理者的活动不是那么容易的话，比方说因为难以获得其表现的相关信息，那么激励管理者按照股东利益最大化来行动就是非常重要的。本质上，这个问题就是确保激励管理层能够实现股东偏好的标准最大化。激励方案可以通过奖励服从股东偏好的管理者创造出这种激励。例如，管理层股票期权激励方案相比独立于企业利润表现的固定薪酬安排更能激励管理者最大化企业股价。

但是，这些方案只能部分解决激励问题。即使存在股票期权[24]或其他形式的利润共享，股东和管理者目标还是存在潜在冲突，其中一个原因就在于，管理者薪酬可能完全与企业的命运联系在一起。回顾一下，我们之前将企业回报的标准差分为可分散化部分和不可分散化部分。由于股东通常购买一家企业股票作为其组合的一部分，至少是在完美市场或者接近完美的市场中，他们只关注一个股票的系统性风险。但是如果管理者分散化其个人投资的能力较差，[25]那么他们也将关注非系统性风险。这就有可能使得管理者制定出的经营（投资）决策的风险水平要低于从股东的角度来看的最优水平。[26]

这一问题主要利用经济代理理论进行研究。[27] 股东（委托人）所面临的问题就是设计一种薪酬方案，促使一个期望效用最大化的管理者（代理人）最大化委托人的期望效用。这一方法目前还比较抽象，不属于本书的探讨范围。但是，它确实指出，所有者聘请管理者提供服务的合约可以视为购买信息这一问题来考察。在这种情况下，所购买的信息就是管理者关于经营的可能超额回报的评判，而其价格就是管理者的费用。所需要支付的费用取决于所有者是否能够准确地估计超额回报。如果是的话，费用水平就比较低（所有者和管理者参与称为双头垄断的契约，其结果是不先验确定）。Heckerman(1975)的分析指出，如果允许管理者投资于企业（股票期权），那么随着企业回报标准差的上升，他对期权的估值将下降，并要求更多的固定费用的薪酬。所有者保护在于保持固定费用足够小，管理者只有在确信超额回报足以大到能够保护所有者时，才会接受合约。所有者和管理者之间的这样一种参与合约将要求投资决策获得更高的回报率，以弥补所有者设计合约所需信息的获得成本。

另外一种方法强调代理关系的监督成本，是由 Jensen 和 Meckling(1976)发展的。作

---

23 有关占优概念的进一步探讨请参见第 12 章。
24 公司正在重新思考股票期权的使用，部分原因在于回溯期权日期丑闻。回溯期权是一种经理人股票期权的授予，这一期权操纵授予日期，从而为经理人提供更多的收益同时减少税收。但是这种操纵违反了财务披露和税收法律。
25 这是因为通过股票期权计划，经理人的主要投资就可能是他们所经营的企业。
26 对第 2 章所探讨的转换曲线，它并没有向右上移动。回顾一下，我们之前指出，是经理人的技术知识建立了这条曲线的位置。
27 请参见 Heckerman(1975)。

者认为，由于股东监督代理人的每一个行动的成本是非常高的，所以企业管理者总是以实物形式获得部分收入。这样，问题就变成平衡支付给代理人的激励和监督那些未能提供根据股东利益最大化行动的激励的成本。

要　点

- 资本市场不完美对金融决策制定有着深远的意义。
- 存在几类资本市场不完美：异质期望、不均匀分布信息、交易成本、税收差异和非系统性风险成本。
- 在异质期望下，投资者对未来事件的概率分布持不同观点。
- 除了有关未来的异质期望之外，投资者有关过去的信息也可能存在差异。因此，潜在投资者在购买特定公司股票的时候，对所涉及的风险做出准确的评估可能是非常困难的。
- 影响市场价格的不完美因素主要涉及信息的收集和传递，而这些信息通常都是分布不均匀的。
- 当资本市场是不完美的时候，企业的市值并不总是定义明确的，管理层最大化股东价值的行为并不总是像完美资本市场中的情况那样清晰。
- 在一个不完美资本市场中，金融决策和经营决策不再是可分离的，因为企业价值不仅取决于经营决策，这一决策决定了需要多少资金，还取决于资金的筹集方式。因此，必须同时评估投资决策和金融决策的效果。
- 在一个资本市场是不完美的世界中，企业的市值并不是由风险和回报的固定关系来决定的，因为管理层不具备现成的方式，利用市场回报率来判断其特定行动将对企业股东的福利产生什么样的影响。
- 在一个不完美资本市场中，由于企业不一定具备一个单一的资本成本，将其作为门槛收益率来决定投资项目的可接受性，对管理层而言，制定企业投资决策变得更加困难。
- 尽管在一个完美资本市场中，市场价值规则的有用性在于它能够提供一种标准来反映企业全体股东的最佳利益，但是资本市场不完美将使这一标准受到负面影响。
- 在一个不完美资本市场中，管理层所面临的困难就是，如果企业所有者的偏好相互冲突，那么管理层应该怎么办。在合理的情况下，不存在有关解决偏好冲突的规则。
- 当企业在不完美资本市场中经营时，企业管理层必须通过同时选择经营决策和金融决策来最大化一个标准函数。
- 管理层解决不均匀分布信息的两种方式是通过信号机制和可能计划。
- 代表全体股东最佳利益的企业效用函数并不总是存在。个体股东之间的偏好冲突并不总是容易解决，至少在任何民主形式下是这样的。事实上，除非采取本质上独裁的行动，否则通常是不可能解决偏好冲突的。
- 存在一些条件，使得用企业的效用函数来代替股票市值是合理的。如果可以利用企业效用函数，那么管理层就可以使用期望效用最大化作为决策标准。
- 不完美资本市场中管理层遵循的期望效用最大化方法可以用风险调整贴现率来近似替代。此外，在一些情况下，管理层不需要知道很多有关股东效用的信息就可以制定决策。

- 激励方案（例如股票期权计划）的设计必须能够激励管理者遵循股东的偏好。股东（委托人）所面临的问题就是设计一种薪酬方案，促使一个期望效用最大化的管理者（代理人）最大化委托人的期望效用。

问 题

1. 在哪些情况下，期望的差异将导致股票价格相比投资者达成共识的情况下要低？
2. 不均匀分布信息对企业的投资者和管理层而言意味着什么？
3. 出于对非系统性风险的关注，企业管理层有可能受诱惑不完全根据股东利益经营企业。你能否想出一种融资安排，能够部分缓解这一问题？
4. 如果共同基金相比个体投资者能够更方便地实现分散化，那么对一个给定风险水平的组合，他们将比个体投资者获得更高的回报。假设上述说法成立，谁将有可能获得超额回报，为什么？提示：认真指出共同基金进行交易的市场条件。
5. 为什么需要一体化的方法进行金融决策制定？
6. 在哪些条件下，用企业的效用函数来代替企业股票市值是合理的？
7. 在一个不完美资本市场中，企业管理层是否还能够利用公司的市值作为决策制定的规则？如果不能的话，他们还可以使用哪些标准来制定金融决策？
8. Minuscule Investments Ltd. 的管理层正在考虑两个投资提议 X 和 Y，其中任何一个都可以以 $10m 的资金进行。由于资本预算是有限的，导致只能选择其中一个。它们的一期回报分别为，

（单位：百万美元）

	投资 X		投资 Y		
回报	$15	$25	$18	$20	$22
概率	1/2	1/2	1/3	1/3	1/3

哪一组回报更被偏好，为什么？提示：在回答这个问题时，考虑二阶随机占优。

9. 你被要求比较下面的现金流概率分布：

(1) A 对 B：

	现金流 A		现金流 B		
回报	$7	$9	$2	$5	$8
概率	1/2	1/2	1/6	1/3	1/2

(2) C 对 D：

	现金流 C			现金流 D		
回报	$10	$30	$50	$20	$40	$60
概率	1/3	1/3	1/3	1/2	1/3	1/6

(3) E 对 F：

	现金流 E			现金流 F		
回报	$10	$30	$50	$11	$21	$60
概率	1/3	1/3	1/3	1/2	1/3	1/6

每种情况下你能做出何种比较？为什么？

10. 一家企业的股东效用函数为 $u(x)=x^{1/2}$。假设无风险利率为 10%，确定一个彩票的风险调整回报，该彩票以 1/3 的概率支付 $2，并以 2/3 的概率支付 $6。

11. 让我们假设投资者的风险调整为 0.05%，无风险利率为 4%。确定不同情况下的或有要求权的 1 时刻价值：

状态	概率	或有要求权
1	1/6	10
2	1/2	4
3	1/3	1

(1) 同质期望和风险中性投资者。
(2) 异质期望和风险厌恶投资者。
(3) 现在假设一个市场中有两个相同的要求权和三个投资者，并让我们假设一个投资者最多持有一个要求权。让我们还假设投资者对或有要求权的观点如下。

状态	概率 投资者1	概率 投资者2	概率 投资者3
1	1/6	1/3	1/4
2	1/2	1/6	1/2
3	1/3	1/2	1/4

这一市场中或有要求权的价格将是多少？

参考文献

Akerlof, George A. (1976). "The Economics of Caste and of the Rat Race and Other Woeful Tales," *Quarterly Journal of Economics* **90**: 599–617.

Arrow, Kenneth J. (1951). *Social Choice and Individual Value*. New York: John Wiley & Sons.

Friend, Irwin, and James R. Bicksler. (1977). *Risk and Return in Finance*. Cambridge, MA: Ballinger.

Hadar, Josef, and William R. Russell. (1969). "Rules for Ordering Uncertain Prospects," *American Economic Review* **59**: 24–35.

Heckerman, Donald G. (1975). "Motivating Managers to Make Investment Decisions," *Journal of Financial Economics* **2**: 273–292.

Jaffee, Dwight M., and Thomas Russell. (1976). "Imperfect Information, Uncertainty, and Credit Rationing," *Quarterly Journal of Economics* **90**: 651–666.

Jensen, Michael C., and William M. Meckling. (1976). "Theory of the Firm: Managerial Behavior, Agency Costs, and Ownership Structure," *Journal of Financial Economics* **3**: 305–360.

Lintner, John. (1969). "The Aggregation of Investors' Diverse Judgments and Preferences in Purely Competitive Security Markets," *Journal of Financial and Quantitative Analysis* **4**: 347–400.

Miller, Edward M. (1977). "Risk, Uncertainty, and Divergence of Opinion," *Journal of Finance* **32**: 1151–1167.

Miller, Edward M. (2004a). "Restrictions on Short Selling and Exploitable Opportunities for Investors," in Frank J. Fabozzi (ed.), *Short Selling: Strategies, Risks, and Rewards*. Hoboken, NJ: John Wiley & Sons.

Miller, Edward M. (2004b). "Implications of Short Selling and Divergence of Opinion for Investment Strategy," in Frank J. Fabozzi (ed.), *Short Selling: Strategies, Risks, and Rewards*. Hoboken, NJ: John Wiley & Sons.

Miller, Edward M. (2004c). "Short Selling and Financial Puzzle," in Frank J. Fabozzi (ed.), *Short Selling: Strategies, Risks, and Rewards*. Hoboken, NJ: John Wiley & Sons.

Salop, Joanne and Steven Salop. (1976). "Self-Selection and Turnover in the Labor Market," *Quarterly Journal of Economics* **90**: 619–627.

Scott, William R. (1978). "Group Preference Orderings for Audit and Valuation Alternatives: The Single-Peakedness Condition," *Accounting Review* **53**: 120–137.

Williamson, Oliver E. (1975). *Markets and Hierarchies: Economic Analysis and Antitrust Implications*. New York: Free Press.

Wilson, Robert. (1968). "The Theory of Syndicates," *Econometrica* **36**: 119–132.

第21章 套利障碍

本章将探讨存在套利障碍下的市场关系。我们会首先解释不同市场在提供流动性时的差异。如果所有的市场都是完全流动的，并且不存在交易成本，那么资产价格将像无套利世界中那样联系在一起。但是，由于信息的差异，流动性的差异，以及交易成本的存在，资产价格在很大程度上就不是唯一确定的了，正如第20章所指出的。此外，这些市场的不完美还有可能导致一系列现象，包括信贷配给均衡、市场分割、市场失灵和金融体系外部性。

在一个无套利世界中，证券总是流动的，所有的市场交易都通过套利联系在一起，总是假设外部性（即第三方效应）和市场失灵不存在。不仅这些假设本身非常重要，当这些假设不成立时所产生的各种复杂问题的分析也是非常重要的。市场不完美可能意味着，市场价格不再完全联系在一起，证券的流动性可能发生变化，并且外部性（第三方效应）可能影响价格。因此，有时可能无法获得有关资产的市场均衡价格；在另一些情况下，可能会发生市场失灵，根本就没有任何交易发生。

尽管存在上述复杂问题，无套利市场中的价格确定依旧能够在估值中发挥引导的作用。虽然这种引导作用的大小取决于不同的情形，有时候可能是不可靠的。本章，在某些方法上追踪可靠性，它们受不同形式的不完美影响。我们将首先介绍市场流动性及其决定因素，然后分析下面的问题：市场联系和市场分割，金融体系外部性、信贷配给均衡和市场失灵。

21.1 证券市场和流动性

当交易商将工具转换为存货的时候，就扮演自营商的角色，而当他们在为不同的交易方之间安排交易，并且自己不建立头寸的时候，就扮演经纪商的角色。自营商的存在所形成的市场流动性程度，部分取决于一个典型交易的存货风险-回报比率，我们接下去将会详细解释。纽约证券交易所（NYSE）之类的交易所的专家行使自营商的职能，正如像在NASDAQ市场的做市商。

Baumol（1965）和Demsetz（1968）最早考察了股票交易所专家的作用。他们的工作说明，做市包括收集有关交易股票公司及其经营环境的信息。代理商利用做市商的服务，自己就无须收集信息，但是为了使得此类事情就必须向做市商做支付费用。对Demsetz而言，做市商的一个重要作用就是提供**即时交易**。由于做市商持有证券的存货，他就提供了一种避免临时性指令失衡形式的保险（即当在某些时段，一个特定证券的买入指令远远超过卖出指令，或者卖出指令远远超过买入指令）。做市商还能够保证一个潜在的交易者能够成功地进入市场——至少只要该代理商愿意以当前市场价格或者以接近当前市场价格的水平进行交易。专家以低于市场价格的价格买入，并以高于市场价格的价格卖出。低买高卖的价差能够弥补专家提供即时交易服务的成本及其风险，以及其他任何经营成本。

做市商所面临的一种最重要的风险就是存货价格变动风险。由于做市商的资金是有限的，他们对这些风险就比较敏感。Baumol(1965)认为，当做市商根据指令失衡和其他信息推测出情况可能发生变化时，他们将提高价格变动的频率，并将报价降低到最低交易量水平，以便控制其存货风险。做市商还面临与消息更加灵通的对手进行交易的风险，在这种情况下，他们将遭受逆向选择。平均来说，当做市商和消息更加灵通的对手进行交易的时候，通常都会遭受损失，但是通过在和不知情的对手进行交易时设定的买卖价差来弥补这些损失。

不同市场之间的流动性差异取决于诸如市场结构的差异、交易工具本质，以及工具所代表的义务类型等因素。这一部分我们将基于Grossman和Miller(1988)的文献，考虑一个市场中进行交易时，经济状况是如何影响积极做市商的数量，而这些做市商的存在又是如何有助于提高市场流动性。Grossman和Miller解释了不同市场间的流动性存在差异的原因，并提出积极做市商的数目可以用来衡量市场流动性。为了实现这一点，模型将观测到的做市商和他们在不同市场中的期望利润联系在一起。例如，为美国财政部发行的证券做市将获得丰厚的利润，这些证券称为财政证券。另一方面，为住宅做市就不太可能获得丰厚的利润，下一节将进行进一步的探讨。

这一模型考虑了做市商群体和交易单一股票的外部顾客群。如果顾客希望卖出他们的股票，他们就可以马上卖给做市商，或者也可以选择等待是否有其他的潜在购买者有可能会给出更优惠的报价。马上卖出带来一个确定性价格，并且通常要低于顾客期望通过等待能实现的价格。另一方面，等待一个可能的更高价格也意味着承担价格向不利方向变动的风险。Grossman和Miller将顾客马上卖出的意愿称为即时交易需求，并声称，对即时性需求一方面来自股票价格的波动，另一方面来自他们需要对不利的价格变动进行分散化的可能。

准备随时买入的做市商可以提供即时服务，他们的供给函数是由做市时的经济状况决定的。做市的总回报必须能够弥补持有一个存货的成本和风险，以及当卖方需要他们的服务时，[1]随时准备好买入的机会成本。首先，做市意味着承担价格风险，价格风险是由价格的方差来描述分析。从做市商的角度来看，价格方差的上升将带来持有存货风险的上升，同时也将带来获取交易利润的可能。其次，做市商必须弥补其经营成本。当做市商意识到他们所面临的成本和风险之后，其买入价格将低于出售存货时期望实现的价格。

即时性供给和需求的差异决定了市场的流动性。对即时性的需求越大，做市商的成本越低，通过做市商引导完成的交易比例也就越高。如此引导完成的交易比例越高，市场流动性也越高。

实践中流动性差异

我们在第18章探讨了期货合约。成功的期货市场对即时性的需求和做市服务的供给

---

[1] 短期来看，存货风险可能是一个更加重要的因素；长期来看，机会成本是一个更加重要的因素。

数目相对比较大，所以表现出相对高的流动性。期货市场对即时性的需求大是因为延迟期货交易有可能是高风险的，尤其是当这一交易是组合调整策略的一部分。由于期货市场也会刺激对冲，Grossman 和 Miller 认为，其对即时性的需求既是迫切的，也是持续的。与此同时，做市服务的供给也是相当大的，这是因为，做市商的成本和存货风险相对较低。

另一方面，住宅零售交易市场的流动性就很差。相比即时性，个人房屋的出售者更关注确保通知到所有的潜在购买者这一出售计划（即能够以一种经济的方式通知到的最大可能集）。此外，做市服务的供给也是有限的，一是由于薄市场中存在的机会成本，二是由于存在非常高的存货风险。如果出售者持有房产状况的负面私有信息，那么存货风险还会受到道德风险的影响。其结果就是，几乎所有的住宅都是由经纪人（不持有存货头寸）而非做市商来交易的。

股票市场位于刚提到的两种极端市场之间。对一些被广泛持有且交易活跃的股票，NYSE[2] 在提供流动性方面就比较接近期货市场，其原因也是类似的。但是，对那些交易不那么活跃的上市股票而言，情况并非如此。在 NYSE 市场，对交易不活跃的股票而言，一个特别交易商被授予垄断交易权。作为交换，他有义务在交易所交易时间随时应对买入或者卖出，至少在所提出的指令相对较小的时候要完成交易。[3] 对规模较大的交易，专家可以在交易所允许的前提下，暂停交易，与此同时寻找交易对手。这一搜寻有可能涉及楼上市场的参与者，我们接下去将探讨这一问题。

楼上市场是一个进行大宗交易的机构市场。楼上市场最初是在 20 世纪 60 年代作为一种寻找利差小于当时交易所专家所收取的佣金的机构交易者的设计而出现的。从 20 世纪 60 年代末开始，楼上市场参与者不断增加其存货头寸，从而增加了市场的流动性。从 20 世纪 80 年代早期开始，楼上市场参与者利用期货和指数期权出售部分存货风险，抵消部分其所承担的存货风险。其结果是，做市变得更加经济，并且楼上市场的流动性进一步增加。

柜台市场最初建立的时候，用于经营交易量非常小，甚至不值得在地区交易所上市的股票。一开始，柜台交易市场主要发挥告示牌的作用，做市商可以在这些告示牌上列出最低指令量的有效报价。至少对一些股票而言，较低的计算和通信成本改变了做市服务的供给，刺激了更多做市商的出现。与此同时，尤其是在 20 世纪 90 年代晚期，随着电子计算机网络的出现，柜台交易参与者的数目和对流动性服务的需求都上升了。其结果就是，现在柜台交易市场的流动性要比以前好，[4] 而且一些以前在有组织的交易所交易的大市值股票现在在柜台交易市场交易。

21.2 套利限制

正如第 7 章所解释的，金融家通常都被描述为这样的一些人，在一个给定的市场中或者不同的市场之间寻找套利机会。通过交易，金融家将各种证券的价格联系在一起。市场

---

[2] 现在称为 NYSE Euronext。但是，这两个市场依旧保持独立的交易设施，分别称为 NYSE 和 Euronext。
[3] 尽管专家的头寸创造了一种行使垄断力的潜力，股票交易所规章的设计限制了利用这一垄断力的潜力。
[4] 对称为替代交易系统（ATS）的电子市场也可以做出同样的评论。尽管文献通常不是这么描述它们的，柜台交易市场可以视为构成了最早的替代交易系统。此外，NASDAQ 作为规模最大知名度最高的原始柜台交易市场，现在并且多年来规模和流动性都大到足以有资格成为另一个交易所。

运行者试图通过快速执行交易并收取较低的可能费用，来吸引更多的生意，以进一步加强上述价格联系。当交易条款是标准化，当代理商能够获得同样的信息，当交易成本只够占交易价值相当小比例，市场交易达到最活跃。

在互补的证券之间进行交易通常就不如在相近替代品之间进行交易那么活跃了。例如，类似期限的政府证券和公司证券之间的交易相当少，甚至没有交易。公司证券的流动性不如政府债券，通常涉及公司的信誉信息也比较少。相应地，政府证券市场和公司证券市场利率之间的关联度不如不同期限的政府证券之间的关联度那么强。此外，一些交易惯例将阻碍套利，并抑制吸引指令流。例如，为了减少大头寸交易的逆向选择效应，一些交易者更偏好保持匿名，并隐藏他们愿意交易的数目。例如，尽管在交易股票时，不同交易所之间转换是非常简便和便宜的，但是在股票交易所和期货交易所之间转换就没有这么简便和便宜了。这一差异就意味着，交易活跃的股票市场之间的联系要强于交易活跃的期货合约（Bookstaber 2007）。

Shleifer 和 Vishney（1997）指出，尽管教科书中范式的套利不需要资本，也不会带来风险，但是实践中，套利交易几乎总是要求资本的，而且会带来不同程度的风险，这取决于特定交易的本质。此外，职业套利是由数目相当小的代理商进行的，他们必须从投资者那里筹集资金为其活动提供融资。此外，职业套利通过展示过去策略带来了交易利润而筹集资金。因此，职业套利者就有激励避免持有头寸，这部分头寸在基金投资人压力下是有可能被清算的组合。当职业套利者发现难以为新出现的套利机会提供融资的时候，他们会因为这个机会的风险太高而回避它，市场定价异象就会持续存在。

由于不同市场进行交易的激励和阻碍存在类别和程度上的差异，在任何时刻，金融体系表现出市场联系的复杂混合状态。只要不存在交易障碍或者中介，交易的有效利率将密切联系在一起。另一方面，只要交易或中介受阻，金融体系中受影响的部分就有可能出现分割，其程度则取决于阻碍的严重程度。

21.3 市场分割

当市场的不完美严重阻碍交易时，其结果就称为**市场分割**，并有可能使得在经过诸如风险、税率和期限之类差异的适当调整后，不同市场中相同的交易以不同的有效利率进行的。当代表相同风险的工具持续以不同的有效利率进行交易时，就很有可能意味着市场分割。

如果套利者或者中介都未能识别出可以通过交易将不同交易联系在一起的获利机会，那么市场分割就出现了。但是分割并不总是绝对的，例如，交易成本通常阻碍寻找套利利润，从而削弱了联系，但是它们并没有完全破坏这种关系。事实上，大量的精力被投入于检验衍生证券定价理论，并且当交易成本被考虑进去的时候，理论对那些交易最为活跃的衍生品价格做出了相当好的预测。例如，有关股票期权市场定价效率的强有力的实证证据指出，在考虑交易成本后，市场仍然显示为有效的。

然而，如果现存的套利机会没有被发现，或者如果金融家不具备消除这些机会的技术知识，那么市场之间的价格关系将难以维持。如果代理商无法获得相同的信息，如果交易对手互相不认识，或者如果所交易的金融工具未能获得第三方担保，因此需要个体对其信用风险做出评估，那么交易也将受阻。最后，代表不完备合约的金融工具相比代表完备合约的金融工具,其交易要困难。[5]

在一些情况下,交易成本有可能阻碍有利可图的交易,这是因为,金融家缺乏降低这些成本所需的技术知识。如果市场分割是由于缺少技术知识的缘故,那么通过学习最终能够缓解其效应,即使这一过程可能是漫长的。但是在一些情况下,信息差异和交易成本如此之高以至于或多或少将永久性地影响价格关系。例如,一个给定市场中的金融工具,其合约并不都是根据一种达成共识的标准来撰写的,那么交易将受阻,因为其交易成本相比标准金融工具要高。

如果一个相对比较小的市场中,潜在进入的交易者无法将其进入的固定成本在足够大的交易量中分摊,那么也可能会观测到市场分割。例如,如果筛选受制于规模经济,中介就有可能发现,开发一个为小市场服务所需的筛选能力就不是有利可图的。

总而言之,当交易者所提供的服务类型不同于客户所要求的服务类型时,市场分割就会发生。一个特定的市场组织能够为一些客户提供相比其他客户好的服务,并且当对一些客户实行差异化服务的收益大于巩固客户所带来的收益时,市场之间的联系就不那么强了。例如,一些交易者迫不及待地希望交易并愿意为 21.2 节中所探讨的流动性支付一定的金额。另外一些交易者很耐心,愿意等待,直到他们能够以他们认为的公平市场价格获得所探讨的资产。

在复杂而又高度发达的经济体中,很难发现强势持续市场分割的例子,尤其是交易活跃的股票市场中。当然,在不那么发达的国家,市场分割发生的可能性更大,并且相对更加重要。例如,在 20 世纪 70 年代之前,亚洲一些金融市场表现出很强的市场分割性质。当时农业项目每年的回报超过 40%,但是却无法为这些项目筹集资金,而出口贸易每年的回报低于 6%,却可以非常方便地获得融资。McKinnon(1973)认为,金融服务地域分布的不均衡和政治状况共同使得具有良好关系纽带的出口商相比农业经营者能够更容易获得资金。治理方面的考虑加强了市场分割的效应。相比知名的出口商,银行较难获得有关农村资金借入者的信用信息,并且前者资产的流动性也往往高于后者。其结果就是,潜在的农业投资项目比其他诸如出口贸易之类的业务面临更为严峻的信用制约。

法规限制所允许的特定业务,[6]也有可能至少是暂时性的导致市场分割。另一方面,金融家有很强的动机规避那些阻碍获利机会的法规。20 世纪六七十年代,美国联邦储备委员会试图通过 Q 法规限制美国银行的存款利率上限,但是这些银行的大客户通过将资金存放在欧洲美元账户,或者将资金存放在美国银行的海外分支机构,规避了这一法规。在那个时候,这些银行可以在联邦管辖范围之外的城市(例如伦敦)给出更高的利率,而不是在美国本土之内。

分割的后果

市场分割带来了配置效率的问题。例如,对普通股而言,那些交易不那么活跃,规模较小或被忽视的公司的股票价格并不总是遵循资产定价理论的预测。"被忽视的公司"这一

---

[5] 对完备合约和不完备合约的讨论请参见第 7 章。
[6] 例如,Domowitz、Glen 和 Madhaven(1998, p.190)发现"所有权限制在很大程度上分割了墨西哥权益市场"。

术语指那些股票市盈率(市场参与者经常使用的一种相对估值方法)在给定其所代表的风险程度下,被认为不正常得低。这种股票很有可能是相对较小的公司发行的,并且其低市盈率可以部分归因于缺乏机构研究所带来的信息不对称。[7]由于较大的机构交易较小公司的证券是不经济的,从而这些机构对小公司进行研究也是不经济的,其结果就是,被忽视的股票现象很有可能持续下去。

与此同时,分割有可能会自我破坏。阻碍创造市场分割,这给金融家带来了潜在的获利机会,他们能够找到有利可图的方式来克服这些阻碍。他们有可能通过设计新的证券发行或者开发新的交易类型来利用这些潜在机会。如果能够找到有利可图的交易形式,那么资金将从低回报机会转移到高回报机会。[8]当这些机会被发现的时候,现有的市场分割形式将被削弱甚至消失。例如,投机级公司债券(也称为非投资级别债券或垃圾债券)市场逐步发展成为一种将机构资金转移到高信用风险债券投资的方式。当这些阻碍无法克服时,市场维持分割状态,同时有效利率差异持续存在。

一些潜在机会有可能存在相当长的时期,而不被认为是潜在有利可图的,而另外一些机会一旦被识别出马上就会被利用。利用机会的新方式一方面来自新的信息来源,另一方面来自技术变化,它增加了净交易收入。当创新的代理商能够发现这些机会的时候,他们就很有可能获得高于正常的回报,至少短期是这样的。与此同时,创新者的获利行为很有可能吸引竞争对手,其结果就是,非正常回报只能持续到市场开始削弱或者消除分割。

要不是通过在分割的市场之间移动资金以从私人交易中实现回报,分割就很有可能持续下去,除非采取立法行动来应对分割。但是,公有部门解决分割的干预很少被证明是合理的。即使是合理,必须认真设计干预形式来确保其有效性。

21.4 信息不对称和信贷市场均衡

信息不对称所产生的持续套利机会会有额外的影响。它们也会影响信贷市场,甚至导致信贷配给均衡,也就是说,只有部分潜在客户能够处在以市场利率筹集资金的均衡状态,其他客户具有相同的风险水平,寻找相同的条款,但是无法获得信贷。

尽管通常认为利率变动总是能够达成供需平衡,但在一些情况下,通常所期望的调整不会发生。如果随着潜在客户融资成本的上升,其风险水平也上升,且如果中介的利润最大化同时取决于通行利率和平均风险水平,这种情况就会发生。没有理由假设利润最大化的利率水平下信贷需求正好等于信贷供给。如果需求超过供给,中介就会把资金借给一些客户而非所有客户:即中介将配给信贷。

有3个问题与信贷配给均衡相关:①客户对借款条款的反应;②逆向选择和后弯的供给曲线;③道德风险和后弯的供给曲线。我们下面将依次探讨这些问题。

21.4.1 客户对借款条款的反应

在探讨信贷配给时,我们将从一个模型开始。这个模型是关于客户对资金提供者所给

---

7 请参见 Arbel 和 Strebel(1983)。
8 假设这一比较将可能的风险差异考虑进去。

出与贷款安排有关的条款的反应。其模型说明，在特定情况下，资金提供者可能通过提供更加严格的还款方案带来有悖常理的结果。

考虑表 21-1 所给出的情景。假设一个资金提供群体向被称为"资金借入者"的一方提出 0 时刻市值定义为 R 的还款方案。资金借入者将利用这些资金投资某个项目。表中的情境假设项目有两种可能的回报：H 或者 L，其中 $H>R>L$。在 1 状态下，资金借入者能够完全偿还贷款，但是在 2 状态下将部分违约，并且只能支付 L。给定这些数据以及客观概率和风险中性概率，所提出的偿还计划的期望价值为 $(R+L)/2$，支付金额的市值为 $(0.45H+0.55L)/(1+r)$，其中 r 为无风险利率。1 状态下资金借入者的回报为 $H-R$，2 状态下为 0，并且在 0 时刻的市值为 $0.45(H-R)/(1+r)$。假设这些回报正好等于资金借入者愿意借入的量来投资这个项目。我们称这一水平为"资金借入者的保留水平。"[9]

表 21-1　情景 1 和回报的例子

状态	客观概率	风险中性概率	资产回报	实际债务偿还	资金借入者的回报
1	0.5	0.45	H	R	$H-R$
2	0.5	0.55	L	L	0
1 时刻的期望值			$(H+L)/2$	$(R+L)/2$	$(H-R)/2$
0 时刻的市值			$(0.45H+0.55L)/(1+r)$	$(0.45R+0.55L)/(1+r)$	$0.45(H-R)/(1+r)$

表 21-1 中的情景假设资金提供者提出一种较高的偿还 $1+R$（即提高所收取的利率），那么除非能够得到补偿，否则将导致资金借入者的回报下降到保留水平之下。假设资金借入者可以通过增加资产回报的方差（即增加风险）来抵消这种可能性，同时保持平均回报不变。[10] 这些行动共同作用的结果就是降低资产市值，也就是承诺支付给资金提供者的金额，但是能够将资金借入者的回报价值维持在表 21-2 所给出的水平。

表 21-2　情景 2 和回报的例子

状态	客观概率	风险中性概率	资产回报	实际债务偿还	资金借入者的回报
1	0.5	0.45	$H+1$	$R+1$	$H-R$
2	0.5	0.55	$L-1$	$L-1$	0
1 时刻的期望值			$(H+L)/2$	$(R+L)/2$	$(H-R)/2$
0 时刻的市值			$(0.45H+0.55L-0.10)/(1+r)$	$(0.45R+0.55L-0.10)/(1+r)$	$0.45(H-R)/(1+r)$

对资金提供者头寸的净影响取决于他们是否知道风险水平的变化。如果知道的话，那么他们是否又将调整所贷出的资金量。如果他们不知道资金借入者反应所带来的道德风险问题，他们将贷出和第一种情境相同的资金量。如果是这样的话，资金提供者的期望收益将保持不变，但是资金偿还的市值下降了，导致资金提供头寸价值受到负面影响。

总而言之，资金提供者希望获得更大资金偿还的尝试有可能受到资金借入者反应的阻挠。正如本章余下部分将指出的，在这些类型的情况下，资金提供者最大化的解决方案可能涉及信贷配给。

---

[9] 在企业回报不允许债务全额偿还的状态下，假设资金提供者获得企业的价值，而剩余的未偿还部分的违约是无风险的。

[10] 为了简便起见，我们还假设风险中性概率不受这一变动的影响。

21.4.2 逆向选择和后弯供给曲线

我们现在可以利用模型中的发现来进一步考察资金借入者对更严格的偿还条款的反应所带来的影响。例如，如果对于一个给定类型的资金借入者，银行贷款的期望回报并非贷款所收取的名义利率的单调增函数，那么均衡状态下可能出现信贷配给。如果要求偿还的增加（进而所收取的有效利率）会导致资金借入者承担更高的风险，那么信贷供给曲线就有可能是后弯的。因此，正如 Stiglitz 和 Weiss(1981)所指出的，贷款偿还增加的提议有可能意味着资金提供者最后向风险较高的资金借入者发放了相同数目的贷款。在这种情况下，金融家就没有动机提高利率，反之，一种信贷配给的形式有可能用于维持供需平衡。

为了明确说明这些情况，假设资金借入者的差异在于风险分析参数 θ。资金借入者知道其自身的 θ，但是金融家不知道。他们根据 θ 的均值，向所有的企业（即资金借入者）提供一个标准债务合约，要求为每单位融资偿还 R。如果一家企业无法按计划偿还贷款，那么其当前的现金流 y 将归资金提供者所有。根据这一合约，金融家向其服务的每家企业提供固定金额的贷款，从而企业现金流的实现值为：

$$\pi(y) = \max(0, y - R) \tag{21-1}$$

假设企业利用期望价值标准，如果模型的期望利润是 θ 的增函数时，就会表现出逆向选择：

$$E[\pi(y|\theta)] \tag{21-2}$$

这一假设意味着，当企业进行风险更高的项目时，企业的期望利润就增加了。21.5.1 节的例子中，企业所有者的期望利润保持不变，但是市值下降了。其结果就是，至少有一个 θ，记为 θ^*，满足：

$$E[\pi(y|\theta^*)] = \pi_{\min} \tag{21-3}$$

其中，$\pi_{\min}$ 为促使企业接受这个项目的保留利润水平。如果企业不能承担特定程度的风险，那么它们将无法产生保留收益，也不会进行经营。

贷款银行的期望利润取决于合同偿还 R 和申请信贷的企业的质量分布。鉴于银行提供的贷款金额是固定的，利率的上升意味着 R 的上升，因为利息的金额上升了。对任何给定的 θ，企业的期望利润下降，因为对任何给定的 θ：

$$E[\pi(y|\theta)] = E[\max(0, y - R)|\theta] \tag{21-4}$$

是 R 的减函数。

为了弥补期望利润的下降，每家企业将考虑进行风险较高的项目，即企业管理层将考虑进行 θ 值较大的项目。其结果就是，式(21-3)所定义的临界值 θ^* 上升，意味着目前认为值得寻找信贷的企业群体的风险要比之前高，这些企业接受了新的更加严格偿还条款。因而，利率的上升能够减少对贷款的需求，但是随着需求的下降，风险较低的企业从市场中退出。在这些情况下，利率的上升不一定会增加银行的期望利润。为了最大化利润，银行有可能对余下的客户进行信贷配给。

为了说明这一点，定义信用风险的度量方式为 θ，在表 21-3 的第一列给出。表格的第二列给出了项目成功的情况下，现金流 $y(\theta)$ 的价值。正如之前所讨论的，项目失败的话带来的收益为零。表格的第三列给出了实现正的现金流 $y(\theta)$ 的概率 $p(\theta)$。与前面的讨论相一致的，当 $y(\theta)$ 随着 θ 的上升而上升时，$p(\theta)$ 下降。

表 21-3　银行利润函数及其相关供给曲线的例子

信用风险 θ	$y(\theta)$	$p(\theta)$	R	信贷需求①	期望偿还②	借出资金的期望回报③	存款供给,等于信贷供给④
1	1	0.9	1	10	4.5	−0.55	0
2	2	0.8	2	9	7.2	−0.20	0
3	3	0.7	3	8	8.4	0.05	1
4	4	0.6	4	7	8.4	0.20	4
5	5	0.5	5	6	7.5	0.25	5
6	6	0.4	6	5	6.0	0.20	4
7	7	0.3	7	4	4.2	0.05	1
8	8	0.2	8	3	2.4	−0.20	0
9	9	0.1	9	2	0.9	−0.55	0
10	10	0.0	10	1	0.0	−1.00	0

① 假设 $R=\$7$。只有 $y(\theta)$ 等于 \$7、\$8、\$9 或 \$10 的企业将运营下去。
② 例如,如果 $R=\$7$,资金提供者将获得的期望支付为 $\$7\times(0.3+0.2+0.1)=\$4.2$。
③ 例如,如果 $R=\$7$,发放四笔 \$1 的贷款,且 $(\$4.2-\$4)/\$4=0.05$。
④ 存款供给随着期望贷款回报的上升而上升。例如,如果 $R=\$7$,那么这四个申请的资金借入者中只有一个能够得到服务。

为了计算的简便,我们假设企业的保留利润为零,因此任何要求支付 $R\leqslant y(\theta)$ 的企业将运营下去,但是如果 $R>y(\theta)$,那么企业就没有动机运营了。任何开始运营的企业寻找一单位资本的贷款。为了简便起见,假设每个信用风险级别正好有一家公司。然后,对表 21-3 第四列所给出的偿还取整,关于 R 的信贷需求函数的值在第五列中给出。例如,如果要求的偿还设为 \$7,只有信用风险为 \$7 或更高的企业会申请贷款,因而信贷需求为 \$4,期望偿还在第六列给出。例如,如果要求的偿还为 \$7,那么贷款申请企业的信用风险为 \$7、\$8、\$9 和 \$10。

信用风险级别为 7 的企业以 0.3 的概率偿还贷款,信用风险级别为 8 的企业以 0.2 的概率偿还贷款等。当计划偿还金额为 7 时,所有正的偿还的期望价值为:

$$7\times(0.30+0.20+0.10+0)=\$4.20$$

在表格第六列给出。为了之后的用处,注意最后一个计算正好等于利用偿还的总量和平均偿还概率计算得到的结果:

$$(7\times4)\times[(0.30+0.20+0.10+0)/4]=28\times0.15=\$4.20$$

计算借出资金的期望回报在倒数第二列中给出。例如,如果 $R=\$1$,那么计算就是:

$$(4.50-10)/10=-0.55=-55\%$$

假设银行不持有任何现金,以零利润进行经营,并能够根据一个期望贷款利率的线性供给函数吸引存款。一个 0.05 的期望回报带来总共为 1 单位资本的存款,一个 0.20 的期望回报带来总共为 4 单位资本的存款等。假设负利率带来的存款为零。

图 21-1 给出了信贷的供给函数和需求函数。由于对所有的 R,需求都要大于供给,供给函数和需求函数不相交。

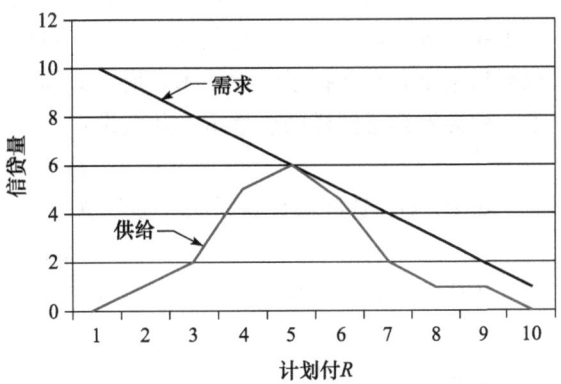

图 21-1　信贷供需

银行就必须实行信贷配给,为一些客户提供服务,而拒绝另外一些具有相同特质的客户。

相比之下,如果将银行的期望现金流和计划偿还联系在一起的函数始终是递增的,就不会出现这种效应。如果银行能够在某种程度上识别申请信贷的不同客户的质量,这种情况也不会发生。

Stiglitz-Weiss 逆向选择模型

现在让我们来看 Stiglitz 和 Weiss(1981)所提出的描述逆向选择的模型,这一模型还将用于描述道德风险。假设所有的企业都是相同的,并且能够在两个项目中选择一个,其中每个项目要求的融资都为 \$1。如果项目成功的话,这两个项目分别带来 B 和 G 的收益。无论项目类型,任何不成功的项目带来的收益都为零。假设 $B>G$,但是成功概率分别为 p_B 和 p_G,且 $p_B<p_G$,因而项目 B 的风险要高于项目 G。如果贷款条款被理解为,除非偿还条款正确设定,否则只有企业进行项目 B 时才会寻找贷款,这个模型就描述了逆向选择。这一理解适用于所有的 B 和 G 企业,并假设选择发生在事前。

如果在 R^* 的偿还水平下,企业对项目 G 和项目 B 是无差异的,那么:

$$(B-R^*)p_B = (G-R^*)p_G \tag{21-5}$$

即

$$R^* \equiv (p_G G - p_B B)/(p_G - p_B) \tag{21-6}$$

只要满足式(21-5),银行的回报就不是 R 的单调函数。对 $R \leqslant R^*$,银行的回报为 $p_G R$,对 $R^* \leqslant R < B$,银行的回报为 $p_B R$。对 $R < R^*$,利息回报上升,当 $R = R^*$ 时急剧下降,然后对 $R^* < R \leqslant B$ 再次上升。对 $R < R^*$,企业选择安全项目,而对 $R \in (R^*, B]$ 企业选择风险项目。

银行能够要求的并且仍然能够促使投资项目 G 的最大偿还为 R^*。当且仅当

$$p_B B < p_G R^* \tag{21-7}$$

时,银行实现最大期望回报。其中 R^* 由式(21-6)给出。无论式(21-7)是否成立,回报的非单调性意味着,银行将选择一个偿还金额,来最大化其有效回报。没有理由假设所选择的偿还金额将使得供需相等,因此,可能出现信贷配给。

21.4.3 道德风险和后弯供给曲线

正如已经指出的,对道德风险的说明可以利用和逆向选择讨论相同的模型。但是,假设现在个体企业在获得银行贷款承诺后,可以私下从项目 G 转到项目 B。金融家还是无法观测到企业究竟选择了哪种技术,所以必须规定,所有的企业为了借入一单位资本获得技术,就必须偿还同样的金额 R。并假设:

$$p_G G > p_B B \tag{21-8}$$

而 $B>G$。这些假设联系在一起就意味着:

$$p_B < p_G \tag{21-9}$$

坏技术的风险要高于好技术。当且仅当:

$$p_G(G-R) \geqslant p_B(B-R) \tag{21-10}$$

企业将选择好技术。

也就是说,当且仅当:

$$R \leqslant (p_G G - p_B B)/(p_G - p_B)$$

和之前一样，存在最大可行偿还：

$$R^0 \equiv (p_G G - p_B B)/(p_G - p_B) \tag{21-11}$$

当 $R \leqslant R^0$ 时，潜在资金借入者将选择好项目。如果 $R \leqslant R^0$，那么资金提供者的期望回报为 $\pi_G R$。但是，如果 $R > R^0$，那么借出方的期望回报为 $\pi_B R$。

假设在期望水平 r，资金供给具有无限弹性，即支付市场利率就可以借入任何数目的资金。那么如果：

$$p_G R^0 > 1 + r > p_B R^0$$

那么信贷市场将在两个不同的贷款数量出清，即有可能存在某个 $R^{00} > R^0$ 使得 $\pi_B R^{00} = 1 + r$。与此同时，有可能存在另外一个 $R^{000} \leqslant R^0$，使得 $\pi_G R^{000} = 1 + r$ 也成立。

另一方面，如果信贷供给函数只能在 R^0 达到局部最大，信贷市场就无法出清，正如前面逆向选择例子中所解释的。只要 R^0 水平下，要求的信贷数目超过信贷供给数目，信贷配给就会发生。

21.5 市场失灵

信息差异有时会非常极端，这不仅仅发生信贷配给，甚至还会导致**市场失灵**。例如，如果一个新任命的银行贷款执行官无法将好客户和坏客户区分开来，他就可能决定只提供抵押贷款，在这种情况下，银行业务领域中没有抵押物的贷款市场就可以说失灵了。另外一个例子就是，有可能很难将一家小公司的股票以反映其持续经营价值的价格再出售出去，因为购买者无法证实持续经营价值所基于的信息。

21.6 金融体系外部性

金融体系表现可以从私人角度来评估，也可以从社会角度来评估。私人成本和收益的标准用于评估经济活动的私人价值。当所进行的经济活动使得私人决策的边际成本（从所使用的资源价格中反映出来）正好等于私人决策的边际收益[11]（正如产出价格所反映出的）时，就达到了私人最优水平。

社会成本和收益的标准用于反映社会（有可能不同的）对相同活动的评估。当所进行的经济活动使得边际社会成本正好等于边际社会收益时，就达到了社会最优水平。但是实际中，达到边际社会成本等于边际社会收益的活动水平并不总是边际私人收益等于边际私人成本的活动水平。

根据私人成本和私人收益的计算，一项经济活动的市场价格并不能完全反映该项活动的社会收益和社会成本的平衡，那么这项活动的影响就称为**外部性**。[12] 例如，市场决定的价格或许无法完全反映企业生产我们所探讨的商品或服务所使用的资源成本。类似的，当一个商品或者服务按照市场决定的价格出售时，企业所实现的私人收益可能不等于其所生产

---

11 假设值达到唯一一个最优水平。
12 竞争均衡的理论模型具有我们所期望的特征，即价格正好能够弥补社会成本和私人生产成本。

商品的社会价值。

尽管外部性并不是普遍存在的，或者即使当它们确实发生时也不总是有意义的。但在一些情况下，它们重要到需要补救。由于给出的资金数目要小于社会最优水平，这会导致社会收益无法实现，金融市场中最重要的外部性就发生了。问题之所以会产生，常常是因为对私人资金提供者而言，提供社会最优资金水平往往是无利可图的。[13]

在发达经济体中，通常不太容易找到外部性的例子。出现了外部性，也有可能无法找到有效的成本方式来确保社会收益。但是，出口信贷保险是一个解决方法，即社会可能从干预中受益。社会收益很有可能来自以出口为中心的业务扩张所创造的岗位，但是对一家出口公司而言，为可能的赊销国际航运违约损失提供私人保险有时是困难或者昂贵的。出口商有可能需要信用来确保业务安全，而私人保险公司有可能认为提供这种信用保险是不经济的。在这些情况下，公有部门提供保险以获得社会收益将是有价值的，否则错过则很可惜。

在2007~2008年动荡的市场中，美国政府拯救了大量的金融机构，因为这些金融机构的倒闭将给世界金融体系造成严重的外部性。在这些情况下，通过公有部门的干涉来抵消这些负的外部性，避免遭受这些外部性，理论上是值得期待的。例如，2008年雷曼兄弟破产大大打击了金融市场主体的信心，并对许多金融资产的价格产生巨大的影响，即它带来了巨大的负外部性。之后，当其他金融机构面临同样的破产可能性时，当局进行了干预，来阻止投资者的信心和资产价格的进一步下滑。

要 点

- 在理想化世界金融市场中，市场是完全流动的，且不存在交易成本，那么资产结构就像在无套利世界中一样相互联系在一起。
- 如果金融市场参与者面临信息的差异，流动性的差异，以及正的交易成本，那么资产价格之间的关系就不是那么唯一确定的了。此外，市场不完美还可能导致诸如信贷配给均衡、市场分割、市场失灵和金融体系外部性之类的现象。
- 存在流动性差异的原因包括市场结构的差异，交易工具本质的差异，以及工具所代表的义务类型。
- 准备好随时买入的做市商提供即时服务，对即时性的供需共同决定了市场流动性。

- 通常，寻找有利可图的套利机会的金融家通过交易来实现套利利润，而交易又将资产结构相互联系在一起。市场运行者试图通过快速执行交易并收取较低的可能费用，来吸引更多的生意，进一步加强了上述价格联系。
- 当交易条款是标准化的时候，当代理商能够获得同样的信息，当交易成本只构成交易价值相当小比例的时候，市场交易达到最活跃。
- 教科书范式中的套利不需要资本，也不会带来风险，但是实践中，套利交易几乎总是要求资本的，而且会带来不同程度的风险，这取决于特定交易的本质。
- 职业套利是由数目相当小的代理商进行

---

[13] 问题的要点并不在于利率在某种程度上是不正确的，而在于它未能反映交易的净社会收益或成本。下一段中的出口行业例子指出，银行为出口融资提供贷款所带来的利息收益并不能反映银行贷款所带来的出口业务增长进而带来的诸如就业创造之类的社会收益。

- 的，他们必须从投资者那里筹集资金为其活动提供融资，并通过展示其策略在过去带来了交易利润来筹集资金。
- 职业套利者就有激励避免持有头寸，这部分头寸在基金投资人的压力下是有可能被清算的组合。当职业套利者发现难以为新出现的套利机会提供融资的时候，他们就有可能因为这个机会风险太高而回避它，从而市场定价异象就会持续存在。
- 当市场不完美严重阻碍交易时，市场分割就会出现。
- 市场分割提供了经过诸如风险、税率和期限之类差异的适当调整后，在不同市场中以不同的有效利率进行相同交易的机会。
- 如果套利者或者中介都未能识别出能够通过交易将不同交易联系在一起的获利机会，那么市场分割就出现了，但是分割并不总是绝对的，会随着时间而变化。
- 如果代理商无法获得相同的信息，如果交易对手互相不认识，或者如果所交易的金融工具未能获得第三方担保，从而需要个体对其信用风险做出评估，那么交易也将受阻。
- 代表不完备合约的金融工具相比代表完备合约的金融工具，交易起来要困难。
- 在一些情况下，交易成本有可能阻碍有利可图的交易，这是因为，金融家缺乏降低这些成本所需的技术知识。
- 信息不对称所产生的持续套利机会会有额外的影响，它们也会影响信贷市场，甚至导致信贷配给均衡。也就是说，只有部分潜在客户能够处在以市场利率筹集资金的均衡状态，其他客户具有相同的风险水平，寻找相同的条款，但是无法获得信贷。
- 有三个问题与均衡信贷配给相关：①客户对借款条款的反应；②逆向选择和后弯的供给曲线；③道德风险和后弯的供给曲线。
- 信息差异有时会非常极端，以致不仅仅发生信贷配给，还会导致市场失灵。
- 根据私人成本和私人收益的计算，一项经济活动的市场价格并不能完全反映该项活动的社会收益和社会成本的平衡，这项活动的影响就称为外部性。
- 尽管即使外部性确实发生，它们也不总是值得注意的，在一些情况下，它们重要到需要补救。

问 题

1. 无套利世界的假设是什么？
2. 做市商的作用是什么，他们所面临的风险是什么？
3. 将下面的市场根据流动性最好到流动性最差的顺序排序，并解释原因：期货市场、住宅零售市场和股票市场。
4. (1) 什么时候市场交易最活跃？
   (2) 尽管职业套利者知道一些新的套利机会存在，为什么他们还将在市场中持续下去？
5. (1) 市场分割的含义是什么？
   (2) 市场分割在什么时候发生？
6. 什么是"被忽视的企业"？
7. 请解释市场失灵和外部性的概念。
8. 对下面每种情况，计算期望偿还：
   (1) 每家企业借入 \$1，并要求偿还 \$5：

企业	偿还概率
A	0.2
B	0.5
C	0.4

   (2) 每家企业借入 \$1，但是偿还金额取决于偿还概率：

企业	偿还金额($)	偿还概率
A	4	0.2
B	3	0.5
C	2	0.7

9. 假设银行不持有任何现金储备（即将其得到的所有存款用于投资），并以零利润经营（即其借出资金获得的收益等于其支付给存款者的利率）。进一步假设银行能够根据下面的期望贷款利率的线性供给函数吸引存款。即，

存款利率	存款资金量
6%	$1
12%	$2
18%	$3
...	

由于不存在现金储备，存款数目就等于可用于贷款的资金数目。

在下面每种情况下，计算向企业提供贷款的期望回报，并确定是否会发生信贷配给。

(1) 每家企业借入$1，并要求偿还$4：

企业	偿还概率
A	0.5
B	0.4
C	0.3

(2) 每家企业借入$1，且要求的偿还如下所示。

企业	偿还金额($)	偿还概率
A	10	0.1
B	7	0.2
C	5	0.3
D	2	0.6
E	1	0.8

10. 在信贷配给模型中，随着收取的利率上升，资金提供者的头寸是如何下降的？
11. 与均衡信贷配给相关的三个问题是什么？

参考文献

Arbel, Avner, and Paul Strebel. (1983). "Pay Attention to Neglected Firms!" *Journal of Portfolio Management* **9**: 37–42.

Baumol, William J. (1965). *The Stock Market and Economic Efficiency*. New York: Fordham University Press.

Bookstaber, Richard. (2007). *A Demon of Our Own Design*. New York and London, John Wiley & Sons.

Demsetz, Harold. (1968). "The Cost of Transacting," *Quarterly Journal of Economics* **82**: 33–53.

Domowitz, Ian, Jack D. Glen, and Ananth Madhavan. (1998). "Country and Currency Risk Premia in an Emerging Market," *Journal of Financial and Quantitative Analysis* **33**: 189–216.

Grossman, Sanford J., and Merton H. Miller. (1988). "Liquidity and Market Structure," *Journal of Finance* **43**: 617–637.

McKinnon, Ronald I. (1973). *Money and Capital in Economic Development*. Washington, D.C. Brookings Institution.

Neave, Edwin H. (2009). *Modern Financial Systems: Theory and Applications*. Hoboken, NJ: John Wiley & Sons.

Shleifer, Andrei, and Robert W. Vishny. (1997). "The Limits of Arbitrage," *Journal of Finance* **52**: 35–55.

Stiglitz, Joseph, and Andrew Weiss. (1981). "Credit Rationing in Markets with Imperfect Information," *American Economic Review* **71**: 393–410.

第七部分
PART 7

不完美资本市场中资本结构决策

第 22 章　当资本结构相关时

第 23 章　实践中的融资决策

第 24 章　金融缔约和交易条款

第 22 章 当资本结构相关时

在第 4 章，我们探讨了资本结构变化不影响企业价值的情况。我们指出，在一个完美资本市场中，尽管债务的风险通常都要比权益低，其成本也比权益低，但并不是说使用更多成本较低的债务一定会降低企业的加权平均资本成本。第 4 章的结论就是，在一个不存在公司税的完美资本市场中，将企业的现金流在企业不同要求权持有者之间的分割不影响企业价值。简单来说：资本结构决策和企业价值无关的。其结果就是，在一个完美资本市场中，不存在最优资本结构。

本章，我们将通过放松完美资本市场的假设，来考察资本结构影响企业价值的情况。我们首先指出，债务如何带来税收优势，进而影响企业的资本成本。这一结果意味着，资本结构是和企业价值有关的，并且建议管理层利用最大数目的债务。之后会介绍管理层在采用最大财务杠杆策略之前需要考虑的其他因素。特别地，我们探讨破产成本如何限制债务的税收优势。对代理成本和异质期望，我们给出类似的论断，然后探讨这些因素对股利支付理论的重要性。

为了解释的清晰，本章我们主要关注事先已经决定并且是固定的经营决策（例如生产决策和投资决策）假设下的融资决策。大多数传统文献研究在长期和不变经营决策下的资本结构，并寻找资本结构问题的永久解决方案。但是，最近的理论研究强调资本结构随时间的动态变化，本章我们总结这一最近的研究领域。本章最后，我们回到最优资本结构的概念。在我们的研究结束后，我们将对管理层为什么、在什么样的情况下以及多大程度应该关注债务杠杆做出一个完整的陈述。下一章将探讨实践中如何将资本结构理论应用到融资决策中。

22.1 公司税对杠杆的影响

正如第 4 章所解释的，如果公司收入需要交税，而债务利息可以从企业的应税收入扣除，那么杠杆对企业价值的影响将发生巨大的变化。[1]在这些情况下，完美资本市场模型预

---

[1] 我们还假设企业收入足够大，从而确实可以从中收取利息。即，我们假设企业可以利用利息抵扣税收。

测，杠杆的影响如此重要以至除非有其他一些因素来抵消其影响，否则企业将完全由债务来提供融资。[2] 这是因为，企业发行的债务越多，它能实现的税收节省就越多——无论债务是否有风险，这一结论都适用。在给出了这一论断后，我们自然就会考虑资本结构具有哪些特征，资本结构限制债务的价值创造作用。

考虑两家企业具有相同的隐含收益分布，其中一家企业是有杠杆的，另一家是没有杠杆的。[3] 沿用第 4 章的记号，考虑通常的二时间点，并假设公司税率为 τ，无杠杆企业的税后收益将是：

$$V(2)(1-\tau)$$

假设在任何实现的收益水平，税收都以 τ 支付。在支付债券利息 $R(2)$ 之前杠杆企业的税后收益为：

$$V(2)-\tau[V(2)-R(2)]$$

上述表达式假设收益总是可以支付债券利息，并且在债券发行本金数目下降之前支付。现在，购买杠杆企业 α 比例的权益的投资者将支付的价格为：

$$\alpha[V(1)-B(1)] \tag{22-1}$$

其中 $B(1)$ 为 1 时刻债券发行的市值，为了获得：

$$\alpha\{V(2)-\tau[V(2)-R(2)]-[R(2)+B(2)]\}$$

$B(2)$ 可能的最大值为承诺的支付金额，即发行债券的本金数目。[4] 相比之下，购买无杠杆企业 α 比例的权益的投资者支付 $\alpha S(1)=\alpha V(1)$ 享有 $\alpha V(2)(1-\tau)$ 的收益。如果投资者借入资金并承诺支付 $\alpha[R(2)+B(2)-\tau R(2)]$，那么 1 时刻其投资头寸将和杠杆企业投资者一样。但是 1 时刻无杠杆企业投资者头寸价值为：

$$\alpha\{V^*(1)-[B(1)-\tau V_R(1)]\} \tag{22-2}$$

其中 $V^*(1)$ 为 1 时刻无杠杆企业的价值，$V_R(1)$ 为 2 时刻支付利息 $R(2)$ 在 1 时刻的价值。

由于任何投资者都可以安排任何一种头寸，所以这两项投资就是完全替代品，在 1 时刻具有相同的市值。这就意味着式(22-1)和式(22-2)是等价的，有：

$$V(1)=V^*(1)+\tau V_R(1) \tag{22-3}$$

根据式(22-3)，杠杆企业的价值等于无杠杆企业的价值加上发现债券实现的税收补贴的现值。由于对一个盈利的企业，税收补贴的价值随着发行债券的上升而上升，如果可能的话，企业将通过采取 100％债务的资本结构来最小化资金筹集成本。

为了进一步说明这些效应，我们给出一个例子，说明随着资本结构中债务比例的上升，企业的有效资金成本下降。这个例子假设企业经营期为一期，然后被出售。我们进一步假设，公司税率为 40％，并且适用于除了用于债券利息的那一部分收益之外全部的收益分布。给定下面给出的税前收益分布，一家 100％权益融资(即无杠杆)企业税后市值分布如下所示：

状态	概率	$V(2)$(税前)	$V(2)$(税后)
1	0.5	\$1 769	\$1 056
2	0.5	\$1 320	\$792

2　Modigliani 和 Miller(1963)纠正了其初始的分析，将企业利息的税收效应考虑进去。
3　本节的第一部分很大程度上来源于 Fama 和 Miller(1972)。
4　在技术破产的情况下，企业就不一定能偿还债券持有者所有的本金。

企业期望价值为 $E[V(2)]=\$924$，并假设根据 10% 贴现，得到 $V(1)=\$840$。

现在假设发行价值为 \$200 的无风险债务，2 时刻市值为 \$200，支付通行无风险利率 5%。当不存在债务所带来的税收节省时，我们知道 2 时刻权益价值将为 \$640，这是因为，完美资本市场中，债务价值加上权益价值等于企业市值。将税收节省考虑进去，得到下面的税后收益：

状态	概率	V(2)(税后)
1	0.5	\$1 060
2	0.5	\$796

由于在这些情况下，\$10 的利息费用使得企业的应税义务减少了 \$4，在 10% 的贴现率下，$V(1)$ 就比 \$844 小一点点。[5]

如果债务进一步增加到 \$400，那么税后价值分布变成

状态	概率	V(2)(税后)
1	0.5	\$1 064
2	0.5	\$800

$V(0)$ 就比 \$848 小一点点。[6] 由于这个例子说明，企业价值随着无风险债务的增加而增加（由于税收节省的原因），而随着杠杆率的上升资本成本必然就会下降。[7]

如果除了公司税之外，我们假设企业投资者也必须支付收入税，那么情况又将发生变化。Miller(1977)考察了这一情况，他率先发现，相比股票收入（股利和资本利得），投资者将为债券利息支付更高的个人所得税，这一较高的个人所得税率的存在将减少杠杆率的收益。Miller 发现，根据许多国家的税收法，这种情况非常有可能发生，在这种情况下，债券投资者将要求更高的利息支付，并且我们完全有理由认为，这一较高的债券融资成本很有可能抵消杠杆的收益，再次使得企业市值不受杠杆率的影响。即引入实际的个人税率这一假设将抵消使用债务的公司税优势。

无论 Miller 的论断实证是否成立，到现在为止我们给出的资本结构观点还没有回答是否存在最优资本结构。我们所指出的是，由于公司收入需要应税，当企业采用较高的杠杆率时，企业的状况将有所改善。但是下一节指出，其他效应的存在意味着企业不能发行太多的债务，即也存在杠杆率上升所带来的成本。

22.2 资本结构和财务困境

当一个公司面临向其债权人支付困难时就陷入了财务困境。并不是所有陷入财务困境的公司都会发生法律破产，但是极端的财务困境很有可能导致破产。尽管破产常常是向债权人支付所带来的财务困难的结果，一些破产申请是在困境发生之前基于资产大的要求权

---

[5] 我们知道 10% 不再是精确的贴现率，但是为了大致考察这一效应的本质，它已经是一个相当接近的近似了。读者应该能够解释，为什么 $V(2)$ 的精确值应该是 $(924/1.10)+(4/1.05)=\$843.81$。

[6] 精确地来说，它等于 $(924/1.10)+(8/1.05)$。

[7] 当债务是无风险的时候，随着债务-权益比率的上升，成本将呈线性下降。当债务的利息支付时有风险的时候，成本将以递减的速度下降。

所提交的（比如集体责任诉讼）。

22.2.1 财务困境成本

在未发生法律破产的情况下，与财务困境相关的成本是多种多样的。例如，为了满足债权人的需求，管理层有可能承担预期能够提供快速回报的投资项目。如此，管理层就有可能选择减少所有者财富的投资项目。类似的，管理层可能放弃回报期较长的有利可图的项目。

另一种与财务困境相关的成本是与销售损失相关的成本。如果一个公司面临财务困难，潜在顾客就有可能对其产品敬而远之，因为他们可能认为公司无法提供维修、备件和保单，最近的一个例子就是，2009 年汽车购买者对 General Motors 和 Chrysler 的担忧。顾客担忧所导致的销售损失代表财务困境的机会成本——在某种意义上，如果公司没有陷入财务困境，公司将获得的价值（销售）。

财务困境成本另一个例子就是与供应商相关的成本。如果对公司是否能够满足其对债权人的义务，供应商可能根本就不愿意提供贸易信贷，或者即使提供贸易信贷其条款也是非常不利的。此外，供应商有可能不愿意签订长期合约，提供商品或原料。这就增加了公司未来获得这些物品的不确定性，并提升了合约的协商成本。

22.2.2 有限责任的作用

有限责任将所有者的义务限制在其初始股票投资的金额。对一些形式的企业，有限责任带来了一种富有价值的权力，并给其股东带来了有趣的激励。富有价值的权力即为对债权人义务违约的权力——即不向债权人支付的权力。由于股东的损失最多就是他们的投资，公司就有动机承担高风险项目：如果项目成功的话，公司向债权人支付的只是公司欠债权人的债，并获得余下部分，如果项目失败的话，且还有能够用于支付的，公司将向债权人支付公司欠债权人的债。[8]

有限责任所有者能够失去的只是其初始投资——他们为其股票支付的金额，这一事实给所有者带来承担相比无限责任情况下风险较高项目的动机：他们不会因此而失去什么，但是能够获得更多。有限责任公司的所有者有激励承担风险较高的项目，这是因为，他们至多只会损失其在公司的投资。但是如果投向的项目回报很高的话，他们将大大受益。

对具有有限责任的公司所有者而言，用债务提供融资的资产越多，承担风险较高项目的激励就越大，如果项目不成功的话，债权人将"两手空空"。这是一个问题：股东利益和债权人利益的冲突。投资决策是由管理层（代表股东）制定的，由于有限责任的存在，管理层将有动机选择风险较高的项目，这就有可能损害债权人的利益，这些债权人将其资金委托给公司（通过将资金借给他们）。

违约的权利相当于一个买入期权：所有者拥有通过向债权人支付债务的面值，买回整个公司的选择权。和其他类型的期权一样，现金流的风险越高，期权价值就越高。但是，债权人也知道这些，因而要求更高的债务回报（进而公司的成本也较高）。Jensen 和 Meckling（1976）分析了与有限责任相关的代理成本。他们指出，债权人知道公司承担风险较高项目的激励。债权人将要求更高的回报，也有可能要求在贷款合约中加入保护性条款。其

---

8 这是一种形式的道德风险，第 7 章所探讨的一个主题。

结果就是，最终股东承担较高的债务成本。

22.2.3 破产和破产成本

当公司有困难为债务提供支付时，就存在债权人撤回（即要求支付）贷款的可能，导致公司变卖资产，有可能对公司经营带来负面影响，甚至迫使公司停止经营。但是如果一些债权人强制要求支付，就可能给其他债权人带来不利影响。因而，这就发展了一种按照顺序解决公司向其债权人支付的方式——这一过程称为**破产**。

美国的破产是由破产准则来管理的，这可以在美国法典第11章中找到。根据法典第11章，公司可能重组，进而导致其要求权的重组，或者根据第7章清算。当公司遇到麻烦并试图克服其财务困难时，第11章破产法就想为公司提供保护，防止债权人的伤害。当公司根据第11章申请破产时，在区分哪些债权人将得到偿还，并且能够得到多少偿还的过程中，公司继续作为一个盈利公司经营。另一方面，当公司根据第7章申请破产时，将在一个受托人的管理下，终止其经营，变卖资产，并将所得分配给债权人和所有者。

我们可以将**破产成本**划分为直接破产成本和间接破产成本。**直接破产成本**包括与申请破产成本和破产管理相关的法律、管理和会计成本。**间接破产成本**就较难评估了。在破产过程中经营一个公司是困难的，因为决策制定常常会延误，债权人不可能同意公司经营，并且债权人的目标困难不同于公司有效经营的目标。

另一种间接破产成本就是特定资产的价值损失。如果公司拥有无形资产，或者具有富有价值的增长机会或选择权的资产，那么当公司陷入财务困境时，由于价值损失相比持有有价证券的公司不容易借入资金。由于许多无形资产的价值来源于公司的持续经营，破产过程中经营被扰乱，就会改变公司的价值。商业企业价值取决于无形资产的程度随着行业和公司的差异有所差异；从而财务困境所带来的潜在价值损失也有所差异。例如，一家制药公司所经历的经营活动扰乱要比钢铁制造商严重，这是因为，制药公司价值的大部分来源于研发活动，研发活动正常进行才能带来新产品。

22.3 财务困境和资本结构

财务困境和资本结构之间的关系是很简单的：随着债务融资使用的增加，固定的法律义务增加（利息和本金支付），公司满足这些增加固定支付的能力下降。因此，随着债务融资使用的增加，因财务困境而破产的概率上升。若给定经营收入下降，当公司在资本结构中使用的债务较多时（即一个利用较多财务杠杆的公司），面临的无法满足债务义务的风险就越高，进而增加了所有者收益的风险。

在评估财务困境发生概率时另一个需要考虑的因素是公司的商业风险。公司**商业风险**是与其经营收入相关的风险。商业风险和财务风险相互作用，影响公司风险。

在评估财务困境对公司价值的影响时，管理层关注的是财务困境期望成本的现值。而现值取决于财务困境发生概率；财务困境发生的概率越高，财务困境期望成本就越高。

财务困境期望成本的现值随着债务融资相对使用的上升而上升，这是因为，财务困境发生概率随着财务杠杆的上升而上升。换言之，随着债务比率的上升，财务困境成本的现值也上升，减少了利息费用抵税带来的价值。

总而言之，影响财务困境期望成本的因素有：

» 财务困境发生概率随着商业风险的上升而上升。
» 财务困境发生概率随着财务风险的上升而上升。
» 有限责任增加了所有者承担较高商业风险的激励。
» 公司价值对无形资产的依赖度越高，破产成本越高。

管理层不知道随着债务-权益比率的上升，困境概率上升的精确方式。但是，以下想法是合理的。

» 困境发生概率随着公司资产以债务提供融资比例的上升而上升。
» 利息抵税带来的收益随着公司债务-权益比率的上升而上升。
» 财务困境成本的现值随着公司债务-权益比率的上升而上升。

技术破产发生概率

如果解决破产的成本是昂贵的，那么技术破产发生概率（即无法满足合约支付要求）有可能导致加权平均资本成本随着债务发行的增加而增加。接下来给出这种效应的一个例子。考虑一家企业，其2时刻价值分布为：

状态	概率	V(2)(税前)
1	0.5	$3 870
2	0.5	$1 470

假设 $V(2)$ 整个分布以50%的税率应税，如果状态2发生，那么破产[9]成本为$150，从2时刻实现的价值中扣除。最后，假设1时刻对这个二状态世界的(单位)或有要求权的价格为0.45。那么，假设在第一种情况下，企业是100%权益融资的，税后价值的分布为：

状态	概率	V(2)(税后)
1	0.5	$1 935
2	0.5	$735

在这种情况下，1时刻企业价值为：

$$V(1) = 1\,935 \times 0.45 + 735 \times 0.45 = \$1\,201.50$$

如果我们假设这两种状态以相同的概率发生，那么在这种情况下 $E[V(2)] = \$1\,335$，企业的加权平均资本成本计算如下：

$$\frac{1\,335 - 1\,201.50}{1\,201.50} = 11.11\%$$

现在假设发行价值为$600的债务，承担的利息为10%，利息可以从应税收入中扣除。根据这些，就可以计算下面的①在扣除$60的利息后，应税收入的分布；②扣除税收和利息后，投资者可获得的收入分布；③投资者可获得的税后收入分布，包括利息：

---

9 我们意识到，技术破产后，一家企业可以重组或者申请破产。我们假设在这一讨论的余下部分，将选择其中成本较低的那一种。请参见 Barnea、Haugen 和 Snebet(1985)。

状态	概率	V(2)(税前)	V(2)(税后)	V(2)(税后加上利息)
1	0.5	$3 810	$1 950	$1 965
2	0.5	$1 410	$765	$765

在这些假设下，1时刻企业市值可以通过对所有投资者的支付估值得到：
$$1\,965 \times 0.45 + 765 \times 0.45 = \$1\,228.50$$

债务市值为：
$$660 \times 0.45 + 660 \times 0.45 = \$594.00$$

权益市值为：
$$(1\,965 - 660) \times 0.45 + (765 - 660) \times 0.45 = \$634.50$$

再次假设这两种状态以相同的概率发生，和之前一样，我们计算加权平均资本成本。

状态	概率	V(2)(税后加上利息)	债务持有者	股东
1	0.5	$1 965	$660	$1 305
2	0.5	$765	$660	$105

正如上面的表格所显示的，权益投资者的期望支付为 $\frac{1}{2} \times (1\,305 + 105) = \$705$。

但是，从企业的角度来看，对期望债务支付的估计必须同时考虑利息成本和税收节省。因而，从企业的角度来看，债务支付为 $660 - (0.5 \times 60) = 630$，因为债务利息可以从应税收入中扣除。因此，加权平均资本成本为：

$$\frac{634.50}{1\,228.50} \times \left(\frac{705 - 634.50}{634.50}\right) + \frac{594}{1\,228.50} \times \left(\frac{630 - 594}{594}\right)$$
$$= \frac{634.50}{1\,228.50} \times 11.11 + \frac{594}{1\,228.50} \times 6.06 = 8.67\%$$

由于税收优势，相比企业100%以权益融资的时候，现在的资本成本下降了。在可能的情况下，管理层自然希望利用这一可能。

如果公司不断增加杠杆，直到债务偿还概率小于1，那么当公司无法支付所承诺的债务支付时，就可能在债务持有者收到资金前发生支付给第三方的破产成本。为了说明这一可能性的意义，考虑第三种情况，在这种情况下，$800数目的债务以10%的名义利率发行。那么我们有如下的分布①扣除$60的利息后的应税收入；②扣除税收和利息后，投资者可获得的收入：

状态	概率	V(2)(税前)	V(2)(税后)
1	0.5	$3 790	$1 895
2	0.5	$1 390	$695

但是现在在状态2下，债务本金无法完全偿还，因而在税收和利息后，产生$150的破产成本（为了简便起见，我们假设发生破产成本不影响企业的税收责任）。这就意味着，投资者可获得的分布，包括利息但是减去税收支付和破产成本，为：

状态	概率	V(2)(税后假设利息减去破产成本)
1	0.5	$1 975
2	0.5	$625

第二种状态下的价值 $625 是通过 695+80-150 计算得到的。现在 1 时刻企业市值为：
$$(1\,975+625)\times 0.45 = \$1\,170$$
这要比之前小。债务市值为 $(880+625)\times 0.45 = \$677.25$，权益市值为：$1\,095\times 0.45 = \$492.75$。在确定债务市值时，只包含了债务持有者获得的支付。

再次假设这两种状态各以 $\frac{1}{2}$ 的概率发生，权益投资者支付的期望价值为 $(1/2)(1\,095+0)=\$547.50$。但是，从企业的角度来看，债务的期望成本是利用 $(1/2)[840+(695+40)]=\$787.50$ 计算得到的，这是因为，企业将破产成本视为债务发行成本的一部分。相应地，加权平均资本成本为：

$$\frac{492.75}{1\,170}\times\left(\frac{547.50-492.75}{492.75}\right)+\frac{667.25}{1\,170}\times\left(\frac{787.50-677.25}{677.25}\right)$$
$$=\frac{492.75}{1\,170}\times 11.11+\frac{677.25}{1\,170}\times 16.28=14.10\%$$

所以，一旦资本结构中债务的比例超过某个水平，产生破产成本的可能性将导致加权平均资本成本上升。

我们所考虑的情况意味着，当同时考虑公司税和破产成本的时候，存在最优杠杆率，进而必然存在最低资本成本。[10] 图 22-1 说明了这一点。在这个例子中，最优杠杆率是通过发行债务，其税收优势实现的一点，在这一点收益中的无风险部分完全支付债务承诺偿还。发行更多的债务将导致以正的概率产生 $150 的破产成本，这将抵消利息抵税所带来的任何累积税收优势。从而上面的例子说明，管理层在选择债务-权益比率时，需要权衡成本和收益，平衡税收优势和可能的破产成本。

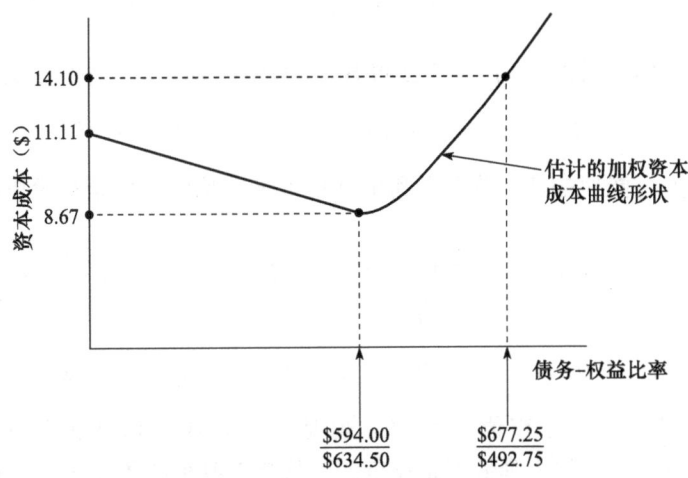

图 22-1 存在破产成本时最优资本结构的存在

这一分析假设与破产成本相关的风险溢价是不变的。相比之下，Almeida 和 Philippon (2007) 考虑了市场条件和经济条件变化所带来的风险溢价变化的意义。

---

10 所能达到的最低水平事实上在图 22-1 最低点的右侧，这是因为，这一点是根据无风险债务的数目计算得到的，这一数目略低于所能达到的最高水平。

22.4 异质期望

即使在一个可能完美的资本市场中，借贷双方之间的意见差异也会影响一个给定企业的资本成本。资金提供者或权益投资者一般都不如资金借入者乐观，也不太可能像管理层那样拥有有关公司发展前景的详细信息，正如我们在第 21 章所探讨的。在这些情况下，资金提供者所要求的利率或权益投资者所期望的回报对企业管理层而言可能就高得没有根据，其结果就是，从管理层的角度来看，如果接受资金投资者的条款，那么企业的资本成本就将上升。

为了说明异质期望的影响，考虑另外一个例子。在这个例子中，假设市场是完美的，不存在税收，我们就可以单独研究异质期望的影响。假设股东有关企业经营收益的期望为 (X)，而债券持有者的期望为 (Z)，正如下面给出的：

状态	概率	X	Z
1	0.5	$1 000	$900
2	0.5	$300	$200

我们进一步假设，出售的债券只能以分布 Z 确定的价格再出售。

我们假设所有的投资者都是风险中性的，并且首先考虑 100% 权益融资的情况。此外，我们假设无风险利率 $r_f = 5\%$。风险中性投资者的假设意味着所有的收益根据 5% 贴现。从股东的角度来看，企业价值为：

$$V(1) = \frac{1\,000 \times 0.5 + 300 \times 0.5}{1.05} = \frac{\$650}{1.05}$$

现在假设同样的公司以 5% 的利率获得 $200 的债务融资。债券价值为：

$$\left[210 \times \left(\frac{1}{2}\right) + 200 \times \left(\frac{1}{2}\right)\right]/1.05 = \$205/1.05$$

债券所代表的可能性是债券持有者利用分布 Z 来定价的，但是从股东的角度来看，债券成本估值为：

$$[210 - (205/1.05)]/(205/1.05) = (220.5 - 205)/205 = 7.5\%$$

股东同样计算权益价值（根据 X）为：

$$\left[(1\,000 - 210) \times \left(\frac{1}{2}\right) + (200 - 210) \times \left(\frac{1}{2}\right)\right]/1.05 = \$440/1.05$$

尽管股东依旧认为企业市值为 $650，但是企业真实市值变为 $(440 + 205)/1.05 = 645/1.05$。债权持有者的加入降低了企业市值，从个人股东的角度来看，提高了企业的资本成本。

为了说明如何进行资本成本计算，我们这样着手。在第一种 100% 权益融资的情况下，资本成本显然是 5%。在第二个例子中，利用股东的估值，计算为：

$$\frac{440}{650} \times 0.05 + \frac{210}{650} \times 0.075 = 5.8\%$$

第二种情况也说明，异质期望足以为 1 时刻债务市值设定一个上限 $200/1.05$。在发行这一数目的债务之后，随着更多债务的发行，企业价值（从股东的角度来判断）将下降，这是因为，债券持有者不会再向债务支付股东所认为的价值。但是到那一点，企业价值不会随着资本结构的变化而变化。在这些情况下，我们的计算假设（即未考虑任何税收优势），股东将认为存在债务发行的上限。如果还存在债务的税收优势，这将促使杠杆率上升到税收优势被差异期望抵消掉。

至少在某些程度上，这一与异质期望相关的观点可以由实践中管理层所采用的一种称为**盈亏平衡分析**[11]的技术来证实。当实践中管理层利用这一技术时，他们通常会问，不损害收入中满足利息支付确定性，即不会引起技术破产的（较便宜的）债务发行量是多少。在这种情况下，管理层可能含蓄地意识到投资者可能对企业收益分布持保守观点。如果是那样的话，通过将债务发行控制在一定的水平之内，管理层试图降低资金的平均成本，而不引起投资者保守期望所隐含的成本。

Ross(1977)分析了另一种可以归因于异质期望的效应。他首先观察到，市场像本节第一个例子那样对企业收益流进行估值。但是Ross接下去指出，管理层行为有可能影响市场的观点，我们未能在前面一个例子中考虑这一可能性。尤其是，如果经理人加大企业的杠杆率，那么对这一特定企业的价值，就有可能创造出更为乐观的期望，而对这一前景没有这么好的企业，本不该使用如此高的杠杆。如果经理人成功地改变了期望，企业价值将上升。因此，Ross至少部分解决了前面的问题，即使发行债务不存在税收优势，企业也有可能希望采用杠杆。由于前面所考察的例子能够给出这一解释，正如Jensen和Meckling(1976)所观察到的，即使不存在税收优势，企业也会采用杠杆，管理层通过变动的债务-权益比率形式的信号影响市场观点的可能性就值得严肃考虑。

22.5 代理效应

发行更多的债务有可能通过降低代理成本提升企业价值。[12]这就是说，管理层并不总是有动机最大化股东价值，而是偏好利用公司收入来提高管理层自身的福利。债务能够减少这一动机，因为如果不能还本付息，债务合约将给企业带来麻烦。换言之，发行债务的企业有可能会更有效地利用其自由现金流（正如第23章将进一步探讨的），进而降低代理成本。发行额外的债务还提供了第二种管理层业绩激励：债权人和评级机构将监督企业的表现以及其完成债务支付义务的能力。

债务使用所带来的另外一个代理问题就是将其用于反收购。**反收购**是指任何阻碍或者阻止恶意收购的机制。通过发行额外的债务，公司就可以使其对潜在买家而言不具有吸引力。一些公司通过借入资金回购其普通股，大大提高了其财务杠杆率，以此作为一种反收购手段。这是否对公司有利取决于一系列因素。大多数有关反收购的研究得出的结论是，反收购手段的使用有可能降低公司价值，尤其是以目标公司管理层自身利益为动机的时候。Jandik和Makhija(2005)在其失败收购的研究中得出的结论是，如果增加的债务带来了更好的监督，那么公司将从中受益。但是，如果增加的债务导致管理层利益侵占，那么

---

11 当然，这只是盈亏平衡分析使用的一种解释。如果金融市场是完美的，那么根据上面所提到的，管理层使用这一技术将是错误的；在一个不完美资本市场中，根据我们提出的债务的任何其他增加成本的观点，这可能是有道理的。

12 请参见Jensen(1986)。

将对公司价值产生负面影响。

22.6　股利支付理论

在一个完美资本市场中，即使是在风险状况下，董事会所宣布的股利与企业市值决定无关。尽管许多个体相当不愿意相信资本结构理论这一部分的描述，即现实世界中股利政策如何影响股票价格，但是这一引理无疑是非常有用的。这是因为，它告诉管理层，如果股利确实有影响的话，那么他们必须寻找完美市场理论所提供的原因之外的其他原因。

换一种表达方式，在完美资本市场中，无论企业从内部产生的资源筹集资本（利用利润为新的投资提供融资，而不是将这些利润以股利形式发放给股东）还是出售额外的股票筹集资本都是无差异的。任何一种资金来源都根据与企业商业风险相适合的市场回报率进行贴现，即市场要求的回报率被用于新股定价和为企业留存收益估值。这就意味着，现有股东在企业中权益利益不会因为新股发行而下降，因为现有股东在给新股定价时，会使其正好产生合适的市场要求回报。此外，购买者愿意以这一价格买入股票，因为在这个假设的完美资本市场中，这些股票所提供的回报和其他具有相同风险的投资提供的回报是相同的。

但是，上面有关完美资本市场股利无关性[13]的故事并不是完整的股利理论。Gordon(1959)提出的**在手之鸟理论**认为，相比无股利或股票价格上涨的不确定性，投资者可能更偏好特定的股利流。此外，信号理论认为，股利为管理层提供了一种告知投资者其有关企业未来发展前景的方式。[14]还有，前面探讨的代理解释认为，股利支付迫使企业寻找外部融资，这就使得企业会受到投资者的监督，进而提供了促使管理层尽量有效工作的激励。

不同的税率和交易费用也与股利政策决定相关。首先，假设向股东征收收入税，并且税率根据收入是股利形式（普通所得）还是股票价格上涨（资本利得）有所差异。进一步假设普通所得的税率要高于资本利得。在这些情况下，除非存在能够完全逃避税收的企业股票购买者，否则宣布股利所导致的股东财富减少将大于允许股东通过出售实现的资本利得。在这些情况下，宣布股利与现有股东和潜在股东不是无关的，因此除非股东有办法来逃避较高的税率，否则支付股利将改变企业的市值。在不存在这种可能性的情况下，支付股利将导致财富从股东手中转移到征税的税收管辖部门。一些观察者指出，鉴于股利征税的方式，相比股利支付，投资者应该更偏好资金留存。

尽管在完美资本市场中交易成本（根据定义）假设为零，但是很容易看出，如果发行新股需要收费，即使是在一个不完美的市场中，宣布股利对无差异的股东而言也是有关的。因为如果宣布股利，并且企业通过新股发行筹集资金为资本收购提供融资，那么发行将带来发行费用（即法律费用和注册费用）。当这些发生时，发行费用将减少企业所拥有的资源，其结果是，相比不发行股利时，企业市值下降了。

如果不支付股利，且股东必须出售股票为其当前消费支出提供融资，那么有关对股东的影响，可以做出类似的论断。这是因为，如果为了完成出售，必须支付经纪费用，如果

---

[13] 股利无关性结果是上面所探讨的 Modigliani-Miller 定理的结果。例如，请参见 Fama 和 Miller(1972)。
[14] 请参见 Ambarish 等(1987)。

不存在诸如差异税率之类的其他效应，那么股东获得股利，其状况将会变差。

在特定的时候，管理层有回购企业股票的选择权。在完美资本市场中，我们可以得出这样的结论，即回购的证券，像股利支付一样，与企业市场价值的决定无关。

22.7 是否存在最优资本结构

本章，我们的关注焦点在于解释公司管理层应该注意到会影响企业资本结构的因素。所产生的问题就是是否存在最优资本结构（即一种最大化企业价值的结构）。由于本章所给出的理由，资本结构似乎是相关的，但是定量识别出一点，在该点资本结构最大化企业价值是非常困难的。

即使最优资本结构无法精确确定，公司管理层应该理解，利息费用的抵税作用能带来经济收益，但是最终财务困境成本将减少这一收益。尽管公司管理层可能无法明确指出公司的最优资本结构，但是我们确实知道那些影响最优值的因素。本章的讨论指出，税收和债务治理效应能够带来收益，但是最终这些收益将降低企业的财务灵活性，并有可能增加财务困境发生的可能性。这些因素总结如下。

债务融资的优势	债务融资的劣势
利息税盾	财务灵活性
治理价值	财务困境和(或)破产

22.8 动态模型

动态模型关注随着企业资本结构根据其自身状况的发展以及市场新信息做出调整的方式。这类模型通常都会指定一个由上面所讨论的因素定义的**目标资本结构**，然后考虑企业如何至少在一定时间内从偏离所选择的目标结构中受益。例如，Morellec 和 Schuerhoff (2007)发展了一个实物期权模型，其中投资择时、企业资本结构构成和任何对之前发行的证券违约的决策都是内生联合决定的（我们将在第 26 章探讨实物期权。）在他们的模型中，资本利得和收入税率的差异有可能对企业的政策选择产生负面影响。例如，通过为糟糕的公司表现提供对冲，资本损失抵消将侵蚀等待选择权的价值，并诱使企业加速投资。这一模型还预测，随着企业股票价格的上升，使用更多的权益融资对企业而言是最优的。还有，企业历史业绩越差，使用更多的权益融资对企业而言是最优的。

在第二个模型中，Morellec 和 Schuerhoff(2009)分析企业筹集外部资金时，信息不对称对企业投资和融资决策的影响。在这个模型中，公司内部人可以通过改变投资择时，或者企业的债务-权益组合，或者两者兼而有之，向外部投资者传递私有信息。信息不对称将侵蚀等待选择权的价值，诱使具有好的发展前景的企业加速投资。此外，信息不对称可能不会转化为传统的融资优序。例如，即使企业拥有足够的借债能力，信息不对称将使得权益发行相比债务发行更具吸引力。

Tserlukevich(2008)指出，尽管传统模型为了解释杠杆率的波动性，通常都会借助融资交易成本，但是即使不存在这些成本，一次性投资机会也会造成类似的波动。Tserlukevich 通过系统模拟，指出企业杠杆率可以和企业盈利性呈负相关，表现出均值回归，并取决于过去股票回报。在模型中加入一次性投资的摩擦能够提高模型的解释力，因为 Tserlukevich 指出，在不存在融资交易成本的情况下，杠杆率的渐进变化和起伏变化都有可能发生。

Lambrecht 和 Myers(2008)指出，破产成本有可能对投资和不投资决策都造成扭曲。经理人个人财富约束有可能导致企业投资推迟，以及对企业债务融资依赖性的上升。现金流变化有可能通过收紧或者放松财富约束导致投资进一步变化。最后，他们识别出一个道德风险效应：投资者保护水平较差的企业选择较高的债务水平。

要 点

- 从完美资本市场转到管理层必须意识到的现实因素带来了资本结构如何影响企业价值的理论。
- 这些现实因素包括公司税效应、技术破产发生概率、异质期望和代理效应。
- 税收和财务困境成本带来一种权衡：对较低的债务水平，税收减少的收益大于财务困境成本的现值，因此债务比率的上升带来公司价值的上升。但是在债务比率在达到一定水平后，财务困境成本要大于税收减少的收益；超过这一点，随着债务比率的进一步上升，公司价值将下降。
- 财务困境导致直接成本和间接成本的可能性，使得管理层不会使用太高水平的债务。
- 有限责任带来了一种富有价值的权力，并给其股东带来了有趣的激励。具体来说，股东对公司债务违约而面临有限责任的能力可以视为一种买入期权：所有者拥有通过向债权人支付债务的面值，买回整个公司的选择权。
- 在代理关系中，代理人有责任代替委托人行事。存在这样的担忧，即管理层（代理人）不会根据股东（委托人）利益最大化行事。
- 代理成本是与任何试图最小化所有者和管理层之间潜在冲突相关的成本，包括监督成本、契约成本和剩余损失。
- 当杠杆率起初上升时，异质期望可能带来加权平均资本成本的下降，如果杠杆率达到一定水平后继续上升，则将带来加权平均资本成本的上升。
- 动态理论澄清了目标资本结构和随着不同时期有关企业自身状况和宏观状况的新信息获取导致的对目标结构的机会主义偏离之间的关系。
- 一些有关资本结构的动态理论也解释投资和融资机会的同时决定，而在传统上，这些选择是分开考虑的。

问 题

1. 假设 XYZ 公司在完美资本市场中经营，面临 40% 的公司税，当前资产价值为 $1 000。

   管理层预期下一年经营收入（即息税前收入）为 $200。

   (1) 计算下面三种资本结构下资本供给者所能获得的总期望收入：

   资本结构 1：100%权益融资。

资本结构2：70%权益融资和30%债务融资且年利率为10%。

资本结构3：30%权益融资和70%债务融资且年利率为10%。

(2) 该公司的最优资本结构是什么？假设10%的年利率适用于任何数目的债务。

(3) 如果在这个市场中引入个人所得税，并且债券利息收入的税要远远高于股利，该公司的最优资本结构将受到什么样的影响，为什么？

2. (1) 财务困境的含义是什么？

(2) 识别出三种常见的与财务困境相关的成本。

3. 考虑一家资产价值为 $1m 的公司，其资本结构由50%的权益和50%的债务构成，管理层的目标是最大化股东财富。假设债券持有者支付的利息是可以忽略不计的。

(1) 下面两个项目（项目A和项目B）中的哪一个更有可能被管理层选择？为什么？

		收益/损失($m)	
	概率	项目A	项目B
状态1	50%	0.5	1.0
状态2	50%	−0.3	−0.8

(2) 如果公司资本结构由90%的权益和10%的债务构成，相比资本结构由50%的权益和50%的债务构成的情况，公司更有可能还是更没有可能选择项目B？

(3) (1)部分和(2)部分对股东有限责任和公司资本结构之间的关系意味着什么？

4. (1) 破产直接成本的含义是什么？

(2) 破产间接成本的含义是什么？

5. (1) 技术破产的含义是什么？

(2) 技术破产可能如何影响资本结构？

(3) 请简要解释财务困境和资本结构之间的关系。

6. 请解释利用财务杠杆作为反收购工具的机制。

7. 在完美资本市场中，公司的股利政策与公司市值的决定无关，即公司从留存收益（即不支付股利）中筹集资金还是通过出售额外的股票（因为支付了股利）筹集资金是无差异的。下面是一些使得股利选择有关的因素/理论：

- 在手之鸟理论
- 信号
- 代理理论
- 普通所得的税收和资本利得的税收
- 发现新股的发现费用
- 购买普通股的经纪费用

哪些因素/理论支持公司管理层应该支付股利并通过发行新股获得融资？请确定解释这是为什么。

8. 下面哪些是债务融资的优势，哪些是劣势？

- 治理价值
- 财务灵活性
- 利息税收
- 财务困境/破产

9. 考虑一家两阶段模型中的企业，其2时刻价值分布如下。

状态	概率	价值($t=2$)
1	0.5	$3 600
2	0.5	$1 600

假设公司税率为50%。如果企业在2时刻破产，所发生的成本为$200，这一成本从企业价值中减去。进一步假设0时刻对这两状态世界，（单位）或有要求权的价格为0.45。

(1) 如果企业资本100%由权益提供融资，那么企业的加权平均资本成本是多少？

(2) 如果企业资本中包含价值为 $600 的债务，支付的利率为 10%，那么企业的加权平均资本成本是多少？

(3) 如果企业资本中包含价值为 $1 000 的债务，支付的利率为 10%，那么企业的加权平均资本成本是多少？

参考文献

Almeida, Heitor, and Thomas Philippon. (2007). "The Risk-Adjusted Cost of Financial Distress," *Journal of Finance* **62**: 2557–2586.

Ambarish, Ramasastry, Kose John, and Joseph Williams. (1987). "Efficient Signaling with Dividends and Investments," *Journal of Finance* **42**: 321–343.

Barnea, Amir, Robert A. Haugen, and Lemma W. Senbet. (1985). *Agency Problems and Financial Contracting*. Englewood Cliffs, NJ: Prentice-Hall.

Fama, Eugene F., and Merton H. Miller. (1972). *The Theory of Finance*. New York: Holt, Rinehart and Winston.

Gordon, Myron J. (1959). "Dividends, Earnings and Stock Prices," *Review of Economics and Statistics* **41**: 99–105.

Jandik, Tomas, and Anil Makhija. (2005). "Debt, Debt Structure and Corporate Performance After Unsuccessful Takeovers: Evidence From Targets That Remain Independent," *Journal of Corporate Finance* **11**: 882–914.

Jensen, Michael C. (1986). "Agency Costs of Free Cash Flow, Corporate Finance, and Takeovers," *American Economic Review* **76**: 323–329.

Jensen, Michael, and William Meckling (1976). "Theory of the Firm: Managerial Behavior, Agency Costs, and Ownership Structure," *Journal of Financial Economics* **3**: 305–360.

Lambrecht, Bart M., and Stewart C. Myers (2008). "Debt and Managerial Rents in A Real-Options Model of the Firm," *Journal of Financial Economics* **89**: 209–231.

Miller, Merton H. (1977). "Debt and Taxes," *Journal of Finance* **32**: 261–275.

Modigliani, Franco, and Merton H. Miller. (1963). "Taxes and the Cost of Capital: A Correction," *American Economic Review* **53**: 433–443.

Morellec, Erwan, and Norman Schuerhoff. (2007). "Personal Taxes, Leverage, and Real Investment," available at http://ssrn.com/abstract=559003.

Morellec, Erwan, and Norman Schuerhoff. (2009). "Dynamic Investment and Financing under Asymmetric Information," Swiss Finance Institute Working Paper.

Ross, Stephen A. (1977). "The Determination of Financial Structure: The Incentive-Signalling Approach," *Bell Journal of Economics* **8**: 23–40.

Tserlukevich, Yuri. (2008). "Can Real Options Explain Financing Behavior?" *Journal of Financial Economics* **89**: 232–252.

第 23 章 实践中的融资决策

在第 4 章和第 22 章，我们考虑了诸如税收、破产成本和代理效应之类影响资本结构的主要因素。本章进一步考虑融资安排选择的实践问题，包括①估计不同融资来源的成本；②当管理层无法在所有的时点都保持最优资本结构的时候，需要对证券发行择时；③债权人和投资者的观点如何影响证券发行的择时和数目；④破产成本对资本结构选择的影响；⑤对设计股利政策的考虑；⑥考虑回购权益或通过优先配股发行权益。

23.1 估计不同资金来源的成本

资本结构理论提供了一个分析框架，即管理层如何估计不同来源（即新股或债务）筹集资金的成本。理论预测，如果一家企业的资本结构中既有债务也有权益，那么当其发行额外的权益时，债务-权益比率必然会下降，并且适用于所有发行在外权益的贴现率通常也会下降。另一方面，发行额外无风险债务（假设企业事实上可以发行更多的无风险债务）所带来的债务-权益比率上升将导致适用于权益的贴现率上升，但是不影响适用于债务的贴现率。

由于刚才提到的原因，试图预测从不同资金来源筹集额外资金的成本时必须非常仔细。我们将利用额外权益进行分析说明。为了简明起见，假设企业在扩张活动时商业风险保持不变。那么市场给企业收益的贴现率将保持不变。但是，只有当债务-权益比率保持不变时，适用于债务和发行在外权益的贴现率才保持不变。如果债务-权益比率发生变化，融资后通用的贴现率也将发生变化。

举例说明如下，假设在企业经营扩张之前，2 时刻企业收益分布为：

状态	概率	收益
1	0.5	$2 000
2	0.5	$1 080

因此，2 时刻期望收益为 $1 540。假设这一收益分布以 10% 的贴现率贴现，意味着企业当前的价值为 $1 400。进一步假设企业发行了 $400 的无风险债务和 $1 000 的权益。假设无风险债务支付的市场利率为 5%，利息成本为 $20（5% 乘以 $400）。那么在不存在公司税的情况下，股东有权获得超过 $420（$400 的债务偿还加上 $20 的利息）之外的所有收

益。所以，

状态	概率	股东能够获得的
1	0.5	$1 580
2	0.5	$660

股东的期望美金回报为 $1 120。由于权益价值为 $1 000，在发行 $400 的无风险债务后，市场应用于权益的贴现率就是 $(1\,120 - 1\,000)/1\,000 = 12\%$。

现在假设如果管理层能够筹集 $300 的额外资金，下一年企业能够将其收益分布扩大为：

状态	概率	收益
1	0.5	$2 500
2	0.5	$1 350

期望收益为 $1 925，也将根据 10% 贴现（由于收益分布按比例扩张），因此 0 时刻企业价值为 $1 750。

进一步假设初始有 1 000 单位股份发行在外，每单位股份的市值为 $1，并且 $300 的新融资只通过股票出售实现。假设现有债务依旧流通，股东所能够获得的价值分布为：

状态	概率	股东能够获得的
1	0.5	$2 080
2	0.5	$930

这是通过将每种状态下的收益减去 $420（本金偿还和利息）得到的。由于企业当前市值为 $1 750，且债务价值为 $400，因此权益当前价值为 $1 350。给定股东的期望回报为 $1 505，市场应用于权益的贴现率就下降到 $(1\,505 - 1\,350)/1\,350 = 11.5\%$。所以，通过权益发行筹集额外的 $300，权益贴现率由于债务-权益比率的下降而下降了。

剩下的问题就是管理层需要对新权益发行设定条款，使得现有股东能够从扩张中获利，而新股东只能获得其投资的合适的市场回报率。扩张将使得企业价值增加 $1 750 - $1 400 - $300 = $50，并且现有股东有权获得这一额外的金额。由于当前权益的总价值为 $1 350，并且新发行股票的价值必须为 $300，而 1 000 单位的旧股票现在发行在外，我们就可以将所要求的条件表达为：

$$P(1\,000 + n) = \$1\,350$$

和

$$Pn = \$300$$

其中 P 为股票价格，n 为新股发行数量。根据这两个条件，我们有 $1\,000P = \$1\,050$，$P = \$1.05$ 就可以是扩张后股票的市场价格。由于初始有 1 000 单位的股票发行在外（即旧股票），且新股票售价要比当前价格高 $0.05，老股东确实获得了 $50×（$0.05×1 000）的价值增加。那么，由于 $300 必须通过新股发行筹集得到，出售给新投资者[1]的新股数目为

---

[1] 或者以较高的价格出售给现有投资者。

$300/1.05$，近似为 286。

注意根据权益资本的旧成本，在我们的例子中为 12%，来为权益定价是错误的。因为企业的新股要价太低了，这将损害现有股东的利益。另外，注意企业可以选择发行的股票数量，或者股票价格，但不能同时选择两者。

23.2 债务发行择时

不完美资本市场中，新证券发行都会产生承销费用（称为**发行费用**），而承销费用通常都包括一个很大的固定组成部分，因而注重节省成本的管理层发行新证券的频率相对比较低。此外，与短期借款或通过长期借款已经筹集的投资净资产相关的额外成本也意味着新证券发行的发生频率不能太高。因此，新发行择时就成为管理层需要考虑的一个问题。

在新债务证券发行情况下，发行规模对利息成本的影响意味着有规律地选择发行时间可能是明智的。另一方面，固定发行成本降低了企业向市场发行新债务证券次数的激励。因而，管理层面临平衡这些对立考虑的问题。为了说明如何实现这一点，我们考虑一个平衡长期债务发行成本和利息成本的例子。假设总发行成本由下式给出：

$$\frac{FD}{N} + VD + \frac{N(r_L - r_B)}{2} \tag{23-1}$$

式中 F——发行债券的固定成本；

D——给定时间段中筹集的资金金额；

N——单个发行规模；

D/N——给定时间段中发行次数；

V——发行可变成本；

r_L——长期债券利率；

r_B——短期债券利率。

假设这里的目标只是最小化利息和发行成本[2]，并且为了简便起见，我们假设利息成本与发行规模无关。此外，假设在整个计划期利率保持不变。

通过对 N 求导并使导数等于零，我们就可以找到式(23-1)的最小值：

$$\frac{-FD}{N^2} + \frac{r_L - r_B}{2} = 0$$

$$\frac{FD}{N^2} = \frac{r_L - r_B}{2}$$

$$N^* = \left(\frac{2FD}{r_L - r_B}\right)^{1/2}$$

最后一个表达式给出了能够最好平衡发行成本和利息成本的发行规模。

作为一个例子[3]，假设问题包含如下的数据：

---

[2] 更加详细、复杂的债券发行和债券赎回问题的模型得到了发展。由于我们的目的只是引用其基本方面，这里我们就不再给出细节。

[3] 这个例子来自 Van Horne(1977)。

$$D = \$50\,000\,000 \text{（3 年中）}$$
$$F = \$100\,000$$
$$r_L = \text{每年 } 7\%$$
$$r_B = \text{每年 } 5\%$$
$$r_L - r_B = 0.02/3 \text{（对 3 年的计划期）}$$
$$N^* = \left(\frac{2 \times 100\,000 \times 50\,000\,000}{0.06}\right)^{1/2} = \$12\,909\,000$$

相应地，大约 4 次发行（50 000 000/12 909 00），每 9 个月发行一次代表最小化利息和发行费用之和的策略。

择时的第二个特征与市场利率在某些时候有可能超乎寻常的相关，这有可能是高通胀预期或者信贷市场高信贷息差造成的。如果管理层能够识别这些效应，无论管理层是独立决策还是根据投资银行家的建议，通过最小化成本对发行择时可能就是经济的。

23.2.1 向上倾斜的供给曲线的影响

与完美市场假说相反，债券或股票价格通常都会在新发行上市时略有下降。此外，价格下降程度与筹集资金数目有关。随着资金筹集的发生，有效利率有可能上升，正如图 23-1 所给出的。在任何给定的时间段，只有一定数目的金额可以以市场利率或者接近市场利率筹集到。正是出于这些原因，一些企业可能发现或多或少连续发行证券是筹集资本的一种经济策略。例如，公用事业在执行冗长的扩张或整修项目时通常都具有这个特征。

23.2.2 目标资本结构相对于实际资本结构

鉴于在任何时期，能够经济地发行证券数目同时存在上限和下限，很显然，企业可能无法在所有的时间点都遵循最优资本结构。相反，企业有可能规定一种最优结构作为目标，并不定期地调整实际资本结构使其在合理的范围内接近目标。因此，尽管平均来说，企业的杠杆率可能等于某个选定的值，但是在任何时点都有可能偏离均值。

DeAngelo、DeAngelo 和 Whited（2009）估计了一个模型，在这个模型中，企业具有目标资本结构，但是通过发行临时债券作为对投资机会冲击的回应，这些临时发行就代表了相对目标的偏离。在 DeAngelo 和 Whited 模型中，平均债务发行量不同于目标资本结构预测，而这一目标资本结构的选择是为了反映发行临时债务的选择权价值。最优杠杆率路径反映了时变状态依存的临时债务，这些债务的使用是由当前和未来可能的企业投资机会冲击决定的。该模型还表现出杠杆率的缓慢均值回归，反映了使用借债能力的机会成本而非债务发行的交易成本。

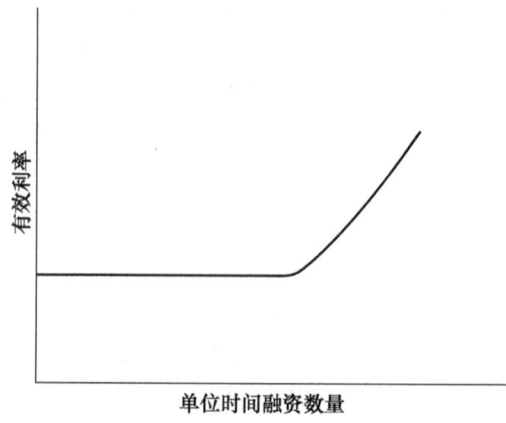

图 23-1 不完美资本市场中给定类型资本的供给曲线

23.3 债权人、投资者和资本结构选择

如果在一个给定的时间段，企业只能以市场利率或接近市场利率借入有限的资金量，那么企业管理层就有可能希望保持紧急借款能力，控制债务-权益比率。此外，如果企业满足固定支付的能力出现问题，企业就有可能难以获得商业信用，而这又有可能对其销售能力产生负面影响，最终影响其收益，这就为管理层控制债务-权益比率提供了另一个理由。

完美资本市场预测基于个人和企业都能以相同的条款借入资金并且不需要支付交易成本的假设。现实中，交易成本很有可能限制个人抵消企业决策的能力（至少短期来看是这样的，因为这些成本阻碍了边际调整的发生），并且这种可能性有可能因为个人无法以和企业相同的条款借入资金而进一步强化。类似地，相比股利，高税级的投资者可能更偏好资本利得，因为适用于后者的税率相对较低。为了最小化交易成本和差异税率的影响，投资者有可能希望企业采取一种特定的债务-权益比率。因此，如果企业管理层认为这些因素很重要的话，企业就有可能采取适合投资者平均的财务风险立场，这似乎也是合理的。

为了解释特定的债务-权益比率，我们提供了一些探索性的观点，它们依旧处于财务理论争论的焦点，而争论最终的解决很有可能改变现在解释的细节。但是，我们相信，这些解释反映了当前思考的延伸，而我们的猜测至少能够指明当前思考有可能演化的方向。无论如何，由于刚才提到的那类原因，企业资本成本如何随着杠杆率的变化而变化仍然是一个未解决的问题。

Leary(2009)考察了在变化的金融环境中企业资本结构的选择。他研究了与可转让定期存单市场出现所带来的1961年银行信贷扩张相关的融资数据，以及与1966年信贷紧缩相关的融资数据。Leary指出，这些市场流动性变化导致一系列资本结构反应。Leary发现，银行信贷紧缩（扩张）后对银行有依赖的企业杠杆率下降（上升）。当银行债务数目下降时，对银行有依赖的企业还会转向权益。另一方面，对银行信贷没有依赖的企业在银行债务和公共债务市场之间转换。Leary的结果表明，所观测到的杠杆率和债务安排结构是由①企业对资本结构的需求；②信贷市场供给摩擦（尤其是影响那些依赖银行的企业的摩擦）共同决定的。也就是，将银行业和经济增长联系在一起的资本市场不完美也将信贷条件和企业财务结构联系在一起。

Rauh和Sufi(2008)考察了一个由评级公共公司随机构成的数据集，该数据集记录了这些公司资产负债表中单个债务发行情况。作者发现，债务的异质性为公司资本结构决定提供了更深入的启示。数据显示，相对于高信用质量企业，低信用质量企业更有可能具有多层资本结构，包含附有严格条款的有担保银行债务以及条款相对较松的次级非银行债务。因此，尽管高信用质量企业可以使用各种任意灵活的融资来源，低信用质量企业依赖受严密监督的有担保的银行债务。

Lewis和Verwijmeren(2009)的一项实证研究发现，选择发行相对复杂证券有几个目标。企业选择证券设计的目的在于：减少公司税、最小化再融资成本和缓解管理层滥用成本。显然，一些企业还选择能够提高企业公布非常有利的收益模式的证券发行。

23.4 技术破产的意义

我们在第 22 章已经考察了破产成本影响企业资本成本的可能方式,现在我们试图评估其本质和重要性。[4] 如果企业无法满足其合约支付要求,那么它就技术破产了。在这些情况下,无论将来怎样,管理层所要做出的第一个决策就是企业是否应该重组,还是应该清算,并以什么价格变卖资产。可以假定管理层根据哪种选择对投资者而言比较好的标准做出选择。美国的破产程序是由破产法来管理的。破产法第 11 章下的**重组**涉及改变企业资本结构,而破产法第 7 章下**清算**涉及企业资产变卖以及将变卖所得偿还给各类投资者。

破产程序是冗长的,也是昂贵的。当企业面临清算时,企业资产不得不削价出售,产生损失,而如果企业当初没有借入这么多资金被迫进入技术破产,可能就不会发生这些损失。即使企业重组,没有变卖资产,生产可能临时停止,员工可能辞退,与供应商、顾客,或者两者的合约必须再协商——所有这些都会导致经济成本。此外,即使破产没有真正发生,陷入财务困境的企业也可能需要承担间接成本。如果重新安置员工和员工找到新工作的成本是高昂的,那么仅仅是破产可能性就会增加人员成本。例如,在技术破产的情况下,高层管理人员更有可能失业,如果这种可能性看上去很严峻,他们就可能要求较高的补偿,或者为了阻止他们根据自身利益最大化行事就需要付出更多的监督成本。类似的,由于供应商可能不愿意和有可能破产的企业建立业务关系,获得供应的成本就有可能上升。[5]

即使企业市场机会不因为破产概率的上升而发生变化,为了改变净经营收入模式,管理层经营决策可能会发生变化。其决策如何变化将取决于①管理层如何试图平衡其自身头寸和权益价值;②股东所采取的限制管理层的对抗活动。

如果企业高管在制定经营决策时考虑自身经济利益,并且管理者收入没有很好地实现分散化,企业财务杠杆的上升将导致管理者面临降薪或者失业的风险上升,进而导致管理者带着这一有问题的管理记录去寻找新的工作。为了最小化这种可能性,管理层就可能被诱使做出低风险低回报决策。另一方面,以权益为中心的管理层可能被吸引接受风险更高的项目,这些项目失败的可能性很高,获得巨大收益的可能性很低。

上面的分析假设与破产成本相关的风险溢价保持不变。但是,Almeida 和 Philippon (2007)指出,随着市场状况和经济状况的变化,风险溢价将发生变化。他们认为,财务困境更有可能在经济不好的时候发生,而财务困境现值的计算取决于变化的风险溢价。他们利用根据公司债券利差得到的风险调整违约概率估计财务困境的现值。对评级为 BBB 的企业,他们的标杆计算指出,困境净现值为困境发生前价值的 4.5%。相比之下,忽略风险溢价变化的估值得到的 NPV 仅为 1.4%。因此,Almeida 和 Philippon 得出如下的结论,边际困境成本可以高到等于边际债务税收收益,意味着识别风险溢价变化的效应有助于解释为什么相比其他研究所建议的企业对债务的使用似乎要保守得多。

---

    4 有关这些成本重要性的证据还没有结果;请参见 Warner(1977a,1977b)。
    5 至少除非支付事先有担保(在建立交易账户时,这种做法就比一般安排成本要高)。

23.5 限制性条款和代理成本

限制性条款属于债务筹集条款的一部分，是企业管理层接受的限制条件。例如，条款可能限制额外债务发行、企业营运资本比率的变化、股利水平变化、管理层薪酬变化等其他类似的变化。投资者对企业施加所有这些类型的限制，试图提高其投资的安全性。Jensen 和 Meckling(1976)将这些安排视为避免股东行为降低债券持有者财富水平而产生的代理成本。

为了说明这种可能性是如何产生的，我们重新给出 Copeland 和 Weston(1979)提出的一个例子。假设企业有两个不同的投资项目，潜在资金提供者或者投资者都是不知道的，在两种可能状态世界中在 1 时刻带来的回报如下。

项目	回报	
	状态 1	状态 2
X	$9 000	$11 000
Y	$2 000	$18 000

为了计算简便，假设所有的投资者都是风险中性的。如果企业只将项目 X 展示给潜在的债券持有者，可以借到 $7 000 为其提供融资。随后，企业管理者(或股东)有激励转向项目 Y，除非债券持有者规定不得采取这种行动。因为如果没有施加这类限制，并且不涉及其他成本，根据项目 X 借到的 $7 000 保证在两种状态下都能还本付息，但是如果将这些资金用于项目 Y 融资，那么如果 2 状态实现，这将给股东带来非常高的收益，而如果 1 状态实现，这将给债券持有者带来巨大的损害。

Billett、King 和 Mauer(2007)考察了投资机会增长对企业杠杆率选择、债务期限以及契约条款的影响。详细债务契约信息数据库的大样本结果表明，保护性条款随着成长机会、债务到期期限和杠杆率的上升而增加。保护性条款大大削弱了杠杆率和成长机会之间通常表现出的负相关关系，意味着保护性条款能够缓解高成长企业的债务代理成本。换言之，限制性条款能够反映上面所讨论的期望差异类型。如果合约限制不足以解决资金提供者关注的不确定性，那么或许我们也可以期望，资金提供者愿意购买的任何证券将要求较高的利率。

23.6 股利政策

大多数股利以现金支付的形式发放给股东，并且所有发行在外的股份都发放股利。少数公司偶尔发放特殊或额外股利——这些股利不同于正常股利。

23.6.1 股利政策

管理层可以将不同的股利政策表述为：

» 无股利
» 低正常股利并有定期额外股利

» 每股股利以常数增长
» 常数比例的收益用于支付股利

不支付股利的公司通常都比较年轻，增长速度较快。例如，微软公司成立于1975年，并于1986年上市，但是直到2001年1月才发放现金股利。支付股利的美国公司通常支付常数股利或者增加的股利。在那些拥有很多有利可图的机会可以将收益用于投资的行业，股利水平一般都比较低。但是随着公司走向成熟，所能发现的有利可图的投资机会越来越少，其收益中更高的比例将用于股利支付。

许多公司不愿意削减股利，因为公司股价通常会在宣布股利减少后下降。例如，美国汽车制造商在20世纪90年代初的经济衰退中削减了股利。然而，随着每股收益的下降，汽车制造商直到每股收益为负才削减股利，并且在通用汽车的例子中，公司在连续经历两年的亏损后才削减股利。但是随着20世纪90年代中期收益开始恢复，股利增加了（通用汽车在2006年遭受巨大损失后再次削减了股利，之前其股利水平一直处于上升状态）。只有当公司能够确保它们能在未来继续保持较高的股利水平时，才会提高其正常季度股利水平。通过发放特殊或额外股利，公司无须承担未来每一期都支付更高股利的义务，就可以为股东提供更多的现金。

23.6.2 股利再投资计划

许多美国公司允许股东自动将股利投资于支付股利公司的股票中。**股利再投资计划**（DRP）是一种允许股东购买公司额外股票而不是获得现金股利支付的计划。股利再投资计划给股东和公司都带来收益。股东购买股票无须支付交易成本（经纪人佣金）并且以当前市场价格的折扣价买入。公司得以留存现金而无须产生新股发行成本。然而，尽管股东从来没有看到过这些股利，在他们将股利用于再投资之前股利就作为收入纳税了。这一结果类似于股利削减，但是对股东而言有税收的结果：本来应该支付给股东的现金被公司用于再投资。许多公司发现股利再投资计划的参与比例很高，这就提出了一个问题，是否真的有这么多股东希望将他们的股利用于再投资——即使是在考虑税收结果后，那么公司为什么要支付股利？这些观察结果说明，其他诸如信号传递之类的原因迫使公司发放股利。

23.6.3 股票分割和股票股利

股票分割增加了现有股份的数目，有点类似股票股利。例如，在一个2∶1分割中，股东每持有1单位股份，就能再获得2单位股份。如果一个投资者持有1 000单位股份，并且股票分割为2∶1，那么投资者所持有的股份将翻倍，并且其他每个股东也同样如此。如果分割前投资者持有公司股票的1%，那么在分割后，投资者仍然持有公司股票的1%。那么为什么要分割？类似股票股利，分割降低了股票的交易价格。如果在2∶1分割之前，投资者持有1 000单位股份，并且每股交易价格为$50，那么在分割之后，股票就应该以每股$25的价格交易。

除了会计处理上的细微差别，股票分割和股票股利本质上是一样的。对分配的金额，股票股利要求股东权益账户内的转移，即将留存收益转移到实收资本；股票分割只要求备查记录。一个2∶1的股票分割和100%的股票股利对股票价格具有相同的影响，一个

1.5∶1的股票分割和50％的股票股利对股票价格具有相同的影响,等等。会计准则的基础与额外股票分配背后的原因有关。如果企业希望使其股价下降,那么它们倾向于宣布股票分割;如果企业希望传递信息,那么它们常常宣布股票股利。

投资者如何看出股票股利和股票分割背后的动机?一般情况下他们无法看出,但是,通过观察公司股价对宣布股票股利或其他行动的反应,就能够确定其他投资者如何理解这些行动。如果公告宣布之后股价上涨,那么决策有可能就是好消息;如果股价下跌,那么股票股利有可能就是坏消息。公司收益在股票分割和股票股利宣布之后倾向于上涨的证据支持了上述观点。

在宣布股票分割或股票股利之后,宣布股票分配和股票分割的公司的股价通常上涨1％～2％。当股票分配完成或者分割实现后(在除权日),股价通常根据分配数目下跌。假设一家企业宣布2∶1的分割。当这一消息宣布后,其股价有可能上涨1％～2％,但是在股票分割之后,股价将下跌到大致为分割前价值的一半水平。最有可能的解释是,这一分配被理解为好消息——管理层相信公司未来成长前景有利,或者股价将对投资者更具吸引力。

23.7 企业普通股回购

有时公司从股东手中买回普通股。回购股票的公司实质上支付了现金股利,但是有一个重要的差异:税收效应。对股东而言,现金股利被视为普通应税收入处理,但是股票回购被视为资本利得或资本损失处理,其税收效应取决于股票的初始购买价格。此外,相比普通收入,所实现的资本利得通常适用较低的税率。

公司可以通过下面三种方法中的任何一种回购股票:①要约收购;②公开市场购买;③目标大宗回购。要约收购是一种面向所有股东的收购,包含特定的截止日期和公司愿意买回的股票数目。要约收购可以是固定价格收购,公司确定它愿意支付的价格,并征求以整个价格买入股票。

要约收购还可以以**荷兰式拍卖**的形式进行,即公司确定最低价和最高价,并向股东招标,股东愿意出售股票的价格在上述价格范围之内即可。公司在收到这些投标之后,向所有的投标股东支付足以买回他们希望股票数目的最高价。荷兰式拍卖降低了企业支付过高价格回购股票的可能性。相比固定价格收购,荷兰式拍卖正变得越来越流行。例如,Wendy's International在2006年10月宣布将以荷兰式拍卖的形式买回股票。在这个收购中,公司确定它愿意支付的价格范围(在这个案例中为每股$31.00～$36.00)以及股份数目。然后公司就让拍卖机制来决定价格。这一拍卖的结果就是,2006年11月Wendy's以每股$35.75的价格买回22.4m(百万)股份,代表公司19％发行在外的普通股。总共有27.9m股份投标,但是只有22.4m股份低于或等于购买价。

公司还可以在公开市场直接买回股票,在这一交易中,经纪人作为中介完成购买。希望购买股票的公司必须将其购买分散在不同的时点,这样就不至于因为大量买入股票将股价临时抬高。

第三种回购股票的方法就是从一个特定的股东手中购买。这一方法称为**目标大宗回购**,这是因为,存在一个特定股东("目标")和大量的股票("大宗")将被一次性购买。目标大宗回购也称为"绿票讹诈",在20世纪80年代用于对抗公司收购。

公司之所以回购股票有一系列原因。首先,相比股利,回购是一种对企业和股东而言都能够以较低实际成本向股东分配现金的方式。如果资本利得的税率相比普通收入低,到目前为止美国税法就是这样的,那么回购就是一种以较低成本分配现金的方式。但是,由于股东面临不同的税率——尤其是将公司股东和个人股东相比较时,收益就是复杂的。其原因在于,一些股东的收入是免税的(例如养老基金),一些股东只有部分股利需要交税(例如从其他公司获得股利的公司),一些股东需要对所有的股利交税(即个人纳税者)。

另外一个回购股票的理由就是增加每股收益。回购股票的公司能够增加其每股收益,因为回购后流通的股票减少了。但是这一动机存在两个问题。首先,现金被支付给股东,当公司再投资有利可图的项目时,可利用的现金就减少了。其次,尽管在回购之后收益大饼被切割的数量减少了,但是除非经营已经发生变化,否则这个饼本身的大小并没有改变。

还有一个回购股票的原因就是它能撬动债务-权益比率,提升公司价值。通过买回股票——从而减少权益,公司资产由债务提供融资的程度上升了。为了说明这一点,假设一个公司资产负债表上有\$100m的资产、\$50m的负债和\$50m的权益。即公司利用债务为其50%的资产提供融资,利用权益为其50%的资产提供融资。如果该公司利用其资产中的\$20买回价值为\$20的股票,那么其资产负债表将包含\$80m的资产,由\$50m的负债和\$30m的权益提供融资。现在它利用债务为其62.5%的资产提供融资,利用权益为其37.5%的资产提供融资。

如果债务利息抵税所带来的收益超过破产风险上升的成本,那么回购股票就有可能提升企业价值。但是如果财务困境风险(支付法律义务的困难)超过利息抵税所带来的收益,那么利用更多的债务为企业提供融资将降低企业价值。因此,回购股票的任何收益就必须具体问题具体分析,来决定这一行动是有利还是有害。

股票回购还有一个原因就是它降低了总的股利支付,因为公司仍然可以支付相同的每股股利,但是总的股利支付下降了。与此同时,如果市场中股票正确估值(通常没有理由认为不是这样的),那么回购股票的支付就等于企业价值的下降——并且剩余的股票的价值和之前一样。也有观点认为回购是未来发展前景的一个信号。即通过买回股票,管理层向投资者传递这样一种信息,公司产生充足的现金从而能够买回股票。但是如果公司有有利可图的投资机会,那么就可以利用现金为这些投资提供融资,而不是将其支付给股东。

股票回购还可以通过降低管理层手头持有的现金减少代理成本。类似于建议发放股利的观点,回购股票降低了自由现金流,从而降低了管理层将其投资于收益不好的项目的概率。许多公司利用股票回购缓解管理者股票期权所造成的稀释,并用于支撑股价。根据标准普尔(2005,2006)发布的一则新闻,例如,标准普尔500中的公司于2005年和2006年回购股票的美金金额创历史新高,等于其在资产支出上的花费。这些回购的效果就是2006年标准普尔500的每股收益上升了20%。

股票回购倾向于收缩企业:现金被支付出去,而企业价值下降。股票回购能否与财富最大化相一致?回答是肯定的。如果资金的最优使用就是支付给股东,那么股票回购就能最大化股东财富。如果企业没有有利可图的投资机会,那么最好通过将资金支付给股东来实现收缩,而不是通过将其投资于不好的项目来实现收缩。

那么市场对公司回购股票的计划会做出什么样的反应呢？大量的研究考察了市场如何对公告做出反应。总体上，当企业宣布将回购股票时，股价都会上升。由于同一时刻有很多事件发生，所以很难识别市场为什么会对公告做出积极反应。但是，通过把各种证据拼凑起来，我们发现，投资者有可能将回购公告视为好消息——好事情将要发生的信号。

23.8 配股优先购买权

公司现有股东有可能担心管理层发放新股时，其利润和股利等经济利益将被稀释。在一些情况下，现有股东可能还担心管理层有可能通过出售新股稀释其表决权。其结果就是，股东有可能寻找新证券发行中的保护性条款，来保护他们不受这些可能性的影响。这一条款称为**优先权**，其授予现有股东以低于市场价的价格买入一定比例新股的权利。可以买入新股的价格称为**认购价格**。当存在这种优先权时，管理层就必须首先将新股发行给现有股东，这种发行就称为**配股优先购买权**。

在美国，一些州规定现有股东自动具有这种权利。例如，特拉华州的普通公司法要求授予股东这种优先权。但是，即使是在这样一个州，公司还是有权通过修改其公司章程修改或者废除优先权。在另一些州，优先权的授予不是一个法律问题，而是必须在公司的声明文件中明确授予，其条款和条件在股东协议中给出。例如，新泽西州公司法规定，除非公司章程有另外的规定，否则 1969 年 1 月 1 日之后成立的公司不具备优先权。1969 年 1 月 1 日之前成立的公司必须具备优先权，除非股东所采用的次要法规有另外的规定。

在美国，通过优先权发行普通股的做法并不常见，因为通常不授予优先权或者可以通过修改公司章程废除优先权。在另一些国家，优先权就比较常见，还有一些国家，优先权是出售新发行股票的唯一方式。

对通过优先权出售的股票，无需投资银行家的包销服务，因而可以节省交易成本。但是，发行公司可以利用投资银行家的服务，分销未认购的普通股。在这种情况下，将使用**备用包销安排**。这一安排号召投资银行或者企业购买未认购的股份。发行公司向投资银行家支付**备用费用**。

我们将用一个例子来说明配股发行是如何运作的，配股发行对股东经济财富的影响，以及配股发行所规定的条款如何影响发行者是否需要承销商。假设 W 公司股票的市场价格为每股 \$20，股票发行数目为 30 000。因此，W 公司的总市值为 \$600 000。假设公司管理层考虑配股，为此需要发行 10 000 数目的新股。每一个现有股东每持有 3 单位的股份就将获得 1 单位的权利。配股发行条款如下：3 单位的股份和 \$17（股票认购价）就能获得 1 单位新股。认购价必须总是低于市场价，否则将不会行权。但是，正如我们将看到的，折扣数目（即市场价和认购价之差）将是有关的。在我们的例子中，认购价要比市场价低 15%（\$3/\$20）。[6]

除了股权的数目和认购价之外，配股发行还有另外两个重要的要素。第一个是在公开市场出售权利并实现权利转移的选择。正如我们将看到的，这是非常关键的，因为权利具有价值，并且通过出售权利就可以获得其价值。第二个要素是权利到期的时间（即无法再

---

[6] 注意每股发放 1 单位权利，但是要求 3 单位权利加上新股认购价获得 1 单位新股也能得到相同的结果（除了四舍五入问题和下面将要探讨的 1 单位权利的含义）。

利用这一权利获得新股的时间)。通常,权利到期之前的时间是很短的。

通过计算配股发行前后单位股份价格之差就可以得到权利的价值。[7]即:

权利价值 = 配股发行前单位股份出售价格 − 配股发行后单位股份出售价格

表 23-1　配股发行对 W 公司股票市场影响的分析

配股发行之前	
1. 市值	$600 000
2. 股票数目	30 000
3. 股价(除权前)	$20.00
通过配股发行发行股票之后	
4. 股票数目	40 000(= 30 000 + 10 000)
5. 市值	$770 000(= $600 000 + 10 000 × $17)
6. 股价(除权后)	$19.25(= $770 000/40 000)
7. 单位权利价值	$0.75(= $20.00 − $19.25)
初始股东净收益或损失	
8. 股权稀释所带来的每股损失	$0.75(= 3.75% × $20)
9. 出售一个权利或者执行一个权利所带来的每股收益	$0.75
10. 净收益或损失	$0

或者等价的,

1 单位权利的价值 = 除权前股价 − 除权后股价

表 23-1 给出了配股发行对股价的影响。配股发行后的价格将为 $19.25。从而 1 单位权利的价值等于 $0.75($20.00 − $19.25)。

以初始股价百分比形式给出的配股发行前后股价的差称为股权发行的稀释效应。在我们现在的例子中,稀释效应为 $0.75/$20,即 3.75%。稀释效应越大,旧股和新股之比就越高,折扣也就越大。[8]

表 23-1 的最后一部分给出了配股发行所带来的初始股东的净收益或损失。由于稀释所带来的每股损失为 $0.75,但是这正好等于 1 单位权利的价值,如果投资者愿意,可以将该权利在市场上出售。这一结论是非常重要的,因为它指出,无论稀释程度或者初始折扣是多少,如此的配股发行不会影响不具备权利的股权(称为除权)价值与当前股东所获得的权利价值之和。这是因为,较大的稀释正好能由较高的权利价值来补偿。

但是,这并不意味着折扣和稀释的大小与股东的福利无关。相反,1 单位权利的价值在其能够行使的时期内通常都不是一个常数。在我们的例子中,权利开始交易并且可以行使的那一天,其价值为 0.75。但是,在这一天和权利可以行使的最后一天之间任何一天,权利的价值就等于当天股票市价和认购价之差。因为在一个不存在交易成本的完美资本市场中,任何差异都可以用于套利,迫使股票定价和权利定价相一致。假设就在 W 公司进行配股发行后,股价和预期一样,为 $19.25,但是与此同时,1 单位权利的价格被低估,

---

7　或者,权利价值也可以通过如下的方式得到:$\dfrac{\text{股权出售之后的价格} - \text{认购价}}{\text{买入 1 单位股份所需要的权利数目}}$。

8　特别地:

$$\text{稀释效应} = \dfrac{\text{折扣\%}}{1 + (\text{旧股与新股之比})}$$

在我们的例子中,折扣为 15%,旧股和新股之比为 30 000/10 000,即 3,从而稀释效应为 0.15/4,即 3.75%。

售价仅为$0.60。那么就可以通过买入定价偏低的权利,并通过支付$17的认购价行使该权利,并以$18.80的成本获得股票,与此同时以$19.25的价格出售股票,获得每股$0.45的收益,实现套利。这一套利活动将迫使股票定价和权利定价相一致,所以消除任何套利利润。

但是现实中,套利将产生交易成本,至少包括买卖佣金(即买卖证券)。因此,权利的价格有可能保持略低于股票市场价和认购价之差的水平。这包含两个意义:首先,如果股票的市场价下跌,且幅度大于权利的初始价值,那么权利就没有任何价值,并且只要市场价保持在那一临界水平之下,权利将一直都没有价值。从发行公司的角度来看,这就意味着一些权利将无法行使,公司将无法获得其所打算筹集的资金数目。出于这个原因,建议公司利用投资银行家的服务,由投资银行家承诺以认购价买入所有未能卖出的股票。

配股发行失败的风险取决于权利价值与股价波动率之比。但是权利价值(给定将要发行的股份数目)取决于设计发行时所选择的折扣。现在假设认购将于1个月内开始,并且股价月度波动率(由标准差来度量)可以估计得到。那么,通过选择一个适度较高的折扣进而权利的价值,发行者希望失败概率有多低,就可以达到多低(至少如果不存在折扣的其他限制,我们接下去将探讨这些限制)。因此,我们得出如下的结论,如果配股发行可以如此设计,那么就无需投资银行家的服务,并且股东[9]的发行成本将大大降低。

还有另外一种考虑,建议在配股发行设计时使用较高的折扣。我们已经看到,交易成本将对权利的价值产生不利影响。此外,如果一个股东希望出售而非行使这些权利,那么这些成本将减少其所能获得的净资金数目。正是因为这两个原因,希望交易成本能够保持较低的水平。由于随着股价的下降每交易1单位美元所带来的交易成本将上升,就希望配股发行设计时权利具有很大的单位价值,这就意味着一个较高的折扣。

但是在设计配股发行时授予较大的折扣将带来潜在的不利。一些股东既没能行使权利,也没有出售权利。这可能是因为股东没有收到配股发行及其相关条款的通知,也可能是因为某种原因,股东选择不采取任何行动。未能做出行动的股东将遭受损失,每股净损失等于每股权利价值乘以其所持有的股票数目(或者等价的,等于稀释乘以持有股票的价值,这些稀释未能从出售权利所得中得到补偿),并随着权利价值的上升而上升。另一方面,可以说,当权利拥有较高的价值时,股东就不太可能不利用这些机会,尽管似乎还不存在这方面的实证证据。无论情况如何,我们似乎都可以得出这样的结论:强烈支持设计具有较高价值的权利。因为价值越高,理所当然就更能促使董事会付出努力,确保股东能够获知其权利的经济价值。我们不再详细展开,我们仅仅在这里指出,"难以找到的"股东比例各种情况下都不尽相同。存在大量找到这些难以确定股东的方法,其成本也各不相同,这使得在不同方法之间的选择并非一个无关紧要的问题。

最后,注意当不存在投资银行家作为剩余购买者,并且至少有部分股东未能行使或者出售其权利时,就存在一些股票将无法出售的风险。通过将这些股票授予那些行权的股东——根据其购买比例而确定的超额认购特权(即以认购价购买额外的股票)——就可以消

---

9 权利的价值还受前面的脚注所描述的选择的影响。显然,如果股东每持有3单位股份就可以获得1单位权利,那么这一权利的价值就要大于每持有3单位股份就可以获得1单位权利,同时要求买入1单位新股时的权利价值。换言之,通过将1单位权利授予每一个持有$1/y$单位股份的股东,而不是将1单位权利授予每一个持有1单位股份的股东,并要求$1/y$单位权利买入1单位新股,权利的价值就得到了提升。

除这些危险。如果存在一些未行使的权利,那么这些权利将分配给超额认购者。对于这种分配,存在不同的可能标准。一种合理的标准就是将可分配的权利首先分配给发行之前登记在册的股东,确保未能行权股东的损失至少部分能保留在股东群体。由于每单位超额认购的价值等于以单位权利的价值,就有很大的可能,使得大量超额认购能够吸收所有那些在首次发行时未能行权的股票。

23.9 或有计划和资本结构选择

我们在第10章介绍了或有计划。或有计划通过两种途径与资本结构联系在一起:

» 短期内保持流动资产储备
» 在较长的时期内保持融资能力

短期内,一定水平的流动资产使得企业能够应对诸如未能预期到的现金流入短缺之类的或有事件,这些现金流入主要用于满足日常花费需求。就损失的收入而言,保持流动性储备自然就带来了机会成本,但是它同时也降低了未能准时进行支付所带来的成本。例如,考虑如果管理层无法根据正常的规定日期支付工资,那么管理层就将面临与员工之间的问题。作为另外一个例子,如果一个企业未能按规定支付利息,那么它技术破产了,并且有可能面临宣布破产的问题。这种用于确定合适的流动资产水平的或有计划平衡投资于这类资产预知收益和未能满足规定支付的成本,这种成本可以是确切的,也可以是隐含的。

至于保持举债能力,其债务成本由于资本结构中保持较高比例的权益,若不是出于这个目的,是不需要这样做的。预期的收益包括通过快速获得债务资金,为技术发展或其他未能预测到的环境变化等投资项目提供融资,而做出快速反应。如果没能保持举债能力,那么当机会开始产生的时候,可能就无法投资这些新的项目。此外,筹集所需的资金有可能需要较长的时间,或者需要支付更高的利率。[10]

| 要　点 |

- 管理层可以利用资本结构理论来估计从不同来源(即新股或债务)筹集到的资金的成本。
- 根据资本结构理论,筹集额外的权益资金将导致债务-权益比率的下降,进一步导致适用于所有发行在外权益的贴现率的下降。通过出售额外的无风险债务所导致的债务-权益比率上升,将导致适用于所有发行在外权益的贴现率的上升,但是不影响适用于债务的贴现率。发行额外的风险债务通常都会提升债务融资的成本。
- 在发行新权益时,管理层必须以这样一种方式来设定发行条款,即使得现有股东能够从扩张中获利,而新股东只是获得其投资的合适的市场回报率。
- 如果管理层试图根据新股发行前权益成本为新股发行定价,那么就有可能导致

---

[10] 对债券换新和发行问题,可以利用随机动态规划来计算不同时刻偏离目标资本结构的最优方式。

- 将新股的要价设得太低，这类错误将损害现有股东的利益。
- 新发行证券择时的权衡，一方面，由于发行规模对利息成本的影响所带来的定期发行证券，另一方面，由于每次发行都会带来固定成本，从而需要减少新发行数目，因此，新发行择时就变成了一个管理层需要考虑的问题。
- 为了最小化交易成本和差异税率的影响，投资者就有可能希望企业能够采取特定的债务-权益比率。
- 由于需要对新发行择时，管理层可能就无法在所有的时间点都保持债务-权益比例保持最优水平。所以，管理层将最优资本结构设为目标，在给定的资金筹集限制和成本下，尽量试图接近目标。
- 如果管理层认为它在一个给定的时期只能（以市场利率或者接近市场利率）发行有限的金额，管理层就有可能希望保持紧急借款能力，所以也会限制债务-权益比率。
- 美国的破产程序是由破产法来管理的。破产法第 11 章下的重组涉及改变企业资本结构，而破产法第 7 章下清算涉及企业资产变卖以及将变卖所得偿还给各类投资者。
- 破产程序是可以冗长的，也可以是昂贵的，并且有可能带来间接成本，使得管理层很难经营企业，对未来的经营收入产生不利影响。
- 管理层如何调整技术破产将取决于管理层试图提升自己的财富头寸还是提升债权人的财富头寸，以及股东所采取的限制管理层的对抗活动。
- 限制性条款是对企业管理层的限制，属于债务筹集条款的一部分，其目标在于保护债权人的财富水平免于因为股东行动而受到下降。
- 股利政策明确指出公司计划向股东发放股利的基本原则。
- 管理层通过要约收购、公开市场购买或者目标大宗回购，定期从股东手中买回企业所发行的普通股。
- 股票回购的主要原因有：①相比股利，这是一种对企业和股东而言以较低实际成本向股东分配现金的方式，相比支付现金股利，资本利得的税收处理更加优惠；②它将提升每股收益；③它能撬动债务-权益比率，从而提升公司价值；④股票回购还有一个原因就是它降低了总的股利支付，这是因为，公司仍然能够支付相同的每股股利，但是总的股利支付下降了；⑤它将有可能通过减少管理层手中持有的现金数目来降低代理成本。
- 许多研究发现，当企业宣布它将回购自身股票时，市场反应将使得股价上升。
- 配股优先购买权授予现有股东以低于市价的价格买入特定比例新股的权利。
- 采取配股发行时，管理层必须首先向现有股东发行股票。
- 如果配股发行的安排不需要使用投资银行家的服务，那么就可以节省交易成本。但是，发行公司仍有可能利用投资银行家的服务，分销未认购的普通股，这是通过备用包销安排来实现的。
- 授予现有股东的权利包含一定的价值，可以通过将权利在市场中出售获得这一价值。
- 配股发行条款必须认真设计，否则就有可能出现配股发行失败的风险，这种风险取决于权利价值与股价波动率之比。相应地，给定发行股票的数目，权利的价值取决于管理层在设计发行时所选择的折扣大小。
- 通过选择一个适度较高的折扣进而权利的价值，发行者希望失败概率有多低，就可以达到多低。如果配股发行可以如此设计，那么就无需投资银行家的服务。

问 题

1. 考虑二阶段情况下的一家企业，其 2 时刻的收益分布如下。

状态	概率	收益($t=2$)
1	0.5	$2 300
2	0.5	$920

   假设 1 时刻企业价值为收益以 15% 的贴现率贴现，并且企业发行了 $400 的债务，利率为 10%。假设不存在公司税。
   (1) 市场应用于权益的贴现率是多少？
   (2) 如果 1 单位权益的市场价值为 $1，那么市场中有多少单位股份？
   (3) 假设管理层能够额外筹集 $400 的资本，并且通过筹集这些资金，企业可以将其收益分布扩大为：

状态	概率	收益($t=2$)
1	0.5	$2 990
2	0.5	$1 196

   市场应用于权益的贴现率是多少？
   (4) 如果管理层打算通过发行新股来为所需的 $400 资金提供融资，并且希望现有股东能够从扩张中获得所有的资本利得，那么管理层应该如何设定新股的发行价格和发行数目？
   (5) 如果管理层依旧适用旧的权益资本成本——(1)部分的结构，那么新发行的价格应该是多少？为什么使用旧的权益资本成本对现有股东而言是不利的？

2. 列举一些使得新发行择时对管理层而言非常重要的因素。

3. 请解释管理层经营决策是如何受到企业技术破产发生概率的影响的，以及为什么这种影响程度取决于管理层时更加以自我利益为中心还是更加以股东利益为中心。

4. 限制性条款的含义是什么？

5. (1) 股利再投资计划是什么？
   (2) 这一计划对企业对股东有什么收益？

6. (1) 股票分割和股票股利是什么？
   (2) 如果一家企业的股票价格为 $120，现有股票数目为 1m，那么在 3∶1 的股票分割后，股票数目和股票价格将是多少？
   (3) 在 100% 的股票股利之后，股票数目和股票价格将是多少？或者为了达到和 3∶1 股票分割相同的效果，公司应该发放多少股票股利？

7. 公司在回购股票时通常有三种方法。这三种方法分别是什么？请简要解释每一种方法。

8. 请列举一些公司回购股票的原因。

9. 假设 ABC 公司股票的市场价格为每股 $30，总共发行了 40 000 股。假设公司管理层考虑配股发行，涉及发行 10 000 股。现有股东每持有 4 单位的股份就将获得 1 单位这种权利。配股发行条款如下：每 4 单位权利和 $25（认购价）就能获得 1 单位新股。
   (1) 配股优先购买权是什么？
   (2) 每单位权利的价值是多少？
   (3) 通常在设计配股发行时，每单位权利的价值都比较高。这背后企业的考虑是什么？

10. 或有计划通过两种途径与资本结构联系在一起：①短期内保持流动资产储备；②在较长的时期内保持融资能力。每一种的收益与成本各有哪些？

参考文献

Almeida, Heitor, and Thomas Philippon. (2007). "The Risk-Adjusted Cost of Financial Distress," *Journal of Finance* **62**: 2557–2586.

Billett, Matthew T., Tao-Hsien Dolly King, and David C. Mauer. (2007). "Growth Opportunities and the Choice of Leverage, Debt Maturity, and Covenants," *Journal of Finance* **62**: 697–730.

Copeland, Thomas E., and J. Fred Weston. (1979). *Financial Theory and Corporate Policy*. Reading, MA: Addison-Wesley.

DeAngelo, Harry, Linda DeAngelo, and Toni M. Whited. (2009). "Capital Structure Dynamics and Transitory Debt," available at http://ssrn.com/abstract=1262464.

Jensen, Michael, and William Meckling. (1976). "Theory of the Firm: Managerial Behavior, Agency Costs, and Ownership Structure," *Journal of Financial Economics* **3**: 305–360.

Leary, Mark T. (2009). "Bank Loan Supply, Lender Choice, and Corporate Capital Structure," *Journal of Finance* **64**: 1143–1185.

Lewis, Craig M., and Patrick Verwijmeren. (2009). "Convertible Design and Contract Innovation," Available at SSRN: http://ssrn.com/abstract=1352503.

Rauh, Joshua D., and Amir Sufi. (2008). "Capital Structure and Debt Structure," NBER Working Paper 14488.

Van Horne, James C. (1977). *Financial Management and Policy* (4th ed.). Englewood Cliffs, NJ: Prentice-Hall.

第24章 金融缔约和交易条款

在第7章，我们描述了金融交易条款。如果公司需要从外部融入资金，那么公司管理层必须与金融家共同设计并协商条款。将资金供需双方之间的正式协议条款记录在合约中，这一过程称为**金融缔约**。[1]有关金融缔约的文献致力于说明金融家和公司管理层之间签订何种类型的金融交易，有助于我们理解实践中所观察到企业和金融家（即投资者群体）之间存在不同类型合约的原因。金融缔约就是寻找最优的安全设计，避免金融家和资金需求实体之间的冲突。有关金融缔约应用的关注焦点大多集中在小型创业企业，而不是大型公众企业。

我们首先说明产生金融交易的信息条件，以及该信息可能的演化，是如何对交易条款的选择产生重要影响的。当交易是在风险状态下安排的时候，交易条款就可以按完备合约格式来完成。此外，当金融交易是在信息对称条件下安排的时候，就相对比较容易地选择合适的交易条款。然而，如果交易是在信息不对称条件下安排的，即通常会带来潜在的道德风险和逆向选择等复杂状态下，对每种复杂情况都要得到有效管控，这会带来额外的成本。最后，当交易是在不确定性条件下安排的时候，合约必然是不完备的，因此，需要不同的方法和条款来对不确定性进行管控。

我们还将考察金融交易条款如何应用在金融家和资金需求方管理层之间的协议调整方面。这里所讨论的问题一般强调金融家的观点，因为通常是金融家提出一系列标准条款用于协商。如果资金需求企业的管理层认为条款大体上是可以接受的，管理层另外还可以提出额外的协商，来解决所有剩下的分歧。随着协商的进展，金融家也可能提出额外的条件，来提高交易的安全性、盈利性，或者两者兼而有之。最后，如果双方就条件达成一致，交易就成功，也就是金融家将向对方提供资金。

24.1 交易成本

为了补偿金融交易所涉及的风险或不确定性，具有不同特征的交易通常要求支付不同的利率。企业所支付的有效利率[2]以及金融家资金的利息成本之间的差异将随着交易的特

---

[1] 关于金融缔约的调查，请参见 Roberts 和 Sufi(2009)。
[2] 尽管实际上一些收费规定一次结算，但是出于比较的目的，将他们转换为有效利率将是非常方便的。

征、金融家的管控能力，以及融资环境的竞争程度而发生变化。例如，债券的市场交易通常是基于双方都能获得的公开信息上的风险交易。但在这样的交易中，金融家总利息成本和企业支付的有效利率之间的差异通常都不是很大，尤其是当市场是高度竞争的时候。另一方面，为一个新的创业企业提供融资意味着一项不确定性条件下的交易，并且各方就可能的回报持有相当不同的信息。因此，面临不确定性的利息溢价，以及承担交易和信息处理的成本，很有可能高于债券交易，且在一些情况下高很多。此外，为创业企业提供融资的市场不太可能是竞争的，意味着金融家的利润率可能要高于第一个例子中的情形。

24.1.1 交易成本

有融资需求的客户在评估一项金融交易的总成本时，需要同时考虑直接成本和间接成本。直接成本是其向金融家支付的金额，间接成本是向其他人支付的金额，但是这些花费将构成管理费用的一部分。例如，一家小型企业的所有者可能需要花费很长时间与很多精力找到一个愿意将长期资本投资于其企业的人，并且在找到一个金融家之前，不得不承担继续寻找的成本。

从金融家的角度出发，交易的成本包括金融家筹集资金的成本、评估交易的边际成本，以及金融家固定成本的增加和利润率的折扣。收费的数目取决于金融家的效率、所服务市场的竞争程度，以及在一开始协商金融交易信息（通过筛选获得的事前信息）和随后交易进行过程中（通过监督获得的事后信息）所必须获得的那类交易信息。如果金融家的投资是长期投资，那么无论是通过利息收费、明确的费用，或者两者兼而有之，所有的成本都必须回收。

24.1.2 筛选成本和监督成本

筛选成本是金融家评估融资提案时所产生的事前成本，而**监督成本**是金融交易持续治理过程中所涉及的事后成本。由于筛选成本通常都是固定设置成本与事前可变成本之和，因而是可以预期的，对个体交易进行筛选的平均成本将随着所筛选的交易数目的上升而下降。此外，对监督成本可能存在同样的情况。

管理一项金融交易的平均成本是其筛选成本和监督成本之和，同时还包括监督过程中需要进行调整而产生的成本。尽管规模经济解释了这一平均成本函数可能随着交易量的上升而下降的原因，但是其他因素也会影响函数曲线的位置，以及函数曲线将如何移动。首先，当客户和金融家之间的信息差异程度较高时，筛选成本函数曲线的位置较高。其次，随着金融家获得有关特定类型金融交易的经验，进而学会如何更加有效率地对其进行筛选时，筛选成本函数曲线有可能向下移动。监督成本根据所涉及的信息差异而发生变化，且金融家的监督成本函数曲线也会因为学习效应的结果而发生移动。最后，正如本章和第21章探讨存在套利障碍的市场时所指出的，在需要管理信息不对称效应的交易中，筛选成本和监督成本都可能会比较高。

一个给定类型金融交易的潜在交易量是由该融资类型供需曲线的交点决定的。如果需求相对较大的话，很多交易就有可能完成，由于金融家可以同时利用规模经济和学习效应，单位交易的筛选成本就比较低。然而，筛选的经济规模可能会阻止市场中新的供给方的进入，尤其是当成本函数随着完成的交易数目上升而向下移动时。在这种情况下，最先进入市场的金融家就可以比跟随者获得先发优势，尤其是当金融家获得的技能是经验型的并且难以传递的时候。[3] 潜在的新的进入者可能不愿意建立创新融资安排，因为他们认为现有的金融家具备根深蒂固且难以逾越的优势。

筛选的经济规模还可能阻止新的金融交易的可行性。首先，金融家为了确定交易是否可行需要承担成本。此外，金融家有关解决可行性的观点部分取决于他们已经获得的技能。为了说明这一点，新建创业投资企业的固定成本是很高的，一方面是因为新建企业的人员需要学习如何对前景进行筛选，另一方面是因为任何一个人只能管理有限数目的风险投资。即使一家创业企业拥有一些具备筛选经验的人员，他们的技能通常也主要是通过经验获得的，而非通过课堂学习获得的。其结果就是，任何新员工必须在任何给定的时间获得类似的经验，导致现有的企业可能无法满足整个市场的需求。然而，除非存在足够的未被满足的需求，能够弥补新建一家企业的固定成本，否则供给不足可能继续存在。

24.2 信息状况

金融家可以获得的信息影响其对金融交易利润率的估计，并且决定了其要求客户提供的报告类型。当金融家承担熟悉的金融交易时，他们很有可能根据惯例进行交易，尤其是在信息对称的情况下。例如，美国短期国债购买者，持有几乎所有的潜在相关信息。另一方面，投资于成长性企业的风险估计，金融家持有的事前信息就不那么精确，尤其是当企业的资产主要是其所有者—经理人的天赋时。此外，风险金融家相比短期国债购买者更有可能在投资生命周期内调整企业潜在利润率的事后估计。

如果金融家相比其客户持有较少的信息，金融家将要决定获得更多的细节是否是合算的。如果认为是的话，就有可能将其信息要求纳入交易条款中，正如本章后面我们探讨银行贷款再协商时说明的那样。一些信息可以在事前获得，而另一些信息可能只能在事后获得。例如，以应收账款为抵押借入资金的客户可能被要求提交季度应收账款报表，这样使得资金提供者持有证券质量的最新信息。

24.2.1 信息和合约类型

正如表24-1所指出的，金融家根据每一项金融交易的信息状况选择管控机制。风险条件下安排的交易相比不确定性条件下安排的交易要容易治理，因为前者所带来完备合约是可能的。不确定性条件下安排的交易条款通常无法定量给出。例如，如果相关的自然状态是可观测的但是无法核实的，那么就不可能写一份完备合约。在更加复杂的情况下，甚至可能无法定义相关的自然状态。

不确定性条件下融资安排通常都提供行使自由裁量权以弥补合约的不完备性。例如，融资安排会提供金融交易生命周期中相对严密的监督，以及对变化信息的灵活回应。如果未曾预料到的或有事件确实发生了，而事先可能无法明确规定合适的调整。[4] 一般来说，管理层和金融家之间的关系不是静态的，而是随着时间动态变化的。在这个过程中，未来状

---

[3] 实践知识——"技术诀窍"——相比理论知识——"技术原理"——更难传递。
[4] 作为一个现实中的问题，由于很难确定未曾预料到的或有事件是否发生了，可能很难查明合约是否是不完备的。

态世界可能重新定义,或者在签订融资合约时无法容易预料到的或有事件发生。具有上述特征(即无法明确指出所有的未来或有事件以及其对各方的影响)各方之间的合约称为**不完备合约**。许多这样的不完备合约给出了当调整的需求变得非常明显时所应遵循的原则。Hart(2001)观测到,处理这种可能发生事件的一种方式就是采用不同的融资结构。例如,当企业具备清还债务能力的时候,权益赋予股东决策权,而当企业陷入破产时,债务就赋予债权人那种决策权。[5]

表 24-1 交易特征和治理结构

信息特征	治理结构
风险	完备合约。基于规则;很少有监督和之后控制的条款
不确定性	不完备合约。结构允许行使自由裁量权。有关监督和控制的细节通常都是协商的

另一种可能性就是,无论使用何种金融工具,金融合约在序言中也会申明在特定条件下再协商的原则,这些条件必须是在未来发生,"只是太不清晰",导致事先无法明确规定(Hart 2001,p.1083)。再协商的可能性意味着金融家的治理成本将上升,并且只有当金融家相信其至少能够相应地减少可能的损失,增加的成本才是有道理的。当金融家承担他们认为较高程度的不确定性时,他们也会寻求较高的利率溢价,并尝试从寻找资金的那些企业里回收这些成本和溢价。其结果,预期高风险交易的企业相比风险不那么高的交易企业,需要支付较高的有效利率;不确定性条件下的交易企业相比风险条件下的交易企业,需要支付更高的有效利率。

24.2.2 信息不对称

尽管信息不对称在公共市场交易中广为所知,但是他们在私人市场以及中介交易中更加重要,这是因为,当缺少活跃的市场交易时,信息不对称问题更难解决。事实上,在中介交易中,密集筛选之后的信息不对称可能依旧存在。首先,金融家和寻找资金的企业就金融交易的利润率可能存在不同的估计,部分原因在于他们具有不同的信息处理能力。其次,各方可能持有有关交易相同的事前信息,但是他们保持其进展的能力可能存在差异。最后,金融家非常清楚,寻找资金的企业有时为了改善其所能得到的融资条款,会提供有偏差的信息。

当选择资金的企业和金融家就项目的可行性持有较大分歧时,相比他们持有共同观点的情况,就较难达成一项令人满意的协议。如果信息不对称程度足够高,就可能以非市场利率来完成交易。甚至在其他情况下,可能以任何利率水平也无法达成协议。例如,20世纪80年代早期,关于陷入困境的伊利诺伊大陆银行贷款组合的价值,专家们产生分歧,以致最后各方发现,很难达成令各方都满意的银行股票价格。第二个例子就是,2007年和2008年由次级贷款提供担保的抵押贷款证券在进行交易时,人们发现随着工具的流动性日益下降,获得有关这些证券的价值估计是非常困难的。

Sufi 和 Mian(2009)考察了信息不对称会影响贷款辛迪加结构和会员。[6] 首先,牵头银行

---

5 注意金融缔约视角如何不同于资本结构的 MM 理论。在 MM 理论中,假设企业的现金流是给定的,然后债务和权益由对那些现金流的索取权类型描述。对第 23 章描述的 Jensen 和 Meckling(1976)所给出的代理解释的情况,同样如此,但是企业的现金流分布通过对管理层的激励类型影响企业价值。尽管控制和权利对管理层而言是非常重要的,但是 MM 理论和激励理论都未能考虑到这些因素。

6 有关借款财团的描述,请参见网页附录 B。

和借款者的声誉能够影响,但是并不能完全消除信息不对称。然而,与监管中的道德风险相似,辛迪加的牵头银行会保留较大比例的贷款,在借款者更加集中时,牵头银行会邀请较少的其他财团成员参与监督。当信息不对称具有潜在严重性时,愿意提供贷款的贷款人更有可能接近借款者,一方面是地域上的接近,另一方面是之前贷款关系上的接近。本章余下部分所给出的模型将进一步说明金融家在应对信息不对称时的一些方式。

24.2.3 第三方信息

金融家有时可以通过购买信息而不是自我收集来降低信息成本。如果第三方能够从提供的交易信息中获利,那么他们就会这么做。诸如Moody's、Standard & Poor's和Fitch之类的评级机构会监督公众公司债务发行的信用度,并发布其评级。如果寻找资金的公司能够通过获得评级相应地降低融资成本,那么他们就会向评级公司支付费用以获得评级。Benson(1979)指出,通过生产债务评级信息,然后找到有兴趣购买债券的投资者,承销者就可以降低融资成本。而当购买者单独收集信息时,就无法做到这一点。在美国,政府债券保险机构发挥另一类信息生产者的作用。

尽管保险公司私下收集和使用信息,但是投资大众将把一个保单的发行理解为市政当局信用的一个信号。类似地,Fama(1985)指出,短期银行贷款有可能对借款公司的质量发出信号,而银行发放短期融资的意愿将降低企业的总融资成本。作为另外一个例子,当贷款组合被证券化时,通常都会有第三方为所发行证券诸如本金违约之类的事件投保。本质上,保险意味着第三方对贷款组合违约风险的评级,该贷款组合作为新工具发行的抵押。

24.2.4 信息不对称和融资选择:债务对权益

许多作者研究了为什么企业同时使用债务和权益这一问题。著名的Modigliani和Miller定理建立了不存在使用其中一个优于另一个的条件。回顾一下,MM指出,如果不存在税收,也不存在债务违约的破产成本,那么利用债务和权益的组合提供融资相比仅仅使用权益融资并不能为企业带来价值的增加。在MM所设想的情况下,债务和权益仅仅是分割现金流的方式,并且不同的债务-权益比率融资既不会创造企业价值,也不会损害企业价值。然而,此后的研究意识到,税收、破产成本和其他形式的市场不完美能够解释为什么公司财务主管对其筹集长期融资的方式并不是无差异的。即当税收、破产成本和其他形式的市场不完美被认为是融资框架的元素时,长期融资的成本会受到不同的债务-权益比率的影响。

Ross(1977)注意到,在征收公司税之前,公司就同时使用债务融资和权益融资。Ross指出,不同的债务-权益比率反映了管理层发出有关企业质量的信号,并且只要管理层面临合适的激励,那么他们就有动机发出正确的信号。他指出,在给定贷款者最小期望回报的情况下,包含破产惩罚[7]的固定面值债务是最大化风险中性企业家期望回报的最优合约。如果管理层拥有个人资源来支付破产惩罚,那么Ross的解释就具有说服力,但是这种情况对一个将所有可获得的资产都投资于其企业中的企业家而言并不具有典型性。除了Ross的解释之外,债务-权益比率可以具备价值信息,因为他们传递了不同的控制可能

---

7 由管理层承担的惩罚必须至少和债务支付中的任何不足相等。

性。Hart(2001)指出，只要企业具有债务偿付能力，股东就具备决策权，但是当企业不具有债务偿付能力时，决策权就转移到债权人手中。

下一个例子说明另外一个效应，即由于信息不对称，如果金融家和企业家就企业的发展前景持有不同意见，那么债务相比权益更能解决他们之间的分歧。我们首先从数值上来说明这一结果，然后再相对正式地考虑这一问题。假设企业家和金融家都是风险中性的，并且利率为零。此外还假设企业家是乐观的，而金融家是悲观的，具体含义在表 24-2 中给出。企业家预期的企业收益高于金融家的预期；事实上，企业家根本不期望会产生 $4 的收

表 24-2 结果和概率

情境	企业收益（$）	乐观企业家的概率估计	悲观金融家的概率估计
情境 1	8	0.25	0.00
情境 2	7	0.25	0.25
情境 3	6	0.25	0.25
情境 4	5	0.25	0.25
情境 5	4	0.00	0.25

益，并且对剩下的四种情况赋予相同的正权重。金融家不认为可能产生 $8 的收益，并且对剩下的四种情况赋予相同的正权重。

其次，分别考虑企业家和金融家心目中的企业权益价值。企业家对权益估值为 $(8+7+6+5)/4=$ $6.5，而金融家对权益估值为 $(7+6+5+4)/4=$ $5.5。然而，双方都认为，企业支付 $4 的承诺总是能够满足，所以双方将就承诺在 1 时刻支付 $4 的债务[8]赋予相同的 0 时刻价值。也就是即使他们未就公司前景达成共识，双方至少能就这一有限金额的债务的价值达成共识。

现在假设企业需要筹集 $5，并且金融家有权设定其购买证券的条款。如果金融家打算购买其认为值 $5 的权益，那么他们将要求 $5.0/$5.5，即 10/11 的股份。然而，企业家认为 10/11 股份的价值为 $6.5\times(10/11)$，即 $5.91。对企业家而言，即使利率被假设为零，权益融资还是包含较高的隐含回报率。

作为另一种选择，假设金融家提出一种债务发行，承诺在企业拥有资金的时候，清偿 $5.5，而当企业产生的现金流不足 $5.5 时，清偿所有可获得的资金。金融家对这种债务估值为 $(4+5+5.5+5.5)/4=$ $5.00。企业家对这种债务估值为 $(5.0+5.5+5.5+5.5)/4=$ $5.38，他还是认为为获得资金而付出了过高的成本。然而，他们也会同意，债务融资的成本要低于权益融资，因为对他们而言，他们不得不交出的权益价值为 $5.91。因此，尽管金融家和企业家并不总是就证券价值达成共识，但他们可能还是会同意，债务相比权益更能减少他们之间的估值差异。正如这个例子所指出的，如果融资工具的选择影响企业家有关融资成本的观点，那么相比权益，企业家将更加偏好债务。

为了更加正式地建立起债务和权益之间的差异，假设金融家和企业家都认为企业将产生两种可能现金流中的一种。金融家对这两个现金流的估计定义为 y_H 和 y_L，而企业家的估计为 y_H+a 和 y_L+a，$a>0$。为了使符号尽量简单，假设金融家和企业家都认为，每种结果都将以相同的概率发生。金融家对融资工具进行定价，但是允许企业家在债务和权益之间做出选择。此外，假设如果使用债务，金融家规定偿还金额：

$$y_H > R > y_L$$

为了简化分析，我们还将假设：

8　Hart(2001, p.1 087)也探讨了这一可能性。

$$R > y_L > (y_H - y_L)/2 \tag{24-1}$$

式(24-1)中的第二个不等式意味着 $y_H < 3y_L$，即出于当前分析的目的，高回报和低回报之间的差异是有限的。

继续假设金融家接受一个等于零的利率，并对债务工具估值为 $(y_L+R)/2$。金融家还愿意提供权益融资，前提是他们能够获得权益比例的当前市值等于承诺偿还 R 的债务的价值。为了使其具有与债务相同的价值，发行权益比例 α 必须满足：

$$(y_L+R)/2 = \alpha(y_L+y_H)/2$$

对最后一个方程求解 α 得到：

$$\alpha \equiv (y_L+R)/(y_L+y_H) \tag{24-2}$$

利用式(24-1)，式(24-2)就意味着：

$$\alpha(y_L+y_H)/2 = (y_L+R)/2 > y_L/2 + (y_H-y_L)/4 = (y_L+y_H)/4 \tag{24-3}$$

因而 $\alpha > 1/2$。那么，对任何偿还 $R < y_H$，借款者对债务的估值要低于其对权益的估值，正如下式所给出的：

$$\begin{aligned}(y_L+R+\alpha)/2 &= \alpha(y_L+y_H)/2 + \alpha/2 < \alpha(y_L+y_H)/2 + 2\alpha/2 \\ &= \alpha(y_L+y_H+2\alpha)/2\end{aligned} \tag{24-4}$$

由于无论提供债务融资还是权益融资，金融家将提供相同数目的资金；从借款者的角度出发，债务融资降低了融资成本，使得借款者将更加偏好使用债务。这一论断可以一般化到更多的结果，例如不同的概率，以及回报分布更加复杂的差异，但是现在来看，上面所使用的简单假设足以说明要点。

尽管在前一个例子中，假设客户相比金融家持有更多的信息，有时也会发生相反的情况。Axelson(2007)研究了投资者而非经理人持有有关企业私有信息时的证券设计，指出在这些情况下，发行权益可能是最优的。根据传统信号模型的"民间债务命题"，企业应该尽可能发行对信息最不敏感的证券，即标准债务。然而，Axelson发现，由于投资者需求各不相同，只有当企业能够改变债务面值时，这一命题才成立。如果一家企业拥有一些资产，那么当投资者之间的竞争程度较低时，以这个资产池为抵押的债券对企业而言就比较有利，但是当竞争程度较高时，以个体资产为抵押的权益就比较有利。

24.3 道德风险[9]

道德风险作为信息不对称的一个经典结果，常常影响金融家和个体客户之间的关系。[10] 例如，如果金融家未能采取合适的预防措施，那么寻找资金的企业有可能利用债务发行将融资的资金投资于风险较高的项目，替代一开始向金融家提议的项目。替换成风险较高项目的动机来自这样一个事实，只要不被发现，企业股东将从替代中获得更高的收益，而债务持有者将承担更高的风险。下面的道德风险模型分析了风险条件下起草的完备合约。

---

[9] "道德风险"以及"完备合约"和"不完备合约"之后的这几节——都是基于Freixas和Rochet(1997)所发展的模型之上的。Arrow(1974)观察到，几乎所有类型的保险合约中都存在道德风险，并且指出，对投保人行动的直接控制以及共同保险是缓解其效应的可能方式。

[10] 相比之下，第20章所探讨的逆向选择问题影响资本家和整个资金选择企业类别之间的交易。

24.3.1 避免道德风险

考虑这样一种情况，除非贷款者采取措施，否则借款者有可能将一个好的项目替换成一个坏的项目。假设如果不采取任何预防措施，在实施项目时提供所需单个资本的贷款者对实际选择的项目的类型不具备任何进一步的控制力。假设有一个好的项目，以 p_G 的概率支付 G；以 $(1-p_G)$ 的概率支付零。还有一个坏的项目，以 p_B 的概率支付 B；以 $(1-p_B)$ 的概率支付零。此外假设 $1>p_G>p_B$，好项目具有较高的期望价值。还假设利率为零，好项目的期望现值为正，坏项目的期望现值为负。最后假设 $B>G$，企业家能够从采纳风险较高的项目中受益。上面的假设意味着 $p_G>p_B$，但是取决于偿还金额的大小，企业家能够通过选择坏项目，改善其处境。如果坏项目获得成功，他们有可能获得巨大的回报，而如果项目失败，那么损失将由金融家来承担。

在将贷款偿还金额考虑进去以后，如果企业所有者通过选择好项目改善其处境，他们才会有动机这么做。即，如果：

$$p_G(G-R) > p_B(B-R)$$

那么企业将选择好项目。

最后一个激励条件定义了偿还金额的临界值 R_C：

$$R < R_C \equiv [p_G G - p_B B]/(p_G - p_B)$$

注意，$O-R_C$：借款者有动机选择好项目的区域。

注意由于 $G<B$，最后一行也意味着 $R_C<G$：在企业不用将坏项目取代好项目的可能性的情况下，金融家不能要求过高的偿还金额（即过高的有效利率）。图 24-1 给出了从企业角度出发的情况。当然，贷款者所要求的偿还金额必须足够高，使其能够在期望价值的意义上获利。否则，贷款者将拒绝融资申请。[11]

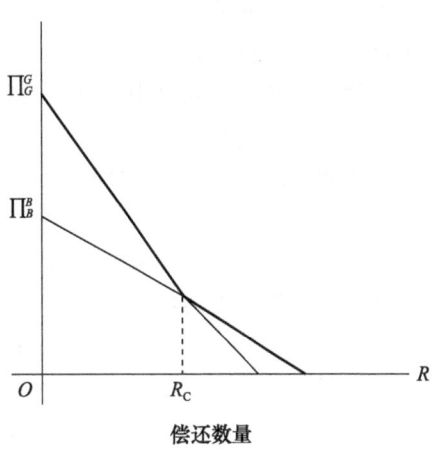

图 24-1 项目选择激励对偿还金额的大小

24.3.2 偿还激励

一些金融家认识到可以充分利用信息逐渐发布的优势。例如，如果具有好的偿还记录的企业可以以较低的成本获得额外的资金，这样就可以缓解道德风险问题。John 和 Nachman(1985)指出，当一家企业必须重复向市场融资时，考虑偿还选择的效应是有益的，选择指的是当前的证券价格还是未来的证券价格偿还。

如果可以事先定义或有事件，就可以将其纳入初始完备合同中。为了说明这一点，假设企业家和金融家都是风险中性的，并且企业没有初始资源。每一期，企业家采纳一个投资项目，将产生随机收入 y，并且 y 的可能实现值为 y_G 和 y_B。如果一个贷款者无法观察到现金流，那么在一个无担保的单期安排中，其愿意提供的最大资金量为 y_B。如果贷款

---

11 还可以发展其他的模型，在这些模型中，银行可以利用成本高昂的监督，来确保企业不会采取坏技术。

者借出更多资金的话，借款者可以声称他只获得 y_B，从而只能偿还这一资金数目。

表 24-3 企业现金流

A. 2 时刻现金流和向金融家支付的金额		
1 时刻	2 时刻实现的现金流	2 时刻向金融家支付的金额
提供贷款 L	y_B	y_B——由于第一个计划偿还未能全部完成，2 时刻终止的安排
	y_G	R——由于第一个计划偿还全部完成，提供第二笔资金 L
B. 2 时刻和 3 时刻现金流和向金融家支付的金额		
2 时刻和 3 时刻实现的现金流	2 时刻和 3 时刻向金融家支付的金额	
(y_B, y_B)	$(y_B, 0)$	
(y_B, y_G)	$(y_B, 0)$	
(y_G, y_B)	(R, y_B)	
(y_G, y_G)	(R, y_B)	

现在考虑一个合约，当借款者在第一期结束后，能够支付的金额高于 y_B，那么贷款者同意在第二期续借。然而，如果第一期结束时只支付 y_B，那么借款安排将立即终止。假设只存在两期，企业没有激励在 2 时刻之后继续保持良好的声誉。因此，如果它有现金流如此，那么企业在 2 时刻的支付将高于 y_B，但不是在 3 时刻。表 24-3 的两个部分给出了这一借款安排的细节。

贷款者从这一安排中能够获得的期望利润为：

$$\pi = -L + (1-p_G)y_B + p_G(R+y_B-L) \tag{24-5}$$

正如可以从表 24-3 中确定的。式(24-5)可以改写为：

$$\pi = -L + y_B + p_G(R-L) \tag{24-6}$$

如果 R 足够大，确保 $\pi \geq 0$，那么贷款者将获利。如果 R 足够小，当 2 时刻企业一切进展顺利，创业者能够获利，那么他将签订这一安排；即如果

$$-R + p_G(y_G - y_B) \geq -y_B \tag{24-7}$$

这等价于：

$$R \leq y_B + p_G(y_G - y_B) = E(Y) \tag{24-8}$$

任何同时满足贷款者获利条件和借款者激励条件的偿还金额能够构成一种可行的安排。

24.3.3 担保物作为一种筛选策略

合约中的担保物可以作为筛选策略，可以缓解信息不对称的效应。假设贷款合约的形式为 (C_k, R_k)，其中 C_k 为要求的担保物金额，R_k 为相应的偿还金额，k 为签订合约企业的类型，$k \in \{G, B\}$。符号 G 和 B 分别代表具有好项目企业和具有坏项目企业。好项目以相对较高的成功概率 p_G 偿还 y，或者以概率 $1-p_G$ 偿还 0。风险较高的坏项目 B 以较低的成功概率 p_B 偿还 y，或者以概率 $1-p_B$ 偿还 0。项目风险由其成功概率定义，并且借款者知道其所拥有的项目类型。

在下面所有的情况中，除了第一种情况之外，贷款者知道借款者选择了何种类型的项目。假设所有的讨价还价能力，即设定条款的权利在贷款者手中。要求借款者偿还的金额取决于采用的担保物金额：$R_k = R_k(C_k)$。如果项目成功，实现的现金流为 y，贷款者得到的偿还金额为 R_k，而借款者保留 $y - R_k$。如果项目失败，实现的现金流为零，借款者失去

担保物 C_k，而金融家实现 δC_k，$0<\delta<1$。

如果贷款者能够观测到成功概率 p_k，他将设定偿还金额和担保物，借款者剩余的收入将正好为：

$$p_k(y-R_k)-(1-p_k)C_k = \pi_{k,\min} \tag{24-9}$$

其中 $\pi_{k,\min}$ 为借款者为了承担项目所必须获得的最小金额。假设偿还金额也足以使得交易对贷款者而言具有吸引力。如果贷款者无法观测到 p_k，他所能做的最好的就是根据可能申请融资的好的借款者和坏的借款者的比例，获得平均利润。这一比例将取决于所要求的偿还金额。如果偿还金额足够高，那么只有坏的借款者认为申请融资是值得的。

通过建立一个合约，引导好的借款者提供担保物，并引导坏的借款者不要伪装成好的借款者，贷款者的利润就能得到改善。为了使得合约能够提供合适的激励，它必须明确规定偿还金额 R_G、R_B 和担保物 C_G，如此，对 B（高风险）类型借款者而言，诚实地声称他们是高风险就是值得的：

$$p_B(y-R_B) \geqslant p_B(y-R_G)-(1-p_B)C_G \tag{24-10}$$

与此同时，条款必须使得 G 类型借款者发现声称他们是低风险的，并且提供担保物为其声明提供支持是值得的：

$$p_G(y-R_G)-(1-p_G)C_G \geqslant \pi_{G,\min} \tag{24-11}$$

不等式（24-11）意味着，借款者所实现的金额必须高于其机会成本 $\pi_{G,\min}$。要求声称为高质量的借款者偿还的金额 R_G 将低于偿还金额 R_B，意味着低风险借款者支付较低的有效利率。本质上，低风险借款者打赌他们不会失败，提供担保物来表明其信心，进而有资格获得低于高风险借款者支付的利率。高风险借款者不会接受同样的安排，因为这样做的话，他们将不得不提高担保物，而根据其私有信息，他们失败的可能性很高。

24.4　完备合约

Qian 和 Strahan（2007）发现在债权人保护力度较强的国家，银行贷款具有较高的所有者集中度、较长的到期期限和较低的利率。作者认为，在违约发生时贷款人有更加可信的威胁时，他们可以以更加宽松的条款，发放更多的信贷。类似的研究指出了贷款条款的诸多选择，但是对各种变更的完全探讨不在此研究范围之内。本节将说明两种基于完备合约的基本选择。紧接着下面一节提供了不完备合约的类似说明。

24.4.1　高昂的核实成本

在大量基于高昂核实成本的研究中，寻找外部融资企业和金融家之间最优合约的评估，是通过假设企业盈利属于私有信息来展开的。尽管是私有信息，然而这一信息可以以一定的成本变成公开的。

假设金融家不能直接观测企业现金流，其结果就是，金融家必须接受企业所公布的实现资金量价值，或者进行成本高昂的审计。如果金融家通过审计核实，预期能够获得的收益要高于审计成本，那么对金融家而言进行审计就是值得的。例如，假设借款者即使实现了 $y>y_R$，也可以公布现金流 y_R。金融家可以通过规定一个偿还函数，设计审计规则，看出虚假公布倾向。如果对企业的现金流报表进行审计，那么金融家将承担 γ 的固定成本，否则审计成本就为零。

显然，只有当审计规则能够最小化期望审计成本时，它才有可能是有效的。管理审计成本的第一个要求就是仅当企业未能完全偿还时才进行审计。第二个要求就是通过签订一个固定偿还的合约，并根据审计发生概率最小化来设定偿还金额的大小。如果双方都是风险中性的，只要当宣布的现金流低于规定债务偿还的全额时，就要求企业支付所有公布的可获得现金，那么这样一个债务合约就是激励相容的，同时也是有效的。[12]

24.4.2 诚实报告的激励

金融家也可以尝试设计激励，促使借款者诚实地公布现金流。假设借款者将因为虚假公布受到惩罚，使用惩罚函数：

$$\gamma(y, y_R) = \gamma |y - y_R| \tag{24-12}$$

其中，y 为实际现金流，y_R 为公布的现金流，γ 为借款者未能真实公布时他所承担的比例成本。[13] 如果 $0 < \gamma < 1$，那么借款者就得到实现的现金流，减去偿还金额（基于公布的现金流得到），再减去未能真实公布的任何罚款：

$$\pi_B = y - R(y_R) - \gamma |y - y_R| \tag{24-13}$$

函数 $R(y_R)$ 代表偿还给贷款者的金额。如果它在 $y_R = y$ 达到最大值，并且当且仅当：

$$-\gamma < R(y_R) < \gamma \tag{24-14}$$

时这一情况才会发生，那么这一机制就被证伪。即如果偿还所带来的 y 的增加量要小于惩罚所带来的 y 的增加量，那么借款者就面临真实公布的激励。

根据有限责任，$R(0) = 0$，上式和风险(24-14)一起就意味着：

$$R(y) < \gamma y \tag{24-15}$$

相应地，式(24-15)就意味着，贷款者不可能期望获得高于 $\gamma E(y)$ 的支付。那么，如果 L 为初始借出的资金量，r 为利率，贷款者就必须确保：

$$(1+r)L \leq \gamma E(y)$$

如果借款者是风险厌恶的，并且贷款者是风险中性的，那么偿还的最优形式就是现金流的看涨期权[14]：

$$R(y) = \max(0, \gamma y - \alpha)$$

其中，α 为一个正的常数。这一常数提供了真实公布的激励，并可以指出它最小化了金融家要获得合约的期望价值而必须对企业进行审计的概率。例如，只有当 $\gamma R \leq \alpha / \gamma$ 时，才会进行审计；即如果借款者未能全额偿还贷款，并且金融家获得企业的控制权。如果 $y > \alpha / \gamma$，那么按照规定偿还贷款就是符合借款者利益的，因为这样能最大化其所能保留的收益。

24.5 不完备合约：介绍

Diamond(2004)强调，在缺乏有效执行机制的法制体系中，贷款者可能会面临困难，

---

12 请参见 Freixas 和 Rochet(2008)。
13 该模型假设如果借款者虚假公布，那么就需要支付罚款。然而，它没有规定虚假公布是如何被发现的，或者实际上如何收集罚款。
14 如果 $\alpha = 0$，那么期权的回报就等于企业权益比例。

但是如果贷款者不尝试从违约借款者处收账，借款者就有更大的动机违约。Diamond 指出，如果有关违约借款者的消息有可能导致银行挤兑的话，那么银行更倾向于执行惩罚。换言之，强硬的收账方案将帮助银行保持存款者信心。

本节我们将提供这种方案的例子。首先，它指出如何在现金流无法核实的情况下再协商改善债券持有人的回报以及如何克服不完备合约的困难，否则将出现市场失灵。另一种不完备合约的形式允许银行再协商交易，获得更高的期望利润，而债券持有人没有如此的自由去再协商。

24.5.1 债券持有人的清算威胁

如果债券持有人所能获得的偿还金额低于规定的金额，那么可信的威胁就能够改善其期望回报。威胁甚至可能非常有效，使得原本不可行的交易变得可行。假设企业和债券持有人都是风险中性的，并且利率为零。企业在 1 时刻寻找一单位资金为一个项目提供融资，该项目在 2 时刻和 3 时刻都产生现金流。2 时刻和 3 时刻都有两种可能的现金流实现值：以概率 p 实现 y_H，或者以概率 $(1-p)$ 实现 y_L；$y_H > y_L$。从而，这两期四种可能的现金流模式为 (H, H)、(H, L)、(L, H) 和 (L, L)，且它们分别以 p^2、$p(1-p)$、$(1-p)p$ 和 $(1-p)^2$ 的概率发生。

除非债权人提早关闭企业，否则企业将经营两期。假设两期现金流量图在 1 时刻完全被确定，但是现金流的实现值对任何一方而言都无法核实，甚至双方共同行动也无法做到这一点。因此，没有一个贷款者能够写出一份视实现的现金流而定的完备合约。[15]

由于利率为零，企业现在（以及未来）价值等于两期实现的现金流之和，减去规定的贷款偿还金额。如果企业清算，那么 3 时刻实现的现金流为零；如果允许企业在第二期继续经营，那么 3 时刻实现的现金流为 y_L 或 y_H。如果债券持有人在 2 时刻未能获得完整的规定偿还金额，那么他们就将在 2 时刻之后关闭企业经营。然而，如果债券持有人在 2 时刻确实获得完整的规定偿还金额，那么他们将允许企业继续经营直到 3 时刻。

如果发生清算，那么债券持有人将获得现金流 y_L 或 2 时刻清算价值 A_2 中较大的那个。假设 3 时刻的清算价值为 $A_3=0$，贷款者在 3 时刻所能实现的最大金额只有 y_L。由于债券持有人无法核实企业的现金流，企业永远不会在 2 时刻偿还 y_L。如果 $A_1 < y_L$，那么清算威胁就是不可信的，因为不可能强迫企业支付高于 y_L 的金额。在这种情况下，债券持有人永远无法期望获得高于 $2y_L$ 的偿还金额。用于债券持有人必须提供资金 1 为项目提供融资，并且由于假设利率为零，如果 $2y_L < 1$，那么市场就将失灵。细节在表 24-4 中给出。

如果 $A_2 > y_L$，那么清算威胁就是可信的。假设债券持有人没有权利就现有的安排进行再协商，如果债券持有人在 2 时刻未能获得完整的规定偿还金额，那么他们将关闭企业。接下去我们将假设清算价值为 A_2，因此 $2y_L < A_2 < y_L + R$。1 时刻关闭的企业无法在 2 时刻获得任何收入。因此，当企业知道其现金流将为 (H, H)（记住他们是在 2 时刻知道这一信息的）时，它希望能够继续经营，并将在 2 时刻进行规定的偿还。当企业知道其现金流将为 (H, L) 时，它不会违约。如果企业违约的话，它将一无所获，而如果它支付 R，那么在第一期它将保留 $y_H - R$，但是第二期将没有任何所得。当 1 时刻企业无法提供高于

---

15 然而，规定如果 1 时刻合约规定的支付未能实现，那么企业将被清算时可能的。在所给出的情况下，可以写出一份视偿还金额大小而定的完备合约。

y_L 的金额时,债券持有人将关闭企业,并保留 A_2。

表 24-4 现金流及其分布

现金流	2 时刻偿还: 对债券持有人、企业	3 时刻偿还: 对债券持有人、企业	向债券持有人 支付的全部金额	企业留存的 所有金额
不存在可信的威胁				
企业总是经营				
y_H, y_H	$y_L, y_H - y_L$	$y_L, y_H - y_L$	$2y_L$	$2(y_H - y_L)$
y_H, y_L	$y_L, y_H - y_L$	$y_L, 0$	$2y_L$	$y_H - y_L$
y_L, y_H	$y_L, 0$	$y_L, y_H - y_L$	$2y_L$	$y_H - y_L$
y_L, y_L	$y_L, 0$	$y_L, 0$	$2y_L$	0
存在可信的威胁				
让企业经营	y_H, y_H	$R, y_H - R$	$y_L, y_H - y_L$	$R + y_L$	$2y_H - R - y_L$
关闭企业		$A_2, 0$	$0, 0$	A_2	0
让企业经营	y_H, y_L	$R, y_H - R$	$y_L, 0$	$R + y_L$	$y_H - R$
关闭企业		$A_2, 0$	$0, 0$	A_2	0
让企业经营	y_L, y_H	$A_2, 0$	$0, 0$	A_2	0
关闭企业					
让企业经营	y_L, y_L	$A_2, 0$	$0, 0$	A_2	0
关闭企业					

假设: $2y_L \leq A_2 \leq R + y_L$

威胁关闭企业的能力意味着从贷款者的角度来看,当

$$p(R + y_L) + (1-p)A_2 > 1 \tag{24-16}$$

时,融资将是可行的。

对足够大的 R 和 A_2,即使 $2y_L < 1$,式(24-16)中的条件也将得到满足,导致缺少可信威胁下市场失灵的可能性。例如,如果 $y_L = 1/6$,$A_2 > 2/6$,那么任何 $R > A_2 - 1/6$ 将满足式(24-16)。所以,即使未能激发可信的威胁将意味着市场失灵,有时清算威胁还是能够使得市场融资变得可行。

24.5.2 银行贷款的再协商

Gorton 和 Kahn(2000)建立了一个模型,考察银行如何与借款者进行协商。[16]本质上,其取决于借款者的业务如何演进,银行规定就贷款合约有进行再协商的权利,因而允许它考虑一系列结果,从完整的支付、通过扩张、到完全不能偿还贷款。在接下去的模型中,如果银行贷款偿还的净现值能够通过重构的融资得到增加,那么银行将采取再协商而非清算。[17]

模型包括三个时点:1、2 和 3。假设企业在 1 时刻借入 1,并答应在 3 时刻偿还 R_1。在 2 时刻,借款者和银行都观测到(无法核实的)一个信号 z。[18]在那个时候,具有可信的清算威胁的银行可以强迫进行再协商,因而为企业提供了在 3 时刻选择好的投资项目的激励,进而改善企业和银行的前景。择时在表 24-5 中给出。

---

[16] 这一陈述根据 Freixas 和 Rochet(1997,pp. 114—118)中发展的简化的 Gorton-Kahn 模型改编得到。Gorton 和 Kahn 的原始文章出版于 1993 年。

[17] 该模型说明了持续监督的一种形式,这种能力是银行治理的一种特征。

[18] 如果他们知道可以获得一个信号,那么大多数借款提供者将坚持在答应提供贷款之前获得这一信号。从而该模型可能就更适用于借款提供者及其客户对新信息的到来感到意外的情况。

表 24-5　签约择时、再协商决策和回报

1 时刻	2 时刻	3 时刻
签订合约；确定 R_1	观测到 z，双方决定是否再协商	选择行动 G 或 B，获得回报，并在贷款者和企业之间分配

企业可以在这两个投资项目之间进行选择。项目 G 具有如下的回报分布：

以 p_G 的概率产生 $zy_G + A_3$

以 $(1-p_G)$ 的概率产生 A_3

项目 B 具有如下的回报分布：

以 p_B 的概率产生 $zy_B + A_3$

以 $(1-p_B)$ 的概率产生 A_3

$p_G y_G > p_B y_B$ 和 $y_G < y_B$ 的假设带来了第 7 章中所探讨的道德风险问题。如果贷款者想要避免道德风险所带来的后果，他们必须规定这样一个偿还金额 R_1：

$$p_G(zy_G + A_3 - R_1) \geqslant p_B(zy_B + A_3 - R_1) \tag{24-17}$$

注意 R_1 不能太大，否则就将违反式(24-17)所给出的条件。正如本章前面所描述的，核实具有高昂的成本，当补偿成本时，管理层必须被激励选择好项目而非坏项目。如果项目失败，那么由于模型假设 $R_1 > A_3$，意味着金融家有权获得所有的 A_3，管理层将一无所获。

如果在设定 R_1 时就知道 z，那么就可以满足式(24-17)所给出的条件，然而，在我们所假设的情况下，设定 R_1 时并不知道 z，并且如果 z 的实现值足够小，那么在 1 时刻，对给定的 R_1，将违反式(24-17)所给出的条件。即对任何给定的 R_1，存在一个临界值 $z^* = z^*(R_1)$，如果 $z < z^*$，那么管理层就有动机采纳坏项目。给定 R_1，z^* 定义为使得式(24-17)中等式成立的 z。

如果实现的 z 满足 $z < z^*$，那么银行就有可能通过再协商合约来缓解道德风险。定义 2 时刻和 3 时刻项目的清算价值分别为 A_2 和 A_3；$A_2 > A_3$。

假设 z 的可能实现值的最小值为 z_0，并假设 $p_B z_0 y_B \geqslant R_1 > A_3$，如果企业运营直到 2 时刻，那么项目成功的情况下贷款者将完全得到偿还，如果失败的话则不能。表 24-6 给出了 $z < z^*$ 情况下双方的收益。

表 24-6　$z < z^*$，企业持续经营到 3 时刻

$z < z^*$	项目成功	项目失败
贷款者收益	R_1	A_3
借款者收益	$zy_B + A_3 - R_1$	0
总收益	$zy_B + A_3$	A_3

假设现在是 2 时刻，并且银行不具有可信的威胁。在这种情况下，贷款者无法再协商，并且他的期望回报为：

$$\text{Prob}\{z > z^*\}[p_G R_1 + (1-p_G)A_3] + \text{Prob}\{z < z^*\}[p_B R_1 + (1-p_B)A_3] \tag{24-18}$$

再协商价值在于其增加贷款者收益的潜力，但是为了使得银行能够强制再协商，它必须具备一个可信的威胁。[19] 如果 $z > z^*$，那么就不存在可信的威胁，但是如果 $z < z^*$，那么

---

[19] 作为实践中另一种找到一个可信威胁策略的方法，合约可能允许在借款者违背部分初始条款时进行再协商。从而威胁的有效性就是施加法律制裁的有效性。

如果还有

$$A_2 > p_B R_1 + (1-p_B)A \tag{24-19}$$

威胁就是可信的。

如果满足式(24-19)，考虑将发生什么样的情况。银行的问题就是决定是否要提早清算，还是重新设定 R_1 为一个较小的值 R_2，并允许企业继续经营。然而，R_2 不能太大，否则又会引发道德风险。最优决策定义为考虑道德风险可能性之后最大化银行期望价值[20]的那种决策。

继续假设式(24-19)，并假设银行具备所有的再协商权利。在这些假设下，银行可以根据其所认为合适的修改偿还条款。如果清算企业为银行带来比其他选择要高的期望价值，那么银行就会这么做。然而，如果继续经营具有较高的期望价值，银行就可以通过向借款者提供激励促使其选择较好的项目，实现其自身回报的最大化。假设存在一些 $R_2 < R_1$，满足：

$$p_G R_2 + (1-p_G)A_3 \geqslant A_2 > p_B R_1 + (1-p_B)A_3 \tag{24-20}$$

假设对给定的 z，$R_2 = R_2(z)$ 同时满足式(24-17)和式(24-20)。这种情况下，银行将选择再协商而非清算，因为这样做能同时提高银行和企业的期望回报。例如，如果银行设定：

$$p_G R_2 < (p_G z y_G - p_B z y_B)/(p_G - p_B) + A_3 \tag{24-21}$$

那么式(20-17)成立，企业将被激励选择较好的项目。双方的收益在表24-7的两个部分中给出。

如果：

$$p_G R_2 + (1-p_G)A_3 > p_B R_1 + (1-p_B)A_3 \tag{24-22}$$

银行将从再协商中获利。

表 24-7　$z < z^*$，再协商前后

a. 再协商之前

	项目成功	项目失败
贷款者收益	R_1	A_3
借款者收益	$zy_B + A_3 - R_1$	0
总收益	$zy_B + A_3$	A_3

b. 再协商之后

	项目成功	项目失败
贷款者收益	R_1	A_3
借款者收益	$zy_B + A_3 - R_1$	0
总收益	$zy_B + A_3$	A_3

24.6　不完备合约：未来的评述

本节，我们考察不确定性条件下的交易。相比前一节中现金流是已知的但是无法核实的情况，我们现在考虑这样的交易，无法利用一个足够精确从而有用的概率分布建立现金流量规模。在一些情况下，交易各方知道，即使他们无法明确指出未来的或有事件，但是这些事件仍然能够影响交易的收益（请参见 Hart，2001，p.1 083）。为了完成这样的交易，金融家在撰写合约时，允许根据基于特定原则之上的指导方针进行调整。

24.6.1　不确定性和治理

交易收益的不确定性具有众多的来源，包括资金寻找者行动、第三方行动，或者经济环境变化。不同的不确定性的可能来源将影响金融家的回应。比如，金融家可能尝试与不同方协商以吸收可能的不利影响。在天然气管道建设中，金融家可能要求其客户从监管当局获得一个提前裁决，允许管道公司通过提高天然气成本，将任何增加的建设成本转移到消费者身上。提前裁决具有降低不确定性的效果，即项目可能无法获得足够大的收益而向金融家偿还贷款。

20　尽管为了简便起见，这里不给出具体的步骤，但是可以通过逆向归纳法确定 R_2 的最优值。

金融家可能将管理层行动理解为代表不同的不确定性的重要程度的信号。例如，管理层愿意竭尽全力很有可能意味着其对项目成功的信心，尤其是当管理层私人投资于该项目时。同样的，重要人员的离职可能可以视为管理层对项目前景缺乏信心。

不确定性条件下，评级机构不太可能发挥重要的信息生产作用，因为它们的主要功能是以较低的成本改善风险估计。例如，在2007～2008年的次贷危机期间，很明显，评级机构直到次级贷款暴涨的后期，才给予复杂的抵押支持债券（MBS）或者结构化信用产品（例如担保债务凭证，CDOs）合适的评级。尽管评级机构一开始可能并没有面临不确定性，但是当投资者对复杂投资产品丧失信心后，它们显然面临不确定性。在信心丧失之后，这些工具的市场价格有时表现出巨大的折扣，这种情况至少可以归咎于投资者恐惧，同时也可以归咎于标的证券的客观变化。

然而，咨询者或者其他专家——具备专业知识的观察家，可能能够确定交易不确定性的关键意义。例如，市场研究专家可能向客户提供不同经济状况下产品的可能销售额。这一信息反过来可能影响企业产品提供的阶段并最终影响其盈利性。

24.6.2 事后调整

所有的合约都涉及资金寻找者-金融家的相互依赖，但是不完备合约中，相互依赖程度较高。为了使得一项不确定性交易成功完成，相比完备合约的情况，金融家和资金寻找者相互依赖以披露信息并更加彻底地合作。这种相互依赖性通常从允许在一开始未能预见的事件发生时采取更加灵活的治理安排中体现出来。例如，安排可能包含利用权益替代债务从而获得寻找资金公司的董事会的投票权，而不是施加诸如维持给定的营运资金比率之类的合约义务。

事后调整有时能够使得金融家和资金筹集实体同时受益，正如前面的风险交易模型所给出的。在不确定性条件下，事后调整可以基于对交易关键盈利特性，以及如何有效管理这些特性的学习之上。他们还可能允许寻找资金的实体学习如何更加高效地经营企业，或者提高其长期生存的概率。[21]另一方面，违约之后的债务再协商可能是冗长麻烦的，因为它可能意味着要在相对数目众多且可能就再协商条款持有不同意见的贷款者之间达成一致。

一个给定的条款集可能并不能在每一个可能的结果状态下都提供净收益，这个可以通过比较Hart(2001)获得。考虑一个未能预见的或有事件的合约可以做出调整，其在一种情况集下运作完美，但是如果遇到其他情况，就有可能运作糟糕。一个包含未能预见或有事件条款的更加灵活的合约可能无法在任何情况下运作完美，但是它可能在相当数目的不同情况下运作得相对比较好。交易各方并不总是能够认识到，其合同书构成了一个不完备合约。此外，这种类型合约的失败还可能削弱金融家从交易中获利的能力。如果当金融家认识到不完备性时，就会尝试设计调整，但是相比他们在一开始就预见调整需求的情况，他们将处于相对弱势的状况。

2007～2008年的信贷紧缩提供了大量的例子。例如，银行发现出于声誉的原因，它们被迫收回那些之前已经被出售出去的工具，它们被认为已有的违约风险。第二个例子就

---

21 例如，一些发展中国家发现，它们的资本家愿意接受权益，作为之前发行债务的交换。国家获得更加灵活的偿还条款的优势，而资本家有可能发现现有投资的价值增加了。从国家的角度出发，权益融资消除了违约的技术可能性，及随之而来的再协商成本，当债务包含的固定利息支付可能超出债务人所能承担的范围时，这就是一个重要的考虑。

是，信用衍生品(更具体的来说，一种称为信用违约互换的信用衍生品)开始一直被认为是一种安全的对冲工具，但是随着其发行保险公司资本的缩水并无法被替换，这些工具也开始受到质疑。

24.6.3 传递不确定性

很显然，处理不确定性的一种方法就是将其效应转移到另一方身上，比如客户。例如，20世纪80年代后期，一些日本银行担心当时快速上涨的日本房地产价格最终会达到顶峰，它们就利用权益工具将其部分地产贷款证券化。这一策略将资本损失的风险转移到权益购买者身上。当然，由于它同时也失去未来任何资本利得，所以很有可能是，卖方相比买方对可能的资本利得赋予较低的期望价值。

正如本章前面所探讨的，由于融资可以通过担保物的市值而非企业的不确定现金流提供保护，使得担保物也可以用于传递不确定性的效应。更进一步的，为了这一相同的目的，可以使用不同形式的担保。例如，政府常常向从事外贸的企业提供出口信用保险。由于出口信用保险可能涉及为货物提供风险保险，例如由于战争而造成的损失，而这一风险是金融家或者客户都无法控制的，所以出口信用保险并不总是能够从私人部门获得。而对金融家因为欺诈或者渎职而造成的损失投保，可以限制管理层或者公司董事会的特定行动金融家。此外，融资时可以对诸如关键管理层人员的去世之类的事件进行投保。

24.6.4 研究发现

Davydenko和Strebulaev(2007)考察了不确定性的一个方面，即提出借款者和贷款者的战略行动是否会影响公司债务价值这样一个问题。他们发现，那些能够相对容易地就债务合约进行再协商的公司往往具有较高的债券差价：企业的战略违约威胁导致事前债券价值的下降。此外，战略行动的效果在贷款者易受威胁影响的时候要大一些，正如在相对较高比例的管理层持股、简单债务结构以及高流动性储备等情况下将发生的。

24.7 多个债务要求权的发行

我们在前面章节中探讨融资时，从债务和权益的角度描述了资本结构，其中只有一种形式的权益。然而，企业通常都拥有更加复杂的债务结构。在认识到税收和财务困境成本的效应之后，资本结构问题就变成：管理层为什么需要一个债务结构，而不是单一类型的债务？即分割具有不同风险特征的不同债务工具所产生的现金流的经济原理是什么，以及如何最优地对企业资产要求权进行分割。Boot和Thakor(1993)解决了这一问题。他们指出，当存在信息不对称时，从外部融资中筹集到的资金将通过对企业现金流的分割上升，因为这种做法使得证券的内幕交易变得更加有利可图。

Boot和Thakor构建了一个模型，假设事先投资者是不知道企业现金流的，但是一些投资者可以通过付出一定的成本揭示该现金流。在他们的模型中，有三类投资于证券的投资者：①纯粹的流动性交易者；②以一定成本获得企业内在价值的交易者(即内幕交易者)；③可以成为内幕交易者但是选择保持不知情的酌情行事的交易者。还假设：①根据信息交易应该是有利可图的；②内幕交易者的需求应该是内生的；③均衡价格至少能够体现部分内幕交易者信息。

Boot-Thakor 分析指出，管理层可以通过发行不同的金融要求权，将企业现金流与其资产相分离，实现外部融资所得的最大化。基本上，这是通过创造两种类型的证券实现的。第一种是一种对信息不敏感的证券，被设计为仅包含一个对现金流的债务要求权。第二类是一种对信息敏感的证券，被设计为包含一个以上的对现金流的债务要求权。创造这两类证券使得内幕交易变得更加有利可图，这是因为，内幕交易者通过将其组合分配到对信息敏感的证券上，有潜力从信息生产中获得较高的回报。内幕交易者的交易行为将使得更富有价值的证券均衡价格更加接近其基本价值。这将增加企业所得。

24.8 证券化

证券化是正在经营的公司以及诸如银行之类的中介所使用的一种外部融资形式，前者在其业务中积累资产，后者构建了贷款组合。资产池被用作多种证券发行的担保物，这些证券对资产池现金流具有不同的优先要求权。证券化是利用同一资产池来发行以那些资产提供担保的债券的另一种融资资源。本节，我们将描述证券化过程，以及那些构建了资产组合的中介以组合现金流为抵押，发行多种证券的激励。

24.8.1 证券化基础

为了理解这一点，让我们从一个简洁的证券化描述开始：对传统形式的有担保债权，发行者必须产生充足的收益来尽义务偿还债务。例如，如果一个农具设备制造商发行一种债券，债券持有人拥有制造商一个工厂的第一抵押留置权，制造商从其所有经营中产生的现金流被规定偿还债券持有人。相比之下，在一个资产证券化交易中，偿还负担从发行者的现金流转移到由一个金融资产池产生的现金流之上，并且如果资产池未能产生足够的现金流，就有可能由第三方担保支付作为补充。再例如，如果这个农具设备制造商拥有分期销售合约的应收账款（即农具设备制造商的一种金融资产），并将这些应收账款应用于下面将要描述的结构化金融中，那么由这些应收账款提供抵押的债券购买者的收入取决于回收应收账款的能力。它不取决于农具设备制造商从其经营活动中产生现金流的能力。

创造以金融资产池为抵押的证券过程称为**资产证券化**。包含在资产证券化的担保物中的金融资产称为**证券化资产**。

24.8.2 证券化的阐述

我们利用一个例子来说明资产证券化交易。我们使用一个假想的企业，农具设备公司。假设这个公司生产农具，其销售的一部分为现金，但是绝大多数销售采取分期销售合约的形式。本质上，分期销售合约是发放给农具设备购买者的一笔贷款，他们承诺在规定的时间后偿还农具设备公司。为了简便起见，我们假设贷款一般都为期 4 年。贷款的担保物为买方所买入的农具设备。贷款规定一个购买者需要支付的利率。

农具设备公司的信贷部门制定了一个决策，决定向一个顾客发放信贷。即信贷部门将收到一个顾客的信贷申请，并根据公司所建立的标准决定是否要发放贷款，发放的金额是多少。发放信贷或者贷款的标准称为核保标准。由于农具设备公司发放贷款，因此它被称为贷款的发起方。此外，农具设备公司还可以有一个部门专门负责向这项贷款提供服务。服务包括从借款者处收集支付资金，通知有可能拖欠债务的借款者，以及在需要的时候，如果借款者在规定时间内没有偿还贷款，就回收处理担保物（在我们的例子中就是农具设备）。尽管贷款的服务方不一定是贷款的发起人，但是在我们的例子中，我们假设农具设备公司即为服务方。

现在让我们来看这些贷款如何用于证券化交易。我们将假设农具设备公司拥有 $200m 以上的分期销售合约。这一金额在公司的资产负债表中作为资产出现。我们进一步假设，农具设备公司希望筹集 $200m 资金。管理层决定通过证券化筹集资金，而不是发行公司债券。

为了做到这一点，农具设备公司将设立一个称为**特殊目的实体**（SPE），即法人实体，也称为**特殊目的公司**（SPV）。这一法人实体的目的在证券化过程中是关键的，因为它允许发起人资产和 SPV 资产的分离。在我们的例子中，所设立的 SPV 称为 FE 资产信托（FEAT）。然后，农具设备公司将出售给 FEAT $200m 的贷款。农具设备公司将从 FEAT 获得 $200m 的现金，即为其希望筹集的资金数目。但是 FEAT 从哪里得到 $200m？它通过销售以 $200m 贷款为抵押的证券获得那些资金。这些证券称为**资产抵押证券**。在交易证券化过程中发行的资产抵押证券也称为债券种类或者组别。

一个简单的交易可以包含仅仅销售一个面值为 $200m 的债券种类。我们将其称为债券种类 A。假设债券种类 A 发行了 200 000 张凭证，每张凭证面值为 $1 000。那么，每一个凭证持有者有权获得担保物支付的 1/200 000。借款者（即农具设备购买者）所做出的每一个支付由本金偿还和利息组成。证券化交易通常更加复杂。

一个更加复杂的交易例子就是，创造了两个种类的债券，债券 A1 和债券 A2。债券 A1 的面值为 $90m，债券 A2 的面值为 $110m。优先规则可以规定，债券 A1 获得借款者（即农具设备购买者）所支付的所有本金，直到债券 A1 偿还了它的 $90m，债券 A2 才开始收到本金。因此，债券 A1 相比债券 A2 就是较短期限的债券。通过创造到期期限不同于标的金融资产到期期限的证券，就能满足特定投资者的需求。例如，如果一个担保物的到期期限比方说为 5 年，那么就可以创造比方说 1 年到期期限、2 年到期期限和 5 年到期期限的债券。具有不同到期期限债券的创造称为时间组别。

通常存在一个种类债券以上的结构，并且这些种类随着他们将如何共同承担标的担保物池中借款者违约而造成的损失的不同而有所差异。在这样一个结构中，债务被分类为高级债券和次级债券，这一结构本身被称为**高级-次级结构**。在高级债券实现任何收益之前，损失就被次级债券吸收了。高级债券相比次级债券具有较低的信用风险。例如，假设 FEAT 发行了面值为 $180m 的债券 A，即高级债券，以及面值为 $20m 的债券 B，即次级债券。只要借款者违约金额不超过 $20m，那么债券 A 就将得到 $180m 的完全偿还。

高级-次级结构的设计提供了另一个向不同的债券种类重新分配担保物信贷风险的例子。寻找高信贷质量但是又不愿意购买担保物中单个金融资产的投资者，就是购买高级债券的候选人，愿意接受较高的信用风险的投资者就是购买次级债券的候选人，这就是创造具有不同信贷风险的债券种类的过程，称为信贷组别。

24.8.3 证券化和融资成本

尽管存在成本之外的原因促使公司或者金融中介通过证券化发行证券，而非发行以资产组合为抵押的债券，我们将限制在最大化发行以组合为抵押的证券所得（即最优证券设计）方面来进行探讨。[22]

Boot-Thakor 模型中有关企业为什么能够通过我们前一节中所描述的创造多个债务证券而获得经济优势的意义，这同样在一定的程度上解释企业的管理层为什么被激励通过证券化发行以资产池为抵押的多种要求权。在证券化过程中，寻找外部融资的企业管理层可以通过结构化交易，创造出具有不同信息敏感度的证券。根据 Boot-Thakor 模型，相比发行担保公司债券，这能产生更高的收益。

还有其他的解释来说明分割一个资产池现金流的收益。Gorton 和 Pennacchi(1990)发现，发行者可以通过将总资产现金流从资产池中分离出来，创造出一个不体现任何私有信息的流动资产，使得相对不是那么信息敏感的证券感兴趣的内幕投资者的状况得到改善。

DeMarzo(2005)提供了另一种有关如何通过串接担保物来获取套利利润的解释。他为一个拥有一个资产池的实体确定一个最优策略，该实体对标的资产价值持有更多信息。当面临出售个体资产还是整个资产池的选择时，他指出，采取前一个策略将使得该实体的状况有所改善，因为资产集合具有信息破坏效应。然而，当资本市场允许实体发行多个以资产池为抵押的债券种类（即分类）时，出售这样一个结构就是最优的。如果资产池中每一个资产的残余风险不是高度相关的话，分类将赋予该实体利用风险分散化的机会。这将导致融资结构中的一些分类具有低风险和高流动性。

Brennan，Hein 和 Poon(2009)还说明了另一种有关创造一种具有组别的结构性产品，这种产品具有潜在的套利利润。尽管这一讨论是根据 CDOs，其应用了证券化的技术，但是这讨论完全适用于资产抵押证券。他们提出一种可以归因于担保物分散化和分组初始市场定价（即发行差价）效应的理论。他们理论的主要假设就是一些投资者群体不具备评估来自一个结构化产品分类的能力，因而这类投资者就高度依赖债券评级。如果情况是这样的话，并且如果评级机构赋予分类的估值要高于其基本价值，那么就可以仅仅根据评级推销出售分类。然后，Brennan，Hein 和 Poon 继续描述主要的评级机构所采取的评级体系的不足之处，因为他们依赖违约概率（Standard，Poor's 和 Fitch）或者由于违约而造成的期望损失（Moody's）。他们指出，银行家可以利用这两种体系和客户合作来产生套利利润。

要 点

- 金融缔约试图解释金融家及其客户之间进行的各种类型的交易，特别地，金融缔约试图解释选择一种能够缓解各方之间冲突的证券设计的经济学原理。
- 交易安排所处的信息状况影响所使用的合约本质，以及所使用的管理合约的治理机制。如果交易是在双方都理解的风险条件下安排的，那么就相对容易安排一个完备合约。如果风险评估是不对称的，那么就可能产生道德风险以及逆向选择的复杂状况。
- 不确定性条件下安排的交易无法使用完

---

[22] 还考虑了另外两个有关融资成本的因素。对一个证券化一个贷款池的金融中介而言，另外一个动机可以是处于基于风险之上的资本目的，而希望将资产从其资产负债表中移除。第二个动机可以是纯粹的风险管理目的。

备合约。更确切地说，协议原则下执行最主要的交易都是事先决定的。
- 具有不同特征的交易根据不同的利率安排，为所涉及的风险或者不确定性提供补偿。
- 一项交易的交易成本包括客户向金融家支付的直接成本，以及诸如在寻找一个愿意提供融资的金融家时所涉及的搜寻成本之类的间接成本。
- 筛选成本是金融家评估融资提议时所产生的事前成本，而监督成本是交易的持续治理过程中涉及的事后成本。
- 金融家根据每一项交易的信息状况选择治理机制。风险交易可能涉及信息对称或者信息不对称。
- 在存在金融家及其客户之间信息不对称的情况下，债务相比权益更能解决其分歧。
- 道德风险是信息不对称造成的一种后果。金融家或许能够明智地管理道德风险效应，但是这却是以增加治理成本实现的。
- 即使是风险条件下的完备合约也可能涉及成本高昂的结果核实。
- 不完备合约所带来的困难有时能够通过使用再协商或者清算计划得到缓解。
- 不确定性条件下安排的交易创造了金融家及其客户之间更高的相互依赖性，并且相互依赖效应可以通过使用相对灵活的治理安排部分得到缓解。
- 企业可能可以采取相对复杂的融资结构，以缓解诸如由差异分布信息所造成的效应。
- 证券化是正在经营的公司以及诸如银行之类的中介所使用的一种外部融资形式，前者在其业务中积累资产，后者构建了贷款组合，并提供再融资。
- 在一些情况下，证券化可以降低克服市场不完美的成本。

问 题

1. (1) 金融缔约的含义是什么？
   (2) 金融缔约的目的是什么？
2. 从客户的角度出发，一项交易的总交易成本包括直接成本和间接成本。
   (1) 直接成本的含义是什么？
   (2) 间接成本的含义是什么？
   (3) 从金融家的角度出发，一项交易的成本包括哪些？
3. 管理一项交易的平均成本是其筛选成本和监督成本之和，同时还包括监督表明需要进行调整而产生的成本。
   (1) 筛选成本的含义是什么？
   (2) 监督成本的含义是什么？
   (3) 下面哪些因素可以导致较低的平均交易管理成本？哪些因素可以导致较高的平均成本？
- 较大的交易量
- 客户和金融家之间较多的信息差异
- 具备更多有关交易经验的金融家
- 存在套利阻碍的市场
4. (1) 不完备合约的含义是什么？
   (2) 在什么样的信息状况下，交易安排将采取完备合约？
   (3) 在什么样的信息状况下，交易安排将采取不完备合约？
5. 请给出一些理由，来说明为什么在私人市场，以及在中介交易中，金融家和企业之间的信息不对称是很难解决的。
6. 假设一家企业的所有者和金融家都是风险中性的，利率为零。另外假设所有者是乐观的，而金融家是悲观的，并且他们有关收益分布的观点在下表中给出假设企业需要筹集$5.5。

	企业收益（$）	乐观企业所有者的概率估计	悲观金融家的概率估计
情境1	8	1/3	0
情境2	7	1/3	1/3
情境3	6	1/3	1/3
情境4	5	0	1/3

(1) 从所有者的角度出发，权益价值是多少？

(2) 从金融家的角度出发，权益价值是多少？

(3) 如果企业通过权益筹集$5.5，那么金融家将要求获得多大比例的权益？从所有者的角度出发，那些权益的价值是多少？

(4) 作为另一种选择，假设金融家提议债务发行，承诺如果企业有资金的话，就支付$5.75，如果企业产生的现金流不足$5.75，那么就将支付所有可获得的资金。金融家对这些债务的估值是多少？

(5) 所有者对这些债务的估值是多少？

(6) 结合上述所有结果，为了筹集所需的$5.5，所有者将偏好哪种形式的融资，权益还是债务？为什么？

7. 考虑一家企业获得实施一个项目所需的单一单位的资本。假设如果金融家不采取措施阻止所有者用一个坏项目替代好项目的话，所有者就会这么做。好项目和坏项目的回报分布在下表中给出。

	回报($)	概率
好项目	2	3/4
	0	1/4
坏项目	3	1/6
	0	5/6

(1) 如果金融家设定贷款偿还为$2，那么当所有者将贷款偿还规模考虑进去之后，选择好项目和坏项目时，所有者的期望回报分别是多少？所有者将选择哪一个项目？

(2) 考虑金融家设定贷款偿还为$1.5的情况。回答(1)中所提出的同样的问题。

(3) 金融家应该将贷款偿还设定在什么范围之内，从而所有者没有动机用一个坏项目来替换好项目？

8. 假设企业的所有者和金融家都是风险中性的，利率为零，且企业不具备初始资源。每一期，企业采纳一个投资项目，将产生随机回报y，且y的分布在下表中给出。

	回报	概率
y	$y_G = 4.2$	$p_G = 3/4$
	$y_B = 1.0$	$p_B = 1/4$

现在考虑一个合约，根据这一合约，贷款者提供$2，并且同意如果借款者在第一期结束的时候能够支付的金额高于y_B就将在第二期续借。如果第一期末企业只支付y_B，那么安排将立即终止。假设只存在两期，企业没有动机在1时刻过去之后继续保持良好的声誉。

1时刻贷款偿还应该满足什么样的条件，使得贷款者的期望利润为正，并且企业家愿意接受这一安排？

9. 请简要解释担保物如何作为一种筛选策略来缓解信息不对称效应。

10. 请解释不确定性条件下交易合约中使用的事后调整的好处。

11. 企业的债务结构通常都包含一种类型以上的债务。Boot和Thakor(1993)指出，管理层可以通过发行不同的金融要求权，将企业现金流与其资产相分离，实现外部融资所得的最大化。请简要说明其工作原理。

12. (1) 资产证券化的含义是什么？
    (2) 证券化资产的含义是什么？

参考文献

Arrow, Kenneth J. (1974). *Essays on the Theory of Risk-Bearing*. Amsterdam: North-Holland.

Axelson, Ulf. (2007). "Security Design with Investor Private Information," *Journal of Finance* **62**: 2587–2632.

Brennan, Michael J., Julia Hein, and Ser-Huang Poon. (2009). "Tranching and Rating," *European Financial Management* **15**: 891–922.

Benson, Earl D. (1979). "The Search for Information by Underwriters and Its Impact on Municipal Interest Cost," *Journal of Finance* **34**: 871–885.

Boot, Arnoud, and Anjan V. Thakor. (1993). "Security Design," *Journal of Finance* **48**: 1349–1378.

Davydenko, Sergei A., and Ilya A. Strebulaev. (2007). "Strategic Actions and Credit Spreads," *Journal of Finance* **62**: 2633–2671.

DeMarzo, Peter. (2005). "The Pooling and Tranching of Securities: A Model of Informed Intermediation," *Review of Financial Studies* **18**: 1–35.

Diamond, Douglas W. (2004). "Committing to Commit: Short-Term Debt when Enforcement is Costly," *Journal of Finance* **59**: 1447–1479.

Fama, Eugene F. (1985). "What's Different about Banks?" *Journal of Monetary Economics* **15**: 29–39.

Freixas, Xavier, and Jean-Charles Rochet. (1997). *Microeconomics of Banking*. Cambridge, MA: MIT Press.

Gorton, Gary, and James Kahn. (2000). "The Design of Bank Loan Contracts, Collateral, and Renegotiation," *Review of Financial Studies* **13**: 331–364.

Gorton, Gary, and George Pennacchi. (1990). "Financial Intermediaries and Liquidity Creation." *Journal of Finance* **45**: 49–71.

Hart, Oliver. (2001). "Financial Contracting," *Journal of Economic Literature* **39**: 1079–1100.

Hart, Oliver D., and John Moore (1998). "Default and Renegotiation: A Dynamic Model of Debt," *Quarterly Journal of Economics* **113**: 1–41.

Jensen, Michael, and William Meckling. (1976). "Theory of the Firm: Managerial Behavior, Agency Costs, and Ownership Structure," *Journal of Financial Economics* **3**:305–360.

John, Kose, and David C. Nachman. (1985). "Risky Debt, Investment Incentives, and Reputation in a Sequential Equilibrium," *Journal of Finance* **40**: 863–878.

Kaplan, Steven N., and Per Stromberg. (2004). "Characteristics, Contracts, and Actions: Evidence from Venture Capitalist Analyses," *Journal of Finance* **59**: 2177–2210.

Neave, Edwin H. (2009). *Modern Financial Systems: Theory and Applications*. Hoboken, NJ: John Wiley & Sons.

Qian, Jun, and Philip E. Strahan. (2007). "How Laws and Institutions Shape Financial Contracts: The Case of Bank Loans," *Journal of Finance* **62**: 2803–2834.

Roberts, Michael R., and Amir Sufi (2009). "Financial Contracting: A Survey of Empirical Research and Future Directions," *Annual Review of Financial Economics*: 207–226.

Ross, Stephen A. (1977). "The Determination of Financial Structure: The Incentive Signaling Approach," *Bell Journal of Economics* **7**: 23–40.

Sufi, Amir, and Atif R. Mian. (2009). "The Consequences of Mortgage Credit Expansion: Evidence from the 2007 Mortgage Default Crisis," *Quarterly Journal of Economics* **124**: 1449–1496.

第八部分
PART8

将风险纳入资本预算决策

第 25 章　风险环境下资本预算计划

第 26 章　资本预算中的项目风险评估

第 25 章 风险环境下资本预算计划

有关长期投资项目的决策称为资本预算决策。在第 6 章,我们讨论了完美资本市场中未来现金流在确定条件下可以预测时,企业管理层应该如何制定资本预算决策。本章和接下去一章我们将考虑未来现金流具有风险的项目。这种项目要求管理层分析如下的因素:

- » 每个项目增加的未来现金流
- » 这些现金流的概率分布
- » 现金流根据其风险贴现得到的现值

在第 6 章,我们发现一个项目增加的现金流包含:①经营现金流(收入、费用和税收的变化);②投资现金流(项目资产的获得和处理)。给定一个项目增加的现金流的预测和一个合适的贴现率,我们考察其他技术来选择最佳可获得的项目。

在决定项目是否能够增加股东财富时,管理者必须权衡其成本和收益。成本即为创造这一项目所必需的现金流(投资花费)以及由于项目占用资金所带来的机会成本。收益为项目预期在未来产生的现金流。但是未来是未知的,因而现金流存在风险。其结果就是,管理层必须评估现金流不同于其期望值的风险。第 9~12 章深入探讨了风险和风险管理,这里我们将应用那些章节中给出的方法。

风险产生于不同的来源,这取决于环境状况、企业经营所处的行业以及所考虑的项目类型。下面每一种因素都将带来不同的风险源。

- » **经济状况**。消费者将消费还是储蓄?经济是否将进入衰退?政府是否会刺激消费?是否会发生通胀?
- » **国际状况**。不同国家货币之间的汇率是否会发生变化?企业经营所在国的政府是否稳定?
- » **市场状况**。市场是否是竞争性的?竞争者进入市场需要多长时间?是否存在专利或商标之类的障碍阻止竞争者进入?原材料和劳动力供给是否充足?未来原材料和劳动力成本如何?
- » **税收**。未来税率如何?国会是否会改变税收体系?
- » **利息**。未来资金筹集成本将是多少?

一些进一步的问题也随之产生。首先，管理层必须判断一个新项目的现金流风险是否与现有项目的风险相同，如果不是的话，必须对公司现在使用的贴现率做出合适的调整。确定项目最优规模的问题也必须得到解决。25.1 节讨论了这些问题。25.2 节，我们指出给定一个固定的经营计划，项目回报率如何与企业回报率联系在一起。25.3 节进一步探讨了这些问题，这里根据折旧所带来的税收节省，将项目回报率与要求的回报率联系在一起。25.4 节，我们考察与多期资本支出项目计划相关的问题，25.5 节，我们解决单期和多期情况下现金流及其风险估算问题。最后，在第 26 章，我们将进一步考察如何评估项目风险。

25.1 市值标准

风险条件下完美资本市场中，管理层无须持有有关股东偏好的特定信息，就可以根据股东利益最大化行事，因为，正如第 6 章所指出的，每一个消费者的决策约束即为其财富的现值。当不存在交易成本时，一个风险现金流的现值就决定了消费者的机会集：消费者关注项目的现值而非现金流的详细信息。对于任何与项目具有相同现值的支出图，无须支付除了利息之外的其他费用，就可以重新安排现金流，而利息自然在价值决定中发挥首要作用。相应地，管理层能为企业所有者所做最好的就是最大化其投资的现值，且那一现值同时也是投资的市值。

对风险条件下的资本预算而言，企业管理者依旧能够使用市值标准，即将其与企业期望收益和风险特征联系在一起。第 14 章所探讨的资本资产定价模型（CAPM）提供了评估未来风险现金流的一个理论框架[1]，我们将在此使用这一框架。回顾一下，根据 CAPM，均衡状态下，企业 i 证券的期望回报通过如下的方式与风险联系在一起：

$$E(r_i) = r_f + [E(r_m) - r_f] \frac{\text{cov}(r_i, r_m)}{\sigma^2(r_m)} \tag{25-1}$$

式中 r_f——一期无风险利率；

        $E(r_m)$——市场组合期望回报；

$\text{cov}(r_i, r_m)$——1 时刻证券 i 回报和 1 时刻市场组合回报的协方差；

        $\sigma^2(r_m)$——市场组合回报方差。

定义 2 时刻项目价值分布为 V_i。[2] 这一分布本身可以从未来许多期现金流中得到。如果是那样的话，在推导过程中假设企业经营计划[3]保持不变。这样一个计划定义了企业现金流及其风险特征。

定义 P_i 为 1 时刻项目市值。我们有：

$$r_i = \frac{V_i - P_i}{P_i} \text{ 和 } E(r_i) = \frac{E(V_i) - P_i}{P_i} \tag{25-2}$$

将式(25-2)中有关 $E(r_i)$ 的表达式代入式(25-1)，并重新排列，得到：

---

[1] 或有索取权提供了另一个框架。
[2] 如果我们希望明确给出时间，那么我们可以写为 $V_i(2)$。
[3] 经营计划包括计划的资本投资和利用那些资产以及其他资源生产用于销售的产品或服务。这里的细节类似于第 2 章和第 3 章所探讨的问题，区别在于现在的收益是有风险的。

$$P_i = \frac{E(V_i) - \{[E(r_m) - r_f]\text{cov}(V_i, r_m)/\sigma^2(r_m)\}}{1 + r_f} \tag{25-3}$$

其中 $\text{cov}(V_i, r_m)$ 为 1 时刻企业价值和市场组合回报之间的协方差。

式(25-3)右边的分子称为 2 时刻现金流 V_i 的确定性等价值。[4]假设管理层知道式(25-3)右侧的数据，资本预算决策对市场的影响可以通过估计其对现金流的影响而得到。换言之，式(25-3)为管理层提供了一种方法，来决定是否应该采纳一个特定的投资决策，并且如果是的话在什么水平下采纳。

上面的定价方程也可以用于获得一种风险调整贴现率版本的 CAPM。回顾一下：

$$\frac{\text{cov}(V_i, r_m)}{\sigma^2(r_m)} = \frac{P_i \text{cov}(r_i, r_m)}{\sigma^2(r_m)} = P_i \beta_i$$

其中 β_i 为企业 i 的 β 风险。于是我们就可以将式(25-3)根据 β 风险改写为：

$$P_i = \frac{E(V_i) - [E(r_m) - r_f] P_i \beta_i}{1 + r_f}$$

于是

$$P_i(1 + r_f) = E(V_i) - [E(r_m) - r_f] P_i \beta_i$$
$$P_i \{1 + r_f + \beta_i [E(r_m) - r_f]\} = E(V_i)$$
$$P_i = \frac{E(V_i)_i}{1 + r_f + \beta_i [E(r_m) - r_f]} \tag{25-4}$$

式(25-4)的分母等于 1 加上市场要求的风险调整回报率。将分子减去 1 就得到**风险调整回报率**：

$$r_f + \beta_i [E(r_m) - r_f]$$

等于无风险利率加上风险调整 $\beta_i [E(r_m) - r_f]$。注意现金流期望价值在式(25-4)中贴现，而其确定性等价在式(25-3)中贴现。

到目前为止，我们已经构建了一期的框架。对多期问题而言，为了得到相当的结果，利用风险调整和确定性等价的方式来决定价值就需要非常仔细。本章后面将探讨这些问题。

风险条件下资本预算的基本应用

我们现在提供一个例子，来说明确定性等价和风险调整贴现率如何应用于风险条件下的资本预算。假设一家企业预期在 2 时刻能从现有经营中产生 $E(V_i) = \$100\text{m}$，且企业在 1 时刻的市值为 90m。假设市场组合回报 $E(r_m)$ 为 15%，无风险利率 r_f 为 5%。因而，

$$[E(r_m) - r_f] = 0.15 - 0.05 = 0.10$$

并假设一个仅以单位规模可获得的新项目正在考虑中，需要花费 6m。进一步假设一期以后新项目的期望现金流 $E(F_i)$ 为 13m，且 $\text{cov}(F_i, r_m)/\sigma^2(r_m)$ 为 25m。上面的数值是在新项目根据固定经营计划得到最佳使用的假设下得到的，其中固定经营计划定义了上面所给出的现金流期望价值和风险特征。

管理层是否应该采纳这一新项目？首先，我们可以确定企业采纳这一新项目之前的

---

[4] 确定性等价的概念在第 11 章给出。

$\text{cov}(V_i, r_m)/\sigma^2(r_m)$。通过将假设的数值代入式(25-3)，我们就能得到它的值，为：

$$\$90\,000\,000 = \frac{\$100\,000\,000 - 0.10\text{cov}(V_i, r_m)/\sigma^2(r_m)}{1.05}$$

所以：

$$\frac{\text{cov}(V_i, r_m)}{\sigma^2(r_m)} = \$55\,000\,000$$

现在我们就可以利用网页附录 L 中所描述的随机变量求和的性质得到：

$$\text{cov}(V_i + F_i, r_m) = \text{cov}(V_i, r_m) + \text{cov}(F_i, r_m)$$

将上式两边同除以 $\sigma^2(r_m)$ 我们就得到：

$$\frac{\text{cov}(V_i + F_i, r_m)}{\sigma^2(r_m)} = \frac{\text{cov}(V_i, r_m)}{\sigma^2(r_m)} + \frac{\text{cov}(F_i, r_m)}{\sigma^2(r_m)}$$

我们刚才计算得到上式右边的第一个比率为 $55m。我们假设第二个比率为 $25m。因此，

$$\frac{\text{cov}(V_i + F_i, r_m)}{\sigma^2(r_m)} = 55\,000\,000 + 25\,000\,000 = \$80\,000\,000$$

采纳新项目时企业的期望价值等于：

$$E(V_i + F_i) = E(V_i) + E(F_i)$$

由于我们假设 $E(V_i)$ 为 $100m，$E(F_i)$ 为 $13m，

$$E(V_i + F_i) = 100\,000\,000 + 13\,000\,000 = \$113\,000\,000$$

再次利用式(25-3)，如果新项目被采纳，那么 1 时刻企业所产生的总现金流价值(扣除投资成本)将为，

$$\frac{113\,000\,000 - 0.10 \times 80\,000\,000}{1.05} = \$100\,000\,000$$

如果项目被采纳，那么企业期望价值将为 $100m。回顾一下，我们假设采纳项目之前市值为 $90m。通过接受这一项目，预期市值将上升 $10m。因而，这足以弥补 $6m 的投资成本，项目应该被采纳。

为了说明由于项目要求回报率低于其期望内部回报率，[5]因而对企业而言，项目现值为正，我们可以用另一种方式给出计算。但是，首先注意新项目要求的回报率不等于项目采纳之前企业的资金成本。企业采纳项目之前，市场所要求的回报率为：

$$\frac{100\,000\,000 - 90\,000\,000}{90\,000\,000} = 11.1\%$$

在采纳项目之后，要求回报率变成：

$$\frac{113\,000\,000 - 100\,000\,000}{100\,000\,000} = 13\%$$

相应地，新项目不是通过市场要求的贴现率 11.1% 来贴现的，而要求较高的回报率，事实上这一回报率等于 30%。为了说明这一点，注意利用式(25-3)对其单独估值，新项目的市值为：

$$\frac{13\,000\,000 - 0.10 \times 25\,000\,000}{1.05} = \$10\,000\,000$$

---

5 我们在第 6 章解释了如何计算内部回报率。

因而，由于新项目创造的期望现金流为 $13m，其要求的回报率[6]就是：

$$\frac{13\,000\,000 - 10\,000\,000}{10\,000\,000} = 30\%$$

同样的计算也可以以另一种方式给出。在采纳新项目之后，企业可以被视为旧活动和新活动的组合。就市值而言，新项目占企业活动的 10%，我们可以约定：

$$\frac{90\,000\,000}{100\,000\,000} \times 11.11\% + \frac{10\,000\,000}{100\,000\,000} x$$

其中 x 为新项目未知的回报率。求解上述方程后得到 $x = 30\%$。

所有计算得到的回报率都是根据市值得到的。现在由于企业现有所有者只需 $6m 就可以实施新项目，这一 $6m 的投资内部回报率必然要高于市场所要求的回报率，因为 1 时刻项目的市值为 $10m。然而，如果新的投资者在企业市值发生变化后购买股票，这一变化反映出新项目的采纳，那么他们只能从其投资中获得 13% 的回报，因为企业股票的定价将正好产生这一期望回报。项目所创造的价值将保留在原始股东手中。

最后，我们指出，企业的资本成本可以计算为市场要求回报的加权平均，其中权重为市值。让我们来计算（整个）公司的 β，并据此得到总体要求的回报。

$$\beta_{original} = \frac{1}{P_i} \left[\frac{\text{cov}(V_i, r_m)}{\sigma^2(r_m)} \right] = \frac{55\,000\,000}{90\,000\,000} = 0.61$$

$$\beta_{project} = \frac{25\,000\,000}{10\,000\,000} = 2.5$$

然后利用市值作为权重，我们得到：

$$\beta_{combined} = \frac{90\,000\,000}{100\,000\,000} \times 0.61 + \frac{10\,000\,000}{100\,000\,000} \times 2.5 = 0.8$$

最后，根据式(25-1)，原始企业和新项目共同要求的回报率为：

$$0.05 + (0.15 - 0.05) \times 0.8 = 0.13，即 13\%$$

我们之前假设企业价值和项目价值可以加在一起得到企业的新市值，这一假设似乎忽视了协同效应的可能性。然而，事实不是这样的。首先，我们可以定义任何由项目引起的现金流变化，因为除了采纳该项目之外，我们假设产出水平是固定的。此外，由于在进行上述计算之前，项目本身的水平也被假设是固定的，所以与新项目相关的现金流确实可以与企业之前就存在的现金流相加（即使这些新产生现金流中的一部分确实是因为协同效应带来的）。

上面的计算得出了一些结论。首先，企业经营风险的本质是由其所接受的投资项目决定的。在上面的例子中，新项目的采纳改变了企业的经营风险，正如 β 的变化所反映出来的，进一步反映在适用于企业总收益的贴现率。第二，当新项目的内部回报率高于具有给定风险度量项目的市场要求回报率时，管理层就应该采纳新项目。第三，由于存在不同类型的经营风险，项目所要求的回报率就不一定是企业的现有资本成本（在上面的例子中，它要大一些）。第四，一个有利可图的项目的采纳可以改变企业的总体资本成本，因为新的投资项目可以改变企业收益流的风险。

6　注意为了确定市场要求的回报率，我们使用的是项目的市值而非其投资成本。

25.2 最优资本支出计划(比较新的和现有的收益风险来得到)

我们现在可以利用 CAPM 来得到类似于第 6 章所探讨的最优资本预算规则。我们首先考虑产生规模报酬不变的项目,然后考虑规模报酬递减的项目。

25.2.1 投资回报不变的资本支出

让我们利用 CAPM 来考虑是否应该成立一家新企业。和之前一样,定义 V_i 为计划企业 2 时刻的价值分布。利用式(25-3),可以确定 1 时刻企业的市值 P_i。利用式(25-1),可以得到企业现金流的市场要求回报率 $E[r_j]$。

假设为了成立新企业,需要 \$75m 的初始投资,且不允许投资规模发生变化。换言之,投资的最优规模要么为 0 要么为 \$75m。进一步假设:①将产生的现金流;②企业相应的内部回报率(r_j);③市场组合回报(r_m)的分布如下:

概率	现金流	r_j	r_m
0.5	\$97.5m	30%	20%
0.5	\$75.0m	0	8%

25.5 节探讨了这些数据的估计。根据估计得到的数据,可以做出如下的计算:

$$E[r_m] = 0.14 \quad \sigma(r_m) = 0.06$$

$$\rho(r_j, r_m) = 1 \quad \beta_j = \frac{\text{cov}(r_j, r_m)}{\sigma^2(r_m)} = 2.5$$

其中,$\rho(r_j, r_m)$ 为计划成立企业的回报和市场组合回报的相关系数。

假设一期无风险利率(r_f)为 6%。然后利用式(25-1),我们发现,计划成立的,具有假设的现金流风险的企业(即项目)要求的回报率为:

$$E[r_j] = r_f + \beta_j[E[r_m] - r_f] = 0.06 + 2.5 \times 0.08 = 0.25 = 25\%$$

然而,计划企业的期望内部回报率(从上述分布中计算得到)仅为 15%,低于具有项目风险特征的企业所要求的市场回报率。换言之,不应该成立这样的企业,因为如果成立这样一家企业的话,初始投资者不可能以其投资成本的价格卖出这家企业。

正如我们现在说明的,一家已经存在的企业是否应该采纳一个项目的决策就要复杂一些。假设新项目将把企业 2 时刻的价值分布根据规模因子 λ 扩大。那么,如果 V_i 代表初始的 2 时刻价值分布,新分布就是:

$$W_i = (1 + \lambda)V_i$$

根据式(25-1),马上就可以得到,新的 1 时刻企业价值为 $Q_i = (1+\lambda)P_i$。进一步可以得到,市场应用于增加的现金流的贴现率与原先的一样。所以,采纳项目后的贴现率为:

$$\frac{E(W_i) - Q_i}{Q_i} = \frac{(1+\lambda)E(V_i) - (1+\lambda)P_i}{(1+\lambda)P_i} = \frac{E(V_i) - P_i}{P_i}$$

结果说明,和采纳项目之前应用于企业的贴现率一样。相应地,采纳这种仅将企业价值分布根据规模因子扩大的新项目不改变市场要求的回报率。技术上,这种情况称为带来**随机规模报酬不变**的投资。

所以，与现有企业具有相同经营风险项目的准则似乎就是，如果这些项目实施成本足够低，足以使得项目至少能够获得要求的回报率，就应该采纳这些项目。但是，在这种情况下，除非我们假设项目只在一定的金额数目内是可获得的，或者项目只能以递增的单位成本实施，否则就很难明确指出项目的最优规模。另外，如果采纳这样的项目，产生高于市场所要求的回报率，那么企业管理层将在哪一点停止投资？[7]

这里的困难在于我们关于现金流将根据规模因子扩大的假设。这一假设实际上意味着，预期所有额外的投资都将带来不变的内部回报率。这一假设对于得到上述观点而言是非常有用的，但是这一假设也不太可能描述大量的现实情况。接下去我们探讨新项目回报边际递减的情况，这将是非常有价值的。

25.2.2 投资回报边际递减的资本支出

为了考虑边际回报递减的情况，假设1时刻投资在2时刻产生的现金流满足：

$$Z = I^{1/2} X \tag{25-5}$$

式中 X——2时刻现金流；

I——1时刻投资活动现金流；

Z——投资在2时刻实现的金额数目。

令

$$\sigma = [E(r_m) - r_f]/\sigma^2(r_m)$$

利用式(25-3)，1时刻现金流 $Z(P_i)$ 的价值为：

$$P_i = \frac{E(Z) - \alpha \mathrm{cov}(Z, r_m)}{1 + r_f} \tag{25-6}$$

然后，利用式(25-5)，式(25-6)可以改写为：

$$P_i = \frac{I^{1/2}[E(X) - \alpha \mathrm{cov}(X, r_m)]}{1 + r_f} \tag{25-7}$$

正如我们利用网页附录L中的结果可以得到的。

在这种情况下，市值最大化目标就可以表述为最大化价值和投资成本之差，即，$P_i - I$。最大值发生在使得2时刻内部回报率正好下降到 $1 + r_f$ 水平的投资成本。为了简洁地说明这一点，将式(25-7)改写为：

$$P_i = \frac{\gamma I^{1/2}}{1 + r_f}$$

其中 $\gamma = E(X) - \mathrm{cov}(X, r_m)$，并且考虑：

$$\max_I \left(\frac{\gamma I^{1/2}}{1 + r_f} - I \right)$$

其解由下式给出：

$$(\gamma/2) I^{1/2} = 1 + r_f \tag{25-8}$$

式(25-8)是通过对上面一个式子中的 I 求导，并使之等于零得到的。式(25-8)左边的那项等于 $1 + r_f$，而右边的那项为无风险投资市场机会线的斜率。当投资的边际回报递减时，我们得到的结论类似于无风险条件下的结论：管理层应该投资，直到确定性等价边际内部回报率等于无风险利率。根据这一形式，这种情况可以用图25-1描绘出来。

---

[7] 当然，有可能存在新项目可以采纳的物理限制。

我们还可以这样理解这一结论，即在最优水平下，边际投资期望回报率正好等于具有同类经营风险投资的市场要求回报率。为了用这种方式来考察上述结果，我们将式(25-8)改写为：

$$\frac{I^{-1/2}}{2}[E(X) - \text{cov}(X, r_m)] = 1 + r_f$$

利用上式可以巧妙处理得到：

$$\left[\frac{I^{-1/2}}{2}E(X)\right] - 1 = r_f + a\left[\frac{I^{-1/2}}{2}\text{cov}(X, r_m)\right] \tag{25-9}$$

即对具有方程右边第二项中括号部分给出的风险特征的现金流，所投资的美元的边际内部回报率(式(25-9)的左边)等于市场所要求的边际回报率(方程的右边)。相应地，我们发现，粗略地来说，风险环境下的资本预算准则与第6章所发现准则的风险调整是类似的：即管理层应该为项目筹集资金，直到项目的边际内部回报率下降到正好等于市场所要求的回报率水平。

正如我们已经指出的，通过以确定性等价的形式画出图25-1中的转换曲线，风险的引入本质上并没有改变第6章所得到的结论，该确定性等价有可能与无风险投资的市场机会线相关。作为另一种选择，我们指出最优投资金额的边际内部回报率等于市场要求的回报率。本章后面部分将指出，尽管对多期分析，我们将得到类似的结论，但是为了避免得到错误的结论，我们需要对其做出认真的解读。

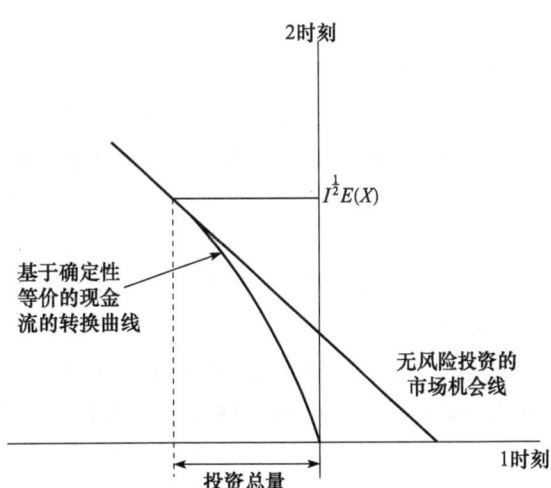

图 25-1　风险环境下最优投资决策

25.3　要求的回报率：企业、部门和项目

前面一节指出，利用 CAPM，我们如何建立起不同产出水平下企业现金流所要求的回报率。我们现在愿意通过将产出水平固定下来这一特别的假设，就可以利用相同的方法将不同项目的回报率相互联系在一起，也可以将其和市场要求的回报率联系在一起。我们马上就会讨论产出水平是固定的这一假设的原因。

接下来，我们将指出，在固定产出水平下，企业可以视为不同投资项目的组合。回顾一下式(25-1)，如果将个体项目定义为指数 k，就有：

$$E(r_j) = \sum_k x_{jk} E(r_{jk}) = \sum_k x_{jk}\left\{r_f + \left[\frac{E(r_m) - r_f}{\sigma^2(r_m)}\right]\text{cov}(r_{jk}, r_m)\right\}$$

式中　r_j——j 项目回报；

　　　x_{jk}——个体项目市值相对于整个企业的市值比重；

　　　$\sum_k x_{jk}$——1。

这一方法指出，企业回报为个体项目的市场回报率的加权平均。下面将利用一个例子来更加详细说明。

考虑这样一种情况，以市值买入一只肉用公牛。假设有两种收入创造活动：生产牛肉（项目 b）和生产兽皮（项目 h），我们假设这两种活动产生的回报在统计上是相互独立的。我们假设肉用公牛的成本为 $450，兽皮生产的可变成本需要额外的 $50。此外，我们假设这两种活动的金额数目和回报如下。

概率	生产牛肉(b)金额数目	r_b	生产兽皮(h)金额数目	r_h
1/2	$540	0.2	$54	0.08
1/2	$450	0	$50	0

回报是根据投资成本计算得到的，投资成本等于我们所假设的数据的市值。因此，这个例子中的回报可以理解为市场所要求的回报。两种回报之间是不相关的，即：

$$\rho(r_h, r_m) = 0 \text{ 和 } \rho(r_h, r_b) = 0$$

其中指数 b、h 和 m 分别指生产牛肉、生产兽皮和市场组合。

将这两项活动的回报加在一起，但要注意到它们在统计上是相互独立的，投资于这一动物的回报分布 r_c 就为：0.188，0.180，0.008 和 0，其中每种结果发生的概率都是 1/4。根据这一分布，投资于该动物的期望回报 $E(r_c)$ 等于 0.094。为了利用 CAPM，需要进一步的数据。假设，r_m 有两种可能的结果，0.20 和 0，且发生概率相同，就有：

$$E(r_m) = 0.10 \text{ 和 } \sigma(r_m) = 0.010$$

并且假设 $r_f = 0.04$。

我们还假设生产牛肉和市场组合的回报完全正相关[即 $\rho(r_b, r_m) = 1$]。首先对同时进行牛肉生产和兽皮生产的投资应用 CAPM。为此利用前面所给出的数据，准备了一个联合概率表，如下所示。

r_m / r_c	0.2	0.00
0.188	0.25	0.00
0.180	0.25	0.00
0.008	0.00	0.25
0.000	0.00	0.25

然后，根据表格，并利用网页附录 L 的定义，可以计算，

$$E(r_c, r_m) = 0.018\,4 \text{ 和 } E(r_c)E(r_m) = 0.009\,4$$

从而：

$$E(r_c, r_m) - E(r_c)E(r_m) = \text{cov}(r_c, r_m) = 0.009\,0$$

因此，利用式(25-1)所计算的协方差，

$$E(r_c) = 0.04 + \frac{0.10 - 0.04}{(0.10)^2} \times 0.009\,0 = 0.094$$

所以要求的回报率正好等于我们之前计算得到的期望回报率。

兽皮生产活动要求的回报率的计算意味着根据式(25-1)决定 $E(r_h)$。回顾一下，$\rho(r_h, r_m) = 0$，所以 $\text{cov}(r_h, r_m) = 0$。其结果就是，

$$E(r_h) = r_f = 0.04$$

最后，牛肉生产活动所要求的回报率为：
$$E(r_b) = 0.04 + \frac{0.06}{0.10 \times 0.10} \times 0.10 \times 0.10 = 0.10$$

由于 $\rho(r_b, r_m)=1$，因此：
$$\mathrm{cov}(r_b, r_m) = \sigma(r_b)\sigma(r_m) = 0.10 \times 0.10$$

现在注意两种活动组合在一起的回报即为单个活动回报的加权平均；即，
$$\frac{1}{10} \times 0.04 + \frac{9}{10} \times 0.10 = 0.094$$

其中权重是根据单个活动的市值计算得到的。换言之，单个活动所要求的回报率与企业要求的回报率联系在一起的方式和单个证券要求的回报率与组合要求的回报率联系在一起的方式是相同的。所以，在企业活动水平事先明确规定的情况下，企业就可以视为各种活动的组合。

当不同企业考察同一个项目的时候，项目所要求的回报率都是相同的，但是，不是所有的企业都会接受该项目，因为不同的企业可能面临不同的机会。特别地，对不同企业而言，采纳项目的成本可能存在差异。即在现在这个例子中，为了简便起见，我们假设内部回报率和要求的回报率是相等的，但是情况并不总是如此。如果这两个回报率存在差异，对组合的理解适用于市值以及市场要求的回报率。

活动水平必须事先明确规定的原因在于，我们前面的计算假设不同活动的回报是可加的。固定产出水平下的活动价值是可加的。但是，如果我们允许产出水平发生变化，特定活动、价值以及企业所创造的总价值之间的关系就有可能发生变化，正如 25.2 节例子中所给出的。通过在开始分析之前将产出水平固定下来，就可以探讨组合方法，并且不会带来任何额外的麻烦。

25.4 风险环境中折旧税盾

在第 6 章中，我们考虑了现金流计算中评估公司税折旧税盾的效应。在那里的讨论中，经营现金流是确切知道的，并且当其和税盾合在一起的时候，它们的和根据无风险利率贴现，得到净现值(NPV)。当经营现金流是有风险的时候，项目的折旧税盾就也有可能需要被视为是有风险的。然而，正如我们现在所指出的，折旧税盾所包含的风险可能不同于项目的税后收入风险。因此，正如 25.3 节，在评估项目是否应该接受时，需要对现金流和税收节省应用不同的贴现率。

回顾一下第 6 章中，项目的经营现金流是由收入变化、支出变化、税负变化和营运资本变化构成的。让我们将经营现金流划分成两个部分：①折旧税盾带来收益之前的经营现金流，我们定义为 X；②折旧税盾，我们定义为 T。因而，项目 Z 的经营现金流可以表述为：

$$Z = X + T \tag{25-10}$$

Z 的现值为：

$$P_Z = \frac{E(Z) - \{[E(r_m) - r_f]\mathrm{cov}(Z, r_m)/\sigma^2(r_m)\}}{1 + r_f} \tag{25-11}$$

将式 (25-10) 代入式 (25-11)，我们有：

$$P_Z = \frac{E(X+T) - \{[E(r_m) - r_f]\text{cov}(X+T, r_m)/\sigma^2(r_m)\}}{1 + r_f}$$

利用网页附录 L 中的结果，可以将上式改写为：

$$P_Z = \frac{E(X) - \{[E(r_m) - r_f]\text{cov}(X, r_m)/\sigma^2(r_m)\}}{1 + r_f} + \frac{E(T) - \{[E(r_m) - r_f]\text{cov}(T, r_m)/\sigma^2(r_m)\}}{1 + r_f} \quad (25\text{-}12)$$

现在考察 T 的风险特征。如果企业规模很大，并且利润水平高，而项目相比之下显得很小，那么企业获得这样税盾的能力很有可能就与特定项目的结果无关，并且可以视为无风险的。在那种情况下，式 (25-12) 就简化为：

$$P_Z = \frac{E(X) - \{[E(r_m) - r_f]\text{cov}(X, r_m)/\sigma^2(r_m)\}}{1 + r_f} + \frac{T}{1 + r_f} \quad (25\text{-}13)$$

换言之，折旧税盾可以根据无风险利率贴现，但是经营现金流[8]必须首先转换成其确定性等价才能根据同样的无风险利率贴现。这就意味着，将折旧税盾带来收益之前的经营现金流与折旧税盾相加，然后根据 $\text{cov}(X, r_m)$，对这个和应用调整的贴现率是错误的。然而，如果采用现金流的两个组成部分共同的风险 $\text{cov}(Z, r_m)$ 来计算得到组合的风险调整贴现率，然后根据这一贴现率对 $E(Z)$ 贴现，就是正确的。

将现金流分割为两个组成部分的主要目的在于显示出其对组合风险的特定影响。当税盾的风险低于项目本身的时候，税盾的合适贴现率就不同于项目的贴现率。[9]

25.5 单期 VS 多期投资模型

到目前为止，我们考察的投资决策都只包含两个时点。现在我们希望考虑，如果实际投资品市场是不完美的，并且项目所产生的现金流发生于不同时点，我们该如何修正之前的方法。

25.5.1 资本品市场

为了在多期情况下应用单期模型，我们只需假设实际资本品可以在完美（二级）市场中买卖。在这些情况下，每一期（尤其是第一期）最优投资水平的选择仅仅是一个独立的、单期决策序列，可以利用我们已经指出的方法来解决。[10] 如果交易成本为零，资本品市场就是完美的。之所以如此定义，是为了让企业从资产出售中所得到的正好等于购买该资产所需要的花费。[11] 那么，为了决定 1 时刻是否应该购买一项资产，我们只需要比较 1 时刻的投资花费和 2 时刻的预测现金流价值，包括二级市场资产价格。因此，对具有完美二级市场的

---

8 折旧税盾带来收益之前的经营现金流 X。
9 这正好相当于第 17 章所探讨的股票和债券所要求的回报率是不同的。
10 Fama 和 Miller(1972, pp.122-125) 在确定性条件下较为详细地探讨了这一问题。同时回顾一下我们在第 4 章中的讨论。
11 Bogue 和 Roll(1974)。特别地，零交易成本意味着不存在经纪费、运输成本、安装成本或搬迁成本。这可以用一个经营工厂的私人出售来近似给出。

实际资本品而言,每一个投资决策都可以利用一个一期模型来制定,正如第 4 章的情况和本章前面的讨论一样。

即使二级市场存在一些微小的不完美,还是有可能根据一期模型制定许多投资决策。如果企业获得一项资产,最糟糕的可能情况就是获得一期现金流,以及第一期后资产净残余值。如果据此一项资产是可接受的,那么就应该获得该资产,因为企业只有将该资产持有更多期才有可能获得收益。但是,注意这并没有解决资产规模应该多大的问题。另一方面,许多富有价值的项目在第一期期末的残值并不能很好地反映其未来收益能力。在这种情况下,制定投资决策时就必须将未来时期考虑进去。

25.5.2 风险环境下的多期估值[12]

我们现在将式(25-3)改写,明确引入时间概念。我们假设 1 时刻即为现在时刻,2 时刻为第一期的结束,3 时刻为第二期的结束,以此类推,直到 n 时刻,即计划期。对风险厌恶期望效用最大化者而言,利用 CAPM,一期情况下企业的均衡值为:

$$V(1) = \frac{E[V(2)] - \lambda(1) \text{cov}[V(2), r_m(2)]}{1 + r_f(1)} \tag{25-14}$$

式中　$V(2)$——2 时刻企业风险时的价值;

　　　$\lambda(1)$——$\{E[r_m(2)] - r_f(1)\}/\{\sigma^2[r_m(2)]\}$=每单位风险当前的市场价格;

　　　$r_f(1)$——当前的一期无风险利率;

　　　$r_m(2)$——该期市场组合实现的回报。

现在考虑一个被提议的一期项目,它将带来增加的经营现金流 $X(2)$,当前需要的现金花费为 $X(1) = I(1)$。将该项目考虑进去,那么期末企业的价值将为 $V(2) + X(2)$,或者在当前时刻,利用估值模型,

$$V(1) + \Delta V(1) = \frac{E[V(2) + X(2)] - \lambda(1) \text{cov}[V(2) + X(2), r_m(2)]}{1 + r_f(1)} \tag{25-15}$$

其中,$\Delta V(1)$代表采纳项目后 1 时刻市值的增加(不包括投资成本)。利用网页附录 L 中所建立的期望价值和协方差特性,我们有:

$$\Delta V(1) = \frac{E[X(2)] - \lambda(1) \text{cov}[X(2), r_m(2)]}{1 + r_f(1)} \tag{25-16}$$

正如第 6 章所解释的,如果该项目的 NPV 为正,即如果 $\Delta V(1) - X(1) > 0$,由于项目能够增加企业市值,就可以被接受。

到目前为止我们所使用的步骤是为了建立风险现金流 $X(2)$ 的确定性等价:

$$E[X(2)] - \lambda(1) \text{cov}[X(2), r_m(2)]$$

然后将这一 2 时刻价值根据无风险利率贴现,得到 1 时刻市值。

现在考虑一个存续期为 n 期的项目。令 $\Delta V(t)$ 为项目生命周期的企业价值增加,$X(t)$ 为经营现金流($t = 1, \cdots, n$)。如果我们能够找到 $\Delta V(1)$ 的表达式,我们的问题就解决了,因为我们可以通过将 $\Delta V(1)$ 和 $I(1)$ 相比较,来决定是否应该接受项目。我们采取反推的方法,从最后一项着手,直到第一项。对最后一期,我们有:

---

[12] 这一节在很大程度上来源于 Bogue 和 Roll(1974)。我们将在后面考虑 Fama(1977)关于模型需要进一步限制的讨论。

$$\Delta V(n) = X(n)$$

即 n 时刻项目价值正好等于该时刻（最后的）经营现金流。在倒数第二期，我们面临和之前一样的一期估值问题，不同之处就在于我们找到的价值将取决于 $n-1$ 时刻的状态，[13] 标记为 $S(n-1)$。$n-1$ 时刻的增加值将为：

$$\Delta V(n-1) = X(n-1) \frac{E[X(n) \mid S(n-1)] - \lambda(n-1)\text{cov}\{[X(n), r_m(n)] \mid S(n-1)\}}{1 + r_f(n-1)}$$
(25-17)

其中，E 现在是指取决于状态 $S(n-1)$ 的条件期望，正如式(25-17)中竖线所定义的。协方差那项也是根据这一条件方式计算得到的。注意在 n 时刻之前，式(25-17)右边的项并不都是可观测到的。

一旦计算得到 $\Delta V(n-1)$，就可以将其应用于式(25-17)，来计算 $\Delta V(n-2)$。之后就可以对每一期不断应用单期估值模型，所以总体上，在 k 时刻，我们有

$$\Delta V(k) = X(k) + \frac{E[\Delta V(k+1) \mid S(k)] - \lambda(k)\text{cov}\{[\Delta V(k+1), r_m(k+1)] \mid S(k)\}}{1 + r_f(k)}$$

对 $k = 1, 2, \cdots, n-1$
(25-18)

对一个具有 n 期生命的项目，式(25-18)所要求的计算技术即为解决 n 阶段随机动态规划问题。原则上，[14] 这种方法指出了如何为只能在不完美二级市场中交易的资产进行估值。

我们马上就会给出一个例子，来说明刚才给出的方法如何在实践中解决一个多期资产获得问题，但是在此之前，我们会将前面的解决方法和实际资本资产存在完美二级市场的情况下得到的结论相比较。完美二级市场能够完全反映任何时点项目未来收益能力的贴现。即，正如第 6 章所探讨的确定性情况，当资产市场是完美的时候，任何时点项目的价值 $\Delta V(k)$ 等于其市场价格。另外注意即使不存在对资本品本身完美市场，如果能将这些资本品的要求权（代表所有权的金融工具，例如股票和债券）在完美资本市场中单独销售，还是可以得到相同的结论。然而，通常由于资本品只是企业资产的一部分，单独资产的金融要求权就不存在了。

25.5.3 例子

考虑一个只有一个经营现金流的项目，该现金流在 3 时刻实现。首先我们找到 2 时刻项目的增加价值：

$$\Delta V(2) = \frac{E[X(3) \mid S(2)] - \lambda(2)\text{cov}\{[X(3), r_m(3)] \mid S(2)\}}{1 + r_f(2)}$$
(25-19)

1 时刻增加的价值就等于：

$$\Delta V(1) = \frac{E[\Delta V(2)] - \lambda(1)\text{cov}[\Delta V(2), r_m(2)]}{1 + r_f(1)}$$
(25-20)

将式(25-19)右边的分母移到左边，取期望，并重新排列，我们有：

---

[13] 请参见第 10 章，我们探讨了或有索取权和状态。在 $n-1$ 时刻，$S(n-1)$ 不是随机的。但是在 $n-1$ 时刻之前，$S(n-1)$ 是随机的。正如我们在下一章解释说明的，或有索取权提供了 CAPM 之外另一种资本预算方法。
[14] 即使我们只考虑有限数目的可能状态，这样一个问题的解决常常也是困难的，并且成本高昂的。

$$E[\Delta V(2) \mid E[1+r_f(2)] + \text{cov}[\Delta V(2), r_f(2)]$$
$$= E[X(3) \mid S(2)] - E[\lambda(2)\text{cov}\{[X(3), r_m(3)] \mid S(2)\}] \tag{25-21}$$

我们的记号现在包含了随机变量，因为尽管式(25-20)给出了根据2时刻的最优情况得到的一个表达式，式(25-21)则从1时刻的最优角度来考察问题。诸如 $r_f(2)$ 之类的变量在2时刻是确定知道的，但是在1时刻仅仅以随机变量的形式知道。

将式(25-20)根据 $E[\Delta V(2)]$ 的表达式进行重新排列，代入式(25-21)，并进一步重新排列，得到：

$$\Delta V(1)[1+r_f(1)]E[1+r_f(2)]$$
$$= E[X(3) \mid S(2)] - E[\lambda(2)\text{cov}\{[X(3), r_m(3)] \mid S(2)\}] - \tag{25-22}$$
$$\lambda(1)\text{cov}[\Delta V(2), r_m(2)]E[1+r_f(2)] - \text{cov}[\Delta V(2), r_f(2)]$$

这一看起来复杂的结果有着非常有趣的解释。未来两期的单个经营风险现金流在1时刻的价值是调整之后的当前(条件)期望，调整是根据三个风险溢价做出调整，根据当前的无风险利率复利进行贴现以及一期以后期望无风险利率贴现得到。

» 通过取期望现金流，并将式(25-22)右边的第一项调整减去，实际上就得到了一期的确定性等价。
» 第二个调整说明了从一期复利到二期结束项目的中间价值的变异风险。这一项发挥再投资机会成本的作用，即将在最后的现金流实现之前出售项目的可能性考虑进去。
» 第三个调整说明了利率波动的风险，即使其他数据和预测保持不变，可能的市场利率变化也有可能在中间期影响项目价值。

为了试图在实践中应用这一模型，我们可以假设在相关的计划期，无风险利率和风险的市场价格保持不变。这就意味着，式(25-22)的最后一项(即利率风险调整)为零。我们还假设现金流预测是无条件给出的。简化的估值模型为：

$$\Delta V(1) = \frac{E[X(3)] - \lambda\text{cov}[X(3), r_m(3)]}{(1+r_f)^2} - \frac{\lambda\text{cov}[\Delta V(2), r_m(2)]}{1+r_f} \tag{25-23}$$

将上述表达式与初始投资成本相比较，就可以决定项目是否值得接受。

式(25-23)一个有趣的特征就是，由于在决定保留还是出售一项现有资产时，必须考虑保留该项资产的机会成本，因而由第二项所代表的再投资机会成本依旧存在。[15]在一般求解中，为了继续持有资产，第二期决策的NPV必须为正。否则，就应该转而使用再销售价值。另一方面，如果实际资本品是固定的，即它在1时刻安装，且在安装之后无法以任何正的价格再销售，那么式(25-23)的第二项就没有任何意义，它等于零。[16]

如果存在中间的经营现金流 $X(2)$，我们应该清楚的是，需要为其在式(25-23)的右边加入另一个一期估值表达式，来获得这种情况下 $\Delta V(1)$ 的正确表达式。

---

15 但是与Fama(1977)相比较，他指出如果投资者不对未来组合机会变化进行对冲，那么组合机会集就不是随机的，所以唯一允许的不确定性就在于制定决策时的期望现金收益。这将消除式(25-23)的第二项，进一步简化方程。

16 请与Fama和Miller(1972，p.123)相比较。

25.5.4 风险来源

让我们重新应用式(25-16)，来表达 $t=1$ 时单个不确定性现金流 $X(t)$ 的价值：

$$\Delta V(t-1) = \frac{E[X(t)] - \lambda(t)\text{cov}[X(t), r_m(t)]}{1 + r_f(t)} \quad (25\text{-}24)$$

下一步我们如何倒推时间以及得到 $t-2$ 时刻的价值增加取决于我们在式(25-24)的哪个部分加入风险。正如 Fama(1970) 和 Fama、MachBeth(1974) 所指出的，在一个每一期证券都根据 CAPM 定价的市场中，$t-1$ 时刻所实现的风险回报和 $t-1$ 时刻观测到的组合机会集的风险特征（即 t 时期回报的点分布，意味着 $\lambda(t-1)$）之间可能不存在任何关系。如果存在上述关系，那么投资者就有动机利用其 $t-2$ 时刻的组合决策来对冲 $t-1$ 时刻可获得的组合机会风险。这些行动所表示的定价过程不同于我们之前使用的 CAPM。[17]

考虑式(25-24)所给出的定价模型，$r_f(t)$ 和 $\lambda(t)$ 的随机变化总体上将影响 $t-1$ 时刻企业的价值增加，导致 $t-1$ 时刻实现的回报和 $t-1$ 时刻组合机会集参数之间存在一定的关系，而这种关系在 CAPM 的多期应用中一般是必须排除的。因此，如果我们希望继续使用 CAPM，我们必须假设市场参数不会随着时间发生随机变化。[18]

由于我们已经排除了确定市场参数的风险，有关之前时点企业价值增加，唯一剩下的风险来源就必须通过找到 t 时刻之前的 $E[X(t)]$ 和 $\text{cov}[X(t), r_m(t)]$ 的价值来得到。如果我们相信，在所有的之前时期，期望价值和协方差都是已知的，那么我们有：

$$\Delta V(t-2) = \frac{\Delta V(t-1)}{1 + r_f(t-1)} \quad (25\text{-}25)$$

通过不断的应用，

$$\begin{aligned}\Delta V(1) &= \prod_{k=1}^{t-1}\left[\frac{1}{1+r_f(k)}\right]\Delta V(t-1) \\ &= \prod_{k=1}^{t-1}\left[\frac{1}{1+r_f(k)}\right]E[X(t)]\left[\frac{1 - \{\lambda(t)\text{cov}[X(t), r_m(t)]/E[X(t)]\}}{1+r_f(t)}\right] \\ &= \prod_{k=1}^{t-1}\left[\frac{1}{1+r_f(k)}\right]\left\langle\frac{1}{1+E[r(t)]}\right\rangle E[X(t)] \end{aligned} \quad (25\text{-}26)$$

其中，$E[r(t)]$ 为 t 时刻适用于 $X(t)$ 的风险调整贴现率。特别注意在 E 和 cov 是已知的假设下，风险调整贴现率只有在 t 时刻是相关的，此时现金流 $X(t)$ 将实现。对中间的时刻，必须采用无风险利率。这似乎与有悖直觉，也有悖于广泛使用的在所有时期都利用风险调整贴现率的方法。

Fama(1977)进一步提出了一个理性预期调整模型，允许将由于时间的逝去带来的对 $X(t)$ 分布的认识[19]相关的风险考虑进去。利用某种理论，可以发现，唯一允许的风险必须在早期与 $X(t)$ 的期望价值相分离，这里我们将不再重复这个理论。在这一假设下，可以进一步得到：

---

17 请参见 Merton(1973)和 Long(1974)。
18 Bogue 和 Roll(1974)的分析中没有意识到这一情况的存在。
19 这并不意味着潜在的生产可能性前沿是随机的。

$$\Delta V(1) = E(1)[X(t)]\left\{\frac{1}{1+E[r(2)]}\right\}\cdots\left\{\frac{1}{1+E[r(t)]}\right\} \tag{25-27}$$

需要注意期望算子本身带有时间下标。此外,正如上面所说的,风险调整贴现率(其本身就是根据期望调整变量和市场的协方差推导得到的)必须是已知的(即必须是非随机的)。

式(25-27)看上去更像我们之前在第 6 章确定性情况下得到的结果。但是注意为了假设风险调整利率不是随机的,我们必须对风险的市场价格、无风险利率和在评估风险做出严格的限制。这些限制隐含在每一期资本市场中的价格都根据 CAPM 定价这一假设中。如果我们进一步假设这些参数在不同的时刻都是一个常数,[20]那么每一期的风险调整贴现率都将是相同的。这与金融入门书籍中所给出的资本成本方法更加接近。

但是,到目前为止,我们只考虑在未来某个时刻 t 发生的单个现金流。现在将此拓展到在许多未来时期中的每一期寻找现金流市值的情况。现在将式(25-27)改写为单个经营现金流的情况,并加入风险调整贴现率的另一个下标来说明他们都适用于 t 时刻实现的特定现金流:

$$\Delta V(t,1) = E(1)[X(t)]\prod_{\tau=1}^{t}\left\{\frac{1}{1+E[r(t,\tau)]}\right\} \tag{25-28}$$

其中,$\tau = 1, \cdots, t$。

所以项目的总增加值将等于所有未来现金流的增加值之和:

$$\Delta V(1) = \sum_{t=1}^{T}\Delta V(t,1) = \sum_{t=1}^{T}E(1)[X(t)]\prod_{\tau=1}^{t}\left\{\frac{1}{1+E[r(t,\tau)]}\right\} \tag{25-29}$$

我们从式(25-29)可以得出这样的结论,即在一个每一期价格都根据 CAPM 确定的资本市场中,贴现率 $E[r(t,\tau)]$ 是已知的,但是不同时期特定经营现金流的贴现率不一定相等,并且对一个特定的时期,不同现金流的贴现率也可能各不相同。如果企业由不同的项目构成,我们首先可以根据式(25-29)对个体项目进行估值,然后将不同项目的价值相加得到企业价值。因此,在目前的假设下,①在一个给定时间给定项目的经营现金流在不同时间的;②在任何特定时间给定项目的经营现金流之间的;③以上两种情况以及不同项目现金流之间的风险调整贴现率可以存在差异。尽管在当前的假设下式(25-29)是严格正确的,但是它意味着管理层将面临繁重的数据收集任务。

如果记:

$$\beta(t,\tau) = \frac{\text{cov}[r(t,\tau),r_m(\tau)]}{\sigma^2[r_m(\tau)]} \tag{25-30}$$

那么就可以将多期证券市场线记为:

$$E[r(t,\tau)] = r_f(t) + \{E[r_m(t) - r_f(t)]\}\beta(t,\tau) \tag{25-31}$$

此外,根据 CAPM 定价意味着 $E[r(t,\tau)]$ 和 $\beta(t,\tau)$ 的值在 1 时刻是已知的,但是对不同时期 t 的经营现金流他们可以发生变化,并且也可以随着时间 τ 而变化。似乎我们可以非常简便地假设,至少对于给定类型项目的现金流,对所有的 t 和 τ,$\beta(t,\tau)$ 的值都是相同的,因而不同时期 β 值是一个常数。当然,这也说明,具有特定现金流风险的项目要求的回报率(资本成本)在不同时期是一个常数。

---

[20] 注意这依旧允许由于时间的逝去带来的对 $X(t)$ 分布的了解的受限形式。

要 点

- 资本预算项目通常都包含风险，风险产生于不同的风险源，这取决于环境条件、企业经营所处的行业和所考虑的项目类型。
- 资本预算的风险源包括与未来经济、国际状况、市场状况、未来税率和未来利率相关的风险。
- 在风险条件下进行资本预算时，企业管理者通过将市值标准与企业期望收益和风险特征联系在一起，依旧能够使用完美资本市场中所采用的市值准则。
- 为了评估风险项目，资本资产定价模型提供了评估风险未来现金流的一个理论框架。
- 在评估风险项目时，企业商业风险的本质是由其所接收的投资项目来决定的；新项目的采纳改变了企业的商业风险，并从 β 的变化中反映出来，进而从适用于企业总收益流的贴现率中反映出来。
- 当新项目的内部回报率高于具有给定风险度量项目要求的市场回报率时，管理层就应该采纳这一项目。
- 由于存在不同类型的商业风险，项目所要求的回报率就不一定是企业的现行资本成本。
- 管理层采纳一个有利可图的项目有可能改变企业的总体资本成本，因为新的投资项目可以改变企业收益流的风险。
- 可以利用 CAPM 来得到最优资本预算规则，这些规则类似于完美资本市场中管理层应该遵循的规则。
- 管理层在评估具有与现有企业相同的商业风险，且投资回报为常数的项目时，应该遵循的规则即为：如果这些项目的实施成本足够低，使得项目至少能够获得要求的回报率，那么就应该采纳这些项目。
- 当实施一个投资回报边际递减的项目时，管理层应该投资，直到确定性等价边际内部回报率等于无风险利率。
- 固定产出水平，就可以利用 CAPM 将不同项目的回报率相互联系在一起，也可以将其和市场要求的回报率联系在一起。
- 在固定产出水平下，企业可以视为不同特质项目的组合，并且企业要求的回报就是每个个体项目要求的市场回报率的加权平均。
- 当经营现金流是有风险的时候，项目的折旧税盾就也有可能需要被视为是有风险的，但是折旧税盾所包含的风险可能不同于项目的税后收入风险。因此，在评估项目是否应该接受时，需要对现金流和税收节省应用不同的贴现率。
- 项目的折旧税盾可以根据无风险利率贴现，但是经营现金流必须首先转换为其确定性等价，然后根据同样的无风险利率贴现。
- 不完美资本市场中，当投资现金流发生在几个不同的时点时，投资问题的多期规划就是非常有用的。
- 计算多期项目现值的一种方法就是利用动态规划来按序确定价值。这种方法从时间上倒推，每次一个时期，从计划期结束到第一期。在每一期的计算中，未来价值被加到当前值上，从而给出了项目所有现金流在第一期的现值。
- 多期规划考虑了未来每个时期项目中间值的变异风险。多期规划实际上提供了有关再投资机会成本的信息，即在最后的现金流实现之前将项目出售的可能性考虑进去。
- 多期方法还考虑了利率波动的风险,因为即使其他数据和预测保持不变,可能的市场利率变化也有可能在中间期影响项目价值。
- 多期方法为或有计划提供了通道,因为它使得在每一期的计算中将改变投资的决策(例如,增加或终止)考虑进去,并且这些变化可以取决于获得新的信息,或者其他环境因素发生了变化。

问 题

1. 为什么企业管理层并不总是应该采用净现值(NPV)方法,即通过直接利用无风险利率将现金流贴现来评估项目?
2. 未来两期单个经营风险现金流在 1 时刻价值的三项分别是什么?
3. 在多期估值模型中,在现金流的期望价值和协方差是已知的假设下,为什么风险调整贴现率适用于 t 时刻的现金流,但是无风险利率适用于中间时点?
4. 1 时刻企业市值为 \$5m,且估计的 β 为 0.4。假设在采纳一个新的资本预算项目之后,要求的回报率上升到 9%,且新的市值上升到 \$5.5m。利用资本资产定价模型,新项目要求的回报率时多少?假设无风险利率为 5%,市场期望回报为 10%。
5. CourantRox 公司的市值为 \$20m。管理层正在考虑三个相互排斥的潜在项目——A、B 和 C。其中只有一个项目能入选。所有这三个项目都要求 \$7m 的初始现金投资。从现在开始的一年以后项目完成的时候,所有这是哪个项目都只有一个现金流。CourantRox 公司的管理层持有有关这三个项目的如下信息:
   - 项目 A:在项目完成之后,立即产生一个价值为 \$10.5m 的已知的单个现金流(即一个确定的现金流)。
   - 项目 B:一个价值为 \$11m 的风险现金流(即随机现金流),且项目估计的 β 值为 0.6。
   - 项目 C:一个价值为 \$12m 的风险现金流(即随机现金流),且项目估计的 β 值为 2.1。

   一年期无风险利率(即这三个项目生命周期相关的利率)为 5%。根据华尔街分析师的预测,明年股市的期望回报率为 12%。

   给定这些信息,并假设利用资本支出定价模型来评估这三个项目是正确的,那么管理层将偏好哪一个项目?
6. 一群投资者正在考虑新成立一家企业。假设新建这家企业的内部回报率(IRR)的联合分布 R_I 和市场组合回报 R_m 如下。

R_I	20%	10%	R_m 5%
30%	1/8	1/16	1/16
15%	1/16	1/4	0
0	1/8	1/16	1/4

   (1) 市场和企业的期望回报各为多少?
   (2) 企业的 β 值是多少?
   (3) 假设上面的分布是正确的,且无风险利率为 5%,那么投资者群体是否应该新建企业?
7. 假设 1 时刻投资的资金在 2 时刻产生的现金流满足:
   $$Z = I^{1/2}X + (1/8)\log(I)X$$
   式中 X——最后时刻的现金流;
   I——初始时刻投资于活动的金额数目;

Z——最后时刻从该项投资中实现的金额数目。

（这是本章式(25-5)的变更。）请找出 1 时刻最优投资金额的合适的表达式。

8. 一个项目的经营现金流由两个部分组成：①折旧税盾带来收益之前的经营现金流，定义为 X；②折旧税盾，定义为 T。如果折旧税盾与项目的结果无关，假设期望市场回报为 15%，期望项回报 $E(X)$ 为 \$10m，β 等于 0.3，T 为 \$2m，无风险利率为 5%，利用资本资产定价模型，项目的现值是多少？

9. (1) 一个项目在 3 时刻发生一个现金流，其期望价值 $E[X(3)]$ 为 \$5m。假设无风险利率为一常数，等于 5%，风险的市场价格为一常数，等于 0.3，3 时刻现金流和市场回报的协方差为 4，2 时刻增加值和市场回报的协方差为 2，那么在采纳改项目之后，1 时刻市值增加的简化估值 $V(1)$（不包括体制成本）等于多少？

(2) 如果存在另一个现金流，其期望价值为 \$3m，且 2 时刻现金流和市场回报的协方差为 2，那么 1 时刻市值增加价值 $V(1)$ 等于多少？

10. 假设管理层正在考虑一个初步为 \$41 500 的投资项目，相关信息如下。

- 2 时刻项目将产生一个现金流 $X(2)$，服从均值为 \$1 000，标准差为 \$100 的正态分布。
- 3 时刻项目将产生一个现金流 $X(3)$，服从均值为 \$1 200，标准差为 \$200 的正态分布。
- 市场回报服从均值为 10%，标准差为 0.005 的正态分布。
- $X(2)$ 和市场回报之间的相关系数为 0.8。
- $X(3)$ 和市场回报之间的相关系数为 0.4。

如果市场借贷利率为 8%，且项目无法再销售，那么管理层将如何对该项目进行估值？

参考文献

Bogue, Marcus C., and Richard R. Roll. (1974). "Capital Budgeting of Risky Projects with 'Imperfect' Markets for Physical Capital," *Journal of Finance* **29**: 601–613.

Fama, Eugene F. (1970). "Multi-Period Consumption-Investment Decisions," *American Economic Review* **60**: 163–174.

Fama, Eugene F. (1977). "Risk-Adjusted Discount Rates and Capital Budgeting under Uncertainty," *Journal of Financial Economics* **4**: 3–24.

Fama, Eugene F., and James D. MacBeth. (1974). "Tests of the Multi-Period Two-Parameter Model," *Journal of Financial Economics*, **1**: 43–66.

Fama, Eugene F., and Merton H. Miller (1972). *The Theory of Finance*. New York: Holt, Rinehart, and Winston.

Long, John B., Jr. "Stock Prices, Inflation and the Term Structure of Interest Rates," *Journal of Financial Economics* **1**: 131–170.

Merton, Robert C. (1973). "An Intertemporal Capital Asset Pricing Model," *Econometrica* **41**: 867–887.

第 26 章 资本预算中的项目风险评估

正如前一章解释的，资本预算决策要求管理层评估每一个项目未来的现金流、风险及其现值。管理层可以通过如下的两种方法将风险纳入其计算过程：①风险调整贴现率方法；②确定性等价方法。后者可以权宜之计计算得到，也可以根据风险中性概率测度计算得到，风险中性概率提供了确定市值的理论依据，其是确定性等价的一种特定形式。

无论采用何种估计方法，管理层在得到确定性等价时所必须克服的困难包括评估项目的风险。为了评估项目风险，管理层必须首先意识到企业的现有资产是之前投资决策的结果，并且企业是不同项目的组合。因此，当管理层在其组合中加入一个新项目的时候，他就必须考虑新加入项目的风险，以及在加入新项目之后，整个组合的风险。尽管组合理论方法是正确的，但是在实践中要应用它却是不容易的，并且在其应用中，关注的焦点通常在于单个项目的风险。

本章我们将探讨评估项目风险的不同技术。这些技术对管理层测度和评估项目风险将是非常有用的，但是大部分评估可能是主观的。大量的经验判断被用于支持科学方法到底是好是坏值得探讨。风险测度和评估的科学方法部分取决于风险的主观评估、未来现金流的客观概率分布以及对市场风险的判断，而将主观评估作为更加技术化的分析的补充，在许多情况下很有可能更好地反映项目风险。

本章首先回顾用于为项目估值的风险调整贴现率和确定性等价方法，然后考察如何将一个项目的独立风险以及市场风险量化。作为本章的结束，我们介绍或有策略以及实物期权在项目评估中的应用。

26.1 风险调整贴现率

正如第 22 章所解释的，资本成本是从债权人和所有者处筹集资金的成本。项目风险越高，债权人和所有者所要求的回报就越高，即项目的资本成本就越高。一种有关项目资本成本的观点将其视为①无风险回报（用以弥补资金的时间成本）和②用以弥补项目风险的风险溢价之和。

一种常用的估算项目资本成本（即市场所要求的回报率）的方法就是利用资本资产定价

模型（CAPM）。CAPM指出，项目风险越高，市场要求的回报率也就越高。在寻找项目的市场要求回报率时，首先需要确定风险的市场价格，然后调整这一价格使之能够反映项目的风险。风险的市场价格等于市场组合的期望回报与无风险利率之差。因此，如果管理层考虑投资一个风险正好等于市场组合的项目，那么该项目的风险应该正好等于风险的市场价格。更一般化的，一个给定项目的风险溢价等于市场风险溢价与该项目估计得到的 β 值的乘积。项目的 β 值调整了市场风险溢价，使之能够反映特定项目的风险，而将调整溢价与无风险利率相加就得到下面的风险调整利率。

尽管理论上上述 CAPM 应用方法看上去似乎很简单，但是实践中对项目 β 值的估算可能是困难的，导致风险调整利率的估算也同样困难。另一种管理层用于估计风险调整贴现率的方法就是将公司的加权平均资本成本（WACC）作为出发点，[1] 调整 WACC 使之与所觉察到的项目风险相适应。例如：

» 如果考虑中的新项目风险比公司的平均项目风险要高，那么新项目的资本成本将高于平均资本成本。

» 如果考虑中的新项目风险比公司的平均项目风险要低，那么新项目的资本成本将低于平均资本成本。

» 如果考虑中的新项目风险和公司的平均项目风险一样高，那么新项目的资本成本将等于平均资本成本。

然而，调整公司的资本成本来反映项目的资本成本需要做出一些判断，即我们需要调整多少？如果项目风险要比典型项目风险高，那么我们应该加上 2%？4%？10%？除非我们使用 CAPM 或者其他类似的方法，这里没有其他解决途径。它取决于管理层的判断和经验。但是这正是本章后面所要介绍的项目的独立风险测度方法可以帮助做出判断的地方。

当企业管理层使用风险投资贴现率时，通常就会采用根据确定的资本成本将项目归类到不同的风险等级的方法。例如，资本成本为 10% 的企业管理层根据经验有如下的项目等级和贴现率：

项目类型	资本成本
新产品	14%
新市场	12%
扩张	10%
更换	8%

给定这组资本成本，财务经理人只需找出项目属于哪一等级，并应用适用于该等级的贴现率即可。

26.2 确定性等价方法及其在实践中的应用

对贴现率做出调整的另一种方法就是对现金流做出调整来反映其风险。正如前一章所

---

[1] WACC 是公司每筹集一单位额外资本的边际成本——在同时考虑公司所有项目，而不是仅仅考虑正在评估的项目的情况下筹集一单位额外美金的成本。

解释的,这是通过将每一个风险现金流转换成其**确定性等价**,即与风险现金流等价的确定性现金流来实现的。例如,如果在一些状态下,两期以后的现金流为 \$1.5m,那么两期以后的确定性等价就等于 \$1.5m 乘以该事件活动发生的风险中性概率。这一确定性等价可以是 \$1.4m、\$1m、\$0.8m,或者其他一些金额数目。确定性等价取决于产生 \$1.5m 的状态以及与该事件相关的风险中性概率。[2] 1 时刻的确定性等价就等于 3 时刻确定性等价根据 1 时刻和 3 时刻之间的无风险利率贴现。

将风险纳入净现值(NPV)分析的确定性等价方法是非常有用的,主要有如下几个原因。

» 它将资金的时间价值和风险分离开来。风险从调整的现金流中反映出来,而资金的时间价值则从无风险贴现率中反映出来。
» 它允许每一期的现金流根据风险单独做出调整,这是通过将相关时期每个活动的现金流转换成确定性等价,然后将这些时期的确定性等价贴现到当前时刻来实现的。[3]
» 管理层可以将对承担风险的不同态度包含进去,这是通过确定确定性等价现金流来实现的。

然而,使用确定性等价方法有一个劣势——确定性等价取决于风险中性概率的估计,这些概率并不总是容易估计得到的。但是,第 16 章指出如何利用风险中性概率方法来对资产进行估值,对根据无风险利率贴现的现金流应用风险中性概率为我们提供了一个确定性等价,并且只要我们接受估值是在一个无套利环境中计算得到的假设,那么该确定性等价就是有效的。即使这一假设不成立,风险中性概率方法至少为项目当前的市值提供了一个标杆。

26.3 测度项目独立的风险

如果管理层持有一些未来现金流及其相关客观概率的信息,那就可以得到下面风险的测度。[4] 通常这一方法在测度项目风险时,与企业其他项目相分离,在这种情况下,就称为项目的**独立风险**。由于大多数企业都拥有大量的资产,项目的独立风险就可能不是分析该项目相关的风险。企业是各种项目的组合,并且资产回报之间并不是完全正相关的。因此我们关心的是加入一个项目将如何影响企业资产组合风险。

现在让我们再迈进一步。股东是一些自身就可能持有分散化组合的投资者。这些投资者关注企业项目投资如何影响其所持有的组合风险。结果,正如前一章所解释的,当所有者要求为风险提供补偿时,他们追求的是不可分散的市场风险的补偿。意识到这一点,管理层就应该关注新项目如何改变企业的市场风险:**项目市场风险**与管理决策制定是相关的。

例如,如果微软公司引进一个新的操作系统,新产品相关的风险就是项目的市场风险

---

2 除非我们可以证实估值能够确保不再存在套利机会,否则管理层就必须估计得到风险中性概率。在这种情况下,为了得到一些有用的估计,就可以使用敏感性分析。
3 通常每一时期的确定性等价都会有所差异,同意时期不同活动的确定性等价也会有所差异。
4 事实上,如果管理层持有客观概率和风险中性概率的相关信息,那么实际上就具备两种可以用于计算风险的分布。

而非其独立风险。微软在其项目组合中拥有大量的计算机软件产品和服务（这个例子根据Fabozzi和Peterson，2002改编得到）。尽管其项目投资都与计算机有关，产品的命运却不是完全相关的。因此，微软相关的风险就是考虑产品的市场风险。部分项目独立风险在公司层面被分散掉，部分在投资者层面被分散掉，因为在组合中持有微软普通股的投资者还持有其他公司的股票（并且还有可能持有债券、房地产或现金）。

另一方面，项目的独立风险不应该被忽视。如果管理层为一家股权集中且所有者持有的组合并没有很好地分散化的小型企业制定决策，那么独立风险就使得我们能够很好地了解项目的风险，并且许多小型企业的情况就是这样的。此外，即使管理层是在为拥有许多产品且所有者持有的组合实现了很好的分散的大型企业制定资本预算决策，那么独立风险的分析就是非常有用的。项目的独立风险要比市场风险容易测度，并且有可能与市场风险联系如此紧密，所以它能够为后者提供一个很好的估计。

无论在何种情况下，通过评估项目未来的现金流，我们就能够很好地了解项目的独立风险。贯穿本书，我们描述了各种不同的风险测度方式。这些测度方式常常都基于诸如方差/标准差或者偏度之类的概率分布参数。但是，这些参数的计算事先假定我们所关注的随机变量存在概率分布。在资本预算的情况下，这就意味着，我们要求项目未来现金流的概率分布估计。管理层如何得到项目未来现金流的概率分布估计？这可以从研究、判断，和经验中得到。此外，诸如敏感性分析和系统模拟之类的分析工具可以用于帮助得到项目现金流的概率分布。

26.3.1 敏感性分析

现金流估计是建立在经济业绩、竞争对手反应、消费者口味和偏好、建造成本、税收以及其他可能的假设之上的。有关这些估计，管理层必须首先考虑的问题就是它们有多敏感。例如，如果企业在第一年只能销售200万单位而非300万单位，那么项目是否仍然是有利可图的？或者，如果国会提高公司税率，那么项目是否还具有吸引力？

管理层可以通过重新估计不同情景下的现金流，分析现金流对基本假设变化的敏感性。**敏感性分析**，也称为**情景分析**，或者"假设"分析，是在一个因素变化的情况下考察可能的结果的一种方法。

为了说明敏感性分析是如何运作的，我们举一个例子，这个例子来自Fabozzi和Peterson(2002)。Williams 5&10公司是一家折扣连锁零售店，低价销售各种商品。最近生意相当好，Williams 5&10公司正在考虑于20Y0年年末在邻近的镇上新开一家零售店。管理层估计，大约5年以后，会有一家大型全国性连锁折扣店入驻该镇，与公司的零售店竞争，因而公司将该扩张视为一个五年计划。五年之后，公司很有可能从那个镇退出。

Williams的管理层对扩张展开了研究，确定楼房建造需要花费$400 000，并且还需花费$100 000用于购买收银机、货架等其他新开零售店所必需的设备。管理层预计在五年以后，可以以$350 000和$50 000的价格分别出售该栋楼房和设备。

新开零售店要求价值$50 000的额外存货。由于所有的销售都以现金销售，因而预期不会发生应收账款的增加。但是，公司预计营运资本不会发生变化。统一税率为30%，并且不存在与该扩张相关的投资税收信用，资本利得以普通税率应税。

公司的税务人员确定每年的折旧费用为：

年份	楼房	设备	合计
20 Y1	$12 698	$20 000	$32 698
20 Y2	12 698	32 000	44 698
20 Y3	12 698	19 200	31 898
20 Y4	12 698	11 520	24 218
20 Y5	12 698	11 520	24 218
Total	$63 490	$94 240	

Williams 5&10 公司不为其销售发放贷款，并且立即为其购买的物品付款。预计新店未来五年的销售和费用为：

	销售	费用
20 Y0	$200 000	$100 000
20 Y1	300 000	100 000
20 Y2	300 000	100 000
20 Y3	300 000	100 000
20 Y4	50 000	20 000

新店开张时，存货的增加就相当于现金投资，发生价值为 $50 000 的现金流出。在新店运营过程中，管理层必须投资以维持存货水平。当零售店在五年以后关闭时，就没有必要再维持这一增加的存货水平了。如果我们假设在五年末，存货可以以 $50 000 的价格出售，那么在那个时候，就发生金额为 $50 000 的现金流入。由于在项目存续期间营运资本发生了变化，我们将该现金流视为资产获得（初始时）及其处置（五年末）的一部分。

第五年年末楼房和设备的应税基础为：

$$楼房的应税基础 = 400\,000 - 63\,490 = \$336\,510$$

和

$$设备的应税基础 = 100\,000 - 94\,240 = \$5\,760$$

用于管理层预期五年后分别以 $350 000 和 $50 000 的价格出售楼房和设备，楼房的出售将在第五年年末带来价值为 $350 000 的现金流入。预期楼房将以高于其应税基础的价格出售，从而产生的应税利得为 350 000－336 510＝ $13 490。该利得的税金为 $4 047。设备出售将产生价值为 $50 000 的现金流入。出售设备的利得为 50 000－5 760＝ $44 240。该利得的税金为 $44 240 的 30％，即 $3 272。

该现金流问题的各个组成部分在表 26-1 中给出，该表分布给出每年的现金流入和现金流出，其中购买和处置现金流在顶部，经营现金流在下面。

表 26-1　Williams 5 & 10 公司扩张项目工作表

	年末					
	20 Y0	20 Y1	20 Y2	20 Y3	20 Y4	20 Y5
投资现金流						
楼房购买和出售	($400 000)					$350 000
楼房出售税金						－4 047
设备购买和出售	－100 000					50 000
设备出售税金						－13 272
营运资本变化	－50 000					50 000
投资现金流	($550 000)					$432 681

(续)

	年末					
	20 Y0	20 Y1	20 Y2	20 Y3	20 Y4	20 Y5
经营现金流变化						
收益变化		$200 000	$300 000	$300 000	$300 000	$500 000
减：费用变化		−100 000	−100 000	−100 000	−100 000	−20 000
减：折旧变化		−32 698	−44 698	−31 898	−24 218	−24 218
应税收入变化		$67 302	$155 302	$168 102	$175 782	$5 782
减：税金		−20 191	−46 591	−50 531	−52 735	−1 735
税后收入变化		$47 111	$108 711	$117 671	$123 047	$4 047
加：折旧变化、		32 698	44 698	31 898	24 218	24 218
经营现金流变化		$79 809	$153 409	$149 569	$147 265	$28 265
净现金流	−$550 000	$79 809	$153 409	$149 569	$147 265	$460 946

现在让我们来改变假设。假设税率不是确定知道的，而有可能是20%、30%或40%中的任何一种。我们所假设的税率影响所有下属因素。

» 最后一年出售楼房和设备的期望税金；
» 收益和费用变化所带来的税金现金流出；
» 折旧税盾所带来的现金流入。

每一种不同的税率改变了项目的现金流，如下表所示。

年份	现金流		
	税率＝20%	税率＝30%	税率＝40%
初始	−$550 000	−$550 000	−$550 000
2001	+86 540	+79 909	+73 079
2002	+168 940	+153 409	+137 879
2003	+166 380	+149 569	+132 759
2004	+164 844	+147 265	+129 687
2005	+467 298	+460 946	+489 987

可以发现，项目的价值以及任何根据该价值做出的决策，对我们所假设的税率是敏感的。

我们可以采用每一种"假设"的税率假设，并重新计算项目的NPV。假设资本成本为5%，其对NPV的影响在下表中给出。

税率	NPV
20%	$331 134
30%	$276 679
40%	$249 954

但是当在进行上述计算时，必须非常仔细，因为NPV要求根据反映现金流风险的贴现率进行贴现，而这正是我们尝试寻找的！所以我们不应该在敏感性分析中采用NPV方法来评估项目风险。另一种方法就是在每一种"假设"情景下重新计算内部回报率(IRR)，如下表所示。

税率	IRR
20%	20.20%
30%	17.77%
40%	16.32%

这就显示出使用IRR评估项目的一个吸引人之处。正如第6章所指出的，尽管IRR在相互排斥项目和存在资本配额情况下存在不足之处，但是它更适合用于评估不同情景下项目的吸引力，进而评估项目的风险。这是因为NPV法要求管理层使用资本成本，得到项目价值，但是要求的回报率，或资本成本恰恰就是我们需要确定的！如果管理层采用NPV法进行敏感性分析，就将陷入恶性循环。但是IRR不要求使用资本成本或要求的回报率，所以管理层可以考察项目可能的IRR，并利用该信息测度项目风险。

如果我们能够明确指出税率的客观概率分布，就可以将敏感性分析和著名的风险统计测度方式结合在一起。假设在项目分析中，管理层认为，税率很有可能是30%，尽管也存在很小的可能性，税率将下降或者税率将上升。进一步假设市场是风险中性的，在这种情况下，客观概率和风险中性概率正好相同。更具体的，下表给出了未来税率的概率分布和由此得到的项目IRR。

概率	税率	IRR
10%	20%	20.20%
50%	30%	17.77%
40%	40%	16.32%

从上面的分布中，项目IRR的期望值为17.433%，且标准差为1.148%。管理层就可以判断，考虑到项目的风险（由标准差来测度），项目的期望回报是否足够高。

管理层还可以利用这些统计测度方法将该项目与其他项目相比较。然而，尽管存在一个测度广泛分散的可能结果的期望值，但是如果不同项目的现金流具有不同的期望值，那么就无法比较其标准差。这是因为，如果不对现金流的量级做出一定的调整，比较它们的标准差就是没有意义的。管理层可以利用一种称为**变异系数**的统计测度来进行比较。这一测度对不同概率分布的标准差做出转换（因为他们的量级存在差异），使得我们可以对他们做出比较。概率分布的变异系数为其标准差与其期望值之比。

正如我们可以从这个例子中看出的，敏感性分析使得管理层能够评估假设变化所带来的效应。但是，由于敏感性分析一次只关注一个变化，它就不很贴近实际。我们知道，不只是一个，而是许多因素可以在项目生命周期发生变化。对Williams 5&10公司管理层考虑的项目而言，分析中包含了大量的假设，都是随机变量，比如五年后楼房和设备的出售价格以及不到五年就有竞争对手的入驻。

26.3.2 模拟分析

如果我们同时改变几个因素，敏感性分析就无法处理了。一种改变两个或者更多因素的可行的方法就是模拟分析。给定每一个可能发生变化的变量的概率分布，**模拟分析**允许管理层得到所有可能结果的概率分布。

例如，假设管理层正在分析一个项目，该项目包含以下三个随机变量：销售（单位数目和价格）、成本和税率。进一步假设项目初始花费是确定知道的，并且折旧率也是确定知道的。根据企业的市场调研，管理层估计了美金销售金额的概率分布。根据企业的工程师、生产人员和采购人员提供的信息，管理层估计成本的概率分布，其部分取决于销售数目。企业的核算人员还要估计可能的税率的概率分布。

于是管理层就得到三个可利用的概率分布。现在改成需要一个系统模拟模型，能够：

» 给定概率分布，随机选择每一年可能的销售单位。
» 给定销售单位和成本的概率分布，随机选择每一年的可能的成本价值。
» 给定税率的概率分布，随机选择每一年的税率。

计算机编程就可以根据管理层提供的任意概率分布随机选择价值。一旦计算机选定了销售单位、每单位成本、税率，就可以计算得到现金流和 IRR。管理层现在就得到一个 IRR，它也称为"试验"。然后计算机就不断重复这个过程，每次计算得到一个 IRR。经过大量的试验，管理层就将得到 IRR 的频率分布。**频率分布**是计算机得到每一个不同的 IRR 值的试验数目的描述。利用频率分布，管理层就可以选择 IRR 的期望值，标准差以及变异系数。[5]

为了说明这一点，让我们来使用一个来自 Fabozzi 和 Peterson(2002) 的系统模拟。假设管理层正在考虑购买价值 $80m 的设备，用于新产品生产。通过市场调研以及与生产管理层的研讨，管理层确定了每单位的期望价格和成本，生产数目以及销售数目。与此同时，管理层还根据过去的经验，得到与这些估计相关的风险的信息，进一步得到其标准差。为了简便起见，假设这三个随机变量——价格、成本和单位数目，服从正态分布，且均值和标准差由管理层估计得到。公司的会计部门提供了产品生命周期内可能的税率的范围；在这个例子中，假设这些税率服从一致分布。上述分析得到：

变量	单位数目	单位价格	单位成本	税率
均值	10 000 000	$14	$0.75	最小值 35%
标准差	1 000 000	$2	$0.05	最大值 45%

假设在可预见的未来，就可以生产并销售产品，借助 Microsoft Excel，利用上面的信息，进行了 1 000 次抽样模拟（即从四个变量的分布的每一个进行 1 000 次随机抽样）。对每一次抽样，计算新产品的 IRR，得到 1 000 个 IRR，或者也称为试验。其结果就是可能的 IRR 的分布，在图 26-1 的柱状图中给出。该分布的高度就是 IRR 值落在横轴给出的 IRR 范围中的抽样次数（从可能的 1 000 次试验中得到）。就风险而言，可能的 IRR 相对于期望 IRR 的偏离越大，新产品风险就越高。

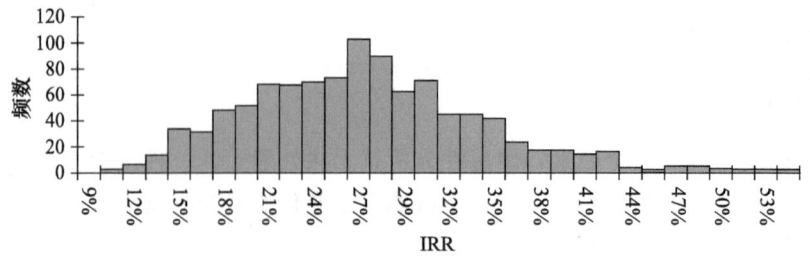

图 26-1　模拟说明的柱状图

模拟分析相比敏感性分析更为现实，因为模拟分析在分析中引入了许多变量的风险。

5　在这个分析中，我们可以使用风险中性概率，或者也可以假设风险中性，并使用客观概率。

但是由于存在如此众多数目的相互依赖，这种相互依赖既存在于给定年份中的变量之间，也存在于不同时期的变量之间，导致该分析可能变得很复杂。然而，模拟孤立地审视一个项目，仅仅关注单个项目的总风险。模拟还忽视了所有者个人组合的分散化效应。如果所有者持有分散化的组合，他们关注的将是项目如何影响其组合风险，而非项目总风险。

26.4 测度项目的市场风险

如果管理层正在考虑投资于另一家企业，就可以通过比较潜在获得的股票回报和同时期市场的回报，来测度该股票的市场风险。尽管这不是一个完美的测度，它至少为管理层提供了该特定股票回报相对市场回报的敏感性的估计。但是如果管理层正在评估其计划引进的新产品的市场风险呢？管理层不能考察该新产品将如何影响其自身公司的股票回报。那么在这种情况下，管理层该怎么办？

26.4.1 市场风险和财务杠杆

尽管管理层无法考察新项目的回报，以及这些回报如何与市场回报相联系，但是管理层可以做次优的事：估计另一家企业股票的市场风险，该企业唯一的产品线与项目相同。如果管理层能够识别出这样一家公司，就可以考察该公司的股市风险，并将其作为估计项目市场风险的第一步。

根据 CAPM，让 β 来代表市场风险。正如第 14 章，β 测度了资产回报对市场回报变化的敏感性。为了区分资产的 β 和企业股票的 β，我们将资产的 β 称为 β_{asset}，而将企业股票的 β 称为 β_{equity}。如果一家企业没有债务，那么其普通股的市场风险就是其资产的市场风险，从而对该企业，β_{equity} 等于 β_{asset}。

财务杠杆随着诸如中期债券或者长期债券的使用而产生，这些债券是为企业资产提供融资的固定支付义务的工具。正如我们在第 5 章中证明的，债务义务使用越多，财务杠杆就越高，所有者现金流相关的风险就越高。因此，使用债务的效应就是增加企业权益的风险。如果企业存在债务义务，那么由于财务杠杆的存在，其普通股的市场风险将大于其资产风险（即 $\beta_{equity} > \beta_{asset}$）。下面来看这是为什么。

对任何给定的企业，β_{asset} 取决于资产风险，而非企业如何选择为其提供融资。正如我们已经提到的，如果管理层仅使用权益为企业提供融资，那么 $\beta_{asset} = \beta_{equity}$。但是，如果管理层选择利用部分债务和部分权益为企业提供融资，那么情况如何？债权人和所有者将共同承担资产风险，但是由于要求权的性质不同，他们承担的资产风险也是不同的。债权人的级别较高，获得固定的金额数目（利息和本金），从而与一美金债务融资相关的风险要低于为同一资产提供融资的一美金权益融资的风险：债权人承担的市场风险不同于所有者承担的市场风险。

将债权人承担的市场风险表示为 β_{debt}，将所有者承担的市场风险表示为 β_{equity}，那么资产的市场风险就将是 β_{debt} 和 β_{equity} 的加权平均。如果企业资本来自债权人的比例为 ω_{debt}，来自所有者的比例为 ω_{equity}，那么：[6]

---

[6] 将企业 β 分割为权益部分和债务部分的过程归功于 Hamada(1972)。

$$\beta_{asset} = \beta_{debt}(\text{以债务提供融资的资产比例}) + \beta_{equity}(\text{以权益提供融资的资产比例})$$

即

$$\beta_{asset} = \beta_{debt}\omega_{debt} + \beta_{equity}\omega_{equity}$$

但是债务利息可以抵税,所以债权人对企业资产所持有的要求权并没有让企业支付所有的金额,而是税后要求权。由于利息的抵税作用,债务融资的负担实际上比较低。此外,通常假设债务 β 为零(即不存在与债务相关的市场风险)。用 D 来代表债务的市值,E 代表权益的市值,τ 代表边际税率,那么资产 β 和权益 β 之间的关系为:

$$\beta_{asset} = \beta_{debt}\frac{(1-\tau)D}{[(1-\tau)D]+E} + \beta_{equity}\frac{E}{[(1-\tau)D]+E}$$

假设 $\beta_{debt}=0$,

$$\beta_{asset} = \beta_{equity}\frac{E}{[(1-\tau)D]+E}$$

重新排列,

$$\beta_{asset} = \beta_{equity}\left[\frac{1}{\left(1+\left((1-\tau)\frac{D}{E}\right)\right)}\right]$$

这就意味着,资产 β 与企业权益 β 相关,并根据财务杠杆做出调整。如果一家企业不使用债务,那么 $\beta_{equity}=\beta_{asset}$,如果企业使用债务,$\beta_{equity}>\beta_{asset}$。

因此,通过将企业财务风险的影响剔除掉,就可以将 β_{equity} 转换为 β_{asset}。为了实现这一点,必须知道下面的因素。

» 企业的边际税率
» 企业债务融资的市场价值
» 企业权益融资的市场价值

转换过程称为"去杠杆化",因为财务杠杆的效应从权益 β——β_{equity} 中剔除掉,得到企业资产 β——β_{asset},这就是企业资产市场风险的估计。

为了说明权益 β 的去杠杆化,考虑下面三家公司。

公司	边际税率	债务	权益	β_{equity}
A公司	40%	$100	$200	1.5
B公司	30%	$100	$400	1.5
C公司	40%	$100	$200	1.0

那么,

$$A\text{ 公司的 }\beta_{asset} = 1.5 \times \left[\frac{1}{1+(1-0.40)\times\frac{100}{200}}\right] = 1.15$$

$$B\text{ 公司的 }\beta_{asset} = 1.5 \times \left[\frac{1}{1+(1-0.30)\times\frac{100}{400}}\right] = 1.28$$

$$C\text{ 公司的 }\beta_{asset} = 1.5 \times \left[\frac{1}{1+(1-0.40)\times\frac{100}{200}}\right] = 0.77$$

26.4.2 单一业务企业

许多情况下,管理层投资于具有不同风险水平的资产,因而面临项目资本成本的问题。使用企业的资产β将是不合适的,因为资产β反映了公司所有资产的市场风险,并且可能不能反映评估中项目的风险。解决这一困境的一种方法就是估计一家单一业务公司的资本成本,该公司的业务类似考虑中的项目。这样一家公司称为**单一业务企业**。

估计单一业务企业权益β的一种方法就是将单一业务企业的股票回报对市场组合回报做回归。一旦计算得到单一业务企业的权益β,管理层就可以通过对单一业务企业的财务杠杆做出调整,将其"去杠杆化"。

1994年单一业务权益β的例子在表26-2中给出。表中列出的企业拥有一个主要业务线。利用加拿大铝业公司的信息,并假设边际税率为35%,我们发现,铝产品的资产β为0.748:

$$\beta_{asset} = 1.088 \times \left[\frac{1}{1+(1-0.35)\times 0.700}\right] = 0.748$$

像Gap, Inc.之类负债率很低的企业,其资产β将与其权益β非常接近。

表26-2 1994年部分单一业务线企业("单一业务企业")的权益β和资产β

公司	业务线	权益β	债务-权益比率	资产β
Alcan Aluminum	铝	1.088	0.700	0.748
Dillard Department Stores	零售	0.709	0.643	0.500
Gap, Inc.	服装	1.295	0.125	1.197
Mattel	玩具生产	0.872	0.220	0.763
McDonald's	食品服务	1.092	0.248	0.941
Office Depot	专业零售商	1.711	0.188	1.525

注:这里使用的债务的账面价值而非其市场价值,因为无法获得后者。权益市值等于发行在外股份数目乘以年末股票收盘价。假设税率为35%。

如果能够识别出一家合适的单一业务企业,就可以利用这个方法估计项目的资本成本。[7] 然而,由于许多美国公司不止拥有一个业务线,找到一家合适的单一业务企业可能是非常困难的。管理层在识别那些业务线类似于项目的企业时必须非常小心。

26.4.3 调整的现值

利用项目的资本成本将项目的现金流贴现到现在,是将财务杠杆的效应纳入项目评估的一种方法。另一种方法就是**调整现值**(APV)法,需要将项目的杠杆价值与项目本身的价值相分离。[8] 换言之,

调整的现值 =(全部采用权益提供融资时项目的 PV)+

(负债所带来的收益的 PV − 财务困境期望成本的 PV)

如果企业全部由权益提供融资,那么项目的现值就等于项目现金流现值根据资产β——β_{asset} 贴现。

---

[7] 在许多其他应用中,估计单一经营公司的资产β是非常有用的,包括为业务部门或业务分部进行估值,以及为小企业进行估值。

[8] 调整现值法是基于 Myers(1974)工作之上的。

债务所带来的税收收益价值等于利息抵减税盾的现值。利用公司资本结构作为与该项目考虑相关的期望债务融资测度，边际税率为 τ，税后债务成本为 r_d^*，债务数目为 D，从而税盾的现值为：[9]

$$债务所带来的税收收益价值 = \frac{\tau r_d^* D}{r_d^*} = \tau D$$

如果我们假设公司为其项目提供融资的方式类似于其目标债务-权益比率，D/E，那么：[10]

$$项目债务 = (项目花费现值)\left(\frac{D/E}{1+D/E}\right)$$

财务困境期望成本的现值等于以破产发生概率为权重的破产成本的现值：

$$财务困境期望成本的 PV = (财务困境发生概率)(财务困境成本的 PV)$$

假设管理层正在评估一个项目，该项目要求的初始投资花费为 \$6m，并且接下去 10 年每一年的期望现金流为 \$1m。假设边际税率为 35%，公司资本结构的 D/E 比率为 60%，税后债务成本为 3.25%，权益成本为 8%。权益成本根据公司 β 1.5、期望无风险利率 3% 以及市场期望回报率 6.4% 估计得到。根据传统的 NPV 方法，项目的资本成本为：

$$项目资本成本 = (0.375) \times 0.0325 + 0.625 \times 0.08 = 6.2188\%$$

且项目价值为 \$1.2844m。

利用 APV 法，首先需要对权益 β 去杠杆化，来剔除杠杆效应：

$$\beta_{asset} = 1.5 \times \left[\frac{1}{1+(1-0.35)\times 0.6}\right] = 1.21$$

因而，权益成本为：

$$r_e = 0.03 + 1.21 \times (0.064 - 0.03) = 0.03 + 0.04114 = 0.07114 \text{ 即 } 7.114\%$$

所以全部以权益提供融资的项目的价值为 \$0.9867m。

项目的债务即为项目成本 \$6m，乘以债务-资产比率：

$$项目债务 = 6\left(\frac{D}{D+E}\right) = 6\left(\frac{D/E}{1+D/E}\right) = 6 \times \left(\frac{0.6}{1.6}\right) = \$2.25$$

不考虑财务困境的效应，APV 为：

$$APV = 0.9867 + 0.7875 = \$1.7742$$

这里的挑战就变成将财务困境成本纳入进去。如果假设有 10% 的可能公司将发生财务困境，且财务困境将导致项目价值 100% 损失，因而财务困境成本的现值为：

$$财务困境成本的 PV = 0.10 \times 0.9867 = \$0.09867$$

考虑财务困境成本后的 APV 为：

$$APV = 0.9867 + 0.7875 - 0.09867 = \$1.6558$$

NPV 法和 APV 法得到了不同的项目价值：\$1.2844 VS \$1.6558。[11] 这通常就是比较这两种方法时的情况，这是因为，NPV 法将税收收益和财务困境成本考虑到项目资本成本中去，而 APV 法对其分别做出调整。

9　这并不是说每一个项目都有其独立的融资。相反，该债务代表公司为新项目提供融资而需要融入的额外债务。除非有理由不这么做，否则假设项目所需要的债务金额等于项目总融资量和资本结构中债务比例的乘积。

10　该债务金额等于项目成本乘以公司资本结构中的债务比例。债务比例可以计算为债务-权益比率(D/E)与 1 加上债务-权益比率之比。

11　但是，如果这个例子中财务困境的发生概率高于 75%，那么来自税收的所有收益将被抵消掉。

使用APV法的优势有哪些？在传统的方法中，利息的抵税效应和财务困境效应从资本成本中反映出来。APV法将这两种效应分离开来，因而要求管理层明确关注同时将财务困境的发生概率和成本考虑进去。[12] APV法还允许确定未来期望债务水平时有更高的灵活性。

26.5 或有资本支出计划

在我们第10章探讨或有要求权和或有策略的时候，我们解释了在不同的状态下管理层决策如何存在差异，以及如何通过制定视现在状况而定的决策来改善回报。我们还解释了或有策略如何提供管理风险及其信息的方法。[13]

第10章给出了一个或有策略的例子：企业计划选址建厂，并且工厂可能在未来扩张。本节，我们提供第二个例子，在这个例子中，随着企业收集到更多有关项目前景的信息，或有计划将使得企业致力于后续的投资计划。[14] 为了简便起见，我们假设该特定决策可以独立于企业将制定的其他决策进行评估，并且管理层使用期望现值最大化作为标准函数。我们后面将会说明如何将风险因素同时考虑进去。

26.5.1 例子

这里给出例子的结构安排。Perils of Pauline Cereals 公司最近开发了一种新产品。Pauline Cereals 现在尝试决定营销该产品是否是一个财务上稳健的决策，如果是的话，应该采用何种营销策略。

新产品的引进将要求 $725 000 的初始现金花费用于准备生产系统配置，其有效生产寿命大约为1年。无论营销决定采用何种可能的产品引进计划，生产系统配置的产能都可以满足其生产要求。除了初始现金要求之外，一年期间的收入和现金流缺口可以通过短期融资提供融资，其成本在我们后面的估计中给出。如果计划之后取消了，那么 $725 000 的初始现金花费是无法回收的；作为另外一种选择，这些资金也可以投资于另一个项目，几乎可以确定该项目将带来7％的收益。

营销部门针对不同的营销环境准备了各种不同的营销计划。这包括一开始就在全国范围内引进产品，或者营销测试计划，然后根据结果来决定是否应该终止促销手段，或者在全国范围内推销产品。如果采用市场测试计划，那么竞争对手的产品就有可能影响销售。此外，如果测试营销计划成功的话，那么出现竞争的可能性将上升。然而，由于这里涉及择时，马上进行全国范围的推销将排除出现竞争的可能性。

营销部门已经就市场状况进行了特定的估计，以及估计了出现竞争对手产品的可能性。营销部门认为，测试营销计划成功的概率[15]大约为0.5。如果测试营销计划成功的话，营销部门判断，竞争产品出现的概率为0.8，但是如果测试营销计划失败，那么竞争产品

---

12 然而，财务困境的成本和发生概率是很难估计的。如果忽视财务困境的价值效应，那么APV法将做出高估，进而项目的价值增加也将被高估。
13 或有策略类似于期权工具，这是因为，他们意识到管理层可以根据情况的变化做出不同的决策。
14 在这个例子中，企业可以将致力于完整投资计划视为一个期权，如果获得有关市场状况的有利信息，那么就可以行权。
15 和之前一样，我们可以将概率理解为风险中性概率，也可以假设市场是风险中性的，在这种情况下，客观概率和风险中性概率正好相等。

出现的概率仅为0.4。

控制部门协同营销部门，制定了不同计划回报的估计，如表26-3的第一部分所示。回报是在价值为$725 000的资本支出后实现，并且将全国市场有可能（不进行测试）状况"好"也有可能状况"不好"这一事实考虑进去。每一个回报以从现在开始一年以后可以获得的金额汇总，包括除初始$725 000之外的所有成本和收入（包括任何必须的短期融资）。

表26-3 策略的回报和概率

	回报	该回报发生概率
1. 不进行测试直接在全国范围促销		
如果市场状况"好"，全国范围促销	$2 262 000	0.5
如果市场状况"不好"，全国范围促销	−600 000	0.5
2. 测试成功并出现竞争对手产品	回报	该回报发生的条件概率
如果市场状况"好"，全国范围促销	$1 200 000	0.625
如果市场状况"不好"，全国范围促销	800 000	0.375
测试营销后不再进行进一步的促销	50 000	1.000
3. 测试成功并且不存在竞争对手产品	回报	该回报发生的条件概率
如果市场状况"好"，全国范围促销	$2 000 000	0.8
如果市场状况"不好"，全国范围促销	800 000	0.2
测试营销后不再进行进一步的促销	75 000	1.0
4. 测试失败并出现竞争对手产品	回报	该回报发生的条件概率
如果市场状况"好"，全国范围促销	$800 000	0.1
如果市场状况"不好"，全国范围促销	−400 000	0.9
测试营销后不再进行促销	−100 000	1.0
5. 测试失败并且不存在竞争对手产品	回报	该回报发生的条件概率
如果市场状况"好"，全国范围促销	$1 200 000	0.3
如果市场状况"不好"，全国范围促销	700 000	0.7
测试营销后不再进行进一步的促销	−100 000	1.0

类似的，控制部门制定了在采用测试营销策略并且确定其结果之后各种可实现的回报的预测。这些回报在表26-3中给出。控制部门再次发现，将测试后的市场策略划分为"好"或者"不好"是非常方便的。然而，这些情况（进而其回报）并不能与不进行测试营销时的预测直接联系在一起，因为测试营销方法作为一种学习经历，本身就会影响之后获得的回报。

管理层应该采取何种行动计划？为什么？

Perils of Pauline问题可以通过图26-2中给出的决策树实现结构化。这种决策树的重要特征就是，决策制定者可能制定的所有决策以及随机变量所有可能的结果，都能根据其逻辑顺序作为决策树的分支给出。注意，事件是根据其自然发生顺序描绘出来的，并且对决策制定者可以选择的分支以及随机变量实现选择的分支做出区分。由决策制定者做出的选择的分支，其节点由长方形框给出，决策结果的美元回报序列记录在分支末端。注意决策树是如何将或有策略的概念作为其逻辑的一部分展示出来。例如，决策树的第二根向上的分支说明，即使测试营销策略是成功的，在确定竞争对手是否会进入市场之前，管理层并不一定需做出要使企业致力于全国范围内的促销决策。

寻找最佳或有策略的解决方法就是从决策树的顶端开始倒推，在每一个决策节点记录下从该点出发遵循决策树**最优**分支行动能够获得的回报，并将该信息应用于之前时点的计算。[16]

16　这是一种在我们给出的情境下解决随机动态规划问题的完全枚举法。

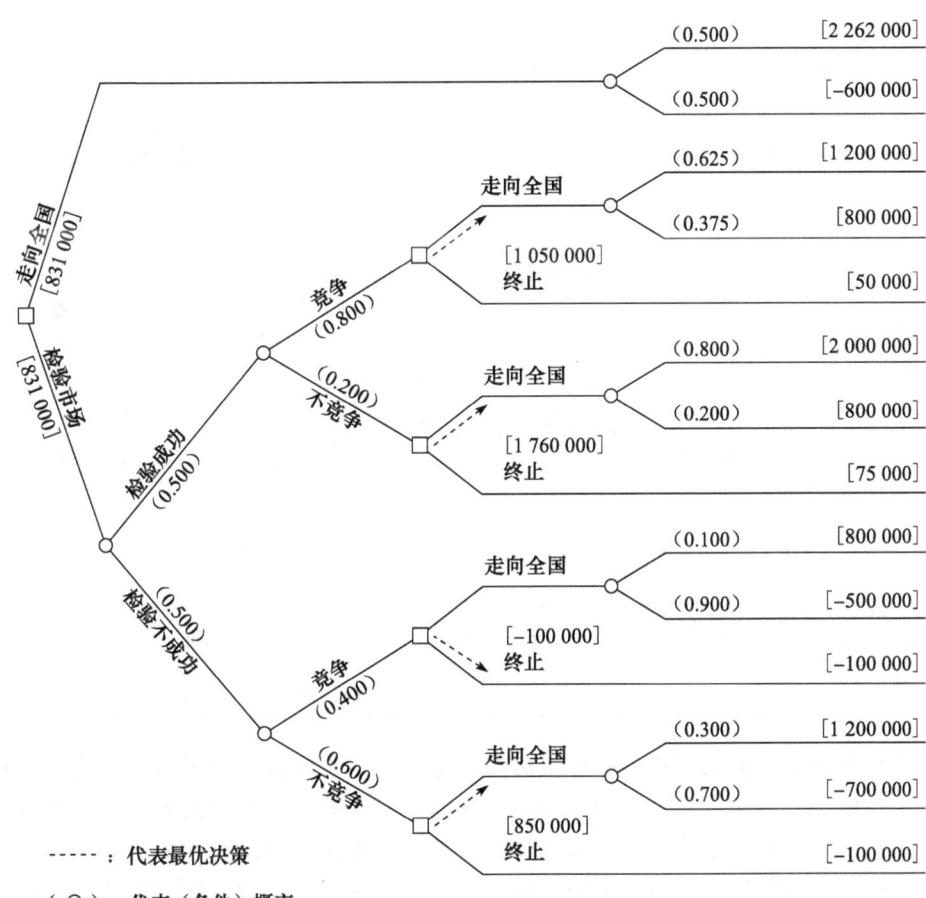

图 26-2　Perils of Pauline 问题的决策树

为了说明解决方法的逻辑，考虑图 26-2 中决策树上半部分的第二根分支，它描绘了在全国范围内引进产品或者终止的决策。如果公司位于该分支的下半支，那么在全国范围内引进产品的期望价值将为：

$$0.8 \times 2\,000\,000 + 0.2 \times 800\,000 = \$1\,760\,000$$

而终止的期望价值为 \$75 000。显然，如果管理层处于这种情况下，那么最好的继续方法就是在全国范围内引进产品，正如箭头所给出的，以及括号中的 \$1 760 000 价值所给出的。

当公司需要制定第二个决策时，对公司可能达到的每个决策点进行同样的计算，然后将这些结果返回带到之前的决策中去看这样的选择会给公司带来什么样的结果。比方说，通过采用市场测试策略能够达到的四个决策点在决策树的下半部分给出（在这个时刻必须采取这四种决策中的一种）其价值分别为 \$1 050 000、\$1 760 000、\$100 000 和 \$850 000 和。将这些价值与其发生的条件概率相乘，就可以得到市场测试策略的期望回报：

$$0.4 \times 1\,050\,000 + 0.1 \times 1\,760\,000 + 0.2 \times (-100\,000) + 0.3 \times 850\,000$$
$$= 420\,000 + 176\,000 - 20\,000 + 255\,000 = \$831\,000$$

在图 26-2 中，最佳决策由箭头给出。就期望价值而言，从决策树中计算得到的两个最佳策略及其回报分布在表 26-4 中给出。这两个不确定回报具有相同的期望价值反映了编制这个例子的本质，并将用于进一步的讨论。但是，注意马上在全国范围内促销的策略事实上不是或有策略，因为它仅仅给出了不进行测试营销时根据最优可能出现的结果采取行动。

表 26-4 策略 A 和策略 B 的回报分布

采取策略 A 的回报分布（非或有策略）		
策略 A	回报	概率
直接从事	$2 262 000	0.5
全国促销	−600 000	0.5
	期望回报= $831 000	

采取策略 B 的回报分布（或有策略）		
策略 B	回报	概率
首先，进行市场测试	$1 200 000	0.25
	800 000	0.15
然后，如果测试成功，在全国范围内引进产品	2 000 000	0.08
	800 000	0.02
如果测试成功，并且如果出现竞争对手产品，终止	−100 000	0.20
如果测试不成功，并且未出现竞争对手产品，在全国范围内引进产品	1 200 000	0.09
	700 000	0.21
	期望回报= $831 000	1.00

在这个例子中，测试营销（或有）策略的优势并不在于较高的期望回报，而在于获得该回报的风险较低。事实上，例子中期望回报被设计相等的目的在于强调，如果决策制定者是风险厌恶的，那么期望价值可能并不能完全捕捉或然回报的所有相关方面。当然，正式地来说，通过假设不同时期回报的效用函数是可加的或者可乘的，并利用动态规划或者其他程序计算期望效用，就可以解决这个难题。但是，有时仅仅使用决策制定者是风险厌恶的这一认识，就可以对或然回报进行排序。正如我们接下去将要解释的，能够进行这种排序的随机占优法在解决只存在终止回报的问题时是非常有用的。[17]

26.5.2 随机占优的应用

为了说明随机占优的概念如何与这个例子联系在一起，回顾一下，我们在第 12 章中给出，对任意风险厌恶决策制定者，如何利用二阶占优对两个概率分布进行排序。[18]利用第 12 章的结果，我们发现，对每一个风险厌恶决策制定者，采取策略 B 所获得的回报将比决策 A 所获得的回报更受偏好。

比较 A 和 B 的随机占优计算在图 26-3 和表 26-5 中给出。策略 B 以及确定的另一种选择 C，无法利用随机占优进行比较，因为对后者而言，标准出现了符号变化。所以，即使选择 A 因为其风险事实上要比 B 高可以排除掉，但是仍然存在两种选择。根据更加明确

---

[17] 尽管可以对向量随机变量进行随机占优计算，向量本身只能进行部分排序这一事实相比随机占优本身就是一种部分排序的事实，更加限制了该方法的应用。

[18] 这里随机占优计算主要为了说明问题。如果我们假设风险中性，那么占优计算在技术上就是无关的，这是因为，那样的话，决策制定者仅关注期望价值。如果我们假设存在风险中性概率，那么占优计算在技术上还是无关的，这是因为，那样的话，决策制定者仅关注市值。然而，无论何种情况，随机占优计算确实给出了将要承担的风险的额外的维度。

给出的对待风险的态度,一个给定的决策制定者应该选择 B 或者 C。

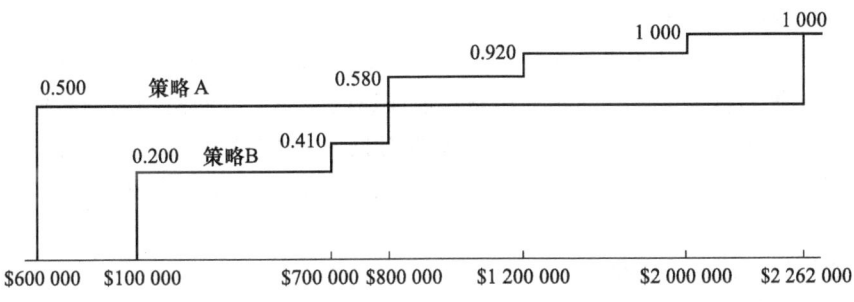

图 26-3　策略 A 和策略 B 所获得的回报的累积分布

表 26-5　策略 A 和策略 B 的随机占优计算(价值以 10 万美元的形式给出)

		累积区域	总区域
500×0.50	=	+250	+250
800×0.30	=	+240	+490
100×0.09	=	+9	+499
400×0.08	=	−32	+467
800×0.42	=	−336	+131
262×0.50	=	−131	0

26.6　实物期权估值

利用决策树来分析风险项目提供了一个**实物期权估值**(ROV)的示例。前面例子中的期权为如果测试营销策略获得成功,分阶段进行扩张。[19] 考虑其他隐含在投资机会中的典型期权:

» 几乎所有的项目都包含终止的期权,尽管在执行这一期权时可能存在限制(例如,法律上有约束力的合同)。
» 许多项目都包含扩张的期权。
» 许多项目都有延迟投资的期权,将主要的投资花费推迟到未来某个时期。

我们应该如何分析这些期权?正如我们的例子已经指出的,一种方法就是使用决策树分析,将一个事件可能的结果与其发生概率联系在一起,得到可能的结果以及与这些不同结果相联系的投资机会价值。尽管当项目只包含一些期权时,这种方法是可行的,但是期权定价理论提供了一种分析方法,这种方法给出了额外的有用信息。

ROV 的基本思想在于认识到项目价值超越了由 NPV 的非或有计算来测度的价值;换言之,项目价值由作为期权的或有策略的价值进行补充。由于期权被视为战略决策,基于或有策略的 NPV 通常就被称为**战略 NPV**。考虑一个投资机会,存在一个与之相关的期权。战略 NPV 等于传统 NPV(称为**非或有 NPV** 或者**静态 NPV**)和期权价值之和:

$$战略\ NPV = 非或有\ NPV + 期权价值$$

---

[19] 在另外一个早期例子中,Myers(1977)认识到了将投资机会视为成长期权的重要性。

26.6.1 实物资产期权

从概念上来讲，期权估值是非常简单的，正如第19章和 Perils of Pauline 例子所指出的。但是，尽管期权定价理论的基本概念和前面那些已经指出的是相同的，但是使用诸如 Black-Scholes 模型（1973）之类的传统形式的期权定价理论看上去要复杂得多。Black-Scholes 模型是基于五个因素之上的，这五个因素被认为在期权估值过程中是非常重要的：

(1) 标的资产价格 P
(2) 期权执行价格或成交价 E
(3) 无风险利率 r
(4) 标的资产价值波动率 σ
(5) 期权到期之前剩余的时间 T

在第19章中，我们考察了这些因素中的每一个和股票期权价值之间的关系。我们这里的关注点就是将这些因素置于实物期权的背景中。和其他期权一样，实物期权可以是看涨的（买入资产的期权），可以是看跌的（卖出资产的期权），也可以是复合期权（以其他期权为基础工具的期权）。并且，像其他形式的期权工具一样，实物期权可以是欧式的（只能在到期日行权），也可以是美式的（能够在到期日或者到期日之前行权）。

一般而言，影响股票期权价值的因素与那些影响实物期权价值的因素之间的关系如表26-6给出的那样相对应。当然，与一个特定期权相对应的因素能够在我们考察该特定期权时更好地描绘出来。考虑将要终止的期权：在这种情况下，标的资产即为继续经营的价值。该期权的执行价格或者成交价即为资产的终止价值或者残值。表26-7描述了一些常见的实物期权。

表26-6 影响股票期权价值的因素与影响实物期权价值的因素之间的关系

参数	股票期权	实物期权
P	股票价格	来自投资机会的现金流的现值（即现金支出价格）
E	期权成交价	延迟的资本支出或未来成本节省的现值
R	无风险利率	无风险利率
σ	股票价格波动率	项目现金流的不确定性
T	到期期限	项目的有效生命

资料来源：Fabozzi 和 Peterson（2002）。

表26-7 实物期权的例子

期权	类型	标的资产价值	执行价格
终止	美式看跌	终止资产产生的现金流的现值	退出价值或者残值
延迟投资	美式看涨	完成后项目的净经营现金流的现值	延迟的投资花费
在建期间终止	复合期权	完成后项目的现金流的现值	下一阶段必需的投资花费
收缩项目规模	欧式看跌	潜在成本节省的现值	重新调节项目规模的成本
扩张	欧式看涨	增加净经营现金流的现值	额外的投资花费
转换投入或产出	美式看跌	另外一种最佳使用产生的增加现金流的现值	生产或分配改组的成本

识别出与投资机会相关的期权是第一步。第二步就是对这些期权进行估值。考虑一个延迟投资的投资机会。该投资机会类似于企业进行研发（R&D）投资时的经历：对研发进行一个或者一系列投资支出，然后在未来某个时刻，取决于研发的结果、竞争对手的行

动,以及任何监管者的批准,企业可以决定是否要继续这个投资机会。

26.6.2 实物期权:一个例子

让我们借助 Fabozzi 和 Peterson(2002)的一个例子,用一些数字来分析这个项目。假设预期未来四年的每一年,研发将花费 $2.5m。并且假设第五年年末,企业拥有一个期权,可以继续,也可以终止。如果继续开发产品,这就要求在第五年末投资 $80m。为了使得分析简单一些,让我们假设可以在第五年年末以 $100m 的价格出售该产品的投资,即现金支出。[20]

使用 20% 的贴现率(连续复利),该投资机会的 NPV 为 $1.36m,正如下面给出的(单位:美元)。[21]

	年					
	0	1	2	3	4	5
投资	(2.50)	(2.50)	(2.50)	(2.50)	(2.50)	(80.00)
终止价值	0.00	0.00	0.00	0.00	0.00	100.00
净现金流	(2.50)	(2.50)	(2.50)	(2.50)	(2.50)	20.00
投资的 PV	(2.50)	(2.05)	(1.68)	(1.37)	(1.12)	(29.43)
终止价值的 PV	0.00	0.00	0.00	0.00	0.00	36.79
净现金流的 PV	(2.50)	(2.05)	(1.68)	(1.37)	(1.12)	7.36
净现值	(1.36)					

利用传统的资本预算,上面的分析意味着,我们应该拒绝该项目,因为项目的 NPV 小于零。但是我们还没有考虑延迟投资这一富有价值的期权。管理层可以选择等待,直到第五年年末,来决定是否应该进行额外的 $80m 投资。与此同时,管理层在前四年中的每一年投资于研发。

那么该期权的价值是多少?我们需要对无风险利率和波动率做出一些假设。假设无风险利率为 5%,市场风险溢价为 6%,波动率(即项目现金流的标准差)为市场波动率的 2.5 倍。由于市场波动率为 20%,因而期权的波动率就是 50%。利用无风险利率和 20% 的市场风险溢价,资本成本计算如下:

$$\text{资本成本} = 5\% + 6\% \times (50\%/20\%) = 5\% + 15\% = 20\%$$

在期权估值过程中考虑的因素的价值如下。

参数	价值
标的资产价值	$36.79m
执行价格	$80m
无风险利率	5%
波动率	50%
行权前的时期数目	5 年

标的资产的价值等于继续项目所需要的额外花费根据 20% 的连续复利贴现得到的现值:

$$\text{标的资产价值} = \$100m e^{-0.20 \times 5} = \$36.79m$$

---

20 如果这不是一个现金支出的情境,那么这里的价值将是未来现金流的现值。
21 为了与布莱克-斯科尔斯期权定价模型的估值相一致,这个例子自始至终使用的都是连续复利。

利用 Black-Scholes 期权定价公式,[22] 期权的价值为 \$10.24m。这是否将改变投资的决策？战略 NPV 为：

$$战略\ NPV = 静态\ NPV + 期权价值$$

$$战略\ NPV = -\$1.36m + \$10.24m$$

$$战略\ NPV = \$8.88m$$

所以，考虑与项目相关的富有价值的期权，该项目的 NPV 为正。

26.6.3 实施 ROV 时的挑战

我们利用一个直接明了的例子来说明考虑期权的重要性。现在让我们来考察将 ROV 纳入实际投资机会分析中的一些挑战。[23]

第一个挑战与模型参数有关。仅仅关注波动率的估计，我们可以发现，期权的价值增加对波动率的估计非常敏感。尽管我们只是简单假设波动率为 50%，但是确定项目未来现金流的波动率并非一件容易的事。我们在确定项目 β 时也面临同样的问题——β 并不能直接测度。投资机会现金流的波动率影响战略价值的两个重要因素：①波动率与期权价值呈正相关（即波动率越高，期权价值就越高）；②波动率与静态 NPV 呈负相关（即波动率越高，资本成本就越高，静态 NPV 就越低）。如果我们利用最后一个例子，利用 60% 和 40% 的波动率计算静态 NPV，我们发现，期权价值受波动率选择的影响。

	波动率		
	50%	60%	40%
静态 NPV	(\$1.36)	(\$1.98)	(\$0.61)
期权价值	10.24	13.47	6.97
战略 NPV	\$8.88	\$11.49	\$6.36

其次，大多数投资项目都包含几个期权，并且它们中的一些相互影响。例如，如果一家企业在开发新产品过后，每年投资于研发，那么就至少存在两个期权：在开发期间终止的期权和延迟投资的期权。由于一个期权的价值有可能影响其他期权的价值，所以多期权情况下的估值问题并不能简单地通过将各个期权分离的价值相加解决。解决相互影响的多期权情况下的期权价值问题是比较困难的，需要应用数值方法。[24]

要 点

- 为了评估一个项目的风险，管理层首先必须认识到，企业的资产是其之前投资决策的结果，所以企业是各种项目的组合。

---

22 读者可能会思考，Black-Scholes 模型背后的概率究竟是客观概率还是风险中性概率。但是事实上，Black-Scholes 估值是基于一个差分方程之上的，该方程独立于风险偏好，从而其解也独立于风险偏好（Hull, 2003, p.245）。特别的，利用这个解与所有投资者都是风险中性的假设是一致的。正如前面所假设的，风险中性即意味着，客观概率正好等于风险中性概率。

23 有关应用实物期权分析的进一步的探讨请参见 Moore(2001)、Amram 和 Kulatilaka(1999) 以及 Trigeorgis (1993)。

24 有关这些问题的探讨以及期权相互影响的例子，请参见 Trigeorgis(1991)。

- 尽管管理层应该考虑一个给定的项目如何增加资产组合风险，但是实践中管理层通常关注单个项目的独立风险测度。
- 评估风险项目的一种方法就是使用风险调整的贴现率。
- 在风险调整贴现率方法中，估计项目资本成本或者市场要求回报率的一种方法就是使用CAPM。这要求找到承担整个市场平均风险的溢价，然后，利用市场风险的一种测度，对溢价做出调整，进而来反映项目风险。
- 由于实践中估计项目β并不容易，管理层另一种选择就是从加权平均资本成本开始，并根据观测到的项目风险做出调整。
- 确定性等价方法是风险调整贴现率之外的另一种方法。利用风险中性概率是计算项目市值（确定性等价的一种特定形式）的一种方法。
- 项目的总风险或独立风险可以根据风险现金流的客观概率分布估计得到。管理层在制定资本预算决策时，与之相关的是项目的市场风险。
- 项目的β风险可以通过考察与项目具有类似单一业务线企业，即单一业务企业的市场风险估计得到。
- 寻找单一业务企业的另一种方法就是根据项目类型（如扩张）将项目进行分类，并根据主管风险判断对每种类型的项目赋予资本成本。
- 敏感性分析和模拟分析都可以和统计测度一起使用，评估项目风险。这两种技术都能让我们或者项目回报及其风险之间的关系。
- 或有策略提供了另一种评估风险项目的框架。
- 实物期权估值法包括估计与投资机会相关的期权，以及帮助管理层识别出传统资本预算技术所不能反映出来的项目价值。可以利用决策树或者期权定价公式对实物期权进行估值。
- 每个投资机会都存在与之相关的期权，包括延迟投资的期权和终止期权的期权。
- 单个期权的估值非常直接明了，但是多期权的估值是很困难的，尤其是期权之间存在相互影响时。

问 题

1. 敏感性分析和模拟分析的差异是什么？
2. 在评估不同情景下项目的吸引力时，为什么内部回报法相对于净现值法更适合用于资本预算分析？
3. (1) 净现值和调整现值法的差异是什么？
   (2) 使用APV法的优势是什么？
4. XYZ公司的财务结构包括债务与权益。资本结构中不存在优先股。资本结构中采用债务融资的比例为55%。管理层估计债务的β为0.3，总资产的β为0.5。那么XYZ公司权益的β是多少？
5. 投资机会现金流的波动率和其静态现值以及期权价值之间的关系是什么？
6. 假设一家企业资产的β为k，税率为40%。如果权益β为资产β的4倍，那么债务-权益比率是多少？
7. 假设ABC公司的管理层正在评估一个项目，其初始花费为$10m，且未来五年每年的期望现金流为$3m。假设公司的①边际税率为40%；②债务-权益比率为1；③税后债务成本为4%，权益成本为6%。权益成本根据资本资产模型估计得到，并假设 β 等于 1.2，无风险利率为 3%，市场期望回报为 7%。

(1) 项目净现值是多少？

(2) 如果忽视财务困境效应，那么项目的调整现值是多少？

8. 再次考虑问题 7 中的信息，现在考虑财务困境成本。假设管理层认为存在 20% 和 30% 的可能性，财务困境将分别带来项目价值 80% 和 40% 的损失。重新计算项目的调整现值。

9. 假设有一个项目，在前五年每年需要花费 $1m。在第五年年末，企业可以终止项目或者继续经营。如果继续项目，利用布莱克-斯科尔斯期权定价模型，第五年年末期望回报为 $6m。终止或者继续这一期权的价值为 $3m。如果资本成本为 5%，那么项目的战略净现值是多少？

10. 管理层正在考虑签订一个合同，生产一种产品。产品将在第二年年末以 $8 的价格销售。下面是管理层正在考虑的产品的现金流。在第二年年末，管理层有终止项目，或者在第二年年末另外投资 $6m 继续项目的期权。

年	0	1	2
投资（$）	−1	−1	2

如果根据连续复利，资本成本为 15%，无风险利率为 5%，波动率为 0.3。那么静态 NPV 等于多少，战略 NPV 等于多少？

参考文献

Amram, Martha, and Nalin Kulatilaka. (1999). *Real Options*. Boston: Harvard Business School Press.

Black, Fischer, and Myron Scholes. (1973). "The Pricing of Options and Corporate Liabilities," *Journal of Political Economy* **81**: 637–659.

Fabozzi, Frank J. and Pamela P. Peterson. (2002). *Financial Management and Analysis*. Hoboken, NJ: John Wiley & Sons.

Hull, John. (2003). *Options, Futures, and Other Derivatives* (5th ed.). Upper Saddle River, NJ: Pearson.

Moore, William. (2001). *Real Options and Option-Embedded Securities*. Hoboken, NJ: Wiley.

Myers, Stewart C. (1974). "Interactions in Corporate Financing and Investment Decisions—Implications for Capital Budgeting," *Journal of Finance* **29**: 1–25.

Myers, Stewart C. (1977). "Determinants of Corporate Borrowings," *Journal of Financial Economics* **5**: 147–176.

Trigeorgis, Lenos. (1991). "A Log-Transformed Binomial Numerical Analysis Method for Valuing Complex Multi-Option Investments," *Journal of Financial and Quantitative Analysis* **26**: 309–326.

Trigeorgis, Lenos. (1993). "Real Options and Interactions with Financial Flexibility," *Financial Management* **22**: 202–214.